AF223146

www.top250tagungshotels.de

# TOP 250 Germany –
# Die besten Tagungshotels in Deutschland
# 2025 | 2026

**mit Sonderteil „Österreich"**

**Seminar - Konferenz - Klausur
Kreativprozesse - Event**

Herausgeber
**Norbert Völkner**

unter Mitwirkung von
**Christian Badenhop
Susanne Freitag
Françoise Hauser
Thomas Kühn
Uta Müller
Katrin Nauber-Happel
Susanne Stauß
Raphael Werder**

GABAL

# Impressum

**Impressum**
TOP 250 Germany – Die besten Tagungshotels in Deutschland
Ausgabe 2025/2026

Alle Rechte vorbehalten

**Durchführende Projektagentur:**

re|pe|con

repecon Medien- und PR-Konzeptionen
Sedanstraße 23, 97082 Würzburg
Projektleitung: Reinhard Peter
Projektassistenz: Silke Sperl-Sauer, Birgit Werner, Nicola Hofmann
Grafik und Satz: Carina Tews
Webmaster: Alexander Funk, Fa. Funk.it
Druck: Schleunungdruck, Marktheidenfeld
Redaktionsschluss: 10. April 2025
Alle Preise und Angaben wurden sorgfältig recherchiert.
Dennoch kann für eventuelle Übertragungs- und
Druckfehler oder inzwischen eingetretene Änderungen
keine Gewähr übernommen werden.

Das Titelbild wurde uns freundlicherweise vom
HOTEL & RESTAURANT heyligenstaedt
(© Sandra Burghausen Fotografie)
(Seite 156–157) zur Verfügung gestellt

Das Werk ist urheberrechtlich geschützt. Jede Verwertung
außerhalb der engen Grenzen des Urhebergesetzes ist ohne
Zustimmung des Verlages unzulässig und strafbar.
Dies gilt insbesondere für Vervielfältigungen, Verarbeitung,
Mikroverfilmung und die Einspeicherung und Verarbeitung
in elektronischen Systemen.

**Unser Medien-Partner:**

**neues lernen**

Inspiration für die Entwicklung von Mensch und Organisation
www.neues-lernen.org
E-Mail: mediasales@neues-lernen.org

Zahlreiche weitere Partner entdecken Sie auf
www.top250tagungshotels.de

**Vertriebspartner Handel:**

GABAL

GABAL-Verlag
Schumannstraße 155, 63069 Offenbach
ISBN 978-3-89749-496-1

**Hinweis:**
Zur besseren Lesbarkeit wird in diesem Buch das generische Maskulinum verwendet. Die verwendeten Personenbezeichnungen beziehen sich, sofern nicht anders kenntlich gemacht, auf alle Geschlechter.

# Inhaltsverzeichnis

# New Work verändert die Tagungswelt

**Norbert Völkner**
**Herausgeber**

Liebe Leserinnen und Leser,

es ist erstaunlich, wie sich die Tagungskultur gewandelt hat. Als ich vor 30 Jahren damit begann, mich journalistisch mit Tagungen zu beschäftigen, gab es noch nahezu unverrückbare Standards: Von morgens bis abends traf man sich überwiegend zur Frontalbeschallung in klassisch-statischen Bestuhlungsformen. Der Fokus lag vor allem auf der Wissensvermittlung, die wie selbstverständlich durch vornehmlich passive Zuhörer gekennzeichnet war. In Bezug auf die Anforderungen an Tagungsräume war ein kompaktes, selten variiertes Szenario ausreichend. Seither ist viel geschehen. Nicht dass die klassische Tagung ausgestorben wäre – sie erfüllt noch immer ihren Zweck –, aber die Bandbreite des Tagungsgeschehens stellt sich völlig anders dar. Mehr denn je steht heutzutage die Interaktion im Mittelpunkt von Zusammenkünften. Neben dem gemeinsamen Plenum aller Beteiligten trifft man sich auch zum lockeren Austausch in Kleingruppen, wie überhaupt eingebaute Settingwechsel und ein mehr dynamisches Geschehen den Ablauf bestimmen. Mit anderen Worten: Die wandelbare Tagung ist im Meetingalltag angekommen und setzt neue Standards.

Diese Entwicklung kann kaum losgelöst von dem erklärt werden, was als „New-Work-Gedanke" spätestens seit der Pandemie die Breite des Wirtschaftslebens erfasst hat. Nämlich die Hinwendung zu mehr flexiblen und agilen Arbeitsformen, bei denen einhergehend die gemeinsame Kommunikation und die Zusammenarbeit im Rahmen einer Teamkultur (auch über Hierarchien hinweg) stärker in den Mittelpunkt rücken. Wie sich das im Tagungsmarkt niederschlägt, dazu können wir bei den TOP 250 Tagungshotels ein paar Trends verzeichnen:

- Auch kleinere Tagungsgruppen treffen sich vermehrt in großzügigen Tagungsräumen, die mehr Platz bieten, als es für klassische Seminare üblich ist. Während der Coronazeit war es beispielsweise nicht ungewöhnlich, mit 10 Personen in einem 100-m²-Raum zu tagen. Seinerzeit haben Tagungsgäste offenbar gemerkt, dass ein größerer Raum angenehmer ist und sich zudem für flexible Settings, die im Wechsel stattfinden, anbietet.
- Immer öfter finden sich Tagungsräume, die so gestaltet und möbliert sind, dass sie Teilnehmern eine besondere Raumatmosphäre bieten. Das können beispielsweise Räume im Stile von „Denkwerkstätten" sein, die zum kreativen Arbeiten inspirieren sollen. Häufig sind es loungeartige Raumumgebungen mit wohnlicher und spielerischer Möblierung, die auf eine entspannte, „chillige" Arbeitsatmosphäre setzen.

- „Autarkes Tagen" wird beliebter. Hierbei geht es um klausurartige Veranstaltungen, die von Anfang bis Ende separat, d.h. ohne Beeinträchtigung durch den sonstigen Hotelbetrieb, ablaufen. Dadurch entsteht eine besondere Sphäre der Vertraulichkeit. In manchen Hotels wurden dazu sogar eigenständige Tagungsbereiche inklusive Gästezimmern geschaffen, so dass zusammen gearbeitet und übernachtet werden kann.

- In technischer Hinsicht werden Beamer, insbesondere bei Tagungen im kleineren Kreis, von digitalen Bildschirmen abgelöst. Neben einer prägnanteren Auflösung bieten sie auch mehr Interaktion, indem sie es Teilnehmern erlauben, sich von ihren eigenen Endgeräten aus auf der Projektionsfläche einzubringen.

Generell ist es ein wichtiger Aspekt des New-Work-Ansatzes, die Arbeit mit guten Emotionen zu füllen, was vor allem für die jüngere Generation ein Kriterium dafür darstellt, ob sie sich an ein Unternehmen gebunden fühlt – ein wichtiger Punkt in Zeiten, in denen die Boomer-Jahrgänge aus dem Arbeitsleben ausscheiden. Spaß, Sympathie und gelebte Team-Momente sind Bindungsfaktoren von wachsender Bedeutung – und sie gehören heute auch untrennbar zum Live-Erlebnis bei vielen Tagungen dazu. Oder anders herum: Es sind Faktoren, die gerade durch das Tagungserlebnis gefördert werden können. Letzteres gilt umso mehr, wenn durch moderne Arbeitsformen, wie Homeoffice und Remote Work, der Bedarf entsteht, Mitarbeiter an einem Begegnungsort zusammenzubringen. Tagungshotels sind solche Begegnungsorte oder neudeutsch „Offsites", die sich mit ihren Mitteln in den Dienst von Teamgeschehen und Zusammenhalt stellen und so zur wertschätzenden Bindung von Mitarbeitern beitragen.

Im vorliegenden Buch finden Sie eine vor Ort geprüfte Hotelauswahl für ein weitgefächertes Tagungsbetätigungsfeld. Jedes Haus bietet auf seine Art Komplettlösungen mit zeitgemäßem Tagungsequipment, einem attraktiven Erlebnisrahmen sowie gemütlichem „Drumherum". Es sind sämtlich individuell geführte Hotels mit herzlich persönlichem Serviceformat, die vielfach nachhaltig aufgestellt sind. Und natürlich gehören auch leckere und qualitätvolle kulinarische Brücken zum Tagungserfolg immer mit dazu.

Ich wünsche Ihnen beste Tagungserlebnisse.

**Norbert Völkner**
Herausgeber

# Konstanz auf dem Treppchen, Premiere für die Hall of Fame

**Zum bereits 23. Mal waren deutschlandweit Veranstaltungsplaner aufgerufen, ihre Favoriten bei der Wahl der besten Tagungshotels sowie der besten Tagungs- und Eventlocations zu bestimmen. Ausgezeichnet wurden die Sieger auf einem Preisverleihungsevent am 29. September 2024 im Hotelcamp Reinsehlen.**

Herrliche Natur, so weit das Auge reicht. Euphorische Stimmung schon beim Get-together vor der Preisverleihung.

Welch eine Location für diese Preisverleihungsveranstaltung! In Reinsehlen, in der Idylle der Lüneburger Heide, gibt es keine unmittelbaren Nachbarn, nur Flora, Fauna und ganz viel Weite. Von den Zimmern des im Lodge-Stil erbauten Hotelcamps aus genießt man phänomenale Blicke in die freie Landschaft. Früh Eingetroffene hatten die Gelegenheit, die Heide-Natur bei eigens arrangierten Rahmenprogrammen zu entdecken. Viel Spaß kam beim „Schnucken schubsen" auf, bei dem das Ziel darin bestand, eine große Herde Heidschnucken koordiniert zu treiben. Daneben stand eine Fahrt zu besonders schönen Aussichtspunkten mit dem nostalgischen „Heide-Bulli" auf dem Programm, und auch ein Natur-Spaziergang, bei dem Yoga-Atemtechniken geübt wurden, erfreute sich großen Zuspruchs. Als wäre es Teil der Inszenierung, sorgte sogar noch ein voll entwickelter Regenbogen am norddeutschen Himmel kurz vor Beginn der Auszeichnungsveranstaltung für eine farbenfrohe Einstimmung auf das Geschehen.

6

# Die Ergebnisse des Wettbewerbs 2024 (Teil 1)

## KATEGORIE SEMINAR

## KATEGORIE KONFERENZ

| KATEGORIE SEMINAR | KATEGORIE KONFERENZ |
|---|---|
| 1. **Westerham – Die Akademie**<br>(83620 Feldkirchen-Westerham) | 1. **Parkhotel Schillerhain**<br>(67292 Kirchheimbolanden) |
| 2. **„ANDERS Hotel Walsrode"**<br>(29664 Walsrode) | 2. **Westerham – Die Akademie**<br>(83620 Feldkirchen-Westerham) |
| 3. **hôtel villa raab**<br>(36304 Alsfeld) | 3. **Schloss Hohenkammer**<br>(85411 Hohenkammer) |
| 4. **ARCADEON Haus der Wissenschaft und Weiterbildung**<br>(58093 Hagen) | 4. **hôtel villa raab**<br>(36304 Alsfeld) |
| 5. **Kloster Hornbach**<br>(66500 Hornbach) | 5. **Göbel's Schlosshotel „Prinz von Hessen"**<br>(36289 Friedewald) |
| 6. **Hotel Kloster Holzen**<br>(86695 Allmannshofen) | 6. **SCHWARZWALD PANORAMA**<br>(76332 Bad Herrenalb) |
| 7. **Pfalzhotel Asselheim**<br>(Grünstadt-Asselheim) | 7. **Wellings Parkhotel**<br>(47475 Kamp-Lintfort) |
| 8. **GenoHotel Baunatal**<br>(34225 Baunatal) | 8. **Parkhotel Landau**<br>(76829 Landau) |
| 9. **Mintrops Land Hotel Burgaltendorf**<br>(45289 Essen) | 9. **GenoHotel Forsbach**<br>(51503 Rösrath) |
| 10. **Tagungszentrum Schmerlenbach**<br>(63768 Hösbach) | 10. **Hotel Park Soltau**<br>(29614 Soltau) |
| 11. **GenoHotel Forsbach**<br>(51503 Rösrath) | 11. **Mercure Tagungs- & Landhotel Krefeld**<br>(47802 Krefeld-Traar) |
| 12. **Gut Gremmelin**<br>(18279 Gremmelin) | 12. **Landgut Stober**<br>(14641 Nauen OT Groß Behnitz) |
| 13. **Wellings Romantik Hotel zur Linde**<br>(47445 Moers) | 13. **Hotel Esplanade**<br>(44135 Dortmund) |
| 14. **Hotel Park Soltau**<br>(29614 Soltau) | 14. **Yachthafenresidenz Hohe Düne**<br>(18119 Rostock-Warnemünde) |
| 15. **Biosphärenhotel Gasthof Herrmann**<br>(72525 Münsingen) | 15. **DAS Seela Braunschweig**<br>(38104 Braunschweig) |
| 16. **Landhotel Jäckel**<br>(33790 Halle (Westf.)) | 16. **Parkhotel Emstaler Höhe**<br>(34308 Bad Emstal/OT Sand) |
| 17. **Kloster Seeon**<br>(83370 Seeon) | 17. **Best Western Premier Hotel Villa Stokkum**<br>(63456 Hanau-Steinheim) |
| 18. **Hohenwart Forum**<br>(75181 Pforzheim) | 18. **ARAMIS Tagungs- und Sporthotel**<br>(71126 Gäufelden) |
| 19. **RoLigio® & Wellness Resort Romantischer Winkel**<br>(37441 Bad Sachsa) | 19. **Schlosshotel Bad Wilhelmshöhe**<br>(34131 Kassel) |
| 20. **Harz Hotel & Spa Seela**<br>(38667 Bad Harzburg) | 20. **PLATZHIRSCH Innenstadt-Hotel & Tagungszentrum**<br>(36037 Fulda) |

Als allererstes Haus überhaupt in die TOP 250 Hall of Fame aufgenommen, begeisterte das Hotelcamp Reinsehlen auch als makelloser Gastgeber der Jahresveranstaltung der Deutschen Tagungshotellerie.

## Startschuss für die Ruhmeshalle der TOP 250

Gleich zu Beginn der Kür der „Besten Tagungshotels in Deutschland" sowie der „Besonderen Tagungs- und Eventlocations" stand eine Premieren-Ehrung an: Erstmals wurde mit dem Hotelcamp Reinsehlen ein Haus in die **„TOP 250 Hall of Fame"** aufgenommen. Sie wurde geschaffen, um denjenigen Hotels eine herausragende Würdigung zuteilwerden zu lassen, die über Jahre konstant erste Plätze belegen – konkret sind Hotels gemeint, die innerhalb von vier Jahren drei Mal auf einen ersten Platz in einer der fünf Auszeichnungskategorien gewählt wurden. Ob ein solches Hotel in die Hall of Fame einzieht, kann es selbst entscheiden, wobei es in diesem Fall gleichzeitig für zwei Jahre bei der Wahl aussetzt.

Das Hotelcamp Reinsehlen ist das erste Haus, welches die genannten Voraussetzungen erfüllt. Es kann seit längerem auf eine sehr erfolgreiche Performance blicken: 2020 war es Sieger in der Königskategorie „Seminar", 2021 bestes Tagungshotel mit 50–100 Zimmern sowie

2022 und 2023 jeweils Gewinner in der Kategorie „Kreativprozesse". Geschäftsführer Helko Riedinger nahm die Urkunde zur Aufnahme in die Ruhmeshalle der TOP 250 freudestrahlend entgegen und markierte damit zugleich einen Meilenstein, sowohl für das Hotelcamp Reinsehlen als auch für die Historie von Deutschlands größter Tagungshotel-Kooperation.

## Die Preisträger in den Hotel-Kategorien

Danach hieß es „Bühne frei" für den Reigen der Preisträger, die aus den Stimmabgaben von Tagungskunden, Trainern, Führungskräften und Personalentwicklern resultierten. In der 23-jährigen Geschichte der Wahlen war die Beteiligung noch nie so hoch wie in diesem Jahr. Die Abstimmung erfolgte klassisch per Print- oder Online-Stimmzettel, zuzüglich flossen die im Zeitraum August 2023 bis August 2024 eingegangenen Bewertungen auf dem TOP 250-Onlineportal in das Endergebnis ein. „Die beste Wahlbeteiligung seit Bestehen unseres Wettbewerbs ist ein Zeichen für die exzellente

# Die Ergebnisse des Wettbewerbs 2024 (Teil 2)

## KATEGORIE KLAUSUR

## KATEGORIE KREATIVPROZESSE

| KATEGORIE KLAUSUR | KATEGORIE KREATIVPROZESSE |
|---|---|
| 1. **Hotel Gut Hühnerhof** <br> (63584 Gründau) | 1. **ARCADEON Haus der Wissenschaft und Weiterbildung** <br> (58093 Hagen) |
| 2. **Kloster Hornbach** <br> (66500 Hornbach) | 2. **Schloss Hohenkammer** <br> (85411 Hohenkammer) |
| 3. **hôtel schloss romrod** <br> (36329 Romrod) | 3. **GenoHotel Baunatal** <br> (34225 Baunatal) |
| 4. **SCHWARZWALD PANORAMA** <br> (76332 Bad Herrenalb) | 4. **Hotel Gut Hühnerhof** <br> (63584 Gründau) |
| 5. **Kloster Seeon** <br> (83370 Seeon) | 5. **Parkhotel Landau** <br> (76829 Landau) |
| 6. **Mintrops Stadt Hotel Margarethenhöhe** <br> (45149 Essen) | 6. **Parkhotel Schillerhain** <br> (67292 Kirchheimbolanden) |
| 7. **Schlosshotel Steinburg** <br> (97080 Würzburg) | 7. **Göbel's Schlosshotel „Prinz von Hessen"** <br> (36289 Friedewald) |
| 8. **Mintrops Land Hotel Burgaltendorf** <br> (45289 Essen) | 8. **Hotel Schönbuch** <br> (72124 Pliezhausen) |
| 9. **Gut Gremmelin** <br> (18279 Gremmelin) | 9. **Hotel Schindlerhof** <br> (90427 Nürnberg) |
| 10. **Tagungszentrum Schmerlenbach** <br> (63768 Hösbach) | 10. **Wellings Parkhotel** <br> (47475 Kamp-Lintfort) |
| 11. **Hotel Speidel's BrauManufaktur** <br> (72531 Hohenstein) | 11. **Hotel Kloster Holzen** <br> (86695 Allmannshofen) |
| 12. **Landhotel Jäckel** <br> (33790 Halle (Westf.)) | 12. **Mercure Tagungs- & Landhotel Krefeld** <br> (47802 Krefeld-Traar) |
| 13. **Wellings Romantik Hotel zur Linde** <br> (47445 Moers) | 13. **Landgut Stober** <br> (14641 Nauen OT Groß Behnitz) |
| 14. **Biosphärenhotel Gasthof Herrmann** <br> (72525 Münsingen) | 14. **Hotel am Badersee** <br> (82491 Zugspitzdorf Grainau) |
| 15. **RoLigio® & Wellness Resort Romantischer Winkel** <br> (37441 Bad Sachsa) | 15. **Romantik Hotel Hirschen** <br> (92331 Parsberg) |
| 16. **Hohenwart Forum** <br> (75181 Pforzheim) | 16. **Paulinenhof** <br> (14806 Bad Belzig) |
| 17. **Hotel Moosburger Hof** <br> (85276 Pfaffenhofen a.d. Ilm) | 17. **Parkhotel Luise Bad Herrenalb** <br> (76332 Bad Herrenalb) |
| 18. **Paulinenhof** <br> (14806 Bad Belzig) | 18. **Biohotel WildLand** <br> (29323 Wietze/Hornbostel) |
| 19. **Zur Kloster-Mühle** <br> (27419 Groß Meckelsen) | 19. **Gut Sarnow** <br> (16244 Schorfheide) |
| 20. **Harz Hotel & Spa Seela** <br> (38667 Bad Harzburg) | 20. **Hotel Riesengebirge** <br> (90616 Neuhof an der Zenn) |

Arbeit unserer Tagungshotels", betont Projektleiter Reinhard Peter. „Als Hotel oder Location positive Bewertungen aktiv einzusammeln, ist eine Herausforderung. Doch wenn man sich dieser stellt, zahlt sich das aus."

Zwar gab es in den oberen Rängen der verschiedenen Wettbewerbskategorien weniger Bewegung, als es noch in den Vorjahren zu beobachten war. Dennoch kam jedes Mal Nervenkitzel auf, wenn zum Höhepunkt einer Kategorie-Auszeichnung die drei Bestplatzierten gemeinsam, aber noch ahnungslos, auf der Bühne erschienen, um der Bekanntgabe ihrer jeweiligen Punktezahl entgegenzufiebern.

Am Ende kam in der Kategorie **Seminar** der größte Jubel beim südbayerischen Tagungshotel „WESTERHAM – Die Akademie" auf. Die Tagungsbedingungen könnten im Haus, das bereits seit 50 Jahren Tagungsteilnehmer empfängt, exzellenter nicht sein: 25 Arbeitsräume bieten neben Tageslicht Präsentations- und Kommunikationstechnik sowie eine

ergonomische Möblierung, Trainerwerkzeuge werden in verschiedener Ausführung bereitgehalten. Auf Platz 2 folgt das „ANDERS Hotel Walsrode". Das in der niedersächsischen Heideregion gelegene Tagungshotel hat vor allem durch seine ‚Nie wieder Kekse'-Kaffeepausen und bunten Rahmenprogramme deutschlandweite Bekanntheit erreicht und bietet auf insgesamt 3.000 m² Raumfläche für fast alle Genres und Winkel des Meetingwesens professionelle Settings und Betreuung. Den dritten Platz auf dem Treppchen erreicht das „hôtel villa raab", ein nah am mittelalterlichen Kern der hessischen Stadt Alsfeld gelegenes Architektur-Juwel, das durch eine Kombination aus verspieltem Jugendstil, moderner Designstärke und kreativer Heimatküche besticht.

In der Sparte **Konferenz** obsiegte das „Parkhotel Schillerhain" im rheinlandpfälzischen Kirchheimbolanden. Aus dem einst beschaulichen Parkbetrieb mit Kurhaus ist ein komfortabel ausgestattetes Arbeitsrefugium mit viel Grünflä-

Spannung bei der Verkündigung der TOP 3 einer jeden Kategorie: Dem bangen Blick auf die Balken folgen freudiger Jubel und Applaus.

Wir beraten Sie bei der **Tagungshotelsuche!**
» **KOSTENLOS** » **PERSÖNLICH** » **SCHNELL**

# Die Suche nach einem Tagungshotel kann so entspannend sein!

Foto: fotolia

TOP 250
GERMANY
DIE BESTEN
TAGUNGS
HOTELS
IN
DEUTSCHLAND
www.top250tagungshotels.de

BESONDERE
TAGUNGS
& EVENT
LOCATIONS
www.toptagungslocations.de

hr zuverlässiger Partner
für die Tagungshotelsuche
www.top250tagungshotels.de

So sehen Sieger aus: Die versammelten Gewinner in den fünf Hotel-Kategorien: Gut Hühnerhof, WESTERHAM – Die Akademie, Parkhotel Schillerhain, ARCADEON und Hotel Schönbuch.

che entstanden, bei dem das Tagungszentrum „gedankenGUT" auch gerne in Kombination mit dem kleinen, feinen Wellnessbereich genutzt wird. Nachfolgend platzierten sich die bereits erwähnte „WESTERHAM – Die Akademie" sowie „Schloss Hohenkammer". Beim nördlich von München gelegenen Tagungsschloss auf dem Bronzerang vereinen sich Großzügigkeit, Historie und Modernität zu einem Tagungsedelstein mit einer Vielzahl von glitzernden Facetten. Insgesamt 29 Refugien unterschiedlicher Größe, Einrichtung, Stilrichtung und Ausstattung stehen Veranstaltern zur Auswahl. Den Olymp im Bereich **Klausur** erklomm an erster Stelle das im Spessart beheimatete „Hotel Gut Hühnerhof", eine

ländliche Tagungsidylle, in der neun Seminar- und Arbeitsräume mit natürlichem Charme dafür sorgen, dass störungsfrei neue Ziele erarbeitet und kreative Lösungen gefunden werden können. Auf Platz 2 findet sich das „Kloster Hornbach" im Saarland. Im 8. Jahrhundert gegründet, ist es als Benediktinerabtei in die Geschichte eingegangen. Die heutigen „Klosterherren", Christiane und Edelbert Lösch, haben aus der Ruine einen Lernort entwickelt und geben Tagungsgruppen die Möglichkeit, von der Magie des Klosters zu profitieren. Das Podest vervollständigt „hôtel schloss romrod" im mittelhessischen Vogelsbergkreis. Im ehemaligen Jagdschloss der hessischen Landgrafen mit noch heute mittelalterlichem Burgcharakter erhalten Teambuildings und Firmenevents einen sehr malerischen Umdrehungspunkt.

In Sachen **Kreativprozesse** schaffte es das Hagener „ARCADEON – Haus der Wissenschaft und Weiterbildung" ganz nach oben, in dem sich eine stimmige Raumkonzeption mit einer mutigen und mehrfach preisgekrönten Designsprache vereint – der Erlebnisraum „Wald", der Kreativraum „Hexagon", das Kreativzentrum „Quartier 82" sowie das Restaurant „KARLs" sind Beispiele dafür. Zweiter wurde das oben vorgestellte „Schloss Hohenkammer", Dritter das nordhessische „GenoHotel Baunatal", das mit einer sehr gastlichen, ungezwungenen Atmosphäre in einem Hotel mit Campus-Charakter sowie mit besonderer Expertise in modernen, kreativen Formaten überzeugt.

In der Kategorie **Event** schließlich verteidigte das südlich von Stuttgart gelegene „Hotel Schönbuch" seine Vorjahres-Spitzenposition mit den meisten jemals im Wettbewerb gezählten Stimmen. Anstatt der weit verbreiteten Standard-Teambuildings und -Gruppenbespaßungen wählen Tagungsplaner hier aus einem ganzen Katalog von Lernziele unterstützenden Events aus, die dahingehend individualisiert werden können, dass sie ein der Gruppe entsprechendes Storytelling aufweisen. Es folgt das „Pfalzhotel Asselheim" an der Deutschen Weinstraße, das mit toskanischem Flair und einer charmanten Wohlfühlatmosphäre lockt. Tagungen und Events finden auf 1.000 m² Veranstaltungsfläche, verteilt auf 16 Räume, statt – oder inmitten der nahen Weinberge. Komplettiert wird das Podium vom „ANDERS Hotel Walsrode", das damit auch in zwei Kategorien Bestplatzierungen erzielen konnte. *Norbert Völkner*

# Die Ergebnisse 2024 (Teil 3)

## KATEGORIE EVENT

1. **Hotel Schönbuch**
   (72124 Pliezhausen)

2. **Pfalzhotel Asselheim**
   (67269 Grünstadt-Asselheim)

3. **ANDERS Hotel Walsrode**
   (29664 Walsrode)

4. **hôtel schloss romrod**
   (36329 Romrod)

5. **Schlosshotel Steinburg**
   (97080 Würzburg)

6. **Hotel Speidel's BrauManufaktur**
   (72531 Hohenstein)

7. **Hotel Freizeit In**
   (37079 Göttingen)

8. **Yachthafenresidenz Hohe Düne**
   (18119 Rostock-Warnemünde)

9. **Hotel am Badersee**
   (82491 Zugspitzdorf Grainau)

10. **Marienburg Monheim**
    (40789 Monheim am Rhein)

11. **Hotel sKreuz**
    (89555 Steinheim)

12. **Schlosshotel Bad Wilhelmshöhe**
    (34131 Kassel)

13. **Göbel's Landhotel**
    (34508 Willingen)

14. **Travel Charme Gothisches Haus**
    (38855 Wernigerode)

15. **Meiser Design Hotel**
    (91550 Dinkelsbühl)

16. **Genusshotel Wenisch**
    (94315 Straubing)

17. **Klosterhotel Wöltingerode**
    (38690 Goslar / OT Vienenburg)

18. **Angels – das hotel am golfpark**
    (66606 St. Wendel)

19. **Elbstrand Resort Krautsand**
    (21706 Drochtersen-Krautsand)

20. **Ringhotel Schorfheide, Tagungszentrum der Wirtschaft**
    (16247 Joachimsthal)

# Ehrenpreis für Michel Tueini

**Michel Tueini ist der neue „Top-Tagungshotelier". Er erhielt die Auszeichnung für sein annähernd dreißigjähriges Wirken im Hotel Park Soltau, das unter seiner Leitung zu einem der größten Tagungshotels der Heideregion wurde und darüber hinaus zu einem Haus, das jenseits des Mainstreams innovative Maßstäbe in Sachen Technik und Raumgefüge setzte.**

Foto: © nikelowski

Mit der Auszeichnung zum Top-Tagungshotelier 2024 setzt Michel Tueini die Reihe herausragender Hoteliers fort, die durch unternehmerischen Mut und Weitsicht wie auch kreative und innovative Ideen sowie deren Umsetzung den deutschen Tagungsmarkt prägen.

**Bisher wurden ausgezeichnet:**

Claudia Schaffhausen, Hartmut S. Pirl, Walter Sosul, Bernd Reutemann, Reimer Eisenberg, Dr. Lothar Becker, Klaus Michael Schindlmeier, Andrea Scheidtweiler, Gerd Ripp, Maik Hörz, Martin Kirsch, Claudia und Jörg Bachmann, Markus Göbel, Olaf Feuerstein sowie Dr. Berthold Uphoff.

Während seines Berufslebens als Tagungshotelier trat Michel Tueini vor allem als Transformator und als Trendsetter hervor. Als er 1995 nach Soltau kam, lag vor ihm die schwierige Entwicklungsaufgabe, als gerade mal 30-Jähriger aus einem „spröden" Versicherungsschulungszentrum ein marktfähiges Tagungshotel zu formen. Dies war keine einfache Reise, galt es doch, sich der Monostruktur des Anwesens zu stellen und über einen langen Zeitraum die Modernisierung und Erweiterung anzupacken – und aus dem laufenden Betrieb zu finanzieren. Aus anfänglich 60 Zimmern und 4 Tagungsräumen wurden in vielen Einzelschritten 195 Zimmer und 27 Tagungsräume, darunter eine Eventhalle. „Dank der Stärke, Treue und Loyalität meines Teams haben wir unsere Aufgabe erfolgreich gemeistert", betont Michel Tueini.

## Einst Flüchtling, jetzt selbst Chancengeber

Dass dem gebürtigen Libanesen eine geglückte Karriere in der deutschen Hotellerie bevorstand, war in seiner Jugend noch alles andere als absehbar. Christlich erzogen und aufgewachsen, besuchte er das „Internationale Collège de Liban", musste aber 1973 aufgrund des Bürgerkriegs seine Heimat verlassen und wanderte nach Hamburg aus. Damals sprach er ausschließlich Ara-

bisch und Französisch, die deutsche Sprache musste er neu erlernen. Es war eine dramatische Umstellung, die auch durch die Erfahrung einer als schmerzhaft empfundenen Fremdenfeindlichkeit belastet wurde. Ein Glücksumstand in dieser Situation war seine Aufnahme in einer diakonisch betreuten Wohngruppe, im „Rauhen Haus" in Hamburg, wo er Schutz und Unterstützung fand. „Dort sah ich wieder die Sonne scheinen", sagt er rückblickend, „es hat mir sehr geholfen, mich in meiner neuen Umgebung zurechtzufinden, und mir die Kraft gegeben, meinen eigenen Weg zu gehen." Aus dieser prägenden Erfahrung heraus ist es ihm stets wichtig geblieben, Menschen anzunehmen und ihnen eine Chance zu geben, unabhängig von Herkunft und Handicap. Es sind Prinzipien, die sich auch bei Tueinis Hotelführung in einem sozialen und kommunikativen Ansatz wiederfinden. Seine erste Ausbildung startete der neu in Deutschland Angekommene mit dem Besuch der Maschinenbauschule. Sein damals erträumter Berufswunsch war Pilot, was sich allerdings nicht realisieren ließ. Somit schwenkte der junge Mann um auf eine gastronomische Lehre zum Kellner und Koch im Hamburger Restaurant „Bavaria Blick". Es folgten Berufsstationen in England und Frankreich und dann die Rückkehr nach Hamburg, wo im „Hotel Reichshof" eine steile Karriereleiter aufwärtsführte: Vom Demichef de Bar zum Chef de Rang und weiter zum Restaurantdirektor-Assistenten. Nachdem er parallel die Abendwirtschaftsschule absolviert hatte, übernahm Tueini 1989 die Hauptverantwortung für die gesamte Hotel-Gastronomie einschließlich der Zuständigkeit für die Auszubildenden. Das anschließende Berufskapitel bestand in

der Leitung des Tagungs-, Bankett- und Eventbereichs im Harburger „Berghotel Sennhütte", welches zur heutigen Signal Iduna Gruppe gehörte. In einem Auswahlverfahren hatte Tueini sich gegen 70 Mitbewerber durchgesetzt und meisterte die Aufgabe so erfolgreich, dass ihm die Konzernleitung nach drei Jahren zusätzlich die Verantwortung für das interne Trainingszentrum in Soltau übertrug. Als dann im Jahr 2005 die Überführung in die Hotel Park Soltau GmbH erfolgte, wurde der mittlerweile zweifache Familienvater zu deren Geschäftsführer ernannt.

## Jede Tagung ein echtes Erlebnis

Seitdem beschäftigte sich Tueini intensiv mit Branchentrends und den Bedürfnissen des Tagungsmarktes. Insbesondere interessierte es ihn, wie die Tagungsräume der Zukunft aussehen, um entsprechende Gästeerwartungen frühzeitig zu erfüllen und bei der Ausrichtung des Hotels einen Schritt voraus zu sein. Als zeitweiliges Vorstandsmitglied des Verbandes „Degefest" nutzte er dazu auch den Kontakt zu Wissenschaftlern, die sich der Erforschung partizipativer Tagungsformate und der Start-up-Szene widmen. Auch das Feedback der Kunden spielte eine große Rolle. Wer jetzt im

Den Höhepunkt des offiziellen Teils der Preisverleihungsveranstaltung markiert traditionell die Ehrung des „Top-Tagungshoteliers des Jahres". 2024 wurde Michel Tueini, dem visionären Geschäftsführer des Hotel Park Soltau, diese Ehre zuteil.

Weit mehr als „quadratisch, praktisch, gut": Tueinis Augenmerk liegt darauf, Räume zu schaffen, die inspirierend und gemeinschaftsfördernd sind. Neuartigen Formen der Rauminszenierung stand er als einer der Ersten in Deutschland offen gegenüber.

Hotel Park Soltau zu Gast ist, der erlebt freizügig gestaltete „Tagungs-Haupt- und -Nebenschauplätze", bei denen sich die Meetingräumlichkeiten mit mehreren gastronomisch ausgestatteten Loungebereichen organisch ergänzen. Diese unter Tueinis konzeptioneller Handschrift entstandene Struktur wurde bereits 2018 im Zuge aufwändiger Umbauten fertiggestellt – also noch vor der Coronazeit, als interaktives Tagen und ein begleitender sozialer Austausch noch nicht den heutigen Stellenwert hatten. „Ein wesentlicher Aspekt meiner Arbeit war immer der Wunsch, Tagungen zu einem echten Erlebnis zu machen", fasst Michel Tueini sein Hauptaugenmerk zusammen. „Mir war es wichtig, vom klassischen Ansatz ‚quadratisch, praktisch, gut' wegzukommen und stattdessen Räume zu schaffen, die inspirierend wirken und gemeinschaftsfördernd sind. Sie sollen über das rein Funktionale hinausgehen und den Teilnehmern eine besondere Atmosphäre bieten."

In diesem Sinne befasste sich Tueini auch mit neuartigen Formen der Rauminszenierung: So wurde eigens für das Hotel eine Technik entwickelt, die 360°-Projektionen (Waldszenerien, Großstadt-Skylines, Unterwasserwelten etc.) ermöglicht – sie kommt bei Vorträgen, Präsentationen und Motivationen zum Einsatz und war bei ihrer Einführung deutschlandweit einmalig. Auch sonst machte sich das Haus einen Namen als Technik-Vorreiter, etwa auf dem Gebiet kabelloser Digitalpräsentationen: Schon seit 2019 verfügen dazu sämtliche Tagungsräume über LED-illuminierte Leinwände, die wie Monitore via Touchpanel bedienbar sind. Sie stellen gleichfalls eine Eigenkonstruktion dar, die in Zusammenarbeit mit einer Hochschule entwickelt wurde.

Perspektivisch legt Michel Tueini großen Wert darauf, dass das Hotel Park Soltau weiterhin auf innovativem Kurs bleibt. Geplant ist etwa die Ausweitung des Eventbereichs und damit verbunden die Anschaffung einer 60-m²-LED-Wand für brillante Inszenierungen. Bis auf Weiteres bleibt es also rührig für den langjährigen Hotel-Manager, und zwar sowohl im Berufs- als auch im Privatleben: „Meine Arbeit und mein tolles Team bereiten mir große Freude, und zum Ausgleich finde ich Erfüllung in der Zeit mit meiner Familie sowie in meiner Leidenschaft für Musik und Fliegerei." *Norbert Völkner*

# Locations und Dienstleister

Neben den umfangreichen Möglichkeiten, die Ihnen die in diesem Buch präsentierten Tagungshotels bieten, können die Einbindung eines bestimmten Rahmenprogramms oder die Nutzung einer außergewöhnlichen Location Ihren Tagungserfolg gezielt fördern. Besondere Veranstaltungsziele können durch besondere Orte manchmal noch besser unterstützt werden. Die nachfolgend vorgestellten Locations wurden ebenfalls durch einen Fachautor unseres Buches geprüft und empfohlen. Sofern Sie spezielle Rahmenprogramme für Ihre Veranstaltungen suchen, lassen Sie sich ab Seite 554 inspirieren.

Ergänzt werden diese Informationen durch Tipps auf unseren Portalen **www.top250tagungshotels.de** und **www.toptagungslocations.de**.

**ta.la tagungszentrum landshut**
**84036 Landshut**
Bürgermeister-Zeiler-Straße 1
Tel. +49 871 504-0
veranstaltung@tala.de
**www.tala.de**

 **ta.la** tagungszentrum landshut

## Perfekt für große Veranstaltungen

In einer grünen und naturnahen Umgebung bietet das ta.la mit 416 Zimmern und 52 Veranstaltungsräumen den perfekten Rahmen für Events jeder Art und Größe bis 400 Personen. Die Besonderheit ist, dass das ta.la komplett für große Veranstaltungen gebucht werden kann. Die Dimensionen ermöglichen, dass allen Teilnehmenden an einem Ort die Unterkunft, die kulinarische Versorgung, die Räumlichkeiten und das Rahmenprogramm angeboten werden kann. Für Teambuilding besteht ein professionelles und variantenreiches Angebot durch ta.la teamevents by teamgeist. Zudem ist die Nachhaltigkeit im ta.la mit dem GreenSign Level 4 zertifiziert.

**TAGUNG**
- **Kapazität:**
  2 bis 400 Personen
- **Räume:** 52
- **Raumgrößen:**
  25 bis 1.450 m$^2$
- **Catering:**
  gebunden

### Schloss Falkenhaus
**95460 Bad Berneck**
Falkenhaus 16,
Nenntmannsreut
Tel. +49 9273 9667298
events@schloss-falkenhaus.de
**www.schloss-falkenhaus.de**

## Besonders liebenswertes Gesamtensemble!

Schloss Falkenhaus aus dem 18. Jahrhundert, direkt an der A 9 zwischen München und Berlin, ist heute eine anspruchsvolle Tagungs- und Eventlocation. Zum einen finden Veranstaltungen rund um das Thema Mental & Physical Health wie auch Team-Building- und Führungskräfte-Seminare statt. Oder auch das sehr effektive pferdegestützte Coaching, das schnelle Erfolge ermöglicht. Darüber hinaus kann das Gesamtensemble auch für Veranstaltungen auf Anfrage angemietet werden. Der bezaubernde Schloß-Saal mit seinen 3 Erkerzimmern sowie die Terrassen, der Innenhof und eine Reit-Eventhalle mit technischer Ausstattung und die parkähnliche Umgebung des Schlosses können in Veranstaltungsplanungen einbezogen werden. Der Logisbereich des liebenswerten Schlosses umfasst 11 Zimmer.

### TAGUNG
- **Kapazität:**
  bis 50 Personen indoor, 200 Personen outdoor
- **Räume:** 4
- **Raumgrößen:**
  20 bis 60 m²
- **Catering:**
  gebunden
- **Präsentationsfläche:**
  indoor 450 m² und großer Outdoorbereich

### Burkardushaus – Tagungszentrum am Dom
**97070 Würzburg**
Am Bruderhof 1
Tel. +49 931 38644000
info@burkardushaus.de
**www.burkardushaus.de**

## Ihr Veranstaltungsort – zentral in Würzburg

7 moderne Tagungsräume bilden den Rahmen für Ihre Veranstaltung mitten in Würzburg. Sie finden den geeigneten Raum für Ihre Bedürfnisse: ob Konferenz, Seminar, Tagung, Fortbildung, Empfang oder Konzert. Die Räume verfügen über Tageslicht und sind ausgestattet mit Flipchart und Projektionsflächen. Stellwände, Moderationskoffer, Beamer, Laptop, mobile Soundanlagen werden auf Anfrage bereitgestellt. W-LAN ist im ganzen Haus kostenlos verfügbar. Das Küchenteam verwöhnt Sie mit kreativer, saisonaler, regionaler frischer Küche, möglichst in Bio-Qualität. Aufmerksame, freundliche, hilfsbereite und serviceorientierte Mitarbeitende betreuen Sie und Ihre Gäste. Die Ausstattung der 22 Einzelzimmer mit Dusche/WC, Föhn, Telefon, TV, Internetzugang und Netzfreischaltung lässt keine Wünsche offen.

### TAGUNG
- **Kapazität:**
  5 bis 180 Personen
- **Räume:** 7
- **Raumgrößen:**
  30 bis 175 m²
- **Catering:**
  gebunden
- **Präsentationsfläche:**
  80 m²

## Tagungs-/ Exerzitienhaus Himmelspforten

**Himmels** pforten

**97082 Würzburg**
Mainaustraße 42
Tel. +49 931 38668000
info@himmelspforten.net
**www.himmelspforten.net**

## Himmlisches Tagungsdomizil mitten in Deutschland

Das ehemalige Kloster wurde zu einem modernen Tagungsrefugium umgebaut. Geschmackvoll eingerichtet und künstlerisch äußerst inspirierend präsentieren sich 10 Tagungsräume. Der größte von ihnen, der Burkardussaal, bietet 150 Personen Platz und ist mit professioneller Tagungstechnik ausgestattet. Das Schmuckstück der Tagungsräume ist der Bernardussaal mit seiner historischen Stuckdecke und dem wunderschönen Holzboden. In beiden Räumen lassen große Fenster viel Tageslicht herein und bieten gleichzeitig einen grandiosen Blick in die Gartenanlage. Der Kreuzgang kann als Ausstellungsfläche genutzt werden. Der sorgfältig angelegte und gepflegte Garten dient im Sommer als „grüner Tagungsraum". Über 300 moderne Kunstwerke verteilen sich im ganzen Haus und laden zum Verweilen ein.

### TAGUNG

- **Kapazität:**
  150 Personen
- **Räume:** 10
- **Raumgrößen:**
  14 bis 150 m²
- **Catering:**
  gebunden
- **Zimmerzahl:**
  81 (98 Betten)

## exzellente LERNORTE

finden Sie in ganz Deutschland und unter www.exzellente-lernorte.de

**EXZELLENTE LERNORTE** sind herausragend spezialisierte Tagungshotels, die durch ein optimales räumliches Umfeld Lernerfolge verstärken. Alle Häuser orientieren sich an neuesten Trends und Erkenntnissen der Weiterbildung, um perfekte Lernbedingungen zu bieten. Jedes Hotel pflegt dabei seine ganz besonderen Spezifikationen. Die kompetenten Mitarbeiter der Exzellenten Lernorte sind für Trainer und Personalentwickler Gesprächspartner auf Augenhöhe für nahezu alle Trainingsformen. Alle Hotels eint zudem der permanente Austausch untereinander und gemeinsames Lernen, um durch Innovation und moderne Mitarbeiterführung exzellenter Ideengeber für Tagungskunden zu sein.

# Kompetenz in Weiterbildung und Tagungshotellerie

**Sämtliche hier beschriebenen Hotels wurden von einem kompetenten Autorenteam in einem mehrstufigen Verfahren ausgewählt und bewertet. Jeder einzelne Autor ist bereits seit vielen Jahren journalistisch im Bereich Weiterbildung, Training und Tagung tätig.**

### Norbert Völkner

ist freiberuflicher Journalist mit Spezialisierung auf den Tagungsmarkt. Nach dem Studium von Geographie und Wirtschaftsgeographie war er von 1994 bis 1999 beim „ti Geschäftsreise Magazin" für tagungsrelevante Themen zuständig. Danach gründete er sein eigenes Redaktionsbüro und veröffentlicht seither in verschiedenen Medien Beiträge zu Hotel-, Tagungs- und Weiterbildungsthemen. Einen besonderen Arbeitsschwerpunkt bilden Medien-Dienstleistungen für die Hotellerie.

### Christian Badenhop

sammelte nach seiner Hotelausbildung im Harz Erfahrung im In- und Ausland. Als diplomierter Hotelbetriebswirt hat der gebürtige Lüneburger jahrelang ein großes Netzwerk gesponnen und für namenhafte Hotelgruppen wie The Leading Hotels und Worldhotels auch immer einen internationalen Fokus gehabt. Außerdem beschäftigt er sich seit vielen Jahren mit dem Vertrieb von Portalen und webbasierten Produkten in der Touristik.

### Susanne Freitag

wechselte nach einem Ausflug in die Musikbranche als Press Editor bei Sony Music 1996 in die Touristik und wurde Redakteurin bei der Fachzeitschrift Touristik aktuell. Seit 2005 ist sie freie Journalistin und schreibt für den Business Traveller, Connoisseur Circle sowie als Partner der Redaktionsgemeinschaft SRT für diverse Zeitungen. Außerdem verantwortet sie die Pressearbeit von Air France-KLM in Deutschland.

### Françoise Hauser

ist freie Journalistin und Buchautorin und schreibt vor allem zu Reise- und Kulturthemen. Zu ihren Auftraggebern gehören die Welt am Sonntag, die Deutsche Presseagentur dpa, Touristik Aktuell und viele weitere Medien. Nach dem Studium der Ostasienwissenschaften war sie etliche Jahre als Marketing Managerin und Hoteleinkäuferin in der Touristik beschäftigt. Zudem ist sie immer wieder auch als Dozentin und interkulturelle Trainerin tätig und produziert Podcasts.

### Thomas Kühn

ist Autor und Herausgeber des Buches „Besondere Tagungs- und Eventlocations" sowie des Buches „30 Minuten für Ihre erfolgreiche Tagungsplanung". Er studierte Germanistik und Geschichte, schreibt Reisereportagen für Tageszeitungen und veröffentlichte in Kunden- und Fachzeitschriften Beiträge u. a. zur deutschen Tagungslandschaft. Thomas Kühn ist Inhaber von Concept Potsdam, einem Professional Congress Organizer.

### Uta Müller

ist Inhaberin des Redaktions- und Pressebüros Kontext. Nach dem Volkswirtschaftsstudium arbeitete sie zehn Jahre als Redakteurin und Chefredakteurin im Max Schimmel Verlag, Würzburg. Seit dem Jahr 2000 ist sie freie Wirtschaftsjournalistin und veröffentlicht Fachbeiträge u. a. in „impulse", „ProFirma" sowie „wirtschaft und weiterbildung". Pressetexte für die Reise-, Tagungs- und Hotelleriebranche gehören seit langem zu ihrem Aufgabengebiet.

### Katrin Nauber-Happel

Katrin Nauber-Happel arbeitet als freie Autorin in ihrem Textbüro „Profitexte" in Essen. Nach dem Studium der Germanistik, Pädagogik und Soziologie war sie zunächst für die Presse- und Öffentlichkeitsarbeit verschiedener Bildungseinrichtungen und des BDVT zuständig und schreibt seit 2000 freiberuflich schwerpunktmäßig zu Themen des Tagungs- und Veranstaltungsmarktes.

### Susanne Stauß

ist der Hotellerie seit Jahrzehnten mit Leidenschaft verbunden. Die Touristik-Betriebswirtin, Hotelkauffrau und Journalistin war mehrere Jahre Chefredakteurin der Hotel-Fachzeitschriften First Class und Cost & Logis. Später schrieb sie für die ahgz, aktuell für hospitalityInside, Tophotel sowie Hotel und Technik. Wenn dann neben dem Reisen und Golfen noch Zeit bleibt, textet sie für Mitarbeiterzeitungen und Kundenmagazine.

### Raphael Werder

betreut als Chefredakteur diverse MICE-Branchenmagazine wie TOP 250 Germany inside, MICE Start und LERNRAUM. Nach dem Studium der Philosophie und Literatur sowie Weiterbildungen in Marketing, Projektmanagement und Eventmanagement arbeitete er einige Jahre in der Verlagsbranche, bevor er sich für die individuell geführte deutsche Tagungshotellerie begeisterte. Zudem ist er freiberuflich als Redakteur, Texter und Musiker tätig.

Wertvoll, gewinnbringend & inspirierend

# MICE Business Networking Events 2025

by ILLERHAUS Marketing

**Netzwerk-Chance:** Knüpfen Sie wertvolle Kontakte zu führenden Anbietern und Kollegen aus der Eventbranche

**Innovative Inspiration:** Entdecken Sie neue Trends, Locations und Dienstleistungen für Ihre zukünftigen Events

- **Effiziente Planung:** Sparen Sie Zeit durch direkte Gespräche mit Anbietern und exklusive Einblicke in deren Angebote

- **Wissenstransfer:** Profitieren Sie von spannenden Keynotes, Workshops und Expertenvorträgen

---

08.05.2025 – Panorama 1830 – Skybar
**MICE Alpentreff Kufstein**

08. - 10.05.2025 – Kufstein
**Fam Trip Kufstein**

24.06.2025 – Online-Inspiration
**Tagungsplanung für Event Profis**

15.07.2025 – Online-Inspiration
**Grundlagen für Tagungsplaner**

24. - 26.07.2025 – München & Umland
**Fam Trip München & Umland**

24.07.2025 – MS Starnberg
**MICE Branchentreff® Starnberg**

29.07.2025 – Tegernsee
**MICE Stammtisch Tegernsee**

16.09.2025 – Online-Inspiration
**Tagungsplanung für Event Profis**

06.10.2025 – Online-Inspiration
**Grundlagen für Tagungsplaner**

09.10.2025 – RMS Herrsching
**MICE Branchentreff® Ammersee**

23.10.2025 – Sky Lounge Leipzig
**MICE Branchentreff® Leipzig**

23. - 25.10.2025 – Stadt Leipzig
**Fam Trip Leipzig**

25. - 27.11.2025 – Region RMN
**Fam Trip Mannheim & Region**

28. - 30.11.2025 – Stadt Baden-Baden
**Fam Trip Baden-Baden**

---

ILLERHAUS Marketing   Tel.: +49 (0) 8151/73 97 - 000
nzianstr. 4a   kontakt@illerhaus-marketing.com
2319 Starnberg   www.illerhaus-marketing.com

**Infos & Anmeldung:** www.illerhaus-marketing.com

Für den Newsletter anmelden & keine Termine verpassen!

**Reinhard Peter**
Inhaber

# repecon – Partner der individuell geführten Tagungshotellerie

**In einer Zeit, in der Konzentrationsprozesse und der Kampf ums Direktgeschäft die Hotellandschaft bestimmen, haben individuelle, vornehmlich privat geführte Tagungshotels besondere Chancen. Die Fachagentur repecon hat sich darauf spezialisiert, diesen Tagungshotels wie auch Tagungs- und Eventlocations mit zahlreichen Vertriebs- und Marketingdienstleistungen ein Partner in dieser Entwicklung zu sein.**

Reinhard Peter als Gründer von repecon und sein Team sind überzeugt, dass der hohe Erfahrungsschatz vor Ort und flexible Entscheidungsmöglichkeiten in den individuell geführten Tagungshotels es ermöglichen, schneller und effektiver auf Herausforderungen des Marktes und v.a. der eigenen Kunden zu reagieren.

„TOP 250 Germany – Die besten Tagungshotels in Deutschland" als größter Zusammenschluss qualitativ hochwertiger Tagungshotels in Deutschland fördert diese Fähigkeiten unter der Regie von repecon entscheidend. Durch permanenten Austausch sorgt die Kooperation dafür, dass sich Privathotels in dieser Gemeinschaft gegenseitig befruchten und, angereichert mit ihrer jeweiligen Individualität, besondere Marktvorteile erarbeiten.

Tagungsplaner oder Tagungsgäste profitieren ebenso davon: Die Bündelung der Interessen von privaten Tagungshotels sorgt für die Erschließung attraktiver Vorzugsangebote, die Ketten- und Konzernhotels oftmals nicht bieten können, z.B. das Veranstaltungsticket der Deutschen Bahn oder auch das erste rein auf Tagungshotels spezialisierte und gefragte Bewertungssystem im Internet.

Darüber hinaus sucht repecon im Auftrag seiner inzwischen rund 400 Hotel- und Locationskunden aus dem 3- bis 5-Sterne-Bereich so umfangreich wie keine zweite Kooperation im Tagungsmarkt den direkten Kontakt mit MICE-Planern und Tagungsentscheidern. Zahlreiche Fachmessen und eigene Veranstaltungsformate sorgen dafür, dass die Wünsche und Planungen von Tausenden Kunden für die von repecon präsentierten Hotels kanalisiert und auf das richtige Angebot gesteuert werden.

repecon hat sich dabei voll auf die Erfordernisse des Marketing 4.0 ausgerichtet, das auf wirksame Weise die Vorzüge von Digitalem und eben auch Analogem kombiniert zu einer besonderen Form des hybriden Marketing. Die wieder deutlich steigende Nachfrage nach dem Printkompendium zeigt, dass User wieder mehr zu Lesern werden, die besonderen Wert auf attraktiv aufbereitete und neutral vergleichbare Informationen legen.

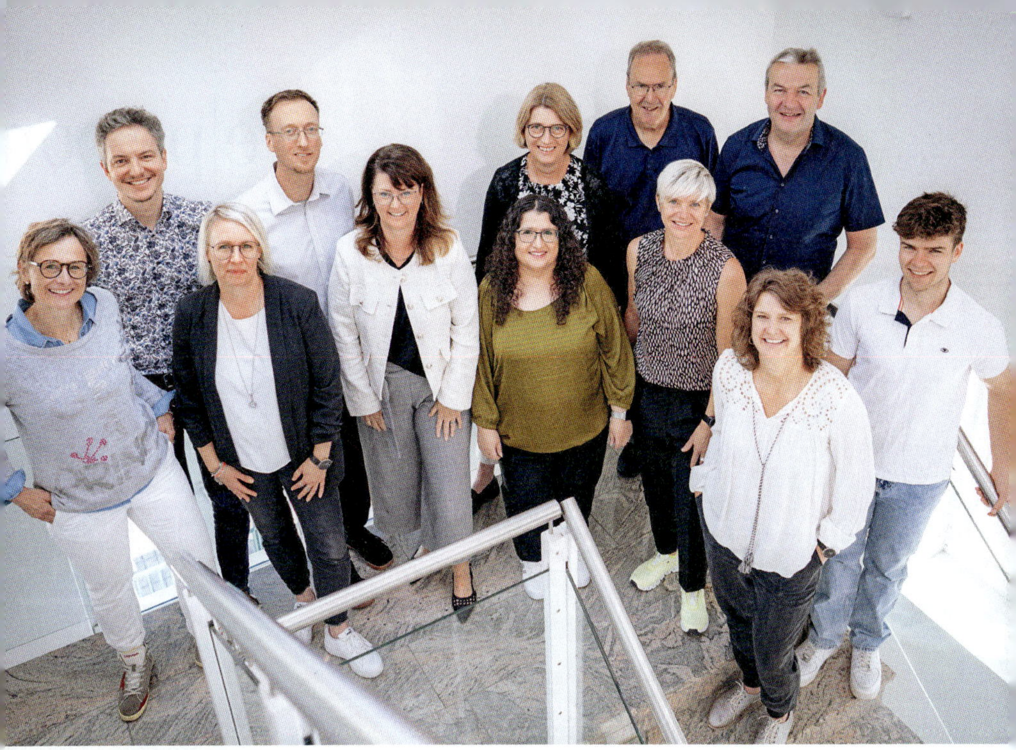

Das Team von repecon (v.l.): Nicola Hofmann, Raphael Werder, Marion Kaufmann, Ingo Nachtigall, Petra Peter, Tekgül Arnold, Silke Sperl-Sauer, Wolfgang Wünsch, Carina Tews, Reinhard Peter, Birgit Werner und Frederic Peter.

## REPECON ZAHLEN UND DATEN

**gegründet 2002 durch Reinhard Peter**

**Sitz in Würzburg**

**aktuell 10 feste Mitarbeiter und zahlreiche freie Mitarbeiter im Bereich Redaktion, Internet und Grafik**

**eigene Labels:**
- „TOP 250 Germany – Die besten Tagungshotels in Deutschland" (seit 2002)
- „Besondere Tagungs- und Eventlocations" (seit 2004)
- „Top-Wellnessoasen" (seit 2006)
- „TOP 250 Inside – Magazin für die deutsche Tagungshotellerie" (seit 2015)
- „Exzellente Lernorte" (seit 2016)
- „Hotel-Helden" (seit 2018)
- „repecon-Akademie" (seit 2018)
- „MICE-Start" (seit 2021)
- „HoLoy" (seit 2022)

**sowie Kooperationen u.a. bei**
- Sonderheft Tagen von HAUFE Lexware
- GABAL-Speaker-Abende

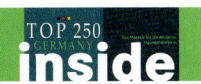

www.repecon.de

re|pe|con

Partner der individuell
geführten Tagungshotellerie.

erfahren.innovativ.vernetzt.

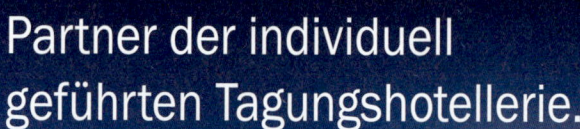

TOP 250
GERMANY

DIE BESTEN

TAGUNGS
HOTELS
IN
DEUTSCHLAND

www.top250tagungshotels.de

BESONDERE
TAGUNGS
& EVENT
LOCATIONS

www.toptagungslocations.de

TOP 250
GERMANY
inside

exzellente
LERNORTE

re|pe|con
akademie

HOTEL-HELDEN.
BE PART OF US

HO LOY

MICE
START    Das Magazin der
besten Tagungshotels
und -locations

0323-043

# Kriterien zur Aufnahme in dieses Buch

**Das Redaktionsteam des Buches „Die besten Tagungshotels in Deutschland" hat Kriterien entwickelt, deren Erfüllung der Aufnahme von Hotels in das Buch „Die besten Tagungshotels in Deutschland" zwingend zugrunde liegen müssen.**

Tagungsveranstalter, PCOs und Agenturmitarbeiter können sich bei der Wahl „ihres Veranstaltungshotels" darauf verlassen, dass sie die im Rahmen der Kriterien dargestellten Bedingungen bei der Vorbereitung, der Durchführung und der Nachbereitung ihrer Veranstaltung auch tatsächlich vorfinden.

## Die sieben Mindestkriterien sind:

**1. Das Hotel verfügt über einen Tagungsbereich.**
Im Hotel befinden sich Räume, die in Ausstattung und Einrichtung den Bedürfnissen von Tagenden entsprechen (insbesondere ergonomisches Mobiliar, das bedeutet: arbeitstaugliche Tische mit mindestens 70 cm Höhe, mindestens 60 cm Breite, blendfreier und strapazierfähiger Oberfläche; Stühle, die längeres und komfortables Sitzen ermöglichen), ausgenommen sind öffentliche Bereiche und Restaurantbereiche. Ausnahmen stellen Räume dar, deren Einrichtungen die speziellen Bedürfnisse von Kreativgruppen berücksichtigen. Der Tagungsbereich inklusive Pausenzone unterliegt keinen störenden Einflüssen (Geräusche, optische Beeinträchtigungen, Gerüche), verfügt über Tageslicht, variables Kunstlicht, Verdunkelungsmöglichkeiten und bietet moderne, sicherheitsgeprüfte Technikanschlüsse (Telekommunikation, Strom etc.), insbesondere die Möglichkeit der Herstellung von stabilen Internet-Verbindungen. Das Hotel verfügt über eine eigene moderne tagungstechnische Grundausstattung und arbeitet darüber hinaus ggf. mit örtlichen oder regionalen Technikverleihern zusammen, um die vom Kunden gewünschte Tagungstechnik bereitzustellen.

**2. Das Hotel präsentiert sich und seine Tagungsmöglichkeiten umfassend und übersichtlich auf seiner Homepage.**
Tagungsveranstalter und interessierte Kunden haben die Möglichkeit, sich eine an der Realität orientierende Vorstellung vom Hotel und von dessen Tagungsfacilitäten zu machen; dazu gehören Fotos und Lagepläne bzw. Grundrisse von Tagungsräumen sowie Ansichten von Hotelzimmern und den öffentlichen Bereichen; Nutzungszeiten werden separat ausgewiesen.

### 3. Das Hotel kommuniziert Leistungen und Angebote transparent und zeitnah.

Tagungsanfragen werden innerhalb von zwei Werktagen bearbeitet und dem Planer in geeigneter Form zugestellt (alternativ: Zwischenbescheide werden innerhalb des genannten Zeitraumes erteilt). Die Angebote sind verständlich und vollständig; es wird ein zuständiger Ansprechpartner benannt. Außerdem zeichnen sich die Angebote durch Preiswahrheit und Preisklarheit aus. Insbesondere wird ein Gesamtpreis ausgewiesen, der alle vom Planer angefragten Bausteine der Veranstaltung berücksichtigt. Dem Veranstalter steht die Möglichkeit offen, sich vorab persönlich über die Tagungsbedingungen des Hotels zu informieren. Individuelle Anforderungen und Kundenwünsche werden berücksichtigt.

### 4. Die Gastronomie ist in der Lage, auf die Anforderungen von Tagungsgästen adäquat zu reagieren.

Das Hotel gewährleistet die Verpflegung der Tagungsteilnehmer separat im Nahbereich der Tagungsräume (jedoch von ihnen getrennt). Die Pausenzeiten können je nach Tagungsverlauf flexibel gehandhabt werden. Zum Küchenangebot gehört auch eine auf die Bedürfnisse von Tagenden ausgerichtete Speisenauswahl.

### 5. Das Servicepersonal begleitet Tagungsveranstaltungen kompetent und unterstützend.

Veranstalter/Kunden haben einen definierten, für Tagungsveranstaltungen entsprechend qualifizierten Ansprechpartner, der während einer Tagung im Nahbereich der Tagungsräume (ständig) ansprechbar ist, als „Problemlöser" fungiert und mit Kompetenzen ausgestattet ist, die es ihm ermöglichen, auftretende Probleme zeitnah zu lösen. Darüber hinaus unterstützen alle Servicemitarbeiter des Hotels Tagende in ihrer Arbeit.

### 6. Das Hotel bietet Tagungsgästen ausreichende Arbeitsmöglichkeiten.

Zur individuellen Vor- oder Nachbereitung von Tagungen sowie zur Bearbeitung des Tagesgeschäfts steht Tagungsteilnehmern in ihren Zimmern oder auch in ausgewiesenen Coworking-Spaces eine ausreichend große und mit arbeitsgerechtem Mobiliar ausgestattete Arbeitsfläche zur Verfügung.

### 7. Das Hotelumfeld trägt rund um die Uhr zum Tagungserfolg bei.

Das hoteleigene Tagungsumfeld bietet ergänzend qualitativ hochwertige Freizeit- und Erholungsangebote. Alle Hotelbereiche bieten die Voraussetzungen für ein hohes Maß an Aufenthaltsqualität und präsentieren sich in einem ansprechenden Ambiente. Insbesondere hält das Hotel Aufenthaltsorte und Möglichkeiten bereit, wie Tagungsgruppen auch abends zusammenkommen, sich austauschen und so das Wir-Gefühl stärken können.

# Das richtige Hotel schnell gefunden

**Seminare, Konferenzen, Klausuren, Kreativprozesse oder Events: Jede Veranstaltungsform erfordert spezifische Bedingungen, die in ihrer Komplexität aus einem Mix von Einzelfaktoren besteht. Tagungsraum, Servicekompetenz, Ausstattung der Hotelzimmer, Technik und Technikanschlüsse, Küchenleistung und auch ästhetische Komponenten verdichten sich zu einem „Gesamtbild". Das Ihnen vorliegende Buch vermittelt „Gesamtbilder" von exklusiv ausgewählten Hotels und soll helfen, für Ihre Tagung das geeignete Hotel zu finden.**

Tagungs- und Eventveranstaltungen sind ein nicht zu unterschätzender Wirtschaftsfaktor. Im Jahr 2019 fanden in Deutschland noch rund 2,9 Millionen Veranstaltungen mit mehr als 400 Millionen Teilnehmern statt, nach dem Corona-Einbruch war 2022 bereits wieder die Hälfte des Volumens erreicht, 2024 wurde das Niveau von vor fünf Jahren wieder erzielt. Für ihre Umsetzung stehen innerbetriebliche Schulungszentren, Tagungslocations mit besonderem Ambiente und auf die Durchführung von Tagungen spezialisierte Hotels zur Verfügung. Veranstalter, Unternehmen, Agenturen, Institute und Trainer sind das Ziel aufwändiger Marketingoffensiven von Anbietern. Ein schier unübersichtlicher Angebotsdschungel, in dem die Orientierung, also das Finden des zum Veranstaltungsziel „passenden" Veranstaltungsortes, nahezu unmöglich ist. Auch im Internet ist die Suche zeitaufwändig. Anbieter wie Google, hrs und andere geben kaum tagungsspezifische Hinweise und die Homepages der Hotels sind nicht verlinkt. Dabei haben gerade Veranstalter und Teilnehmer konkrete Erwartungen an den Tagungsort: Unter anderem soll sich die Lehr- und Lernsituation ergonomisch darstellen, benötigte Technik muss bedienerfreundlich vorhanden sein und bei Bedarf soll ein Service-Mitarbeiter für Problemfälle schnell und unkompliziert Hilfe leisten können. Von nicht unerheblicher Bedeutung sind darüber hinaus die Ausstattung der Zimmer, die Qualität der Küchenleistung sowie die Wellness- und Freizeitangebote.

## Orientierungshilfen

Die Hotelporträts in diesem Buch sind auf die Fragen und Bedürfnisse von Veranstaltungsteilnehmern und Veranstaltungsorganisatoren abgestellt. Zum einen enthalten sie objektive Fakten: Adressen, Raumkapazitäten, Preise und Verkehrsanschlüsse dienen der ersten Orientierung. Zum anderen sind alle porträtierten Hotels subjektiv dargestellt und spiegeln persönlich Erlebtes von Journalisten wider, die nach bestem Wissen und Gewissen ihren persönlichen Eindruck vom jeweiligen Hotel aufgeschrieben haben.

## Das Hotelporträt

Für die Hotelbeschreibungen zeichnet jeweils ein Fachautor mit seinem Namen verantwortlich. Sie entstehen nach dem persönlichen Besuch im jeweiligen Hotel und porträtieren das Haus in seiner Gesamtheit. Sie entsprechen einer Qualitätseinschätzung des Hotels und haben ihren Ursprung in Marktinformationen, persönlicher Kompetenz, geführten Gesprächen und Beobachtungen während des Besuches vor Ort. Dabei sind die Tagungsräume und deren Ausstattung sowie der Gesamteindruck des Hotels inklusive des Logisbereiches, der Leistungen der Küchencrew und des Wellness- und Freizeitangebots des Hotels von besonderem Interesse. Allergrößte Beachtung wird der Serviceleistung und der Sachkompetenz der Mitarbeiterinnen und Mitarbeiter zuerkannt. Die Lage und die Umgebung sowie die Erreichbarkeit des Hotels werden ebenfalls im Rahmen der Reportage berücksichtigt nicht selten spielt die Geschichte der Landschaft oder der Stadt sowie des Hauses eine gewichtige Rolle. Das Angebotsverhalten sowie der Internetauftritt des Hotels fließen in den Gesamteindruck ein.

## Wissenswertes

Jedes porträtierte Hotel verfügt über ein individuelles Profil, über spezifische Stärken und über Unverwechselbares. Prägnante Wortgruppen sollen Antworten auf die Frage geben „Wodurch unterscheidet sich die Angebotspalette dieses Tagungshotels von anderen Häusern?". Vorausgesetzt wird dabei, dass es sich bei dem jeweiligen Hotel um ein Haus handelt, in dem die Serviceleistungen mit besonderer Freundlichkeit erbracht werden und alle Mitarbeiterinnen

# Ein Tagungshotel ist geeignet für die Durchführung von ...

### SEMINAREN

wenn es die Voraussetzungen bietet, lernintensive Tagungen mit bis zu 25 Teilnehmern durchführen zu können. Lernunterstützende Medien und Hilfsmittel (Pinnwände, Flipcharts, Beamer, technische Anschlüsse u.Ä.) sind vorhanden. Tageslicht in den dafür zur Verfügung stehenden Räumen ist ebenso unverzichtbar wie eine ergonomische Möblierung. Räume für Arbeiten in kleineren Gruppen und Möglichkeiten für individuelle Pausengestaltungen werden vorgehalten.

### KONFERENZEN

wenn es die Voraussetzungen bietet, informationsintensive Tagungen ab 50 Teilnehmern bei einer Dauer von einem bis zu mehreren Tagen durchführen zu können. Zeitgemäße Vortrags- und Präsentationsmedien sind in ausreichender Zahl vorhanden. Tageslicht und die Darstellung unterschiedlicher Lichtszenarien im Plenum sind ebenso erforderlich wie eine ergonomische Möblierung, die Möglichkeit der Klimatisierung der Konferenzräume ist zu gewährleisten. Neben dem Plenum verfügt das Hotel über ausreichende Raumkapazitäten für Gruppenarbeiten und Workshops. Die Arbeit eines Organisationsbüros wird räumlich und technisch gewährleistet.

und Mitarbeiter mit größter Flexibilität auf Gästewünsche reagieren.

## Fazit

Aufnahme in das Projekt finden nur Hotels mit nachgewiesener Expertise im Bereich Tagung, die für sich in Anspruch nehmen können, zu den Besten der Branche zu gehören. Das „Fazit" fällt ein abschließendes Worturteil zum jeweiligen Hotel. Es stellt zusammenfassend die herausragenden Leistungen dar und dient der Nutzerorientierung; darüber hinaus wird unterstellt, dass das beschriebene Hotel weitere positive Aspekte vorweisen kann, die zum Gelingen einer Tagung wesentlich beitragen können.

## Die Fotos

Vier Fotos zu jedem Hotel ergänzen die Rubriken und den Porträtteil. Sie tragen zur Vermittlung eines Gesamtbildes bei und sind geeignet, eine Vorstellung vom Hotel, den vorhandenen Räumlichkeiten sowie den Möglichkeiten, die das Hotel auch im Umfeld bietet, zu entwickeln.

## Die Kategorien

Der Begriff der „Tagung" ist der Oberbegriff, der eine große Vielfalt unterschiedlicher Tagungsformen beinhaltet. Fünf Kategorien (Seminar, Konferenz, Klausur, Kreativprozesse und Event) stellen Unterbegriffe dar und vermitteln – nutzerorientiert – eine Vorstellung davon, für welche Veranstaltungsform das Hotel besonders geeignet ist. Die Definitionen dazu werden auf der folgenden Seite genannt. Selbstredend wird davon ausgegangen, dass es neben und zwischen diesen Tagungsformen weitere Veranstaltungsformen gibt. Nachfolgend finden Sie eine Definition der Kategorien.

## KLAUSUREN

wenn es die Voraussetzungen bietet, in einem besonders ablenkungsfreien und ruhigen Umfeld Zusammenkünfte mit bis zu 20 Teilnehmern abhalten zu können. Besondere technische Anforderungen bestehen nicht, jedoch sollte die Möglichkeit gegeben sein, einen Sekretariat-Service einzurichten. Das Vorhandensein von individuellen Rückzugszonen und störungsfreien Orten für vertrauliche Gespräche ist von Vorteil.

## KREATIVPROZESSEN

wenn ein oder mehrere Tagungsräume in ihrer Einrichtung, Ausstattung und Atmosphäre geeignet sind, die Teilnehmer außergewöhnlich zu inspirieren und somit kreative Prozesse zu unterstützen. Zur Raumgestaltung trage innovative Farb-, Licht- oder Technikkonzepte sowie außergewöhnliche Designs oder Möblierungen bei. Gerade für moderne, partizipative Veranstaltungsformate besitzen diese Häuser besondere Kenntnisse und können sie entsprechend professionell begleiten.

## EVENTS

wenn es die Voraussetzungen bietet, Veranstaltungen durchzuführen, die der Emotionalisierung von Beziehungen (zwischen Menschen oder zwischen Menschen und Produkten oder zwischen Menschen und Institutionen) dienen. Neben den notwendigen räumlichen Voraussetzungen – in Abhängigkeit von der Größe des Events – bestehen hohe Ansprüche an kooperierende Partner im Bereich Logistik und Qualität. Die Gewährleistung eines reibungslosen Service in allen Bereichen (Technik, Gastronomie) ist unverzichtbar. Eventhotels gewährleisten die Durchführung entweder im/am Haus selbst oder in der näheren Umgebung.

# Kalkulationsanfrage und Hotelpräsentation

**Zwei Preiskalkulationen sind zu jedem Hotel im jeweiligen Statistikteil zu finden: Es handelt sich dabei um hoteleigene Kalkulationen konkreter Leistungspakete. Sie nennen immer den Nettopreis (zzgl. MwSt.) pro Teilnehmer einer Tagungsveranstaltung im Rahmen des gesamten Leistungspaketes, das wie folgt definiert wird. Da aber Übernachtungs- wie auch Tagungspreise saisonalen Schwankungen unterliegen oder teilweise auch je nach Wochentag anders kalkuliert werden, stellen diese Preise nur eine erste Orientierung dar.**

## ❶ KALKULATION 1

Veranstaltung an einem fiktiven Datum (ohne Berücksichtigung von Messe- oder Sonderpreisen, Firmenraten o. Ä.), 12 Tagungsteilnehmer, zwei Kaffeepausen, ein Mittagessen (kalt-warmes Buffet oder ein 3-Gänge-Menü), Wasser und Softgetränke im Tagungsraum ohne Begrenzung sowie Bereitstellung des Tagungsraumes von 10.00 bis 18.00 Uhr mit medialer Grundausstattung (Beamer, Flipchart, Pinwand, Verbrauchsmaterialien), WLAN sowie allen Raumkosten.

## ❷ KALKULATION 2

Veranstaltung an einem fiktiven Datum (ohne Berücksichtigung von Messe- oder Sonderpreisen, Firmenraten etc.), 1. Tag: 12 Tagungsteilnehmer, Tagungsbeginn 10.00 Uhr, zwei Kaffeepausen, ein Mittagessen (kalt-warmes Buffet oder ein 3-Gänge-Menü), Wasser und Softgetränke im Tagungsraum ohne Begrenzung, Abendessen, Übernachtung und Frühstück; 2. Tag: Tagung bis 15.00 Uhr, zwei Kaffeepausen, ein Mittagessen (kalt-warmes Buffet oder ein 3-Gänge-Menü), Wasser und Softgetränke im Tagungsraum ohne Begrenzung. Bereitstellung des Tagungsraumes während der Dauer der Tagung mit medialer Grundausstattung (Beamer, Flipchart, Pinwand, Verbrauchsmaterialien), WLAN sowie allen Raumkosten.

**New Work – New Life**

**LOGIS**

**98 Zimmer:**
57 EZ, 39 DZ, 2 Suiten

**TAGUNG**

**Besonders geeignet für:**
Seminar, Klausur, Kreativprozesse, Event

**Räume**
Tagungsräume: 17
Ausstellungsfläche: 290 m²

**Maximale Tagungskapazität**
U-Form: 52 Pers.
Parlamentarisch: 123 Pers.
Reihenbestuhlung: 230 Pers.

**Preise**
❶ Preiskalkulation 1* 106,28 €
❷ Preiskalkulation 2* 403,16 €

*Alle Angaben Nettopreise zzgl. MwSt., Kalkulationsanfrage siehe Seite 38

**HAGEN**

🚗 A 1: 7 km
A 45: 7 km
A 46: 3 km

🚆 Fern: Hagen, 3,5 km

✈ Dortmund: 20 km

Im Zuge der Digitalisierung wollen immer mehr Mensch ihre Arbeitszeiten und -orte flexibel gestalten. Im Arcade fließen darum die Funktionen Tagen, Arbeiten, Lern sowie Schlafen, Essen und Freizeit ineinander, um die Ide der „Neuen Arbeit" optimal zu unterstützen. Diese Philos phie haben Claudia und Jörg Bachmann für ihr Haus entwi fen und in Form einer stimmigen Raumkonzeption vereint r mutiger und mehrfach preisgekrönter Designsprache umg setzt. Die Gäste spüren die besondere Atmosphäre schon b der Ankunft. So empfängt sie auf dem Parkplatz leise Mus sowie im Hause ein eigens für das Arcadeon kreierter Du Die einladende Lobby leitet direkt in EMILs Bar und Loun über. Hier spielt eine große 4-K-Media-Wall mal Natur, m Sport oder Konzerte täuschend echt ein. Den integrierte Stammtisch der Bar nutzen die Gäste ebenso zum Arb ten wie das schicke Restaurant KARLs, benannt nach de Hagener Kunstmäzen Karl-Ernst Osthaus. Überall im Ha verbreiten gemütliche Sitzgelegenheiten und Grünpflanze einen Hauch Wohnzimmer-Feeling, nicht zuletzt in den hell Tagungsräumen, die neben professioneller Tagungstechn auch mit rollbaren Eiche tischen, hier und da Stehlar pen und Sessel und eine farbenfrohen Ambiente au warten. Zwei verfügen durch ihr Raum-in-Raum-Konze mit farblich abgestimmten Nischen auch über eigene Gru penarbeitsbereiche. Der Kreativraum „Hexagon" punktet n seiner außergewöhnlichen Einrichtung aus allerlei Sech eckigem und im Erlebnisraum „Wald" erzeugt eine spezie Lichtinstallation authentisches Waldgefühl. Tagen in echte Grün ist zudem im Outdoor-Tagungsraum auf der Terras möglich. Im wenige Schritte entfernten „Quartier 82" steht z dem ein Kreativzentrum mit 20 Zimmern, offenen Räume Bar und Küche für Events oder Open-Space-Tagungen z Verfügung. Unterstützt wird das Ganze durch herzlich Service und eine leistungsfähige, synchrone Internetverbi dung. Auf allen Gästezimmern gibt es einen 48-Zoll-Sma TV. Einige „Transforming Rooms" lassen sich auf Knopfdruc vom behaglichen Schlafzimmer in einen spontan buchbar kleinen Besprechungsraum umwandeln. Buchen könne die Gäste auch „Quick & Easy" über die Homepage gänzli online. *Katrin Nauber-Happ*

**WISSENSWERTES**

• Hybridtagungstechnik: Clevertouch
• ausreichend eigene Parkplätze
• Bar, Biergarten, Barbecue, moderner Fitnessraum, eigener Park mit Seilgar und Outdoor-Fitnessgeräten, Outdoor-Tagungsraum
• „Quartier 82" als Event-Location mit Zimmern, Kreativ-Räumen und Küche
• Preisnachlass im „Westfalenbad" mit Bade- und Saunalandschaft

000

## ARCADEON Haus der Wissenschaft und Weiterbildung

58093

**ZIT**

außergewöhnliche Hotelkonzep-
lässt die Bereiche Tagen, Essen,
lafen und Freizeit ineinanderfließen
vereint das **hochprofessionelle**
ungserlebnis mit mehrfach
sgekröntem, mutigem Design.
Ganze ist auch „Quick & Easy"
ne buchbar.

rke, synchrone Internetleistung.

onderes Augenmerk gilt der
ngelobten Küche.

NEUES DENKEN BRAUCHT NEUE RÄUME

**093 HAGEN**
nestraße 91
+49 2331 3575-0
@arcadeon.de
w.arcadeon.de

000

Die genannten Preise beinhalten die
Kosten pro Teilnehmer während der
beschriebenen Veranstaltung. Diese
wurden vor Redaktionsschluss
(15. Feburar 2025) in Abstimmung
mit den Häusern einer nochmaligen
Überprüfung unterzogen. Fehlerhafte
Angaben fallen in die Verantwortung
des jeweiligen Hotels oder resultieren
aus Preiserhöhungen nach Redaktionsschluss. Es wird ausdrücklich darauf
hingewiesen, dass Preise saisonalen
Schwankungen unterliegen können.
Da diese Publikation ausschließlich
im B-to-B-Bereich genutzt wird,
haben wir uns entschlossen, Preis-
angaben in netto auszuweisen.
Dies ist im Geschäftsalltag üblich.

# Checkliste für Ihre nächste Tagungsanfrage

**Je genauer Sie sich im Vorfeld Gedanken machen, desto besser können Ihnen die Hotels bei der Planung Ihrer Veranstaltung helfen und Ihnen ein entsprechendes Angebot zukommen lassen.**

**Folgende 10 Punkte bringen Sie und das angefragte Hotel sehr schnell zum konkreten Angebot:**

**1 ZIEL DER VERANSTALTUNG:**
Welches Ziel hat Ihre Tagung bzw. was möchten Sie damit erreichen, z.B. eine Produktschulung oder eher ein Teambuilding? TOP Tagungshotels bieten dafür oftmals sehr unterschiedliche Räume an.

**2 ORT:**
Bilden Sie eine Prioritätenliste hinsichtlich des Ortes, z.B. zentral an Autobahn, ÖPNV oder Flughafen oder lieber ablenkungsfreie Lage? Mitten im Grünen oder am Wasser – gerade wenn's kreativ werden soll!

**3 TERMIN:**
Haben Sie einen relativ fixen Termin, damit das Hotel Ihnen ein konkretes Angebot erstellen kann? Umgekehrt: Sind Sie z.B. bezüglich der Wochentage noch flexibel? Das ermöglicht evtl. preislichen Spielraum zu Ihren Gunsten!

**4 TEILNEHMER:**
Nehmen alle Teilnehmer auch während der ganzen Veranstaltung teil? Was müssen die Teilnehmer selbst zahlen, was übernimmt der Auftraggeber?

**5 TAGUNGSRÄUME:**
Brauchen Sie neben dem Hauptraum auch „Nebenräume" für Gruppenarbeit oder Coaching-Gespräche? Oder vielleicht sogar eine Outdoor-Möglichkeit?

www.top250tagungshotels.de

**6**

**BESTUHLUNGSFORM:**

Welche Art der Bestuhlung ist für Ihre Tagung sinnvoll? U-Form, parlamentarisch oder ein komplett leerer Raum für kreative Prozesse? Klären Sie das rechtzeitig mit dem beauftragten Seminarleiter.

**7**

**MATERIAL & TECHNIK:**

Welche Anzahl an Flipcharts und Pinnwänden wird benötigt? Ist ein Beamer, ein digitales Whiteboard oder Technik für hybride Formate erforderlich?

**8**

**CATERING:**

Wie umfangreich sollen die Kaffeepausen gestaltet werden? Ist ein Abendessen geplant? Ganz wichtig: Gibt es Allergiker bzw. Vegetarier/Veganer unter Ihren Teilnehmern?

**9**

**ÜBERNACHTUNG:**

Wie viele Zimmer (EZ oder DZ) werden benötigt, gibt es besondere Anforderungen (barrierefrei, Allergiker …)? Sind Vorabend-Anreisen für Trainer oder Teilnehmer erforderlich?

**10**

**RAHMENPROGRAMM:**

Besteht der Wunsch nach einem zusätzlichen Rahmenprogramm, z.B. gemeinsames Kochen oder eine Outdoor-Aktivität? Soll es das Ziel der Veranstaltung unterstützen oder reinen Freizeit- und Unterhaltungswert haben?

V eranstalter, deren Wahl auf Schloss Eckberg als Tagungsort fällt, können auf einen deutlichen Mehrwert vertrauen: Das Anwesen atmet Geschichte und präsentiert gleichermaßen sächsische Kultur. Darüber hinaus bietet es ein störungsfreies Veranstaltungsumfeld und die Möglichkeit, die beeindruckenden Sehenswürdigkeiten Dresdens in die Veranstaltungsplanung einzubinden. Beispielsweise als attraktives und unvergessenes Rahmen- oder Begleitprogramm: Die wiedererstandene Frauenkirche, eine Vielzahl von Schlössern und Museen, die vom Italiener Canaletto auf so beeindruckende und schöne Art gemalte Silhouette und nicht zuletzt die nähere Umgebung von Dresden, Moritzburg und Pillnitz etwa. Schloss Eckberg ist in diese einzigartige Kulturlandschaft eingebettet und deren unverzichtbarer Bestandteil – neben den benachbarten Elbschlössern thront das Haus hoch über der Elbe und ist von einem wildromantischen Park umgeben, der zum Flanieren und Verweilen einlädt. Ein nicht unwesentlicher Aspekt für Veranstalter, denen neben einer besonders repräsentativen Tagungsumgebung Naturnähe wichtig ist. Denn: Schloss Eckberg ist eine der feinsten Dresdner Tagungsadressen! Für Events und Dinner nutzen Veranstalter die Räume im Schloss – Parkettböden, Holztäfelungen und faszinierend schöne Kassettendecken machen sie einzigartig und unverwechselbar. Für Meetinggruppen mit 8 Teilnehmern steht die altehrwürdige Bibliothek als Hightech Meeting Room zur Verfügung: Rechner können vernetzt, Präsentationen auf einem extragroßen Bildschirm projiziert und Videokonferenzen durchgeführt werden. Tagungsgruppen mit bis zu 100 Teilnehmern nutzen die Räume in der Remise: Sie bietet auf zwei Ebenen vier tagesbelichtete Arbeitsräume. In den Sommermonaten wird der stimmungsvolle Innenhof unmittelbar davor gern für Breaks und stilvoll inszenierte Pausen genutzt. Besonders erwähnenswert ist das Schlossrestaurant, in dem von einem vorzüglichen Service eine exzellente Küche gereicht wird – der Blick über die Elbe auf die zu Füßen liegende Stadt ist grandios. Wohl auch deshalb gilt die Adresse als besonders hochwertiger Veranstaltungsort für Seminare, Klausuren und Events.

*Thomas Kühn*

## Prädikat: Hochwertig!

### LOGIS

**84 Zimmer:**
79 DZ, 5 Suiten

### TAGUNG

**Besonders geeignet für:**
Seminar, Konferenz, Klausur, Event

**Räume**
Tagungsräume:                    4

**Maximale Tagungskapazität**
U-Form:                    30 Pers.
Parlamentarisch:           60 Pers.
Reihenbestuhlung:         100 Pers.

**Preise**
Preiskalkulation 1*          113,00 €
Preiskalkulation 2*          374,00 €

*Alle Angaben Nettopreise zzgl. MwSt., Kalkulationsanfrage siehe Seite 32

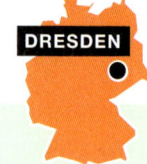

DRESDEN

**A 4:** 7,5 km

**Fern:** Dresden Hbf., 7 km
**Nah:** Dresden Neustadt, 4,5 km

**Dresden:** 12 km

### WISSENSWERTES

- Schloss Eckberg ist Teil der Dresdner Neustadt, der „touristische Hot Spot Altstadt" befindet sich auf der anderen Flussseite und ist gut erreichbar
- kostenlose Parkplätze vorhanden, 2 E-Ladesäulen nutzbar
- Fitnessstudio kann genutzt werden
- Logisbereich präsentiert sich in zwei Kategorien
- Außengastronomie in der warmen Jahreszeit vor dem Schloss, auf der Terrasse mit beeindruckendem Blick über die Elbe und auf die Silhouette Dresdens

# Schloss Eckberg

## FAZIT

**Schloss Eckberg fasziniert durch Einzigartigkeit:** In einem 15 Hektar großen Park gelegen, besticht das Anwesen mit beeindruckenden Räumen, einer zuvorkommenden und professionell agierenden Servicemannschaft und nicht zuletzt mit seiner Lage.

**Die Schlossküche begeistert** – mit leichter und überaus schmackhafter Kost, traditionellen Gastgebertugenden sowie einem überaus freundlichen und fachlich versierten Service.

**Das Schlossparkareal** bietet Möglichkeiten für Outdooraktionen.

## SCHLOSS ECKBERG
### Hotel und Restaurant

**01099 DRESDEN**
Bautzner Straße 134
Tel. +49 351 8099-0
info@schloss-eckberg.de
**www.schloss-eckberg.de**

D as Herz Sachsens ist grün: Rauschende Wälder und weite Wiesen prägen sein Antlitz, im Frühsommer verschwendet der blühende Raps sein leuchtendes Gelb. Die Gegend zwischen Tharandt und Freiberg, westlich von Dresden gelegen, hat Dichter inspiriert und Maler beeindruckt. Kleist, Schiller und Goethe waren begeistert, Klengel und Schinkel haben die Landschaft in Bildern festgehalten. Am höchsten Punkt dieser Gegend gelegen, präsentiert sich das Hotel Neue Höhe seit 1998 als privat geführtes Vier-Sterne-Hotel mit großer Historie. Die Ursprünge gehen bis in die Anfänge des 19. Jahrhunderts zurück, die Geschichte war wechselvoll und hat es mit der ursprünglichen Fuhrmannswirtschaft nicht immer gut gemeint. Es ist der ortsansässigen Familie Butze zu verdanken, dass das Anwesen gerettet wurde und sich heute als anspruchsvolles Natur- & Businesshotel präsentiert. Alte Substanz wurde liebevoll saniert, neue Gebäudeteile ergänzen Ursprüngliches. Sechs flexibel nutzbare Tagungsräume stehen für kleinere Tagungsformate, für Seminare und Klausuren zur Verfügung. Große Fensterfronten sorgen für Tageslicht und unvergleichliche Ausblicke – bei schönem Wetter ist die Silhouette von Dresden erkennbar. Besonderer Erwähnung bedarf der Raum „Heuboden" – rustikale Accessoires mit

## LOGIS

**31 Zimmer:**
2 EZ, 29 DZ

## TAGUNG

**Besonders geeignet für:**
Seminar, Klausur,
Kreativprozesse, Event

**Räume**
Tagungsräume:               6
Ausstellungsfläche:      20 m²

**Maximale Tagungskapazität**
U-Form:                30 Pers.
Parlamentarisch:       40 Pers.
Reihenbestuhlung:      60 Pers.

**Preise**
Preiskalkulation 1*      85,00 €
Preiskalkulation 2*     298,00 €

*Alle Angaben Nettopreise
zzgl. MwSt., Kalkulationsanfrage siehe Seite 32

# Natur- & Business-<br>hotel mit Dresdenbezug

regionalem Bezug und viel helles Holz unterstreichen den Landhotelcharakter des Hauses, eine direkt zugängliche Terrasse lockt in den Tagungspausen. Die Hotelküche greift diese Positionierung auf und verwöhnt – frisch und saisonal – mit moderner Küche, Wild und Fisch aus der Umgebung sowie Fleisch aus der nahen Charolaiszucht. Die Einzellage des Hotels gewährleistet besonders konzentriertes und störungsfreies Arbeiten. Tagungsgästen bieten sich Möglichkeiten der individuellen Regeneration. Etwa in der Bio-Saunalandschaft des Hauses oder bei speziellen Retreats. Die 31 Zimmer sind individuelle und wohnliche Rückzugsbereiche – farblich akzentuiert eingerichtete Landhauszimmer. Das Natur- und Businesshotel kooperiert erfolgreich mit dem im Nachbarort gelegenen „Georado" – neben weiteren Tagungskapazitäten wird dort auch eine Vielzahl von attraktiven Rahmen- und Begleitprogrammen offeriert.                    *Thomas Kühn*

**KLINGENBERG**

**A 4:** 22 km
**A 17:** 22 km

**Fern:** Dresden, 28 km
**Nah:** Klingenberg-Colmnitz, 2 km

**Dresden:** 40 km

## WISSENSWERTES

- Veranstalter profitieren von der Lage des Hotels nahe Dresden – die Landeshauptstadt und deren Sehenswürdigkeiten sind in circa 30 Minuten erreichbar
- kostenfreie Parkplätze am Hotel vorhanden
- Gruppen können separierte Restaurantbereiche für ungestörte Mahlzeiten nutzen
- Für informelle Gespräche am Abend stehen Räumlichkeiten zur Verfügung

© Foto LTV SACHSEN Martin Förster

01774

# Neue Höhe
# Neuklingenberg

## NEUE HÖHE

NATUR- & BUSINESSHOTEL
NEUKLINGENBERG

## FAZIT

Das Natur- & Businesshotel Neue Höhe bietet zum einen alle Vorteile eines **ländlich gelegenen Tagungshotels.** Der **unmittelbare Bezug zu Dresden** und seinen kulturellen Möglichkeiten ist gegeben.

Die **Tagungsräume bestechen** mit Einrichtung und Ausblicken – große Fensterfronten sorgen für Tageslicht und einen unverstellten Blick in die grüne Umgebung des Hotels.

**Einzigartige Rahmen- und Begleitprogramme** sind geeignet, die Tagesordnungen vornehmlich kleinerer Veranstaltungen aufzuwerten.

## 01774 KLINGENBERG

Neuklingenberg 11
Tel. +49 35202 50900
Tel. +49 15126511331
info@neuehoehe.de
www.neuehoehe.de

39

**D**as nahe Dresden, in Pulsnitz gelegene Boutique-Tagungshotel Waldblick wird von seinem Management als Kraftort präsentiert: Alle Rahmenbedingungen sowie die Hard- und Software des Hauses bieten beste Arbeits- und Lebensbedingungen, die die Veranstalter bei der Gestaltung von Prozessen begleiten. Das Ringen um Perfektion in allen Hotelbereichen, das Bestreben, Gästen einen unvergesslichen Aufenthalt zu gestalten, ist allenthalben spürbar – die Gästereaktionen und das kontinuierliche Wachstum in den letzten Jahren bestätigen den Weg, den das Haus und seine Mannschaft eingeschlagen haben. Signifikant ist, dass es den Pulsnitzern gelingt, den Spagat zwischen Traditionsbezug und zeitgemäßer Hotelkultur zu schaffen. Das Haus gilt als kleine und feine Adresse für Veranstaltungen mit bis zu 40 Teilnehmern, die im Großraum Dresden ungestört und in grüner Umgebung tagen wollen. Von der Autobahn aus gut erreichbar, stehen Parkplätze und E-Ladesäulen in ausreichender Zahl zur Verfügung. Drei Arbeitsräume bietet das Hotel: Während ein Meetingraum dem schnellen Besprechungsgeschäft vorbehalten ist, präsentiert sich der in zwei Raumsegmente teilbare Wintergarten als lichthelles Angebot, dem es an nichts mangelt: Ein großer Plasmabildschirm sowie zwei Cannyboards können für Präsentationen genutzt werden, Technikanschlüsse verschwinden in unauffälligen Bodentanks und Beamer sowie Leinwand sind fest in der Decke installiert. Ein vierter Tagungsraum bietet die Möglichkeit, fernab vom Hotelgeschehen besonders ungestört zu arbeiten. In dem sich an das Hotel anschließenden 8.000 m² großen Garten finden Gäste die neueste Attraktion: Jahreszeitenunabhängig können Teams auf der Eisstockanlage spielen, die „Strohboid-Lounge" eignet sich bestens für informelle Gespräche im Anschluss. Helles Holz, zeitlos-klassische Möblierung, das Feuer in einem Kamin und Reminiszenzen an die Pulsnitzer Pfefferkuchen-Tradition schaffen eine wohlige Atmosphäre im hochgeschätzten Restaurant. Auf den Tisch kommt Sächsisch-Traditionelles, Mediterranes und Vegetarisches und Veganes – als Teil von Tagungspauschalen, die sich an den Bedürfnissen und am Geldbeutel von Veranstaltern orientieren.

*Thomas Kühn*

# Ein Kraftort

## LOGIS

**25 Zimmer:**
2 EZ, 20 DZ, 1 Appartement,
1 Studio, 1 Suite

## TAGUNG

**Besonders geeignet für:**
Seminar, Klausur,
Kreativprozesse, Event

**Räume**
Tagungsräume: 4

**Maximale Tagungskapazität**
U-Form: 40 Pers.
Parlamentarisch: 50 Pers.
Reihenbestuhlung: 80 Pers.

**Preise**
Preiskalkulation 1* 85,00 €
Preiskalkulation 2* 265,00 €

*Alle Angaben Nettopreise
zzgl. MwSt., Kalkulationsanfrage siehe Seite 32

**PULSNITZ** ●

**A 4:** 4 km

**Fern:** Dresden Hbf., 37 km
**Nah:** Pulsnitz, 1,4 km

**Dresden:** 19 km

## WISSENSWERTES

- Boutique-Tagungshotel Waldblick wurde in den 90er Jahren eröffnet und wird aktuell in dritter Generation als Familienbetrieb geführt
- Ein Teil des Logisbereichs ist (sehr schön) modernisiert worden, alle Zimmer verfügen über einen Schreibtisch sowie Arbeitslicht
- In der warmen Jahreszeit kann eine Terrasse genutzt werden
- Küche schöpft aus den Produkten der Region: Fisch, Wild und Gemüse werden zu schmackhaften Gerichten verarbeitet

# Boutique-Tagungshotel
## Waldblick

**WALDBLICK**

IN RUHE ENTFALTEN.

### FAZIT

Das Boutique-Tagungshotel Waldblick bietet für **Tagungsgruppen beste Voraussetzungen,** ungestört und naturnah – auch hybrid – arbeitsintensive Prozesse zu gestalten. Der große Garten kann uneingeschränkt dazu genutzt werden.

Im schönen Hotelrestaurant wird eine **ehrliche, sächsische Küche** gereicht – als Teil gepflegter Gastfreundschaft des Familienbetriebes.

Das Hotel kann als Ausgangspunkt für **Dresden-Exkursionen** genutzt werden.

**01896 PULSNITZ**
Königsbrücker Straße 119
Tel. +49 35 955-7450
mail@waldblick-pulsnitz.de
**www.waldblick-pulsnitz.de**

**S**tefan Heym hat Schwarzenberg ein literarisches Denkmal gesetzt: In seinem gleichnamigen Roman, der im Kern auf historischen Tatsachen beruht, werden der Ort und seine Menschen porträtiert. Für einen historisch kurzen Zeitraum unmittelbar nach dem Ende des Zweiten Weltkrieges ist Schwarzenberg eine politische „Terra incognita", weder Russen noch Amerikaner nehmen das Stadtgebiet für sich in Anspruch. In diesem Machtvakuum entsteht eine Gesellschaftsutopie, die letztlich zum Scheitern verurteilt ist. Und auch wenn das Hotel in dem belletristischen Kontext keine Rolle spielt, hat es doch Stadtgeschichte geschrieben! Im Jahr 1910 errichtet, war es lange Zeit das „erste Haus am Platz", schließlich wechselten die Nutzungen und letztendlich drohte das Gebäude zu verfallen. An die „guten alten Zeiten" erinnern noch heute historische Fotografien, etwa im Restaurant, historische Speise- und Menükarten sind an der Rezeption zu bestaunen. Die 90er Jahre gelten als wichtigste Zäsur: Das Hotel wurde komplett saniert und durch einen Neubau ergänzt, die Zimmerzahl damit deutlich erhöht – neben Doppel- und Einzelzimmern stehen auch drei Juniorsuiten sowie ein behindertengerechtes Zimmer zur Verfügung. Und so knüpft das Haus heute an seine erfolgreiche Geschichte an und beherbergt neben Individualgästen, die die „Perle des Erzgebirges" besuchen, auch Tagungsgruppen. Die finden in vier – teilweise miteinander kombinierbaren und technisch gut ausgestatteten – Räumen Platz und Raum für kleine und mittelgroße Veranstaltungsformate. Besonderer Erwähnung wert ist der Wintergarten – große Fensterfronten sorgen für Tageslicht in Fülle; bis zu 20 Teilnehmern bietet der Raum Platz für intensives Arbeiten. Gastronomisch bietet das Hotel Neustädter Hof eine bodenständig-regionale Küche mit internationalen Akzenten. In den warmen Sommermonaten stehen – auch Tagungsgästen – die Freiluft-Lounge sowie der Biergarten am gemächlich dahinfließenden Schwarzwasser zur Verfügung. Darüber hinaus stehen ein kleiner, gut ausgestatteter Fitnessraum sowie ein rustikal eingerichteter Saunabereich zur Nutzung bereit. Das Hotel Neustädter Hof bietet grundsolide Tagungsbedingungen in einem technisch hochwertigen Arbeitsumfeld. *Thomas Kühn*

## Solide Arbeitsbedingungen

### LOGIS

**72 Zimmer:**
18 EZ, 50 DZ, 3 Junior-Suiten, 1 Superiorsuite

### TAGUNG

**Besonders geeignet für:**
Seminar, Konferenz, Klausur, Event

**Räume**
| | |
|---|---|
| Tagungsräume: | 4 |
| Ausstellungsfläche: | 210 m² |

**Maximale Tagungskapazität**
| | |
|---|---|
| U-Form: | 40 Pers. |
| Parlamentarisch: | 60 Pers. |
| Reihenbestuhlung: | 96 Pers. |

**Preise**
| | |
|---|---|
| Preiskalkulation 1* | 69,50 € |
| Preiskalkulation 2* | 259,50 € |

*Alle Angaben Nettopreise zzgl. MwSt., Kalkulationsanfrage siehe Seite 32

**SCHWARZENBERG**

**A 72:** 20 km

**Fern:** Leipzig Hbf., 115 km
**Nah:** S-Bahn Schwarzenberg, 0,5 km

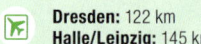
**Dresden:** 122 km
**Halle/Leipzig:** 145 km

### WISSENSWERTES

- gute Erreichbarkeit im Westerzgebirge, 50 Parkplätze am Haus, Tiefgarage nutzbar
- Geschichtsträchtiger, erlebenswerter Kontext: Schwarzenberg ist Teil der Montanregion Erzgebirge/Krusnohri, die von der UNESCO im Jahr 2019 zum Bestandteil des Weltkulturerbes erklärt wurde
- Hotelbar vorhanden
- W-LAN kostenfrei nutzbar
- Interaktives Tafelsystem Cannyboard steht zur Verfügung

08340

# Hotel
# Neustädter Hof

Hotel Neustädter Hof

SCHWARZENBERG/ERZGEB.

### FAZIT

Das Hotel Neustädter Hof präsentiert sich als Tagungshotel, in dem vornehmlich kleinere und mittelgroße Gruppen in **technisch gut ausgestatteten Räumen grundsolide Arbeitsbedingungen vorfinden.**

Der 72 Zimmer umfassende **Logisbereich bietet angemessenen Wohnkomfort;** für die individuelle Tagungsvor- und -nachbereitung bietet jedes Zimmer einen Schreibtisch.

Die **Hotelküche** präsentiert sich kreativ, der **umsichtige Service** arbeitet professionell.

**08340**
**SCHWARZENBERG/**
**ERZGEBIRGE**

Grünhainer Straße 24
Tel. +49 3774 1250
info@neustaedterhof.de
**www.neustaedterhof.de**

43

Tagungsveranstalter wissen um die Qualitäten des Hotels Forsthaus Grüna, östlich von Chemnitz gelegen. Zwar assoziiert der Name Traditionell-Historisches, jedoch ist unverkennbar, dass es dem Haus und seiner Mannschaft gelingt, gekonnt eine wohlüberlegte Brücke zwischen bewährter Tradition einerseits und hochanspruchsvollem – modernem und zeitgemäßem – Standing andererseits zu schlagen. Über zwei – miteinander korrespondierende – Seiten verfügt das Hotel deshalb: Die historische Gaststube verweist auf Geschichte des Ortes. Das urige Interieur wird von der Holzdielung, einem alten Kachelofen und Jagdassesoires geprägt und bietet Tagungsgruppen die Möglichkeit, das Haus und die Gemeinschaft stimmungsvoll zu genießen und zu erfahren. Andererseits bedient Forsthaus Grüna alle Erwartungen an ein zeitgemäßes und modernes Tagungsdomizil: Insgesamt vier Tagungsräume bieten komfortable Arbeitsmöglichkeiten – lichthell und ergonomisch ausgestattet, gewährleisten sie ermüdungsfreies Arbeiten. Besonderer Erwähnung bedarf der 110 m² große Raum „Hartmann". Die Lichtsituation sowie seine architektonische Konfiguration – deutliche Bezüge zur fernöstlichen Feng-Shui-Lehre sind unverkennbar – machen den Raum zum Herzstück des Hotels. Der Stil des Hauses setzt sich in dem 32 Zimmer umfassenden Logisbereich fort: Naturbelassene Oberflächen vermitteln rustikale Eleganz und natürlich-gelassenes Wohngefühl. Die Küche orientiert sich an den Bedürfnissen von Veranstaltern, sie präsentiert sich leicht, wahlweise auch deftig, immer aber regional und saisonal. Besonderer Erwähnung wert ist die begehbare Vinothek, in der sich Tagungsgruppen zu stilvollen abendlichen Degustationen treffen, eine Bowlingbahn ergänzt das Angebot indoor, das durch Offerten im angrenzenden Rabensteiner Wald komplettiert wird. Eine besondere Attraktion für Tagungsgruppen dürfte indes ein abendlicher Ausflug ins Stadtzentrum von Chemnitz sein, die „Kulturhauptstadt Europas 2025" bietet einiges zu entdecken und zu erleben. Forsthaus Grüna präsentiert sich wohltuend traditionell und entspricht gleichzeitig den Erwartungen an komfortables sowie zeitgemäßes Tagen vollumfänglich.

*Thomas Kühn*

## Traditionell und authentisch

### LOGIS

**32 Zimmer:**
8 EZ, 22 DZ, 2 Suiten

### TAGUNG

**Besonders geeignet für:**
Seminar, Klausur

**Räume**
| | |
|---|---|
| Tagungsräume: | 4 |
| Ausstellungsfläche: | 150 m² |

**Maximale Tagungskapazität**
| | |
|---|---|
| U-Form: | 35 Pers. |
| Parlamentarisch: | 50 Pers. |
| Reihenbestuhlung: | 100 Pers. |

**Preise**
| | |
|---|---|
| Preiskalkulation 1* | 65,00 € |
| Preiskalkulation 2* | 240,00 € |

*Alle Angaben Nettopreise
zzgl. MwSt., Kalkulationsanfrage siehe Seite 32

CHEMNITZ

**A 4:** 2 km
**A 72:** 2,5 km

**Fern:** Chemnitz Hbf., 10 km
**Nah:** Grüna, 2 km

**Dresden:** 75 km

### WISSENSWERTES

- Hotel führt das „Certified Green Hotel"-Siegel (VDR)
- Hotelparkplätze und W-LAN kostenfrei
- Bowlingbahn und Vinothek stehen zur Verfügung
- Veranstaltungsabteilung kooperiert mit regionaler Outdooragentur
- Hotel verfügt über ein interaktives Tafelsystem (Galneoboard)
- Hotel ist offizieller Unterstützer der Chemnitzer Präsentation als „Kulturhauptstadt Europa 2025"

# Hotel
# Forsthaus Grüna

FORSTHAUS
Hotel & Restaurant    GRÜNA

Chemnitz
Kulturhauptstadt
Europas

2025
UNTERSTÜTZER

## FAZIT

**Forsthaus Grüna besticht durch sein Gesamtkonzept:** Die moderne Architektur hat ein Stück Geschichte bewahrt, die ausgewählten Materialien sowie das Interieur harmonieren mit der natürlichen Umgebung des Hotels und die Tagungsräume bestechen durch Ausstattung und Konfiguration.

Das stimmige Gesamtkonzept wird durch den **freundlichen und zuvorkommenden Service** mit Leben gefüllt; präsentierte Kunst stellt Bezüge zur Chemnitzer Kultur- und Industriegeschichte her.

**09224
CHEMNITZ/GRÜNA**

Rabensteiner Straße 17
Tel. +49 371 84252-0
info@forsthaus-gruena.de
**www.forsthaus-gruena.de**

45

D as im unmittelbaren Einzugsbereich von Chemnitz gelegene Hotel Röhrsdorfer Hof trägt den Namenszusatz „Boutique Genuss Hotel" – und gibt damit eine, seine, unverwechselbare Programmatik vor: Inhabergeführt, 24 Zimmer, unter anderem auch Suiten und Themenzimmer bietend, legt das Management allerhöchsten Wert auf die Qualität aller gebotenen Serviceleistungen, auf die persönliche Betreuung und Umsorgung seiner Gäste: Ein Glücksfall für Tagungs- und Eventveranstalter der prosperierenden Region, denn im rückwärtigen, ruhigen Teil des Hauses ist mit viel Umsicht und Sorgfalt, auch mit „wissender Hand" ein Tagungszentrum nutzbar, das aufgrund seiner Einrichtung und seiner Servicekonzeption über die Region hinaus Maßstäbe setzt. Es bietet sechs individuell eingerichtete Räume, die Tagungsgäste zu Kreativleistungen inspirieren und gedankliche Potentiale freisetzen. Farblich akzentuiert und mit moderner Tagungstechnik vollständig eingerichtet bieten sie umfassenden Tagungskomfort. Für Breaks und informelle Pausen steht ein separater Raum mit Gesprächsinseln zur Verfügung. Und sollten dennoch im Tagungsverlauf nicht geplante Bedürfnisse entstehen, ist der Weg zu den Servicekollegen kurz – deren gläsernes Büro befindet sich ebenfalls im Tagungscenter! Außerhalb des Tagungscenters kommen auch Businessgäste in den Genuss der Boutiquequalitäten des Hauses, unter anderem in den insgesamt fünf Restaurantbereichen, die jeweils unterschiedliche Raumszenarien bieten. In sorgfältig gestalteten und liebevoll dekorierten Räumen speisen Tagungsgäste „unter sich" – ungestört und genussvoll, die Küche lebt die Saison und bietet auch Themenabende –, das gastronomische Konzept ist immanenter Bestandteil des Tagungskonzepts des Hotels, beide Bereiche greifen ineinander. Etwa in der wärmeren Jahreszeit, wenn der großzügige Außenbereich gastronomisch mit Loungemöbeln aufgewertet wird – für inszenierte Pausen etwa oder für stimmungsvolle BBQs, bei denen der informelle Gedankenaustausch im Mittelpunkt steht. Der 24 Zimmer bietende Logisbereich gefällt insbesondere aufgrund seiner phantasievollen Einrichtung – auch die unterstreicht deutlich den Boutique-Charakter des Hotels. *Thomas Kühn*

## Persönlich und individuell

## LOGIS

**24 Zimmer:**
5 EZ, 8 DZ, 3 Suiten,
7 Themenzimmer, 1 Sonstiges

## TAGUNG

**Besonders geeignet für:**
Seminar, Klausur,
Kreativprozesse, Event

**Räume**
Tagungsräume:                    7
Ausstellungsfläche:        350 m²

**Maximale Tagungskapazität**
U-Form:                    40 Pers.
Parlamentarisch:           60 Pers.
Reihenbestuhlung:          90 Pers.

**Preise**
Preiskalkulation 1*      65,00 €
Preiskalkulation 2*     260,00 €

*Alle Angaben Nettopreise
zzgl. MwSt., Kalkulationsanfrage siehe Seite 32

CHEMNITZ

**A 4:** 2,5 km
**A 72:** 2,5 km

**Fern:** Leipzig, 75 km
**Nah:** Chemnitz, 9 km

**Dresden:** 75 km
**Halle/Leipzig:** 75 km

## WISSENSWERTES

• Das Tagungsbüro befindet sich unmittelbar im Tagungszentrum –
  Tagungsgästen steht ein umfassender „Problemlösungsservice" zur Verfügung
• kostenlose Parkplätze am Haus vorhanden
• Tagungsgruppen können zu den Mahlzeiten separiert umsorgt werden
• sehr gut ausgestattete, einzigartige Tagungslounge
• aufgrund des zur Verfügung stehenden Außengeländes können
  auch Präsentationen von schwerem Gerät durchgeführt werden

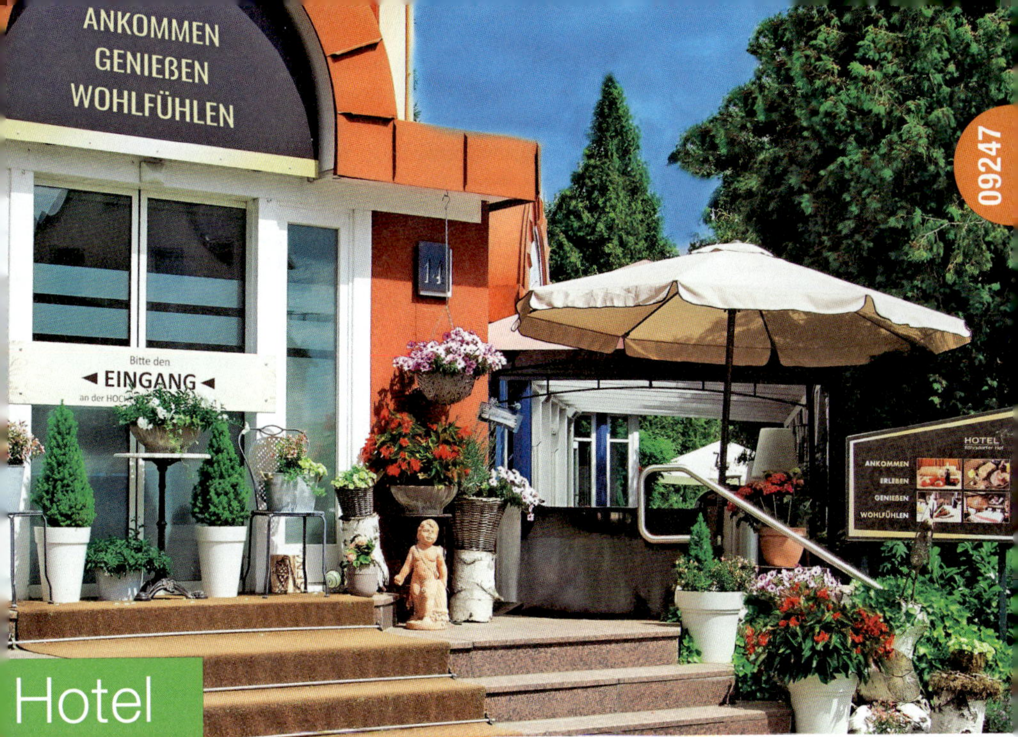

09247

# Hotel
# Röhrsdorfer Hof

## FAZIT

**Das Tagungszentrum des Hotels**
Röhrsdorfer Hof präsentiert sich
bestechend: Neben der hochkomfor-
tablen und thematisch variablen
Ausstattung und Einrichtung finden
Tagende eine Break-Oase in der
Tagungslounge; Produkte der Region,
Kaffee- sowie Schokoladenspezialitäten
werden in einem von frischen Farben
dominierten Ambiente gereicht.

**Tagungen werden nach Veran-
stalterwunsch** mit kulinarischen
Genuss-Erlebnissen sowie Events
**aufgewertet.**

**09247 CHEMNITZ,
OT RÖHRSDORF**
Limbacher Straße 14
Tel. +49 3722 621-600
hotel@roehrsdorfer-hof.de
www.roehrsdorfer-hof.de

47

## LOGIS

**72 Zimmer:**
72 DZ

# Wandelbar und stetig

Fast will es scheinen, als ob sich die Welt jeden Tag schneller dreht: Nachrichten vermitteln sich im Minutentakt, die Fülle technischer Innovationen ist kaum zu überblicken und das kulturelle, soziale und politische Gefüge scheint dieses Geschehen nicht mehr authentisch abbilden zu können. Die Region Berlin/Brandenburg ist davon nicht ausgenommen! Nach langen Jahren des scheinbaren Stillstands wird deren Entwicklung mit großer Dynamik vorangetrieben: Der Großstadtflughafen BER trägt seinen Anteil ebenso dazu bei wie ein international positionierter E-Auto-Hersteller, der sich im Südosten Berlins ansiedelte, eine Chip-Fabrik einige Kilometer westlich von Berlin soll folgen. Die Tagungshotellerie muss dieser Entwicklung folgen, gar Teil von ihr sein. Dem Team des Grünau Hotels, etwa an der Stadtgrenze der Bundeshauptstadt gelegen, gelingt das seit Jahren hervorragend. Der Familienbetrieb hält mit den Entwicklungen Schritt und positioniert sich gleichermaßen als Benchmark – mit einem starken Team, das seine Gäste mit herzlicher Gastfreundschaft als Individuen wahrnimmt und umsorgt, und mit einem Haus, das von Gästen als „ihr Haus" wahrgenommen wird. Dabei war es den Inhabern seit der Eröffnung des Hotels erklärtes Anliegen, Wert auf Qualität und Individualität zu legen. Das findet seinen Niederschlag in der originellen und farbenfrohen Einrichtung und Ausstattung des Hauses ebenso wie in der individuellen Beratung und Begleitung von Tagungsveranstaltern und Tagungsgästen. Der Qualitäts- und Servicegedanke zieht sich durch alle Hotelbereiche, auch und natürlich durch die Gastronomie, die einer besonderen Beachtung wert ist: Das Restaurant „Dittmann's Drogerie" ist eine originale Drogerieeinrichtung aus dem Jahre 1904 und sorgt für die unvergleichliche Restaurantatmosphäre. Die Küche verzichtet auf systemgastronomische Attitüden und kann daher auf Gästewünsche umfassend und vollständig reagieren. Tagungsgäste, die mit dem Flieger anreisen und am Flughafen Berlin-Brandenburg (BER) landen, finden sich nach nur wenigen Fahrminuten in der Tagungswelt der Sczepureks wieder – die sich ständig wandelt, aber stetig den (Tagungs-)Gästen ein wohnliches „Zuhause auf Zeit" ist.

*Thomas Kühn*

## TAGUNG

**Besonders geeignet für:**
Seminar, Konferenz, Klausur, Event

**Räume**
| | |
|---|---|
| Tagungsräume: | 10 |
| Ausstellungsfläche: | 100 m² |

**Maximale Tagungskapazität**
| | |
|---|---|
| U-Form: | 50 Pers. |
| Parlamentarisch: | 110 Pers. |
| Reihenbestuhlung: | 166 Pers. |

**Preise**
| | |
|---|---|
| Preiskalkulation 1* | 85,00 € |
| Preiskalkulation 2* | 255,00 € |

*Alle Angaben Nettopreise zzgl. MwSt., Kalkulationsanfrage siehe Seite 32

**BERLIN**

**A 113:** 4 km
**A 117:** 4 km

**Fern:** Berlin-Südkreuz, 9 km
**Nah:** Grünau, 0,9 km

**Berlin-Brandenburg:** 4 km

## WISSENSWERTES

- Wellness- und Fitnesseinrichtungen, unter anderem eine Bowlingbahn, im Haus vorhanden
- Parkplätze, teilweise kostenlos, unmittelbar am Haus nutzbar
- W-LAN und DSL stehen kostenfrei zur Verfügung
- Business-Zimmer mit separatem Wohn- und Schlafbereich sind mit Arbeitsequipment ausgestattet

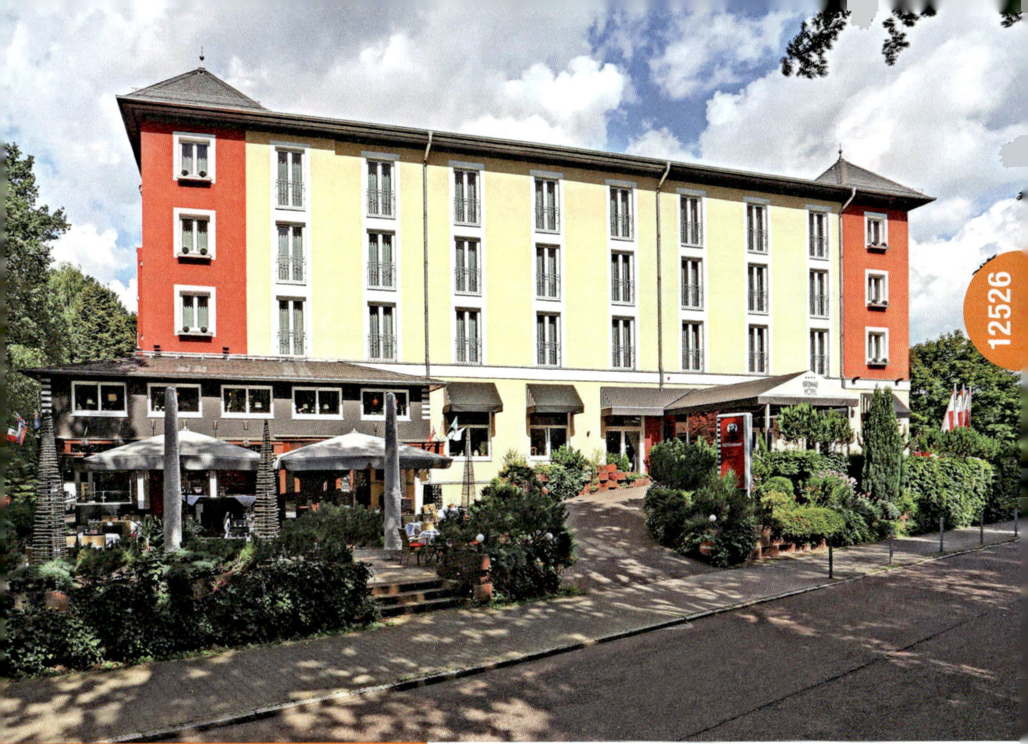

**12526**

# Grünau Hotel

## FAZIT

**Der ebenerdig gelegene Tagungs-bereich** (teilweise kombinierbare Tagungsräume, Technikausstattung vollständig) präsentiert sich lichthell und farbenfroh eingerichtet und ausge-stattet, die ergonomische Möblierung sorgt für stressfreies Arbeiten.

Die **Individualität des Hotels** prägt den Servicegedanken des gesamten Hauses, das bedeutet, dass die Wünsche und Bedürfnisse von Tagungsgästen im Mittelpunkt der Arbeit des Hotelteams stehen.

**Einzigartiges Restaurantkonzept!**

**12526 BERLIN**

Kablower Weg 87
Tel. +49 30 67506-0
sales@gruenau-hotel.de

**www.gruenau-hotel.berlin**

49

**D**as Hotel Christophorus hat sein Leistungsvermögen in den letzten Jahren profiliert; insbesondere Vereine und Verbände, Parteien und regional ansässige Firmen wissen um die Vorzüge des Hotels als Ort intensiver Begegnungen und Gedankenaustausche. Das im Nordwesten Berlins auf dem parkähnlichen, 75 Hektar großen Gelände des evangelischen Johannesstifts gelegene Hotel, umgeben vom Spandauer Forst, bietet Tagungsveranstaltern einen idealen Rahmen für Teamevents und Tagungspausen an der frischen Luft, mitten im Grünen. Das Raumangebot des im Jahr 2016 komplett modernisierten und zum Verband Christlicher Hoteliers (VCH) gehörenden Hotels ist besonders vielfältig. Für Tagungen, Seminare und Events stehen 5 Tagungsräume in einer Größe von 20 m² bis 120 m² zur Verfügung und bieten Platz für Veranstaltungen mit bis zu 100 Personen. Die Räume präsentieren sich lichthell, sind mit modernster Technik, unter anderem mit Cannyboards, ausgestattet und bieten jeweils unverstellte Blicke in die grüne Umgebung. Die großzügige Lobby bietet Platz für Gespräche in kleinen Gruppen. Darüber hinaus können Veranstalter auf weitere Räume der Stiftung zugreifen, unter anderem auf den Festsaal, der bis zu 400 Teilnehmern Raum und Platz bietet und auf kurzem Wege vom Hotel aus erreichbar ist. Gäste wissen die Vorzüge des 56 Zimmer umfassenden Logisbereichs zu schätzen: Hell und modern eingerichtet bieten sie ein hohes Maß an Aufenthaltsqualität, auf Überflüssiges wurde bei der Einrichtung bewusst verzichtet. Für einen perfekten Start in den Tag genießen die Gäste das überwiegend regionale und saisonale Speisen bietende Frühstücksbuffet, spezielle Verpflegungswünsche werden selbstverständlich berücksichtigt. Seit 2010 wird das Hotel als Inklusionsbetrieb geführt und ist Mitglied des Embrace-Verbundes; Menschen mit und ohne Teilhabebarrieren arbeiten gleichberechtigt miteinander in allen Bereichen des Hauses. Darüber hinaus ist das Haus von „Reisen für Alle" barrierefrei geprüft und gekennzeichnet; die Tagungsräume und Restaurants sowie fast alle Zimmer sind stufenlos oder über einen Lift erreichbar. Das Hotel ist verkehrsgünstig gelegen und auch mit öffentlichen Verkehrsmitteln hervorragend erreichbar. *Thomas Kühn*

# Ort des Austauschs und der Begegnung

## LOGIS

**56 Zimmer:**
17 EZ, 39 DZ

## TAGUNG

**Besonders geeignet für:**
Seminar, Konferenz, Klausur, Event

**Räume**
Tagungsräume:                    15
Ausstellungsfläche:           60 m²

**Maximale Tagungskapazität**
U-Form:                        120 Pers.
Parlamentarisch:               216 Pers.
Reihenbestuhlung:              400 Pers.

**Preise**
Preiskalkulation 1*            60,00 €
Preiskalkulation 2*           215,00 €

*Alle Angaben Nettopreise zzgl. MwSt., Kalkulationsanfrage siehe Seite 32

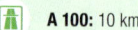
**BERLIN**

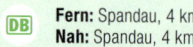
**A 100:** 10 km

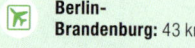
**Fern:** Spandau, 4 km
**Nah:** Spandau, 4 km

**Berlin-Brandenburg:** 43 km

## WISSENSWERTES

• kostenfreier Parkplatz unmittelbar am Hotel nutzbar
• Weite Teile des Hotels und seiner Einrichtungen sind barrierefrei
• nächster S-Bahnhof befindet sich in Spandaus Zentrum (fußläufig erreichbar)
• Für unvergessliche Tagungspausen: Der Foodtruck „InCluisine" kann gemietet werden

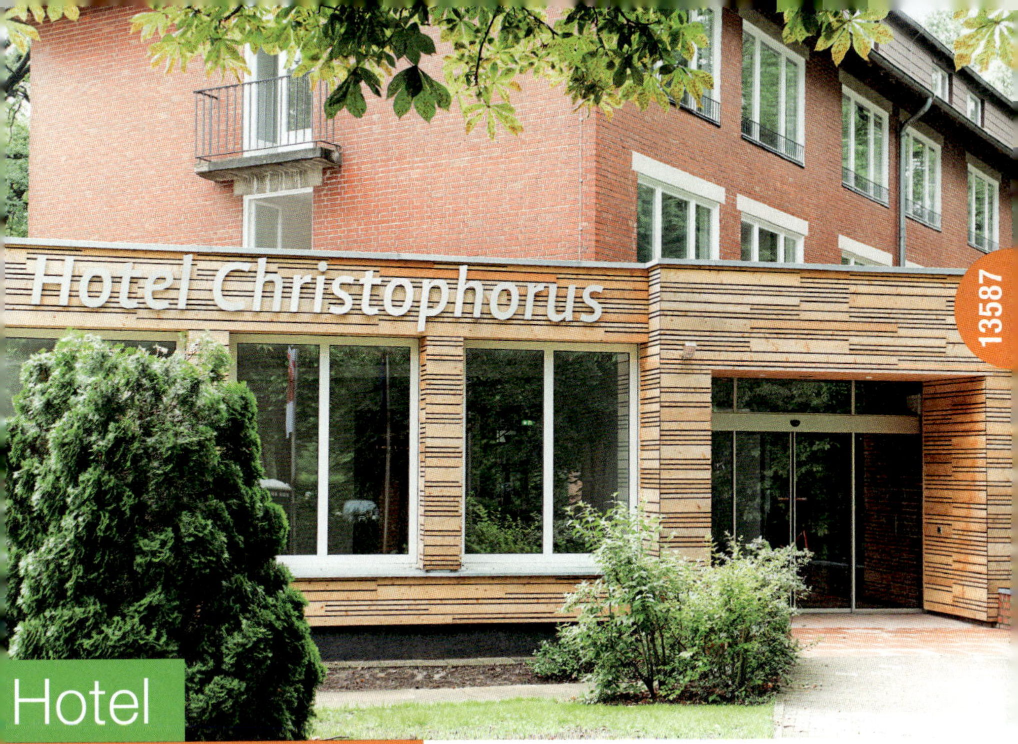

# Hotel
# Christophorus

## FAZIT

Das Hotel bietet Tagungsveranstaltern **lichthelle, modern eingerichtete und ausgestattete Tagungsräume,** Cannyboards stehen zur Verfügung.

Das unmittelbare, **parkähnliche Hotelumfeld** gilt als besonders schätzenswert – nutzbar für erholsame Tagungspausen, u.U. auch für einzelne Veranstaltungsteile. Darüber hinaus gilt das Hotelumfeld als störungs- und ablenkungsfrei.

Die **Berliner City** bietet eine Fülle von Möglichkeiten der Organisation von **Rahmen- und Begleitprogrammen.**

**13587 BERLIN**
Schönwalder Allee 26/3
Tel. +49 30 33 606 0
info@hotel-christophorus.com
**www.hotel-christophorus.com**

Das Postkartenmotiv scheint einer Hochglanzbroschüre entsprungen: Boote wiegen sich in leichten Wellen an der Marina, gleißendes Sonnenlicht wird von der Hotelfassade reflektiert und weiße Pfahlhäuser gruppieren sich am Ufer. Unwillkürlich fühlt man sich an Premiumdestinationen erinnert – an die Farben der Seychellen, den Duft der Malediven und die üppige Natur der Karibik. Und in der Tat, entstehungsgeschichtlich bedingt, ist Resort Schwielowsee eine exotische Reminiszenz – an die amerikanische Ostküste, an Mittelamerika. Eine am Seeufer aufgestellte Positionsboje unterstreicht diesen Anspruch und weist den Weg nach Key West. Die Frage nach der Tagungskompetenz dieses Ausnahmeresorts ist schnell beantwortet: Seit der Eröffnung des Hauses im Jahr 2005 geben sich begeisterte Veranstalter die sprichwörtliche Klinke in die Hand – das Haus war Gastgeber hochrangiger internationaler Konferenzen und maßgebliche politische Entscheidungen wurden am Seeufer getroffen. Alle Veranstalter – Unternehmen, Vereine und Verbände – wissen unisono die Tagungsbedingungen des Resorts zu schätzen: Das vom übrigen Hotelbetrieb separierte, zweistöckige Event-Center bietet sämtlichen Tagungskomfort auf 800 m² Aktionsfläche, zahlreiche Raumkombinationen sind dank flexibler Trennwände darstellbar. Großzügig bemessene Breakout-Zonen laden zu informellen Gesprächen während der Pausen ein und – so es das Wetter zulässt – natürlich kann das grüne Außengelände in Veranstaltungskonzeptionen einbezogen werden. Die Belle Etage im benachbarten Haupthaus ergänzt das technisch anspruchsvoll ausgestattete Raumportfolio. Darüber hinaus punktet das Resort-Gelände mit Einzigartigem: Im Hafenrestaurant genießen Gruppen Exklusivität, am hauseigenen Anleger machen auch Charterboote fest und die stimmungsvoll eingerichtete Havanna-Bar bietet eine hochwertige Projektionsfläche für informell ausklingende Abende; das nahe Potsdam begeistert mit einer Vielzahl unkompliziert organisierbarer Rahmen- und Begleitprogramme. Das Precise Resort Schwielowsee gilt bei Veranstaltern aller Couleur als hochwertiger Sehnsuchtsort mit exzellenten Tagungsbedingungen in einem hochanspruchsvollen Hotelumfeld. *Thomas Kühn*

# Sehnsuchtsort Schwielowsee

## LOGIS

**181 Zimmer:**
181 DZ

## TAGUNG

**Besonders geeignet für:**
Seminar, Konferenz, Klausur, Kreativprozesse, Event

**Räume**
Tagungsräume: 10
Ausstellungsfläche: 128 m²

**Maximale Tagungskapazität**
U-Form: 72 Pers.
Parlamentarisch: 203 Pers.
Reihenbestuhlung: 340 Pers.

**Preise**
Preiskalkulation 1* 76,24 €
Preiskalkulation 2* 321,28 €

*Alle Angaben Nettopreise zzgl. MwSt., Kalkulationsanfrage siehe Seite 32

**WERDER**

 **A 10:** 8 km

 **Fern:** Berlin Hbf., 42 km
**Nah:** Potsdam, 12 km

 **Berlin-Brandenburg:** 68 km

## WISSENSWERTES

- Zahlreiche Sport- und Freizeitangebote stehen auf dem Hotelgelände zur Verfügung
- Der Spa-Bereich wird von einem Außenpool mit Liegewiese ergänzt
- kostenpflichtige Parkplätze am Haus vorhanden
- Der Logisbereich des Hauses wird von Appartementhäusern, den Pfahlbauten, ergänzt
- gesamte Hotelanlage wurde Anfang des Jahres 2019 komplett saniert

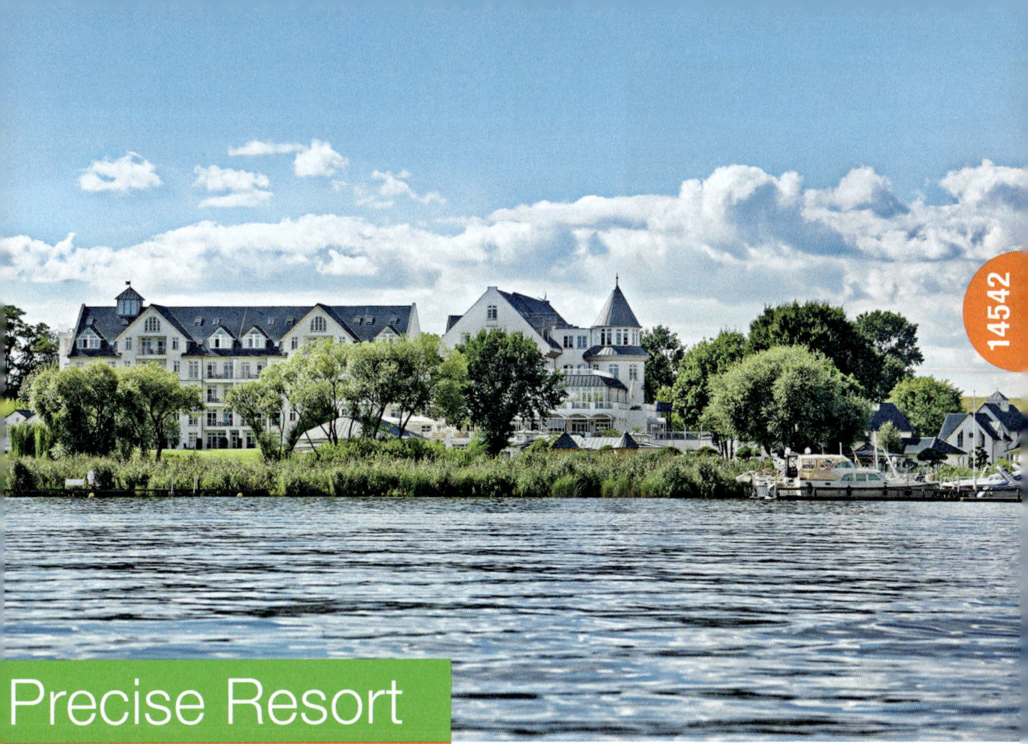

# Precise Resort
## Schwielowsee

### FAZIT

Das Precise Resort Schwielowsee begeistert Veranstalter mit einem **bestens ausgestatteten und vom übrigen Hotelbetrieb separierten Event-Center,** das 800 m² Aktionsfläche auf zwei Etagen bietet; der Außenbereich kann in Veranstaltungskonzeptionen – etwa für Präsentationen – einbezogen werden.

Der karibisch-maritime Look der Anlage sowie Einrichtung und Ausstattung insgesamt verdichten sich zu einer **hochanspruchsvollen Hotelatmosphäre.**

**14542 WERDER**

Am Schwielowsee 117
Tel. +49 151 54407192
contracting@precisehotels.com
**www.precisehotels.com/werder**

Michael Stober kommt das Verdienst zu, aus einer – geschichtsträchtigen – abrissreifen Agrarruine ein einzigartiges Tagungshotel entwickelt zu haben: Historische Strukturen wurden liebevoll bewahrt und modernes Veranstaltungs- und Hotelequipment wurde so installiert, dass die Darstellung einer Vielzahl von Veranstaltungsformaten möglich ist. Umgesetzt wurde ein Nachhaltigkeitskonzept, das neben ökonomischen und ökologischen Komponenten auch soziale Aspekte berücksichtigt. Heute arbeitet das Hotel als „gemeinwohlorientiertes Unternehmen" – nicht der unternehmerische Gewinn genießt Priorität, sondern das Wohl und die Zufriedenheit von Gästen und Mitarbeitern. Zudem erhält jeder Tagungsgast beim Verlassen des Gutes ein Zertifikat, das den „klimapositiven Aufenthalt" bescheinigt. Die Einzigartigkeit des Hauses gründet sich indes auch auf die Historie des Ortes: Der Berliner Unternehmer A. Borsig, der „Lokomotivkönig", erwarb das landwirtschaftlich genutzte Gut 1866 und führte das Anwesen als agrarischen Musterbetrieb – nachhaltig und mit modernsten Technologien. Es ist ein politischer Ort, die Männer des Widerstandes gegen Hitler trafen sich hier, um die Zukunft des Landes zu beraten – eine große Tradition, die verantwortungsbewusst bewahrt und präsentiert wird. Heute gilt das Haus als geschätztes Tagungshotel, das für sich Einzigartigkeit reklamieren kann. So ist Landgut Stober das erste biozertifizierte Hotel im Bundesland Brandenburg. Es wurde wiederholt als „grünstes Hotel Europas" mit dem European Green Award ausgezeichnet, die denkmalgerechte Sanierung der alten Bausubstanz und ergänzende Neubauten folgen Nachhaltigkeitsgrundsätzen. Die präsentierten Tagungsbedingungen sind exzellent: Mehr als 30 Räume – modern, alternativ auch historisch – stehen für die Umsetzung individueller Veranstaltungskonzepte uneingeschränkt zur Verfügung. Technisch vollständig ausgestattet inspiriert die historische Architektur. Für die Inszenierung von Veranstaltungswelten steht ein Team professionell geschulter Mitarbeiterinnen und Mitarbeiter Veranstaltern beratend und begleitend zur Seite. Das Landgut-Team vermittelt Gästen den Geist des Ortes und schreibt die einzigartige Geschichte des Ortes erfolgreich fort.

*Thomas Kühn*

## Traditionsreich und nachhaltig

### LOGIS

**300 Zimmer:**
169 EZ, 108 DZ,
20 Juniorsuiten, 3 Suiten

### TAGUNG

**Besonders geeignet für:**
Seminar, Konferenz, Klausur,
Kreativprozesse, Event

**Räume**
| | |
|---|---|
| Tagungsräume: | 30 |
| Ausstellungsfläche: | 597 m² |

**Maximale Tagungskapazität**
| | |
|---|---|
| U-Form: | 110 Pers. |
| Parlamentarisch: | 300 Pers. |
| Reihenbestuhlung: | 750 Pers. |

**Preise**
| | |
|---|---|
| Preiskalkulation 1* | 81,51 € |
| Preiskalkulation 2* | 321,01 € |

*Alle Angaben Nettopreise
zzgl. MwSt., Kalkulationsanfrage siehe Seite 32

**NAUEN OT
GROSS BEHNITZ**

 **A 10:** 18 km

 **Fern:** Berlin Spandau, 30 km
**Nah:** Nauen, 12 km

 **Berlin-
Brandenburg:** 70 km

### WISSENSWERTES

- Hotel führt folgende Zertifikate: „Blaue Schwalbe" & „Certified Green Hotel" (VDR)
- Veranstaltungsräume befinden sich in ehemaligen Landwirtschaftsgebäuden, die sich um einen großen Innenhof gruppieren
- Rahmenprogramme können mit historischen Landmaschinen gestaltet werden
- Für Hochzeiten steht auf dem Gut ein Standesamt zur Verfügung
- Eine Ausstellung informiert über die Geschichte des Gutes
- Glasfaseranschluss mit 300 MBit/s kann kostenfrei genutzt werden

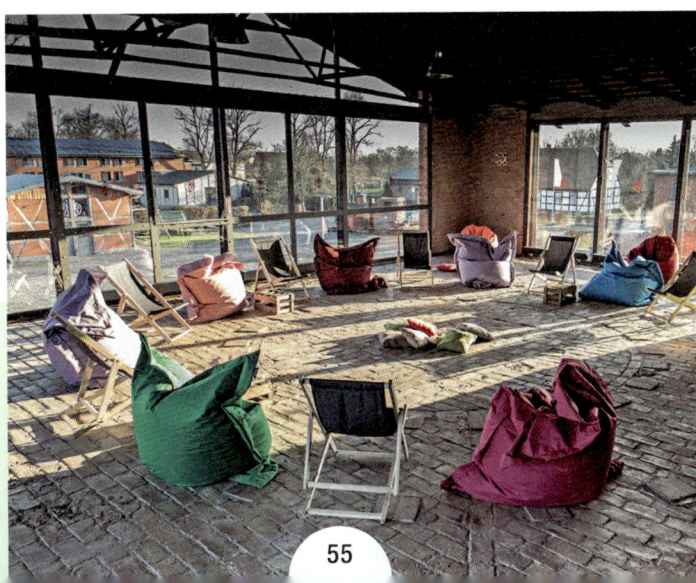

# Landgut Stober

**LANDGUT STOBER**

### FAZIT

Der **Genius Loci:** Die heutige Nutzung als Hotel knüpft nahtlos an die besten Zeiten des Hofgutes an.

Während der **Logisbereich** durch **intelligente sowie geschmackvolle Einrichtung** und Ausstattung fasziniert, begeistern die **Veranstaltungsräume durch ihr unverwechselbares (historisches) Ambiente,** die kombinierbaren Salons Arnold, Conrad und Ernst bestechen durch Funktionalität.

**Gelebte Nachhaltigkeit** und **professioneller Service** garantieren die Erfüllung aller Kundenwünsche.

**14641 NAUEN
OT GROSS BEHNITZ**

Behnitzer Dorfstraße 27–31
Tel. +49 33239 20440
info@landgut-stober.de
www.landgut-stober.de

**A**ls der Paulinenhof im Jahr 2015 seine Türen öffnete, war absehbar: Dieses Tagungshotel würde Maßstäbe setzen. Denn bereits in der Planungsphase wurden Grundsätze berücksichtigt, die Jahre später Allgemeingültigkeit erlangen würden: Den Gedanken nachhaltigen Wirtschaftens verfolgend, entstand aus dem einstigen Landgut ein hochmodernes Tagungsdomizil – unter Verwendung ursprünglicher Strukturen und aufgearbeiteter Baustoffe und Materialien. Der Bauherr und Besitzer verstand diesen Gedanken als Fortführung tradierten Wirtschaftens – ein uraltes Prinzip erfolgreicher Arbeit im ländlichen Raum. Zudem gelang es, die Ursprünglichkeit des Anwesens dort zu bewahren, wo das geboten schien, und wo es sich als notwendig erwies, mit Modernem zu ergänzen. Aktuell ist zu konstatieren, dass sich der ursprüngliche Vierseithof als hochmodernes Tagungshotel mit einer geschlossenen und deshalb störungsfreien Lern-, Arbeits- und Erlebniswelt präsentiert – mit einem Höchstmaß an Aufenthaltsqualität und hoher Funktionalität, betrieben von einem umsichtig agierenden Serviceteam, bestens erreichbar – in Autobahnnähe, auf halbem Weg zwischen Berlin und Leipzig. Die historischen Gebäude haben eine neue Funktion erfahren: Im ursprünglichen Wohnhaus werden Ankommende an der Rezeption begrüßt, die einstigen Stallungen und Lagerräume bieten heute Wohn- und Arbeitskomfort sowie Restaurationsbereiche und Freizeiteinrichtungen. Die besondere Wertigkeit des Hotels liegt in seiner Konfiguration: Neben 40 sehr wohnlich eingerichteten Hotelzimmern stehen sieben Tagungsräume zur Verfügung – das bedeutet, dass Tagungsgruppen nahezu Exklusivstatus genießen und darüber hinaus über ein großzügiges Raumangebot verfügen können. Nahezu jedes Tagungs-Szenario ist darstellbar, die Raumvielfalt gewährleistet die parallele Durchführung von Gruppenarbeitssequenzen und interaktiven Veranstaltungsteilen – in- und outdoor. Einzigartig ist das hauseigene Kino: Stilsicher eingerichtet, bietet es 26 Plätze für abendliche Leinwanderlebnisse, steht aber auch für cineastisch bewegte Firmen- und Produktpräsentationen zur Verfügung. Bleibt die Brandenburger Frischeküche zu erwähnen – und auch die präsentiert sich regional und trägt zur Authentizität des Anwesens bei. *Thomas Kühn*

## Authentisch und charmant

## LOGIS

**40 Zimmer:**
13 EZ, 27 DZ

## TAGUNG

**Besonders geeignet für:**
Seminar, Klausur,
Kreativprozesse, Event

**Räume**
Tagungsräume:                    7

**Maximale Tagungskapazität**
U-Form:                    45 Pers.
Parlamentarisch:              80 Pers.
Reihenbestuhlung:           180 Pers.

**Preise**
Preiskalkulation 1*         69,00 €
Preiskalkulation 2*        164,00 €

*Alle Angaben Nettopreise zzgl. MwSt., Kalkulationsanfrage siehe Seite 32

**BAD BELZIG**

**A 9:** 8 km
**A 2:** 30 km

**Fern:** Berlin Hbf., 88 km
**Nah:** Bad Belzig, 4,4 km

**Berlin-Brandenburg:** 90 km

### WISSENSWERTES

- Hotel ist mit dem GreenSign Level 4/5 zertifiziert
- Zwei Restaurantbereiche stehen zur Verfügung, die Küche bietet vorwiegend traditionelle deutsche Kost – die saisonalen verfügbaren Zutaten stammen überwiegend aus der Region; überdachte Außengastronomie für ca. 100 Gäste
- Neben einem sehr schönen Wellnessbereich mit Schwimmbad steht auch ein Fitnessraum zur Nutzung zur Verfügung
- Kostenlose Parkplätze werden angeboten

**14806**

# Paulinenhof

**PAULINENHOF**

## FAZIT

Der Paulinenhof besticht durch seine – in allen Teilen – **stimmige Atmosphäre.** Die im Zuge der Sanierungs- und Umbauarbeiten verwendeten Materialien sind hochwertig, das Interieur – in weiten Teilen handgearbeitete Sonderanfertigungen – ist von „wissender Hand" ausgewählt und abgestimmt.

Veranstalter können aus einem Fundus **vielfältiger Szenarien schöpfen** – sowohl im Gastronomie- als auch im Tagungsbereich; das Raumangebot präsentiert sich äußerst großzügig und ästhetisch wertvoll.

**14806 BAD BELZIG**

Kuhlowitzer Dorfstraße 1
Tel. +49 33841 4408-0
info@paulinenhof.de
**www.paulinenhof.de**

57

B ad Saarow übt traditionell eine große Faszination aus. Insbesondere als Rückzugsort der natursuchenden Berliner Eliten galt (und gilt) der Flecken als „place to be"; legendär sind die Goldenen Zwanziger, als sich der Jetset mit den Namen von UFA-Stars und -Sternchen, mit der Boxlegende Max Schmeling und den Dichtern Gorki und Becher schmückte. Die Exklusivität des Ortes hat sich bewahrt, freilich geht es inzwischen wohl etwas diskreter zu – moderne Villen, Architekturschmuckstücke, finden sich zwischen liebevoll gepflegten Grundstücken, die sich an das Ufer des Scharmützelsees schmiegen. In diesem Kontext fügt sich das seit Mitte des Jahres 2021 zur Precise-Hotelgruppe gehörende Resort Bad Saarow. Direkt am See gelegen, genießen sportlich Aktive und Erholungsuchende Luft und Landschaft, wissen das Resort als komfortablen Rückzugsort zu schätzen und wählen aus einer Vielzahl von Sport- und Freizeitangeboten. Bedingungen, die auch Tagungsveranstalter zu schätzen wissen. Ihnen steht neben einem kleinen Tagungszentrum ein vom übrigen Hotelbetrieb separiertes Tagungszentrum, das Forum, zur Verfügung. In unmittelbarer Nachbarschaft zu einem der vier Golfplätze gelegen, bestechen Raumvariabilität, ergonomische Möblierung und eine wohltuende Farbgebung der Veranstaltungsräume. Große Fensterfronten gewähren teilweise einen Ausblick auf das Golfgeschehen – ein nicht ganz zufällig gewähltes Placement, denn die Stärke dieser Tagungsdestination liegt in den zahlreichen Möglichkeiten, Arbeit und Regeneration, Sport und Teambuilding miteinander zu verbinden: Neben dem bereits erwähnten Golfplatz, der auch fürs Schnuppern geeignet ist, stehen ein Tennis-Center sowie die „Yacht-Akademie Axel Schmidt" für hochwertige Rahmenprogramme zur Verfügung; die Veranstaltungsabteilung des Hauses kooperiert darüber hinaus mit professionellen Eventagenturen. Und natürlich bietet das Haus eine Vielzahl gastronomischer Möglichkeiten, neben einem À-la-carte-Restaurant und der Fine-Dining-Location Harbour kann – je nach Auslastung und Jahreszeit – auch das Restaurant im Golfclub „Green Side" genutzt werden. Das Precise Resort Bad Saarow bereichert die Tagungsszenerie im Großraum Berlin mit besonders hochwertigen Offerten in unmittelbarer Naturnähe. *Thomas Kühn*

## Exklusiv und hauptstadtnah

**LOGIS**

**155 Zimmer:**
155 DZ

**TAGUNG**

**Besonders geeignet für:**
Seminar, Konferenz, Klausur, Kreativprozesse, Event

**Räume**
| | |
|---|---|
| Tagungsräume: | 12 |
| Ausstellungsfläche: | 128 m² |

**Maximale Tagungskapazität**
| | |
|---|---|
| U-Form: | 100 Pers. |
| Parlamentarisch: | 186 Pers. |
| Reihenbestuhlung: | 422 Pers. |

**Preise**
| | |
|---|---|
| Preiskalkulation 1* | 76,24 € |
| Preiskalkulation 2* | 321,68 € |

*Alle Angaben Nettopreise zzgl. MwSt., Kalkulationsanfrage siehe Seite 32

BAD SAAROW

 **A 12:** 25 km

 **Fern:** Berlin Hbf., 71 km
**Nah:** Fürstenwald Hbf., 16 km

 **Berlin-Brandenburg:** 55 km

## WISSENSWERTES

- kostenpflichtige Parkplätze unmittelbar am Hotel vorhanden
- in einem „Kids-Club" kann die Tagesbetreuung von eventuell mitreisenden Kindern gesichert werden
- Hotel verfügt über einen Schiffsanleger am Seeufer
- Der Spa-Bereich bietet u.a. einen Innen- und einen Außenpool
- Eine Enotek kann von Kleingruppen für Degustationen genutzt werden
- Trainerin betreut Yoga-Kurse und Naturwanderungen

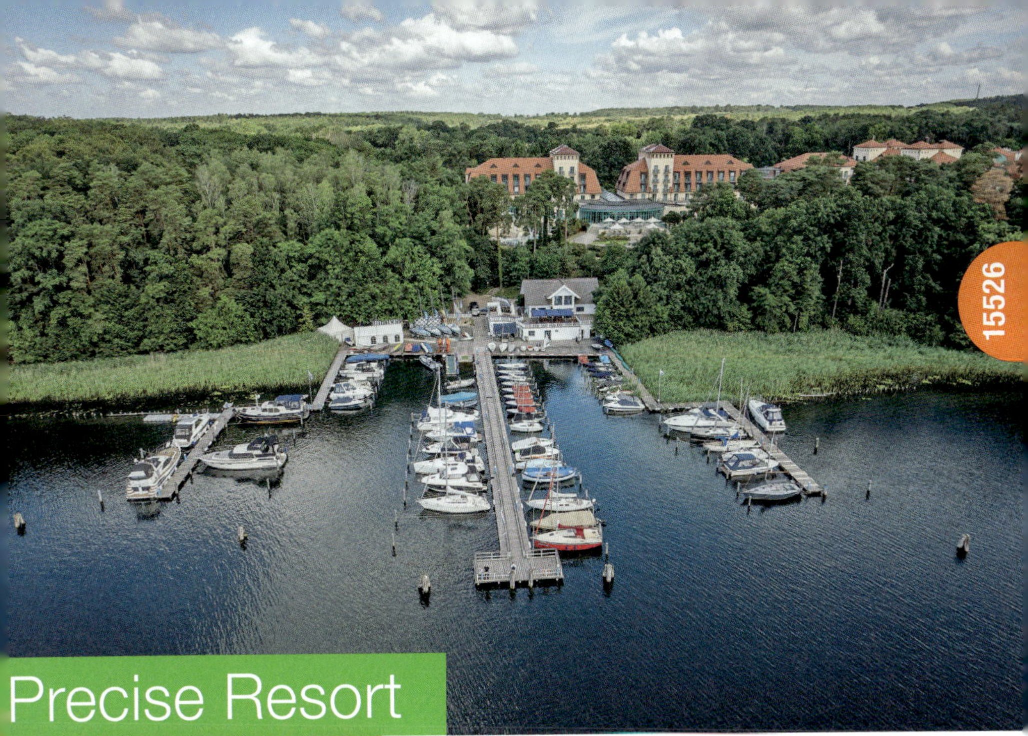

# Precise Resort
# Bad Saarow

## FAZIT

Das Precise Resort Bad Saarow bietet ein besonders **umfassendes und komplexes Angebot:** Neben exzellenten Tagungsbedingungen steht eine Vielzahl hochwertiger Sport- und Freizeitangebote zur Verfügung, die auch in Tagungsagenden integriert werden können.

Tagungsgruppen können in **unterschiedlichen Restaurantbereichen** separiert die Hotelküche genießen. Neben Fisch und Wild setzen nahöstliche Zitate deutliche Akzente auf der Menükarte.

Der **Logisbereich** präsentiert sich **hochwertig eingerichtet.**

## 15526 BAD SAAROW

Parkallee 1
Tel. +49 151 54407192
contracting@precisehotels.com
**www.precisehotels.com/bad-saarow**

V ielleicht ist der Südosten Berlins, dort wo die Grenzen der Bundeshauptstadt auf die des Landes Brandenburg treffen, die dynamischste Region in Ostdeutschland: Spätestens mit dem Beginn der Planungsarbeiten für den Flughafen Berlin Brandenburg „Willy Brandt" investierten Unternehmen beträchtlich in den Standort und seine Dependancen, wuchsen riesige Hallen internationaler Logistiker aus dem märkischen Boden und in den Ausbau des Straßen- und Schienennetzes wurde ebenfalls investiert. Der im nahen Adlershof entstandene Wissenschafts- und Wirtschaftsstandort gilt mit seinen 4,6 Hektar Fläche und mehr als 35.000 Beschäftigten als größter Technologiecluster Deutschlands und ist gleichzeitig Standort vieler Weltmarktführer. Die Ansiedlung der Tesla-Gigafactory in Grünheide komplettierte diese Entwicklung. Das ist der Kontext, in den sich das Best Western Premier Airporthotel Berlin, seit mehr als 20 Jahren eine bewährte und eingeführte Adresse für Tagungsveranstalter, einfügt. Von Beginn an – bis heute – wurde das Haus als Tagungsdestination mit Businessprofilierung positioniert. Das heißt: Seine Infrastruktur bietet vorderhand ein hohes Maß an Funktionalität. Der großzügig bemessene und vom übrigen Hotelbetrieb separierte Tagungsbereich bietet 13, teilweise miteinander kombinierbare Tagungsräume mit jeweils vorgelagerten Pausenzonen. Die ebenerdig gelegenen Räume bieten neben bodentiefen Fenstern teilweise auch einen Zugang in den sich anschließenden Tagungsgarten und sind mit PKWs befahrbar! Bei maximaler Auslastung können in diesem Tagungszentrum bis zu 1.000 Menschen gleichzeitig tagen! Geradlinig und schnörkellos geht es auch auf den Etagen zu: Die 174 Zimmer bieten ansprechenden Wohnkomfort. Der Küchencrew steht seit Neuestem eine offene Showküche zur Verfügung – auf die Frische der zu verarbeitenden Zutaten wird größter Wert gelegt. Tagungsgäste, die nach einem langen Arbeitstag aktiv entspannen möchten, steht darüber hinaus ein sehr gut eingerichtetes Fitnessstudio zur Verfügung. In summa: Das Airporthotel besticht mit Funktionalität und professionellem Service.

*Thomas Kühn*

## Professionell und serviceorientiert

### LOGIS

**174 Zimmer:**
168 DZ, 3 Suiten,
3 Appartementes

### TAGUNG

**Besonders geeignet für:**
Seminar, Konferenz

**Räume**
| | |
|---|---|
| Tagungsräume: | 13 |
| Ausstellungsfläche: | 200 m² |

**Maximale Tagungskapazität**
| | |
|---|---|
| U-Form: | 50 Pers. |
| Parlamentarisch: | 380 Pers. |
| Reihenbestuhlung: | 500 Pers. |

**Preise**
| | |
|---|---|
| Preiskalkulation 1* | 48,74 € |
| Preiskalkulation 2* | 214,27 € |

*Alle Angaben Nettopreise zzgl. MwSt., Kalkulationsanfrage siehe Seite 32

**MAHLOW**

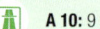
**A 10:** 9 km

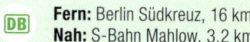
**Fern:** Berlin Südkreuz, 16 km
**Nah:** S-Bahn Mahlow, 3,2 km

**Berlin-Brandenburg:** 14 km

### WISSENSWERTES

- Hotel ist Green-Sign zertifiziert
- Eine Tiefgarage bietet 75 Stellplätze, im nahen Hotelumfeld stehen weitere Parkplätze kostenfrei zur Verfügung
- Der Logisbereich ist komplett mit Klimaanlagen ausgestattet, die Fenster verfügen über eine schallisolierte Verglasung
- Restaurant verfügt über eine Terrasse
- Saunabereich steht zur Verfügung

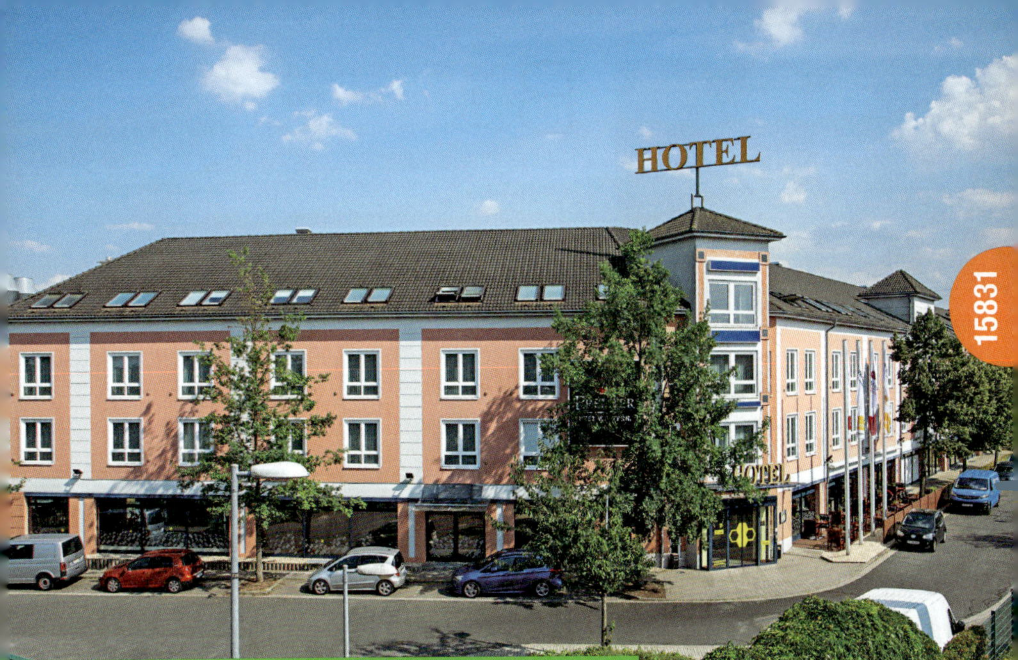

15831

# Best Western Premier
# Airporthotel Berlin

### FAZIT

Das Best Western Premier Airporthotel Berlin präsentiert sich als **spezialisiertes Businesshotel** mit einem großzügigen Angebot an **Tagungsinfrastruktur;** das Tagungszentrum ist vom übrigen Hotelbetrieb separiert.

Das Hotel bietet **beste An- und Abreiseparameter:** Der Flughafen Berlin Brandenburg ist in wenigen Minuten ebenso erreichbar wie auch öffentliche Verkehrsanbieter.

Größter Wert wird auf eine schmackhafte **regionale Frischeküche** gelegt.

**15831 MAHLOW**
Jonas-Lie-Straße 5–10
Tel. +49 3379 2040
airporthotel.berlin@beepartment.de
www.airporthotel-fontane.de

B ereits seit mehr als 25 Jahren gilt Ringhotel Schorfheide als besonders empfehlenswerte Adresse –
auch für Tagungsveranstalter, die Wert auf exzellente
Tagungsbedingungen, naturnahe Aufenthaltsqualitäten und
eine gelobte Küche legen. Darüber hinaus präsentiert sich
das Hotel als ausgezeichnetes Architekturkleinod, als modernes Haus inmitten einer tradierten Kulturlandschaft mit eindrucksvoller und erzählenswerter Geschichte. Hoch waren
die Erwartungen bei der Einweihung des Hauses im Oktober
1998 – 25 Jahre später kann und muss konstatiert werden,
dass das Ringhotel Schorfheide unverzichtbarer und wert-
voller Bestandteil der Tagungsszenerie im Großraum Berlin
ist, dass das Haus und seine Mannschaft es verstanden haben, mit Engagement und Professionalität den Erwartungen
von Veranstaltern und Tagungsgästen vollumfänglich zu entsprechen. Von Beginn an als Ort des Gedankenaustausches,
des Dialogs und der Begegnung konzipiert, folgt die Architektur diesen definierten Ansprüchen: helles Buchenholz, Glas
und  Steinoberflächen dominieren die Optik und vermitteln
eine Stimmung aus Natürlichkeit und Transparenz – in allen
Hotelbereichen. Der lange Hotelflur teilt
das Gebäude in den sehr wohnlichen
modernen Logisbereich und den perfekt
ausgestatteten Tagungsbereich. Will man
von dem einen in den anderen gelangen, muss man diesen Flur, einer Straße
gleich, passieren. Sitzgelegenheiten laden zum Verweilen
ein, bieten Gesprächsinseln und machen ihn zu einem Ort
des informellen Gedankenaustauschs, auch in Tagungspausen. Die 18 Arbeitsräume verfügen über eine moderne
technische Tagungsinfrastruktur. Veranstaltern, die Wert auf
Besonderes, auch Historisches legen, stehen die Räume
des nahen Schlosses Hubertusstock zur Verfügung – für
Meetings im historischen Rahmen, für unvergessliche Incentives und Events bietet das nur wenige Schritte vom Hotel
entfernte Domizil einzigartige Anmutungen. Komplettiert wird
diese Angebotspalette mit den zahlreichen Möglichkeiten
des „naturnahen Teamtagens": Nächtliche Segway-Touren,
Bogenschießübungen im Mondschein oder abendliche
Geocachingtouren begeistern unisono. Veranstaltungspro-
zesse werden von dem fachlich versiert arbeitenden Team
der Bankettabteilung begleitet. *Thomas Kühn*

## LOGIS

**75 Zimmer:**
3 EZ, 72 DZ

# Ein Vierteljahr-
# hundert Erfolg!

## TAGUNG

**Besonders geeignet für:**
Seminar, Konferenz, Klausur,
Kreativprozesse, Event

**Räume**
Tagungsräume:                18
Ausstellungsfläche:      250 m²

**Maximale Tagungskapazität**
U-Form:                  54 Pers.
Parlamentarisch:        100 Pers.
Reihenbestuhlung:       220 Pers.

**Preise**
Preiskalkulation 1*        49,58 €
Preiskalkulation 2*      202,16 €

*Alle Angaben Nettopreise
zzgl. MwSt., Kalkulationsanfrage siehe Seite 32

JOACHIMSTHAL

**A 11:** 10 km

**Fern:** Eberswalde, 25 km
**Nah:** Groß Schönebeck, 10 km

**Berlin-**
**Brandenburg:** 104 km

## WISSENSWERTES

• Hotel führt die Auszeichnung „Green Certified Hotel"
• Umfangreiche Incentiveprogramme: Wein-Degustation, Knigge Abende,
Geocaching, CrossGolf auf dem Areal, Escape Room im Jagdschloss,
Floßbau am Werbellinsee und vieles mehr
• KochWerkstatt kann tagungsbegleitend und teambildend genutzt werden,
alternativ anlässlich eines Kochtageskurses

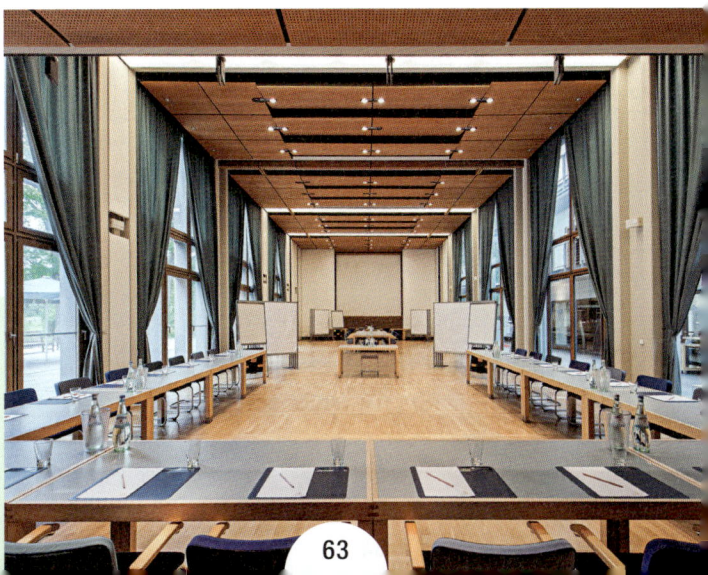

16247

# Ringhotel Schorfheide, Tagungszentrum der Wirtschaft

## FAZIT

**Faszinierende Hotelarchitektur** inmitten der im Norden Berlins gelegenen Schorfheide, eines **Naturschutzgebiets.**

**Lernmöglichkeiten** in Verbindung mit **intakter Natur möglich:** Umgebende Wälder und Seen bieten viele Gestaltungsvarianten.

**Komfortable Arbeitsbedingungen** auch für Lehrende: komplett eingerichtetes Arbeitszimmer vorhanden.

Angenehm feine, **leichte Küche,** die aus frischen Produkten schöpft.

**16247 JOACHIMSTHAL**
Hubertusstock 2
Tel. +49 33363 50-5
info@tagungs-zentrum.de
**www.tagungs-zentrum.de**

63

**D**as Hafendorf Rheinsberg präsentiert sich seit Mitte der 90er Jahre als komfortables Resort im Süden der Mecklenburgischen Seenplatte: Von intakter grüner Natur umgeben, rahmen ausgedehnte Wälder und malerische Seen gleichermaßen die beeindruckende Anlage, die viel nordisches Kolorit vermittelt. Das mag mit der unmittelbaren Lage am Rheinsberger See zusammenhängen – weiße Yachten und Boote wiegen sich im stillen Wasser vor bunten Holzhäusern, es gibt einen Boots- und Yachtverleih, einen Privatstrand und vieles, vieles mehr. Eindeutiger Center Point der Anlage ist natürlich das mit seiner weißen Fassade die Optik dominierende Hotel. Hard facts, die die Veranstalter zu überzeugen wissen, die ihren Konferenzen, Seminaren und Klausuren einen Eventcharakter verleihen möchten; die Verbindung von professionellen Arbeitsmöglichkeiten mit einem umfassenden Angebot hochwertiger Sport- und Freizeitmöglichkeiten ist eine der Stärken des Resorts. Im Mittelpunkt des Veranstalterinteresses steht dabei das unmittelbar neben dem Hotel befindliche Tagungszentrum, das auf zwei Gebäudeebenen 3.000 m² Aktionsfläche auf zwei Etagen bietet. Neben teilweise miteinander kombinierbaren Räumen unterschiedlicher Größe besticht natürlich die mit Rolltoren ausgestattete und befahrbare große Veranstaltungshalle mit 1.094 m². Mit moderner Präsentations- und Kommunikationstechnik ausgestattet und von einem Team erfahrener Techniker und Servicemitarbeiter betreut, können aufwändig choreographierte Veranstaltungen inszeniert werden. Die Tagungskapazitäten erfahren ihre Entsprechung in großzügig bemessenen Breakout-Zonen. Einer besonderen Erwähnung wert ist der 176 Zimmer, Suiten und Juniorsuiten umfassende Logisbereich. Alle Zimmer präsentieren sich im maritimen Look, sind großzügig eingerichtet und wohnlich ausgestattet. Darüber hinaus begeistert der mehrfach ausgezeichnete Spa-Bereich – die großzügig bemessene professionell betreute Ruheoase wissen Tagungsgäste nach einem anstrengenden Arbeitstag zu schätzen. Und selbst für Nachtschwärmer bietet der hauseigene Nachtclub mit 92 Plätzen Möglichkeiten zum ausgelassenen Feiern. Das Precise Resort Hafendorf Rheinsberg begeistert mit Angebotsfülle – naturnah, etwa auf halbem Weg zwischen Berlin und Hamburg gelegen. *Thomas Kühn*

## Ein Hotel voller Möglichkeiten!

### LOGIS

**176 Zimmer:**
176 DZ

### TAGUNG

**Besonders geeignet für:**
Seminar, Konferenz, Klausur, Kreativprozesse, Event

**Räume**
| | |
|---|---|
| Tagungsräume: | 9 |
| Ausstellungsfläche: | 500 m² |

**Maximale Tagungskapazität**
| | |
|---|---|
| U-Form: | 40 Pers. |
| Parlamentarisch: | 540 Pers. |
| Reihenbestuhlung: | 911 Pers. |

**Preise**
| | |
|---|---|
| Preiskalkulation 1* | 76,24 € |
| Preiskalkulation 2* | 288,05 € |

RHEINSBERG

*Alle Angaben Nettopreise zzgl. MwSt., Kalkulationsanfrage siehe Seite 32

 **A 24:** 54 km

 **Fern:** Rheinsberg Mark, 3,5 km
**Nah:** Rheinsberg Mark, 3,5 km

 **Berlin-Brandenburg:** 118 km

### WISSENSWERTES

- kostenfreie Parkplätze am Haus vorhanden
- Der kulturhistorisch bedeutsame Ort Rheinsberg, einer der wichtigsten im Land Brandenburg, ist nur wenige Kilometer entfernt und kann mit seinen vielfältigen kulturellen Möglichkeiten in Planungen einbezogen werden
- Das Hotel bietet mehrere Restaurantbereiche, die Küche offeriert auch Gerichte mit israelischen Einflüssen

16831

# Presice Resort
# Hafendorf Rheinsberg

## FAZIT

Das Precise Resort Hafendorf Rheinsberg begeistert mit **naturnaher Großzügigkeit:** Während das Veranstaltungszentrum eine hochwertige technische Ausstattung und variable Veranstaltungsflächen auf 3.000 m² bietet, bestechen der wohnlich eingerichtete Logisbereich sowie der sich über 2.300 m² erstreckende Wellnessbereich.

Mit der **Verbindung von komfortablen Arbeits- und Freizeitmöglichkeiten** offeriert das Haus ein spezielles Angebot im Großraum Berlin und ist auch für Hamburger Veranstalter gut zu erreichen.

PRECISE RESORT
Hafendorf Rheinsberg

**16831 RHEINSBERG**

Hafendorfstraße 1
Tel. +49 151 54407192
contracting@precisehotels.com
**www.precisehotels.com/
hafendorf-rheinsberg**

Die Residenzstadt Neustrelitz liegt mitten in der Mecklenburgischen Seenplatte. Im Jahr 1733 gegründet, erhielt sie eine sternförmig barocke Stadtanlage und ein eigenes Residenzschloss für den Herzog von Mecklenburg-Strelitz. Nahebei wurde ein Gehege angelegt, in dem man edles Geflügel für die Tafeleien der herzoglichen Hof-Feste aufzog. Jetzt befindet sich an gleicher Stelle der Fasaneriepark, in dem alte Bäume und Teiche ein geschütztes Refugium für seltene Vögel und Fledermäuse bilden. Mit einem beschaulichen Weiher reicht dieses grüne Sensorium direkt an das Park Hotel Fasanerie heran. Durch die enge Beziehung zwischen Hotel, Weiher und Park entsteht ein spürbar entschleunigter Rahmen mit „Calm down"-Effekt – und zugleich ein in sich ruhender Anker für intensives Kommunizieren, Lernen und Strategien-Schmieden. Logistisch steht dem nichts im Wege. Nach einem kompletten „Make-over" präsentieren sich die Tagungsräume mit neuem Fußboden und neuem LED-Lichtkonzept – Projektionen können wahlweise auf Leinwand oder auf hochauflösenden 85-Zoll-Bildschirmen erfolgen, für schnelles Internet ist ein leistungsstarker Glasfaseranschluss vorhanden. Es gibt zwei voneinander separate Tagungsbereiche (jeweils um die 115 m²), die hälftig unterteilbar sind. Beide haben ihre eigenen Park-Terrassen – dorthin oder auch auf eine Wiese unter einem Weidenbaum werden Stühle und Flipcharts gerne herausgestellt, wenn bei Wärme und gutem Wetter ein „Drang nach draußen" aufkommt. Apropos draußen: In Mecklenburgs „Land der tausend Seen" können Tagungsgruppen, die zusammen etwas unternehmen wollen, viele Naturerlebnisse teilen. So ist der nahe Zierker See ein guter Startpunkt für Kajak- und Paddelvergnügen. Ebenfalls nicht weit entfernt ist der Nationalpark Müritz, der sich zusammen mit einem Ranger erkunden lässt, etwa auf einem Erlebnispfad im UNESCO-Welterbe „Serrahner Buchenwald". Zurück im Hotel erwartet Heimkehrer eine frische deutsch-mediterrane Küche. Dazu bietet die zum Restaurant gehörige Hochterrasse einen wunderbaren Blick auf die Weiher- und Parkkulisse. Für den weiteren Abend stehen gleich zwei Barbereiche zur Verfügung, von denen einer exklusiv für Tagungsgruppen öffnet. *Norbert Völkner*

## „Calm down" zwischen Ostsee und Berlin

### LOGIS
**70 Zimmer:**
3 EZ, 67 DZ

### TAGUNG

**Besonders geeignet für:**
Seminar, Konferenz, Klausur

**Räume**
Tagungsräume: 4
Ausstellungsfläche: 2x 115 m²

**Maximale Tagungskapazität**
U-Form: 30 Pers.
Parlamentarisch: 50 Pers.
Reihenbestuhlung: 80 Pers.

**Preise**
Preiskalkulation 1* 59,00 €
Preiskalkulation 2* 169,00 €

*Alle Angaben Nettopreise zzgl. MwSt., Kalkulationsanfrage siehe Seite 32

**NEUSTRELITZ**

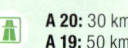

**A 20:** 30 km
**A 19:** 50 km

**DB**
**Fern:** Neustrelitz, 2 km
**Nah:** Neustrelitz, 2 km

**Berlin-Brandenburg:** 114 km

### WISSENSWERTES

- symmetrisches Internet (500 Mbit/s Up- und Download), passwortgeschütztes W-LAN, 6 E-Ladestationen
- Gästezimmer mit schönen Ausblicken und allergikergerechten Matratzen
- neugestaltetes Restaurant „le faison" mit Außenterrasse, Bar & Lounge, separate Bar für Tagungsgäste, Grillabende
- neugestaltete Saunawelt (Sanarium, finn. Sauna, Ruheraum), Fitnessraum
- Fahrradverleih, Müritz-Schifffahrt, Kanufahrten, Nationalpark-Führungen u.v.m.

17235

# Park Hotel Fasanerie
## Neustrelitz

PARK HOTEL FASANERIE
— NEUSTRELITZ —

### FAZIT

Das Tagungs- und **Klausurumfeld mit malerischer Parkanlage und kleinem See** verschafft Veranstaltungen einen spürbar entschleunigten Rahmen.

Die separat gelegene und **modern ausgestattete Tagungsebene** verfügt über Terrassen zum Park mit Gelegenheiten zum **Draußen-Arbeiten im Grünen.**

In der Hotelumgebung sind **viele Natur-erlebnisse im Müritz-Nationalpark** als Rahmenprogramm arrangierbar.

**17235 NEUSTRELITZ**
Karbe-Wagner-Straße 59
Tel. +49 3981 4890-0
info@parkhotel-neustrelitz.de
**www.parkhotel-neustrelitz.de**

I m Jahr 2025 blickt die Crew des Hotels Yachthafenresidenz Hohe Düne auf eine 20-jährige Erfolgsgeschichte zurück – dabei galt das im Jahr 2005 eröffnete Haus bereits zum Zeitpunkt seiner Eröffnung als unverwechselbare Benchmark und besonders ehrgeiziges Projekt: In prominenter Lage, dort, wo die Warnow in die Ostsee mündet, wo das weltoffene Rostock traditionell seine Gäste aus aller Welt begrüßt, gegenüber dem alten Leuchtturm, entstand schließlich ein Resort, das in seiner Vielfalt kaum zu übertreffen ist! Freizeit-Wassersportler genießen eine komfortable Infrastruktur und machen an der Hafenmarina fest, die Linienschifffahrt verfügt über einen eigenen Bootsanlager, es gibt eine Eventhalle sowie Logisgebäude, in denen sich die knapp 400 Zimmer befinden sowie mehrere Restaurants in separaten Gebäuden. Das Hauptgebäude beherbergt schließlich neben weiteren Zimmern auch Shops, Restaurants und einen mehr als 4.000 m² großen Wellnessbereich. Und selbstredend wurden die Bedürfnisse von Tagungs- und Eventveranstaltern berücksichtigt: Speziell auf deren Ansprüche abgestellt, präsentiert sich das mehrstöckige Kongresszentrum mit seiner an einen Schiffsbug erinnernden Architektur als „multifunktionaler Alleskönner", dessen Einrichtung und Ausstattung die Darstellung nahezu jedes Veranstaltungsformates garantiert! Herzstück des Zentrums ist natürlich der Ballsaal: 640 m² Aktionsfläche können – je nach Veranstalterwunsch – wahlweise als Plenum oder für abendliche Bankette möbliert werden; das hochwertig-edle Ambiente nimmt mit dunklem Holz und edlen Materialien aufs Maritime Bezug. Für kleinere Veranstaltungsformate bietet das Zentrum in den darüberliegenden Etagen eine Vielzahl unterschiedlicher, teilweise miteinander kombinierbarer Räume. Die Konfiguration des Hotels garantiert Veranstaltern eine große Auswahl unterschiedlichster Szenarien – als unverzichtbar hat sich auch die Einbeziehung das Yachtclubs für Gettogether-Situationen erwiesen. Die Erfolgsgeschichte des Hotels basiert auf der qualitativ hochwertigen Einrichtung und Ausstattung des Hotels ebenso wie auf der Professionalität der Hotelcrew.

*Thomas Kühn*

# 20 Jahre Erfolg mit professioneller Crew

## LOGIS

**368 Zimmer:**
342 DZ, 26 Suiten

## TAGUNG

**Besonders geeignet für:**
Seminar, Konferenz,
Kreativprozesse, Event

**Räume**
Tagungsräume: 20
Ausstellungsfläche: Indoor: 640 m²
Outdoor: 15.000 m²

**Maximale Tagungskapazität**
U-Form: 80 Pers.
Parlamentarisch: 472 Pers.
Reihenbestuhlung: 700 Pers.

**Preise**
Preiskalkulation 1* 101,48 €
Preiskalkulation 2* 416,04 €

*Alle Angaben Nettopreise
zzgl. MwSt., Kalkulationsanfrage siehe Seite 32

**ROSTOCK-
WARNEMÜNDE**

 **A 19:** 23 km

 **Fern:** Rostock Hbf., 16 km
**Nah:** Warnemünde, 0,5 km

 **Rostock-Laage:** 46 km

## WISSENSWERTES

- 30 Hektar parkartige Hotelanlage, 7 Restaurants, 5 Bars, Abendlocation „Yachtclub"
- Glasfaseranschluss, für Events ist eine eigene IP-Adresse schaltbar
- Gästezimmer mit Marmorbad, Schreibsekretär, Bibliothek und „Casablanca"-Deckenventilator
- XXL-dimensionierte Bootshalle mit direktem Strandzugang, mediterrane Spa-Landschaft auf drei Ebenen (4.200 m² mit Schwimmbad, Saunalandschaft, Fitnessbereich, Ostsee-Panoramaterrasse u.v.m.)

**18119**

# Yachthafenresidenz
# Hohe Düne

YACHTHAFENRESIDENZ
HOHE DÜNE
**YACHTING & SPA RESORT**

## FAZIT

Ein luxuriöses Ostsee-Resort direkt am Strand, das seinesgleichen sucht: Die hoteleigenen Ressourcen meistern **anspruchsvollste organisatorische Tagungsherausforderungen** und gewährleisten **hochkarätige Events und Incentives** auf See und an Land.

Im **separaten Kongresszentrum** mit tageslichtzugewandter Architektur bestimmen **Meeres- und Schifffahrtsblicke,** viel räumliche Flexibilität und **maritimes Kreuzfahrt-Design** das Veranstaltungsambiente.

**18119 ROSTOCK-WARNEMÜNDE**

Am Yachthafen 1
Tel. +49 381 5040-0
event@yhd.de
**www.hohe-duene.de**

69

## Authentische Offerte in Güstrow

Das pittoreske Güstrow, eine halbe Autostunde südlich der Hansestadt Rostock gelegen, ist erlebenswert: In der Altstadt reihen sich schmuck renovierte Fachwerkhäuser eng aneinander, Geschäfte und Cafés laden zum Bummeln und Verweilen ein. Das Schloss beeindruckt mit seiner Renaissancefassade und der Dom muss auf jeder Besichtigungsliste stehen: Eines der bekanntesten Werke Ernst Barlachs, der „Schwebende Engel", ist Teil des unverzichtbaren nationalen Kunst-Kanons und im Original zu besichtigen. Das Hotel & Restaurant am Schlosspark ist der ideale Ausgangspunkt für solcherart Stadterkundungen – durch den gepflegten Schlosspark mit der historischen Innenstadt verbunden, sind es nur wenige Gehminuten ins Stadtzentrum. Das Haus haben aber auch Tagungsveranstalter für sich entdeckt – die Vielfalt der Offerten macht das Hotel besonders attraktiv. Zum einen wissen Veranstalter die Einrichtung und Ausstattung der vier Tagungsräume zu schätzen. Neben dem in drei Sektionen teilbaren lichthellen Raum Wallenstein ist ein Eventraum mit seinem Wintergarten von besonderem Interesse, insbesondere, weil er über einzigartige Atmosphäre verfügt. Exzellente technische Voraussetzungen und den im Haus herrschenden professionellen Teamgeist wissen Veranstalter zu schätzen, die das Hotel als „Center-Point" für hybride Veranstaltungen nutzen, und die umfassenden Arbeitsmöglichkeiten des hauseigenen Co-Working-Space wissen nicht nur Start-upper und regionale Unternehmen zu schätzen. In allen Bereichen des Hotels legen die Güstrower Wert auf qualitativ hochwertige Gastlichkeit. Das gilt für das Restaurant „Wallenstein", dessen Karte von saisonal aktuellen Speisen dominiert wird, deren Zutaten überwiegend in der unmittelbaren Umgebung produziert werden. Der Logisbereich bietet 100 Zimmer in unterschiedlichen Kategorien – und ist auch für Veranstalter mit reduziertem Budget interessant. Der Hotelmannschaft ist es ein besonderes Anliegen, Gästen Authentizität zu vermitteln. Das gelingt in allen Bereichen – mit norddeutschem sympathischem Charme, Engagement und den zahlreichen Möglichkeiten, die Güstrow bietet.

*Thomas Kühn*

### LOGIS

**100 Zimmer:**
35 EZ, 59 DZ, 4 Familienzimmer, 1 Studio, 1 Appartement

### TAGUNG

**Besonders geeignet für:**
Seminar, Klausur, Event

**Räume**
Tagungsräume:                4
Ausstellungsfläche:     50 m²

**Maximale Tagungskapazität**
U-Form:                50 Pers.
Parlamentarisch:       70 Pers.
Reihenbestuhlung:     120 Pers.

**Preise**
Preiskalkulation 1*      49,00 €
Preiskalkulation 2*     189,00 €

*Alle Angaben Nettopreise zzgl. MwSt., Kalkulationsanfrage siehe Seite 32

GÜSTROW

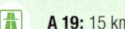
**A 19:** 15 km

**Fern:** Rostock Hbf., 40 km
**Nah:** Güstrow, 2 km

**Rostock:** 17 km

### WISSENSWERTES

- Nachhaltigkeitszertifikat: GreenSign Level 4, 3 behindertengerechte Gästezimmer
- leistungsstarkes Glasfaser-Internet, stilvoll eingerichteter Co-Working-Space mit Lounge und Küche, kostenfreie Parkplätze
- Restaurant „Wallenstein", Bar, Flying Buffets im Schlossgarten, Event-Location „Heizhaus" (175 m²)
- Bogenschießen, Eisstockschießen, Escape Room, Stadtführungen, Schlossbesichtigung, Joggingstrecke am Haus, Fahrradverleih u.v.m.

18273

# Hotel & Restaurant
# am Schlosspark

## HOTEL & RESTAURANT AM SCHLOSSPARK

### FAZIT

**Tagungen mit attraktivem Umfeld:**
Der Aufenthalt wird geprägt von der
Panoramalage zum Güstrower Schloss
und der fußläufigen Nähe zur Güstrower
Altstadt.

**Topaktuelles hybrides Tagungs-
zentrum** mit 500 MB Highspeed-
W-LAN und Full Support für Live-
Online-Veranstaltungen und Videokonferenzen.

Die familiäre Hotel-Atmosphäre mit
**regionaler Speisekultur** sowie ein
**lichtes und stilvolles Arbeitsam-
biente** ergeben einen angenehmen
Aufenthalts-Mix.

**18273 GÜSTROW**
Neuwieder Weg 1
Tel. +49 3843 277960
info@hotel-am-schlosspark-guestrow.de
www.hotel-am-schlosspark-guestrow.de

71

© DanielStohl

nhaber und Betreiber des Hotels Kurhaus am Inselsee, Erich-Alexander und Claudia Hinz, haben das Hotel mit viel Engagement und Einsatz zu einem wahrhaftigen Tagungs-kleinod entwickelt! Das Anknüpfen an Traditionen ging dabei mit der Entwicklung und Umsetzung zeitgemäßer Ideen und Vorstellungen Hand in Hand und so präsentiert sich das Kurhaus am Inselsee als unwiderstehliche Tagungsofferte im nördlichen Mecklenburg-Vorpommern und damit im unmittelbaren Einzugsbereich von Rostock und Schwerin. Es fungierte zwar nie als Kurhaus, kann aber durchaus die „Erholungsqualitäten" für sich in Anspruch nehmen, die dem Haus zu seinem Nimbus verholfen haben: Fernab jeglichen Großstadtgetümmels, malerisch am namensgebenden Inselsee gelegen und von einem gepflegten Park mit alten Bäumen umgeben, fühlen sich insbesondere kleine und mittelgroße Tagungsgruppen wohl, finden neben lichthellen Arbeitsräumen ihr „Eckchen" für intensive Gedankenaustausche oder individuelle Regenerationsphasen. Dabei gilt für alle öffentlichen Bereiche ebenso wie für den 52 Zimmer umfassenden Logisbereich: Die spürbar-gelebte Tradition geht einher mit Funktionalität, wissende Hände unterstützen Veranstalter bei der Erreichung von Zielen und die unmittelbaren Arbeitsvoraussetzungen entsprechen den Erwartungen und Ansprüchen von Veranstaltern und Teilnehmern gleichermaßen. Das gilt selbstverständlich uneingeschränkt für den Tagungsbereich: Zahlreiche Raumvarianten lassen sich mittels flexibler Trennwände darstellen, Tageslicht und unverstellte Ausblicke in den Garten bieten die bodentiefen Fensterfronten und die vorgelagerte Terrasse ist nicht nur in den Pausen ein beliebter Ort des individuellen Gedankenaustauschs. Großer Beliebtheit erfreut sich – nicht nur bei Tagungsgästen – die Hotelküche: Saisonales und Regionales wird im Restaurant „Schröders" aufgetragen! Das Hotel kann Ausgangspunkt für attraktive Rahmenprogramme sein: Tagungsgruppen sind eingeladen, ihre Kreativität im nahen Barlach Atelierhaus unter Beweis zu stellen; gänzlich „natürlich" hingegen präsentiert sich der ebenfalls nahe gelegene Wildpark MV, indem sogar u.a. Wölfe in ihrer natürlichen Umgebung beobachtet werden können.

*Thomas Kühn*

## Große Kunst und wilde Tiere

### LOGIS

**52 Zimmer:**
4 EZ, 43 DZ, 5 Suiten

### TAGUNG

**Besonders geeignet für:**
Seminar, Konferenz, Klausur, Event

**Räume**
Tagungsräume:                        5

**Maximale Tagungskapazität**
U-Form:                        45 Pers.
Parlamentarisch:            110 Pers.
Reihenbestuhlung:          160 Pers.

**Preise**
Preiskalkulation 1*            74,00 €
Preiskalkulation 2*          248,00 €

*Alle Angaben Nettopreise zzgl. MwSt., Kalkulationsanfrage siehe Seite 32

GÜSTROW

**A 19:** 10 km

**Fern:** Rostock, 40 km
**Nah:** Güstrow, 5 km

**Rostock-Laage:** 20 km

### WISSENSWERTES

- Glasfaser-Internet, hybride Tagungstechnik mit Videokonferenzsystem
- Seeblick-Restaurant „Schröders" mit Terrasse, Wintergarten
- Schwimmbad, finn. Sauna, Dampfbad, Infrarotkabine, Außenterrasse, Massagen
- Bootsverleih, Kutterfahrten, Bogenschießen, Floßbau, Altstadtführungen u.v.m.
- Ernst-Barlach-Atelierhaus und Ausstellungsforum nur 200 m entfernt
- Weitere 25 Zimmer und ein Restaurant im benachbarten Schwesterhaus „Strandhaus am Inselsee" (300 m entfernt)

© DanielStohl

# Kurhaus
# am Inselsee

## FAZIT

**Eine grüne Idylle:** Umgeben von Wald und See bietet das Hotel einen entspannten Ort für Wissensvermittlung und Gedankenaustausch. Der See vor der Tür ist ein ideales Revier für begleitende Teamprogramme – vom Floßbau bis zum Drachenbootrennen.

**Meetings mit Muße:** Ein weiter Bogen unterstützt die Erholung zwischendurch – vom großen Garten mit Seeblick-Pavillon über einen Wellnessbereich bis hin zu hoher Zimmer-Wohnqualität und einer handgemachten Küche, die Regionalität genussvoll interpretiert.

★★★★+

## Kurhaus am Inselsee
### Hotel & Restaurant

**18273 GÜSTROW**

Heidberg 1
Tel. +49 3843 850-0
info@kurhaus-guestrow.de
**www.kurhaus-guestrow.de**

M an nehme ein stattliches Herrenhaus mit großem Vorplatz, dazu viel romantisches Parkgrün mit jahrhundertealten Bäumen und einen Badesee als Zugabe – fertig ist der perfekte Umgebungswechsel, um den Kopf frei zu bekommen für Neues. Gut Gremmelin ist ringsherum eingebettet in eine Vorratskammer der Natur. Den repräsentativen Landsitz bewohnte einst eine Großgrundbesitzerfamilie, jetzt ist die im Originalstil restaurierte Gutsanlage ein wohltuender Background, um Lernprozesse und Ideenentwicklungen in Gang zu setzen oder Teams zu aktivieren. Im Gutshaus entstand dazu ein modernes farbenfrohes Ambiente mit Schönheitssinn und Gespür für entspannte Atmosphäre. Es gibt keine historischen Antiquitäten oder Geweihe an den Wänden, dafür flottes Design und Kunst-Hingucker. Die Tagungsräume sind luftig hoch mit viel natürlichem Lichteinfall und ergonomisch ausgestattet – Projektionen können klassisch per Beamer oder direkt vom digitalen Endgerät auf Touchscreen-Bildschirme (86 Zoll) erfolgen, zwei Räume haben auch eigene WLAN-Netzwerke. Im größten Meetingraum (85 m²) bietet sich ein schöner Blickfang auf den See und auf die 800-jährigen Eiben im Gutspark. Ganz oben existiert ein separater Kreativbereich mit eigener Dachterrasse und angeschlossenen Gästezimmern, in dem kleine Gruppen zusammen wirken und wohnen.

## Landsitz mit Gutshaus am See

### LOGIS

**50 Zimmer:**
43 DZ, 5 Suiten,
2 Appartements

### TAGUNG

**Besonders geeignet für:**
Seminar, Klausur, Event

**Räume**
Tagungsräume: 5
Ausstellungsfläche: 80 m²

**Maximale Tagungskapazität**
U-Form: 44 Pers.
Parlamentarisch: 55 Pers.
Reihenbestuhlung: 60 Pers.

**Preise**
Preiskalkulation 1* 69,89 €
Preiskalkulation 2* 268,99 €

*Alle Angaben Nettopreise zzgl. MwSt., Kalkulationsanfrage siehe Seite 32

GREMMELIN

Dass bei schönem Wetter die Arbeitstreffen in den Park „ausquartiert" werden können, ist eine Gelegenheit, die von Teilnehmern sehr gerne wahrgenommen wird. Zudem stellt der See eine Outdoor-Option dar: Man kann ein Ruderboot und ein „Lernfloß" nutzen oder als Team versuchen ein fahrtüchtiges Boot im Eigenbau zu konstruieren. Anknüpfend an die Gutstradition der Pferdezucht finden darüber hinaus Führungskräfte-Coachings mit Pferden statt – das Üben von Kommunikation und Auftreten im ungefilterten Feedback der Vierbeiner spielt dabei eine wesentliche Rolle. Zum Speisen geht es hinüber in das Restaurant „landlieb", das im ehemaligen Inspektorenhaus des Gutes untergebracht ist. Dort wird eine feine und kreative Landküche gepflegt, mit bevorzugtem Augenmerk auf Regionalität und Saisonalität – auf der zugehörigen großen Außenterrasse schmeckt es mit wunderbarem Parkblick nochmal so gut. *Norbert Völkner*

 **A 19:** 3 km

 **Fern:** Güstrow, 16 km

 **Rostock-Laage:** 20 km

### WISSENSWERTES

- TourCert-Nachhaltigkeitszertifikat
- Glasfaser-Internet, interaktive Whiteboards
- reetgedeckte „Trainer-Häuschen" mit separatem Wohn- und Schlafbereich
- Restaurant „landlieb" mit Park-Terrasse, Lagerfeuer und Grillbuffet im Park
- Bibliothek, Wintergarten, uriger Gewölbekeller, finn. Sauna, Bio-Sauna, Massagen, Wald-Jogging
- Teamkochen, Bogenschießen, Trabbi-Rallye, Highland-Games u.v.m.

**18279**

# Gut Gremmelin

**GUT GREMMELIN**

### FAZIT

Ein **idyllischer Seminar- und Klausurort** inmitten einer gewachsenen Gutsanlage mit weitläufigem Park (4 Hektar) und eigenem See für Freizeit- und Teamübungsaktivitäten.

Zur entspannten Hotelatmosphäre gehören **perfekte Tagungsräume und zusätzliche Außenlernplätze.** Ein besonderes Angebot sind **Führungskräfte-Seminare mit Pferden.**

**Nahe Autobahnanbindung** – gute Erreichbarkeit im Städtedreieck Hamburg – Berlin – Rostock.

**18279 GREMMELIN**

Am Hofsee 33
Tel. +49 38452 5110
info@gutgremmelin.de
**www.gutgremmelin.de**

75

A uf halbem Wege zwischen Hamburg und Berlin liegt das Van der Valk Resort Linstow im Herzen der Mecklenburgischen Seenplatte. In diesem naturnahen Umfeld direkt am Naturpark Nossentiner/Schwinzer Heide ist eine Eventlocation im großen Format entstanden – man erreicht das Resort Linstow direkt über die eigene Autobahnabfahrt der A 19. Die Konzeption des auf über 60 Hektar angelegten Resorts umfasst Übernachtung, Tagung und Incentive in einem. Gewohnt wird hier zumeist ungewöhnlich – nämlich überwiegend in reetgedeckten Häuschen mit jeweils drei Einzelzimmern, von denen jedes mit eigener Dusche und WC ausgestattet ist. Daneben gibt es im Hauptgebäude auch „normale" Hotelzimmer mit Klimaanlage und Balkon. Für die Durchführung von Veranstaltungen wird auf zwei Ebenen eine große Auswahl saalgroßer (150–1.400 m²) Räumlichkeiten geboten. Sie sind flexibel einsetzbar, sei es für Kick-offs, Symposien, Präsentationen und Workshops oder auch für Feierlichkeiten. Dabei werden leistungsstarke tagungs- und eventtechnische Register mit patenter Inszenierungs- und Übertragungstechnik gezogen. Die beiden größten Säle, der „Valkensaal" und der „Charlestonsaal", sind mit dem PKW befahrbar. Ergänzende Konferenz- bzw. Gruppenräume runden das Tagungsensemble ab. Gruppenarbeiten können bei schönem Wetter auch auf den Terrassen bzw. den Grünflächen der reetgedeckten Häuschen stattfinden. In den ausgedehnten Outdoorgefilden des Resorts erwartet die Gäste zudem eine wahre „Wunderkammer" an Teamerlebnis- und Incentive-Optionen. Zur gebotenen Spannweite zählen unter anderem gemeinsames Bootsbauen am See, ein Cocktailworkshop sowie Challenge-Aktivitäten – mit Trabi-Wettschieben, Riechen-Schmecken-Fühlen u.v.m. Etwas Außergewöhnliches ist darüber hinaus die hoteleigene Westernstadt: Dort finden auf einem großen Outdoor-Areal mit Cowboy-Saloon rustikale Abende und BBQ-Partys statt. Auch für das kulinarische Wohl ist vorgesorgt: Rund um eine hübsche Plaza mit Bäumen und Glasdach sind verschiedene Restaurants mit internationalem Flair versammelt, die von Gruppen exklusiv genutzt werden können.

*Norbert Völkner*

# Tagen mit Incentive-Wunderkammer

## LOGIS

**1.000 Zimmer:**
699 DZ, 300 Appartements, 1 Suite

## TAGUNG

**Besonders geeignet für:**
Seminar, Konferenz, Event

**Räume**
| | |
|---|---|
| Tagungsräume: | 11 |
| Ausstellungsfläche: | |
| Indoor: | 1.400 m² |
| Outdoor: | 7.000 m² |

**Maximale Tagungskapazität**
| | |
|---|---|
| U-Form: | 70 Pers. |
| Parlamentarisch: | 700 Pers. |
| Reihenbestuhlung: | 1.200 Pers. |

**Preise**
| | |
|---|---|
| Preiskalkulation 1* | 66,80 € |
| Preiskalkulation 2* | 201,26 € |

*Alle Angaben Nettopreise zzgl. MwSt., Kalkulationsanfrage siehe Seite 32

LINSTOW

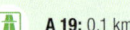
**A 19:** 0,1 km

**Fern:** Waren, 25 km
**DB** **Nah:** Güstrow, 25 km
**Nah:** Langhagen, 15 km

**Rostock-Laage:** 40 km

## WISSENSWERTES

- 1.000 kostenfreie Parkplätze, Tesla-E-Ladestation
- À-la-carte-Restaurant, Buffetrestaurants, Bar, Eiscafé und Snackbar
- Tropisches Erlebnisbad, Saunalandschaft mit Saunagarten und Außenbecken, Beauty-Bereich, Wellness-Anwendungen
- Bowlingcenter, Tennis, Fußball- und Volleyballplatz, Team-Challenge, GPS-Wanderung, Bootsbau am See, Kanu-Fun-Regatta mit Radtour, Bogenschießen, Minigolfanlage, Angelteich u.v.m.

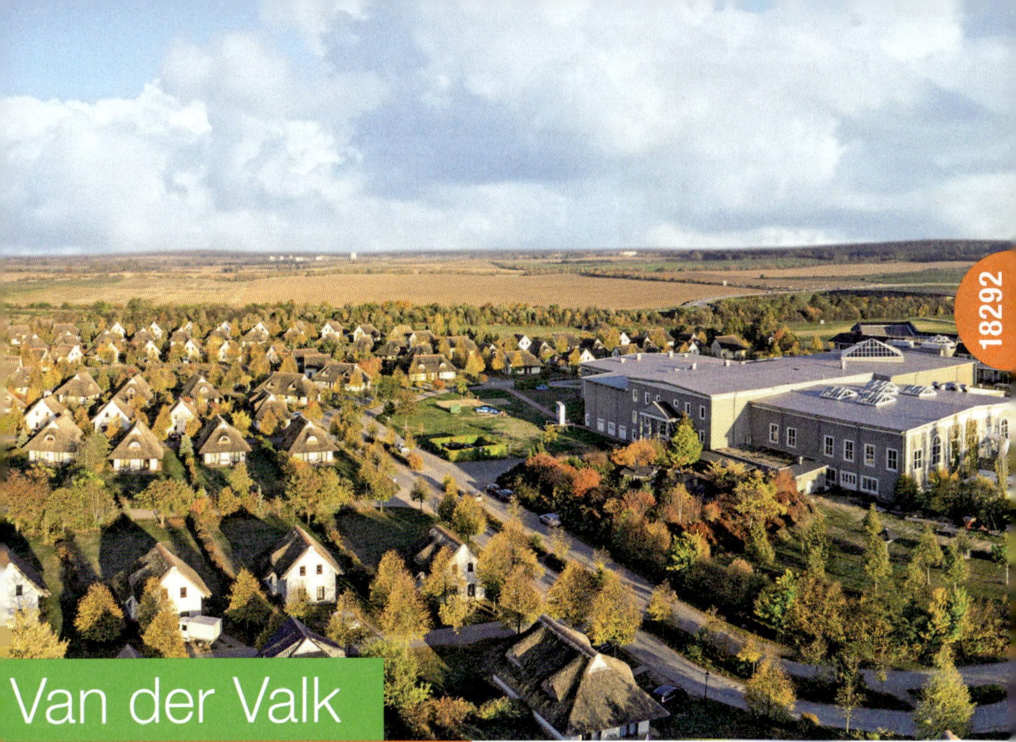

# Van der Valk
# Resort Linstow

### FAZIT

Ein perfekter Ort zur **Verknüpfung von Tagungs- und Incentivezielen** – geboten werden Event- und Übernachtungsmöglichkeiten für bis zu 1.000 Personen in Einzelzimmern. Vielfältige Erlebnis- und Freizeit-Facetten verleihen Veranstaltungen einen hohen Erinnerungswert.

Auf dem über 60 Hektar großen Resort-Gelände bestehen zahlreiche Ressourcen für **spannende Outdoor-Teambuildingmaßnahmen. Und das Beste: Alles aus einer Hand!** Zudem bietet eine **hoteleigene Westernstadt** mit Freilichtbühne eine außergewöhnliche Show- und Partykulisse.

**18292 LINSTOW**
Krakower Chaussee 1
Tel. +49 38457 70
linstow@vandervalk.de
**www.linstow.vandervalk.de**

**D**as Precise Resort Rügen fasziniert Veranstalter und deren Gäste aus einer Vielzahl von Gründen: Auf der zu Deutschlands größter Insel Rügen gehörenden Halbinsel Jasmund liegt es in unmittelbarer Nähe zum gleichnamigen Nationalpark in einem 85 Hektar großen, naturbelassenen Wald- und Wiesengrundstück. Die imposante, von Caspar David Friedrich auf so einmalige Art und Weise in Szene gesetzte weiß funkelnde Kreidekliffküste ist nicht weit und die weiten, malerischen Strände der Ostsee sowie Kap Arkona und Stubbenkammer sind auf kurzen Wegen erreichbar. Insbesondere Urlauber wissen, vornehmlich in den Sommermonaten, den Standort des Hotels zu schätzen, zumal das Resort mit dem SPLASH auch eine 3.500 m² große Erlebniswelt mit einem Hallenbad und diversen Pools und Attraktionen auch „Schlechtwettervarianten" bietet. Diese Urlaubsdestination übt aber auch auf Tagungsveranstalter eine große Faszination aus: weil die erwähnten Freizeiteinrichtungen in Veranstaltungsagenden eingearbeitet werden können, weil die Lage des Hauses die Ungestörtheit von Veranstaltungen garantiert und weil das Haus und sein Team mit einer fein abgestimmten Infrastruktur beste Tagungsbedingungen bieten. Zwei „Tagungszentren" stehen zur Verfügung: Zum einen begeistert die in sich geschlossene Tagungswelt des Herrenhauses. Vor mehr als 100 Jahren im neobarocken Stil erbaut und wunderschön saniert, bietet es neben zwei Tagungsräumen auch 4 Suiten, einen großzügigen Pausenbereich und einen unmittelbaren Zugang in die grüne Umgebung. Lage und Ausstattung sind eine deutliche Empfehlung für Veranstalter, die auf Ungestörtheit, Ruhe und auf einen repräsentativen Rahmen Wert legen und unter Umständen auch Sicherheitsaspekte berücksichtigen wollen. Ein weiterer Raum befindet sich in einem der ursprünglich landwirtschaftlich genutzten Funktionsgebäude – komfortable Lichtverhältnisse, die Größe und eine großzügig bemessene Pausenzone sowie die Teilbarkeit in zwei Sektionen ermöglichen auch die Durchführung von Konferenzen. Das Precise Resort Rügen auf Deutschlands größter Insel empfiehlt sich auch Tagungsveranstaltern.

*Thomas Kühn*

## Auf Deutschlands größter Insel

### LOGIS
**230 Zimmer:**
139 DZ, 4 Suiten, 12 Juniorsuiten, 75 Appartements

### TAGUNG
**Besonders geeignet für:**
Seminar, Konferenz, Event

**Räume**
| | |
|---|---|
| Tagungsräume: | 4 |
| Ausstellungsfläche: | 100 m² |

**Maximale Tagungskapazität**
| | |
|---|---|
| U-Form: | 60 Pers. |
| Parlamentarisch: | 130 Pers. |
| Reihenbestuhlung: | 170 Pers. |

**Preise**
| | |
|---|---|
| Preiskalkulation 1* | 76,43 € |
| Preiskalkulation 2* | 154,29 € |

*Alle Angaben Nettopreise zzgl. MwSt., Kalkulationsanfrage siehe Seite 32

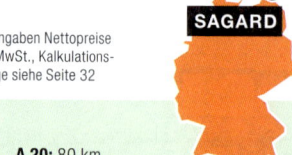
SAGARD

　**A 20:** 80 km

　**Fern:** Binz, 23 km
　**Nah:** Sagard, 5 km

　**Güttin:** 30 km

### WISSENSWERTES
- Die Ursprünge des Hotels – des Herrenhauses sowie der einstigen Stallungen – sind historischer Natur, ein Teil des Logisbereiches komplettiert seit den 90er Jahren das Angebotsportfolio
- Hotel verfügt über separat nutzbare Restaurantbereiche sowie über eine stimmungsvolle Bar und ein Kaminzimmer
- Hotel bietet auch „haustierfreundliche Zimmer"

18551

# Precise Resort
# Rügen

## FAZIT

Das Precise Resort Rügen besticht durch seine **Lage** am Rande eines Nationalparks, bietet zahlreiche Möglichkeiten für die Organisation von **Rahmen- und Begleitprogrammen** sowie **Tagungsruhe** abseits „touristischer Ostseehektik".

Neben einem modern eingerichteten und ausgestatteten Tagungsareal steht mit dem im neobarocken Stil errichteten, mehr als 100 Jahre alten und wunderschön sanierten Herrenhaus eine **besonders hochwertige Tagungsdestination** zur Verfügung.

**PRECISE RESORT**
Sagard Island of Rügen

**18551 SAGARD**

Am Taubenberg 1
Tel. +49 151 54407192
contracting@precisehotels.com
**www.precisehotels.com/Rugen**

Neben einer sehr freundlichen Begrüßung, professionell vorgetragenen Hinweisen für den Aufenthalt und kompetenten Ratschlägen erhalten Reisende beim Einchecken an der Rezeption des Hotel Speicher am Ziegelsee Schwerin eine „city map"; unter dem Rubrum „Unsere Schätze" präsentieren die Schweriner stolz das, was die Landeshauptstadt an Sehenswürdigkeiten und Attraktionen zu bieten hat. Neben dem pittoresken Schloss das, ebenso wie weitere 38 historische Gebäude, seit dem Jahr 2024 des UNESCO-Weltkulturerbes ist, gibt es unter anderem den Dom der Stadt sowie ein der modernen Kunst und der mecklenburgischen Geschichte gewidmetes Kulturforum zu entdecken. Dass sich diese „Leisure-Qualitäten" mit den Intentionen von Tagungsveranstaltern verbinden lassen, versteht sich, schließlich hat sich die Hotelmannschaft seit Ende der 90er Jahre einen unverrückbaren Platz in der Tagungsszenerie der Landeshauptstadt erarbeitet. Neben den erwähnten Attraktionen findet das seine Ursachen auch unmittelbar im Hotel selbst: Das aus den 30er Jahren stammende Backsteingemäuer, ursprünglich ein Getreidespeicher, übt eine große Faszination aus. Der denkmalgeschützte Bau ist aufwändig zu einem schmucken Hotel umgebaut worden, das für sich in Anspruch nehmen kann, das „erste Haus am Platze" zu sein. Veranstalter wissen die Tagungsbedingungen zu schätzen: Arbeitsräume finden sich auf zwei Etagen, jeweils einem der großen Räume sind mehrere kleine Räume zugeordnet – eine überaus komfortable Raumkonfiguration, die neben Plenumsarbeit auch die Arbeit in Gruppen zulässt. Bleibt zu erwähnen, dass die Räume durch ihr fein abgestimmtes Interieur bestechen; ergonomisches Mobiliar und Tageslicht erleichtern das Arbeiten und der Blick aus den Fenstern über den See ist entspannend und inspirierend zugleich. Gleiches gilt zweifellos auch für den Logisbereich – dessen komfortable und stilsichere Einrichtung vermittelt Ästhetik und sorgt für ein hohes Maß an Aufenthaltsqualität. Das Hotelmanagement legt großen Wert auf nachhaltiges Wirtschaften, es ist das erste Hotel Mecklenburgs, das klimapositiv wirtschaftet. Es tritt den Beweis an, dass sich Nachhaltigkeit, Genuss und Lifestyle vortrefflich miteinander kombinieren lassen. *Thomas Kühn*

## LOGIS

**77 Zimmer:**
18 EZ, 32 DZ, 27 Studios

# Lifestyle und Genuss

## TAGUNG

**Besonders geeignet für:**
Seminar, Konferenz, Klausur

**Räume**
Tagungsräume:         7

**Maximale Tagungskapazität**
U-Form:             40 Pers.
Parlamentarisch:    73 Pers.
Reihenbestuhlung:   90 Pers.

**Preise**
Preiskalkulation 1*      78,29 €
Preiskalkulation 2*    303,64 €

*Alle Angaben Nettopreise
zzgl. MwSt., Kalkulationsanfrage siehe Seite 32

SCHWERIN

**A 14:** 10 km
**A 24:** 22 km

**Fern:** Schwerin Hbf., 2 km
**Nah:** Schwerin Hbf., 2 km

**Rostock-Laage:** 65 km

## WISSENSWERTES

- Nachhaltigkeitszertifikate: Viabono, Blaue Schwalbe, Dehoga-Umweltcheck Gold – Mitglied bei Klima-Hotels
- Restaurant „aurum", Bistro, Bar „bobinga", See-Terrasse und Badesteg
- nahtloser Übergang zu Seerundfahrten vom hoteleigenen Schiffsanleger
- finn. Sauna, Sanarium, Ruheraum, Fitnessraum, Massagen, Saunaboot
- Drachenboot-Rennen, Schifffahrt durch die Seenlandschaft, Bootsverleih, Fähren zum Schweriner Schloss, Altstadt- und Schlossbesichtigung, Kultur-Programme in Schwerin u.v.m.

19055

# Hotel Speicher
# am Ziegelsee Schwerin

**SPEICHER AM ZIEGELSEE**
HOTEL & RESTAURANT

## FAZIT

Die **Panoramalage am See** ist verbunden mit einem ruhigen Umfeld – zugleich besteht eine fußläufige Anbindung an die Sehenswürdigkeiten der Schweriner Altstadt.

Großzügige und anspruchsvoll ausgestattete **Tagungsräume mit Seeblick** ermöglichen zurückgezogene Zusammenkünfte auf separaten **Klausur-Etagen.**

**Garantierter klimapositiver Aufenthalt** durch Energiespar- und Kompensationsmaßnahmen – jede gebuchte Veranstaltung kann ein individuell berechnetes $CO_2$-Zertifikat erhalten.

**19055 SCHWERIN**

Speicherstraße 11
Tel. +49 385 5003-0
info@speicher-hotel.com
**www.speicher-hotel.com**

Mehr als 2.000 prächtige Schlösser, Guts- und Herrenhäuser gibt es in Mecklenburg-Vorpommern zu entdecken, teilweise auch zu besichtigen. Einige von Ihnen sind sogar erlebbar, weil aus ihnen beispielsweise anspruchsvolle Hotels entwickelt wurden. Sie begeistern mit liebevoll bewahrten historischen Details und mit eindrucksvoller Architektur, die es vermochte, Historisches mit Modernem zu verbinden. Eines davon ist Schloss Hasenwinkel, gelegen auf halber Strecke zwischen Berlin und Hamburg. Dass sich der Weg lohnt, vermittelt sich Gästen unmittelbar: Der Blick verweilt unwillkürlich angesichts des sich öffnenden 12 Hektar großen malerischen Schlossparks mit seinem imposanten Brunnen, hinter dem die hellgelbe neobarocke Fassade des Schlosses sichtbar wird. Vor mehr als 100 Jahren erbaut, war es ein Diplomat, der das Anwesen als Wohnsitz erkor. Seit Mitte der 90er Jahre ist es – nach umfassenden Sanierungs- und Renovierungsarbeiten – unverzichtbarer Bestandteil der Tagungsszenerie Norddeutschlands. Veranstaltern stehen insgesamt zehn Räume zur Verfügung. Sie präsentieren sich lichthell, technisch hochwertig eingerichtet und ausgestattet sowie ästhetisch-funktional möbliert. Dort, wo einst edle Karossen geparkt wurden, in der ehemaligen Remise, befindet sich heute der größte der Tagungsräume, er bietet bis zu 200 Teilnehmern Raum und Platz. Und natürlich bietet sich der wundervolle Park mit seinem alten Baumbestand und den versteckt lockenden Wiesen geradezu an, um tagungsbegleitend oder -ergänzend Teambuildingprozesse outdoor umzusetzen, fürs gemeinsame Floßbauen eignet sich der nahe Bibowsee hervorragend. Die Schlossküche weiß kulinarisch zu begeistern, in drei Restaurants wird Köstliches aufgetragen: Während das Schlossrestaurant mit seinem edlen Ambiente einen repräsentativen Rahmen für jedes Dinner bietet, beeindruckt der Marstall mit seinem edel-rustikalen Ambiente. Tagungsgäste logieren entweder in einem der 19 Zimmer im Schloss oder aber im ergänzenden Neubau. Ein Gast beschreibt die Herrenhaus-Qualitäten des mit vier DEHOGA-Sternen klassifizierten Schlosses punktgenau, wenn er schreibt: „Ein wundervolles Schloss …"!

*Thomas Kühn*

# „Ein wundervolles Schloss …"

## LOGIS

**52 Zimmer:**
2 EZ, 44 DZ, 1 Familiensuite,
1 Suite, 4 Maisonettes

## TAGUNG

**Besonders geeignet für:**
Seminar, Konferenz,
Klausur, Kreativprozesse

**Räume**
| | |
|---|---|
| Tagungsräume: | 10 |
| Ausstellungsfläche: | 400 m² |

**Maximale Tagungskapazität**
| | |
|---|---|
| U-Form: | 45 Pers. |
| Parlamentarisch: | 75 Pers. |
| Reihenbestuhlung: | 150 Pers. |

**Preise**
| | |
|---|---|
| Preiskalkulation 1* | 74,80 € |
| Preiskalkulation 2* | 253,00 € |

*Alle Angaben Nettopreise
zzgl. MwSt., Kalkulationsanfrage siehe Seite 32

HASENWINKEL

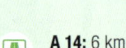
**A 14:** 6 km
**A 20:** 12 km

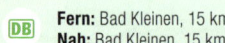
**Fern:** Bad Kleinen, 15 km
**Nah:** Bad Kleinen, 15 km

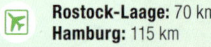
**Rostock-Laage:** 70 km
**Hamburg:** 115 km

## WISSENSWERTES

- hybride Tagungstechnik, interaktives Whiteboard (Clevertouch), E-Ladesäulen mit vorteilhaftem Kundenpreis
- Schlosspark nutzbar für Gruppenarbeiten und Outdooraktivitäten, Floßbau am Bibower See
- „Schloss-Restaurant" mit angebundenen separaten Speiseräumen, Kamin-Lobby, Barbereich im Schloss, Restaurant „Marstall"
- Sauna, Ruheraum, Kegelbahn, Volleyballfeld, Jogging

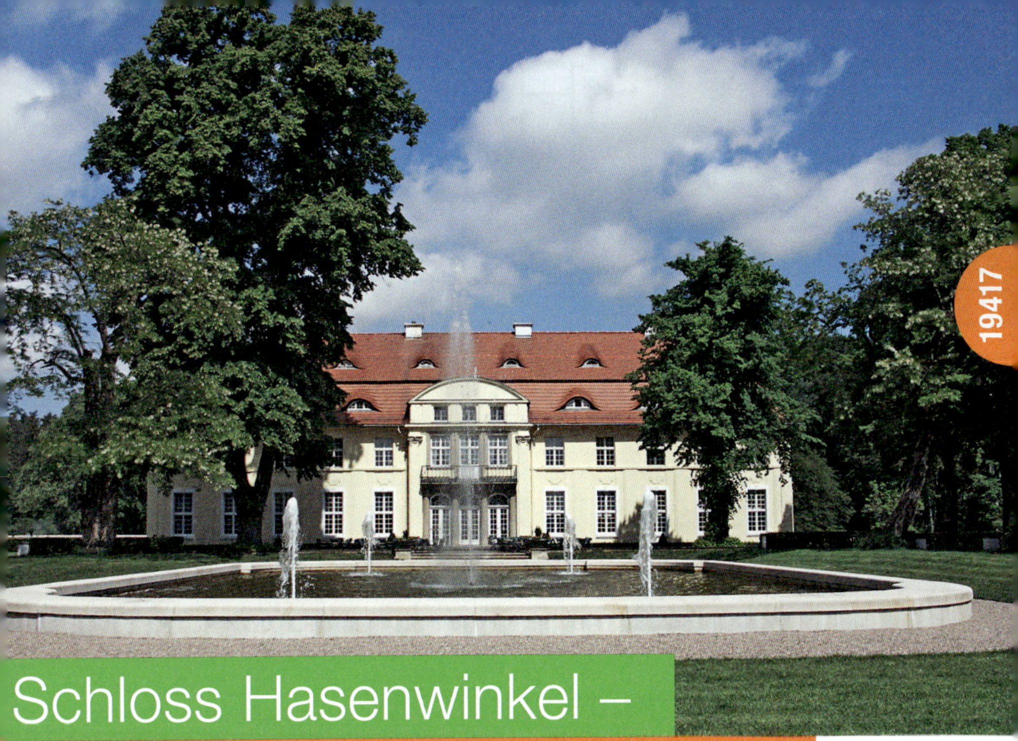

# Schloss Hasenwinkel –
# Tagungshotel der Wirtschaft

## FAZIT

**Eindrucksvolle Schlossanlage**
mit exklusiver Gutshaus-Atmosphäre –
gelungene Verbindung von historischem
Charme und moderner Tagungsausstattung.

**Ruhe und Idylle pur** – der hoteleigene, nach alten Plänen rekonstruierte
Landschaftspark mit angeschlossenem
See vermittelt ein naturgeprägtes und
harmonisches Arbeitsumfeld.

**Viele Optionen für das abendliche
Miteinander** – von historisch anmuten-
den Speiseräumen bis hin zu Event-
Flächen im ehemaligen Marstall.

**19417 HASENWINKEL**

Am Schlosspark 2
Tel. +49 3847 66140
hasenwinkel@tagungsschloss.de
**www.hasenwinkel.com**

19417

**H**anstedt in der Nordheide liegt noch nahe bei Hamburg, aber bereits dort, wo sich die Großstadt rarmacht. Im hiesigen Gartenreich des Ringhotels Sellhorn zeigt die Natur in all ihren Farben und mit einem unverbauten Landschaftsblick, dass sie noch nicht aufgebraucht ist. Sobald Sonne und Wärme es erlauben, wird der ausgedehnte Hotelgarten (5.000 m²) schon mal zum „grünen Arbeitszimmer" – sozusagen zum erweiterten Tagungsraum. In das traditionsbewusste Heide-Domizil, das vergangenes Jahr sein 150-jähriges Jubiläum begeht, kommen Seminar- und Konferenzgäste, die einen gewissen Alltagsabstand suchen, um „raus aus der alten Denke" zu kommen. Für sie wurde erst vor wenigen Jahren in einem Neubau eine moderne Wirkungsfläche (50–160 m²) mit angrenzender großer Lobby sowie neuester Medien- und Lichttechnik geschaffen. Der einladende Raumeindruck lebt vom Einbezug warmer Heidefarben, von wertiger Ergonomie und viel Tageslicht – nach draußen komplettiert ein umlaufender Pausenbalkon das Szenario. Im erwähnten Hotelgarten können außerdem programmergänzende Outdoor-Spiele stattfinden, etwa „Eisbrecher"-Übungen, Escape Games oder Team-Challenges mit Siegerehrung.

# Im grünen Orbit von Hamburg

Während des Aufenthaltes finden sich die Gäste in der zugewandten Atmosphäre eines Familienhotels aufgehoben – das Serviceteam kennt keine Einzelspieler und trägt mit Know-how und viel Herz zu einem stimmigen Tagungsgesamterlebnis bei. Etwas vom regionalen Flair des in der Tradition wurzelnden Landgasthofes findet sich unter anderem noch auf der Speisekarte des Restaurants: Zwar sind dort auch moderne und leichte Gerichte aufgeführt, aber wer mag, kann sich auf eine herzhafte, rustikale Esskultur einlassen, wie beispielsweise ein „Schäfermahl" mit Buchweizenplätzchen, Birne, Speck und Preiselbeeren. Grundsätzlich stammt fast alles, was in Töpfe und Pfannen gelangt, aus der Heidegegend, den Elbmarschen und anderen Nachbarregionen. In einem jüngst für Gruppen eingerichteten „Wohnzimmer" kann der Tag in lockerer Gemütlichkeit mit guten Getränken und Gesellschaftsspielen ausklingen. Alternativ kommt dafür natürlich auch die Gartenterrasse in Betracht – abends tragen Feuerschalen mit Wärme und wohliger Stimmung dazu bei.          *Norbert Völkner*

## LOGIS

**50 Zimmer:**
44 DZ, 3 Juniorsuiten, 3 Suiten

## TAGUNG

**Besonders geeignet für:**
Seminar, Konferenz, Klausur

**Räume**
Tagungsräume:                          5

**Maximale Tagungskapazität**
U-Form:                          60 Pers.
Parlamentarisch:              68 Pers.
Reihenbestuhlung:          120 Pers.

**Preise**
Preiskalkulation 1*          62,00 €
Preiskalkulation 2*        253,00 €

*Alle Angaben Nettopreise zzgl. MwSt., Kalkulationsanfrage siehe Seite 32

HANSTEDT

**A 1:** 7 km
**A 7:** 7 km

**Fern:** Hamburg-Harburg, 25 km
**Nah:** Buchholz in der Nordheide, 15 km

**Hamburg:** 70 km

## WISSENSWERTES

- Restaurant mit nachhaltig erzeugten Speisen und angeschlossenen Séparées, Alte Gaststube, „Wohnzimmer", Gartenterrassen, hausgebackener Kuchen
- Gästezimmer mit Chic, Wohnkomfort und hübschen Ausblicken, E-Ladestation
- Schwimmbad, Blockhaus-Sauna, Bio-Sauna, Dampfbad, Fitnessraum, Massagen, Wellnessanwendungen
- Kickerturniere, Grillabende, geführte Heide-Touren mit Fahrrädern, Heide-Kutschfahrten, Bogenschießen, Geocaching, Kartfahren u.v.m.

**21271**

# Ringhotel
# Sellhorn

SELLHORN

RINGHOTEL & RESTAURANT

★★★★

### FAZIT

**Nah am Naturschutzpark Lüneburger Heide** bietet das familiär geführte Domizil einen Rückzugsort mit Heide-Flair und viel Grün – **gute Erreichbarkeit** in der Hamburger Metropolregion.

Die **ruhig gelegene Konferenz-Etage** kombiniert eine einladende Anmutung mit modernem Equipment und großzügigen Pausenzonen (in- und outdoor).

Der hoteleigene **große Naturgarten** lädt ein zu Outdoor-Gruppenarbeiten sowie zu Team-Building-Spielen und Challenge-Aktivitäten.

**21271 HANSTEDT**
Winsener Straße 23
Tel. +49 4184 8010
info@hotel-sellhorn.de
**www.hotel-sellhorn.de**

## LOGIS

**84 Zimmer:**
39 DZ, 45 Ferien-
wohnungen

## TAGUNG

**Besonders geeignet für:**
Seminar, Konferenz, Klausur, Event

**Räume**
Tagungsräume:                      5
Ausstellungsfläche:          25 m²

**Maximale Tagungskapazität**
U-Form:                      50 Pers.
Parlamentarisch:          60 Pers.
Reihenbestuhlung:        100 Pers.

**Preise**
Preiskalkulation 1*          96,00 €
Preiskalkulation 2*        370,00 €

*Alle Angaben Nettopreise
zzgl. MwSt., Kalkulationsanfrage siehe Seite 32

**A 26:** 27 km

**Fern:** Hamburg-Harburg, 68 km
**Nah:** Stade, 24 km

**Hamburg:** 82 km

# Top-Lage zum „Kopffreipusten"

Krautsand ist bekannt für seinen feinen weißen Sandstrand. Als traditionelles Ausflugsziel der Hamburger gab es hier früher ein bekanntes Gartenlokal mit eigenem Anleger. An dessen Stelle ist heute das Elbstrand Resort getreten, und zwar mit einem Konzept, das ein Hotel mit Gastronomie, Ferienwohnungen und Freizeitangeboten kombiniert. Die Top-Lage am Deich mit dem Strand und dem drei Kilometer breiten Elbstrom gleich dahinter verleiht hiesigen Tagungsaufenthalten einen ausgeprägten Incentive-Charakter. Draußen gibt es immer etwas zu gucken: Viele „dicke Pötte" wie Containerriesen oder Kreuzfahrtschiffe, die auf dem Weg nach Hamburg oder zur Nordsee sind, erscheinen zum Greifen nah. Einen tollen Blick auf den Strom bis hinüber zum holsteinischen Ufer dürfen aber auch Hotelgäste erwarten: Nicht nur aus vielen Zimmern, sondern beispielsweise auch aus dem Tagungsraum „Elbblick-Galerie", der über bodentiefe Panoramafenster verfügt – optional kann die nebenan befindliche „Haifischbar" samt überdachter Elbblick-Terrasse hinzugebucht werden, beispielsweise für Gruppenarbeiten. Ein Stockwerk darunter ist im Seminarraum „Ankerplatz" ein großer Präsentationsbildschirm inbegriffen. Für größere Tagungsgruppen bis zu 70 Personen wurde vergangenes Jahr der Saal „Krutsander-Hauptdeck", der sich in einem Nachbargebäude befindet, rundum erneuert. Durch mehr Fensterflächen ist es dort nun angenehm hell, hinzugekommen sind außerdem neue Leuchtkörper sowie ein großes rollbares Touch-Display für Online-Präsentationen oder hybride Zuschaltungen. Während der Pausen ist es für die Teilnehmer ein Spaß, sich am Strand den „Kopf freipusten" zu lassen. Gelegenheit dazu gibt es darüber hinaus bei Freiluftaktivitäten, die als Rahmenprogramm arrangiert werden: etwa Strand-Olympiaden oder Boßeltouren mit Marschverpflegung oder auch Eisstockschießen. Generell großer Beliebtheit erfreuen sich kulinarische Ausklänge des Tagungstages direkt vor der Elbkulisse – für diese Zwecke kann ein großes Zelt am Strand aufgestellt werden. Ansonsten ist für hungrige Momente hauptsächlich das Restaurant „Sandbank" zuständig, das eine international ausgerichtete Küche mit vielen leckeren norddeutschen Akzenten pflegt.

*Norbert Völkner*

### WISSENSWERTES

- Glasfaser-Internet, kabellose Präsentationstechnik
- Restaurant „Sandbank", Bistrorante „Krutsander", Bistro & Strandbar „Strandzeit"
- Spa & Wellnessbereich „KörperZeit" (Innenpool, Saunen, Gartenbereich, Massagen u.v.m.), Fitness-Studio mit Kraft- und Ausdauergeräten, Strand-Joggen
- Strand-Olympiaden, Bogenschießen, Kleinkaliberschießen, Eisstockbahn, Kochkurse u.v.m.

DROCHTERSEN-KRAUTSAND

![Elbstrand Resort Krautsand building]

**21706**

# Elbstrand Resort
## Krautsand

ELBSTRAND RESORT

ELBINSEL KRAUTSAND

### FAZIT

**Entspannung und Elbblick pur:** Die alltagsabperlende Hotellage am Elbstrand erzeugt ein Umfeld für die Sinne und für Inspiration. Anspruchsvolles Wohndesign und viele Ausblicke auf Strom und Schifffahrt bestimmen den Aufenthalt.

Ruhig gelegene Tagungsräume und ein großes Freizeitpotenzial vor der Tür erzeugen optimale Bedingungen zur **Verbindung von Tagungen mit Incentives.** Ein repräsentatives **Festzelt für Kulinarik-Events** kann direkt am Strand errichtet werden.

**21706 DROCHTERSEN-KRAUTSAND**

Elbstraße 1
Tel. +49 4143 9120600
hotel@elbstrand-resort.de
**www.elbstrand-resort.de**

87

A hrensburg ist zwar kein Stadtteil von Hamburg, sondern gehört schon zu Schleswig-Holstein, doch beider Grenzen liegen direkt aneinander. Etwa dreißig Kilometer beträgt die Fahrtstrecke zwischen der Hamburger City und dem Stormarner Städtchen. Dessen Wahrzeichen und zugleich größte Sehenswürdigkeit ist das schneeweiße und mit vier markanten Türmen verzierte Wasserschloss aus der Renaissancezeit. Von der Schlossinsel mit der Krokuswiese und dem umliegenden Park ist es nur ein Zwei-Minuten-Abstecher zum benachbarten „Hotel Am Schloss Ahrensburg". Tagende können dort auf eine ruhige Lage bauen und auf ein entspanntes Hotelambiente, das mit Einrichtungspfiff, munteren Farbakzenten und einer Prise Eleganz für sich einnimmt. Zum Arbeiten hat man die Wahl unter verschiedenen Räumlichkeiten (18–86 m²), die jeweils tageslichthelle und gut ausgestattete Wirkungsflächen für ungestörtes Kommunizieren und Lernen darstellen – zumeist sind begrünte und möblierte Außenterrassen angeschlossen. In zwei separaten Besprechungsräumen für bis zu zehn Personen – einer davon im besonders ansprechenden Boardroom-Look – können darüber hinaus Präsentationsbildschirme genutzt werden. Angenehm: Mit der hell und freundlich gestalteten Kaminlounge „Edelweiß" wurde ein exklusives Break-out- und Pausenrefugium für den lockeren Schnack und für die Einnahme von Zwischenmahlzeiten geschaffen – abends kann dieser gemütliche Bereich auch zum gemeinschaftlichen Ausklingen des Tagungstages reserviert werden. Zuständig für die Hauptmahlzeiten ist das Restaurant „Söbentein". Wie der Name andeutet, sind hier norddeutsch inspirierte Gerichte ein grundlegendes Standbein der Küchen-Identität, wobei die Zubereitung frisch und innovativ ist und auch asiatische Akzente gepflegt werden. In der Umgebung des Hotels bieten sich den Tagungsteilnehmern kleine Auszeiten an: Außer dem Schlosspark, der zum Spazieren oder zum Joggen lockt, ist auch die Ahrensburger Innenstadt fußläufig für einen kurzen Einkauf oder Shopping-Entdeckungen erreichbar. Wer zwischendurch lieber auf sein Zimmer geht, erlebt dort eine frisch renovierte und farbig-freundlich gestaltete „Komfortzone" mit eigener Terrasse oder kleinem Balkon.                                    *Norbert Völkner*

## Tagungsfit und Hamburg-nah

### LOGIS

**79 Zimmer:**
8 EZ, 67 DZ, 2 Juniorsuiten, 2 Appartements

### TAGUNG

**Besonders geeignet für:**
Seminar, Konferenz, Klausur

**Räume**
Tagungsräume:                    6

**Maximale Tagungskapazität**
U-Form:                   30 Pers.
Parlamentarisch:          48 Pers.
Reihenbestuhlung:         80 Pers.

**Preise**
Preiskalkulation 1*        62,37 €
Preiskalkulation 2*       253,13 €

*Alle Angaben Nettopreise zzgl. MwSt., Kalkulationsanfrage siehe Seite 32

AHRENSBURG

**A 1:** 6,4 km

**Fern:** Hamburg Hbf., 29 km
**Nah:** Ahrensburg, 1,4 km

**Hamburg:** 21 km

### WISSENSWERTES

- GreenSign-Zertifizierung für nachhaltige Betriebsführung
- Glasfaser-Internet, Business-Arbeitsplatz mit PC
- Restaurant „Söbentein" mit Gartenterrasse, Lounge und Bar „Ole Leev", exklusive Kamin-Lounge „Edelweiß"
- Fitnessgeräte, finnische Sauna, Ruhebereich mit Dachterrasse und Schlossblick
- Ahrensburger Schloss mit Museum für aristokratische Wohnkultur, Wikinger-Schach, Innenstadt-Shopping

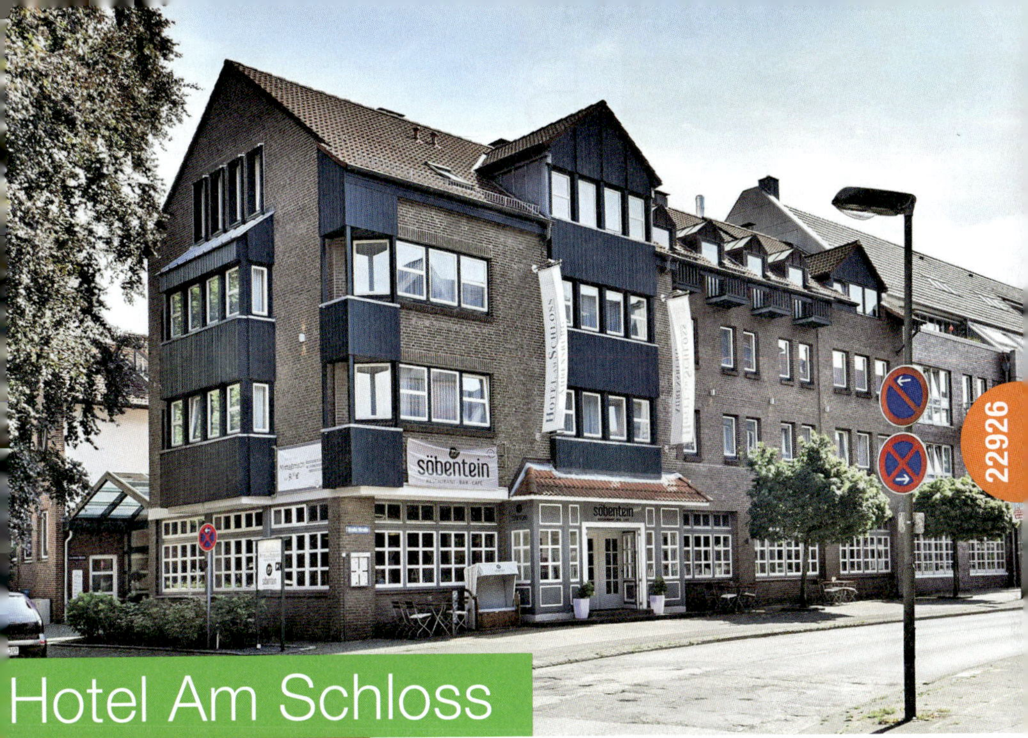

# Hotel Am Schloss
## Ahrensburg

### FAZIT

Eine atmosphärisch **entspannte Tagungslocation im Großraum Hamburg** – das nahe Hotelumfeld bietet kleine Auszeiten im Ahrensburger Schlosspark.

Die ruhig gelegenen Tagungs- und Besprechungsräume werden ergänzt durch eine gemütliche **Kaminlounge zur exklusiven Pausen- und Abendgestaltung.**

Im Restaurant „Söbentein" wird die **norddeutsche Küche** frisch und innovativ interpretiert.

**22926 AHRENSBURG**
Am Alten Markt 17
Tel. +49 4102 8055
info@hotel-am-schloss.de
**www.hotel-am-schloss.de**

**B**eim Blick von der Tagungsraum-Terrasse schimmert die Kieler Förde durch die mächtigen Bäume. Zu früheren Zeiten war diese anmutige Aussicht der Bankiersfamilie Ahlmann vorbehalten, die sich am Fördehang einen kaiserzeitlichen Wohntraum mit weitläufigem Privatpark erfüllte. Umgebaut und aufwändig restauriert ist aus der stattlichen Villa das Romantik Hotel Kieler Kaufmann geworden. Es ist zugleich Stammsitz des Wirtschaftsclubs „Kieler Kaufmann", dem viele Unternehmer und Führungskräfte aus der Region angehören. Trotz der Nähe zur Innenstadt geht es ohne störende Urbanität zu: Das Waldgebiet „Düsternbrooker Gehölz" und die Parklandschaft der „Krusenkoppel" sind direkt benachbart. Für Tagungsgäste ist eine gesonderte Wirkungsfläche in einem Erweiterungsbau bestimmt. Dort befindet sich ein moderner Veranstaltungsbereich (200 m²) mit einladender Szenographie für Seminare und Konferenzen – mittels Trennwandsystemen entstehen wandelbare Raumlösungen, sei es für Treffen auf Workshopgröße oder auch für deutlich größere Zusammenkünfte. Durch den Parkanschluss erhalten die Arbeitspausen eine erfrischende grüne Note. Auch besteht Gelegenheit zu Gruppenarbeiten im Freien: Dafür gibt es Loungemöbel auf der Terrasse oder man setzt sich auf die Bank unter der „Heuss-Buche", die als Erinnerung an einen Besuch des ersten Bundespräsidenten gepflanzt wurde. Bei der leiblichen Stärkung zwischendurch erfreuen unter anderem „Energy-Bites" und selbstgebackene Leckereien. Überhaupt vertritt die Küche eine qualitätvolle Genusslinie: Als Mitglied im Netzwerk „Feinheimisch" setzt man den Schwerpunkt auf kurze Wege für Lebensmittel, auf Freilandhaltung und auf das, was die Jahreszeit bietet. Im Restaurant „Der Kaufmannsladen" wird vieles davon auf moderne norddeutsche Weise interpretiert, ebenso im Gourmet-Restaurant „Ahlmanns", das für ganz besondere Dining-Erlebnisse steht. In fünf Fuß-Minuten ist das Fördeufer an der „Kiellinie" erreicht, wo es beim Flanieren vorbeifahrende Schiffe, Wassersportler und manches mehr zu beobachten gibt. Zurück im Hotel lässt es sich dann in großzügigen Zimmern mit verschiedenen Stilrichtungen komfortabel ausruhen, hübsche Fensterblicke sind inbegriffen.

*Norbert Völkner*

## Ideenfluss & Förde-Genuss

### LOGIS

**60 Zimmer:**
15 EZ, 43 DZ, 2 Suiten

### TAGUNG

**Besonders geeignet für:**
Seminar, Konferenz, Klausur, Event

**Räume**

| | |
|---|---|
| Tagungsräume: | 4 |
| Ausstellungsfläche: | 120 m² |

**Maximale Tagungskapazität**

| | |
|---|---|
| U-Form: | 28 Pers. |
| Parlamentarisch: | 100 Pers. |
| Reihenbestuhlung: | 200 Pers. |

**Preise**

| | |
|---|---|
| Preiskalkulation 1* | 74,00 € |
| Preiskalkulation 2* | 309,00 € |

*Alle Angaben Nettopreise zzgl. MwSt., Kalkulationsanfrage siehe Seite 32

**KIEL**

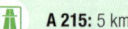
**A 215:** 5 km

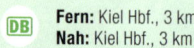
**Fern:** Kiel Hbf., 3 km
**Nah:** Kiel Hbf., 3 km

**Hamburg:** 92 km

### WISSENSWERTES

- Glasfaser-Internet, Smartboard mit Kamera und Mikro, zusätzlicher „Clubraum" mit Exklusiv-Terrasse für Meetings im kleinen Kreis
- Restaurant „Der Kaufmannsladen" mit Außenterrasse, Gourmet-Restaurant „Ahlmanns", Bar & Kamin-Lounge „Soll & Haben" mit Wintergarten
- Wellnessbereich „Sanctum" mit Schwimmbad, Saunen, Fitnessraum (nur für Hotelgäste), ausgewiesene Joggingstrecken
- maritime Rahmenprogramme von der Hafenrundfahrt bis zum Chartern eines Traditionsseglers, Whiskey-Tastings, Steak-Tastings u.v.m.

**24105**

# Romantik Hotel
# Kieler Kaufmann

ROMANTIK HOTEL
## KIELER KAUFMANN

### FAZIT

Gäste erwartet eine **besondere Mischung aus „Tagung und Atmosphäre":** Die historische Bankiersvilla mit stilechtem Interieur und weitläufigem Park erzeugt ein nicht en masse zu findendes Arbeitsumfeld.

Größenflexible, **moderne Tagungsräume mit Grünanschluss** sowie der Möglichkeit zu Grupparbeiten im Freien – fünf Fuß-Minuten bis zum Fördeufer.

Eine **norddeutsch inspirierte Kulinarik** mit Zutaten aus „feinheimischer" Produktion präsentiert sich altbewährt oder auch kreativ.

**24105 KIEL**

Niemannsweg 102
Tel. +49 431 8811-0
bankett@kieler-kaufmann.de
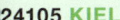
**www.kieler-kaufmann.de**

Unter dem Motto „50 Jahre sind ein guter Anfang" wurde 2023 im Hotel Birke das erste halbe Jahrhundert des eigenen Bestehens gefeiert. Dass der Blick bei dieser Gelegenheit nicht nur zurück, sondern auch nach vorn ging, entspricht ganz dem dynamischen Werdegang des familiengeführten Hotels. Denn was am Kieler Stadtrand einst als Ausflugslokal „Waldesruh" begann, ist heute eine Vier-Sterne-Superior-Adresse mit hochwertig individueller Linie und zugleich auch ein führender Name in der Küchenkultur des nördlichsten Bundeslandes. Eng verbunden mit diesem gehobenen Background präsentiert sich das „Birke Business Center": Modern ausgestattet, mit großen Fensterflächen und dezent maritimer Anmutung, bietet es anspruchsvolles Tagungsinterieur inklusive WLAN ohne Datenvolumenbeschränkung. Auch passgerechte Arbeitsraum-Schnitte (21 bis 199 m²) sowie ein großes Foyer und ein Garten mit Inseln aus Strandsand tragen zu den Allround-Gelingensbedingungen bei, die hier für Seminare und Konferenzen, aber auch für Vorstandssitzungen anzutreffen sind. Im Jahr des Hotel-Jubiläums entstand zusätzlich ein rundum autarker Tagungsbereich (200 m²) namens „Passat" – darin herrscht modernste Technik, die komplett drahtlos bedienbar ist. Es handelt sich um ein Arbeitsrefugium mit angeschlossenem wohnlich gemütlichem Drumherum, in dem das gesamte Tagungserlebnis einschließlich Gruppenarbeiten, Kaffeepausen und Mittagsimbiss stattfinden kann – auch eine induktive Höranlage ist vorhanden. Das Anreisen ist unkompliziert: Nahebei sind sowohl ein Autobahnzubringer als auch der Kieler Hauptbahnhof – auch von Hamburg aus besteht somit noch eine gute Erreichbarkeit. Vor Ort grenzt das Anwesen an ein Waldstück, das zu Spaziergängen einlädt. Bis zur Kieler Förde, wo eine maritime Auswahl an Rahmenprogrammen besteht, braucht es rund 15 Minuten. Zur gemeinsamen Abendgestaltung sind wiederum feine „kulinarische Törns" im Restaurant „Fischers Fritz" eine Option. Als Gründungsmitglied der Initiative „Feinheimisch" sieht man es dort als Herzenssache an, die Genuss-Schätze Schleswig-Holsteins auf Tisch und Teller zu bringen, wobei der Chefkoch sogar eine Vorgeschichte mit Michelin-Stern hat. *Norbert Völkner*

# Zwischen Wald und Förde

## LOGIS

**82 Zimmer:**
4 EZ, 52 DZ, 12 Juniorsuiten,
4 Maisonettes, 10 Appartements

## TAGUNG

**Besonders geeignet für:**
Seminar, Konferenz, Klausur, Event

**Räume**
Tagungsräume: 7
Ausstellungsfläche: 80 m²

**Maximale Tagungskapazität**
U-Form: 34 Pers.
Parlamentarisch: 86 Pers.
Reihenbestuhlung: 120 Pers.

**Preise**
Preiskalkulation 1* 70,50 €
Preiskalkulation 2* 280,00 €

*Alle Angaben Nettopreise
zzgl. MwSt., Kalkulationsanfrage siehe Seite 32

KIEL

**A 7:** 1,5 km
**A 215:** 1,5 km

**Fern:** Kiel Hbf., 4,5 km
**Nah:** Kiel Hbf., 4,5 km

**Hamburg:** 80 km

## WISSENSWERTES

- Nachhaltigkeitszertifikat: Dehoga-Umweltcheck Gold
- Einrichtung eines separaten, passwortgeschützten Internetzugangs möglich
- gemütliche Gästezimmer mit hohem Wohnniveau, ein Gehörlosen-Zimmer
- Restaurant „Fischers Fritz" mit Frontküche, Kaminbar mit Terrasse
- „Birke Spa" (750 m²) mit Schwimmbad, Saunen, Bistro, Garten u.v.m.
- Whiskey-Tastings, Waldboßeln, Fackelwanderung, Schiffs-Charter u.v.m.

24109

# Ringhotel
# Birke

# BIRKE

### natürlich. herzlich. norddeutsch.

★ ★ ★ ★ ⁵

## FAZIT

**Entspanntes Familienhotel** der gehobenen Kategorie mit **norddeutscher Designlinie.**

Das **Birke Business Center** verfügt über ein **breites Raumangebot mit Top-Equipment. Neu:** Der **autarke Tagungsbereich „Passat"** bietet modernste drahtlose Technik sowie ein gemütliches Wohn-Foyer für Gruppenarbeiten und Pausengestaltung.

Als **Gründungsmitglied der Initiative „Feinheimisch"** setzt die Hotelküche vor allem auf anspruchsvolle Regionalprodukte.

**24109 KIEL**

Martenshofweg 2–8
Tel. +49 431 5331-0
veranstaltung@hotel-birke.de
**www.hotel-birke.de**

W er Industriekultur mag, wird dieses Tagungshotel schätzen. Entstanden ist es aus den vor hundert Jahren in Neumünster gegründeten Nordischen Stahlwerken. Deren luftig monumentale Architektur ist nun Schauplatz eines eindrucksvoll abgestimmten Gesamtszenarios zum Wohnen, Speisen und Tagen. Ein „unverputzter" Industrial-Look mit Original-Relikten, die noch aus der Zeit der Stahlverarbeitung stammen, greift dabei die produktive Arbeitsatmosphäre vergangener Tage charmvoll auf. Hinzu kommen zahlreiche künstlerische Graffitis, die als Leitfaden zur Orientierung im Hause eingesetzt werden. Auf diese Weise entstand viel Raum zum Wirken und zugleich ein Ambiente, das viel für Tagungen und Events hergibt. Das Gros der Veranstaltungsareale ist auf zwei Ebenen in der ehemaligen „Putzerei" untergebracht. Hier können bis zu 200 Personen in einer guten Mischung aus größeren und kleineren Räumlichkeiten zusammenkommen, zu letzteren gehört auch ein witzig gestalteter Gruppenraum mit FC-St.-Pauli-Flair. Von der „Event-Lounge" schaut man während Pausen acht Meter tief in die virtuose Factory-Kulisse des Restaurants „1500°C".

Über eine verglaste Stahlbrücke geht es hinüber in einen Neubau, in dem sich nicht nur die Gästezimmer, sondern auch weitere Tagungsräume auf zwei reservierten Etagen befinden. In ihnen geht es besonders zurückgezogen zu. Einen integrierten Clou stellen die Pausenbereiche („Fallada-Lounges") dar, die kreativ und ungezwungen im Mobiliarstil der 1950er Jahre daherkommen – das gesamte Ensemble oder eine einzelne Etage kann auch zur exklusiven Nutzung gebucht werden. Hauptspeiseort ist das schon erwähnte Restaurant „1500°C", dessen Name auf die Schmelztemperatur von Stahl verweist. Die passenderweise auf Industriepaletten und Bauregalen kredenzten Buffets sind nicht nur auswahlstark, sondern auch als verlockende Augenweide angerichtet. Bemerkenswert ist, dass fast sämtliche verwendete Lebensmittel unter nachhaltigen Kriterien in einer hoteleigenen Landwirtschaftsfarm erzeugt werden. Als alternative Speiselocation für den Abend käme das Restaurant „GUSTAVS" in Betracht, wo zum Beispiel ein kommunikatives Tischbuffet mit Schälchen und Schüsselchen stattfinden kann. *Norbert Völkner*

# Raumgeber mit Industriecharme

## LOGIS
**100 Zimmer:**
100 DZ

## TAGUNG
**Besonders geeignet für:**
Seminar, Konferenz, Klausur, Kreativprozesse, Event

**Räume**
| | |
|---|---|
| Tagungsräume: | 15 |
| Ausstellungsfläche: | 70 m² |

**Maximale Tagungskapazität**
| | |
|---|---|
| U-Form: | 80 Pers. |
| Parlamentarisch: | 130 Pers. |
| Reihenbestuhlung: | 200 Pers. |

**Preise**
| | |
|---|---|
| Preiskalkulation 1* | 70,17 € |
| Preiskalkulation 2* | 213,08 € |

**NEUMÜNSTER**

*Alle Angaben Nettopreise zzgl. MwSt., Kalkulationsanfrage siehe Seite 32

**A 7:** 3 km

**Fern:** Neumünster, 0,8 km
**Nah:** Neumünster, 0,8 km

**Hamburg:** 65 km

## WISSENSWERTES
- kabellose Projektionen, hybride Tagungstechnik verfügbar
- Restaurant „1500°C" mit Frontküche und Themenbuffets, Restaurant „GUSTAVS" im 50er-Jahre-Stil, eigene Bäckerei, Kaminlounge mit Vinothek, Event-Lounge, Hof-Garten
- Day Spa mit Saunen und Wellness-Anwendungen, naher Stadtwald zum Joggen
- hauseigene Eisstockbahn, Eventküche in der Nähe, digitale Schnitzeljagd, Hotelgolf, Gin/Whiskey/Rum-Tastings u.v.m.)

24537

# Altes Stahlwerk – Business & Lifestyle Hotel

## ALTES STAHLWERK
NEUMÜNSTER

### FAZIT

**Eine Hotelpersönlichkeit:** Beeindruckende Industriearchitektur verbindet sich mit einem raumschöpferischen Design zu einem nicht alltäglichen Tagungs-, Speise- und Wohnerlebnis.

**Leistungsstarke Tagungs- und Eventvielfalt:** Das Raumportfolio erlaubt flexible Meetinglösungen vom kleinen Rahmen bis zur großen „Eventarena". Hinzu kommen großzügige und charaktervolle Pausenareale.

**Verwöhnende und nachhaltige Hotelküche** mit nachhaltig produzierten Lebensmitteln.

**24537 NEUMÜNSTER**
Rendsburger Straße 81
Tel. +49 4321 55600
info@altes-stahlwerk.com
www.altes-stahlwerk.com

95

© Urban Cozy

© Buero Korb GmbH – Fotograf Marc-Oliver Schulz

Direkt an der Innenförde gelegen ist Sonwik ein exklusiver und maritimer Stadtteil von Flensburg. Schicke Wasserhäuser und ein luxuriöser Yachthafen gehen hier eine Verbindung mit dem anmutigen Fördepanorama ein. Auf der Uferpromenade treffen sich Einheimische und Touristen zum Spazieren, Chillen und Segeln. Vor wenigen Jahren ist an Ort und Stelle „Das James" in ein denkmalgeschütztes, ehemaliges Marinegebäude eingezogen. Es ist ein außergewöhnliches Hotel, dessen Innenleben sich einem eleganten britischen Stil widmet, der zugleich etwas nordisch beeinflusst ist und sich insofern von Steifheit gänzlich befreit zeigt. Schon der Empfang beeindruckt mit Lässigkeit und Repräsentation: Wo sich einst eine riesige Torpedohalle befand, ist jetzt ein behagliches Großraumerlebnis mit fein tariertem Farbspiel, Leder, Samt und opulentem Kamin entstanden – Lobby, Bar, Lounge und Restaurants gehen in dieser „Wohnzimmerhalle" fast spielerisch ineinander über. Willkommen geheißen werden auch Tagungsgäste: Für sie ist eine ruhige Hotelsphäre reserviert, zu der drei Meetingräume (50–134 m²) gehören. Es handelt sich dabei um einen reinen Businessbereich mit eigener Coffee-Lounge. Auch hier ist die Anmutung stilvoll anglophil, wobei man es insgesamt mit einer idealen Wirkungsfläche für Klausur- und Brainstorming-Ansprüche zu tun hat. Optimal für kleinere Gruppen bis 12 Personen ist der boardartige Raum „Chelsea", der als Zugabe einen tollen Ausblick über Hafen und Förde schenkt. Das Hotelerlebnis legt einen starken Akzent auf vielfältige und zugleich umweltbewusste Kulinarik. Letztere profitiert von der eigenen Farm, die das Hotel mit nachhaltigen Standards bei Flensburg betreibt. Gäste werden unter anderem im „James Farmhouse" mit offener Frontküche und im japanischen Restaurant „Minato", das unter Leitung einer Sushi-Meisterin steht, verwöhnt. Oder man trifft sich zu einem ganz besonderen Gourmet-Abend mit Michelin-Stern im Restaurant „Das Grace", in dem es neben glamourösen, in Seide gehüllten Kronleuchtern einen Ausblick aufs Wasser gibt. Aber auch im SPA „Five Senses" lässt sich ein Tagungstag genussvoll beenden. Highlight ist unter anderem der Rooftop-Poolbereich mit Fördeblick bis nach Dänemark. *Norbert Völkner*

## British Style im Hafenviertel

**LOGIS**

**81 Zimmer:**
78 DZ, 3 Suiten

**TAGUNG**

**Besonders geeignet für:**
Seminar, Konferenz, Klausur, Event

**Räume**
| | |
|---|---|
| Tagungsräume: | 3 |
| Ausstellungsfläche: | 99 m² |

**Maximale Tagungskapazität**
| | |
|---|---|
| U-Form: | 48 Pers. |
| Parlamentarisch: | 60 Pers. |
| Reihenbestuhlung: | 120 Pers. |

**Preise**
| | |
|---|---|
| Preiskalkulation 1* | 94,00 € |
| Preiskalkulation 2* | 403,00 € |

*Alle Angaben Nettopreise zzgl. MwSt., Kalkulationsanfrage siehe Seite 32

FLENSBURG

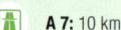
**A 7:** 10 km

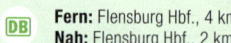
**Fern:** Flensburg Hbf., 4 km
**Nah:** Flensburg Hbf., 2 km

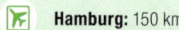
**Hamburg:** 150 km

### WISSENSWERTES

- digitale Bildschirme für Zuschaltungen und Onlinepräsentationen
- Grüner Stern MICHELIN für nachhaltige Gastronomie, Restaurant „James Farmhouse", japanisches Restaurant „Minato", Gourmet-Restaurant „Das Grace" mit einem Stern im Guide MICHELIN, Bar „The Lion", Smoker's Lounge, Patisserie
- SPA „Five Senses" (2.000 m²) mit Rooftop-Pool, Saunalandschaft, Hamam, Treatments u.v.m., SPA-Restaurant „The Roof", JAMES Underground Gym
- Teamevents und Kundenevents: Bootstouren, Rum-Verkostungen, Besichtigung der James Farm, Escape Room u.v.m.

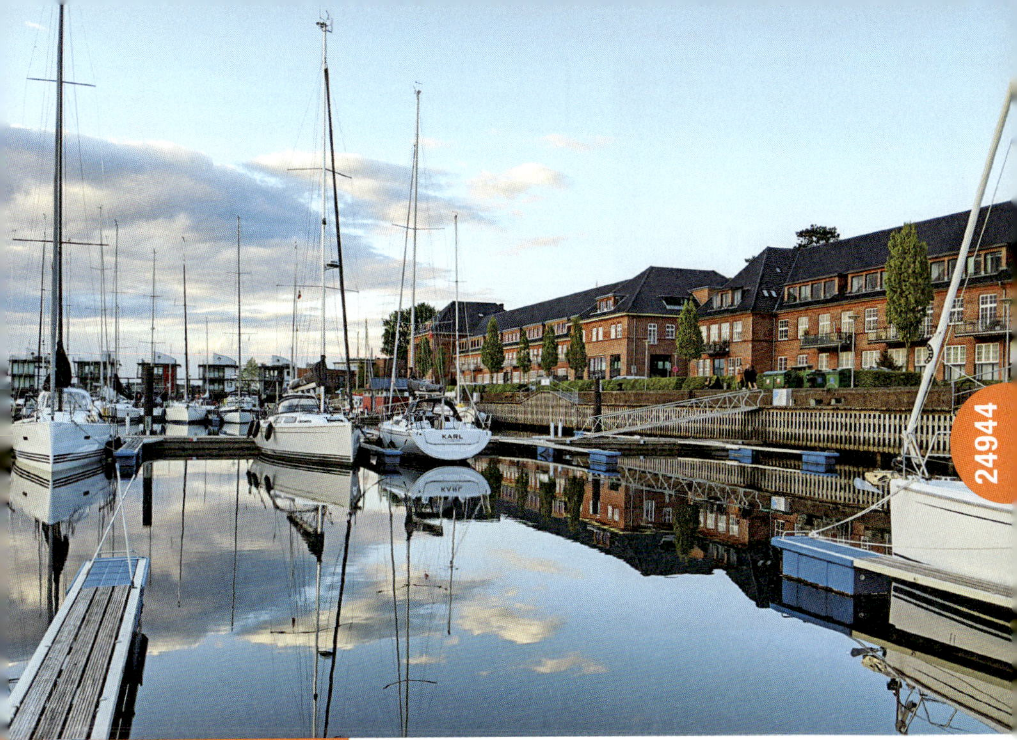

# Das James

### FAZIT

Das Hotel vereint ein attraktives maritimes Flair mit urbanem Lifestyle und hochwertigem Interior – man erlebt **lässige britische Eleganz mit Wohnzimmer-Appeal.**

Die ruhig gelegenen Tagungsräume mit moderner Präsentationstechnik ergeben eine ideale Wirkungsfläche für **Klausur- und Brainstorming-Ansprüche.**

Gäste erleben eine **vielfältige und umweltbewusste Kulinarik** mit handwerklich anspruchsvollen Kreationen.

**24944 FLENSBURG**

Fördepromenade 30
Tel. +49 461 1672360
events@dasjames.com
**www.dasjames.com**

icht, Weite, Stimmungen – im Peterhof ist man mit der Welt auf Abstand. Das „Landsitzhotel und Seminarium" ist ein Unikum, ein Hotel-Sensorium im romantischen Format, eingebettet in die Natur der Elbmarsch. Rund um das eingetragene Kulturdenkmal bestimmen Deiche, Schilfgürtel, Wiesen und Rapsfelder die Szenerie. Hier lässt sich schaffen und innehalten gleichermaßen. Der ansehnliche Fünfgiebelhof mit Reetdach und einem marschtypischen Windschutzkranz aus Bäumen ist schon vierhundert Jahre alt – nach stilvoller Restaurierung wird er heutzutage als Klausur- und Seminarquartier genutzt. Schon das Ankommen ist schön: Die hohe und freizügige Kaminhalle, die ehemalige Tenne, empfängt mit stilvoller Zurückgelehntheit und charmantem Kaminflair. Die spürbare Privatheit und ein freizügiger Indoor-Entfaltungsrahmen sind typisch für den Aufenthalt im Peterhof. In der Regel befindet sich nur eine Tagungsgruppe vor Ort, die ihren Aufenthalt sozusagen als „Hofherren" gestaltet, ohne dabei anderen Gästen zu begegnen. So entsteht eine ungezwungene Privatatmosphäre, die sich als produktiv erweisen kann, um untereinander Vertrauensbildung zu fördern, gemeinschaftlich zu diskutieren und gedankliches Neuland anzusteuern. Insgesamt drei inspirierend anmutende Arbeitsräume sind mit allem erforderlichen Workshop-Equipment ausgestattet. Außer dem Raum „Landblick" (100 m²) gibt es noch die miteinander verbundenen Räume „Deichkieker I & II" (70 m² und 35 m²), wobei der kleinere Raum häufig als separater Gruppenraum genutzt wird – große Fenster erlauben jeweils Ausblicke in die Landschaft, außerdem sind direkte Zugänge in den Garten vorhanden. In dem weitläufigen Anwesen findet man zudem viele „Besprechungsecken" für Sit-ins und Klönschnack. Die Essenszeiten richten sich nach dem Rhythmus der Gruppe. Mittags gibt es ein Light-Menü und abends ein Drei-Gang-Menü mit frischen und regionalen Produkten, die teils Bio-Qualität haben und aus eigenem Anbau stammen. Gewohnt wird auf dem Peterhof ebenfalls sehr individuell, nämlich in urgemütlichen Zimmern mit jeweils individueller Note und Namen wie „Blütenbläser", „Himmel und Erde" oder „Der kleine Prinz", die auf das jeweilige Interieur anspielen. *Norbert Völkner*

# Klausuren unter dem Reetdach

## LOGIS

**20 Zimmer:**
2 EZ, 14 DZ, 4 Suiten

## TAGUNG

**Besonders geeignet für:**
Seminar, Klausur, Kreativprozesse, Event

**Räume**
Tagungsräume: 3
Ausstellungsfläche: 350 m²

**Maximale Tagungskapazität**
U-Form: 30 Pers.
Parlamentarisch: 40 Pers.
Reihenbestuhlung: 100 Pers.

**Preise**
Preiskalkulation 1* 75,00 €
Preiskalkulation 2* 260,00 €

*Alle Angaben Nettopreise zzgl. MwSt., Kalkulationsanfrage siehe Seite 32

HODORF

**A 23:** 5 km

**Fern:** Itzehoe, 7 km
**Nah:** Kremperheide, 5 km

**Hamburg:** 50 km

## WISSENSWERTES

- Glasfaser Internet, kabelloses Präsentieren
- 12.000 m² Hofgrundstück
- individuelle Themenzimmer
- hauseigener Beachclub, Ausrichtung von Firmenfeierlichkeiten
- kommunikative Kaminabende am offenen Holzfeuer, Kochevent, Cocktailkurs

25569

# Landsitzhotel und Seminarium
## Peterhof

**Landsitzhotel**
Peterhof

### FAZIT

**Tagen unter dem Reetdach** in einem denkmalgeschützten Hof mit historischem Charme und modernem Design – die **idyllische Alleinlage** am Deich der Stör garantiert ein ungestörtes Sichzurückziehen mitten in der Natur.

**Exklusive Nutzung:** der Hof mit viel Entfaltungsfreiheit und **privater Atmosphäre** gehört während der Tagung ausschließlich den Teilnehmern – die Seminar- und Workshopräume bieten **professionelles Equipment,** schöne Ausblicke und Gartenzugänge.

**25569 HODORF**

Dorfstraße 23
Tel. +49 4821 403010
nfo@Landsitzhotel.de
**www.Landsitzhotel.de**

Wardenburg liegt gleich südlich der alten Residenzstadt Oldenburg – der Lauf der Hunte, die ein Nebenfluss der Weser ist, verbindet beide nachbarschaftlich. Inmitten des Ortes ist der Wardenburger Hof ein mittlerweile in fünfter Generation familiengeführtes Hotel. Heutzutage erlebt man in dem Traditionsanwesen eine charmante Symmetrie zwischen bodenständiger Gemütlichkeit und modernem Erscheinungsbild. Zugleich eröffnet sich Veranstaltern ein weitgefächertes Tagungsbetätigungsfeld: Man bekommt viel Freiraum und Entfaltungspotenzial geboten und dazu alles medial Erforderliche, um Seminar- und Konferenzinhalte praktikabel anzugehen und wirkungsvoll zu präsentieren. Erst kürzlich wurden sämtliche Areale, die für Tagungen und Events bestimmt sind, renoviert und technisch mit allem Drum und Dran neu ausgestattet. Grundlegend setzt sich das vorhandene Raumgefüge aus zwei Veranstaltungssälen (450 m$^2$ und 200 m$^2$) zusammen. Mittels Trennwandsystemen sind darin verschiedenste Kapazitätsanforderungen und Raumaufteilungen machbar – ein Klein-Seminar erhält seine passgerechte Lösung ebenso wie großangelegte Tagungsformate, die zusätzlich Pausenbereiche und umliegende Einheiten für Gruppenarbeiten benötigt. Die frische Anmutung und die angenehm helle, unaufdringliche Farbgebung der Räume tragen das Ihrige zu einem stimmigen Background bei. Zum Speisen kommen die Gäste in die heimeligen Sphären des Hotels: Das Besondere ist, dass es kein Groß-Restaurant für alle gibt, sondern mehrere gemütliche Speisestuben, die einem ländlichen Wohlgefühl frönen – so etwa das „Watt-Hus" oder die „Kachelstube", die beide etwas Sylter Flair verströmen, da die Hotel-Seniorchefin von der Nordseeinsel stammt. Die Speisekarte setzt im Schwerpunkt auf deutsch-regionale Gaumenfreuden. In den erwähnten Stuben sitzen die Tagungsgäste auch abends gerne beisammen und widmen sich dem geselligen Miteinander. Gesellig geht es im Übrigen auch bei Grünkohlfahrten und Spargeltouren zu, die entsprechend norddeutschem Brauch zu den gegeben Jahreszeiten stattfinden und vom Hotel als Firmenevent arrangiert werden: Man startet mit einem Bollerwagen und guter Laune und trifft sich hinterher zu leckerem Essen mit Musik und Tanz. *Norbert Völkner*

## Freiraum trifft Wohlfühlort

### LOGIS

**48 Zimmer:**
9 EZ, 33 DZ,
6 Apartments

### TAGUNG

**Besonders geeignet für:**
Seminar, Konferenz, Event

**Räume**
Tagungsräume:                6

**Maximale Tagungskapazität**
U-Form:                    80 Pers.
Parlamentarisch:          180 Pers.
Reihenbestuhlung:         300 Pers.

**Preise**
Preiskalkulation 1*        70,00 €
Preiskalkulation 2*       250,00 €

*Alle Angaben Nettopreise zzgl. MwSt., Kalkulationsanfrage siehe Seite 32

WARDENBURG

**A 29:** 6 km
**A 28:** 15 km
**A 1:** 30 km

**Fern:** Oldenburg, 11 km
**Nah:** Sandkrug, 5 km

**Bremen:** 57 km

### WISSENSWERTES

- Glasfaser-Internet, kabellose Projektionen, Einrichtung eines separaten, passwortgeschützten Internetzugangs möglich, 3 E-Ladesäulen
- Tagungsräume mit individuell regulierbarer Klimaanlage und Frischluftanlage, mobiler Touchscreen
- Restaurant-Räume „Watt-Hus", „Kachelstube", „Kachelofenstube", „Brunnenstube", Frühstücksrestaurant „Dünenstube", Biergarten, hausgebackener Kuchen
- Doppel-Bowlingbahn für bis zu 30 Personen, Kanutouren, Fahrradverleih, Grünkohl- und Spargelfahrten u.v.m.

**26203**

# Hotel
# Wardenburger Hof

HOTEL ★★★ s
*Wardenburger Hof*

## FAZIT

Das Hotel verbindet **ländliches Wohlgefühl** mit modernen und leistungsfähigen Tagungsensembles.

Individuelle Raumlösungen mit **vielseitiger Konferenztechnik** und **einladender Anmutung** ermöglichen Zusammenkünfte vom Klein-Meeting bis zur **400-Personen-Veranstaltung**.

**Charmante Gast- und Speisestuben** verschiedener Größen verleihen den Mahlzeiten und dem abendlichen Miteinander Gemütlichkeit – eine **hauseigene Bowlingbahn** ergänzt das Angebot.

**26203 WARDENBURG**
Oldenburger Straße 255
Tel. +49 4407 92100
info@wardenburger-hof.de
**www.wardenburger-hof.de**

101

Ob die Anreise aus Hamburg oder Bremen erfolgt: Von der Autobahn A 1 ist das zwischen beiden Metropolen gelegene Dorf Mulmshorn schnell erreicht. Vor Ort entfaltet sich eine entspannte norddeutsche Ländlichkeit. Feuchtwiesen, Bruchwälder und eine weite Feldmark prägen die Umgebung, darunter mehrere Naturschutzgebiete, in die man auf Wanderwegen gelangt, die als „Nordpfade" bekannt sind – einer ihrer Startpunkte ist der Parkplatz des Kräuterhotels Heidejäger. Entsprungen ist das in vierter Generation betriebene Anwesen aus einer traditionellen bäuerlichen Krugwirtschaft. Mittels Ausbauten und umfassender Erneuerungen startete in jüngerer Zeit die Entwicklung zu einem komfortablen und modernen Tagungshotel, in dem gleichwohl eine bodenständig herzliche Atmosphäre bewahrt ist, die „Leib und Seele" zusammenhält. Wer ein Raumensemble für ein flexibles und dynamisches Veranstaltungsgeschehen sucht, bei dem es abwechselnd vom Plenum hin zur Bildung von Arbeitsgruppen und wieder zurück geht, findet im „Heidejäger" genau das Passende. Das Rückgrat dazu bildet ein großer, durch Mobilwände teilbarer Saal (304 m²), der einen variablen Zuschnitt von Arbeits- und Pausenarealen ermöglicht. Zur anspruchsvollen Technikausrüstung gehören unter anderem Rückprojektionsbeamer sowie eine Beleuchtung, die sich in CI-gemäßen Lichtfarben wählen lässt. Direkt nebenan befinden sich die „Heideräume" (30–142 m²), in denen kleinere Tagungsgruppen ein stimmiges Refugium zum Gedankenaustausch erwartet. Bei schönem Wetter kann es zum Weiterarbeiten im Stuhlkreis nahtlos in den großen Hotelgarten gehen – dessen blätterrauschende Idylle beherbergt außer schönen alten Bäumen auch einen Pavillon mit chilligen Hängesesseln und einen überbrückten Teich, in dem Zierfische schwimmen, wenn der Fischreiher sie nicht stibitzt. Wenn ein Hotel „Kräuterhotel" heißt, ist damit bereits ein wesentliches Standbein der Küchen-Identität angedeutet. Tatsächlich dürfen sich Gäste auf eine abwechslungsreiche und handwerklich basierte Kulinarik freuen, die ausschließlich mit frischen Kräutern aus eigenem Anbau zubereitet wird – das hausgemachte Pesto etwa sollte man sich nicht entgehen lassen.

*Norbert Völkner*

## Refugium zwischen den Metropolen

**LOGIS**

**39 Zimmer:**
4 EZ, 32 DZ, 1 Suite,
2 4-Bett-Zimmer

**TAGUNG**

**Besonders geeignet für:**
Seminar, Konferenz, Klausur, Event

**Räume**
Tagungsräume:                  7
Ausstellungsfläche:        400 m²

**Maximale Tagungskapazität**
U-Form:                 40 Pers.
Parlamentarisch:       120 Pers.
Reihenbestuhlung:      290 Pers.

**Preise**
Preiskalkulation 1*        49,25 €
Preiskalkulation 2*       268,74 €

*Alle Angaben Nettopreise zzgl. MwSt., Kalkulationsanfrage siehe Seite 32

ROTENBURG

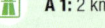
**A 1:** 2 km

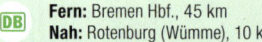
**Fern:** Bremen Hbf., 45 km
**Nah:** Rotenburg (Wümme), 10 km

**Bremen:** 46 km

## WISSENSWERTES

- kabellose Präsentationen, Einrichtung eines separaten, passwortgeschützten Internetzugangs möglich, UVC-Filter für viren- und keimfreie Luft, Außenarbeitsplätze im Hotelgarten
- Restaurant, Frühstücksrestaurant, Vinothek, selbstgebackener Kuchen
- Kota-Grillhütte (15 Personen), finn. Sauna mit Ruhebereich, progressive Muskelentspannung, Kräuterführung mit Kräuterpädagogin, Wein-Tastings u.v.m.
- durchschnittlich 70% des vom Hotel verbrauchten Stroms werden durch eigene Photovoltaik und Blockheizkraftwerke erzeugt.

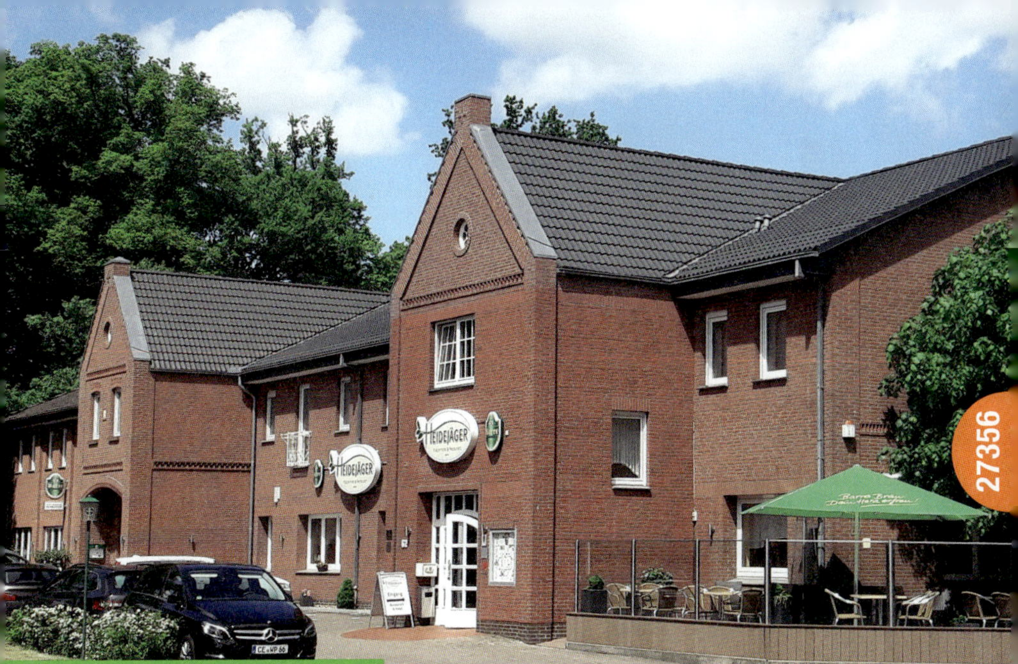

27356

# Kräuterhotel
# Heidejäger

## FAZIT

Das **naturhafte Tagungsumfeld für die Sinne** bietet Arbeitsbedingungen zum Durchatmen.

Variabel nutzbare **Raumensembles mit anspruchsvoller Multimediatechnik** ermöglichen vielfältige Veranstaltungskonzepte im großen und kleinen Rahmen.

Die regional inspirierte Küche mit zahlreichen **Kräutern aus eigenem Anbau** ist ein Erlebnis für sich.

**Easy come & easy go** durch die nahe Autobahn A 1.

**27356 ROTENBURG (WÜMME)**

Rotenburger Straße 62
Tel. +49 4268 93030
info@heidejaeger.de
**www.heidejaeger.de**

103

Ein bisschen werden Schlossgefühle wach: Mit seinen hohen Giebeln und runden Türmchen greift das Landhaus Wachtelhof romantisch inspirierte Architekturideen auf. Es ist eine erste Einstimmung darauf, dass hier Gäste willkommen geheißen werden, die sich eine Weile aus dem Alltag herauslösen möchten. Sobald das Entrée erreicht ist, findet man sich umgeben von einem Wohlfühl-Boutique-Stil mit viel Privatsphäre. Bis in kleine handverlesene Beiläufigkeiten ist dem gehobenen Hotelambiente ein entspannungsaffines Selbstverständnis anzumerken. Angesiedelt ist das familiär ausgerichtete Retreat zwischen Hamburg und Bremen. Es versteht sich als „Nest" in mehrfacher Hinsicht, darunter auch für Tagungsgäste. Vor allem Führungskräfte bis hin zur Vorstandsebene kommen hierher, um eine sichere Konzentrationschance zu nutzen. Das betrifft kleinere Treffen mit Coachingcharakter ebenso wie Strategietage und Konferenzen größeren Maßstabs. Die professionelle Ausstattung der hauseigenen Meetingräume geht einher mit einer Prise Eleganz. Die größte Raumvariante ist der in drei Einheiten unterteilbare „Ballsaal" (197 m²) – er dient beispielsweise sowohl dem Plenum der Beteiligten als auch als „Spielwiese" für Arbeitsgruppen. Letzteren wird außerdem Gelegenheit geboten, sich im Garten ans Werk zu machen: Auf mehreren Terrassen, umgeben von kleinen Teichen und alten Erlen, werden Teilnehmer von einer Arbeitsidylle mit Naturblick erwartet. Denn das Hotelgrundstück grenzt direkt an das Flüsschen Wiedau, hinter der sich das Naturschutzgebiet der Wümmeauen erstreckt. Das Gartengrün ist auch eine herrliche Kulisse, wenn es im nostalgisch anmutenden Wintergarten zu Tisch geht. Dort wie auch im Restaurant „Die Wachtelei" dürfen Gäste sich auf Speisehighlights freuen, wobei die Küche Wert auf die nachvollziehbare Herkunft und Regionalität der Zutaten legt. Die Zimmer sind aufgrund der Architektur des Hauses unterschiedlich geschnitten. Großzügige Bäder sowie warme Materialien und naturbezogene Muster treten darin hervor, darunter gemalte Vogelbilder und eigens angefertigte kleine Kunstwerke aus Federn und Gräsern – des Weiteren tragen Espressomaschinen, drehbare Fernseher und andere überraschende Gimmicks zum Verweilen bei. *Norbert Völkner*

## Ein Retreat mit Naturanschluss

### LOGIS

**38 Zimmer:**
2 EZ, 32 DZ, 2 Junior-suiten, 2 Suiten

### TAGUNG

**Besonders geeignet für:**
Seminar, Konferenz, Event

**Räume**
| | |
|---|---|
| Tagungsräume: | 5 |
| Ausstellungsfläche: | 100 m² |

**Maximale Tagungskapazität**
| | |
|---|---|
| U-Form: | 40 Pers. |
| Parlamentarisch: | 100 Pers. |
| Reihenbestuhlung: | 240 Pers. |

**Preise**
| | |
|---|---|
| Preiskalkulation 1* | 85,00 € |
| Preiskalkulation 2* | 285,00 € |

*Alle Angaben Nettopreise zzgl. MwSt., Kalkulationsanfrage siehe Seite 32

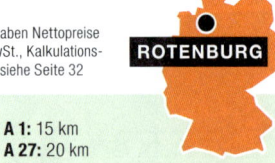

ROTENBURG

**A 1:** 15 km
**A 27:** 20 km
**A 7:** 37 km

**Fern:** Hamburg Hbf., 80 km
**Nah:** Rotenburg (Wümme), 2 km

**Hamburg:** 90 km

### WISSENSWERTES

- Glasfaser-Internet, E-Ladesäulen
- Restaurant „Die Wachtelei", stilvoller Wintergarten, Kaminbar, BBQs, uriger Weinkeller (exklusiv für bis zu 20 Personen)
- „Wachtelhof-Therme" im römisch-antiken Stil (Lagunenbad, Sanarium, „FitNest", Wellness-Anwendungen, Bistro), Kräuter-Duft & Tastgarten
- Wachtelhof Escape Game „Die Suche nach dem goldenen Ei", Teambuilding-Events, im Winter: Alpenländische Hütte im Landhausgarten

# Hotel Landhaus
# Wachtelhof

27356

LANDHAUS WACHTELHOF

BOUTIQUE HOTEL & SPA

## FAZIT

Angrenzend an eine natürliche Auenlandschaft bietet der Wachtelhof ein **exklusives „Nest"**, das aus dem Alltag herauslöst. **Tagen und Loslassen** bilden einen ausgewogenen Status quo.

Die **Event-Terrasse (3.000 m²) im Landhausgarten** stellt einen stimmungsvollen Ort für Präsentationen und Festivitäten dar.

Der Feinschmecker-Treff **„Die Wachtelei"** und die Wellnesslandschaft der **„Wachtelhof-Therme"** geben Veranstaltungen einen verwöhnenden Rahmen.

**27356 ROTENBURG (WÜMME)**

Gerberstraße 6
Tel. +49 4261 85300
event@wachtelhof.de
www.wachtelhof.de

105

Auf der Suche nach einem alltagsabperlenden Ort, um den Kopf frei zu bekommen für das Wesentliche? Auf halbem Wege zwischen Hamburg und Bremen ist die „Kloster-Mühle" die perfekte Gabe für den wählerischen Klausurveranstalter. Schon das Ankommen ist schön. Das Fachwerkensemble des ehemaligen Mühlengutes, welches jetzt das Hotel beherbergt, liegt entrückt und waldumgeben am Mühlenteich, an dessen Ufer Weiden und Kastanien stehen. Man spürt, dass die Natur hier nicht nur Kulisse, sondern sinnlicher Bestandteil des Aufenthaltes ist. Tagungsgäste genießen die Ruhe und die Alleinlage, um sich voll zu fokussieren, etwa auf Entwicklungsschritte in Sachen Führung und Management, auf die Neujustierung von Strategien oder um sich der Persönlichkeitsentwicklung zu widmen. Die „Kloster-Mühle" ist ein Hotel im kleinen Format und als solches ideal für Gruppen in der Größenordnung von bis zu 12 Personen. Da im Hotel kein Tagesgeschäft stattfindet, bleiben sie während ihrer Veranstaltungen ganz unter sich. Getagt wird im Erdgeschoss mitsamt professionellen Medien, Seminarwerkzeugen und wählbaren Lichtszenarien – ein Glasfaseranschluss wurde extra gelegt. Die größte Raumvariante umfasst 110 m², sie besitzt sowohl eine überdachte Hof-Terrasse zum Wald als auch eine vorgelagerte gemütliche Pausenlounge mit Thekenbereich. Von hier aus geht es direkt hinaus auf eine weitere Terrasse, die sich dem Mühlenteich zuwendet. Wenn angenehme Temperaturen herrschen, nehmen Teilnehmer gerne die Gelegenheit wahr, ihr Treffen dorthin „auszuquartieren" – alles, was man hört, ist das leise Rauschen der Schleuse und manchmal Entenschnattern. Die Küche legt ihrerseits Fokus auf Hochwertigkeit und Frische im saisonalen Wechsel; mittags speisen die Gäste leicht und unkompliziert, abends mit genussvoller Muße. Im Übrigen sind genießerische Momente auch für das Logiserlebnis charakteristisch: Die sorgsam restaurierte Gebäudesubstanz macht sich in den Zimmern mit stilvoller Rustikalität und modernem Komfort bemerkbar. Offene Holzbalkendecken, Dielenböden und individuell angefertigte Möbel, dazu separate Schreibtische und schicke Bäder ergeben ein Verweilambiente, zu dem wahlweise Hof-, Wald- und Teichblicke gehören.

*Norbert Völkner*

# 100 % Fokus im Natur-Setting

## LOGIS
**17 Zimmer:**
17 DZ

## TAGUNG

**Besonders geeignet für:**
Seminar, Konferenz, Klausur, Event

**Räume**
| | |
|---|---|
| Tagungsräume: | 5 |
| Ausstellungsfläche: | 50 m² |

**Maximale Tagungskapazität**
| | |
|---|---|
| U-Form: | 40 Pers. |
| Parlamentarisch: | 80 Pers. |
| Reihenbestuhlung: | 100 Pers. |

**Preise**
| | |
|---|---|
| Preiskalkulation 1* | 114,73 € |
| Preiskalkulation 2* | 370,96 € |

*Alle Angaben Nettopreise zzgl. MwSt., Kalkulationsanfrage siehe Seite 32

**GROSS MECKELSEN**

 **A 1:** 6 km

 **Fern:** Hamburg-Harburg, 65 km
Bremen, 65 km
**Nah:** Scheeßel, 20 km

 **Bremen:** 60 km

## WISSENSWERTES

- GreenSign-Zertifizierung für umweltbewusste und nachhaltige Betriebsführung, leistungsstarkes Glasfaser-Internet
- stilvolle modern-rustikale Komfort-Gästezimmer, 1 Wellnesszimmer mit Sauna, separates Gästehaus mit 3 Doppelzimmern
- Restaurant mit Gartenterrasse, Frühstücksrestaurant mit Waldblick, Hotelgarten
- Radfahr- und Waldwege rund ums Haus, Wandern mit Alpakas, Grillevents, Feuerzangenbowle, Crossgolfen, Moorbahnfahrt u.v.m.

# Zur Kloster-Mühle

## Zur Kloster-Mühle
### HOTEL · RESTAURANT · TAGUNGEN

### FAZIT

Der Zusammenklang von Fachwerk-ensemble, idyllischem Mühlenteich und umgebendem Wald erzeugt einen anmutigen Rückzugsort, der **Ruhe und Harmonie** ausstrahlt.

Arbeitsfreundliche und **tageslichthelle Tagungsräume** mit angeschlossener Gartenterrasse – nahtlose **Outdoor-Arbeitsmöglichkeiten** am Mühlen-teichufer.

Verwöhnende und **frische À-la-Minute-Küche** – stimmungsvolles Kamin-Restaurant mit Außenterrasse unter alten Bäumen.

**27419**
**GROSS MECKELSEN**

Kuhmühler Weg 7
Tel. +49 4282 59419-0
info@hotel-kloster-muehle.de
**www.hotel-kloster-muehle.de**

107

pürbar großstadtfern geht es rund um das oldenbur-
gische Gut Altona zu, dessen zugehörige Waldflä-
chen und Seen zum Naturpark Wildeshauser Geest
gehören. Das ehemalige Mühlengut ist seit 130 Jahren in
Familienbesitz und wurde in jüngerer Zeit zu einem gehobenen Gutshotel entwickelt, das nun in fünfter Generation geführt wird. Ankömmlinge dürfen sich auf eine Wohlfühlarena
freuen, die Schönheitssinn, Modernität und Landhausgefühl
vereint. Hier hat alles eine elegante Signatur und strömt dennoch Ungezwungenheit aus. Viel Holz und andere natürliche
Materialien, überhaupt wählerische Ansprüche an Details und
Eyecatcher, auf denen das Auge gerne verweilt, machen das
Interieur beim Tagen, Speisen und Wohnen aus. Das Tagungsangebot ist vielseitig aufgestellt (20–360 m²). Sowohl größere
Veranstaltungen mit hunderten Teilnehmern als auch Seminare
und Trainings können in puncto Design und Professionalität
auf eine gelungene Raumgestaltung bauen. Das topmoder-
ne Equipment besteht projektionstechnisch aus Beamern
und digitalen Bildschirmen, dazu gibt es eine bequeme ergonomische Bestuhlung sowie Tische mit Rollen, die es Gruppen erleichtern, einen Wechsel
des Settings vorzunehmen – die
Glasfaser-Direktanbindung bietet
zudem eine symmetrisch Bandbreite von bis zu 500 Mbit/s.
Darüber hinaus stehen mehrere
individuell eingerichtete Räumlichkeiten für kleinkreisige Meetings zur Verfügung, in denen ein rückzügliches Unterkommen
einhergeht mit einem Ambiente, in dem man sich gerne einen
Tag lang aufhält – zu nennen wären etwa der boardartige
„Kleine Salon" und die stimmungsvolle „Bibliothek". Generell
verfügen fast alle Meeträume über einen Balkon oder eine
Terrasse. Für die begleitende Kulinarik ist hauptsächlich das
offen und gemütlich gestaltete Restaurant „Anna's Stube und
Kaminzimmer" zuständig, hier ist auch eine Sonnenterrasse mit
Blick in den Gutsgarten angeschlossen. Die Küche pflegt dazu
deutsche und regionale Bezüge, aber auch asiatisch inspirierte
Speisen. Übernachtet wird in verschiedenen Gebäuden, aber
immer mit Wohnfreuden: Jedes Zimmer ist vom Stil her etwas
anders und überrascht mit hübschen Accessoires – Balkone
oder Terrassen sind zumeist inbegriffen.                 *Norbert Völkner*

# Ein Gut zum Denken und Durchatmen

## LOGIS

**87 Zimmer:**
6 EZ, 81 DZ

## TAGUNG

**Besonders geeignet für:**
Seminar, Konferenz, Klausur, Event

**Räume**
Tagungsräume:                         11

**Maximale Tagungskapazität**
U-Form:                          80 Pers.
Parlamentarisch:                130 Pers.
Reihenbestuhlung:               250 Pers.

**Preise**
Preiskalkulation 1*              63,78 €
Preiskalkulation 2*             257,63 €

*Alle Angaben Nettopreise
zzgl. MwSt., Kalkulationsanfrage siehe Seite 32

**DÖTLINGEN**

 **A 1:** 1,4 km

 **Fern:** Bremen, 40 km
**Nah:** Wildeshausen, 2,5 km

 **Bremen:** 40 km

## WISSENSWERTES

- Glasfaser-Internet, separates WLAN zum Tagen, kabellose Präsentationen
- Restaurant „Anna's Stube und Kaminzimmer", Sommergarten, Wintergarten mit Seeblick, Bar 1888, viele Separees zum abendlichen Miteinander
- Sauna, Infrarotkabine, Joggingstrecken, Waldspaziergänge
- rustikale Festscheune (400 m²) mit Außenbereich, Glühweinhütte
- viel Platz für Teambuilding auf dem Gelände, Fahrrad- und Kanutouren u.v.m.

27801

# Hotel
# Gut Altona

**HOTEL**
## GUT ALTONA
OLDENBURGER LAND

EST · 1888

### FAZIT

Die **elegante und ungezwungene Gutshausatmosphäre** erfreut mit familiärem Service und einem Rundum-Wohlfühlambiente zum Tagen, Speisen und Wohnen.

Das vielseitige Tagungsangebot punktet mit **Design und Professionalität** sowohl für großangelegte Veranstaltungen als auch für Seminare und kleinkreisige Meetings.

Die nahgelegene A 1 ermöglicht eine **gute Erreichbarkeit** von Hamburg bis zum Ruhrgebiet.

## 27801 DÖTLINGEN
Wildeshauserstraße 34
Tel. +49 4431 9500
veranstaltungen@gut-altona.de
**www.gut-altona.de**

109

M an kann immer mal mit den Augen spazieren gehen: Draußen verleitet die verträumt gestaltete Parkanlage mit alten Bäumen, Blumen und Skulpturen dazu. Drinnen im alten Gutshaus erfreut die herrschaftliche Kaminhalle mit historischen Elementen. Seit der Restaurierung und edlen Ausgestaltung der alten Gemäuer gibt es bei einem Aufenthalt im Hotel GUT Bardenhagen viele Details zu entdecken. Entstanden ist das mehrgebäudige Anwesen im Jahr 1908 als Trabergestüt. Heutzutage umfasst die geschlossene Gutsanlage alte und neue Gebäude, die gut miteinander harmonieren. Tagungsgäste treffen vor Ort auf ablenkungsfreie Bedingungen, man ist sozusagen im idyllischen Nirgendwo der Metropolregion Hamburg, nicht weit entfernt von der alten Hansestadt Lüneburg. Es gibt mehrere voneinander separierte Meetingbereiche für unterschiedliche Veranstaltungsszenarien, auch solche jenseits der Stromlinie klassischer Settings. Die größten Kapazitäten ermöglicht der „Arkadensaal" (300 m$^2$): Große Fensterflächen versorgen ihn von zwei Seiten mit Tageslicht, bei Kinobestuhlung können bis zu 150 Personen darin Platz nehmen. Der Saal eignet sich aber auch sehr gut für Workshops mit vielen Pinnwänden – zugehörig sind ein Gruppenarbeitsraum und ein Innenhof, in dem bei schönem Wetter draußen gearbeitet werden kann. Im Gutshaus ist das Tagungsambiente stärker von der Historie geprägt und für kleinere Teilnehmerkreise bestimmt. Hier befinden sich ein Tagungsraum (47 m$^2$) und zwei Gruppenräume, darüber hinaus kann ein rückwärtig gelegenes kleines Gartenreich exklusiv in Anspruch genommen werden – zusammen mit einer angeschlossenen kleinen Bar und der anmutigen Kaminhalle ergibt sich ein sympathisches Ensemble. Einen besonderen Clou hält der mit bequemen Sitzmöbeln versehene Meeting- und Coaching-Raum „Remise" (45 m$^2$) bereit: Direkt nebenan ist eine größere Sammlung hochkarätiger Sportwagen – von Porsche bis Ferrari – zu bestaunen. In den Gästezimmern setzt sich der aufwändige und individuelle Stil des Hotels fort. Sie sind inklusive der Bäder schick designt und befinden sich im Gutshaus sowie im Uhrenhaus (Dependance) und im neuen Gästehaus „SchlafGUT" – Letzeres integriert stets eine Terrasse oder einen Balkon mit Blick ins Grüne.                    *Norbert Völkner*

## Stilvoll, verträumt, ablenkungsfrei

## LOGIS

**31 Zimmer:**
1 EZ, 26 DZ, 4 Suiten

## TAGUNG

**Besonders geeignet für:**
Seminar, Konferenz, Klausur

**Räume**
Tagungsräume:                              7

**Maximale Tagungskapazität**
U-Form:                              40 Pers.
Parlamentarisch:                     90 Pers.
Reihenbestuhlung:                   150 Pers.

**Preise**
Preiskalkulation 1*              73,11 €
Preiskalkulation 2*             276,50 €

*Alle Angaben Nettopreise
zzgl. MwSt., Kalkulationsanfrage siehe Seite 32

BARDENHAGEN

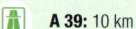  **A 39:** 10 km

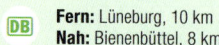  **Fern:** Lüneburg, 10 km
**Nah:** Bienenbüttel, 8 km

**Hamburg:** 90 km

### WISSENSWERTES

• Bildschirm- und Leinwand-Präsentationen, „XXL-Suite" für Meetings bis 14 Personen, der „Arkadensaal" ist befahrbar
• Restaurant „TafelGUT" mit Terrasse, Gourmet-Restaurant „GUTEvening", Bar im Gutshaus, Kaminhalle
• „Calluna Spa & Fitness" (Pool, Saunen, Kraft- & Fitnessraum, Massagen)
• Außengelände für Gruppenarbeiten und Teambuilding im Freien
• Weinproben, Chill & Grill Buffet

110

**29553**

# Hotel
# GUT Bardenhagen

### FAZIT

Die sehenswert restaurierte Gutsanlage mit Park- und Gartenlandschaft hat **malerische Qualitäten** – im gesamten Hotel prägen edle Ausstattung und individuelles Design den Aufenthalt.

Mehrere **voneinander separierte Tagungsbereiche** fördern das Eigenleben von Veranstaltungen – man erlebt eine besondere Atmosphäre jenseits standardisierter Settings.

**Gute Erreichbarkeit** im Großraum Hamburg.

HOTEL**** & RESTAURANT
**GUT BARDENHAGEN**
HOTEL | RESTAURANT | WELLNESS | VERANSTALTUNGEN | TAGUNGEN

**29553
BARDENHAGEN**

Bardenhagener Straße 3–9
Tel. +49 5823 9539960
mail@gut-bardenhagen.de
**www.gut-bardenhagen.de**

© Foto Hoefemann Fotografie

**D**er Wald rückt ganz nah heran an das rund fünf Hektar große Hotelgrundstück. Für tagende Naturliebhaber ist das perfekt. Ob Freiluftpause oder Outdoor-Gruppenarbeit: Man ist ruckzuck im Grünen. Innen erwartet Gäste ein weiträumig verteiltes Ensemble von Tagungs-, Seminar- und Besprechungsräumen – sie gehen eine Verbindung ein mit Lobby- und Café-Lounge-Bereichen, wo man ebenfalls zu Pausen und Arbeitskreisen zusammenkommt oder einfach auf eine Runde Klönschnack in einem angenehmen Ambiente mit hohen Fenstern, vielen Sichthölzern und großformatigen Heide-Bildern. Alles in allem ergibt sich eine „Tagungslandschaft", die so organisch ist wie die Fengshui-Kriterien, die bei Planung und Anlage des Hotelbaus Pate standen. Wer mehrmals tagt, hat gute Chancen, Neues zu entdecken. Das Hotel Park Soltau ist sozusagen ein „Hotel ohne Stillstand" in Sachen Innovationsfreude. Wobei innovative Tagungstechnik hier beispielsweise so aussieht: Beschreibbare und LED-illuminierte Leinwände ermöglichen hochaufgelöste Präsentationen, die in einer sicherheitsverschlüsselten Cloud gespeichert und weiterversendet werden können. Wer mag, kann auch etwas Bewegung in das Meeting bringen und dazu „Fitseat"-Geräte nutzen – das sind ergonomische Fahrradstühle mit höhenverstellbarem Pult, auf denen geradelt und gleichzeitig getagt wird. Als Alternative zu klassischen Settings bietet sich eine Umgebung mit 360°-Projektionen an, die wahlweise Unterwasser-, Wald- oder Großstadtkulissen zeigt und mit Sitzsäcken möbliert ist. Abwechslung versprechen zudem die beiden Flugzeug-Meetingräume mit „Bordfenstern", in denen Wolken- und Gebirgsflüge zu sehen sind. Als Hotel, das sein Augenmerk auf einen Fullservice für Tagende richtet, kommen auch innovative Spaß- und Adrenalin-Segmente für den Teamkitt nicht zu kurz. Ein Beispiel: Ferngesteuerte MiniKarts, mit denen spielfreudige Gruppen in der Soccer- oder Balloon-Variante gegeneinander antreten. Vielleicht entscheidet man sich aber lieber für eine Rallye auf der 40 Meter langen Carrera-Bahn oder für einen Flug mit dem beeindruckenden Flugsimulator des Hotels. Neu projektiert sind derzeit Mitmach-Aktionen entlang eines Baumlehrpfades mit Erklärungen zur Flora rund um das Hotel. *Norbert Völkner*

## Lust auf innovatives Tagen?

### LOGIS

**191 Zimmer:**
66 EZ, 119 DZ, 2 Suiten, 4 Familienzimmer

### TAGUNG

**Besonders geeignet für:**
Seminar, Konferenz, Kreativprozesse, Event

**Räume**
Tagungsräume: 27
Ausstellungsfläche: 600 m²

**Maximale Tagungskapazität**
U-Form: 60 Pers.
Parlamentarisch: 204 Pers.
Reihenbestuhlung: 300 Pers.

**Preise**
Preiskalkulation 1* 67,48 €
Preiskalkulation 2* 196,15 €

*Alle Angaben Nettopreise zzgl. MwSt., Kalkulationsanfrage siehe Seite 32

**SOLTAU**

**A 7:** 5 km

**DB** **Fern:** Hannover Hbf., 70 km
**Nah:** Soltau Nord, 0,1 km

**Hannover:** 70 km
**Hamburg:** 80 km

### WISSENSWERTES

- Zertifikat „Gesicherte Nachhaltigkeit" (Deutsches Institut für Nachhaltigkeit & Ökonomie), DNK-Nachhaltigkeitsbericht inkl. $CO_2$-Fußabdruck
- leistungsstarkes synchrones Glasfaser-Internet, hoteleigene Plenar- und Eventhalle mit Tageslicht und modernster Technik, Flugsimulator mit Managerseminar
- PANORAMA-Restaurant, Jan-Kimm-Deck Bar
- Hallenbad, Saunen, Massagesessel, Fitnessraum, Ruheraum, Billard, Dart, Freizeitbereich mit Schwarzlichtwelt, Doppelkegelbahn, Carrera-Bahn, Tipi-Events, Minikart-Spielfeld u.v.m.

29614

# Hotel Park Soltau

HOTEL PARK SOLTAU GmbH

### FAZIT

Die **vielseitige Hotel-Anlage** ermöglicht ein räumlich flexibles und mobiles Tagen im Verbund mit wertiger Ausstattung und ruhigen Arbeitsbereichen im Grünen. **Originelle Rauminszenierungen** und **unterhaltsame Freizeitsegmente zur Festigung der Teamkultur** runden das Angebot ab.

Die Hotelküche legt Wert auf **à la minute zubereitete Speisen aus frischen Produkten.**

**Sehr gute Erreichbarkeit** im Städtedreieck Hamburg–Bremen–Hannover.

**29614 SOLTAU**
Winsener Straße 111
Tel. +49 5191 605-0
veranstaltung@hotel-park-soltau.de
**www.hotel-park-soltau.de**

113

## LOGIS

**91 Zimmer:**
91 DZ

## TAGUNG

**Besonders geeignet für:**
Seminar, Klausur, Event

**Räume**
Tagungsräume:                    13

**Maximale Tagungskapazität**
U-Form:                    273 Pers.
Parlamentarisch:                    475 Pers.
Reihenbestuhlung:                    728 Pers.

**Preise**
Preiskalkulation 1*                    123,00 €
Preiskalkulation 2*                    369,00 €

**SCHNEVERDINGEN**

*Alle Angaben Nettopreise
zzgl. MwSt., Kalkulationsanfrage siehe Seite 32

 **A 7:** 18 km

 **Fern:** Hamburg Hbf., 60 km
**Nah:** Schneverdingen, 6 km

**Hamburg:** 70 km

# The real thing

Im Hotelcamp Reinsehlen ist die Natur noch nicht aufgebraucht. Hier zu tagen heißt Reißaus zu nehmen. Wer zwecks Unterstützung von Kommunikations- und Entwicklungsprozessen nach wohltuender Abgeschiedenheit sucht, verbunden mit Ruhe und Weite, erlebt hier „the real thing". Geprägt wird die Hotel-Alleinlage von „Norddeutschlands größter Prärie": Gemeint ist damit ein Naturareal bestehend aus Sandmagerrasen – ein Begriff der beim ersten Hören nicht sonderlich aufregend klingt. Es handelt sich jedoch um einen typischen Heide-Lebensraum mit seltener Flora und Fauna genauso wie die Heideflächen selbst. In Reinsehlen gibt es beide Landschaftsformen in unmittelbarer Nähe. Passend zu diesem Umfeld kam beim Hotelbau ein umweltverträglicher Lodge-Stil zum Zuge, der sich durch eine ökologische Bauweise mit Naturholzfassaden und Gründächern auszeichnet. Somit entstand eine ganz besondere Camp-Atmosphäre, die sich als stimmiger Background für ein produktives Miteinander erweisen kann. Etwa wenn es bei Persönlichkeits- oder Teamprozessen darum geht, sich intensiv mit Stärken und Schwächen auseinanderzusetzen, oder auch bei Workshops, die eine kreative Ausrichtung haben. Welche Klausur- und Seminarvorhaben auch immer: Das Hotelteam steht mit viel erworbener Kompetenz zu Rate, um Ziele zu erreichen und Lerneffekte zu verstärken. Größtenteils läuft das Meeting-Geschehen in luftig lichtvollen Hallen ab, die technisch umfassend ausgestattet, variabel aufteilbar (37–338 m²) und durch großzügige Foyers verbunden sind. Sie stellen insbesondere gute Bedingungen dar, wenn sich ein größeres Plenum in vertiefende Arbeitsgruppen aufteilt – hierfür stehen auch angeschlossene Terrassen zur Verfügung. Zudem wurden auf dem Gelände weitere Rückzugsräume geschaffen, beispielsweise in bequemen Zelten. Im separaten „Atelier" wiederum sind kleine Klausurgruppen mit eigenem Innenhof ganz unter sich. Es versteht sich, dass die umliegende Heide-Region mit optionalen Rahmenprogrammen nicht geizt. Erkundungstouren mit dem Heide-Ranger stehen dabei hoch im Kurs. Erlebnisreich, aber auch knifflig ist das Teambuilding „Heidschnucken hüten", bei dem die Aufgabe besteht, eine Herde in eine bestimmte Richtung zu treiben.

*Norbert Völkner*

## WISSENSWERTES

- Hybridsysteme, hochauflösende Bildschirme
- Kamin-Lounges und Lagerfeuer-Plätze für das abendliche Miteinander
- Restaurant GASTHAUS mit separaten Bereichen, Lounge-Zelt „NaturRaum"
- Finnische Sauna, Dampfbad, Hängematten
- Befahrbare Tagungsräume
- Team-Impulse, Eisstockschießen, Tour mit Heide-Ranger u.v.m.

© Foto Martнен_highres_print

29640

# HOTELCAMP
# REINSEHLEN

HOTELCAMP REINSEHLEN

RUHEPOL | NATURRAUM | DENKZENTRUM

## FAZIT

Ein **Naturhotel in absoluter Alleinlage** – Ruhe, Weite und Naturstimmun-
gen werden zum inspirierenden Erlebnis.

Variabel teilbare **Tagungsräume
spenden viel Freiraum** – Outdoor-
Rückzugsmöglichkeiten in Gruppen-
arbeitszelten ergänzen das Angebot.

Die begleitende Kulinarik legt Wert
auf **Qualität und regionale Bezüge.**

**Gute Erreichbarkeit** im Städtedreieck
Hamburg–Hannover–Bremen.

**29640
SCHNEVERDINGEN**

Camp Reinsehlen 1
Tel. +49 5198 983-0
info@campreinsehlen.de
**www.campreinsehlen.de**

115

Niedersachsens Heideregion hat von jeher Anziehungskraft für Tagungsgruppen, da gleich aus drei Großstädten – Bremen, Hamburg und Hannover – eine gute Erreichbarkeit besteht. Nicht weit vom „Walsroder Dreieck", wo die A 7 und die A 27 sich treffen, gehört das ANDERS Hotel zu den regional führenden Gastgebern, die ein weitgefächertes Tagungsbetätigungsfeld ermöglichen. Auf insgesamt 3.000 m² Raumfläche ist für fast alle Genres und Winkel des Meetingwesens professionell vorgesorgt. Die Bandbreite reicht vom klassischen Präsenz-Seminar bis zur hybriden Konferenz und vom großangelegten Kick-off bis zum komplett ausgestatteten Design-Thinking-Workshop. Eng verbunden mit dieser vielfältigen Klaviatur sind eine Menge hotelseitiger Ideen und Aufmerksamkeiten, die dafür gedacht sind, dass Gruppen sich als Team gut aufgehoben fühlen. Eine bekannte Stärke des Hauses sind kleine, eingestreute Events, die auflockern, Spaß machen und zu guten Erinnerungen werden. Darunter haben die variantenreichen „Nie wieder Kekse"-Kaffeepausen einiges Renommee erlangt. Sie sind immer für Gesprächsbrücken gut und bringen Drive in das Miteinander, nicht nur geschmacklich: So gibt es bei „Don't worry, be happy" zum Schokofondue mit Obst auch ein Teppichklavier, bei „Viva Mexicana" neben Pikantem für die Zunge auch Sombreros für die Köpfe und nachmittags erfreut bei „Ice ist nice" die zugehörige Sahnemaschine, die zur Selbstbedienung einlädt. Zur Ideenpalette gehören weiterhin Spiele und Challenges, wie etwa beim actiongeladenen ANDERS Team-Wettbewerb im Hotelpark oder die GeoCaching-Schnitzeljagd im nahen Stadtwald. Die Hauptmahlzeiten sind ein Kapitel für sich: Es wurde eine Alternative zum „normalen Restaurant" mit allerlei kommunikativen Themenbereichen und spielerisch wechselnder Dekoration geschaffen. Kulinarisch kommt eine regional belieferte Küche zum Zuge, die gerne mal emotionale Klassiker „wie bei Muttern" (z.B. Roulade „wie früher") kocht. Bei Tisch bleiben die Gruppen zusammen, denn es wird serviert, wobei die unterstützend tätige Gastro-Roboterin „Paula" zum besonderen Clou wird. Abends können Gäste bei der teamgemäßen Culineo-Kochparty oder im Sushi-Workshop auch selber kochen, werkeln und schlemmen. *Norbert Völkner*

## Das Ideenhotel für den Teamdrive

### LOGIS

**75 Zimmer:**
75 DZ

### TAGUNG

**Besonders geeignet für:**
Seminar, Konferenz, Klausur, Kreativprozesse, Event

**Räume**
Tagungsräume: 13
Ausstellungsfläche: 1.200 m²

**Maximale Tagungskapazität**
U-Form: 75 Pers.
Parlamentarisch: 180 Pers.
Reihenbestuhlung: 250 Pers.

**Preise**
Preiskalkulation 1* 66,39 €
Preiskalkulation 2* 255,00 €

*Alle Angaben Nettopreise zzgl. MwSt., Kalkulationsanfrage siehe Seite 32

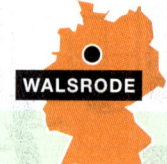

**WALSRODE**

**A 27:** 4 km
**A 7:** 6 km

**Nah:** Walsrode, 1,5 km

**Hannover-Langenhagen:** 50 km
**Bremen:** 70 km

### WISSENSWERTES

- Nachhaltigkeitszertifikat: Certified Green Hotel (VDR)
- Glasfaseranschluss, Videokonferenzsysteme, jede Tagung hat ihr eigenes gesichertes WLAN-Netzwerk, vielfältige kabellose Übertragungstechnik
- Erlebnis-Restaurant ANDERS (optional: zertifiziertes Bio-Essen), rund 80 Event-Kaffeepausen unter dem Motto „Nie wieder Kekse"
- Raclette-Abend, Bierparty am Dampfmichel, Weltvogelpark Walsrode, Kamelritt durch die Heide, Boßeln, Traumraum-Lounge mit Sauna-Kota u.v.m.

29664

# ANDERS
## Hotel Walsrode

**ANDERS**
RESTAURANT
TAGUNG
HOTEL

### FAZIT

Ein familiengeführtes Heide-Hotel mit großer **Raumvielfalt auf 3.000 m²
Tagungsfläche** sowie ergänzenden **Freiluft-Lernplätzen** im Park. – Das Hotel liegt **verkehrsgünstig** nahe dem Walsroder Autobahn-Dreieck.

**Kleine Events, Aktiv-Programme und Mitmach-Ideen** in großer Auswahl unterstützen den Teamgedanken.

Das kommunikative **Erlebnis-Restaurant ANDERS** bietet verschiedene Themen-Ambiente und eine emotionale Küche mit Klassikern „à la Mama".

## 29664 WALSRODE

Gottlieb-Daimler-Straße 6–11
Tel. +49 5161 607550
Tagung@anderswalsrode.de
**www.anderswalsrode.de**

**D**arf es etwas geräumiger sein? Mit rund 3.000 m² Nutzfläche zum Tagen und Ausstellen umfasst das „Wienecke XI.", das zu den größten Hannoveraner Privathotels gehört, ein Füllhorn an Meetingkompetenz und logistischen Lösungen. Im Grunde ist jede Größenordnung und jedes Format realisierbar, denn flexibles Raumlayout ist die starke Seite des Hotel-Innenlebens. Wer für einen Kongress fünfzehn verschiedene Räume von klein bis ganz groß benötigt, findet das Geeignete ebenso wie Veranstalter, die eine einzelne Zusammenkunft in Seminargröße planen. Kapazitätsmäßig stehen zwei Säle (317 und 579 m²) sowie die Congresshalle (1.000 m²) mit angeschlossener Außenterrasse (200 m²) an der Spitze des Raumangebots. Das zugehörige Equipment hat modernstes Niveau, wie etwa große LED-Projektionswände und eine variable Beleuchtungstechnik für individuelle Farbkonzepte. Die umliegenden kleineren Tagungsräume sind sämtlich mit interaktiven Whiteboards (78–98 Zoll) ausgestattet – sie verfügen sowohl über eigene Indoor-Lobbys als auch ruhige Innenhöfe zum Draußen-Pausieren. Details zu den einzelnen Räumlichkeiten können auf der Website des Hotels in virtuellen 360°-Ansichten erkundet werden. Nur wenige Minuten vom „Wienecke XI." entfernt befindet sich das Hannoveraner Messegelände, auch der Hauptbahnhof ist mit circa 15 Minuten Fahrtzeit gut angebunden. Vielleicht das größte Plus unter den Lagemerkmalen des Hotels ist die unmittelbare Nachbarschaft zum Landschaftsschutzgebiet der Leinemasch. So besteht gleich nebenan die Möglichkeit, bei einem Natur-Spaziergang den Kopf wieder frei zu bekommen. Um nach getaner Arbeit auszuspannen, ist aber auch der Biergarten des Hotels eine gern frequentierte Option. Wer außerdem Lust hat, Hannovers Sehenswürdigkeiten selbständig aufzuspüren, kann sich dazu aus der hoteleigenen E-Smart-Flotte ein Fahrzeug leihen – gegen eine Batterieaufladegebühr von 5 € kommt man 100 km weit. Der Strom dazu stammt übrigens aus eigener Produktion, denn das Hotel hat sich ehrgeizige Nachhaltigkeitsziele gesetzt: Durch den kontinuierlichen Ausbau von PV-Anlagen, Batteriespeichern und Wärmepumpen wird es ab Sommer 2025 komplett klimaneutral und energetisch autark sein. *Norbert Völkner*

## Citynah, messe- nah und naturnah

### LOGIS

**140 Zimmer:**
132 DZ, 8 Businesszimmer

### TAGUNG

**Besonders geeignet für:**
Seminar, Konferenz, Event

**Räume**
| | |
|---|---|
| Tagungsräume: | 15 |
| Ausstellungsfläche: | 3.000 m² |

**Maximale Tagungskapazität**
| | |
|---|---|
| U-Form: | 70 Pers. |
| Parlamentarisch: | 600 Pers. |
| Reihenbestuhlung: | 1.600 Pers. |

**Preise**
| | |
|---|---|
| Preiskalkulation 1* | 99,50 € |
| Preiskalkulation 2* | 350,00 € |

*Alle Angaben Nettopreise zzgl. MwSt., Kalkulationsanfrage siehe Seite 32

**HANNOVER**

**A 37:** 4 km
**A 7:** 10 km
**A 2:** 11 km

**Fern:** Hannover Hbf., 6 km

**Hannover-Langenhagen:** 18 km

### WISSENSWERTES

- Nachhaltigkeitszertifikat: Dehoga-Umweltcheck Gold, Mitglied bei „Bündnis Klimaneutral in der Region Hannover"
- Glasfaseranschluss, kabellose Präsentationen, digitale Whiteboards, hybride Tagungstechnik verfügbar, digitaler Check-in & Check-out
- Designzimmer mit coolen Details und neuen Bädern, Wülfeler Biergarten, Kaminzimmer, Spiegelsaal
- Leih-Fahrräder, Leih-E-Smarts

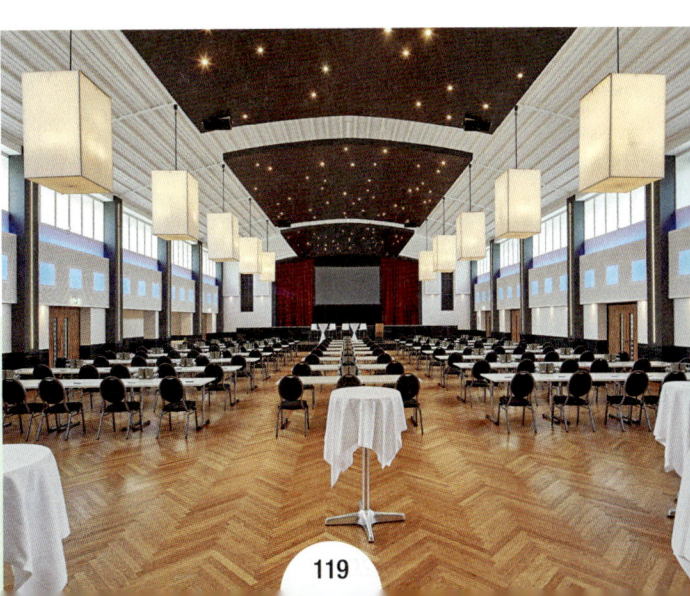

**30519**

# Designhotel + Congress-Centrum WIENECKE XI.

### FAZIT

Das Hotel verbindet eine **Top-Anbindung zur City** mit einem naturnahen Umfeld – das **nahtlos angebundene Landschaftsschutzgebiet der Leineaue** erstreckt sich bis zum Maschsee.

**Flexibel einsetzbare Raumensembles** für den ganz kleinen oder ganz großen Rahmen – **3.000 m²** **Nutzfläche** für Tagungen, Kongresse, Events und Ausstellungen.

Ab Sommer 2025 läuft der gesamte Hotelbetrieb **klimaneutral.**

## WIENECKE XI.

COMPETENCE IN CONFERENCE

**30519 HANNOVER**

Hildesheimer Straße 380
Tel. +49 511 12611-0
Tagung@wienecke.de
**www.wienecke.de**

119

R eif für die „Tagungsinsel"? Wenn in Sachen Lernzu-
wachs und Ideenentwicklung ein paar formative Tage
bevorstehen, ist ein Ort zum unabgelenkten Eigenleben
der Akteure meistens hilfreich. Mit seinem Konzept autarker
„Tagungsinseln", die sich in gesonderten Gebäuden auf einer
ausgedehnten Vier-Sterne-Anlage verteilen, widmet sich das
MEDIAN-Hotel genau diesem Anspruch mit Gelingensbedin-
gungen. An Raum und Bewegungsfreiheit zum Tagen, Pausieren und Networken wird hier nicht gespart, auch zahlreiche
Gruppenräume für Workshops oder Assessment-Center sind
vorhanden. Beeinträchtigungen durch den sonstigen Hotelbetrieb gibt es dabei nicht – und auch ausgewogene kulinarische Stärkungen und Verführungen befinden sich jeweils
nahebei und griffbereit. Die modern designten, mit reichlich
Tageslicht und bester Medientechnik versorgten Räumlichkeiten können sämtlich vorab auf der Hotelwebsite per 360°-Ein-
blick erkundet werden, gleiches gilt für die Zimmer und
Restaurants. Jüngster Meetingbereich ist die vor drei Jahren
entstandene „Tagungsinsel MEDIAN FÜNF". Geboten werden
dort unter anderem Kfz-Befahrbarkeit sowie neueste Videokonferenztechnik – beispielsweise groß-
dimensionierte Präsentationsbildschirme
und Mikrofone, die Nebengeräusche
herausfiltern. Angeschlossen ist auch
eine umgrünte 500-m²-Outdoorfläche
für Meetings oder Produktpräsentatio-
nen, ebenso wie eine großzügige und lichte Pausen-Cafe-
teria mit eigener Außenterrasse, welche ihrerseits zum
Arbeiten in Gruppen unter Sonnenschirmen einlädt. Vom Tagungsgeschehen führen kurze Wege zu den „Business Plus"-
und „Superior Plus"-Zimmern in den beiden Obergeschossen;
im Übrigen setzt der Neubau auf eine nachhaltige Energie-
versorgung mittels Photovoltaik und einem Blockheizkraftwerk.
Als Hotel, das sich mit seinen Einrichtungen vor allem auf
Tagungen spezialisiert hat, spielt naturgemäß auch das Miteinander nach der Arbeit eine integrale Rolle. Extra dafür wurde
ganz neu die exklusiv nutzbare Team-Lounge „Meet & Play"
geschaffen: Gastronomisch versorgt (mit oder ohne Service-
personal) und raumgebend zum Spielen, Quatschen und Austauschen empfiehlt sie sich als chillige Location für das abendliche Zusammensein.                          *Norbert Völkner*

## Sechs Inseln für autarkes Tagen

### LOGIS

**177 Zimmer:**
77 EZ, 95 DZ,
5 Trainerappartements

### TAGUNG

**Besonders geeignet für:**
Seminar, Konferenz, Klausur

**Räume**
Tagungsräume:                    24
Ausstellungsfläche:        1.000 m²

**Maximale Tagungskapazität**
U-Form:                      60 Pers.
Parlamentarisch:            110 Pers.
Reihenbestuhlung:           200 Pers.

**Preise**
Preiskalkulation 1*          63,45 €
Preiskalkulation 2*         242,11 €

*Alle Angaben Nettopreise
zzgl. MwSt., Kalkulationsanfrage siehe Seite 32

**LEHRTE**

 **A 2:** 0,2 km

 **Fern:** Lehrte, 1 km

 **Hannover-
Langenhagen:** 20 km

### WISSENSWERTES

- Conference-Certified Zertifikat mit Prüfergebnis „sehr gut", Glasfaser-Internet, kabellose Präsentationen, hybrider Tagungsraum , Kfz-befahrbarer Tagungsraum (193 m²), 500 m² Meeting-Area im Außenbereich, 4 E-Ladesäulen
- Restaurant „Maximilian's", Restaurant „Viva" – beide mit Front-Cooking
- Well & Fit-Bereich mit Saunen und Fitnessgeräten, Team-Lounge „Meet & Play" (Playstation, Dart, Kicker, Vier Gewinnt u.v.m.)
- Das Hotel ist Teil eines Netzwerkes von professionellen Partnern bei Eventausstattung, Catering, Teambuilding und Rahmenprogrammen

31275

# MEDIAN Hotel
# Hannover Lehrte

**MEDIAN HOTELS**
HANNOVER LEHRTE

## FAZIT

Die Vier-Sterne-Hotelanlage ist mit **viel Raum und Bewegungsfreiheit** von A bis Z konsequent auf die Aufenthaltsbedürfnisse von Tagenden ausgerichtet – ein **zeitunabhängiges Speisenangebot** sowie **extragroße Trainerzimmer** mit Wohn/Arbeits- und Schlafbereich sind Bestandteil der Konzeption.

Die **hervorragende Autobahnanbindung** in Richtung Ost-West und Nord-Süd gewährleistet eine **exzellente Erreichbarkeit** im Großraum Hannover.

**31275 LEHRTE**
Zum Blauen See 3
Tel. +49 5132 8290-0
tagung@median-hotel.de
**www.median-hotel.de**

121

G leich geht's los: Im großen Hotelpark ist alles vorbereitet, damit die Teilnehmer das schöne Wetter nutzen und ihr Treffen im Stuhlkreis mitsamt Flipcharts fortsetzen können. Der Park ist weitläufige 5.000 m² groß: Blätterrauschende Buchen und Kastanien gehören dazu und ungestörte Ecken hinter duftenden Blumen und Sträuchern, was ihn bei Seminargruppen als „erweiterten Tagungsraum" oder einfach als Ausruh-Gefilde mit verstreuten Sitz- und Liegeplätzen beliebt macht. Nahe Hannover, wenige Fahrminuten von der A 2 und A 7 entfernt, prägen das Parkgrün und die zugehörige Jugendstilvilla von 1904 maßgeblich den stimmungsvollen Aufenthalt im Parkhotel Bilm im Glück. Wer den richtigen Rahmen sucht, um einen konzentrierten Anlauf für Weiterbildungen zu nehmen oder auch für Ideenentwicklungen, die raus aus der „alten Denke" führen, ist hier richtig. Die fröhliche und dynamische Atmosphäre der Villa, deren Markenzeichen viele Interieur-Hingucker und Raum zum Entfalten sind, tut vor allem dem zwanglosen Kommunizieren und dem gruppendynamischen Miteinander gut. Zum Gesamtkonzept gehören natürlich auch medientechnisch professionell ausgestattete Arbeitsräume. Teils befinden sie sich in der Beletage und bieten bodentiefe Fenster mit Ausblick ins Grüne; im Erdgeschoss verfügt das „Kaminzimmer" sogar über eine Exklusiv-Terrasse in den Park. Begleitend setzt die tagungserfahrene Hotelküche auf „Mood-Food"-Gerichte, das heißt leckere Rezepturen, die nicht nur einer fallenden Energiekurve entgegenwirken, sondern durch ihre Nährstoffkombination auch eine gute Stimmungslage unterstützen können. Ein besonderer Service besteht für die Rahmenprogramm-Gestaltung am Abend: Man kann spontan wählen, was man nach der Tagung zusammen tun möchte, und das Hotel stellt dazu nötiges Zubehör kostenfrei bereit – so etwa für ein Grillevent unter dem Motto „BBQ Yourself" oder für das Brain-the-Box-Spiel „Löse Victorias Secret", das sich gut zum gegenseitigen Kennenlernen eignet. Mit Kooperationspartnern lassen sich darüber hinaus nahgelegene Outdoor-Naturevents arrangieren. Zum Beispiel werden auf einem Bauernhof Zusammenhänge zwischen Teamgefühl und Klimawandel einblicklich angegangen und anfassbar umgesetzt. *Norbert Völkner*

## Raus aus der „alten Denke"

### LOGIS
**45 Zimmer:**
21 EZ, 24 DZ

### TAGUNG
**Besonders geeignet für:**
Seminar, Klausur, Event

**Räume**
Tagungsräume: 3
Ausstellungsfläche: 200 m²

**Maximale Tagungskapazität**
U-Form: 35 Pers.
Parlamentarisch: 48 Pers.
Reihenbestuhlung: 80 Pers.

**Preise**
Preiskalkulation 1* 74,50 €
Preiskalkulation 2* 278,50 €

*Alle Angaben Nettopreise zzgl. MwSt., Kalkulationsanfrage siehe Seite 32

SEHNDE-BILM

**A 2:** 5 km
**A 7:** 5 km

**Fern:** Hannover Hbf., 15 km
**Nah:** Hannover Anderten/Misburg, 5 km

**Hannover-Langenhagen:** 21 km

### WISSENSWERTES

- Glasfaser-Internet, Videokonferenzen, 85-Zoll-Displays, NEU: Alle Tagungs-und Veranstaltungsräume sind klimatisiert.
- Restaurant mit Wintergarten, Parkatelier, Kaffeebar IMMERDA
- in vielen Zimmern Kaffeemaschine und kostenfreie Minibar
- Schwimmbad, Sauna, Dampfbad, Infrarotkabine, Massagen
- Natur-Erlebnis-Gelände wenige Autominuten entfernt (Floßbau, Schatzsuche, intuitives Bogen schießen im Gelände, Fossiliensuche, Bienen-Workshop u.v.m.)

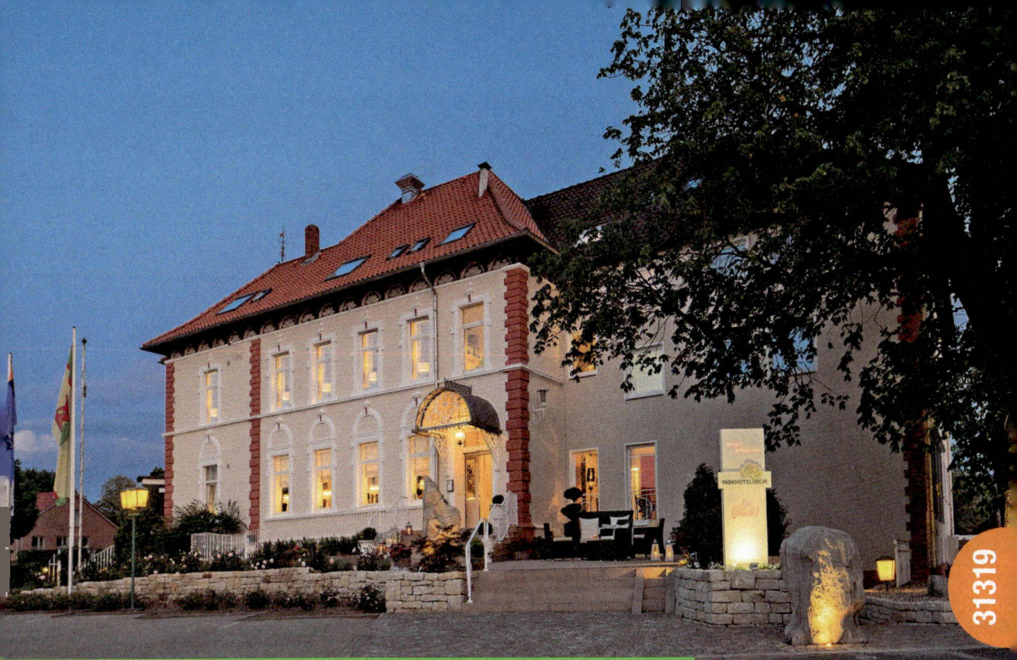

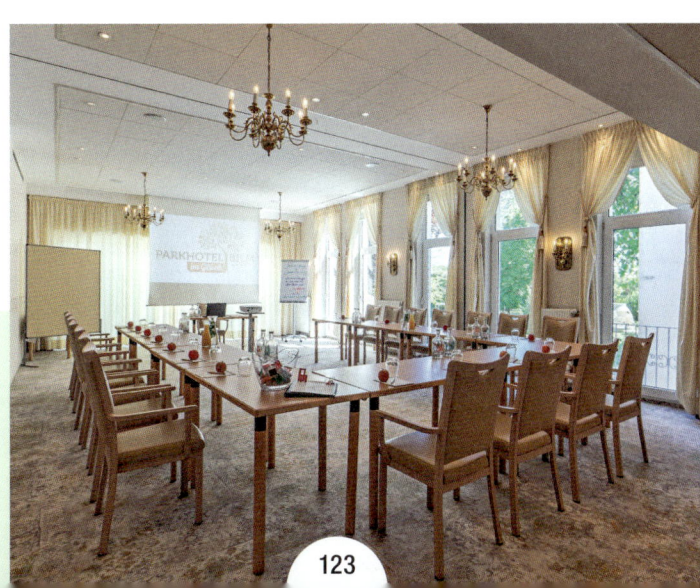

31319

# Parkhotel Bilm im Glück
# am Stadtrand Hannovers

## FAZIT

**Gute Rückzugsbedingungen** für konzentrierte Schaffensphasen in einem Privathotel mit **persönlicher Ausstrahlung** und ansprechendem Verweilambiente.

Ein weitläufiger **Hotelpark** bietet **grüne Inseln zum Freiluft-Tagen** und Entspannen.

Als besonderer Service werden **kostenfreie Rahmenprogramme** zur gemeinschaftlichen Abend-gestaltung geboten.

**Sehr gute Erreichbarkeit** im Großraum Hannover.

**31319 SEHNDE-BILM**

Behmerotsfeld 6
Tel. +49 5138 609-0
info@parkhotel-bilm.de
**www.parkhotel-hannover.de**

G äbe es einen Wettbewerb um das schönste Tagungspanorama, wäre das Hotel Altes Zollhaus vermutlich ganz vorne dabei. Auf einer Anhöhe über dem Wesertal gelegen, werden viele Hotelbereiche zu Aussichtspunkten über die Stadt Rinteln und die weite Talebene bis hinüber ins Auf und Ab des Lipper Berglandes – für Landschaftsfotografen ein dankbares Motiv. Faktisch ist es kaum möglich, einen Tagungsraum ohne Fernblick-Terrasse zu finden. Ursprünglich ging das Anwesen aus einer schaumburg-lippischen Zollstation an der Grenze zu Westfalen hervor. Jetzt präsentiert es sich als ein rundum zeitgemäßes Vier-Sterne-Refugium mit liebevoller Einrichtungsnote zwischen modernem Landhotel-Chic und denkmalgeschütztem Historik-Flair. Die fabelhaften Ausblicke, die der hochgelegene Hotel-Logenplatz gewährt, regen unwillkürlich zu Gedankenflügen an – zusammen mit dem überschaubar familiären Format des Hauses ergibt sich ein idealer Background, um Neues zu erarbeiten, zu coachen oder sich in Ruhe der Persönlichkeitsentwicklung zu widmen. Für diese und andere Zwecke ist ein fundiertes räumliches Rückgrat mit variablem Lichtkonzept, guter Medientechnik und bodentiefen Panoramafenstern sowie Klimaanlage vorhanden.

## Gedankenflüge über dem Wesertal

Im großen Saal treffen sich gerne Seminar- und Workshopgruppen, die viel Platz wertschätzen, nebenan lädt der Raum „Münchhausen" zu Meetings im kleineren Kreis ein. Hier wie dort gelangt man unmittelbar auf die Gartenterrassen und weiter zu einer Wiese mit Kirschbäumen – bei schönem Wetter ziehen viele Gruppen es vor, draußen im Grünen zu arbeiten. Sofern noch etwas gemeinschaftliche Freizeit gewünscht ist, bietet sich dazu das nahe Hotel-Umfeld an: Besonders eindrucksvoll ist eine Draisinenfahrt durch das Extertal, bei der alles an Naturschönheiten zu erleben ist, was das Weserbergland zu bieten hat – auch Rollstuhlfahrer erhalten ein passendes Schienenfahrzeug. Die Fahrtdauer kann je nach Zeitwunsch selbst bestimmt werden, unterwegs gibt es Raststationen mit Picknick-Snacks. Zurück im Hotel wird der große Hunger mit frischen mediterranen und bodenständigen Gaumenfreuden gestillt. Bei einem Sundowner auf der Panoramaterrasse des Wintergarten-Bistros kann der Tagungstag dann stimmungsvoll ausklingen.    *Norbert Völkner*

### LOGIS

**21 Zimmer:**
6 EZ, 13 DZ,
1 Juniorsuite, 1 Suite

### TAGUNG

**Besonders geeignet für:**
Seminar, Konferenz, Klausur

**Räume**
Tagungsräume:                3
Ausstellungsfläche:      20 m²

**Maximale Tagungskapazität**
U-Form:                50 Pers.
Parlamentarisch:        80 Pers.
Reihenbestuhlung:      150 Pers.

**Preise**
Preiskalkulation 1*      53,40 €
Preiskalkulation 2*    249,56 €

*Alle Angaben Nettopreise
zzgl. MwSt., Kalkulationsanfrage siehe Seite 32

RINTELN

 **A 2:** 3,5 km

 **Fern:** Bückeburg, 9 km
**Nah:** Rinteln, 2,4 km

 **Hannover:** 54 km

### WISSENSWERTES

- Internetleistung 250 Mbit/s per flächendeckendem Mesh-WLAN-System
- tageslichthelles Pausenatrium, hausgebackenes Brot, hausgemachte Kuchen und Waffeln, Referentenspecial (u.a. kostenloses Suite-Upgrade)
- Kaminrestaurant mit Historik-Interieur, Wintergarten-Bistro, gemütlicher Barbereich, Freiterrassen
- Waldjogging, Waldwanderung zum Klippenturm, historische Stadtführung Rinteln, Weser-Kanufahrten, romantischer Draisinen-Naturausflug (E-Betrieb) u.v.m.

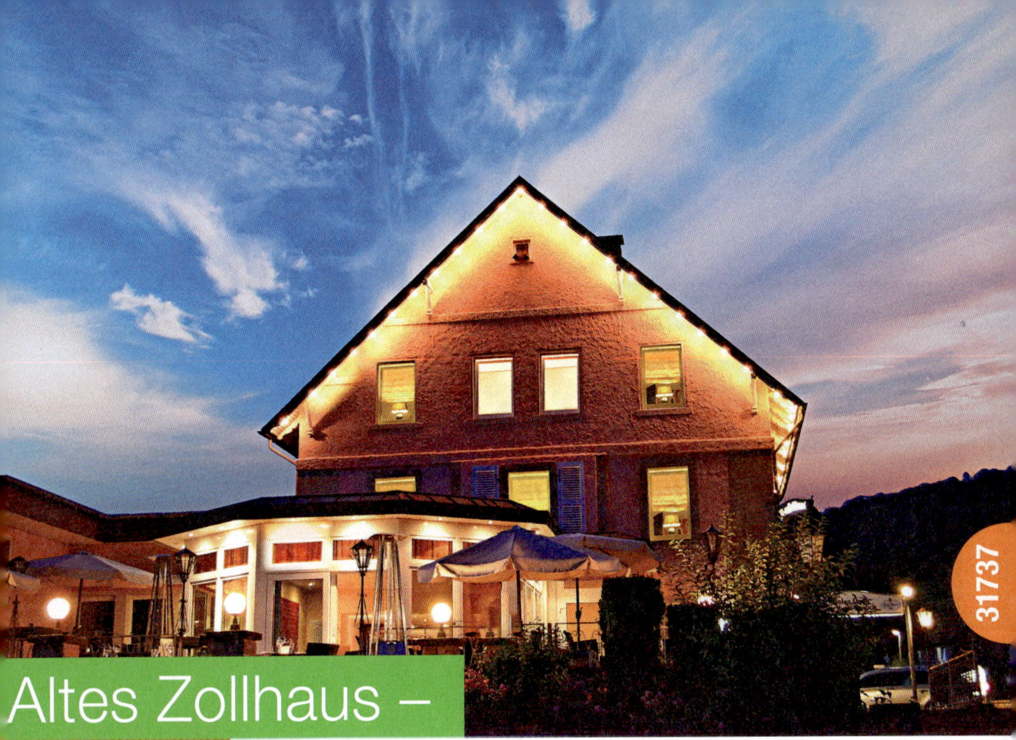

31737

# Altes Zollhaus – Rinteln

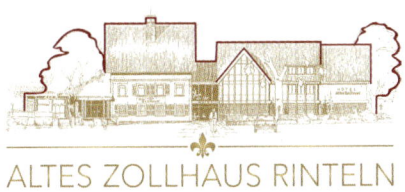

## FAZIT

Ein **charmantes Klausurhotel** mit **Panoramalage zum Wesertal** – reizvolle Fernsicht-Terrassen laden zu Outdoor-Workshops ein.

Viele Details tragen zu einer **stimmungsvollen Aufenthaltsqualität** bei – Gäste wohnen in Zimmern mit romantisch-eleganter Signatur und ansprechenden Bädern.

Der **verkehrsgünstige Hotel-Standort** im südlichen Niedersachsen liegt einerseits noch deutschlandzentral, andererseits in kurzer Reichweite zur Autobahn A 2.

**31737 RINTELN**

Hauptstraße 5
Tel. +49 5751 97180
info@zollhaus-rinteln.de
**www.zollhaus-rinteln.de**

125

**Ü**ber die standesgemäße Freitreppe geht es zur großen Empfangshalle, wo Stuckdekor, ein festlicher Kronleuchter und schöne historische Bodenfliesen einen Eindruck davon geben, wie es früher einmal aussah. Jahrhundertelang war die Geschichte von Schloss Benkhausen eng mit westfälischen Adelsgeschlechtern verbunden. Das heutige Tagungs- und Klausurhotel entstand durch eine aufwändige, mit viel Detailliebe ausgeführte Restaurierung und Modernisierung des Anwesens. Ringsum wurde auch der zweihundertjährige Landschaftspark im englischen Stil nach alten Vorlagen wieder angelegt, so dass Architektur und Natur sich wie einst auf harmonischer Augenhöhe begegnen. Gerade das Malerische der Parklandschaft mitsamt Gräften und Sichtachsen verleiht dem Ort Ruhe und Entspannung und somit auch entschleunigten Freiraum für neue Gedanken, sei es für Lernprozesse oder um Konzepte zu schmieden. Je nachdem lässt es sich mit „Schloss-Feeling" oder in einem modern akzentuierten Umfeld tagen. Im Herrenhaus, das aus dem 17. Jahrhundert stammt, befindet sich das Gros der Tagungsräume – sie sind technisch up to date und tageslichthell. Das „Kaminzimmer" (95 m²) beispielsweise bietet ein Ensemble mit zwei zugehörigen Gruppenarbeitsräumen sowie schönen Ausblicken auf den Park oder in den Schloss-Innenhof.

## LOGIS

**38 Zimmer:**
25 EZ, 13 DZ

# Entschleunigter Gedanken-Freiraum

## TAGUNG

**Besonders geeignet für:**
Seminar, Konferenz, Klausur

**Räume**
Tagungsräume: 13

**Maximale Tagungskapazität**
U-Form: 42 Pers.
Parlamentarisch: 70 Pers.
Reihenbestuhlung: 120 Pers.

**Preise**
Preiskalkulation 1* 72,27 €
Preiskalkulation 2* 263,94 €

Alternativ dazu birgt das Gebäude der „Alten Stallung" einen kompletten Klausurbereich für sich: Dort vereint sich ein großer Tagungsraum (150 m²) mit angrenzenden Gruppenräumen und einer komfortablen Kaffee-Lounge, auch ein Innenhof als Draußen-Treff gehört dazu – für Präsentationszwecke kommen Digital-Displays bis zu einer Größe von 98" zum Einsatz. Ein gemütlicher Ort zum Speisen findet sich gegenüber in der zum Café und Restaurant umgebauten, ehemaligen Rentei. Dort und im angeschlossenen Biergarten werden gerne gemeinsame Abende nach getaner Arbeit verbracht. Ein besonderes Rahmenprogramm-Highlight ist eine Führung durch das Deutsche Automatenmuseum: Es ist unmittelbar auf dem Hotelgelände zu besuchen und zeigt eine einzigartige Kollektion von faszinierenden und kuriosen Exponaten – von Waren- und Glücksspielautomaten bis hin zu Flippern und Jukeboxen. *Norbert Völkner*

*Alle Angaben Nettopreise zzgl. MwSt., Kalkulationsanfrage siehe Seite 32

**ESPELKAMP**

**A 30:** 20 km
**A 2:** 50 km
**A 1:** 60 km

**Fern:** Minden (Westf.), 30 km
**Nah:** Lübbecke, 6,5 km

**Münster-**
**Osnabrück:** 70 km
**Hannover:** 90 km

## WISSENSWERTES

- Glasfaser-Internet, Digital-Displays, E-Ladestation
- Restaurant & Café „Die Rentei", Speiseraum im „Glasgelenk" mit Terrasse zur Gräfte, „Trauzimmer" mit historischem Bezug, eigene Bäckerei und Konditorei, Biergarten, zwei Bier- & Weinkeller
- Cocktail Hour, Meat on Fire – Steak-Tasting, professionelle Teambuilding-Events, Joggingrouten, Fahrradausflüge, Fitnessraum u.v.m.
- Rundwanderweg durch den Landschaftspark, Wälder und Streuobstwiese, Schiffsanleger am Mittellandkanal

**32339**

# Schloss
# Benkhausen

## FAZIT

**Entspannte Klausur-Atmosphäre:**
Die Einbindung des Hotels in einen
weitläufigen Landschaftspark erzeugt
ein unabgelenktes, naturgeprägtes
Arbeitsumfeld. **Gute Erreichbarkeit**
im Städtedreieck Bremen–Hannover–
Osnabrück.

Moderne und **großzügig anmutende
Tagungsräume** mit aktueller Technik.

Mit dem **Deutschen Automatenmuseum** befindet sich auf dem Hotelgelände
ein Rahmenprogramm-Highlight mit
faszinierenden und kuriosen Exponaten.

*Schloss Benkhausen*

**32339 ESPELKAMP**

Schlossallee 1
Tel. +49 5743 93182-10
info@schloss-benkhausen.de
**www.schloss-benkhausen.de**

127

R ietberg in Ostwestfalen gilt als „Stadt der schönen Giebel" – das historische Zentrum ist geprägt durch malerisches Fachwerk und steht komplett unter Denkmalschutz. Die noch junge Ems ist samt Nebenarmen Teil dieser Szenerie und fließt dabei auch am Lind Hotel vorbei. Dessen moderne Gebäude und Grünanlagen wenden sich der attraktiven Ufersituation mit Sonnenterrassen zu. Wer das geräumige Domizil betritt, gelangt in eine Hotelwelt mit viel Designgeschmack und Persönlichkeit. Farbe, Stil und Funktionalität werden auf hohem Niveau und doch angenehm entspannt kombiniert, wobei eigens entworfene Kunst und sonstige Hingucker zu einem ideenvollen Ambiente beitragen. In den wertig ausgestatteten Tagungsräumen (30–250 m²) sind vom Einzelcoaching bis zum großangelegten Get-together beste Voraussetzungen gegeben – häufig finden parlamentarische Konferenzen, Leadership-Programme und Strategiediskussionen statt. Das Raumambiente wird bestimmt durch eine ruhige Farbgebung, bodentiefe Fenster und bequeme Ergonomie; zum Teil sind exklusive Terrassen direkt angeschlossen. Technisch kommen unter anderem Großbildschirme mit bis zu 8K-Bildqualität zum Einsatz. Zu den schönsten Räumen zählt sicherlich die „Skylobby" (78 m²) im 3. Obergeschoss: Hier genießen Tagende ein „Penthouse-Feeling" mit schönem Rietberg-Blick und verfügen dabei nicht nur über eine große Außenterrasse, sondern auch über eine integrierte Bar, wodurch zugleich eine beliebte Abendlocation entsteht. Apropos: Als weitere exklusive Tagungs- und Abendlocation ist das „Lind am See" in Betracht zu ziehen. Es liegt im ehemaligen Landesgartenschaupark und ist nach rund 10 Gehminuten erreicht. In See- und Naturlage werden dort flexibel aufteilbare Tagungs- und Eventflächen (350 m²) auf zwei Etagen sowie ein wunderbar großzügiger Außenbereich direkt am Wasser geboten – im Sommer ein Traum. Rund um alle Veranstaltungen hinterlässt das Küchenteam bleibende Eindrücke mit exzellenten Geschmackserlebnissen, die konsequent hausgemacht und häufig regional fundiert sind. Die hauseigene Konditorei kümmert sich zudem mit frischem Kuchenduft um verlockende Pausen – zu den Rennern gehören leckere Nussecken und Zitronentaler.

*Norbert Völkner*

## Perfektion an der Ems

## LOGIS

**80 Zimmer:**
18 EZ, 60 DZ, 2 Suiten

## TAGUNG

**Besonders geeignet für:**
Seminar, Konferenz, Klausur, Event

**Räume**
| | |
|---|---|
| Tagungsräume: | 11 |
| Ausstellungsfläche: | 150 m² |

**Maximale Tagungskapazität**
| | |
|---|---|
| U-Form: | 60 Pers. |
| Parlamentarisch: | 120 Pers. |
| Reihenbestuhlung: | 250 Pers. |

**Preise**
| | |
|---|---|
| Preiskalkulation 1* | 63,00 € |
| Preiskalkulation 2* | 258,00 € |

*Alle Angaben Nettopreise zzgl. MwSt., Kalkulationsanfrage siehe Seite 32

RIETBERG

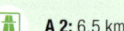

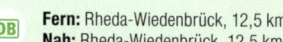

**A 2:** 6,5 km

**Fern:** Rheda-Wiedenbrück, 12,5 km
**Nah:** Rheda-Wiedenbrück, 12,5 km

**Paderborn-Lippstadt:** 33 km

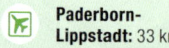

## WISSENSWERTES

- Glasfaser-Internet, kabellose Projektionen
- Das gesamte Hotel ist barrierefrei, kabellose Handy-Ladestationen auf den Gästezimmern
- Restaurant „Mauritz" mit Wintergarten und Terrasse zur Ems, Bar „La Vida", hauseigene Patisserie
- LIND VITAL (Saunen, moderner Fitnessbereich, Beauty, Massagen)
- Team- und Sportprogramme im Gartenschaupark Rietberg

# Lind Hotel

HOTEL AN DER EMS

★ ★ ★ ★

SUPERIOR

## FAZIT

Das Vier-Sterne-Superior-Domizil beeindruckt durch **Persönlichkeit und individuelles Design.**

Die stilvollen Tagungsräume verfügen über **hochmoderne Technik und bequeme Ergonomie.**

Die hoteleigene Location **„Lind am See"** bietet einen exklusiven Tagungs- und Event-Rahmen direkt am Wasser.

**Wohnkomfort, gehobene Kulinarik** und ein **erholsames SPA** begleiten den Aufenthalt.

**33397 RIETBERG**

Am Nordtor 1
Tel. +49 5244 700100
info@lind-hotel.de
**www.lind-hotel.de**

129

D raußen geht es geruhsam und dörflich zu, drinnen hat sich viel Gespür für eine bodenständige Gemütlichkeit bewahrt und ebenso eine persönliche Willkommens-atmosphäre. Seit 120 Jahren bereits ist das Landhotel Jäckel in familiärer Regie. In neuerer Zeit finden auch Tagungsgäste namhafter Unternehmen hierher, vor allem aus dem Umkreis der wirtschaftsstarken Region Ostwestfalen: Bielefeld und Gü-tersloh, aber auch Osnabrück und das Ruhrgebiet liegen in gut angebundener Erreichbarkeit per Auto und Bahn. Neben der Großstadtferne sind es die entspannten Tagungsbedin-gungen mitsamt viel Entfaltungspotenzial, verbunden mit kur-zen Servicewegen, die das Landhotel attraktiv machen. Es gibt drei voneinander separierte Veranstaltungsbereiche, die Teilnehmern eine klausurgemäße Ungestörtheit und ein grup-pendynamisches Eigenleben gewähren. Die Größenordnung der durchwegs klimatisierten Räumlichkeiten bewegt sich zwi-schen 30 und 198 m², zudem verteilen sich im Haus weitere Rückzugsoptionen für Arbeitsgruppen oder Sit-ins. Der größte Raum, namens „Valletta", eignet sich besonders gut für klei-ne Teilnehmerkreise, die viel Platz und Pinnwände benötigen, beispielsweise bei moderierten Workshops – direkt angeschlossen ist ein Innenhof zum Ar-beiten oder auch zum Speisen an der frischen Luft. Tagungstechnisch verfügt die Ausstattung über alles Moderne und Wesentliche. Zugehörig ist u.a. ein interaktives Touch-Display, welches neben virtuellen Zuschaltungen auch kabellose Übertragun-gen an Handys und Tablets ermöglicht. Rundherum ist eine junge und frische Hotelküche im handwerklichen Einsatz, die auch bei der Pausenverpflegung Wert auf Selbstgemachtes legt: Bruschetta, Gemüsesticks und Canapés gehören bei-spielsweise dazu, ebenso wie hausgebackene Apfelkuchen und Rüblitorten. Ansonsten spannt sich der kulinarische Bogen über viele Geschmacksrichtungen, wobei Wünsche willkommen sind. Abends darf es auch etwas deftiger werden: Wer mag, kann westfälische Spezialitäten probieren, wie etwa Pickert, ein pfannkuchenartiges Kartoffelgericht. Zum Ausklang des Tages käme ein gemütliches Beisammensein in der uri-gen Bierstube in Betracht, deren Wurzeln noch auf die Hotel-Gründerjahre zurückgehen. *Norbert Völkner*

## Rundum gut aufgehoben

### LOGIS

**19 Zimmer:**
7 EZ, 12 DZ

### TAGUNG

**Besonders geeignet für:**
Seminar, Konferenz, Klausur

**Räume**
Tagungsräume:                    7
Ausstellungsfläche:      200 m²

**Maximale Tagungskapazität**
U-Form:                   60 Pers.
Parlamentarisch:          70 Pers.
Reihenbestuhlung:        250 Pers.

**Preise**
Preiskalkulation 1*         52,00 €
Preiskalkulation 2*        197,00 €

*Alle Angaben Nettopreise zzgl. MwSt., Kalkulations-anfrage siehe Seite 32

**HALLE (WESTF.)**

 **A 33:** 2,5 km

 **Fern:** Bielefeld, 14 km
**Nah:** Künsebeck, 0,3 km

 **Paderborn:** 64 km
**Osnabrück:** 70 km

### WISSENSWERTES

- Clevertouch (86 Zoll) mit 4K-Kamera (180°-Raumansicht) für hybride Meetings sowie Touchscreen- und graphischen Whiteboard-Funktionen
- Gästezimmer mit Schreibtisch, Laptop-Safe und Sky-TV
- Restaurant „Lukullus", Bierstube, Sommergarten, Grillevents, Cocktail-kurse, Bierverkostungen, Pasta-Abend, Westfälischer Abend, Bayerischer Abend u.v.m.
- Kegelbahnen, Eisstockschießen, Segway-Parcours, Küchenparty u.v.m.

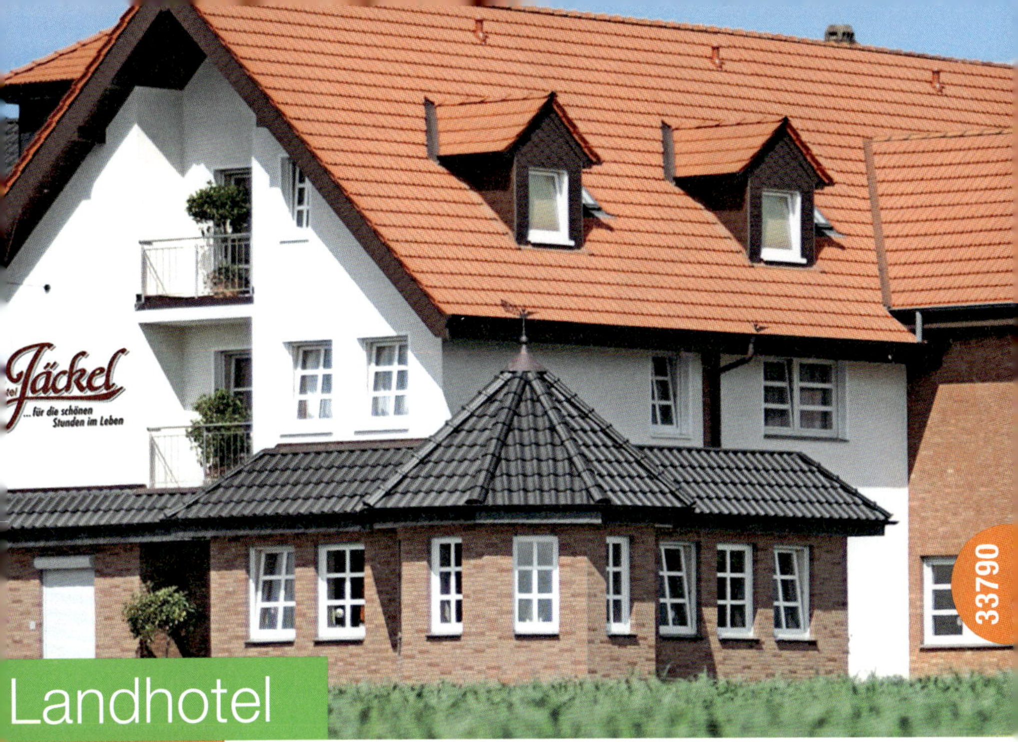

33790

# Landhotel
# Jäckel

## FAZIT

Ein **stilvoll-gemütliches west-fälisches Traditionshotel,** das moderne Tagungsansprüche mit einer persönlich-familiären Gastlichkeit verbindet.

Mehrere **voneinander separierte Tagungsareale** ermöglichen klausurgemäßes Arbeiten – drinnen und draußen ergänzt viel Gruppenarbeitsplatz das Angebot.

**Kulinarisches Handwerk:** Von rustikalen regionalen Spezialitäten bis zum Fine Dining mit mediterraner Leichtigkeit.

**33790**
**HALLE (WESTF.)**
Dürkoppstraße 8
Tel. +49 5201 971330
nfo@landhotel-jaeckel.de
**www.landhotel-jaeckel.de**

131

B outiquehotel, Designhotel, wie immer man es nennt, der Renthof ist ein außergewöhnliches Domizil. Die Eigentümer haben das historische Karmelitenkloster aus dem 13. Jahrhundert, „unter erinnernder Bewahrung der Architektur und Geschichte des Hauses", zu einem gastlichen Wohlfühlort gemacht. Sichtbares Mauerwerk, Dielenböden und eine historisch schiefe Wendeltreppe ergeben zusammen mit modernen Designelementen eine tolle Mixtur für Entdecker und Liebhaber des Besonderen. Alle 55 Gästezimmer sind individuelle Unikate. Die Bar und Lounge strahlt mit ihrem Kamin, den samtigen Sitzgruppen auf zwei offenen Ebenen, umgeben von mächtigem Gemäuer, eine warme, herzliche Gemütlichkeit aus. Von hier aus geht es weiter ins ebenso schöne Restaurant, in den großen Saal, der auch als Tagungsraum fungiert, und nach draußen in den malerischen Innenhof. Eingerahmt vom Kreuzgang und geschützt vom schattenspendenden Baum ist er der erklärte Lieblingsplatz der Hotelgäste. Sie können sich während des gesamten Aufenthalts mittels Karaffe an kostenlosem heimischem Tafelwasser bedienen. Der Faktor Regionalität wird großgeschrieben im Renthof. So kommen das Bier, die „LimoNAHden", Kaffee und Säfte aus der Nähe, Spirituosen stammen aus Deutschland, der Gin wird selbst destilliert.

## historisch, individuell, außergewöhnlich

### LOGIS

**55 Zimmer:**
8 EZ, 39 DZ, 2 Juniorsuiten,
2 Suiten, 4 Maisonettes

### TAGUNG

**Besonders geeignet für:**
Seminar, Konferenz, Klausur,
Kreativprozesse, Event

**Räume**
Tagungsräume:                6

**Maximale Tagungskapazität**
U-Form:              50 Pers.
Parlamentarisch:      60 Pers.
Reihenbestuhlung:    200 Pers.

**Preise**
Preiskalkulation 1*      64,57 €
Preiskalkulation 2*     229,13 €

*Alle Angaben Nettopreise
zzgl. MwSt., Kalkulationsanfrage siehe Seite 32

KASSEL

  **A 7:** 5 km

  **Fern:** Kassel-Wilhelmshöhe, 5 km
**Nah:** Kulturbahnhof Kassel, 1 km

  **Kassel:** 15 km

Auch in der Küche wird auf regionale Produkte sowie Tierwohl geachtet. Als Veranstaltungsräume des Renthofs stehen zum einen die zur Eventkirche umgestaltete Brüderkirche zur Verfügung, die mit reinweißen Wänden zwischen großen Fenstern, Gewölbedecke und Steinboden für jedes größere Veranstaltungsformat, sei es Bankett, Konferenz oder Barcamp, eine besondere Kulisse bietet. Die „Bibliothek" im Erdgeschoss mit urigem Dielenboden und Bücherwand bietet 20 Personen Platz. Im gegenüberliegenden Gebäude liegt zudem ein autarker Tagungsraum mit eigenem Sanitär und Teeküche. Wer im Renthof tagt, profitiert von der sehr attraktiven Umgebung des Hotels, das mitten in der City zwischen Fußgängerzone und Fulda-Ufer liegt. Das documenta-Gelände sowie die Grimm-Welt sind fußläufig zu erreichen, ebenso der Staatspark Karlsaue. Der Bergpark Wilhelmshöhe lohnt immer den Besuch. *Katrin Nauber-Happel*

### WISSENSWERTES

- Glasfaser-Anschluss, Clickshare
- Nachhaltigkeitssiegel: Green Sign
- 11 Parkplätze vor dem Eingang, Parkhaus mit 21 Plätzen, 2 E-Ladesäulen
- Restaurant, Bar, Kamin-Lounge, malerischer Innenhof
- Fußgängerzone, Grimm-Welt, documenta-Gelände und Staatspark Karlsaue fußläufig erreichbar
- Bergpark Wilhelmshöhe

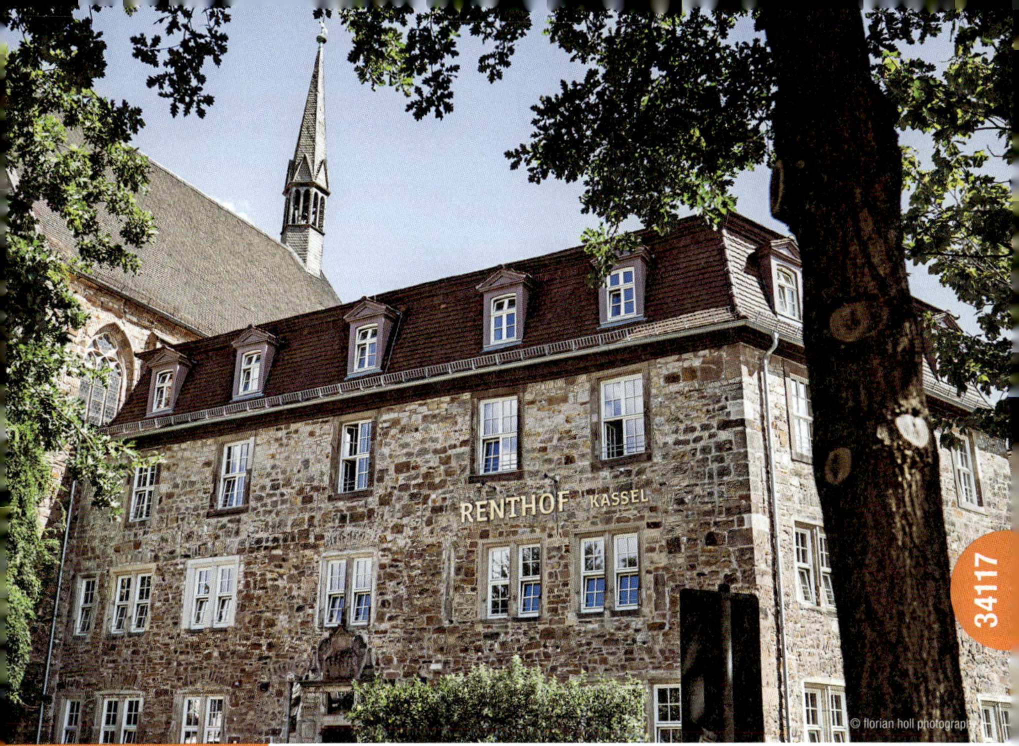

© florian holl photography

34117

# Renthof

## FAZIT

**Der Renthof ist ein Unikat.** Der geschmackvolle Mix aus Moderne und Historie macht das Hotel besonders.

Die alte Klosterkirche bietet als **Event-kirche** einen besonderen Rahmen **für größere Veranstaltungen.**

**Zentral in Deutschland – zentral in Kassel:** Die Lage ist für Tagungs-veranstaltungen ideal.

**Regionale Küche** mit mindestens 50 Prozent vegetarischen Gerichten auf der Karte. Nahezu alle **Getränke stammen aus Deutschland.**

**34117 KASSEL**

Renthof 3
Tel. +49 561 50668-0
info@renthof-kassel.de
**www.renthof-kassel.de**

Der Blick aus den Panoramafenstern ist einfach umwerfend: Bis hin zu den umgebenden Mittelgebirgen liegt ganz Kassel den Gästen der Eventlocation „ReLaunch" zu Füßen. Nach Sonnenuntergang erscheint die im Talkessel angesiedelte Skyline mit einem weithin glänzenden Lichtermeer. Sowohl Firmenevents als auch Produktpräsentationen und Tagungen beschert die fulminante Kulisse einen großen Auftritt mit Erinnerungswert. Sie gehört zum Schlosshotel Bad Wilhelmshöhe, das sich direkt am Welterbe des gleichnamigen Bergparks befindet. Das elegante „ReLaunch"-Areal (Gesamtfläche 600 m²) lässt sich in zwei Einheiten (335 und 265 m²) unterteilen – außer der integrierten „Skybar" können ein Biergarten und eine Gartenterrasse mit nicht minder grandioser Aussicht in die Veranstaltung einbezogen werden. Darüber hinaus vermag das exponiert gelegene und stilvolle Hotel noch viele weitere große und kleine Tagungsansprüche zu erfüllen. Dies geschieht mit allem professionellen Zubehör, und zwar entweder im Haupthaus oder im Nachbargebäude, der historischen „Remise". Durchwegs hat man es mit tageslichtvollen und klimatisierten Räumlichkeiten zu tun, zum Teil gibt es exklusive Terrassen oder Balkone als Zugabe. Die ruhige und direkte Nachbarschaft zum Bergpark gibt den Zusammenkünften nicht nur ein grünes und naturhaftes Umfeld. Sie erlaubt es den Teilnehmern auch, kurzerhand Spazierrunden ins barocke UNESCO-Weltkulturerbe zu unternehmen: Das Schloss Wilhelmshöhe, die Löwenburg, das Herkules-Denkmal und die Kaskadenstrecke der Wasserspiele liegen allesamt fußläufig nahebei. Gruppenausflüge zu den Sehenswürdigkeiten, sei es in Form von Führungen oder Fackelwanderungen, können als Rahmenprogramm arrangiert werden. Einen Besuch wert ist aber bestimmt auch die großzügige SPA-Oase des Hotels, deren Nutzung im Tagungsaufenthalt inbegriffen ist – neben Saunen und einem Indoorpool gehört ein Wellnessgarten (1.000 m²) mit attraktiv angelegtem Naturschwimmteich dazu. Auf den Zimmern schließlich wird das niveauvolle Hotelambiente fortgeführt – schöne Ausblicke wird man auch hier nicht missen, mal richten sie sich auf das benachbarte Schloss oder die Herkules-Statue, mal auf das ganze Stadtpanorama.

*Norbert Völkner*

## Traumblick am Welterbe

### LOGIS

**130 Zimmer:**
2 EZ, 121 DZ,
4 Juniorsuiten, 3 Suiten

### TAGUNG

**Besonders geeignet für:**
Seminar, Konferenz, Event

**Räume**
Tagungsräume: 13

**Maximale Tagungskapazität**
U-Form: 40 Pers.
Parlamentarisch: 140 Pers.
Reihenbestuhlung: 180 Pers.

**Preise**
Preiskalkulation 1* 82,26 €
Preiskalkulation 2* 331,41 €

*Alle Angaben Nettopreise zzgl. MwSt., Kalkulationsanfrage siehe Seite 32

KASSEL

**A 49:** 7 km
**A 7:** 11 km

**Fern:** Kassel-Wilhelmshöhe, 5 km
**Nah:** Kassel-Wilhelmshöhe, 5 km

**Kassel-Calden:** 15 km
**Paderborn:** 70 km

### WISSENSWERTES

- Prüfsiegel: Deutsches Institut für Nachhaltigkeit und Ökologie
- Glasfaser-Internet sowie separater, passwortgeschützter Internetzugang
- Restaurant mit Sommerterrasse und Separee „Fine Dining", Hotelbar, Biergarten
- Wellness- und SPA-Oase (800 m²) mit Indoorpool, Saunalandschaft, Fitnessgeräten und Treatment-Angeboten sowie 1.000-m²-Wellnessgarten
- Bergpark-Führungen, Bogenschießen im Biergarten, Sommerfeste im Biergarten, Weihnachtsfeiern mit Glühweinempfang und Feuerschalen, Casino-Abende u.v.m.

**34131**

# Schlosshotel Bad Wilhelmshöhe
## Conference & SPA

SCHLOSSHOTEL
Bad Wilhelmshöhe
CONFERENCE & SPA
★★★★
SUPERIOR

### FAZIT

Gäste erleben eine **einmalige Hotel-lage im UNESCO-Weltkulturerbe** – die Sehenswürdigkeiten des Bergparks Wilhelmshöhe befinden sich in unmittelbarer Nachbarschaft zum Hotel. Durch die nahe ICE-Station Kassel-Wilhelmshöhe besteht eine **sehr gute Erreichbarkeit.**

Ein **breitgefächertes Tagungsraum-Portfolio** gewährleistet ruhiges und konzentriertes Arbeiten. Die außergewöhnliche **Event- und Tagungslocation „ReLaunch"** beeindruckt mit eleganter Inszenierung und einem **prächtigen Kassel-Panorama.**

**34131 KASSEL**

Schlosspark 8
Tel. +49 561 3088406
bankettleitung@schlosshotel-kassel.de
**www.schlosshotel-kassel.de**

135

W er schon zum zweiten Mal anreist, kann eine gewisse Vorfreude nicht abschütteln. Das „Gude" bleibt in guter Erinnerung, denn „es hat etwas": Als Gast erlebt man eine modern gehobene, wiewohl entspannte und nicht austauschbare Hotellerie, die sich über drei Inhaber-Generationen ihren familiären Aufmerksamkeitscharakter bewahrt hat. Beim Schlendern durch das Haus fallen stilvoll-dekorative Signale und Hingucker auf, die hier und da dem Auge einen Ruhepunkt bieten. Als Hotel, das in der Grimm-Stadt Kassel zuhause ist, beschäftigt sich dabei ein durchgehendes Thema mit dem Deutschen Wörterbuch der Brüder Grimm. Auf Böden, Wänden, Türschildern und Schlüsselanhängern finden sich Original-Wörter und Zitate zum Lesen und Wirkenlassen. Eines davon lautet zum Beispiel „Ich fühl Kraft zu kühnem Fleiß", was durchaus als Anspielung auf die professionelle Ausstattung der Tagungsbereiche gelten kann. Diese sind auf mehreren Ebenen verteilt. Für Einzelcoachings bis hin zur parlamentarischen Konferenz mit Gruppenraumbedarf bieten sie einen qualitätvollen Rahmen, in dem sich Funktionalität, bequeme Ergonomie und dezente Wertigkeit stimmig ergänzen. Im Erdgeschoss ist an die Pausenlobby eine große Außenterrasse angegliedert. Treffen bis zu 16 Personen erhalten zudem besondere Offerten: Da wäre etwa ein rückwärtiger Meetingraum mit exklusivem Garten-

## LOGIS

**86 Zimmer:**
13 EZ, 72 DZ, 1 Suite

# Auf Grimm'scher Wellenlänge

## TAGUNG

**Besonders geeignet für:**
Seminar, Konferenz, Klausur

**Räume**
Tagungsräume:                        9

**Maximale Tagungskapazität**
U-Form:                       54 Pers.
Parlamentarisch:          70 Pers.
Reihenbestuhlung:       120 Pers.

**Preise**
Preiskalkulation 1*          78,00 €
Preiskalkulation 2*        307,00 €

*Alle Angaben Nettopreise zzgl. MwSt., Kalkulationsanfrage siehe Seite 32

**KASSEL**

**A 49:** 2 km
**A 7:** 5 km

**DB** **Fern:** Kassel-Wilhelmshöhe, 5 km

**Kassel-Calden:** 20 km

bereich sowie im Obergeschoss ein Raum, in dem abgeschiedene Klausurbedingungen einhergehen mit einer schönen Aussicht über die Stadt bis zum Habichtswald. Das Wohnen ist im „Gude" ein anspruchsvolles Kapitel für sich. Die Zimmer befinden sich sowohl im Haupthaus als auch auf der gegenüberliegenden Straßenseite. Sie sind sämtlich individuell, was Farben, Schnitte und Interieur betrifft, haben jedoch alle ihren vollen Anteil am Vier-Sterne-Superior-Niveau – viele haben Balkon oder Terrasse sowie großzügige Bäder mit Design-Waschschüsseln. Gespeist wird im Restaurant „Pfeffermühle", das in der Region eine prominente Feinschmecker-Adresse ist – das Kulinarik-Motto lautet: „So schmeckt Nordhessen heute!" In der zugehörigen, rundum holzvertäfelten Behaglichkeit von „Zirbelstube" und „Orangerie" sind Tagungsgruppen eingeladen den Abend unter sich zu begehen.             *Norbert Völkner*

## WISSENSWERTES

- Nachhaltigkeitszertifikat: GreenSign (85%)
- kabellose Projektionen, Einrichtung eines separaten, passwortgeschützten Internetzugangs möglich, einzelne Gästezimmer verfügen über Konferenztische
- Restaurant „Pfeffermühle" mit Grimmstube, Orangerie und Zirbelstube, „Salzbar" mit Außenterrasse, eigene Patisserie
- Sauna- und Fitnessbereich, Massagen, Beauty
- Stadtführungen, UNESCO-Welterbe Bergpark in 15-Minuten-Entfernung u.v.m.

34134

# Hotel Gude

## FAZIT

Man erlebt **Privathotellerie auf gehobenem Niveau** und mit individueller Ausstrahlung. Ein entspanntes Ambiente und Liebe zum Detail gehen einher mit anspruchsvoller Wohn- und Speisekultur.

Mehrere Tagungsbereiche bieten ansprechende Bedingungen für verschieden große Teilnehmerkreise. Sie vereinen **Funktionalität, Ergonomie und Wertigkeit.**

**Sehr gute deutschlandzentrale Verkehrsanbindung** (Autobahnen und ICE).

**34134 KASSEL**
Frankfurter Straße 299
Tel. +49 561 48050
info@hotel-gude.de
**www.hotel-gude.de**

B ei Schönwetter verspüren Tagungsgruppen schon mal einen „Drang nach draußen" und sind gern geneigt ihr Treffen als Freiluft-Session fortzusetzen – vorausgesetzt das Tagungshotel bietet die Gelegenheit dazu. Im GenoHotel Baunatal ist dergleichen ein wesentlicher Bestandteil der Hotelidee: Ein parkartiger Campus bildet den begrünten Mittelpunkt des Anwesens. Er ist sowohl Workshop-Zone als auch Arena für spielerisches Teambuilding, wird aber auch gerne für „Geh-Spräche" genutzt oder einfach nur zum Chillen auf Liegen und in Hollywoodschaukeln. Im Grunde lässt sich das gesamte Hotel als „Campus" verstehen: als ein Ort des Lernens und Lebens, wo Zusammensein und Austausch gefördert werden. Ebenso ist es ein Ort der Konzentration. Die Tagungsräume sind konsequent mit auswahlstarkem Equipment versehen, um Kommunikationsprozesse und Seminarinhalte fokussiert anzugehen. Das betrifft sowohl klassische Tagungssituationen als auch partizipative Formate, die viel Platz benötigen, wie etwa Barcamps. Denn wenn das Hotel noch eines hat, dann ist es viel Raum. Man hat es mit einer großzügigen Architektur zu tun – es gibt ein raumgreifendes Foyer als Treffpunkt und dazu viele große Räume von 80 bis über 100 m²

## Netzwerk-Ort mit grünem Campus

und weitere in Arbeitsgruppengröße. Neben einer Freischwinger-Bestuhlung ist auch Equipment vorhanden, das dynamisches Tagen unterstützt, etwa beschreibbare Hocker, die als „Sitzplatz to go" fungieren. Zugleich sorgen überall bodentiefe Fenster für eine lichtvolle Anmutung mit grünen Perspektiven. Besonders beeindruckend ist der Raum „Wilhelmshöhe" (140 m²), den eine 4,5 Meter hohe Trapezverglasung und hervorragende Licht-, Ton- und Projektionstechnik auszeichnen. Frisch zubereitete kulinarische Stärkungen gibt es im jüngst ganz neu gestalteten Selfservice-Restaurant „Kochwerk" – warme, erdfarbene Töne mitsamt einer echten Mooswand sowie Einblicke in das Küchengeschehen begleiten jetzt das Esserlebnis. Abends suchen die Gäste gerne das im Loungestil gehaltene Bistro „Wilhelm" auf. Dort gibt es gemütliche Leder-Sitzgruppen und einen Barbereich – besonders geschätzt ist ein Sundowner auf der umlaufenden Außenterrasse mit Blick bis zu den bewaldeten Höhen des Kasseler Berglandes. *Norbert Völkner*

## LOGIS

**153 Zimmer:**
144 EZ/DZ, 9 Juniorsuiten

## TAGUNG

**Besonders geeignet für:**
Seminar, Konferenz, Klausur, Kreativprozesse, Event

**Räume**
| | |
|---|---|
| Tagungsräume: | 24 |
| Ausstellungsfläche: | 250 m² |

**Maximale Tagungskapazität**
| | |
|---|---|
| U-Form: | 36 Pers. |
| Parlamentarisch: | 70 Pers. |
| Reihenbestuhlung: | 110 Pers. |

**Preise**
| | |
|---|---|
| Preiskalkulation 1* | 83,78 € |
| Preiskalkulation 2* | 302,37 € |

*Alle Angaben Nettopreise zzgl. MwSt., Kalkulationsanfrage siehe Seite 32

**BAUNATAL**

**A 44:** 5 km
**A 7:** 10 km

**Fern:** Kassel-Wilhelmshöhe, 10 km

**Frankfurt:** 167 km
**Hannover:** 200 km

### WISSENSWERTES

- Nachhaltigkeitszertifikate: GreenSign, TourCert, $CO_2$-Fußabdruck von ClimatePartner, das Hotel ist komplett barrierefrei
- kabellose Präsentationen, separater passwortgeschützter Internetzugang möglich, Projektionen mit Beamern und Bildschirmen, großer Kinosaal in der Nähe
- Selfservice-Restaurant „Kochwerk" mit Außenterrasse, Bistro „Wilhelm" mit Bar, Außenterrasse und separatem „Kaminzimmer"
- Sauna, Fitnessraum, vielseitige Rahmenprogramme (Indoor-/Campus-Golf, Seifenkisten-Rennen, Volleyball, Bogenschießen, fiktive Bombenentschärfung u.v.m.)

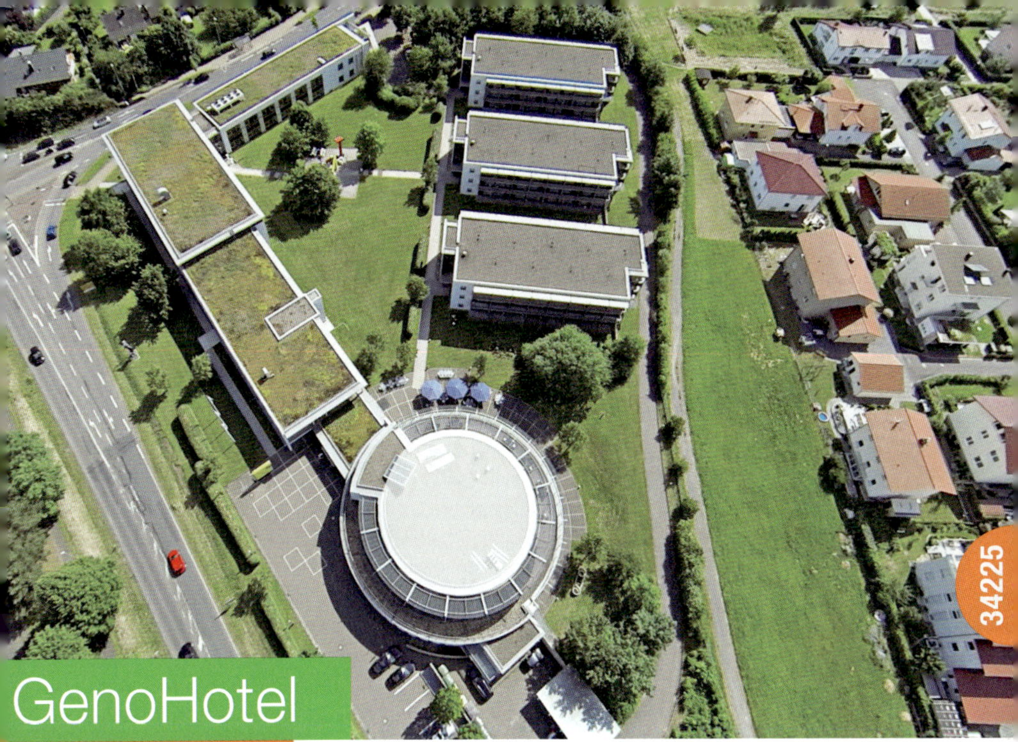

34225

# GenoHotel
# Baunatal

## FAZIT

Der **einzigartige HotelCampus** im Grünen fördert den Austausch, das Teambuilding und die Regeneration.

**Großzügige Architektur** und auswahlstarkes Equipment bilden einen hervorragenden Background für klassische und **partizipative Tagungsformate.**

Das Hotel optimiert fortlaufend seine **nachhaltige Aufstellung.**

Die Lage südlich von Kassel ermöglicht eine **deutschlandweit sehr gute Erreichbarkeit** mit Bahn und PKW.

**34225 BAUNATAL**
Schulze-Delitzsch-Straße 2
Tel. +49 5601 9786000
tagung@genohotel-baunatal.de
**www.genohotel-baunatal.de**

m Großraum Kassel, am südlichen Ausläufer des Naturparks Habichtswald, ist das Parkhotel Emstaler Höhe in der
nordhessischen „Grimm-Heimat" zuhause. Malerisch umgeben von bewaldeten Bergen am Horizont liegt es direkt vis-
à-vis des Bad Emstaler Kurparks. Drinnen herrscht seit drei
Generationen eine familiäre Gastgeber-Atmosphäre mit Herz
und kurzen Servicewegen. Dass heutzutage namhafte international agierende Firmen das Vier-Sterne-Anwesen für Weiterbildungen, Workshops und Trainings entdecken, hängt nicht nur
mit dem ruhigen Umfeld und den guten Verkehrsanbindungen
zusammen. Mehr noch ist es der seit 2021 komplett neu gestaltete Meetingbereich, von dessen einladendem Outfit und
hochkarätiger Einrichtung Tagungsgäste angetan sind: Vergangenes Jahr rückte das Hotel beim bundesweiten Wettbewerb
der „Besten Tagungshotels in Deutschland" mit Platz 16 in der
Kategorie Konferenz erstmals in die Rankings der TOP 20. Das
flexibel unterteilbare Workspace-Ensemble (210 m$^2$) zeigt sich
mit einer klaren, etwas puristisch angehauchten, aber wertigen
Optik – zugleich sind die Räumlichkeiten tageslichtverwöhnt
mit Blick in den Kurpark oder den Hotelgarten. Für das Equipment sprechen unter anderem die
hochmoderne Lichttechnik und eine
anspruchsvolle Konferenzbestuhlung –
hinzu kommen Arbeitstische mit Rollen,
die einen Settingwechsel erleichtern,
sowie Kurzdistanzbeamer, interaktive
Touchboards und mobile UV-Virenfilter. Stolz ist das Hotel auf
seine handwerkliche Küche, die ohne Einsatz von vorgefertig-
ten Produkten auskommt und bewusst regionale Schwerpunk-
te setzt, so bei Gemüse, Fisch, Bio-Rind oder Bio-Hähnchen
– bei den Rezepturen ist man sowohl klassisch als auch erfin-
dungsreich unterwegs, etwa mit leckeren Dessert-Kreationen
aus Gemüse und Obst. Passend zu den interaktiven Bedürfnissen der Tagungsgäste erhielt der zentrale gastronomische
Bereich ein kommunikativ-gemütliches Erscheinungsbild:
Man erlebt eine Mischung aus Restaurant und Bar, bei der die
Theke mittig platziert ist und die umliegenden Sitzgruppen sich
auf Podesten befinden, so dass Gäste, die von Tisch zu Tisch
schlendern, sich mit den Sitzenden auf Augenhöhe unterhalten
können. Benachbart ist die „Märchenstube", die abends zu
vergnüglichen Tastings einlädt. *Norbert Völkner*

## Workspace für beste Ergebnisse

### LOGIS

**52 Zimmer:**
10 EZ, 32 DZ, 4 Landhaus-
Suiten, 6 Appartements

### TAGUNG

**Besonders geeignet für:**
Seminar, Konferenz, Klausur

**Räume**
Tagungsräume:                    7

**Maximale Tagungskapazität**
U-Form:                 60 Pers.
Parlamentarisch:       100 Pers.
Reihenbestuhlung:      140 Pers.

**Preise**
Preiskalkulation 1*      68,06 €
Preiskalkulation 2*     252,00 €

*Alle Angaben Nettopreise
zzgl. MwSt., Kalkulationsanfrage siehe Seite 32

**BAD EMSTAL/
OT SAND**

**A 44:** 12 km
**A 49:** 14 km
**A 7:** 22 km

**Fern:** Kassel-Wilhelmshöhe, 21 km
**Nah:** Kassel-Wilhelmshöhe, 21 km

**Kassel:** 30 km

### WISSENSWERTES

• Glasfaser-Internet, 5G-Mobilfunkstandard, Videokonferenzsystem,
  zusätzliche Gruppenarbeitsmöglichkeiten im Hotelgarten

• kostenloser Shuttle vom ICE-Bahnhof Kassel-Wilhelmshöhe,
  kostenlose E-Mobil-Ladesäulen

• Das hoteleigene „Genussrestaurant Habichtswald" wird vom Restaurantguide
  „Falstaff" im 3. Jahr in Folge zu den besten deutschen Restaurants gekürt

• Wellnessbereich „Grimms Badehaus", After Work Party, Kult-Kegeln u.v.m.

**34308**

# Parkhotel
# Emstaler Höhe

emstaler höhe
PARKHOTEL★★★★

### FAZIT

Das von **Grimm'schen Märchen und Sagen inspirierte Hotelambiente** sowie eine ruhige Kurpark-Lage, umgeben von bewaldeten Bergen, bewirken ein **entspanntes Umfeld.**

Das tageslichthelle **Design-Tagungsareal** verbindet modernste Licht- und Medientechnik mit bequemer Ergonomie.

**Gehobene Frischeküche mit Regionalbewusstsein** – viele Lebensmittel kommen von Direktvermarktern.

**34308**
**BAD EMSTAL/OT SAND**

Kissinger Straße 2
Tel. +49 5624 5090
info@emstaler-hoehe.de
**www.emstaler-hoehe.de**

Schnelle Autobahn- und ICE-Anbindungen machen Kassel als Zielort für Tagungen und Meetings attraktiv. Zwölf Kilometer von der City entfernt ist das Waldhotel Schäferberg die perfekte Gabe für Veranstalter, die zweierlei suchen: die Nähe zu Kassel und ein ruhiges und entspanntes Umfeld im Grünen. Einerseits liegt das Hotel an der Verbindungsstraße zum Airport, zugleich kann ein Waldspaziergang direkt vor der Tür beginnen. Oder auch eine längere Wanderung: Denn der Panoramarundweg „Kassel-Steig", der mit vielen Ausblicken und Fernsichten einmal um das Kasseler Becken führt, macht vor Ort Station. Drinnen erwartet Gäste die zugewandte Atmosphäre eines Familienhotels, in dem mit viel Herz, „Can-do-Spirit" und Erfahrung zu einem stimmigen Tagungsgesamterlebnis beigetragen wird. Das zugehörige Raumportfolio ist auswahlstark (25–330 m²) und so verteilt, dass das Meeting- und Pausen-Geschehen vorteilhaft entzerrt werden. Es gibt mehrere autarke Tagungsbereiche mit allem nötigen Equipment plus Glasfaseranschlüssen, Klimaanlagen und griffbereitem Moderationsmaterial. Unter den Pausenlobbys sticht ein schönes, tageslichthelles Wintergarten-Foyer hervor, dem mehrere Tagungsräume (insgesamt 180 m²) zugeordnet sind, so dass sich ein ideales Ensemble zum Konferieren, Gruppenarbeiten und Präsentieren ergibt. Erwähnenswert ist außerdem die separate Tagungsetage im ersten Stock: Mit ihren fünf Räumlichkeiten (passend für Plenum und Arbeitsgruppen) kommt sie häufig als Gesamtheit zum Einsatz, wobei große Fensterfronten das Waldgrün hereinlassen. Zu den Kaffeepausen geht es bei schönem Wetter hinaus auf die Gartenterrassen – nachmittags erfreut dazu frischgebackener Kuchen. Die begleitende Hotelküche arbeitet gerne ideenreich mit Produkten, die vom Bauern und Landmetzger in der Nähe stammen, und steuert dazu Kräuter aus dem eigenen Anbau bei. Und abends? Dann können Gruppen auswählen, in welchem Ambiente sie gemütlich „Feierabend" machen wollen: Beispielsweise draußen mit zünftigem Biergarten-Feeling oder stilvoll in der Kamin-Lobby, auch der Barbereich ist großzügig mit Rückzugsecken gestaltet. Unterhaltsame Tastings zu Whisky, Gin, Rum oder Wein können das Miteinander abrunden. *Norbert Völkner*

## Gut aufgehoben am Kassel-Steig

### LOGIS

**96 Zimmer:**
13 EZ, 77 DZ,
6 Appartements

### TAGUNG

**Besonders geeignet für:**
Seminar, Konferenz, Klausur

**Räume**
Tagungsräume: 15

**Maximale Tagungskapazität**
U-Form: 80 Pers.
Parlamentarisch: 180 Pers.
Reihenbestuhlung: 200 Pers.

**Preise**
Preiskalkulation 1* 57,14 €
Preiskalkulation 2* 227,71 €

*Alle Angaben Nettopreise zzgl. MwSt., Kalkulationsanfrage siehe Seite 32

ESPENAU

 **A 7:** 14 km

 **Fern:** Kassel-Wilhelmshöhe, 11 km
**Nah:** Espenau-Mönchehof, 1,5 km

 **Kassel:** 5 km

### WISSENSWERTES

- leistungsstarkes Glasfaser-Internet, 4 E-Ladesäulen, geräumige Suiten als Trainerzimmer, Barrierefreiheit im gesamten Hotel
- Buffet-Restaurant „Libelle", À-la-carte-Restaurant „blaue Ente", großzügiger Barbereich, Biergarten, BBQs auf der Gartenterrasse
- Saunen, Fitnessraum, Ruhebereich, Wald-Jogging-Strecken am Hotel
- Team-Events in der St. Alberts Destillery (z.B. Gin & Tonic in der Ginkirche, Workshop „Make your own Gin"), Stadtführungen Kassel u.v.m.

**34314**

# Waldhotel
# Schäferberg

## FAZIT

Ein Familienhotel im Grünen, das eine **auswahlstarke Raumvielfalt für individuelle Meeinglösungen** samt Pausengestaltung im Garten garantiert – drinnen und draußen bieten sich viele Gelegenheiten zum gemütlichen Tagungsausklang in geselliger Runde.

Die begleitende Hotelküche steuert eine **frische und ideenreiche Kulinarik** bei, die überwiegend auf Zulieferer aus der Nähe und selbst angebaute Kräuter setzt.

**Gute Erreichbarkeit** im Kasseler Umland.

★ ★ ★ ★

## Waldhotel Schäferberg

*… immer mehr Gastlichkeit!*

**34314 ESPENAU**

Wilhelmsthaler Straße 14
Tel. +49 5673 996-0
info@schaeferberg.de
**www.schaeferberg.de**

Jahrhundertelang galt im Kloster Haydau der Satz „Klopfet an, so wird euch aufgetan". Landschaftlich reizvoll eingebettet in das Tal der Fulda und umrahmt von waldigen Höhenzügen strahlt die gesamte Anlage malerische Qualitäten aus. Die Gastlichkeit des Klosters, das einst ein kulturelles Zentrum war, wird heute weitergeführt als zeitgemäßes Hotel mit Tagungsstätte. Als solches ist es nun ein Rückzugsort für Gäste, die sich unabgelenkten Lern- und Denkarbeiten widmen wollen, bis „weißer Rauch" aufsteigt. Dafür sind in verschiedenen Gebäuden Meetingbereiche entstanden, die jeweils ihren eigenen Charakter besitzen. So wurde in den restaurierten klösterlichen Wirtschaftsgebäuden ein technisch und ergonomisch formidabel ausgestattetes Seminarzentrum eingerichtet. Das arbeitseinladende Ambiente mit Holzfußböden und Gebälk lebt von einem stimmigen Kontrast zwischen Altem und Neuem. Weitere gut ausgestattete Tagungsräumlichkeiten sind in einem Herrenhaus aus dem 17. Jahrhundert untergebracht, welches entstand, als das Kloster nach seiner Aufhebung zu einem landgräflichen Sommerschloss umgebaut wurde. Direkt daran angebunden ist eine repräsentative Orangerie (213 m²) für festliche Bankette, Empfänge, Präsentationen oder Plenarversammlungen – es handelt sich um eine herrliche Kulisse, in der hochragende Rundbogenfenster sich dem ausgedehnten Park zuwenden. Von der zugehörigen Terrasse schaut man horizontweit auf das kurhessische Bergland mit dem vis-à-vis liegenden Bornbergskopf. Auch tagungsbegleitende Teamspiele und Motivations-Events können auf dem weitläufigen Gelände und in der Umgebung stattfinden. Beim „Kloster-Escape-Game" beispielsweise geht es darum, Aufgaben und Rätsel zu lösen, die um die mittelalterliche Historie kreisen. Die nahe Fulda bietet sich an, um Teilnehmer in Kanus oder beim Stand-up-Paddling aufs Wasser zu bringen. Nach einem langen Tag ist dann die Haydau Lounge & Bar, durch deren erdfarbenes Ambiente sich Originalteile der Klostermauer ziehen, ein angenehmer Treffpunkt, um bei einem Caipirinha oder anderen Drinks entspannt Revue passieren zu lassen.

*Norbert Völkner*

# „Weißer Rauch" im Fuldatal

## LOGIS

**163 Zimmer:**
5 EZ, 145 DZ, 10 Juniorsuiten, 2 Grandsuiten, 1 Familiensuite

## TAGUNG

**Besonders geeignet für:**
Seminar, Konferenz, Klausur, Event

**Räume**
Tagungsräume: 26

**Maximale Tagungskapazität**
U-Form: 70 Pers.
Parlamentarisch: 140 Pers.
Reihenbestuhlung: 200 Pers.

**Preise**
Preiskalkulation 1* 99,30 €
Preiskalkulation 2* 369,44 €

*Alle Angaben Nettopreise zzgl. MwSt., Kalkulationsanfrage siehe Seite 32

MORSCHEN

 **A 7:** 14 km

 **Fern:** Kassel-Wilhelmshöhe, 47 km
**Nah:** Altmorschen, 0,5 km

 **Frankfurt:** 180 km

### WISSENSWERTES

- Vier-Sterne-Superior-Hotel, zusätzlich 13 charmante Gästezimmer mit individuellem Flair im Hotel „Poststation Zum alten Forsthaus", 4 E-Ladestationen
- Buffet-Restaurant mit Außenterrasse; Klostercafé, Haydau Lounge & Bar mit Bibliothek und überdachter Terrasse, großer Klosterpark
- „Haydau-Spa" mit Saunen, Fitnessbereich, Ruhebereich
- Team-Spiel „Kloster Escape", Klosterführung, Asphaltstockschießen, Fulda-Kanufahrten, Altstadt-Führungen Melsungen und Rothenburg a. d. Fulda u.v.m.

**34326**

# Hotel
# Kloster Haydau

**HOTEL**
**KLOSTER HAYDAU**
★ ★ ★ ★ s

## FAZIT

**Ein Tagungsort mit Aura** zwischen Kassel und Fulda: Klösterliches Flair und landschaftliche Schönheit erzeugen ein entspanntes Umfeld.

Ein **professionelles Seminarzentrum** wird ergänzt durch ein **Herrenhaus mit Orangerie** und herrlicher Aussichtsterrasse für repräsentative Veranstaltungen.

Die Hotelanlage vereint **historische Strukturen und heutiges Design** in einer gelungenen Symbiose, die modernes Wohnen, attraktive Wellness und feine Küche einbezieht.

**34326 MORSCHEN**

In der Haydau 2
Tel. +49 5664 93910-0
info@hotel-kloster-haydau.de
**www.hotel-kloster-haydau.de**

145

S parsam mit Ressourcen, aber nicht mit der Qualität – so lautet das selbstgestellte Motto im Flux – Biohotel im Werratal, das sich bereits seit vielen Jahren einen Namen als nachhaltiges Hotel gemacht hat. Die umweltverträgliche und biozertifizierte Hotelküche blieb auch einem der führenden Gastronomiekritiker Deutschlands nicht verborgen: Jürgen Dollase gefiel die hiesige Idee vom Umgang mit Lebensmitteln und deren Präsentation und erteilte nach einem Restaurant-Test ausdrückliches Lob für die natürlichen Aromen. Das Hotel arbeitet permanent an sich selbst, um Nachhaltigkeit in einem ganzheitlichen Sinn zu leben und erfahrbar zu machen. Mittlerweile gibt es im Hause kaum etwas, was nicht ökologisch oder biologisch erzeugt ist – angefangen beim Notizblock über Reinigungsprodukte und Einrichtungsmaterialien bis hin zu Strom und Pflegeprodukten in den Bädern der Gästezimmer. Darüber hinaus steht der Hotelname „Flux" aber auch sinnbildlich für die Formel „alles fließt", wobei speziell der „Gedankenfluss" von Tagungsgästen im Mittelpunkt steht. Das charmante 39-Zimmer-Domizil hat seinen Standort ziemlich genau in der Mitte zwischen Göttingen und Kassel, nahe der A 7. An seiner Vorderseite fließt anmutig sichtbar die Werra entlang, vor der Hoteltür gelangt man stracks in Deutschlands größtes zusammenhängendes Waldgebiet. Besonderer Vorteil: Man hat es mit zwei autarken Klausurbereichen zu tun, die – nach Feng-Shui-Kriterien gestaltet – jeder für sich ein gut ausgestattetes Arbeitsareal bietet, und zwar entweder im Haupthaus „Werrastrand" oder im benachbarten Fachwerkbau „Werrahaus". So kann jede Tagungsgruppe ein ungestörtes Eigenleben entfalten und dabei neben Seminar- und Gruppenarbeitsraum auch einen eigenen Gartenbereich exklusiv nutzen – ausgestattet sind die Räumlichkeiten mit neuem hochwertigem Tagungsmobiliar. Auf der Restaurant-Terrasse kann der Tagungstag dann bei schönem Werra-Blick entspannt ausklingen. Davon abgesehen, hat die nähere Umgebung einiges Team-Potenzial: Etwa Achtsamkeits-Ausflüge mit der „Waldfee" oder eine Brauerei-Besichtigung im Fachwerk-Juwel Hann. Münden – im Sommer haben Gruppen besonderen Spaß am gemeinsamen Skulpturen-Schnitzen beim Ice-Carving.

*Norbert Völkner*

## Tagen mit Bio-Kompetenz

### LOGIS

**39 Zimmer:**
3 EZ, 36 DZ

### TAGUNG

**Besonders geeignet für:**
Seminar, Klausur

**Räume**
| | |
|---|---|
| Tagungsräume: | 4 |
| Ausstellungsfläche: | 150 m² |

**Maximale Tagungskapazität**
| | |
|---|---|
| U-Form: | 35 Pers. |
| Parlamentarisch: | 60 Pers. |
| Reihenbestuhlung: | 100 Pers. |

**Preise**
| | |
|---|---|
| Preiskalkulation 1* | 99,00 € |
| Preiskalkulation 2* | 375,00 € |

*Alle Angaben Nettopreise zzgl. MwSt., Kalkulationsanfrage siehe Seite 32

**HANN. MÜNDEN**

 **A 7:** 4 km

 **Fern:** Göttingen, 30 km
**Nah:** Hann. Münden, 4,5 km

 **Kassel:** 20 km

### WISSENSWERTES

- Das Hotel ist Mitglied im Verband „Gemeinwohl Ökonomie", Solar-Panele und Blockheizkraftwerk zur eigenen Stromproduktion
- 100% Biorestaurant (EU-Bio-Siegel DE-Öko-006, Bioland Gold Status, Grüner Stern des Guide Michelin), „Vertrauensbar" für Tagungsgäste, Terrasse mit Werra-Blick, Hotel-Bar, selbstgebackener Kuchen
- anschaulicher virtueller Rundgang auf der Hotel-Website
- private Sauna (individuell buchbar), „Waldbaden" mit der „Waldfee", Kanufahrten, Ice-Carving, Biertasting, Wald-Joggingstrecken u.v.m.

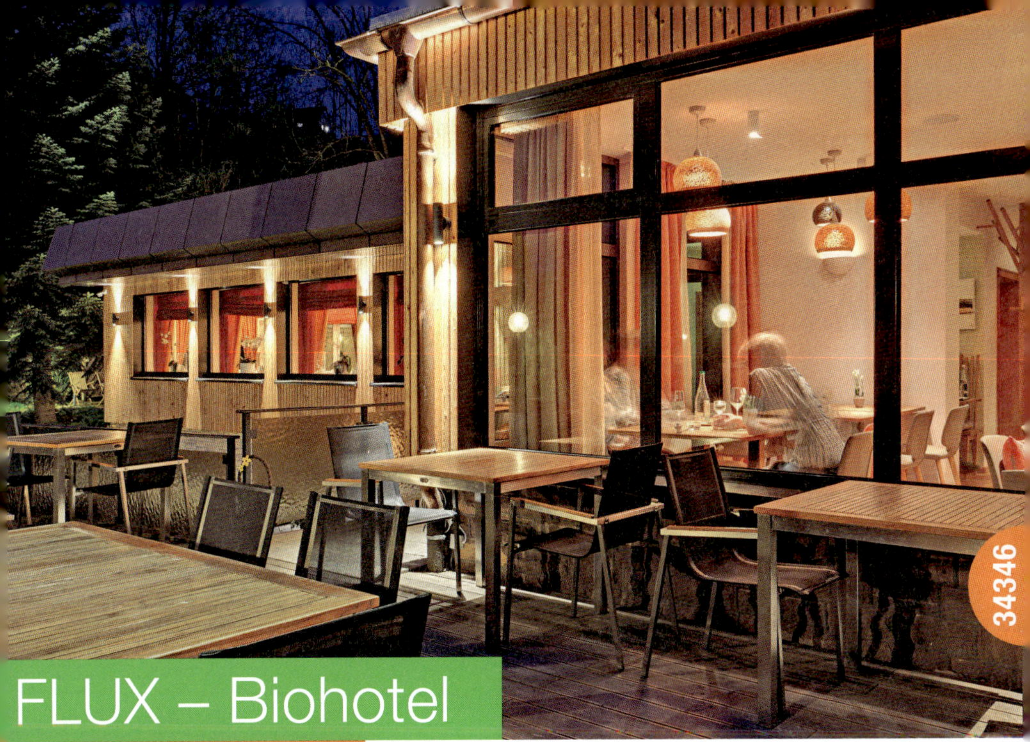

**34346**

# FLUX – Biohotel
# im Werratal

### FAZIT

**Das Hotel** setzt konsequent auf **ganzheitliche Nachhaltigkeit als Wohlfühlfaktor,** Speisen und Getränke stammen zu 100% aus zertifiziertem biologischem Anbau.

Man erlebt **unabgelenkte Klausur-bedingungen** in zwei autarken Ta-gungsbereichen einschließlich exklusiver Gartennutzung – Gästezimmer mit Werra-Blick sowie **Wohn- und Bad-Komfort** runden den Aufenthalt ab.

**Sehr gute Erreichbarkeit** zwischen Göttingen und Kassel.

**34346**
**HANN. MÜNDEN**

Buschweg 40
Tel. +49 5541 9980
info@flux-biohotel.de
**www.flux-biohotel.de**

147

# Das Allroundtalent

Wenn sich die Skisprung-Welt nach der Vierschanzentournee in Willingen zum Weltcup trifft, packt der ganze Ort ehrenamtlich mit an und zeigt ihn von seiner besten Seite. Derselbe familiäre Gastgebergeist weht auch in Göbel's Landhotel, dem Stammhaus der Göbel-Hotelfamilie. In zentraler Lage des quirligen und gleichzeitig überschaubaren Urlaubsortes haben die Tagungsgäste hier kurze Wege zu allerlei attraktiven Zielen. Vom kurzen Pausenspaziergang in den Ort oder ins Grüne bis zur Wanderung – vom geselligen Hüttenabend mit Dorf-Alm-Romantik bis zum Sport-, Spaß- und Team-Event, in der direkten Umgebung des Hotels ist einfach vieles möglich und das Göbel-Team eingespielt und erfahren genug, um hier kompetent zu beraten. Ein Abstecher zur Mühlenkopfschanze und der Gang über den Skywalk, die längste schwebende Hängebrücke der Welt, sollte auf jeden Fall eingeplant werden. Im dortigen Café „Aufwind", das mit zu den Göbel Hotels gehört, steht auch ein variabel kombinierbarer Tagungs- und Gruppenraum für Offsite-Meetings zur Verfügung. Die Haupt-Tagungskapazitäten liegen in den separaten Tagungszentren „Park Resort" und „Novum" mit jeweils vier Räumen direkt gegenüber dem Hotel. Die Terrassen im „Park Resort" grenzen dabei unmittelbar an den Willinger Kurpark. Die Ausstattung der Räume bis hin zum Pausenareal ist in puncto Tagungstechnik und Mobiliar hochprofessionell, modern, auch kreativ und in der Anmutung warm und sehr angenehm gewählt. Hier hält man sich gern auf. Auch Hybridveranstaltungen werden durch die Möglichkeit von Shared Sessions und Video-Conferencing mit modernster Multimediatechnik bestens unterstützt. Neben der Arbeit kommt auch die Entspannung nicht zu kurz: Der 1.000-m²-„Mountain Spa" im Landhotel lockt mit Pool, Saunalandschaft, Fitnessraum und Wellness. Ein gutes Essen macht das Tagungsglück dann vollkommen: Saisonale Gerichte mit ausgewählten, frischen Zutaten sind für den Küchenchef eine Herzensangelegenheit. Zudem stehen vom „Bavaria Stadl" über die „Dorf Alm" bis zum Brauhaus mehrere Erlebnisgastronomien fußläufig zur Auswahl. Um alle Attraktionen bei Göbel's und in Willingen auszukosten, braucht es mehrere Tage. Wer kürzer bleibt, sollte unbedingt wiederkommen.

*Katrin Nauber-Happel*

## LOGIS

**158 Zimmer:**
2 EZ, 107 DZ, 20 Appartements,
29 FeWo-Appartements

## TAGUNG

**Besonders geeignet für:**
Seminar, Konferenz, Event

**Räume**
Tagungsräume: 12
Ausstellungsfläche: 200 m²

**Maximale Tagungskapazität**
U-Form: 150 Pers.
Parlamentarisch: 180 Pers.
Reihenbestuhlung: 240 Pers.

**Preise**
Preiskalkulation 1* 73,00 €
Preiskalkulation 2* 281,00 €

*Alle Angaben Nettopreise
zzgl. MwSt., Kalkulationsanfrage siehe Seite 32

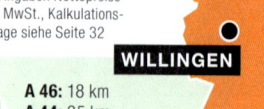

WILLINGEN

**A 46:** 18 km
**A 44:** 35 km
**A 7:** 80 km

**Fern:** Kassel-
Wilhelmshöhe, 74 km
**Nah:** Willingen, 0,3 km

**Paderborn-
Lippstadt:** 50 km
**Frankfurt/Main:** 180 km

## WISSENSWERTES

- 139 eigene Parkplätze, teilweise überdacht, zwei E-Ladestationen, E-Bike-Verleih
- Restaurant, Bar, Erlebnisgastronomien „Bavaria Stadl", „Dorf-Alm" und „Café Aufwind"
- 1.000 m² „Mountain Spa" mit Pools, Saunalandschaft, Fitnessraum, Wellnessgarten, Behandlungen
- Skywalk, längste freischwebende Hängebrücke der Welt, Kartfahren, Kletterhalle, Bowling u.v.m., Skigebiete, Wanderwege direkt am Hotel

34508

# Göbel's
# Landhotel

GÖBEL'S
## LANDHOTEL
**WILLINGEN**

## FAZIT

Hier lassen sich verschiedene Dinge unkompliziert vereinen: Die direkte Umgebung bietet **vielseitige Möglichkeiten, Teamgeist, Sport und Spaß mit Tagungszielen zu verknüpfen.**

Die **Technikausstattung in den Tagungsräumen ist vorbildlich.** Auch **hybride Formate werden bestens unterstützt.** Zwei separate Tagungszentren bieten eine ruhige, konzentrierte Atmosphäre.

**Von der leichten Tagungsküche bis zur Erlebnisgastronomie** werden die Gäste kulinarisch bestens umsorgt.

**34508 WILLINGEN**
Briloner Straße 48
Tel. +49 5632 9870
info@goebels-landhotel.de
**www.goebels-landhotel.de**

149

I m Waldecker Land, am Rande des Naturparks Kellerwald Edersee liegt der lebendige Kurort Bad Wildungen, ein gewachsener Heilbadeort mit malerischem mittelalterlichem Stadtkern, schicken Jugendstilvillen und modernem Kurbetrieb. An seiner Flaniermeile, der Brunnenallee mit Restaurants, Bars und Geschäften, liegt der Quellenhof, der seit 2004 zur Göbel-Hotelfamilie gehört. Sechs verschiedene Tagungsräume verteilen sich im Haus, darunter im Erdgeschoss zwei kombinierbare, multifunktionale Räume mit eigener Terrasse sowie ein schicker neuer Boardroom mit fester Blocktafel, Flatscreen, WebCam und integriertem Soundsystem. Im klimatisierten „Allee-Rhetorikum" steht ein separates, modernes Tagungsrefugium mit zwei Veranstaltungsräumen, eigenem Pausenfoyer und Terrasse für Tagungen mit ablenkungsfreiem Umfeld zur Verfügung. Hier finden die Teilnehmer beste Klausurbedingungen vor. Alle Räume im Quellenhof überzeugen mit hellem, angenehmem Ambiente und professioneller Ausstattung. Gäste loben immer wieder den freundlichen und kompetenten Service des Hauses. Dies gilt auch und vor allem in der Gastronomie. Ob im Restaurant mit Terrasse oder im Wintergarten-Bistro mit Blick auf die Brunnenallee, überall wird man freundlich und aufmerksam bedient. In der Abendbar „Lifestyle!" mit Theke, Billardtisch und vielen gemütlichen Nischen findet der Tag seinen geselligen Ausklang. Das zweite Standbein des Hotels Quellenhof ist der „Quisisana Spa", benannt nach dem ursprünglichen Namen der vor 150 Jahren als privates Gästehaus erbauten Jugendstilvilla. 1.500 m² Wellness erfreuen die Gäste mit Innen- und Außenpool, Whirlpool, Anwendungsräumen, behaglichen Ruhebereichen und Saunen. Für Aktive stehen moderne Fitnessgeräte und E-Bikes zur Verfügung. Ums Wohlbefinden kümmern sich Fachkräfte von der Massage bis zur Physiotherapie. Hausgäste haben zudem freien Eintritt in der „Quellentherme" im benachbarten Stadtteil Reinhardshausen. Bad Wildungen liegt landschaftlich reizvoll südlich von Kassel und ist ein Wanderparadies. Tagungsgäste können beispielsweise eine Wanderung mit einem rustikalen Hüttenabend im Wald verbinden. Rangertouren und andere naturnahe Rahmenprogramme sind ebenfalls im Angebot. *Katrin Nauber-Happel*

## Charmant

**LOGIS**

**123 Zimmer:**
3 EZ, 120 DZ

**TAGUNG**

**Besonders geeignet für:**
Seminar, Klausur, Event

**Räume**
Tagungsräume:                    6

**Maximale Tagungskapazität**
U-Form:                   40 Pers.
Parlamentarisch:          50 Pers.
Reihenbestuhlung:         60 Pers.

**Preise**
Preiskalkulation 1*        63,20 €
Preiskalkulation 2*       274,60 €

*Alle Angaben Nettopreise
zzgl. MwSt., Kalkulationsanfrage siehe Seite 32

**BAD WILDUNGEN**

 **A 49:** 12 km

**Fern:** Kassel-Wilhelmshöhe, 45 km
**Nah:** Bad Wildungen, 2 km

**Kassel:** 60 km
**Frankfurt:** 146 km

### WISSENSWERTES

- 100 eigene Parkplätze inkl. Tiefgarage, E-Ladestation
- Nachhaltigkeitssiegel
- Fitness, Physiotherapie, 1.500 m² „Quisiana Medical Spa",
  zusätzlich kostenfreie Nutzung der „Quellentherme" 2,5 km entfernt,
  E-Bikes
- Restaurant, Wintergarten Bistro, Bar „Lifestyle!", Hüttenabende

**34537**

# Göbel's Hotel
# Quellenhof

GÖBEL'S
## HOTEL QUELLENHOF
**BAD WILDUNGEN**

## FAZIT

Die Umgebung ist attraktiv. Eine Verbindung von **Tagen und Wellness** oder **Tagen und Natur** bietet sich an.

Das **„Rhetorikum" bietet beste Klausurbedingungen und ist klimatisiert.** Zwei moderne Tagungsräume mit eigenem Pausenfoyer und Terrasse sorgen für ein ablenkungsfreies Tagen in zurückgezogener Atmosphäre.

**Service und Küchenleistung werden sehr gelobt.**

**34537**
**BAD WILDUNGEN**

Brunnenallee 54
Tel. +49 5621 807-0
verkauf@goebels-quellenhof.de
**www.goebels-quellenhof.de**

© Hotel Sonneck

© Hotel Sonneck

Schon die Adresse „Zu den einzelnen Bäumen 13" lässt die Idylle erahnen, in der das Hotel Sonneck im nordhessischen Rengshausen im Naturpark Knüll seine Gäste erwartet. Die herrliche Alleinlage am Waldrand ist ausgesprochen attraktiv für Tagende, die im Grünen sein möchten und beisammenbleiben wollen oder sollen, denn es gibt dort ungestörte Ruhe und Natur, so weit das Auge reicht, bei gleichzeitig guter Verkehrsanbindung. Nur sechs Kilometer sind es bis zur A 7 zwischen Kassel und Fulda, womit das Haus auch innerhalb Deutschlands sehr zentral liegt. Sobald man angekommen ist, stellt sich angenehme Entspannung ein. Im warmen und modernen Ambiente des Hauses, wo sich die Themen Wald und Natur in vielen Details liebevoll ausgewählter Materialien und Deko wiederfinden, fühlt man sich sofort wohl. Bei gutem Wetter lockt eine große Terrasse mit Ausblick über das Beisetal, beim Abendessen verwöhnt derselbe zusätzlich mit malerischem Sonnenuntergang. Ein Pluspunkt, weswegen viele Stammgäste gerne wiederkommen, ist die frische, saisonale Küche, die weithin einen sehr guten Ruf genießt. Die Produkte stammen zum großen Teil aus der Region, man legt Wert auf leichte, tagungsunterstützende Gerichte zum Mittag, und Menschen, die vegan, vegetarisch oder glutenfrei essen, werden hier bei allen Mahlzeiten wie selbstverständlich mitbedacht. Das Team des inhabergeführten Hauses sorgt mit seinem professionellen wie herzlichen Service für eine familiäre, gastliche Atmosphäre. Ein großzügiges, variables Raumkonzept erlaubt das Separieren verschiedener Tagungen und reicht vom teilbaren Seminarraum bis hin zu Gruppenräumen, wobei Gruppen auch in Lounge und Lobby bequeme Sitzecken finden, wo gearbeitet werden kann. In der wärmeren Jahreszeit steht den Gästen zudem eine große Terrasse mit wunderbarem Blick zum Outdoor-Tagen zur Verfügung. Zwei Räume liegen in einem Extragebäude im Garten, alle Tagungsräume haben eigene Balkone oder Terrassen, besonders beliebt ist der Raum „Am Zwetschgenbaum" mit bodentiefen Fenstern über Eck, Holzboden und Ausblick. Rahmenprogramme mit Naturbezug bieten sich an und werden in Zusammenarbeit mit einer Agentur organisiert. Ein schönes Schwimmbad und Sauna mit Garten machen das Wohlgefühl komplett.

*Katrin Nauber-Happel*

## Gut erreichbare Tagungsidylle

### LOGIS

**61 Zimmer:**
32 EZ, 28 DZ, 1 Suite

### TAGUNG

**Besonders geeignet für:**
Seminar, Klausur

**Räume**
Tagungsräume: 9

**Maximale Tagungskapazität**
U-Form: 35 Pers.
Parlamentarisch: 70 Pers.
Reihenbestuhlung: 100 Pers.

**Preise**
Preiskalkulation 1* 63,03 €
Preiskalkulation 2* 234,04 €

*Alle Angaben Nettopreise
zzgl. MwSt., Kalkulationsanfrage siehe Seite 32

**KNÜLLWALD-
RENGSHAUSEN**

**A 7:** 6 km
**A 4:** 25 km

**Fern:** Kassel-Wilhelmshöhe, 45 km
**Nah:** Altmorschen, 8 km

**Kassel:** 65 km
**Frankfurt/Main:** 164 km

### WISSENSWERTES

- GreenSign-Zertifizierung, Initiative Nachhaltiges Wirtschaften
- 60 eigene Parkplätze, 3 E-Ladestationen, Glasfaseranschluss
- Restaurant, Kamin-Lounge, große Sonnenterrasse, eigene Tagungsterrasse, Garten
- Schwimmbad, Saunen mit Außenbereich, Fitnessraum,
- im Naturpark Knüll, gepflegte Fabelwanderwege und Fernradweg direkt am Hotel

© Hotel Sonneck

34593

# Hotel Sonneck

© Hotel Sonneck

**FAZIT**

Mittig in Deutschland, mit dem Pkw sehr gut erreichbar und weit und breit Ruhe und Natur: **Die Lage könnte besser kaum sein.**

Das **großzügige Raumensemble** bietet Platz für verschiedene Gruppen und Formate, auch **zurückgezogenes Tagen innerhalb des Hotels** ist möglich. Die Tagungstechnik ist up to date, inklusive **Clevertouch, Webcam und Glasfaser.**

Die **frische Küche wird allseits gelobt. Auch vegane, vegetarische und glutenfreie Gerichte** sind hier keine Randnotiz.

**34593 KNÜLLWALD-RENGSHAUSEN**

Zu den einzelnen Bäumen 13
Tel. +49 5685 99957
info@hotel-sonneck.com
**www.hotel-sonneck.com**

153

W er ihn einmal gespürt hat, möchte ihn gern wieder erleben: den Bärenmühlen-Effekt. Man kommt an und ist sogleich in einer anderen Welt, in einer ruhigen, entspannenden Welt. Die Stille der unberührten Natur in Einheit mit der stimmigen Atmosphäre im geschmackvoll restaurierten Fachwerk-Ensemble der historischen Mühlen-Häuschen um den feldsteingepflasterten Innenhof wirken wie ein umgelegter Schalter: Aus Anspannung wird innere Ruhe, aus hektischem „Ich muss" wird ein kreatives „Ich kann". Vier Hektar eigenes Land im schönen Lengeltal gehören zum Hotel. Naturerlebnisse und Outdoortrainings lassen sich hier wunderbar in die Tagung einbinden, und das direkt vor Ort. Wenige Schritte den Hügel hinauf befinden sich verschiedene Niedrigseil-Elemente in den Bäumen, entspannenden Talblick inklusive. Es gibt die kleine Holzhütte am Waldrand als Unterschlupf für Pausen, den Lengelbach, der in Teams überwunden werden will oder der einfach das Naturpanorama vervollkommnet. Für „Listening-Nature"-Seminare oder Achtsamkeitstrainings, bei denen Teilnehmer den Signalen des Waldes nachspüren, ist dieser kraftvolle Ort ein Genuss. In der Bärenmühle gibt es zudem einen nagelneuen, modernen Tagungsraum. „Sala Goethe-Tischbein" ist 125 m² groß, in zwei Sektionen teilbar und verfügt über einen eigenen Eingang, separate Terrasse und bestes Equipment – inklusive interaktiven 86-Zoll-Smartboards. Aus bodentiefen Fenstern geht der Blick in den malerischen Innenhof, der bei gutem Wetter zum lauschigen Biergarten wird. Auf Wunsch haben Gästegruppen das gesamte Anwesen für sich allein. Sie wohnen in einem der individuell und stilvoll eingerichteten Landhauszimmer – einige mit Dachterrasse – und entspannen sich nach getaner Arbeit entweder im Wald, im Saunahäuschen mit Schwimmteich, im Garten der Bärenmühle oder mit einem guten Wein und guten Gesprächen am offenen Kamin. Die gehobene frische Küche des Hauses wird sehr gelobt. Sie interpretiert regionale Spezialitäten mit französischem Esprit, was auch mit der Geschichte des Hauses zu tun hat. Die Zutaten stammen dabei größtenteils aus der heimischen Landwirtschaft. Gut, man fährt schon ein Stückchen bis zur nächsten Autobahn hier im Naturpark Kellerwald Edersee, aber jeder Meter lohnt sich. Es gibt kaum schönere und inspirierendere Orte als diesen.

*Katrin Nauber-Happel*

## Kreative Stille

### LOGIS

**23 Zimmer:**
16 DZ, 5 Suiten (+ 2 Appartements
5 Fahrminuten entfernt)

### TAGUNG

**Besonders geeignet für:**
Seminar, Klausur, Kreativprozesse

**Räume**
Tagungsräume:                         4

**Maximale Tagungskapazität**
U-Form:                        30 Pers.
Parlamentarisch:               60 Pers.
Reihenbestuhlung:              80 Pers.

**Preise**
Preiskalkulation 1*          110,00 €
Preiskalkulation 2*          315,50 €

*Alle Angaben Nettopreise
zzgl. MwSt., Kalkulationsanfrage siehe Seite 32

**ELLERSHAUSEN**

**A 5:** 40 km
**A 49:** 25 km
**A 44:** 60 km

**Fern:** Kassel-
Wilhelmshöhe, 70 km
**Nah:** Frankenberg, 10 km

**Frankfurt/Main:** 150 km

### WISSENSWERTES

- abgeschiedene Alleinlage mit Glasfaseranschluss
- eigene Parkplätze, E-Lademöglichkeit
- Naturgarten am Hotel mit Saunahäuschen, Schwimmteich, Wiesen und Bachlauf
- Naturerlebnis-Trainings und Rahmenprogramme mit Naturbezug, Niedrigseil-Elemente
- Kochkurse, Pizza- oder Grillabende
- offener Kamin, Biergarten

35110

# Landhaus
# Bärenmühle

## FAZIT

Die Bärenmühle ist ein kleines, verstecktes Juwel in unberührter Natur. **Outdoor-Teamtrainings oder Achtsamkeitsübungen,** auch mit professioneller Begleitung, sind hier **unmittelbar am Hotel** möglich.

Wer **zurückgezogen tagen** möchte und **die Stille des Waldes** schätzt, wird begeistert sein – **beste Klausurbedingungen.**

Die gehobene französische **Küche wird allseits sehr gelobt.**

*Landhaus Bärenmühle*

**35110**
**ELLERSHAUSEN**

Zufahrt über Lengeltalstraße
Tel. +49 6455 75904-0
info@baerenmuehle.de
**www.baerenmuehle.de**

155

© Foto Katharina Jäger

Das Boutique HOTEL & RESTAURANT heyligenstaedt verzaubert mit einer beeindruckenden Mischung aus historischer Architektur und modernem Design. Die denkmalgeschützte Industriefassade aus dem Jahr 1876 erzählt die Geschichte der ehemaligen Werkzeugmaschinenfabrik. Heute erleben Gäste dort nicht nur erstklassigen Service, sondern auch kulinarische Highlights in einem unvergleichlichen Ambiente. Schlichte Backsteinwände, hohe Decken und stilvolles, zeitgenössisches Interieur machen das heyligenstaedt zu einem inspirierenden Ort, der gleichermaßen funktional und ästhetisch ist. Für geschäftliche und private Veranstaltungen stehen fünf Veranstaltungsräume im Industrial-Style zur Verfügung. Sie sind zwischen 25 und 230 Quadratmeter groß und haben Zugang zu einem Außenbereich. Eine Präsentationsfläche von 230 Quadratmetern eröffnet weitere Möglichkeiten. Die flexiblen Raumkonzepte bieten ideale Bedingungen für ein breites Spektrum an Events – von kreativen Workshops und produktiven Meetings bis zu geschäftlichen und privaten Veranstaltungen mit bis zu 180 Personen. Besonders hervorzuheben ist die „Alte Gießerei", deren Raumgestaltung individuell an die Bedürfnisse von Unternehmen und Veranstaltern angepasst werden kann. Herzblut und Präzision zeichnen

# Industrial-Chic für kreative Businessveranstaltungen

## LOGIS

**20 Zimmer:**
3 EZ, 16 DZ, 1 Suite

## TAGUNG

**Besonders geeignet für:**
Seminar, Konferenz, Klausur, Kreativprozesse, Event

**Räume**
| | |
|---|---|
| Tagungsräume: | 5 |
| Ausstellungsfläche: | 230 m² |

**Maximale Tagungskapazität**
| | |
|---|---|
| U-Form: | 35 Pers. |
| Parlamentarisch: | 100 Pers. |
| Reihenbestuhlung: | 180 Pers. |

**Preise**
| | |
|---|---|
| Preiskalkulation 1* | 142,00 € |
| Preiskalkulation 2* | 467,00 € |

*Alle Angaben Nettopreise zzgl. MwSt., Kalkulationsanfrage siehe Seite 32

GIESSEN

**A 5:** 12 km
**A 45:** 6 km
**B 49:** 4 km

**Fern:** Gießen Hbf., 1,5 km
**Nah:** Gießen Hbf., 1,5 km

**Frankfurt/Main:** 63 km

die Planung und Durchführung der Events aus, die Gastgeberin Bettina Leidner und ihr Team mit Professionalität und Leidenschaft begleiten. Die Übernachtungsmöglichkeiten im heyligenstaedt stehen dem Event-Angebot in nichts nach: 20 individuell und kreativ gestaltete Zimmer in fünf Kategorien laden zum Wohlfühlen ein. Jedes Zimmer besticht durch exklusive Designertapeten in harmonischer Farbgebung, eine komplette Etage wurde speziell für Allergiker und barrierefreie Ansprüche konzipiert. Das Herzstück des Hauses ist zweifelsohne das Restaurant, in dem Küchenchef Markus Leidner kulinarische Köstlichkeiten zaubert. Hier treffen lokale und internationale Zutaten auf kreative Interpretationen mit dem Anspruch, hochwertige Qualität und Tierwohl in den Fokus zu rücken. Vegetarische Menüs erweitern die Auswahl und setzen neue Akzente für gesundheitsbewusste Genießer. *Susanne Freitag*

## WISSENSWERTES

- 25 kostenfreie Parkplätze, zwei davon mit Ladestationen für E-Fahrzeuge
- Mini-Spa mit Sauna auf der Dachterrasse und Fitnessbereich
- Ausgewiesene Joggingstrecke direkt ab dem Hotel

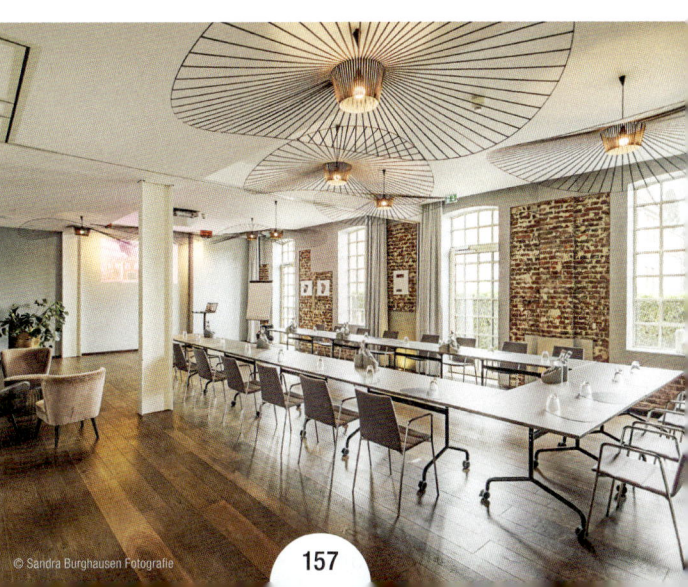

# HOTEL & RESTAURANT
## heyligenstaedt

35392

# heyligenstaedt

### FAZIT

Das Hotel bietet ein **stilvolles Industrie-Ambiente** mit Wohlfühl-Atmosphäre und vielen liebevollen Details.

Ab Herbst 2025 kommen ein **begrünter Innenhof** sowie der **„Spa Tower"** mit weiteren 39 Zimmern auf insgesamt drei Etagen, drei Saunen und Dachterrasse hinzu. Die Außenfassade wird zu 50 Prozent begrünt und die Innenräume werden ohne fossile Energieträger gekühlt und beheizt.

## 35392 GIESSEN

Aulweg 41
Tel. +49 641 4609650
info@hotel-heyligenstaedt.de
**www.restaurant-heyligenstaedt.de**

© Sandra Burghausen Fotografie

**F**ulda liegt im Fadenkreuz der Reisewege und ist von daher zum Meetingpoint prädestiniert. Spätestens seit es das „Esperanto" gibt, ist die sehenswerte Barockstadt zu einer deutschlandweit relevanten Kongress- und Tagungsstadt geworden. Die Lagemerkmale sind bestens: Das Hotel hat seinen Standort am ICE-Bahnhof nur wenige Gehminuten von der Innenstadt entfernt. Es ist familiengeführt und beeindruckt durch eine weltläufige Gesamtkonzeption aus gehobener Hotellerie in Verbindung mit auswahlstarken Event-, Tagungs-, Gastronomie- und Wellness-Welten. Vor allem an Meeting-, Event- und Ausstellungsfläche wird nicht gespart: Das „Esperanto" ist ein Big Spender, in dem jede Veranstaltungsform ihre ideale Räumlichkeit findet. Dabei gilt, dass auch für facettenreiche Vorhaben sämtliches Drum und Dran aus einer Hand bewerkstelligt wird, es gibt keine verschiedenen Ansprechpartner. In den drei miteinander verbundenen Multifunktions-Veranstaltungshallen (800, 1.500, 2.500 m²) werden aufwendige Live-Shows genauso perfekt umgesetzt wie Produkt-Placements mitsamt gastronomischer Versorgung – technisch gibt es kein Missing Link; neben einer Deckentraglast bis zu 42 Tonnen sowie variablen Bühnen- und Tribünengrößen gibt es viele weitere Gestaltungsmöglichkeiten. Zum Teil besteht von den Hallen ein direkter Zugang zum großzügigen Tagungsbereich (1.400 m²) im ersten Stock des Hotels. Dieser ermöglicht flexible Raumbedürfnisse von klein bis groß und präsentiert sich dank bodentiefer Fenster überall tageslichthell – integriert ist eine XXL-Business-Lounge mit eigener Rezeption und angeschlossener Außenterrasse. Haupt-Speisetreffpunkt ist das elegante Restaurant „El Jardin" mit Front Cooking Station, wobei die zugehörige hübsche Gartenterrasse dem Speisengenuss auch grüne Perspektiven unter freiem Himmel verleiht. Abends bestehen zudem kulinarische Alternativen, von denen das stimmungsvolle Grillrestaurant „Toro Negro" ein Highlight darstellt: Es wird brasilianisches Rodizio zelebriert, bei dem verschiedene Fleischspezialitäten frisch vom Spieß am Tisch serviert werden – auch hier gehört eine große Außenterrasse dazu, diesmal mit prächtigem Blick über die Dächer und Lichter von Fulda.

*Norbert Völkner*

# Big Spender in der Mitte Deutschlands

## LOGIS

**326 Zimmer:**
312 DZ, 6 Suiten,
8 Juniorsuiten

## TAGUNG

**Besonders geeignet für:**
Seminar, Konferenz, Event

**Räume**
| | |
|---|---|
| Tagungsräume: | 19 |
| Ausstellungsfläche: | 5.400 m² |

**Maximale Tagungskapazität**
| | |
|---|---|
| U-Form: | 175 Pers. |
| Parlamentarisch: | 1.200 Pers. |
| Reihenbestuhlung: | 3.300 Pers. |

**Preise**
| | |
|---|---|
| Preiskalkulation 1* | 64,10 € |
| Preiskalkulation 2* | 266,00 € |

*Alle Angaben Nettopreise
zzgl. MwSt., Kalkulationsanfrage siehe Seite 32

**FULDA**

 **A 7:** 4 km

 **Fern:** Fulda, 0,2 km

 **Frankfurt/Main:** 100 km

## WISSENSWERTES

- Glasfaser-Internet, kabellose Präsentationen, Einrichtung eines separaten, passwortgeschützten Internetzugangs möglich
- hoteleigenes Parkhaus mit 450 Stellplätzen, barrierefreie Gästezimmer
- Restaurant „El Jardin", Grillrestaurant „Tor Negro", Bierstube „Rustico", Panoramabar „Buena Vista", Café-Bar „Piazza D'Oro", 2 Garten-Eventzelte
- Wellness auf 4.000 m² (Solebad, Whirlpool, Außenpool, Saunalandschaft u.v.m.)
- Rahmenprogramme im Hotel, Stadtführungen, Rhön-Events u.v.m.

# Hotel ESPERANTO Kongress- und Kulturzentrum Fulda

**36037**

## ESPERANTO
Kongress- & Kulturzentrum Fulda

### FAZIT

Das ESPERANTO präsentiert sich als **weltläufiger Meetingpoint,** dessen **beeindruckende Gesamtkonzeption** hohe Ansprüche an Veranstaltungen, Gastronomie und Wellness erfüllt.

**Geht nicht gibt's nicht:** Jede Veranstaltungsform – ob Tagung, Event oder Ausstellung – findet ihre ideale Räumlichkeit mit allem technischen und inszenatorischen Zubehör.

Durch **beste ICE- und Autobahnanschlüsse** aus allen Himmelsrichtungen ist die deutschlandzentrale Erreichbarkeit optimal.

**36037 FULDA**
Esperantoplatz 1
Tel. +49 661 24291-0
info@hotel-esperanto.de
**www.hotel-esperanto.de**

äbe es eine „Hitliste der nachgefragtesten Tagungs-
destinationen Deutschlands", hätte das osthessische
Fulda beste Chancen, das Ranking anzuführen. Zum
einen, weil die Stadt nicht nur die „gefühlte" geographische
Mitte des Landes repräsentiert, sondern auch, weil sie aus
allen Himmelsrichtungen hervorragend erreichbar ist – mit nahezu jedem Verkehrsmittel: ICE-Linien kreuzen sich und via
BAB 7 finden auch Autofahrer leicht in die Bischofsstadt. Womit
ein zweiter „Big Point" erwähnt ist: Die mehr als 1.000-jährige
Geschichte hat zahlreiche Zeugnisse hinterlassen, insbesondere sind es barocke Kunst- und Bauwerke, die noch heute
zu bestaunen sind, darüber hinaus gibt es in Fulda eine reiche
Kunst- und Kulturszene. In summa: Die Stadt übt eine große
Faszination auf Gäste aus, auch und vor allem auf Tagungsveranstalter. Und für die hält das Hotel Fulda Mitte Arbeitsbedingungen vor, über die sich Tagungsteilnehmer begeistert zeigen – bewertend auf der Homepage fassen sie beispielsweise
ihre Erfahrungen mit den Adjektiven „außergewöhnlich" und
„hervorragend" zusammen. Signifikant ist, dass das Hotel und
seine Mitarbeitenden Individualität vermitteln: Die Servicecrew
und ihre Aufgabenbereiche werden beispielsweise
auf der Homepage des Hauses persönlich porträtiert – das bietet Sicherheit und Transparenz
und schafft Vertrauen, auch in die hauseigenen
Produkte. So bietet etwa die Ganztagstagungspauschale
die notwendigen Basics – 2 Kaffeepausen, Mittagessen und
Raumbereitstellung nebst technischer Grundversorgung. Neben
traditionellen Veranstaltungsformen bietet das Haus auch die
Voraussetzung für die Durchführung kreativer Tagungsformen,
etwa für Barcamps. Weitere Extras kulinarischen oder media-
len Charakters sind problemlos als „add-ons" verfügbar. Ebenso wie Rahmen- und Begleitprogramm, etwa Erlebnistouren
durch das historische Fulda mit Segways oder kulinarischen
Stadtführungen. Und selbstverständlich haben sich die Fuldaer
auch für die Zukunft fit gemacht und offerieren die technischen
Lösungen, um Präsenzmeetings mit Online-Meetings zu
kombinieren und zu ergänzen. Der 134 Zimmer umfassende
Logisbereich präsentiert sich modern-schnörkellos, hell und
freundlich; 50 % der Zimmer sind klimatisiert. Neben einem Kissenmenü und der Möglichkeit, regional gerösteten Kaffee und
Tee zuzubereiten, bieten die Zimmer die Gewähr für erholsame
Nächte – mitten in der Mitte Deutschlands.     *Thomas Kühn*

# Beste Lage!

## LOGIS

**134 Zimmer:**
14 EZ, 115 DZ, 3 Suiten,
2 Behindertenzimmer

## TAGUNG

**Besonders geeignet für:**
Seminar, Konferenz, Event

**Räume**
Tagungsräume:                13
Ausstellungsfläche:      150 m²

**Maximale Tagungskapazität**
U-Form:                 60 Pers.
Parlamentarisch:       120 Pers.
Reihenbestuhlung:      150 Pers.

**Preise**
Preiskalkulation 1*      70,00 €
Preiskalkulation 2*     236,00 €

*Alle Angaben Nettopreise
zzgl. MwSt., Kalkulationsanfrage siehe Seite 32

**FULDA**

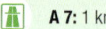
**A 7:** 1 km

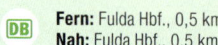
**Fern:** Fulda Hbf., 0,5 km
**Nah:** Fulda Hbf., 0,5 km

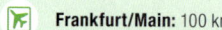
**Frankfurt/Main:** 100 km

## WISSENSWERTES

- Hotel führt das Siegel „Self Inspected Hotel HRS"
- Die Karte des À-la-carte-Restaurants Ambiente bietet neben
  internationalen Klassikern Bodenständiges
- Tagungsgäste verbringen informelle Abende gern an der Hotelbar
- Tagenden stehen zwei separate Pausenbereiche zur Verfügung
- Die Umgebung des Hotels, die Rhön, bietet einen hohen Freizeitwert
- W-LAN im Zimmer kostenfrei; 400 PKW-Stellplätze unmittelbar am Hotel

36037

# Hotel Fulda
# Mitte

**HOTEL FULDA**
— MITTE —
★ ★ ★ ★

## FAZIT

Das Hotel Fulda Mitte präsentiert sich als **spezialisiertes Tagungshotel** und bietet Räume, Einrichtungen, Technik und Serviceleistungen, die exakt den Erfordernissen und Bedürfnissen von Veranstaltern und Tagungsgästen entsprechen; die Servicequalität spiegelt die Individualität von Tagungsgästen wider.

Die **zentrale Lage des Hotels** und die unmittelbare Erreichbarkeit der Altstadt mit all ihren Sehenswürdigkeiten machen das Haus zu einem idealen Veranstaltungsort für Gruppen, die ihre Arbeitsagenda mit anspruchsvollen Rahmen- und Begleitprogrammen ergänzen wollen.

**36037 FULDA**

Lindenstraße 45
Tel. +49 661 8330-0
info@hotel-fulda-mitte.de
**www.hotel-fulda-mitte.de**

161

**K**ünzell liegt unweit von Fulda, wodurch viele Erreichbarkeitsvorteile mittels guter Anbindungen in alle vier Himmelsrichtungen bestehen. Vor Ort trifft man im Sieben Welten Hotel & Spa Resort auf bestens aufgestellte Tagungsbedingungen mit einem großen Entfaltungsrahmen und professioneller Betreuung. Das zu diesem Zweck in einem gesonderten Hotelbereich untergebrachte Meeting-Ensemble empfängt Gäste mit einer eleganten Anmutung, es ist klimatisiert, verfügt über modernes Equipment und bietet insgesamt 13 tageslichthelle Tagungsräume. Durch größenanpassungsfähige Trennwandsysteme sind vielfältige Ansprüche erfüllbar: Vom kleinkreisigen Meeting über Fortbildungsveranstaltungen bis hin zu großen Konventen mit über 300 Teilnehmern – jede Veranstaltung bekommt außerdem ihr eigenes sicherheitsverschlüsseltes WLAN. Angeschlossen sind großzügige Pausenflächen mit viel Raum für Stärkungen, Gespräche und Erfahrungsaustausch. Ein ganz besonderes Ambiente verspricht das Veranstaltungsareal „Afrika": Umgeben von exotischem Dekor werden Gesprächs- oder Workshopgruppen hier in einer tagungsgerecht ausgestatteten Lodge tätig. Dieser angeschlossen sind ein Thekenbereich sowie ein großer afrikanischer „Dorfplatz" mit runden reetgedeckten Hütten, so dass sich eine stimmungsvolle Event-Location für bis zu 100 Personen ergibt. Alternativ gibt es für Firmenfeiern und andere Events noch einen weiteren exklusiven Rahmen: Auf dem Außengelände des Hotels kommt man auf der „Q-Alm" ab circa 50 Personen in einer „bayerischen Alpenwelt" zusammen, genauer gesagt in einer urigen Almhütte mit „Stüberl" und Biergarten – kulinarisch passend gehören selbstgebrautes Bier und deftige Schmankerln dazu. Ein ganz besonderes i-Tüpfelchen für die Entspannung nach getaner Tagungsarbeit können Gäste im hoteleigenen „Sieben Welten Spa Resort" erleben – einem Wohlfühl-Dorado der Superlative auf 30.000 m². Gleich mehrere „Wellness-Landschaften" warten dort mit ländertypischem Flair, mit Badebuchten und Sauna-Welten sowie Wellnessanwendungen auf ihre Entdeckung. Eines der vielen Highlights ist beispielsweise die weitläufig angelegte Wohlfühlwelt „Andalusien" mit großer mediterraner Gartenanlage.

*Norbert Völkner*

# Highflyer of Event

## LOGIS

**142 Zimmer:**
18 EZ, 117 DZ, 1 Suite,
6 Juniorsuiten

## TAGUNG

**Besonders geeignet für:**
Seminar, Konferenz, Klausur, Event

**Räume**
| | |
|---|---|
| Tagungsräume: | 13 |
| Ausstellungsfläche: | 450 m² |

**Maximale Tagungskapazität**
| | |
|---|---|
| U-Form: | 82 Pers. |
| Parlamentarisch: | 150 Pers. |
| Reihenbestuhlung: | 310 Pers. |

**Preise**
| | |
|---|---|
| Preiskalkulation 1* | 63,87 € |
| Preiskalkulation 2* | 267,14 € |

*Alle Angaben Nettopreise
zzgl. MwSt., Kalkulationsanfrage siehe Seite 32

**KÜNZELL**

**A 7:** 3 km
**A 66:** 12 km

**Fern:** Fulda, 3 km

**Frankfurt:** 119 km
**Kassel:** 123 km

## WISSENSWERTES

- viele befahrbare Tagungsräume für Präsentationen von Fahrzeugen und Anlagen
- „Meeting Owl" für die hybride Zusammenarbeit
- Tagungsgäste erhalten Sonderkonditionen für das „Sieben Welten" Spa Resort
- Restaurant „EASTSIDE", Poolbar, Q-Bar, Weinkeller
- Rahmenprogramme in der nahgelegenen Rhön
- 250 kostenfreie Parkplätze

36093

# Sieben Welten
## Hotel & Spa Resort

**Sieben Welten**
TAGUNGSHOTEL & EVENTLOCATION

### FAZIT

Das Hotel ist eine **ideale Destination für Event-Tagungen** – die zugehörige „Eventlocation Afrika" sowie die „Q-Alm" bieten dazu stimmiges Flair und das gewisse Extra.

**Großzüger Tagungsbereich** mit viel Freiraum zum Fortbilden und Pausieren.

Das „Sieben Welten" Spa Resort verbindet **Tagungserlebnis und fantastische Wellness-Entdeckungen** in einzigartiger Weise.

**Bundesweit sehr gute Erreichbarkeit** im Raum Fulda.

**36093 KÜNZELL**
Harbacher Weg 66
Tel. +49 661 397-999
veranstaltungsplanung@siebenwelten.de

**www.siebenwelten.de**

163

© Foto Hendrik Urbin

© Foto Hendrik Urbin

I n der Ferne sieht man die Wasserkuppe und andere Rhön-berge – und manchmal kreist der Rotmilan, der Wappen-vogel der Rhön, am Himmel. Als Gast im „Berghof" hat man die Natur der Rhön nicht weit von der Haustür entfernt. Angesiedelt im Petersberger Ortsteil Almendorf ist das Hotel zugleich verkehrsgünstig gelegen: in kurzer Distanz zum Autobahn- und ICE-Knotenpunkt Fulda. Ursprünglich aus einem Familiengasthof hervorgegangen, hat das Haus im vergange-nen Jahr eine aufwendige Sanierung und Renovierung durch-laufen. Vieles zeigt sich nun in einem neuen Gewand. Anderer-seits wurden die Grundeigenschaften des heimatverbundenen Berghofs mit seinem typischen Rhöner Charme und rustikalem Flair belassen. Tagende treffen somit auf ein bodenständig akzentuiertes Verweilambiente, in dem gute Bedingungen für ein kommunikatives Teamgeschehen gegeben sind. Die vor-handenen Veranstaltungsräume erfüllen dazu professionelle Lern- und Brainstorming-Ansprüche. Sie sind überwiegend im Erdgeschoss situiert und licht- und medientechnisch up to date – die größte Raumkombination (117 m²) verfügt über eine angeschlossene große Außenterrasse unter überdachten Arka-den. Für rückzügliche Meetings und Strategietreffen im kleinen Kreis ist das ganz neu hergerichtete „Kaminzimmer" im ersten Stock optimal. Hier arbeiten bis zu 10 Personen in einer einladend länd-lich geprägten Raumatmosphäre mit Holzvertäfelungen und Fensterblick

## LOGIS

**54 Zimmer:**
14 EZ, 40 DZ

# Am Fuße der Rhön

## TAGUNG

**Besonders geeignet für:**
Seminar, Konferenz, Klausur

**Räume**
Tagungsräume:                    4
Ausstellungsfläche:        70 m²

**Maximale Tagungskapazität**
U-Form:                     36 Pers.
Parlamentarisch:        42 Pers.
Reihenbestuhlung:      60 Pers.

**Preise**
Preiskalkulation 1*          66,38 €
Preiskalkulation 2*       252,93 €

auf die Rhönberge – abgerundet wird das Ambiente durch einen Screen zum Projizieren und durch Sitzbänke an der Wand für den Fall, dass sich die Teilnehmer einmal anders zusammensetzen wollen. Es versteht sich, dass auch die Hotelküche die Region und deren Erzeugnisse hoch im Kurs hält. Freunde modern interpretierter heimischer Gerichte be-geistert sie mit saisonalen Eigenkreationen und leckeren hausgemachten Geschmackserlebnissen – auch für Veganer und Allergiker. Bei schönem Wetter schmeckt es im zünfti-gen Biergarten nochmal so gut, insbesondere abends nach einem langen Tagungstag. Zur Ruhe geht es dann in die nagelneuen Gästezimmer, in denen Großfotos der Rhön-Land-schaft die moderne Einrichtung stimmungsvoll abrunden. Dabei hat jedes Logis ein anderes Bildmotiv und fast jedes einen Balkon.                          *Norbert Völkner*

*Alle Angaben Nettopreise zzgl. MwSt., Kalkulations-anfrage siehe Seite 32

**PETERSBERG**

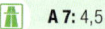  **A 7:** 4,5 km

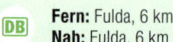  **Fern:** Fulda, 6 km
**Nah:** Fulda, 6 km

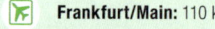  **Frankfurt/Main:** 110 km

## WISSENSWERTES

- kabellose Präsentationen, Einrichtung eines separaten, passwortgeschützten Internetzugangs möglich, Clevertouch-Board mit Videokonferenzsystem
- Restaurant, Biergarten, gemütliche Separees zum abendlichen Miteinander
- Kegelstube mit 2 Bahnen und Karaoke-Anlage
- Joggingstrecken, Wanderwege
- Grillabende, geführte Radwanderungen, Rhön-Ausflüge (die Wasserkuppe ist 15 Autominuten entfernt)

# Hotel-Restaurant
# Berghof

## FAZIT

**Rhöner Charme und rustikales Flair** entfalten im Berghof ein attraktives bodenständiges Verweilambiente, das Teams einen angenehmen kommunikativen Rahmen beschert.

Die **technisch up to date gestalteten Arbeitsräume** und die **hausgemachte regionale Kulinarik** tragen je ihren Teil zu einem gelungenen Tagungsaufenthalt bei.

Der nahgelegene Autobahn- und ICE-Knotenpunkt Fulda ermöglicht eine **sehr gute Erreichbarkeit.**

HOTEL-RESTAURANT
**Berghof**
IN ALMENDORF

**36100 PETERSBERG**

Almendorfer Straße 1–3
Tel. +49 661 96790-0
info@berghof-almendorf.de
**www.berghof-almendorf.de**

36100

© Foto Hendrik Urbin

M an nennt es auch das „Land der offenen Fernen" – das Naturparadies Rhön im Herzen von Deutschland. Jeder Tagungsgast, der sich auf den Weg zum Hotel Taufstein macht, wird dies bestätigen. Die Aussicht ist einmalig von der kleinen Straße aus, die sich durch lichte Wälder und ausgedehnte Weiden- und Wiesenflächen emporschlängelt, bis man auf ein sonniges Hochplateau auf fast 600 Metern Höhe gelangt. Über hundert Kilometer weit blicken die Gäste hier bei klarem Wetter – ein wunderbarer Ort, um den Kopf frei zu bekommen, ungestört das Wir-Gefühl im Team zu verstärken oder neue Ziele zu erarbeiten. Die Familie Aland hat dafür in den vergangenen Jahren kräftig investiert und ideale Rahmenbedingungen geschaffen: Fünf moderne Tagungsräume unterschiedlicher Größe wurden individuell und ansprechend gestaltet. Die hochwertige Ausstattung von Neuland, ein interaktives Whiteboard, Beamer und Touchscreen-Bildschirm sind ebenso selbstverständlich wie stabiles WLAN und viel Tageslicht. Raum „Weitblick" unter dem Dach mit eigenem modernem Pausenbereich zum Beispiel ermöglicht zu beiden Seiten einen phantastischen Ausblick. Der neue Raum „Anton" ist zu drei Seiten verglast und hat – wie die Räume „Friedo" und „Franzi" – Zugang zu einer großen Terrasse. Die Natur ist allgegenwärtig, der große Garten, der als Break-out-Zone und zum Entspannen einlädt, verschmilzt mit dem umliegenden Wäldchen, den Feldern und Wiesen. Entschleunigung pur erwartet die Tagungsgäste hier oben in der unkomplizierten Atmosphäre des Familienbetriebs; unterstützt durch einen gemütlich-modernen Lounge-Stil in der Einrichtung. Hochwertige Hölzer, warme Töne und farbige Akzente verbinden sich auf charmante Weise mit älteren Elementen des Hauses und schaffen ein lässiges Ambiente, in dem entspannt neue Ideen reifen können. Die hervorragende Küche trägt ihr Übriges zum Wohlgefühl bei: Boris Aland kocht eine moderne Rhöner Küche, frisch und regional, als Mitglied bei Euro-Toques schwört er auf natürliche Lebensmittel und traditionelle Rezepte. Mit Outdoor-Incentives, Fackelwanderungen oder Grill-Events können Lernziele unterstützt werden. Noch lieber aber genießen die Tagungsgäste die Abende bei gutem Wein auf der schönen Terrasse, bevor sie erholsamen Schlaf in den schönen neu gestalteten Zimmern finden. *Uta Müller*

## Tagen mit Wellnessfaktor

### LOGIS

**48 Zimmer:**
5 EZ, 43 DZ

### TAGUNG

**Besonders geeignet für:**
Seminar, Klausur, Event

**Räume**
Tagungsräume: 5

**Maximale Tagungskapazität**
U-Form: 60 Pers.
Parlamentarisch: 55 Pers.
Reihenbestuhlung: 100 Pers.

**Preise**
Preiskalkulation 1* 58,00 €
Preiskalkulation 2* 245,00 €

*Alle Angaben Nettopreise zzgl. MwSt., Kalkulationsanfrage siehe Seite 32

**KALBACH-SPARHOF**

**A 7:** 15 km
**A 66:** 15 km

**Fern:** Fulda, 22 km
**Nah:** Neuhof, 15 km

**Frankfurt:** 100 km

### WISSENSWERTES

- schöner neuer Wellness-Bereich mit Pool, Saunen und Fitness
- Jogging- und Wanderstrecken ab Hotel
- kostenlose Parkplätze am Hotel
- großer Hotelgarten zum Entspannen und Arbeiten
- vielfältige Freizeitangebote im Biosphärenreservat Rhön

36148

# Hotel
# Taufstein

**TAUFSTEIN**

HOTEL | RESTAURANT | SPA

### FAZIT

Das **familiengeführte Hotel** mit unkomplizierter Atmosphäre sorgt mit **besten Tagungsbedingungen** für **professionelle Lernergebnisse** mitten in der Natur.

Das Team verwöhnt seine Gäste mit **persönlichem und herzlichem Service** und einer **hervorragenden Küche.**

Das Hotel Taufstein ist von der A 7 und A 66 gut zu erreichen und liegt dennoch völlig **ruhig mitten in der Natur**. Ein **Ort**, der **zum Entspannen** und zu Outdoor-Aktivitäten einlädt.

**36148**
**KALBACH-SPARHOF**
Sparhofer Weg 21
Tel. +49 9742 250
j.aland@zum-taufstein.de
**www.zum-taufstein.de**

167

## LOGIS

**190 Zimmer:**
35 EZ, 143 DZ, 12 Suiten

## TAGUNG

**Besonders geeignet für:**
Seminar, Konferenz, Klausur

**Räume**
| | |
|---|---|
| Tagungsräume: | 25 |
| Ausstellungsfläche: | 200 m² |

**Maximale Tagungskapazität**
| | |
|---|---|
| U-Form: | 100 Pers. |
| Parlamentarisch: | 176 Pers. |
| Reihenbestuhlung: | 300 Pers. |

**Preise**
| | |
|---|---|
| Preiskalkulation 1* | 64,71 € |
| Preiskalkulation 2* | 258,75 € |

*Alle Angaben Nettopreise
zzgl. MwSt., Kalkulationsanfrage siehe Seite 32

**ROTENBURG
A. D. FULDA**

**A 4:** 20 km
**A 7:** 20 km

**Fern:** Kassel, 60 km
**Nah:** Rotenburg a. d. Fulda, 3 km

**Frankfurt:** 160 km

# Allroundtalent mit Höhenpanorama

Man sperrt gerne die Augen auf, hoch oben auf dem Rodenberg, wo sich das gleichnamige Göbel's Hotel angesiedelt hat. Ob von Gästezimmern, dem Schwimmbad oder von Restaurant- und Tagungsterrassen aus: Allenthalben ergibt sich ein idealer Fotostandpunkt mit herrlicher Aussicht über die Stadt Rotenburg und das Fuldatal bis hinüber in das waldreiche Hessische Bergland – besonders die Sonnenuntergänge sind von hier aus grandios. Das Höhenpanorama wird somit zum häufigen Begleiter während Tagungsaufenthalten, was dem Hotel einen reizvollen Rahmen als Begegnungsstätte verleiht. Faktisch hat man es mit einem Allroundtalent für mannigfache Tagungsziele und Raumanforderungen zu tun. Das entsprechende Portfolio ist multifunktional und über mehrere Gebäude verteilt. Es erlaubt kapazitätsmäßig passende Lösungen vom klassischen Seminar bis zur parlamentarischen Konferenz oder auch für Kongress-Veranstaltungen mit allem Drum und Dran. Zahlreiche Break-out- und Gruppenarbeitsräumlichkeiten ergänzen das Angebot. Auch klausurgerechte Ansprüche werden erfüllt: So stellt etwa der Raum „Willingen", der im separaten Gästehaus untergebracht ist, ein formidables Meeting-Refugium mit schönem Ausblick und eigenem Pausenfoyer dar. Für große Konvente, Präsentationen, Firmenfeiern und andere Events bis zu circa 2.000 Teilnehmern ist dagegen die „Göbel Hotels Arena" hervorzuheben. Dort begrüßt ein großes Empfangsfoyer mit hoch aufragenden Fensterfronten und angeschlossener Talblick-Terrasse die ankommenden Gäste. Innen ist die moderne Halle für flexible Größen planbar sowie mit einer ausfahrbaren Tribüne ausgestattet – auch ein eigener VIP-Bereich gehört dazu. Vielseitig ist zudem die Palette, wenn es um ergänzende Rahmenprogramme geht, sei es in Form von Outdoor-Teambetätigungen oder geselligen Abendevents. Letzteren bietet beispielsweise die hoteleigene, nach kurzem Waldspaziergang erreichte „Rodenberg Alm" ein alpenländisches Hüttenambiente. Ebenso kommen Wellnessfans auswahlstark auf ihre Kosten – beliebt sind beispielsweise das Panorama-Schwimmbecken, die Gartensauna und chillige Hängeliegen in den Ruhebereichen, ganz neu dabei ist ein beheizter Außenpool unter freiem Himmel. *Norbert Völkner*

## WISSENSWERTES

- Dehoga Umweltcheck Gold, Glasfaser-Internet
- durchwegs großzügige Hotelzimmer mit schönen Tal- und Waldblicken sowie Fußbodenheizung und gepackter Wellness-Tasche
- großzügige Restaurantbereiche in unterschiedlichen Designs (stilvoll, stylisch, rustikal), Panorama-Terrasse, Wintergarten, Café, Hotelbar mit Lounge, Kaminecke
- Zweitlängste Hängebrücke Deutschlands (617 m/60 Höhenmeter), „Rodenberg Spa" (u.a. Schwimmbad, Außenpool, Saunen), Teamprogramme u.v.m.

**36199**

# Göbel's Hotel
# Rodenberg

### GÖBEL'S
## HOTEL RODENBERG

ROTENBURG A. D. FULDA

## FAZIT

**Hoch über dem Fuldatal** bietet das Hotel eine attraktive Begegnungsstätte für breitgefächerte Tagungsziele und Raumansprüche – die **mittige Lage in Deutschland** unterstützt Anreisen aus allen Richtungen.

Die multifunktionelle **Göbel Hotels Arena** stellt auf 2.000 m² optimale Bedingungen für jede Art von Großveranstaltung, seien es Konvente, Sport- oder Kulturevents.

Die hoteleigene **Spa-Erlebniswelt** präsentiert sich mit vielseitigen Aus-zeit-Angeboten.

**36199 ROTENBURG
A. D. FULDA**

Heinz-Meise-Straße 96–98
Tel. +49 6623 4349-0
bankett@goebels-rodenberg.de
**www.goebels-rodenberg.de**

**O**beraula liegt am waldreichen Knüllgebirge zwischen Kassel und Fulda. Der Ort ist das Zuhause des familiär geführten Parkhotels zum Stern und zugleich Bestandteil des „Rotkäppchenlands", welches wiederum der „GrimmHeimat Nordhessen" angehört. Auf der Fahrt ins Hotel wechseln sich Wälder, Wiesentäler und Weitblicke ab – man verspürt „Alltagsferne" als Rohstoff für innere Eingebungen und Gedankenflüge. Am Ziel angekommen, erhält man den dazu passenden klausurgemäßen Rahmen für ein arbeitsproduktives Miteinander. Man trifft auf einen echten Rückzugsort im Grünen. Von außen ist zunächst gar nicht zu erahnen, dass zu dem Hotel ein großer Gartenpark gehört, der in die waldbestandenen Höhenzüge des Umfeldes überleitet. Auf Tagungsgäste hat sich das Anwesen mit mehreren Meetingbereichen vorbereitet, die in verschiedenen Gebäuden untergebracht sind und somit separate „Schaffensinseln" bilden, die jeweils ein fokussiertes Arbeiten unterstützen. Überwiegend sind die Räume ebenerdig und besitzen direkte Zugänge ins Grün, wie etwa im „Gästehaus", wo Parkblicke und eine warme Holzanmutung die Teilnehmer über den Tag begleiten. Sehr modern und luftig kommt die Anmutung des Tagungsareals (160 m²) im „Landhaus" daher – auch hier besteht ein Terrassenanschluss ins Freie. Und dann gibt es im Haupthaus unter dem Dach noch einen zweietagigen Klausurbereich mit rustikalen Balken und integrierter Gruppenarbeitszone. Der vielleicht schönste „Tagungsraum" ist jedoch der bereits erwähnte Hotelpark. Besonders Seminare zur Persönlichkeitsentwicklung und zu Coaching-Themen lassen sich in den dort eingerichteten Gruppenarbeitsplätzen nieder, während Blumen blühen, Vögel zwitschern und ein Wildbach murmelt – ein herrlicher Blick auf den bewaldeten Berg „Nöll", gewissermaßen der „Hausberg" des Hotels, rundet die Kulisse ab. Übrigens werden auch kunstaffine Gäste angesprochen, denn draußen und drinnen begegnen einem hie und da Skulpturen regionaler Künstler mit Bezeichnungen wie „Balance", „Schlipsträger" und „Perlenbaum". Abends laden die im gemütlichen Landhausstil gehaltenen Restaurantgefilde zum Beisammensein ein – dazu gibt es eine gutbürgerliche regionale Küche mit modernen Akzenten. *Norbert Völkner*

# Green Escape im Rotkäppchenland

## LOGIS

**72 Zimmer:**
10 EZ, 58 DZ,
4 Apartments

## TAGUNG

**Besonders geeignet für:**
Seminar, Konferenz, Klausur

**Räume**
Tagungsräume:                 8

**Maximale Tagungskapazität**
U-Form:                    48 Pers.
Parlamentarisch:        60 Pers.
Reihenbestuhlung:      90 Pers.

**Preise**
Preiskalkulation 1*        50,43 €
Preiskalkulation 2*      198,32 €

*Alle Angaben Nettopreise
zzgl. MwSt., Kalkulationsanfrage siehe Seite 32

**OBERAULA**

**A 4:** 9 km
**A 5:** 9 km
**A 7:** 9 km

**Fern:** Bad Hersfeld, 24 km
**Nah:** Bad Hersfeld, 24 km

**Frankfurt/Main:** 120 km

## WISSENSWERTES

- Dehoga-Umweltcheck Gold, Shuttle zu den Bahnhöfen Treysa und Bad Hersfeld
- gemütliches Restaurant mit saisonaler und modern interpretierter Regionalküche, Grillabende
- Hallenbad, finnische Sauna, Bio-Sauna, Infrarottherme, klassische und ayurvedische Massagen, Wellnessanwendungen
- weitläufige Wiese für Spiele und Teamübungen, Wander-Rahmenprogramme auf „Fabelwegen", Joggingrouten, Bogenschießen, GPS-Schatzsuche u.v.m.

# Parkhotel zum Stern

36280

PARKHOTEL ZUM STERN
DAS SPORTLICHE LANDHOTEL

### FAZIT

**Vier separate Meeting-Sphären** mit einladender Arbeitsatmosphäre gewähren unabgelenkte Veranstaltungsabläufe – ein **großer idyllischer Gartenpark** mit Landschaftsblick bietet ergänzend attraktive Voraussetzungen zum **Outdoor-Arbeiten.**

Rund um die Veranstaltungen agiert ein **familiäres und kompetentes Hotelteam** unkompliziert und lösungsorientiert. Die Gäste sind umgeben von einem **modernen frischen Landhausstil** – die **schicken Gästezimmer** verfügen zumeist über Parkblick und Balkon.

**36280 OBERAULA**

Hersfelder Straße 1
Tel. +49 6628 9202-0
info@hotelzumstern.de
**www.hotelzumstern.de**

**M**oderner (Tagungs-)Geist in alten Mauern: Das Team um Inhaber Markus Göbel hat Göbel's Schlosshotel „Prinz von Hessen" als innovatives Tagungshotel überregional positioniert. Es bietet modernstes Tagungs-Know-how vor der Kulisse eines altehrwürdigen Schlossensembles: Der Ort ist von historischem Interesse, die mittelalterliche Wasserburg ist das Zentrum des Ortes Friedewald und gleichzeitig unmittelbarer Bezugspunkt des Hotels. Das Ensemble verbindet Historie und Moderne und gewährleistet so nachhaltig wirkende Tagungseindrücke und -erlebnisse. Die professionell agierende Veranstaltungsabteilung des Hotels offeriert 9 hochmodern eingerichtete und ausgestattete Tagungsräume. Tagesbelichtet sowie ergonomisch und phantasievoll möbliert, bieten sie Platz und Raum für traditionelle Tagungsformate ebenso wie für Hybridveranstaltungen und interaktive Tagungen – 86-Zoll-Clevertouch-Displays sind in allen Arbeitsräumen verfügbar. Durchaus spielerisch und bewegt verlaufen Seminare, wenn das Catchbox-Mikro in die Runde geworfen wird oder das Wasserschloss als Tagungskulisse für Open-Air-Tagungen genutzt wird. Das Haus hat sich auch einen Namen als Eventdestination erarbeitet: Die auf dem Hotelgelände befindliche phantasievoll dekorierte und eingerichtete Eventscheune bietet mit ihren Möglichkeiten ein uriges Ambiente und gleichermaßen einen stimmigen Rahmen für informell ausklingende Tagungsabende. Gediegener hingegen geht es in der Kochwerkstatt zu – das genussorientierte Interagieren von bis zu 18 Teilnehmern ist möglich – inklusive des gemeinsamen Dinners. Göbel's Schlosshotel „Prinz von Hessen" bietet Tagungsgästen eine Vielzahl hochattraktiver Freizeit-, Rahmen- und Begleitprogramme: Neben einem Besuch des „Museums der Sprüche" stehen geführte E-Bike-Touren in die Hotelumgebung auf der Wunschliste der Tagungsgäste weit oben. Unbedingt erwähnenswert ist der Wellnessbereich des Hauses: Das Kristall SPA bietet Erholung, Anwendungen und Badespaß auf mehr als 2.000 m²! Göbel's Schlosshotel beeindruckt insgesamt mit seinen zahlreichen Möglichkeiten, Veranstaltungen nachhaltig, interaktiv und gleichermaßen effizient vor historischer Kulisse zu inszenieren. *Thomas Kühn*

## Nachhaltig, interaktiv, effizient

### LOGIS

**88 Zimmer:**
1 EZ, 70 DZ, 17 Suiten

### TAGUNG

**Besonders geeignet für:**
Seminar, Konferenz,
Kreativprozesse

**Räume**
| | |
|---|---|
| Tagungsräume: | 9 |
| Ausstellungsfläche: | 500 m² |

**Maximale Tagungskapazität**
| | |
|---|---|
| U-Form: | 70 Pers. |
| Parlamentarisch: | 100 Pers. |
| Reihenbestuhlung: | 150 Pers. |

**Preise**
| | |
|---|---|
| Preiskalkulation 1* | 56,70 € |
| Preiskalkulation 2* | 271,65 € |

*Alle Angaben Nettopreise zzgl. MwSt., Kalkulationsanfrage siehe Seite 32

**FRIEDEWALD**

**A 4:** 1,5 km
**A 7:** 17 km

**Fern:** Bad Hersfeld, 12 km
**Nah:** Bad Hersfeld, 12 km

**Erfurt:** 100 km
**Frankfurt/Main:** 160 km

### WISSENSWERTES

- Hotel führt das „Dehoga-Umweltcheck Gold"-Siegel
- hervorragende verkehrliche Erreichbarkeit
- 20.000 m² Außengelände mit Wasserburg, Museum, Schlossflügeln und Park können in Veranstaltungskonzeptionen einbezogen werden
- 300-MBit-Glasfaser-Standleitung verfügbar, W-LAN kostenfrei nutzbar, kabellose Präsentationen mit Barco ClickShare möglich
- Tagungspausenkonzept „zeitlos" berücksichtigt flexible Pausenzeiten

**36289**

# Göbel's Schlosshotel
## „Prinz von Hessen"

GÖBEL'S
### SCHLOSSHOTEL
### PRINZ VON HESSEN

FRIEDEWALD

### FAZIT

Die exquisite Ausstattung, die anspruchsvolle Architektur und die hohe Servicequalität aller Hotelbereiche verdichten sich zu einem anspruchsvollen **Tagungshotelerlebnis auf höchstem Niveau.**

Neben hervorragend ausgestatteten Tagungsräumen stehen mit der Festscheune und dem Rittersaal **zwei Eventlocations** für anspruchsvolle Abendprogramme zur Verfügung.

Das **Kristall SPA bietet auf 2.000 m²** verschiedene Saunen, In- und Outdoorpools sowie einen Gymnastik- und Panorama-Fitnessraum.

**36289 FRIEDEWALD**

Schlossplatz 1
Tel. +49 6674 9224-0
info@goebels-schlosshotel.de
**www.goebels-schlosshotel.de**

173

W er Alsfeld noch nicht kennt, hat eine reizvolle Entdeckung vor sich: Das altstädtische Fachwerk-Ensemble mit seiner Fülle an Farben und Typen wurde ausgezeichnet als „Europäische Modellstadt für Denkmalschutz" – von der Redaktion der Zeitschrift „GEO" wurde Alsfeld zu den „Zehn schönsten Kleinstädten in Deutschland" erkoren. Ein Bummel durch die verwinkelten Gassen verschafft Einblicke in vergangene Jahrhunderte und stellt vom nahegelegenen hôtel villa raab aus auf jeden Fall eine lohnende Erlebnis-Episode dar. Das Hotel selbst lässt Besucher ebenfalls in erlebbare Historie eintauchen: Man speist und tagt in einer schmuck restaurierten Fabrikantenvilla, die sich einst der Pfeifenhersteller Ludwig Raab als Jugendstil-Eigenheim im geräumigen Format erbauen ließ. Auch zwei Suiten gehören zum Villa-Bestand, das Gros der Gästezimmer befindet sich allerdings nebenan, wo ursprünglich die Pfeifenfabrik stand. Dort nimmt nun ein Neubau mit kupferfarbener Fassade eine architektonisch ebenso selbstbewusste Haltung ein – sein Inneres birgt in Blau und Beige designte Gästezimmer mit schnieken Bädern, dazu eine großzügige und heimelige Kaminlobby und mittendurch sogar einen Wasserfall, der durch das Gebäude sprudelt und wie schon vor hundert Jahren zur Stromerzeugung beiträgt. Es ist also eine spannend kontrastvolle Bühne, die in diesem nicht alltäglichen Hotel auf Tagungsgäste wartet. Faktisch gibt es zwei für Tagungen bestimmte Sphären: Auf der Beletage der Villa sind zwei Veranstaltungsräume vorhanden – sie verströmen Gründerzeit-Feeling, sind kombinierbar und zur Projektion mit Großbildschirmen versehen; als Zugabe stehen stilechte Pausenbalkone zur Verfügung, von denen Treppen in den hauseigenen Garten führen. Im Neubau gegenüber lädt der Bereich „KupferCube" (97 m²) in ein fast vollverglastes, helles, hohes und offenes Meeting-Ambiente, das Klarheit und Geradlinigkeit ausstrahlt – zum Pausieren und für Gruppenarbeiten gehört hier eine große Außenterrasse (95 m²) mit dazu. Als kulinarischer Treffpunkt dient wiederum die Villa. In den Salons des Restaurants „tante mathilde" vereinen sich Tradition und Koch-Handwerk zur „Kreativen Heimatküche", wobei Gruppen auch im stimmungsvollen Separee speisen können. *Norbert Völkner*

## LOGIS

**40 Zimmer:**
38 DZ, 2 Suiten

# Beletage & KupferCube

## TAGUNG

**Besonders geeignet für:**
Seminar, Konferenz,
Klausur, Event

**Räume**
Tagungsräume:              3

**Maximale Tagungskapazität**
U-Form:                    28 Pers.
Parlamentarisch:           40 Pers.
Reihenbestuhlung:          80 Pers.

**Preise**
Preiskalkulation 1*        102,52 €
Preiskalkulation 2*        347,90 €

*Alle Angaben Nettopreise
zzgl. MwSt., Kalkulationsanfrage siehe Seite 32

**ALSFELD**

 **A 5:** 3 km

 **Fern:** Fulda, 57 km
**Nah:** Alsfeld, 1 km

 **Frankfurt:** 109 km

## WISSENSWERTES

- Das Hotel ist komplett barrierefrei, E-Ladesäulen
- Hybride Tagungstechnik verfügbar, vier Gästezimmer sind als „Convertable Rooms" für Gruppenarbeiten buchbar
- Restaurant „tante mathilde" mit exquisiter hessischer Heimatküche, Maxibar
- Event-, Party- und Live-Musik-Location „bühne rôtbuche" direkt am Hotel
- uriger Weinkeller für Tastings, Chill & Grill, Tablequiz, E-Bike-Verleih, geführte Rundgänge im mittelalterlichen Alsfeld u.v.m.

notion Filmproduktion

## hôtel villa raab

### FAZIT

**Hotelerlebnis:** Moderne Designstärke und verspielter Jugendstil bilden eine anregende Wohlfühlmischung der Gegensätze – kulinarische Entdeckungsreisen in eine kreativ interpretierte Heimatküche runden den Aufenthalt ab.

Technisch aktuell und arbeitseinladend gestaltete Tagungsräume garantieren eine **rückzüglich-entspannte Meetingatmosphäre.**

Die deutschlandzentrale Lage mit gleichzeitiger Autobahnnähe schafft eine **sehr gute Erreichbarkeit.**

**36304 ALSFELD**
Altenburger Str. 60
Tel. +49 6631 911470
info@villa-raab.de
**www.villa-raab.de**

hôtel **villa raab**

36304

175

D ie hohen Mauern und der trutzige Turm wirken ganz so, wie man es sich aus abenteuerlichen Rittergeschichten vorstellt. Schloss Romrod ist unverkennbar aus einer mittelalterlichen Burg hervorgegangen. Später erfolgte dann der Umbau zu einem Jagdschloss, in dem die hessischen Landgrafen und ihre Gäste sich trafen, um gemeinsam auf die Pirsch zu gehen und um Tafeleien und Bankette abzuhalten. Heutzutage treffen hier Tagungsgäste zusammen und nutzen den pittoresken Erlebnisrahmen, um Denkarbeiten und Teamaktivitäten zu kombinieren. Obwohl das aufwändig restaurierte und komfortabel eingerichtete Gemäuer ein durchaus treppenreiches Inneres mit zahlreichen romantisch winkligen Gängen aufweist, können die meisten Gästezimmer und sämtliche Tagungsräume aus dem Schloss-Innenhof mittels eines Glasliftes barrierefrei erreicht werden. Charakteristisch für alle Tagungsräume ist eine eindrückliche und stilvolle historische Individualität, die jeweils mit moderner Medientechnik einhergeht. Zur Auswahl stehen der große „Rittersaal" (142 m²) sowie das „Renaissancezimmer" (51 m²) und das „Kaminzimmer" (46 m²), die beide durch eine Tür verbunden sind und sich somit auch als Duo anbieten. Zwecks Gruppenarbeiten stehen in der Nähe weitere kleinere Räume zur Verfügung. Zwischendurch sollte man sich nicht entgehen lassen, einmal den alten „Wehrgang" oben auf den Burgmauern aufzusuchen, um den prächtigen Fernblick auf die Umgebung des Vogelsbergs zu genießen. Etwas abseits vom Schloss ist in den früheren Stallungen noch ein alternatives Meetingangebot eingerichtet: Es trägt den Namen „alte hôfreite" und ist als ein kompaktes kleines Reich für eine gemeinsame Teamzeit konzipiert, bei der im Sinne des New-Work-Ansatzes getagt und gewohnt werden kann. Zur chilligen Ausstattung gehören 12 Gästezimmer, eine Wohnküche mit allem Drum und Dran, eine Lounge sowie ein Tagungsund ein Gruppenraum – hinzu kommt noch ein Außenbereich mit Bänken und Feuerschalen. Abends kann ein gemeinsames Kocherlebnis arrangiert werden. Die Optionen für Rahmen- und Teambuildingprogramme sind damit jedoch längst nicht erschöpft: Das Spektrum umfasst Schlossführungen, Ritteressen mit Bänkelsängern oder auch eine dynamische Schloss-Rallye mit Teamaufgaben. *Norbert Völkner*

## Teamzeit auf der Ritterburg

### LOGIS

**39 Zimmer:**
1 EZ, 7 kleine DZ, 24 DZ,
6 Juniorsuiten, 1 Suite

### TAGUNG

**Besonders geeignet für:**
Seminar, Konferenz, Klausur,
Kreativprozesse, Event

**Räume**
Tagungsräume:              7
Ausstellungsfläche:
Outdoor:               500 m²

**Maximale Tagungskapazität**
U-Form:              28 Pers.
Parlamentarisch:     44 Pers.
Reihenbestuhlung:   110 Pers.

**Preise**
Preiskalkulation 1*      102,52 €
Preiskalkulation 2*      342,80 €

*Alle Angaben Nettopreise
zzgl. MwSt., Kalkulationsanfrage siehe Seite 32

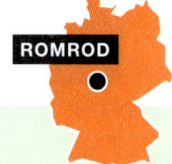

**ROMROD**

**A 5:** 2 km

**Fern:** Fulda, 50 km
**Nah:** Alsfeld, 5 km

**Frankfurt:** 100 km

### WISSENSWERTES

- Die Schloss-Tagungsräume und viele Gästezimmer sind barrierefrei zugänglich
- hybride Tagungstechnik verfügbar
- Restaurant „mathilde", Schloss-Innenhof (600 m²), Gewölbekeller
- Schlosspark mit lauschigem Unkenteich
- breiter Erlebnisrahmen: 80 zeitflexible Eventbausteine und Incentiveprogramme
- Ritteressen mit Spielleuten, Schloss-Rallye mit Teamaufgaben u.v.m.

# hôtel
# schloss romrod

## FAZIT

Das **beeindruckende Schlosserlebnis** schafft einen inspirierenden Background für Tagungs-, Team- und Eventveranstaltungen im kleinen und größeren Rahmen, die von kompetenten „Schlossgeistern" ideenreich betreut werden.

In der **„alten hôfreite"** erhalten Tagungsgruppen ein exklusives und gemütliches Refugium zum Arbeiten, Wohnen, Kochen und Chillen.

Die deutschlandzentrale Lage mit gleichzeitiger Autobahnnähe schafft eine **sehr gute Erreichbarkeit**.

**36329 ROMROD**
Alsfelder Str. 7
Tel. +49 6636 9181-0
info@schloss-romrod.com
www.schloss-romrod.com

# hôtel **schloss romrod**

D ie Aussicht von der Dachterrasse neben dem Tagungsraum ist eine Attraktion für sich: Zweihundert Meter über Göttingen wandert der Blick über die Stadt und weiter zu den gegenüberliegenden Höhenzügen des Weserberglandes. Nicht ohne Grund trägt das größte räumlich zusammenhängende Meeting-Areal im Hotel Beckmann den Namen „Weitblick". Es handelt sich dabei um eine flexibel unterteilbare Tagungsfläche (35–85 m²), welche für Eventveranstaltungen zudem mit einem angrenzenden Restaurantbereich verbunden werden kann und dann 160 m² umfasst. Selbstredend wird die große, direkt angebundene Terrasse (115 m²) bei gutem Wetter liebend gern für Gruppenarbeiten und zum Draußen-Speisen unter Sonnenschirmen genutzt – oder auch als exklusiver Abendbereich für den Tagungsausklang. Seinen herrlichen Blick in die Ferne verdankt das familiär geführte Hotel der Lage im Stadtteil Nikolausberg, auch bekannt als der „Professorenhügel" – von der Innenstadt oder dem ICE-Bahnhof kommend, braucht es etwa 15 Fahrtminuten bis hierher. Für kleinere Teilnehmerkreise bis maximal 30 Personen, die gerne ganz für sich bleiben, ist außerdem noch ein weiterer separater und per Mobilwand teilbarer Tagungsbereich vorhanden. Dort wird zwar keine Fernsicht geboten, dafür hat man es aber mit einer komplett autarken Einheit zu tun, die ihrerseits über eine exklusive Outdoor-Terrasse sowie einen eigenen Kaffeepausenraum verfügt. Hier wie dort ist in Sachen Equipment und Technik alles Erforderliche vorhanden, um bei Kommunikations- und Lernprozessen Fahrt aufzunehmen – projektionstechnisch kommen neben Beamern überwiegend mobile und höhenverstellbare Touchscreens zum Einsatz. Während das Frühstück und das Mittagessen oben in der modernen „Weitblick"-Sphäre stattfinden, ist für das abendliche Kulinarik-Geschehen das traditionelle Restaurant „Kuckuck" zuständig. Einen kurzen Fußweg vom Hotel entfernt ist es schon seit über 250 Jahren im Besitz von Familie Beckmann und verbindet heutzutage eine gemütliche Tischkultur mit einer modernen und kreativen deutschen Küche. Als Mitglied beim Verband „Kostbares Südniedersachsen" wird besonderer Wert auf hochwertige regionale Produkte und eine herkunftsbezogene Transparenz gelegt. *Norbert Völkner*

## Tagen über Göttingen

### LOGIS

**77 Zimmer:**
12 EZ, 51 DZ, 1 Juniorsuite, 13 Appartements

### TAGUNG

**Besonders geeignet für:**
Seminar, Konferenz, Klausur

**Räume**
| | |
|---|---|
| Tagungsräume: | 5 |
| Ausstellungsfläche: | 80 m² |

**Maximale Tagungskapazität**
| | |
|---|---|
| U-Form: | 45 Pers. |
| Parlamentarisch: | 60 Pers. |
| Reihenbestuhlung: | 90 Pers. |

**Preise**
| | |
|---|---|
| Preiskalkulation 1* | 68,00 € |
| Preiskalkulation 2* | 229,00 € |

*Alle Angaben Nettopreise zzgl. MwSt., Kalkulationsanfrage siehe Seite 32

**GÖTTINGEN**

**A 7:** 5 km
**A 38:** 20 km

**Fern:** Göttingen Hbf., 5 km
**Nah:** Göttingen, 5 km

**Hannover:** 120 km
**Kassel:** 50 km

### WISSENSWERTES

- Citynahe Lage im Grünen, Stadtbus-Haltestelle direkt beim Hotel
- leistungsstarkes Internet (1 Gigabit/s), kabellose Präsentationen, Tagungsbereich „Weitblick" mit Klimaanlage und Fußbodenheizung
- Komfort-Gästezimmer mit modernen, ebenerdigen Bädern sowie USB-/LAN-Anschluss, 5 Allergikerzimmer mit Pollenfilter, 7 komplett barrierefreie Zimmer
- Restaurant „Kuckuck" mit separaten Galräumen, Frühstücksrestaurant „Weitblick", 24/7-Kaffeebar

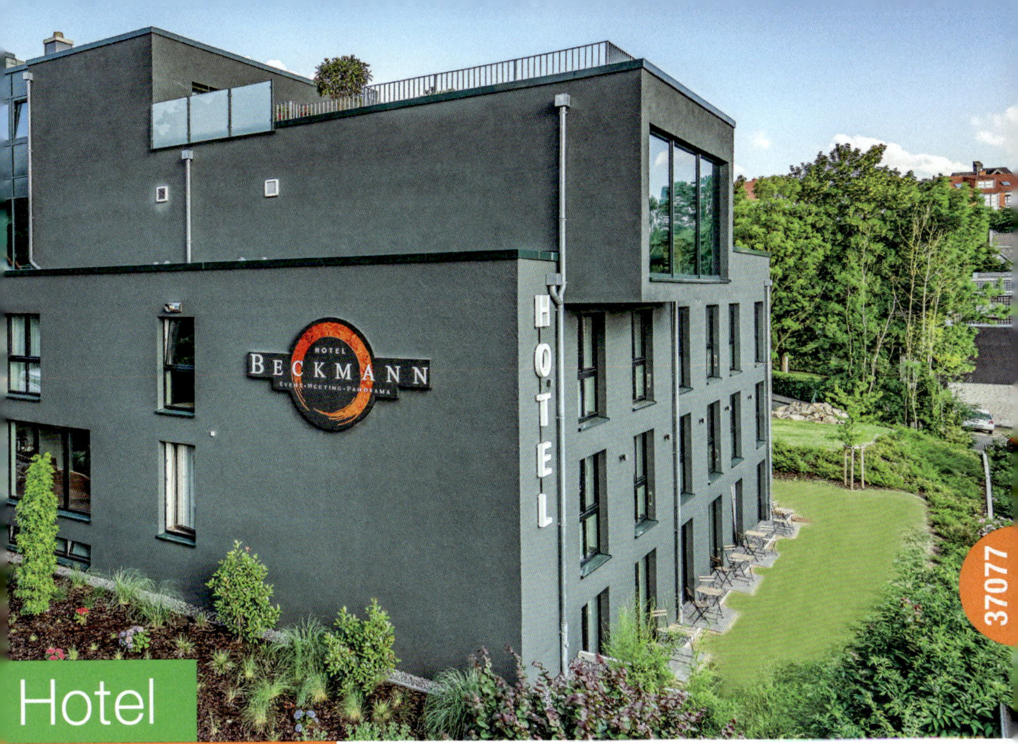

37077

# Hotel
# Beckmann

## FAZIT

Der **Veranstaltungsbereich „Weitblick"** beschert Tagungen und Events ein beeindruckendes Höhenpanorama als Begleitkulisse.

Moderne Tagungsbereiche, komfortable Gästezimmer und familiäre Atmosphäre ergeben ein **stimmiges Arbeits- und Verweilambiente.**

Die **kreative deutsche Küche** setzt auf Hochwertigkeit, Regionalität und Herkunftstransparenz.

**Gute Erreichbarkeit** durch Autobahn- und ICE-Nähe.

## 37077 GÖTTINGEN

Ulrideshuser Straße 44
Tel. +49 0551 209080
mail@hotel-beckmann.de
**www.hotel-beckmann.de**

**S**o sehen reichhaltige Kapazitäten aus: Mit 69.000 m² Tagungs- und Eventfläche, verteilt auf 45 vollausgestattete Räumlichkeiten, gehört das „Freizeit In" zu den größten und vielfältigsten Conventionausrichtern im Land. Und auch beim Thema Wellness und Fitness ist gleichsam das Prinzip Multiple Choice angesagt: Im hoteleigenen „VITAL SPA" werden Entspannung und Wohlgefühl auf modernstem Niveau und auf auswahlstarken 11.000 m² gepflegt. Gerade das „Gesamtpaket" aus Tagung, Event und Wellness hat dem privatgeführten Hotel-Jumbo über die Jahre viele Auszeichnungen und einen gewissen ikonischen Status beschert. Die räumliche Organisation des Veranstaltungsgeschehens vermag einerseits zusammenzuflechten, aber auch wirkungsvoll zu separieren. Somit kann jedes individuelle Format, ob groß oder klein, sein „Best Case"-Szenario erhalten. Hotelseitig wird von jeher Wert darauf gelegt, das Anwesen weiterzuentwickeln und zu verschönern. Die jüngsten Erneuerungen fanden auf der Ebene A des Haupthauses statt, wo drei kombinierbare Tagungssalons (Gesamtfläche: 195 m²) und vier zugehörige Workshopräume ein ganz neues Outfit erhielten. Das starke Resultat zeigt ein einladendes Raumbild mit warmer Holznote und leistungsfähiger Technik, etwa mit integrierten digitalen Whiteboards, die sogar mittels Teilnehmer-Handy beschreibbar sind. Auch wer beim Tagen gerne grüne Ausblicke hat und angebundene Terrassen für Gruppenarbeiten schätzt, wird im Koordinatensystem des „Freizeit In" fündig. Großzügige und angenehm anmutende Pausenfoyers sind ebenso vorhanden. Außerhalb des Hotelgebäudes setzt sich das Spektrum des Möglichen fort. Da wäre etwa die „Seminar Villa", die für jene bestimmt ist, denen es beim Workshoppen auf besondere Zurückgezogenheit ankommt. Bei der erst wenige Jahre bestehenden Eventlounge „auswärts" erregt schon die vollständig hölzerne Fassade Aufmerksamkeit – drinnen beeindruckt ein Ensemble aus Saal (300 m²) und Wintergarten (160 m²) mit modernster Multifunktionalität für Feiern und Tagungen von klassisch bis partizipativ. Nicht zu vergessen sei außerdem die zünftige „Spitzbub Alm" gleich nebenan: Sie lädt ein zu einem urigen Abend-Beisammensein bei Alpenflair und herzhafter Küche. *Norbert Völkner*

## Darf es etwas mehr Auswahl sein?

### LOGIS

**209 Zimmer:**
69 EZ, 135 DZ, 1 Suite,
4 First-Class-Zimmer

### TAGUNG

**Besonders geeignet für:**
Seminar, Konferenz, Klausur,
Kreativprozesse, Event

**Räume**
Tagungsräume: 45
Ausstellungsfläche: 600 m²

**Maximale Tagungskapazität**
U-Form: 50 Pers.
Parlamentarisch: 320 Pers.
Reihenbestuhlung: 540 Pers.

**Preise**
Preiskalkulation 1* 110,00 €
Preiskalkulation 2* 343,22 €

*Alle Angaben Nettopreise
zzgl. MwSt., Kalkulationsanfrage siehe Seite 32

**GÖTTINGEN**

 **A 7:** 0,5 km

 **Fern:** Göttingen Hbf., 6 km
**Nah:** Göttingen Hbf., 6 km

 **Kassel-Calden:** 60 km
**Hannover:** 120 km

### WISSENSWERTES

- Nachhaltigkeitszertifikat: Deutsches Institut für Nachhaltigkeit & Ökonomie
- Glasfaser-Internet (1 GB/s), kabellose Präsentationen, Einrichtung eines separaten, passwortgeschützten Internetzugangs möglich
- VITAL SPA (11.000 m²) mit Saunalandschaft, Innen- und Außenpool, modernste Fitnessgeräte, Gesundheitsprogramme, Tennishalle, Badminton, Squash u.v.m.
- 5 Restaurants, Außenterrasse „Bella Vista", Orangerie, Eventlocation „auswärts", „Spitzbub Alm", Schulungswerkstatt „Meisterwerk", 720 Parkplätze, 10 E-Ladesäulen, Bushaltestelle am Hotel

**37079**

# Hotel
# Freizeit In

## FAZIT

**Ein Hotel für alle Tagungsformen** – das auswahlstarke Raumportfolio und modernstes Equipment gewähren Best-Bedingungen vom Workshop bis zum Kongress.

Balance durch **Wellness und Fitness auf hohem Niveau** – von der Massagepause bis zum Stressbewältigungskurs sind gesundheitsfördernde Bausteine integrierbar.

**Glänzende Erreichbarkeit** – die direkte Lage an der A 7 und die nahe ICE-Anbindung prädestinieren das Hotel für deutschlandweite Anreisen.

**FREIZEIT IN**
Tagungshotel Göttingen

**37079 GÖTTINGEN**
Dransfelder Straße 3
Tel. +49 551 9001-0
info@freizeit-in.de
**www.freizeit-in.de**

181

HEILBAD HEILIGENSTADT

 **A 38:** 2 km

 **Fern:** Göttingen, 37 km
**Nah:** Heilbad Heiligenstadt, 2 km

 **Kassel:** 76 km

# Die Wellness-Tasche ist schon gepackt

Deutschlandweit betrachtet hat kaum ein Ort so zentrale Lageparameter wie das westthüringische Heilbad Heiligenstadt, das auch als „Hauptstadt" des Eichsfelds gilt – auf dem Gebiet der idyllischen Kleinstadt befindet sich sogar einer der wissenschaftlich berechneten Mittelpunkte Deutschlands. Tatsächlich sind bundesweite An- und Abreisen von und nach hier unkompliziert: Mit dem Zug oder über die A 38 ist man rasch an den großen Verkehrskreuzen von Kassel oder von Göttingen. Nur zwei Kilometer sind es von der nächstgelegenen Autobahn-Abfahrt zum Hotel am Vitalpark. Der Weg lohnt sich: Es gibt reichlich bemessene Aktionsflächen zum Workshoppen, Trainieren und Pausieren und dazu eine Top-Ausstattung, um Fortbildungen und fachlichen Erfahrungsaustausch praktikabel anzugehen – zu den leistungsstarken Registern zählt unter anderem eine synchrone Gigabit-Glasfaserleitung. Alles spielt sich vor einer angenehmen Kulisse mit viel Tageslicht und hübschen Ausblicken auf die bewaldeten „Hausberge" des Dün und des Ibergs ab. Wer auf der Suche nach einer entspannten Arbeitsatmosphäre jenseits herkömmlicher Seminar-Settings ist, bekommt auch etwas geboten: Das Hotel hat zwei Kreativwerkstätten mit besonderem Interieur eingerichtet. Dazu gehören u.a. Barhocker, Designböden, ein digitales Whiteboard sowie ein Hochtisch für Visualisierungsarbeiten mit Papier – als Eyecatcher sind einzelne Wände aus echtem Moos und in Sandsteindekor gestaltet. Buchbar sind die beiden Werkstätten sowohl im Ensemble mit „klassischen" Tagungsräumen als auch einzeln. Tagen bedeutet in dem Hotel allerdings noch nicht alles: Um einen Tagungstag erholsam abzurunden, gelangt man über einen „Bademantelgang" trockenen Fußes in die weitgefächerten Wasser- und Wellness-Gefilde des benachbarten „Vitalparks" (4.500 m²). Tagungsgäste können diese und andere vielseitige Wohlfühlofferten mitsamt den Fitness- und Sporteinrichtungen kostenfrei in Anspruch nehmen. Eine gepackte Wellness-Tasche liegt schon auf den Zimmern bereit. Diese zeigen sich übrigens großflächig renoviert – das Wohnambiente präsentiert sich modern und durchweg mit Terrasse oder französischem Balkon, wobei keines der Zimmer kleiner als 28 m² ist. *Norbert Völkner*

## WISSENSWERTES

- Nachhaltigkeitszertifikate: GreenSign, $CO_2$-Fußabdruck von myclimate
- große Outdoor-Fläche vor dem Hotel für Teamspiele und Präsentationen
- Restaurant „Theodor Storm" mit Terrasse, Bankettraum für individuell abgestimmte Verpflegung und Feierlichkeiten, Bistro „Leineaue", Hotelbar, Kaminlounge
- „Vitalpark" auf 4.500 m² (Schwimm- & Badebereiche, Saunahaus, Fitnesscenter, Wellnessanwendungen), Erlebnisführungen, Kartfahren, Bowling u.v.m.

37308

# Hotel
# am Vitalpark

HOTEL

## AM VITALPARK

WELLNESS   TAGUNG   FITNESS

### FAZIT

Der tageslichtverwöhnte Tagungsbereich präsentiert sich mit **viel
Aktionsraum und Top-Ausstattung** einschließlich synchroner
Gigabit-Glasfaserleitung.

**Tagungsumfeld mit Wellness:**
Es besteht direkte Anbindung an
den **„Vitalpark"** mit vielseitiger
Bäder-, Fitness- und Saunalandschaft.

**Sehr gute Erreichbarkeit** im
Dreiländereck Hessen–Thüringen
–Niedersachsen.

### 37308 HEILBAD
### HEILIGENSTADT

In der Leineaue 2
Tel. +49 3606 6637-820
veranstaltungen@hotel-am-vitalpark.de
**www.hotel-am-vitalpark.de**

183

**D**em Team des Bad Lauterberger Hotels re.vita ist es über die Jahre gelungen, ein inzwischen rares Gut zu bewahren: Gästen, natürlich auch Tagungsgästen, vermittelt das Serviceteam in allen Bereichen Geborgenheit, Wärme und Wohlergehen. Das, was vielfach in der Branche als Marketingtool verstanden wird, versteht sich im Bad Lauterberger Haus als Selbstverständlichkeit: Gäste werden individuell wahrgenommen, angesprochen und für die Zeit ihres Aufenthaltes mit einem hohen Maß an Servicequalität umsorgt – in allen Hotelbereichen. Und weil sich diese Arbeitsweise als Selbstverständlichkeit versteht, werten sie Gäste als Teil der Authentizität des Hauses. Mit der Folge, dass in den Jahren langjährige Partnerschaften entstanden sind, auch und gerade im Businesssegment; das erklärt den besonders hohen Grad an Stammkunden, den das Management des Hauses mit 80–90 % beziffert! Ergo: Den Weg nach Bad Lauterberg zu finden, das Haus zu betreten, ist dann so wie „nach Hause kommen" – eben kein Werbeklischee, keine plakative Banalität, sondern ehrliches, bewusstes Gästeempfinden. Eine weitere Ursache der „re.vita-Faszination" liegt in der Vielfalt, die das Haus bietet: Es gibt Programme, um den Harz zu erleben, um zu wandern, um aktiv Sport zu treiben.

# re.vita – Faszination

Inhouse steht Gästen ein 3.000 m² großer Wellnessbereich zur Nutzung zur Verfügung – mit allem, was dazugehört, mit Saunen also und einem Schwimmbad, mit Ruhezonen und einem Fitnessbereich. All das empfinden und erleben auch Tagungsgäste, das re.vita ist auch erfolgreich als Tagungshotel. 7 Tagungsräume gruppieren sich um das 270 m² große Pausen-Foyer, in unmittelbarer Nähe findet sich das Office der Service-Crew. Weitere tagesbelichtete Arbeitsräume finden sich in darüberliegenden Etagen. Das re.vita punktet mit seiner Küche: In sechs gastronomischen Bereichen wird regionale und internationale Küche aufgetragen, für Tagungsgäste als anspruchsvolle Buffets. Darüber hinaus bereitet die Küche auch besonders kreativ Zubereitetes und die Cüpli-Bar ist auch für Tagungsgäste ein stilvoller Treffpunkt für informelle Gespräche am Abend. Der Logisbereich präsentiert sich wohnlich, die Zimmer angenehm groß. In summa: Das Haus fasziniert sein Gäste – in allen Bereichen! *Thomas Kühn*

## LOGIS

**260 Zimmer:**
248 DZ, 12 Suiten

## TAGUNG

**Besonders geeignet für:**
Seminar, Konferenz, Klausur

**Räume**
Tagungsräume:                        21

**Maximale Tagungskapazität**
U-Form:                        100 Pers.
Parlamentarisch:              350 Pers.
Reihenbestuhlung:             450 Pers.

**Preise**
Preiskalkulation 1*           62,20 €
Preiskalkulation 2*          212,60 €

*Alle Angaben Nettopreise
zzgl. MwSt., Kalkulationsanfrage siehe Seite 32

**BAD LAUTER-BERG**

 **A 7:** 40 km

 **Nah:** Bad Lauterberg-Barbis, 3 km

 **Hannover:** 125 km

## WISSENSWERTES

- besonders schnelle, umfassende und vollständige Reaktion der Veranstaltungsabteilung auf Tagungsanfragen
- Ortsrandlage mit direktem Zugang zu einem Park
- 280 kostenfreie Parkplätze unmittelbar am Hotel
- umfassendes Rahmenprogramm für Events
- 4 Restaurants (inkl. Gourmetrestaurant), 3 Bars

37431

# re.vita NATUR
# & TAGUNGSRESORT

re.vita

tagung . kongress . workshop . events

*kompetenz seit* **1977**

## FAZIT

**Umfassende, vom übrigen Hotel-
betrieb separierte Tagungskapazitäten** präsentieren sich räumlich flexibel und technisch hochwertig,
großzügig bemessener Pausenbereich.

Zuvorkommende, freundliche und **fachlich versierte Serviceleistungen**
in allen Hotelbereichen.

**Vielfalt an Wellness- und Beauty-
angeboten** mit Saunabereich, Ruheraum, SPA-Bereich, Beautyfarm und
Fitnessclub.

**Logisbereich** in vier unterschiedlichen
Einrichtungsstilen.

**37431
BAD LAUTERBERG**

Sebastian-Kneipp-Promenade 56
Tel. +49 5524 83041
tagung@revita-hotel.de
**www.naturresort-revita.de**

D ie Wälder des Südharzes und ein bildschöner See liegen gleich vis-à-vis: Der „Romantische Winkel" führt seinen Hotelnamen nicht von ungefähr. Ursprünglich aus dem Ruhesitz eines kaiserlichen Diplomaten hervorgegangen, ist das Anwesen heute ein gewachsenes und vielfach preisgekröntes Wellness-Domizil. Man reist an einen Ort, der von Familie Oelkers zum „Auftanken und Abladen" konzipiert wurde und dabei Wellness von seiner schönsten Seite verwirklicht. Die Option, Tagung und Wellness zu kombinieren, liegt auf der Hand – unter anderem können gesundheitsberatende Impulse zur Mitnahme in den Alltag einbezogen werden. Für Tagende hat der „Romantische Winkel" eigens abgeschirmte Räumlichkeiten reserviert, die dem Aufenthalt einen klausurgemäßen und zugleich inspirierenden Charakter verleihen. Zunächst ist da die „Villa Vida": In dem generösen Jugendstilbau stehen zwei miteinander verbundene Tagungssalons mit beeindruckendem Historik-Ambiente zur Verfügung, in denen sich der Lebensstil der Entstehungszeit noch bewahrt – gleichwohl ist das zugehörige Meeting-Equipment in jeder Hinsicht up to date. Hinzu kommt noch eine Kreativwerkstatt im moderneren Look mit angeschlossenem Pausen-Wintergarten. Noch brandneu ist der RoLigio® Campus im „Haus Tonburg", welches etwa 15 Minuten entfernt liegt. Dort ist eine besondere Sphäre für eine gemeinsame Teamzeit im Spirit des New-Work-Ansatzes entstanden. Bis zu 40 Personen wird die Gelegenheit geboten, sich quasi vor der Außenwelt zu verschließen und auf vier Etagen miteinander zu wohnen, zu tagen, zu kochen und Spaß zu haben. Atmosphärisch geht es dabei leger und ansprechend designt zu, aber auch mit einer Fülle an professioneller Workshop-Ausstattung einschließlich digitaler Großbildschirme. Neben dem Plenumsraum „Kraftwerk" sind zahlreiche Gruppenarbeitswinkel, ein Trainerraum, außerdem Spielräume und die Wohnküche „Ideenherd" sowie jede Menge einfallsreich-witziger Accessoires und Hingucker vorhanden – ein eigener Garten rundet das „Zuhause auf Zeit" ab. Am Abend ließe sich das Miteinander am waldumgebenen Seeufer fortsetzen, wo der „Romantische Winkel" eine exklusiv nutzbare Bootshaus-Terrasse bereithält. *Norbert Völkner*

## Jugendstil- und New-Work-Ambiente

### LOGIS

**91 Zimmer:**
13 EZ, 72 DZ, 5 Suiten, 1 Loft

### TAGUNG

**Besonders geeignet für:**
Seminar, Klausur, Kreativprozesse, Event

**Räume**
Tagungsräume:     4
Ausstellungsfläche:    50 m²

**Maximale Tagungskapazität**
U-Form:          23 Pers.
Parlamentarisch:    24 Pers.
Reihenbestuhlung:   40 Pers.

**Preise**
Preiskalkulation 1*    82,50 €
Preiskalkulation 2*   341,64 €

*Alle Angaben Nettopreise zzgl. MwSt., Kalkulationsanfrage siehe Seite 32

**BAD SACHSA**

**A 7:** 50 km
**A 38:** 25 km

**DB**   **Nah:** Bad Sachsa, 3 km

**Hannover-Langenhagen:** 135 km

### WISSENSWERTES

- Nachhaltigkeitszertifikat: Viabono, große Zimmer mit Liebe zum Detail
- Restaurant mit Seeblick, „Joseph's" Fine Dining, viele Stuben und Winkel zum separaten Speisen, Seeterrasse für Barbecue-Abende
- „Vitalpark" am See (Floßbau, Burgenbau, Team-Parcours, Flying Fox, Tretboot-Regatta u.v.m.), Giant Swing im angrenzenden Wald, Harz-Rahmenprogramme
- Das untere Bild auf Seite 187 zeigt den Tagungsraum „Kraftwerk" im Haus Tonburg/RoLigio® Campus

37441

# RoLigio® & Wellness Resort
## Romantischer Winkel

**Romantischer Winkel**
RoLigio® & Wellness Resort

### FAZIT

Das Hotel bietet zwei **exklusive Tagungsrefugien:** Die „Villa Vida" mit Jugendstilflair und den **„RoLigio® Campus"** mit New-Work-Ambiente.

Ein waldumgebenes **See-Areal direkt vor dem Hotel** bietet viele Möglichkeiten für Team- und After-Work-Aktivitäten.

Eine **Wellness-Oase auf 3800 m²** begleitet den Aufenthalt – **das RoLigio® Lebens- und Gesundheitskonzept** bietet nachhaltige Impulse für ein präventives Gesundheitsmanagement.

**37441 BAD SACHSA**
Bismarckstraße 23
Tel. +49 5523 304-0
tagung@romantischer-winkel.de
www.romantischer-winkel.de

Die Geschichte der Stadt Braunschweig ist untrennbar mit dem Namen des Welfenfürsten Heinrich des Löwen verbunden, ihm verdanken die Niedersachsen die Verleihung des Stadtrechts, der mächtige Dom legt beredtes Zeugnis von der historischen Kraft dieser Epoche ab und Till Eulenspiegel soll in den Mauern der Hansestadt seine Späße getrieben haben. Von der Historie sind heute nur noch „Traditionsinseln" sowie zahlreiche Parks erhalten; die Moderne hat Braunschweig eine Vielzahl von Forschungs- und Wissenschaftseinrichtungen beschert, auch Bundesbehörden haben sich angesiedelt. Schon kurz hinter der Stadtgrenze ist von dieser Urbanität nichts mehr zu spüren, üppiges Grün dominiert die Optik. Beispielhaft dafür steht der östliche Vorort Riddagshausen, jenseits des Prinz-Albrecht-Parks gelegen: Das Naturschutzgebiet, das Glitzern des Wassers von Kreuz- und Mittelteich und die pittoreske Kirche der alten Klosteranlage bilden den Kontext des Tagungshotels DAS Seela. Dessen Tagungsbedingungen präferieren Veranstalter, die neben stimmigen räumlichen Bedingungen besonderen Wert auf ein intaktes Verhältnis von Preis und Leistung legen. Sieben Tagungsräume stehen zur Wahl, der größte, der Welfensaal, bietet 125 m² Aktionsfläche für bis zu 70 Tagende, üppiges Tageslicht und eine mediale Grundausstattung. Teilweise miteinander kombinierbar, kann Plenums- und Gruppenarbeit parallel organisiert werden. Das Interieur der Räume wird von Teppichböden und Holzpaneelen dominiert. Das Team der Veranstaltungsabteilung kooperiert mit einer externen Veranstaltungsagentur und offeriert eine große Zahl auch kommunikationsfördernder und teamgeiststärkender Rahmen- und Begleitprogramme, die wahlweise Veranstaltungsteile unterstützen und von kurzer Dauer sind oder tagesfüllend eigenständige Programmpunkte darstellen. Der 54 Zimmer umfassende Logisbereich verfügt über Zimmer in unterschiedlichen Kategorien; jeweils unterschiedlich groß bieten sie unter anderem kostenfreies W-LAN, einen Safe und – für die individuelle Tagungsvor- und -nachbereitung – einen Schreibtisch. Das Seela präsentiert sich als solides Tagungshotel im Spannungsfeld von Natur und Historie.          *Thomas Kühn*

## Im Spannungsfeld von Natur und Historie

### LOGIS

**54 Zimmer:**
26 EZ, 26 DZ,
2 Juniorsuiten

### TAGUNG

**Besonders geeignet für:**
Seminar, Konferenz, Event

**Räume**
Tagungsräume: 7

**Maximale Tagungskapazität**
U-Form: 56 Pers.
Parlamentarisch: 70 Pers.
Reihenbestuhlung: 120 Pers.

**Preise**
Preiskalkulation 1* 62,37 €
Preiskalkulation 2* 137,70 €

*Alle Angaben Nettopreise
zzgl. MwSt., Kalkulationsanfrage siehe Seite 32

**BRAUN-SCHWEIG**

  **A 2:** 5 km

  **Fern:** Braunschweig Hbf., 4,7 km
**Nah:** Braunschweig Hbf., 4,7 km

  **Hannover:** 70 km

### WISSENSWERTES

- Hotel ist mit Green Sign zertifiziert
- Hotel verfügt über 6 E-Ladesäulen
- Veranstalter erhalten Sonderkonditionen bei der Buchung von Zimmern
- W-LAN im Zimmer und in allen öffentlichen Bereichen sowie in den Veranstaltungsräumen ist kostenfrei
- Ebenfalls kostenfrei ist die Nutzung der Tiefgarage und des Parkplatzes
- Zentrum Braunschweigs ist innerhalb von 10 Minuten erreichbar

38104

# DAS Seela
## Braunschweig

### FAZIT

Das Braunschweiger Hotel „DAS Seela" präferieren Veranstalter, die Wert auf eine **grundsolide Ausstattung,** gut eingerichtete Tagungsräume und ein **störungsfreies, naturnahes Tagungsumfeld** legen. Darüber hinaus bietet das Haus ein intaktes Verhältnis von Preis und Leistung.

Das Naturschutzgebiet, das sich unmittelbar an das Hotelgelände anschließt, kann zum einen für **Breaks im Grünen** genutzt werden, zum anderen bietet das Gebiet die Kulisse für **naturnahe Events,** die in Kooperation mit einer externen Agentur organisiert werden können.

DAS **seela.**
BRAUNSCHWEIG
hotel · restaurant · bar · events

**38104 BRAUNSCHWEIG**

Messeweg 41
Tel. +49 531 37001-166
tagung@heimat-liebe-hotels.de
**www.das-seela.de**

Der Harz ist eine der faszinierendsten Landschaften Deutschlands: Vom mehr als 1.000 Meter hohen Brocken überragt, bietet die Landschaft Superlative: Neben dem Nationalpark begeistern vier Naturparks, ausgedehnte Wälder, wilde Flussläufe, Wasserfälle und Stauseen Naturfreunde. Es gibt zahlreiche Wintersportgebiete und gut ausgeschilderte Wanderwege. Und es ist eine Fülle von UNESCO-Welterbestätten zu besichtigen. Neben Burgen und Schlössern faszinieren Herrenhäuser und Themenstraßen sowie spannende Museen, die die regionale Geschichte, die Industrie sowie die Kultur aufbereitet haben. Die Fülle attraktiver Freizeitmöglichkeiten beschert der Region Jahr für Jahr kontinuierliche Besucherströme, das Jahr 2019 zählte 4,7 Millionen Übernachtungsgäste und mehr als 19 Millionen Tagesgäste! Allerdings: Neben den so genannten „Aktiv- und Kulturtouristen" finden natürlich auch kontinuierlich Tagungsgäste den Weg in den Harz: Zum einen, natürlich, wegen des beschriebenen hohen Freizeitwertes, der die Gestaltung attraktiver Rahmen- und Begleitprogramme ermöglicht, zum anderen aber auch, weil die geographische Lage für diese Destination spricht: Der Harz ist aus allen Himmelsrichtungen gut und unkompliziert zu erreichen. Von dieser Entwicklung profitiert auch das am Rande von Bad Harzburg gelegene Harz Hotel & Spa Seela. Dessen Gästegruppe besteht zum einen aus Urlaubern, die das Schwimmbad, das Fitnessstudio und die Saunen nutzen, um im peppig-relaunchten Ambiente Körper, Geist und Seele zu optimieren. Zum anderen präferieren aber auch Tagungsgäste das Haus, weil sie um die Vorzüge der Destination und des Hotels wissen. Drei Tagungsräume stehen zur Verfügung – zum einen der multifunktional nutzbare Festsaal, der insgesamt 126 m² Nutzfläche bietet, der 50 m² große Raum „Heimatliebe", der insbesondere für Seminare, Meetings und Klausuren geeignet scheint, und der Raum „Zwölfender". Die offerierte Tagungspauschale von 49 € schont insbesondere das Budget kostenbewusster Veranstalter, „add-ons" können – je nach Bedarf – dazugebucht werden. Gastronomisch weiß das Haus im Restaurant auch mit Regionalem zu beeindrucken. Für stimmungsvoll-informelle Abende nach getaner Arbeit kann die hauseigene Kegelbahn genutzt werden.                                                                  *Thomas Kühn*

# Faszination Harz

## LOGIS

**120 Zimmer:**
18 EZ, 101 DZ, 1 Suite

## TAGUNG

**Besonders geeignet für:**
Seminar, Klausur

**Räume**
Tagungsräume:                          3

**Maximale Tagungskapazität**
U-Form:                            40 Pers.
Parlamentarisch:              50 Pers.
Reihenbestuhlung:           100 Pers.

**Preise**
Preiskalkulation 1*            78,15 €
Preiskalkulation 2*          253,13 €

*Alle Angaben Nettopreise zzgl. MwSt., Kalkulationsanfrage siehe Seite 32

**BAD HARZBURG**

**A 36:** 7 km

**Fern:** Braunschweig, 48 km
**Nah:** Bad Harzburg, 3 km

**Hannover:** 118 km

## WISSENSWERTES

- Die Ursprünge des Hotels reichen bis in das Jahr 1917 zurück
- Seit dem Jahr 2020 wird das Hotel stufenweise saniert und neu positioniert
- Hotel bietet 120 Zimmer in unterschiedlichen Kategorien
- öffentlicher Parkplatz unmittelbar am Hotel kostenfrei nutzbar
- Hotelbar sowie eine Bibliothek sind vorhanden

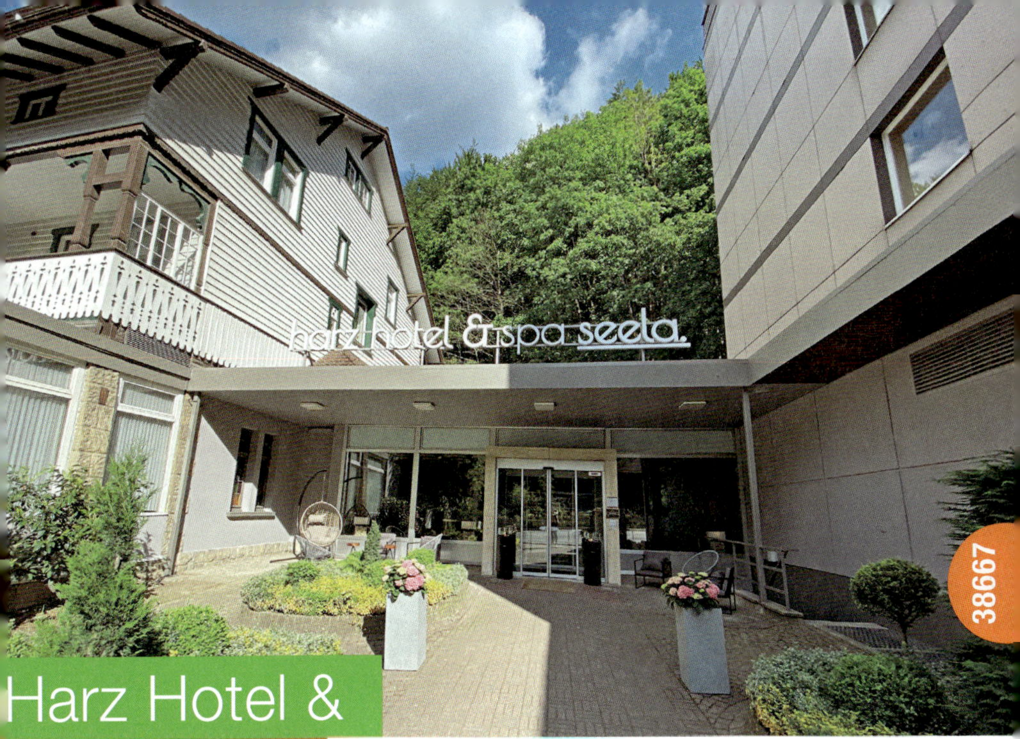

38667

# Harz Hotel & Spa Seela

### FAZIT

Das Harz Hotel & Spa Seela präsentiert eine **Tagungsofferte,** die – inhaltlich solide – das **Veranstalterbudget** im Blick hat, transparent ist und darüber hinaus mit weiteren „Bausteinen" erweitert werden kann.

Die Vielzahl der Möglichkeiten, die der Harz im Sport- und Freizeitbereich bietet, machen das Hotel und Bad Harzburg zu einem **exzellenten Ausgangsort für die Erkundung** der Landschaft, seiner Menschen und deren Kunst und Kultur.

Die **Lage am Ortsrand** von Bad Harzburg gewährleistet ein störungsfreies Tagen.

**38667**
**BAD HARZBURG**
Nordhäuser Straße 5
Tel. +49 531 37001-166
tagung@heimat-liebe-hotels.de
www.harz-hotel-spa.de

Von einer „Hotellandschaft" zu sprechen ist nicht ganz abwegig. Das weitläufige Klostergelände (7 Hektar) mit seinen verschiedenen Gutsgebäuden, den Gärten und der Kirche wird umgeben von einer rund einen Kilometer langen, historischen Mauer. Drum herum befindet sich nur freie Landschaft: Felder, Wälder und Harzblicke. Bei einem Spaziergang auf dem „Klostererlebnisweg" lässt sich viel erfahren über den geschichtlichen Alltag, als noch die Zisterzienserinnen hier lebten und wirkten. Die Gesamtheit der bestens erhaltenen Barockanlage weckt innere Echos und ist wie dafür geschaffen, „runterzukommen" und sich neu zu erden. Wer ein Lern- und Tagungsumfeld sucht, in dem es sich atmosphärisch und sprichwörtlich „in Klausur" gehen lässt, liegt im Klosterhotel Wöltingerode richtig – dazu erlebt man einen Umgebungswechsel mit viel historischem Charme, interessanten Einblicken und zeitgemäßem Komfort. Im ehemaligen „Skriptorium", entlang des Gevierts der Kreuzgänge, ist heute das Gros der Tagungsräume untergebracht. Sie verfügen über eine Seminarausstattung mit allem professionellen Zubehör und teils direktem Ausgang zur Klosterwiese, auf der bei schönem Wetter Gruppenarbeiten oder Teamspiele bei einem herrlichen Landschaftsweitblick auf den Harz stattfinden können. Nebenan wird der stimmungsvolle Klosterinnenhof gerne und rege zum Pausen-Intermezzo aufgesucht. Von besonderem Charakter sind die rückzüglichen „Benediktinersäle", in denen stilvolles Mobiliar und alte Ölgemälde Zusammenkünften im kleinen Kreis einen exklusiven Rahmen schaffen. Größer angelegte Treffen, wie parlamentarische Konferenzen, Symposien und Vorträge, erhalten in der „Nonnenempore" (230 m²) ihrerseits eine eindrückliche Kulisse: In dem über sieben Meter hohen mittelalterlichen Gewölbesaal kann man in den Innenraum der Klosterkirche herunterschauen. Angesichts so viel geschichtlicher Präsenz bieten sich Rahmenprogramme gleich an Ort und Stelle an. Verschiedene Führungen, historisch oder technisch orientiert, kommen hierbei in Betracht, auch die berühmte Klosterbrennerei: Dabei geht es um Tradition und Handwerk bei der Erstellung von Feinbränden und natürlich um geschmackliche Entdeckungen.

*Norbert Völkner*

## Ein Ort zum Geerdet-Werden

### LOGIS

**55 Zimmer:**
4 EZ, 51 DZ

### TAGUNG

**Besonders geeignet für:**
Seminar, Konferenz, Klausur, Event

**Räume**
| | |
|---|---|
| Tagungsräume: | 10 |
| Ausstellungsfläche: | 400 m² |

**Maximale Tagungskapazität**
| | |
|---|---|
| U-Form: | 45 Pers. |
| Parlamentarisch: | 65 Pers. |
| Reihenbestuhlung: | 200 Pers. |

**Preise**
| | |
|---|---|
| Preiskalkulation 1* | 73,94 € |
| Preiskalkulation 2* | 264,44 € |

*Alle Angaben Nettopreise zzgl. MwSt., Kalkulationsanfrage siehe Seite 32

**GOSLAR/ OT VIENENBURG**

**A 395:** 5 km

**Fern:** Braunschweig, 40 km
**Nah:** Vienenburg, 1,5 km

**Hannover:** 90 km

### WISSENSWERTES

- viel Platz für Gruppenarbeiten und Break-out-Gespräche indoor und outdoor, Präsentationsbildschirme
- separate Speiseräume: „Sonneck", „Kaminzimmer", „Grüner Salon", Bibliothek, Bar „1682" (auch zur exklusiven Nutzung für Tastings), À-la-carte-Restaurant „Klosterkrug"
- Gästezimmer mit Historik-Flair, Parkettböden und hübschen Ausblicken
- Klostererlebnisweg, Klosterparkanlage mit Damwildgehege, Boule-Bahn, Leihfahrräder, Jogging- & Walking-Strecken, BBQ u.v.m.

38690

# Klosterhotel
# Wöltingerode

Kloster
Wöltingerode

## FAZIT

Eine authentische klösterliche Aura verleiht Tagungen einen **perfekten Klausurcharakter** mit historischem Flair und modernem Komfort – direkt vor den Toren der Weltkulturerbestadt Goslar.

**Attraktive Rahmenprogramme** finden direkt „on Spot" statt – dazu gehören zahlreiche spannend-unterhaltsame Themenrundgänge einschließlich Führungen durch die traditionelle Klosterbrennerei.

Die **bodenständig raffinierte Küche** verwendet Zutaten aus dem eigenen Kräutergarten.

**38690 GOSLAR/
OT VIENENBURG**

Wöltingerode 3
Tel. +49 5324 77446-0
event@klosterhotel-woeltingerode.de
**www.klosterhotel-woeltingerode.de**

193

A n Orten zu tagen, die eigentlich Urlaubswünschen entsprechen, ist für das Teamgefühl meistens ergiebiger als in austauschbaren Umgebungen. Das Gothische Haus Wernigerode in der „bunten Stadt am Harz" ist so ein Ort: Am Wernigeroder Marktplatz gelegen, mit einem der schönsten Rathäuser Europas gleich vor der Tür und dem Nationalpark Harz in Ausflugsnähe, bietet das Hotel Verführerisches frei nach der Devise: Work + Vacation = Workation! Einst residierte hinter den jetzt denkmalgeschützten Fachwerkfassaden ein Ratsherr mit seiner Familie. Nach aufwändigem Umbau erlebt man heute ein modernisiertes Ambiente, das die Tradition auf elegante Weise neu interpretiert und hie und da einhergeht mit mittelalterlicher Handwerkskunst – so etwa im Wintergarten-Restaurant, wo es die mit prunkvollem Schnitzwerk verzierte Schauseite einer ehemaligen Stadtgasse zu bestaunen gibt sowie detailfreudige KnaggenFiguren, die der Stabilität des Fachwerkbaus dienten. Für den Work-Anteil des Aufenthaltes stehen zwei Tagungsbereiche zur Verfügung: Die Konferenz-Salons im Erdgeschoss lassen sich zu einem Saal verbinden und leiten direkt über zur Kaminbar mit stilvollen Lobby-Sitzgruppen. Im ersten Stockwerk befindet sich ein Seminar- und Workshop-Areal mit angebundener Dachterrasse und Piazza – obwohl mitten in der Stadt gelegen ist es dort angenehm ruhig. Während Pausen ist beim Marktplatz-Bummel das spätmittelalterliche Rathaus, das mit seinen pittoresken Türmchen und Erkern so wirkt, als sei es aus einem Disney-Film, ein dankbares Fotomotiv. In puncto Kulinarik setzt man zu einem hohen Prozentsatz auf regionale Lieferanten – alte Rezepturen werden gerne in die neue Zeit geholt, so dass eine moderne „Harzlichkeit" als ein Pfeiler der Küchenidentität zu bezeichnen ist. Beim abendlichen Miteinander sind Platten mit Harzer Tapas, z.B. „Hackus mit Knieste", sehr beliebt. Zwischen Tagung und Abendessen lässt sich direkt vom Hotel zu geführten Stadtrundgängen mit verschiedenen Thematiken aufbrechen. Wem ein mehr naturgeprägtes Outdoor-Highlight vorschwebt, kann eine Fahrt mit der Brockenbahn auf den höchsten Harzgipfel unternehmen – für den halbtägigen Abstecher ist die Reservierung eines eigenen Salonwagens möglich.

*Norbert Völkner*

## Workation mit viel Harzlichkeit

### LOGIS

**116 Zimmer:**
7 EZ, 99 DZ,
7 Juniorsuiten, 3 Suiten

### TAGUNG

**Besonders geeignet für:**
Seminar, Konferenz, Klausur, Event

**Räume**
| | |
|---|---|
| Tagungsräume: | 5 |
| Ausstellungsfläche: | a. A. |

**Maximale Tagungskapazität**
| | |
|---|---|
| U-Form: | 35 Pers. |
| Parlamentarisch: | 80 Pers. |
| Reihenbestuhlung: | 130 Pers. |

**Preise**
| | |
|---|---|
| Preiskalkulation 1* | 66,38 € |
| Preiskalkulation 2* | 262,31 € |

*Alle Angaben Nettopreise zzgl. MwSt., Kalkulationsanfrage siehe Seite 32

**WERNIGERODE**

**A 36:** 5 km
**A 14:** 60 km

**Fern:** Braunschweig, 56 km
**Nah:** Wernigerode, 2 km

**Hannover:** 120 km
**Leipzig:** 130 km

### WISSENSWERTES

- hoteleigenes Parkhaus mit 100 Stellplätzen, separater Boardroom
- komfortorientierte Gästezimmer, besonders stimmungsvolle Historik-Zimmer
- „Gaststuben Gothisches Haus", Eventlocation „Winkeller 1360", Gewölbekeller von 1481, elegante Kaminbar, Sommerterrasse zum Marktplatz
- „Puria Classic Spa" mit Whirlpool, Saunen, Fitness, Massagen
- „Harzer Abend", Hexen- und Nachtwächter-Tour, Rundgang mit „Schokolade-Mädchen", Whiskey-Tasting, Altstadt-Teamrallye u.v.m.

# Gothisches Haus
# Wernigerode

38855

## GOTHISCHES HAUS WERNIGERODE

### Harz

## FAZIT

**Malerische Lage:** Das Hotel ist ein einzigartiges Fachwerk-Ensemble, direkt am Wernigeröder Marktplatz mit dem mittelalterlichen Rathaus gelegen.

Flexibel nutzbares Raumensemble samt **Seminar-Areal mit eigener Dachterrasse.** Rundum sorgt eine moderne **Kulinarik mit dem Gütesiegel „Typisch Harz"** für Gaumenfreuden, die teils in historischen Stuben serviert werden.

**Kurze und längere Outdoor-Unternehmungen** starten direkt vor der Hoteltür – von der Altstadtführung bis zum Brocken-Ausflug.

**38855
WERNIGERODE**

Marktplatz 2
Tel. +49 3943 6750
gothisches-veranstaltung@travelcharme.com
**www.travelcharme.com**

195

I seiner berühmten „Harzreise" setzte Heinrich Heine dem Ilsetal ein literarisches Denkmal. Bis heute gilt eine Wanderung entlang des Flusses Ilse, vorbei an romantischen Klippen und Wasserfällen, als einer der schönsten Aufstiege zum Brocken. Am Fuße desselben befand sich schon zu Heines Zeiten der Gasthof „Rothe Forelle", in dem der Dichter historisch verbürgt nächtigte, bevor er den höchsten Harzberg bestieg – andere damalige Berühmtheiten, wie Friedrich Schiller und Hans Christian Andersen, taten es ihm in dieser Hinsicht gleich. Zweihundert Jahre später ist aus dem einstigen Gasthaus das „Landhaus Zu den Rothen Forellen" geworden, das Urlaubern wie Tagenden ein gehobenes Hotelerlebnis mit viel Wohnkomfort, Wellness und Speisehighlights bietet. Und Prominente stehen immer noch in der Gästeliste: Namen wie George Clooney, Cate Blanchett und Matt Damon zählen beispielsweise dazu – an den Zimmertüren verraten Hinweise, welcher Filmstar wo logierte. Für Tagungsgäste finden sich eigene, zurückgezogene Areale, die die Bezeichnung „Gedankenräume" erhielten. Eines davon wird über die „Bach-Lounge" erreicht: In diesem stilvollen Aufenthaltsbereich mit Bibliothek begegnet man einem Nebenarm der Ilse, der unter Glas einmal quer hindurchfließt. Dahinter beginnt die für variable Kapazitätsansprüche (20–216 m²) konzipierte Arbeitssphäre, in der sich alles Erforderliche findet, um beim Lernen und Konzepteschmieden „gedanklichen Schwung" zu holen – ergänzende Gruppenarbeitsräume sind in der „Remise" nebenan. Als alternatives Tagungsambiente gibt es außerdem im historischen Haupthaus die mit viel gemütlichem Holz ausgekleidete „Kutscherstube" (88 m²). Zu zwischenzeitlichen Frischluft-Pausen oder Outdoor-Stuhlkreisen mit Blick auf den „Forellensee" ist die ruhig angebundene Gartenwiese eine gern genutzte Option. Wen es noch weiter nach draußen zieht, der bekommt es in puncto Teamunternehmungen mit einer wahren „Wunderkammer" zu tun: Mit zwei PS im Kremser zu den tosenden Ilse-Fällen wäre eine Möglichkeit. Mit dem Ranger auf eine Tour in den Nationalpark, wo die Natur sich selbst überlassen bleibt, eine andere. Nicht weit entfernt lockt auch die malerische Welterbestadt Quedlinburg *Norbert Völkner*

## Gedankenräume im romantischen Ilsetal

### LOGIS

**76 Zimmer:**
4 EZ, 67 DZ, 4 Suiten,
1 Juniorsuite

### TAGUNG

**Besonders geeignet für:**
Seminar, Konferenz, Klausur, Event

**Räume**
| | |
|---|---|
| Tagungsräume: | 10 |
| Ausstellungsfläche: | 100 m² |

**Maximale Tagungskapazität**
| | |
|---|---|
| U-Form: | 48 Pers. |
| Parlamentarisch: | 60 Pers. |
| Reihenbestuhlung: | 100 Pers. |

**Preise**
| | |
|---|---|
| Preiskalkulation 1* | 62,18 € |
| Preiskalkulation 2* | 286,57 € |

*Alle Angaben Nettopreise zzgl. MwSt., Kalkulationsanfrage siehe Seite 32

ILSENBURG

**A 36:** 5 km

**Fern:** Braunschweig, 50 km
**Nah:** Ilsenburg, 0,5 km

**Hannover:** 125 km

### WISSENSWERTES

- Glasfaser-Internet, 5G-Mobilfunknetz, hybride Konferenztechnik, komfortable Gästezimmer mit separaten Schreibtischen
- „Landhaus-Restaurant" mit Wintergarten und romantischer See-Terrasse, separate Speiselocation „Forellenstube", Vinothek, BBQs am See
- „Forelle Spa" (Schwimmbad, Whirlpool, Saunen, Beauty u.v.m.)
- Floßbau am „Forellensee", Team-Erlebniswanderungen, geführte Mountainbike-Touren, Bergwerk-Besichtigungen, Klettern & Abseilen am Naturfels u.v.m.

38871

# Landhaus
# Zu den Rothen Forellen

Landhaus
Zu den Rothen Forellen

### FAZIT

**Urlaubshafte Tagungskultur:** Das **idyllisch am See gelegene Harz-Refugium** verleiht Veranstaltungen ein gehobenes Hotelerlebnis mit edlem Spa-Bereich und kulinarischen Highlights aus der Frischeküche.

Teilnehmer erwartet ein variabel einsetzbares **Arbeitsraum-Ensemble mit Gartenanschluss** sowie eine **„Workshopwiese" am See** – im nahtlos erreichbaren Nationalpark Harz kommt eine breite Skala an aktiven oder gemächlichen **Team- & Naturevents** hinzu.

**38871 ILSENBURG**

Marktplatz 2
Tel. +49 39452 9393
info@rotheforelle.de
**www.rotheforelle.de**

197

E s gibt wunderbare Ausblicke aus Hotels: ins Grüne, in ein Landschaftspanorama, über die Dächer von irgendwo, und es gibt diesen coolen Blick in ein Fußballstadion. 54.000 bunte Sitzschalen in hohen Rängen rund um das Grün des Spielfeldes ergeben schon ein beeindruckendes Bild. Das Tulip Inn ist architektonisch in die Merkur Spiel Arena Düsseldorf integriert und damit einzigartig in ganz Europa. Für Tagungsgäste bedeutet dies eine Auswahl aus 40 Veranstaltungsarealen und Tagungsräumen in unterschiedlichem Design und verschiedenster Größe. Das erfahrene und gastfreudige Serviceteam des Hotels hilft hier gern bei der Planung. Die Homepage gibt einen guten ersten Überblick über die zahlreichen Möglichkeiten. Viele der Räume haben Ausblick ins Stadionrund und Zugang zur Tribüne. Die Palette reicht von der exklusiven Loge mit eigenem Tribünenabschnitt für die Besprechung im kleinen Kreis über klassische Konferenzräume bis hin zu modernen Event- und Präsentationsflächen. Das sportliche Hotel-Restaurant im Stadion, mit Live-Cooking-Station, bildet mit der Event-Lounge „Backstage Bar & Deli" eine räumliche Einheit. Dazu gehört die eigene große Stadion-Terrasse mit Zugang zum Innenbereich. Hier finden neben den klassischen Kaffeepausen auch Cocktail-Empfänge oder beliebte Stadion-Barbecues statt, oder Gäste buchen den Bereich exklusiv und grillen selbst, vieles ist möglich. Incentives lassen sich im Tulip Inn besonders gut inszenieren. Ob Stadionführung, Trommel-Workshop auf den Rängen oder ein Menschen-Kicker-Turnier inklusive Buchung des Stadionsprechers, das Team hilft bei der Auswahl und Planung, die Kulisse bietet den Wow-Effekt. Rund um das Hotel liegt der Arena Sportpark mit Tennis- und Leichtathletikhalle mit Krafttrainingsraum und Außentrainingsplätzen. Das Rheinufer mit Joggingstrecken ist fußläufig in zwei Minuten zu erreichen. In unmittelbarer Nachbarschaft liegen außerdem das Düsseldorfer Messegelände und Congress Center. Die Erreichbarkeit mit allen Verkehrsmitteln ist denkbar leicht. Der Flughafen ist zehn Taximinuten entfernt, in der Hotelgarage des Hotels gibt es ausreichend Parkraum. Die U-Bahn hält vor der Tür und bringt die Gäste in 13 Minuten zur längsten Theke der Welt, in die Altstadt. Wunderbar! *Katrin Nauber-Happel*

## einzigartig cool

## LOGIS

**280 Zimmer:**
280 EZ

## TAGUNG

**Besonders geeignet für:**
Seminar, Konferenz, Event

**Räume**
Tagungsräume:                    40

**Maximale Tagungskapazität**
U-Form:                    40 Pers.
Parlamentarisch:         170 Pers.
Reihenbestuhlung:       270 Pers.

**Preise**
Preiskalkulation 1*        81,00 €
Preiskalkulation 2*      355,00 €

*Alle Angaben Nettopreise zzgl. MwSt., Kalkulationsanfrage siehe Seite 32

**DÜSSELDORF**

**A 44:** 1 km

**Fern:** Düsseldorf Hbf., 8 km
**Nah:** Düsseldorf Hbf., 8 km

**Düsseldorf:** 6,5 km

### WISSENSWERTES

- GreenSign-Zerfizierung
- Hotelgarage, E-Ladestation, U-Bahn-Halt am Hotel, Taxi-Service
- Restaurant, Backstage Bar, Delis Bistro, Stadionterrasse
- Hotel ist architektonisch in das Düsseldorfer Fußballstadion integriert, Lage unmittelbar am Messegelände, Congress Center
- Arena Sportpark mit Leichtathletikhalle inkl. Krafttrainingsraum, Tennishalle, Außensportplätze, Rheinbad, Joggingstrecken am Rheinufer (fußläufig)

# Tulip Inn Hotel
# Düsseldorf Arena

40474

*Tulip Inn*
HOTEL
DÜSSELDORF ARENA

## FAZIT

**Die architektonische Integration des Hotels in ein Fußballstadion ist in Europa einzigartig.** Das Stadion mit seinen bunten Zuschauerrängen und dem Innenbereich kann für Veranstaltungen und Incentives genutzt werden und eröffnet eine **beeindruckende Kulisse.** Viele Veranstaltungsräume bieten Ausblick und Zugang ins Stadion.

Das Hotel ist mit allen Verkehrsmitteln **bestens erreichbar.**

## 40474 DÜSSELDORF
Arena-Straße 3
Tel. +49 211 30275-603
conference@tulipinnduesseldorfarena.com
**www.tulipinndusarena.com**

199

**D**as Holiday Inn ist ein modernes Businesshotel mit persönlicher Note in attraktiver Lage. Die Erreichbarkeit ist hervorragend: Sowohl der Flughafen als auch die Bahnhöfe von Düsseldorf und Neuss liegen in bequemer Taxi-Entfernung, in der Nähe hält die Straßenbahn und gleich mehrere Autobahnanschlüsse sind schnell erreicht. Die hoteleigene Tiefgarage erleichtert das Ankommen. Attraktiv ist die Lage aber nicht nur aufgrund der guten Verkehrsanbindung, denn auch in puncto Sport und Freizeit kommen die Gäste hier auf ihre Kosten. Die Auen-Landschaft direkt am Rheinufer mit Joggingstrecken und Radwegen ist nur wenige Schritte oder Pedalumdrehungen vom Hotel entfernt. Die Innenstädte sowohl der alten Römerstadt Neuss als auch von Düsseldorf sind für ihr breites Sport- und Kulturangebot und natürlich für ihre Gastronomie-Landschaft weithin als „längste Theke der Welt" bekannt. Neben der sehr guten Küchenleistung des Holiday Inn wird vor allem das eingespielte Service-Team des Hauses in Gästebewertungen immer wieder für seine professionelle und zugleich freundlich zugewandte Art gelobt. Nach der jüngsten Renovierung überzeugt das Ambiente des Hauses auf der ganzen Linie: Der als einladende Open Lobby konzipierte Empfangsbereich mit gemütlichen Sofa-Ecken, einer Tischtafel, TV und Gesellschaftsspielen, das schicke Restaurant „Amaroso" sowie die trendige „Sports Bar" fließen räumlich ineinander. Überall lassen raumhohe Fenster viel Licht herein, Terrassen und der mit Lounge-Möbeln und Grünpflanzen sehr schön gestaltete Biergarten locken ins Freie – auch zum Tagen. Denn von hier aus sind es angenehm kurze Wege zum modernen und hochwertig ausgestatteten Tagungsbereich. Fünf kombinierbare, klimatisierte und befahrbare Räume sowie ein Boardroom gruppieren sich um ein zentrales Pausenfoyer mit Ausgang zur großen Seminarterrasse, die mittels flexibler Glaswände und Faltdach kurzerhand zum Wintergarten werden kann. Dem hohen Standard eines Vier-Sterne-Superior-Hotels entspricht der Logiskomfort: Geräumige, behagliche Zimmer mit 2,10 m langen Betten mit Mehrfach-Kissenauswahl, Couch-Ecke und weiteren Annehmlichkeiten versprechen einen sehr angenehmen Aufenthalt.

*Katrin Nauber-Happel*

## In Sichtweite zur Laga '26

### LOGIS

**220 Zimmer:**
173 DZ,
47 Suiten (auch als DZ)

### TAGUNG

**Besonders geeignet für:**
Seminar, Konferenz, Event

**Räume**
| | |
|---|---|
| Tagungsräume: | 6 |
| Ausstellungsfläche: | 517 m² |

**Maximale Tagungskapazität**
| | |
|---|---|
| U-Form: | 74 Pers. |
| Parlamentarisch: | 180 Pers. |
| Reihenbestuhlung: | 240 Pers. |

**Preise**
| | |
|---|---|
| Preiskalkulation 1* | 104,00 € |
| Preiskalkulation 2* | 364,00 € |

*Alle Angaben Nettopreise zzgl. MwSt., Kalkulationsanfrage siehe Seite 32

**NEUSS**

**A 57:** 1 km
**A 46:** 4 km

**Fern:** Düsseldorf Hbf., 8 km
**Nah:** Neuss Hbf., 3 km

**Düsseldorf:** 14 km

### WISSENSWERTES

- Nachhaltigkeitssiegel: Green Engage / IHG
- eigene Tiefgarage; Business-Corner mit PC und Drucker
- „BeGREEN"-Meeting-Pauschale, IHG-Initiative: „Meetings for Good"
- Rad- und Joggingstrecken, Sauna, Kooperation mit Wellnesscenter und Saunalandschaft „WellNeuss"
- ab April 2026: Landesgartenschau NRW nahebei

# Holiday Inn
## Düsseldorf-Neuss

41460

# Holiday Inn®
## EIN IHG HOTEL
### DÜSSELDORF–NEUSS

## FAZIT

Das Holiday Inn liegt gleichzeitig **grün und zentral**. Es ist **mit allen Verkehrsmitteln bestens erreichbar**.

Die **Küchenleistung des Hotels wird sehr geschätzt**.

Der barrierefreie, **klimatisierte und befahrbare Tagungsbereich** überzeugt mit professioneller, moderner Ausstattung und angenehmer Atmosphäre – **Pausengarten und flexibel zu überdachende Seminarterrasse**.

**Nachhaltigkeit** wird großgeschrieben.

**41460 NEUSS**
Anton-Kux-Straße 1
Tel. +49 2131 184-0
info@hi-neuss.de
**www.hi-neuss.de**

201

# „Werkstadt" und Brauhaus

Das mk Hotel ist eine markante Landmarke in der Remscheider Innenstadt. Das im Stile eines Vieleck-Towers gebaute Haus mit seiner für das Bergische Land typischen Schieferfassade liegt sehr zentral nahe dem Remscheider Haupt- und Busbahnhof, auch die Fußgängerzone ist in wenigen Gehminuten erreicht. Eigene Parkplätze und eine Tiefgarage erleichtern das Ankommen. Remscheid liegt im Städtedreieck Köln, Düsseldorf, Dortmund und ist für seine Werkzeugindustrie bekannt. Diese Tradition greift das ungewöhnliche Interieur der Gästezimmer mit witzigen Einfällen auf. In hellem Lindgrün und hölzernem Boden recht frisch gestaltet, ziert sie eine graue Werkzeugwand, an der die Regale, Fernseher, Schreibtischflächen bis hin zum Wasserglashalter oder einer Stiftklemme befestigt sind. Darüber hinaus gibt es in jedem Zimmer eine Sprossenwand sowie verschiedene Fitnessgeräte, mal ein Spinningrad, mal Boxsack und Hanteln oder Step. Baulich bedingt haben nahezu alle Zimmer ein Bad mit Fenster. In den höheren Etagen kommt ein wunderbarer Ausblick ins Bergische Land hinzu. Die Veranstaltungsetage umfasst insgesamt fünf moderne Tagungsräume samt Foyerflächen, die mittels schalldichter, mobiler Wände in zahlreichen Varianten sehr flexibel zugeschnitten werden können. So entstehen Raumgrößen von 17 bis 380 m². Decken, Parkettböden, Beleuchtung und Tagungstechnik wurden vor wenigen Jahren komplett neu eingebaut. Neben der Werkzeug-Geschichte gilt dem Thema Bier die zweite Leidenschaft. Das Restaurant firmiert als „Remscheider Bräu" und präsentiert sich als rustikales Brauhaus inklusive Sudkessel und typisch rustikaler Brauhaus-Atmosphäre. Tagungsgäste haben bei den Menüs die Wahl zwischen leichteren, auch vegetarischen Gerichten oder dem „klassischen Brauhausgericht". Die eigenen Biere erfreuen sich bei den Gästen großer Beliebtheit, selbstverständlich sind Bier-Tastings und Brauereiführungen im Rahmenprogramm-Angebot. Zwei Kegelbahnen stehen für den geselligen Abend zur Verfügung. Weitere Incentives werden in Zusammenarbeit mit einer Eventagentur angeboten. Einen Besuch lohnt das nur knapp sechs Kilometer vom Hotel entfernte Naherholungsgebiet rund um die Müngstener Brücke, die höchste Eisenbahnbrücke Deutschlands. *Katrin Nauber-Happel*

## LOGIS

**88 Zimmer:**
55 EZ, 33 DZ

## TAGUNG

**Besonders geeignet für:**
Seminar, Konferenz, Event

**Räume**
Tagungsräume: 5

**Maximale Tagungskapazität**
| | |
|---|---|
| U-Form: | 50 Pers. |
| Parlamentarisch: | 150 Pers. |
| Reihenbestuhlung: | 200 Pers. |

**Preise**
| | |
|---|---|
| Preiskalkulation 1* | 63,00 € |
| Preiskalkulation 2* | 191,00 € |

*Alle Angaben Nettopreise zzgl. MwSt., Kalkulationsanfrage siehe Seite 32

REMSCHEID

**A 1:** 2,8 km
**A 3:** 28 km
**A 46:** 13 km

**Fern:** Wuppertal, 12 km
**Nah:** Remscheid, 0,9 km

**Düsseldorf:** 48 km
**Köln/Bonn:** 48 km

## WISSENSWERTES

- 24 Außenparkplätze, 16 Tiefgaragenplätze, E-Ladestation
- Brauhaus-Restaurant „Remscheider Bräu" – eigene Brauerei, Biergarten
- Fitnessgeräte in den Zimmern, Joggingstrecke, Kegelbahnen, Leihfahrräder
- Brauereiführung und Bier-Tastings im Haus, weitere Rahmenprogramme mit Agentur

# mk | hotel remscheid

## mk | hotel remscheid

### FAZIT

Zwischen Düsseldorf und Dortmund, im Bergischen Land, liegt das Hotel sehr **verkehrsgünstig in der Remscheider Innenstadt,** gegenüber des Hauptbahnhofes.

Die Tagungsetage umfasst eine **sehr flexibel gestaltbare Veranstaltungsfläche** von 17 bis 380 m². Die Licht- und Medientechnik ist auf dem neusten Stand.

Die **grüne Umgebung des Bergischen Landes** bietet viele Freizeitmöglichkeiten.

**42853 REMSCHEID**
Bismarckstr. 39
Tel. +49 2191 5646953
conferences_rem@mkhotels.de
**www.mkhotels.de/de/remscheid**

42853

203

D as Hotel Esplanade ist eine Persönlichkeit unter den Business-Hotels. Als sehr engagiert geführter Familienbetrieb am Rande der Dortmunder Fußgängerzone überzeugt es die Gäste nicht nur mit seinem hohen Standard eines top gepflegten Interieurs, sondern auch mit persönlichem Service des Mitarbeiter-Teams, der auf einer im wahrsten Sinne des Wortes ausgezeichneten Führungskultur basiert. Die gelebte Wertschätzung gegenüber jedermann schafft eine spürbar angenehme und gewinnende Atmosphäre. Viele Stammgäste wissen dies zu schätzen. Referenten erhalten ein Zimmer-Upgrade, darüber hinaus werden grundsätzlich individuelle Vorlieben archiviert, um den Gästen die Tagungsarbeit zu erleichtern. Die Verwurzelung der Unternehmerfamilie Kortmann im Ruhrgebiet wird im Hause gern in Szene gesetzt und modern interpretiert. Die gemütliche Ruhrpott-Lounge im Zechendesign bietet Rückzugsorte für nette Gespräche ebenso wie bequemes und arbeitsgerechtes Mobiliar bis hin zum Laptopsessel für Gruppenarbeiten oder kleinere Meetings mit „Kumpel-Pauschale". Die Variante „Dortmund Extra Schicht" findet dann eher in einem der größeren, technisch hochwertig ausgestatteten Tagungsräume mit Ausgang zum hübschen kleinen Innenhof-Garten statt. Hier werden bei gutem Wetter auch gern die Mahlzeiten gereicht, und die Gäste sitzen des Abends in lauschiger Atmosphäre beisammen, so sie denn nicht in die direkt gegenüberliegende Innenstadt ausschwärmen. Der Logiskomfort im Hause ist vorzüglich. Familie Kortmann war ursprünglich im Möbelhandwerk tätig, so dass die ausschließliche Verwendung von wertigem Massivholz Ehrensache ist. Auch hier wird das Thema Ruhrgebiet gekonnt in Behaglichkeit übersetzt. Großformatige Fotomotive und Leuchten im Industriedesign, gepaart mit moderner Technik und diversen Annehmlichkeiten, wie z.B. originellen Möbeln für das Arbeiten im Bett der Ruhrpottzimmer oder der Panoramasicht aus zwei der neuen Phönixzimmer, machen sie besonders. Zur Entspannung gibt es einen schönen kleinen Saunabereich und einen Fitnessraum. Kurzum: Wer Professionalität mit Herz und Wohlfühl-Atmosphäre für seine Tagung schätzt, wird das Hotel in die Liste seiner Lieblingshäuser aufnehmen. *Katrin Nauber-Happel*

## Ein höchst attraktives Tagungsrevier

**LOGIS**

**96 Zimmer:**
45 EZ, 48 DZ, 3 Juniorsuiten

**TAGUNG**

**Besonders geeignet für:**
Seminar, Konferenz

**Räume**
Tagungsräume:                               5

**Maximale Tagungskapazität**
U-Form:                             30 Pers.
Parlamentarisch:                    40 Pers.
Reihenbestuhlung:                   65 Pers.

**Preise**
Preiskalkulation 1*              149,60 €
Preiskalkulation 2*              328,90 €

*Alle Angaben Nettopreise
zzgl. MwSt., Kalkulationsanfrage siehe Seite 32

DORTMUND

A 40 (B 1): 2,5 km
A 1: 5 km
A 44: 10 km

Fern: Dortmund Hbf., 0,5 km

Dortmund: 10 km
Düsseldorf: 60 km

## WISSENSWERTES

- Nachhaltigkeitssiegel: Ökoprofit, Certified Green Hotel
- Hybridtagungstechnik: HELLO2, Jabra
- eigene, überdachte Parkplätze; städtische E-Ladestation vor dem Hotel
- Certified Conference Hotel; ausgezeichnet für faire Mitarbeiterführung
- Hbf., City, Deutsches Fußballmuseum fußläufig erreichbar, Messe 4 Stationen entfernt
- Bistro „Nashörnchen", Ruhrpott-Lounge, neuer Fitnessbereich mit Sauna

# Hotel Esplanade

**** HOTEL esplanade

## FAZIT

Das Hotel zeichnet sich durch **herzlichen Service,** eine **persönliche Atmosphäre** in wohnlichem Design sowie **hochwertige Technik** aus.

Es ist mit allen Verkehrsmitteln **sehr gut erreichbar.** Die Lage ist ideal für Gäste, die zentral tagen und abends ausgehen möchten. Freizeitmöglichkeiten und die Dortmunder Innenstadt sind bequem zu Fuß erreichbar.

Die gemütliche Ruhrpott-Lounge mit modernen Laptopsesseln eignet sich auch für **spontane Meetings ohne Raummiete.**

**44135 DORTMUND**

Burgwall 3
Tel. +49 231 5853-0
hotel@esplanade-dortmund.de
**www.esplanade-dortmund.de**

E s ist unter anderem die Atmosphäre dieses schicken, individuellen Dortmunder Stadthotels, die die Gäste überzeugt. Sie ist herzlich, professionell und authentisch. Das Service-Team ist dabei nicht nur den Gästen gegenüber zugewandt, sondern strahlt auch intern ein gutes Miteinander aus. Das Ringhotel Drees ist das Stammhaus der fünf Hotels, die die Inhaberfamilie Riepe in inzwischen vierter Generation erfolgreich führt. Entsprechend groß sind die Erfahrung und Kompetenz, als regional geerdeter Gastgeber stets am Puls der Zeit zu sein. Das Dortmunder Haus liegt am Rande des charmanten Kreuzviertels, geprägt von Gründerzeit-Architektur mit vielen Kneipen und Bars. Die Wege zu Flughafen, Bahnhof und Autobahnen sind ebenso kurz wie zu den Zielen in der Umgebung, als da sind das Messegelände, das Fußballmuseum oder das Heimatstadion von Borussia Dortmund. Eigene Parkplätze sowie Tiefgaragen sorgen für eine stressfreie Anreise. Die Tagungsräume sind mit wenigen Ausnahmen klimatisiert und verteilen sich auf drei Bereiche: Völlig ungestört vom sonstigen Hotelbetrieb im obersten, sechsten Stockwerk betritt man das „Tagungsforum" im zentralen Pausenbereich mit je zwei kombinierbaren Räumen zur Linken wie zur Rechten. Modernes Interieur, eine gute technische Ausstattung, ergonomisches Mobiliar und ein wunderbarer Ausblick über die Dächer der Stadt zeichnen das Forum aus, das zudem noch über zwei kleine Dachterrassen verfügt. Die im Erdgeschoss liegenden Räume sind in warmen Farbtönen an dunklen Holzmöbeln und Böden gehalten und verströmen eine sehr entspannte Atmosphäre. Eine der Türen hier führt übrigens direkt in den „Minimarkt", einen ruhrgebietstypischen Kiosk, der sowohl von der Straße als auch vom Hotelflur aus zugänglich ist. Gruppen, die unter sich bleiben möchten, können mit dem Raum „Consul" einen etwas abseits liegenden Bereich mit eigenem Eingang, Theke und Clubraum buchen. Logiskomfort, Gastronomie und Küche sind ebenfalls vorzüglich, sowohl die gehobene Küche des Restaurants mit neuem Wintergarten und geschützter Terrasse im Innenhof als auch die gutbürgerliche Karte in der gemütlichen Pilsstube „Alte Gasse" mit drei Kegelbahnen werden von den Gästen hochgelobt. Was will man mehr? *Katrin Nauber-Happel*

## Über den Dächern von Dortmund

**LOGIS**

**136 Zimmer:**
70 EZ, 66 DZ

**TAGUNG**

**Besonders geeignet für:**
Seminar, Klausur

**Räume**
Tagungsräume:                 12

**Maximale Tagungskapazität**
U-Form:                        45 Pers.
Parlamentarisch:              80 Pers.
Reihenbestuhlung:            100 Pers.

**Preise**
Preiskalkulation 1*          84,87 €
Preiskalkulation 2*         291,35 €

*Alle Angaben Nettopreise
zzgl. MwSt., Kalkulationsanfrage siehe Seite 32

DORTMUND

**A 40:** 1 km
**A 44:** 1 km

**Fern:** Dortmund, 2,5 km

**Dortmund:** 15 km
**Düsseldorf:** 62 km

**WISSENSWERTES**

- Nachhaltigkeitssiegel: Dehoga Umweltcheck Gold
- Restaurant „Neunzehn30" mit Wintergarten und Terrasse, gemütliche Pilsstube „Alte Gasse" mit 3 Kegelbahnen
- kleines Schwimmbad, finnische Sauna, Kiosk
- Kunst im Industriedenkmal: „Phönix des Lumières", exklusive Stadionführung, Spielcasino Hohensyburg

44139

# Ringhotel
# Drees

RINGHOTEL
**DREES**
★★★★
FAMILIE RIEPE

## FAZIT

Das **moderne, klimatisierte Tagungsforum** in der obersten Etage liegt angenehm separiert und bietet mit seinem herrlichen Ausblick und den Dachterrassen entspannte, **konzentrationsfördernde Arbeitsbedingungen.**

Die **Erreichbarkeit mit allen Verkehrsmitteln ist bestens.** Messegelände und Stadion liegen in Fußweite.

Service und Küche überzeugen durch **herzliche Gastlichkeit und schmackhafte Speisen.**

## 44139 DORTMUND

Hohe Straße 107
Tel. +49 231 1299-0
drees@riepe.com
**www.riepe-hotels.de**

207

An Wintergarten und Gartenterrasse grenzt der Lünener Stadtpark, hinter dem Hotel fließt die Lippe entlang und verwöhnt die Gäste mit weitläufigen Auen, Parks und Landmarken. Teilnehmer einer geführten Kanutour können direkt am Hotel anlanden und zum gemütlichen Teil übergehen. Diese kleine Idylle liegt dennoch sehr zentral und verkehrsgünstig in fußläufiger Entfernung zu Hauptbahnhof und Innenstadt mit Fußgängerzone sowie unweit der nächsten Autobahnanschlüsse, dort wo das Ruhrgebiet ins Münsterland wechselt. Wer mit dem PKW anreist, findet reichlich hoteleigene und öffentliche Parkmöglichkeiten direkt am Haus. Tagungsgäste sind bei Familie Riepe in sehr guten Händen. Die räumlichen Möglichkeiten sind vielseitig und überzeugen mit hochwertiger Ausstattung, einem schönen Ambiente und der ungezwungen gastlichen Atmosphäre eines privat geführten Vier-Sterne-Hauses mit erfahrenem, freundlich zugewandtem Serviceteam. In der obersten Etage liegt das helle, moderne Tagungsforum mit insgesamt sieben klimatisierten Räumen, drei Pausenfoyers, Balkon und Terrasse. Zwei 100-m²-Räume sind kombinierbar und lassen sich bei Bedarf zu einer separaten Einheit mit eigenem Zugang von den anderen Räumen abkoppeln. Die großen Fensterfronten, ruhige, warme Farben und schickes, tagungsprofessionelles Mobiliar sowie der tolle Ausblick geben dem Ensemble eine hohe

# Tagen zur schönen Aussicht

## LOGIS

**124 Zimmer:**
38 EZ, 78 DZ, 4 Suiten, 3 Wellness-Zimmer, 1 Wellness-Suite

## TAGUNG

**Besonders geeignet für:**
Seminar, Konferenz, Klausur, Event

**Räume**
Tagungsräume:                   16
Ausstellungsfläche:        400 m²

**Maximale Tagungskapazität**
U-Form:                    70 Pers.
Parlamentarisch:          250 Pers.
Reihenbestuhlung:         750 Pers.

**Preise**
Preiskalkulation 1*         67,23 €
Preiskalkulation 2*        282,23 €

*Alle Angaben Nettopreise zzgl. MwSt., Kalkulationsanfrage siehe Seite 32

Aufenthaltsqualität. Drei weitere Tagungsräume mit Pausenfoyer und Terrassen liegen im Erdgeschoss jenseits des ebenso großzügigen Restaurants, das mit gleich drei Wintergärten und Parkterrasse punktet. Für größere Veranstaltungen steht zudem der 380 m² große und sechs Meter hohe Hansesaal mit eigenem Eingangsfoyer samt offener Galerie, Bühne, Bühnentechnik und separatem Konferenzbüro zur Verfügung. Er ist in drei Sektionen, jeweils mit Tageslicht, teilbar. Darüber hinaus ist das Ringhotel baulich mit dem städtischen Heinz-Hilpert-Theater verbunden, das mit seinen 750 Plätzen ebenfalls über das Hotel gebucht werden kann. Schmuckstück des Hauses ist der sehr schöne Spa mit allem, was das Wellnessherz begehrt. Und zum geselligen Ausklang des Abends sitzt man sehr gemütlich in der schicken Bar „Harlekin". Man bekommt viel fürs Geld in Lünen.                     *Katrin Nauber-Happel*

**LÜNEN**

**A 1:** 12 km
**A 2:** 5 km

**Fern:** Dortmund Hbf., 14 km
**Nah:** Lünen Hbf., 0,8 km

**Dortmund:** 15 km
**Düsseldorf:** 82 km

## WISSENSWERTES

- Hybridtagungstechnik: GROUP von Logitech, Certified Conference Hotel
- 130 eigene Parkplätze, Tiefgarage
- Restaurant, Bistro, drei Wintergärten, Terrassen, Cocktailbar
- 1.000 m² Spa mit Schwimmbad, 5 Saunen, Anwendungen, Fitnessraum, 2 Spa-Suiten, Spa-Bistro, auch Lady-Spa (mo.–fr.)
- geführte Kanutouren, Leihfahrräder, Kegelbahnen, nahes Bowlingcenter, Schießkino im Haus, Innenstadt fußläufig

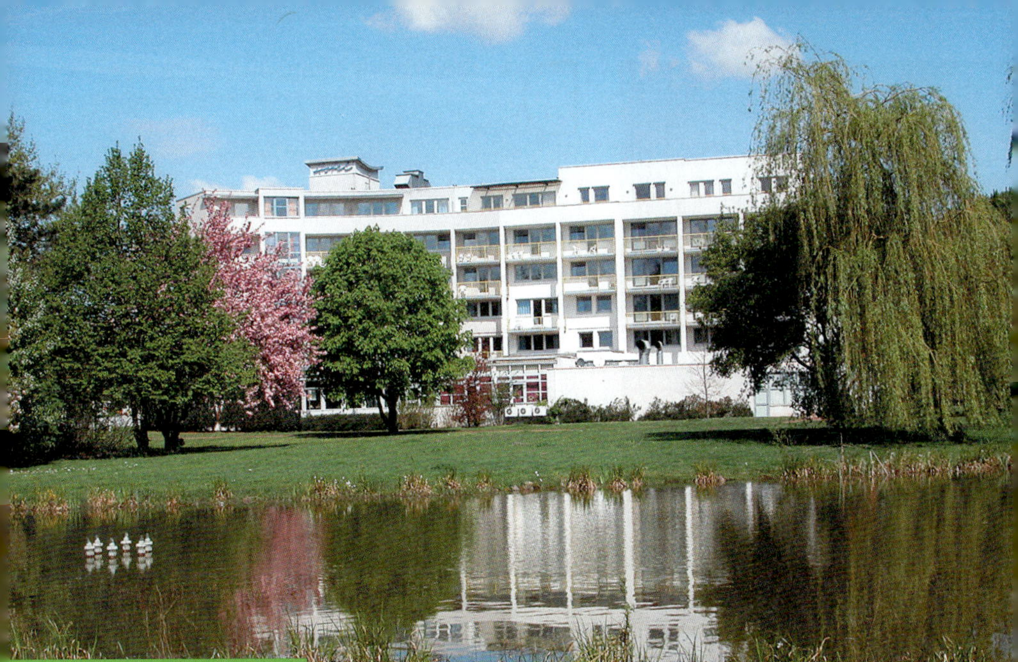

44532

# Ringhotel
# Am Stadtpark

## FAZIT

Das **helle und moderne Tagungsforum** in der obersten Etage mit eigenen Pausenbereichen und Balkonen verwöhnt mit einer **sehr angenehmen, ruhigen Atmosphäre.**

Auch **Großveranstaltungen auf trockenem Fuße** sind möglich: Das Hotel, der befahrbare **Hansesaal mit 6 Metern Deckenhöhe und Bühnentechnik** sowie das ebenfalls buchbare städtische **Theater für 750 Personen** bilden eine bauliche Einheit.

Das Hotel liegt **verkehrsgünstig und dennoch ruhig und grün. Sehr gute Parkmöglichkeiten.**

**44532 LÜNEN**

Kurt-Schumacher-Straße 43
Tel. +49 2306 2010-0
amstadtpark@riepe.com
**www.riepe.com**

209

**D**ie Hoteliersfamilie Mintrop betreibt mit dem „Land Hotel", dem „Concierge-Hotel" an der Messe und dem „Stadt Hotel Margarethenhöhe" drei Häuser in Essen, und jedes hat seinen eigenen Charakter. Das „Stadt Hotel" ist buchstäblich das erste Haus am (Markt-)Platze der historischen Gartenstadt, die Margarethe Krupp einst aus Anlass der Heirat ihrer Tochter Bertha erbauen ließ, um „Kruppianern" günstiges Wohnen zu ermöglichen. Heute gehört die denkmalgeschützte Margarethenhöhe mit ihren begrünten Laubenganghäusern um den historischen Marktplatz zur „Route der Industriekultur" und ist eine begehrte Wohngegend. Im Hotel gehen Historie und Moderne eine kühne Verbindung ein. Außergewöhnliche Dekorationen wie „rostiger Stahl" greifen die Industriegeschichte auf und werden von kräftigen Farben und moderner Kunst frech kontrastiert. Großformatige Schwarz-Weiß-Fotos der Arbeitswelt von damals und moderne Designersessel von heute im lichtdurchfluteten Atrium verbinden die Zeiten. Die beiden größten Tagungsräume, „Markt" und „Leben", sind zum Saal „Marktleben" kombinierbar und bieten maximal 100 Personen Platz. Beide Räume haben Zugang zum zur Marktseite gelegenen Balkon, die hohen Rundbogenfenster lassen viel Licht herein. Modernste Technik sowie durchdachte Beleuchtung mit Hingucker-Effekt

## Industriekultur, modern interpretiert

machen den Charme der Räume aus. Beliebt ist auch der Raum „Waschkaue" mit eigenem Pausenbereich und einer witzigen Garderobe aus kauentypischen Drahtkörben zum Hochziehen. Vertrauliche Besprechungen, besondere Bankettveranstaltungen und Meetings in kleinerer Runde finden häufig im original erhaltenen „Margarethe-Krupp-Zimmer" statt. Knarrende Dielen, holzvertäfelte Wände und Decke, eine Vitrine mit historischem Porzellan und die schwere Tischtafel atmen den Geist vergangener Größe und erinnern an die im Porträt über dem Ganzen wachende Unternehmer-Gattin. Die Gästezimmer sind in verschiedenen Stilrichtungen individuell, schick und gemütlich eingerichtet. Die Küche ist stets frisch und bezieht viele Produkte aus eigenem Bio-Landbau. Direkt nebenan liegt die eigene professionelle Kochschule, in der sowohl Teamkochen als auch Küchenpartys stattfinden: „Cook mal" – es lohnt sich! *Katrin Nauber-Happel*

## LOGIS

**42 Zimmer:**
33 DZ, 1 Suite, 6 Juniorsuiten, 2 Appartements

## TAGUNG

**Besonders geeignet für:**
Seminar, Konferenz, Klausur, Kreativprozesse, Event

**Räume**
| | |
|---|---|
| Tagungsräume: | 8 |
| Ausstellungsfläche: | 60 m² |

**Maximale Tagungskapazität**
| | |
|---|---|
| U-Form: | 45 Pers. |
| Parlamentarisch: | 80 Pers. |
| Reihenbestuhlung: | 100 Pers. |

**Preise**
| | |
|---|---|
| Preiskalkulation 1* | 104,55 € |
| Preiskalkulation 2* | 367,39 € |

*Alle Angaben Nettopreise zzgl. MwSt., Kalkulationsanfrage siehe Seite 32

ESSEN

**A 40:** 3 km
**A 52:** 2 km

**Fern:** Essen Hbf., 3,5 km

**Düsseldorf:** 25 km

### WISSENSWERTES

- Hybrid-Tagungstechnik: Clevertouch, Kamera
- Green Sign Siegel
- Parken auf dem historischen Marktplatz oder in der Tiefgarage, Tesla-E-Ladestationen
- Restaurant, Bar, Terrasse
- professionelle Kochschule, Teamkochen, Küchenpartys
- Nähe zu Messe Essen und Grugapark

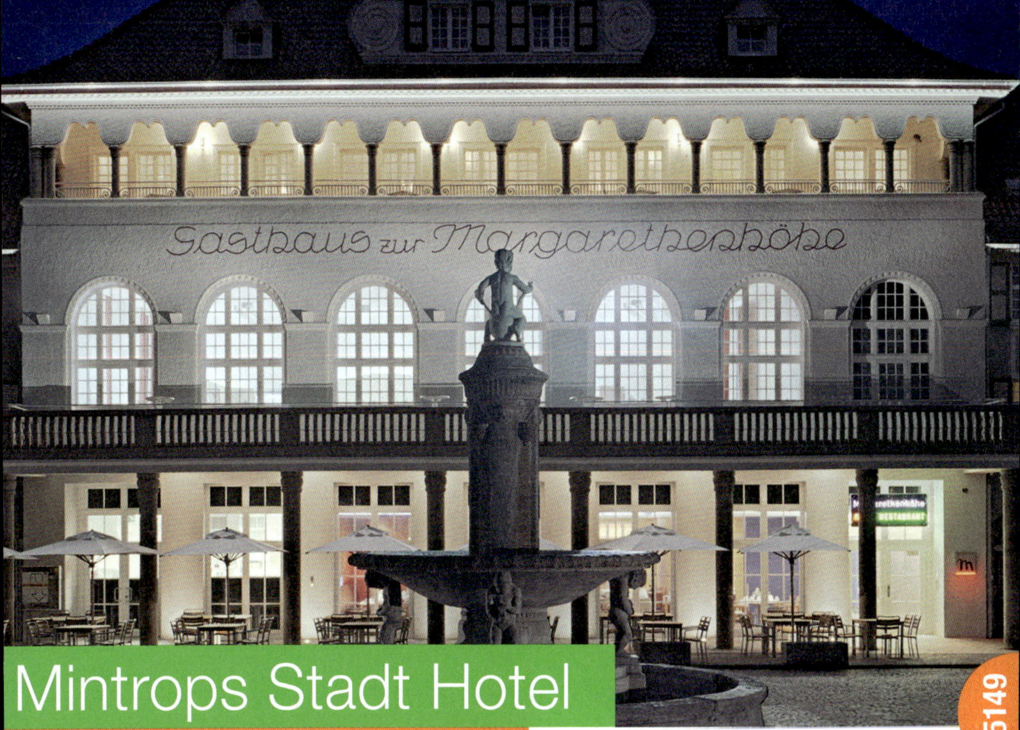

# Mintrops Stadt Hotel
# Margarethenhöhe

### FAZIT

Das Hotel ist Mittelpunkt der historischen Gartenstadt „Margarethenhöhe" und Teil der „Route Industriekultur". Die Identifikation des Hauses mit seiner Geschichte bringt ein **interessantes Ambiente aus moderner Tagungskultur und Historie** hervor.

Die Lage des Hotels ist ruhig und beschaulich, **die Erreichbarkeit sehr gut.**

Die Gäste schätzen den **aufmerksamen Service** und die **frische, schmackhafte Marktküche.** Hochmoderne Kochschule im Haus.

**45149 ESSEN**

Steile Straße 46
Tel. +49 201 4386-0
info@stadt.mm-hotels.de
**www.mintrops-stadthotel.de**

**M**introps Landhotel ist das perfekte Domizil für kreatives Krafttanken im Einklang von Mensch und Natur. Auf den Ruhrhöhen, am Ortsrand von Essen-Burgaltendorf, nahe der Burgruine aus dem 11. Jahrhundert, liegt es umgeben vom eigenen weitläufigen Garten, von Wiesen, Weiden und Ackerland. Allein dieser Blick aus den sechs Meter hohen Fensterfronten der Tagungsräume des Pavillons „Pipapo" in die Weite der Landschaft ist einfach erhebend schön, und das bei jedem Wetter. Pipapo wurde 2019 neu angebaut, um die Wünsche der Gäste nach großzügigen, modernen, hellen Räumen zu erfüllen, und kann doch viel mehr. Sein zurückhaltendes Design aus dunklem Boden, weißen Decken und Wänden entfaltet im Zusammenspiel mit diesem Ausblick eine motivierende Kraft. Die Last des Alltags verfliegt und neue Leichtigkeit entsteht. Diese setzt sich im traumhaften Garten fort, wo spontanes Outdoor-Arbeiten ebenso möglich ist wie Grill-Events, Bogenschießen oder das Finden neuer Ideen an den Spiel- und Team-Stationen des „Merlinspfades". Neben dem konsequent hochwertigen und sehr schicken, exklusiven Einrichtungs-Stil des gesamten Hauses ist die Gastronomie ein weiterer Garant für glückliche Gäste. Die hochgelobte, frische Küche bedient sich dabei der eigenen Bio-Landwirtschaft, deren Produkte das Küchenteam in wunderbare Genussmomente verwandelt. Die Mintrops, deren Familiengeschichte bis ins 13. Jahrhundert reicht und die in den außergewöhnlichen Wandfriesen des Künstlers Martin Müller in den Pipapo-Räumen verewigt ist, waren einst Bauern. Obst, Gemüse, Kräuter und Kartoffeln stammen heute aus dem eigenen, biozertifizierten Anbau. Die Gewächshäuser dürfen gern besichtigt werden. Gäste können auch selbst Hand anlegen. Pflücken, Probieren und Teamkochen sind beliebte Rahmenprogramme. Zum Wohlbefinden auf ganzer Linie trägt neben den sehr schönen und mit Pfiff eingerichteten Gästezimmern und Suiten auch der kleine und feine „Jungbrunnen" mit Schwimmbad, Sauna und Hydrojet-Massageliege bei. Bei all dem Einklang von Mensch und Natur ist Nachhaltigkeit eine Selbstverständlichkeit und wird im ganzen Hause gelebt.

*Katrin Nauber-Happel*

# Die Kraft aus Raum und Natur spüren

## LOGIS

**53 Zimmer:**
25 EZ, 16 DZ,
3 Suiten, 9 Juniorsuiten

## TAGUNG

**Besonders geeignet für:**
Seminar, Konferenz, Klausur,
Kreativprozesse, Event

**Räume**
| | |
|---|---|
| Tagungsräume: | 9 |
| Ausstellungsfläche: | 60 m² |

**Maximale Tagungskapazität**
| | |
|---|---|
| U-Form: | 60 Pers. |
| Parlamentarisch: | 80 Pers. |
| Reihenbestuhlung: | 160 Pers. |

**Preise**
| | |
|---|---|
| Preiskalkulation 1* | 104,55 € |
| Preiskalkulation 2* | 367,39 € |

*Alle Angaben Nettopreise
zzgl. MwSt., Kalkulationsanfrage siehe Seite 32

**ESSEN**

**A 40:** 8 km
**A 44/46:** 3 km
**A 52:** 8 km

**DB** **Fern:** Essen Hbf., 10 km

**Düsseldorf:** 35 km

## WISSENSWERTES

- Hybrid-Tagungstechnik: Clevertouch, Kamera
- Green Sign Siegel
- eigene Parkplätze, 3 Tesla-E-Ladestationen
- Schwimmbad, Sauna, Hydrojet-Massageliege
- Outdoor-Parcours, Bogenschießen, Teamkochen u.a.m.
- Restaurants, Bar, Bistro, Terrassen; eigene Bio-Landwirtschaft

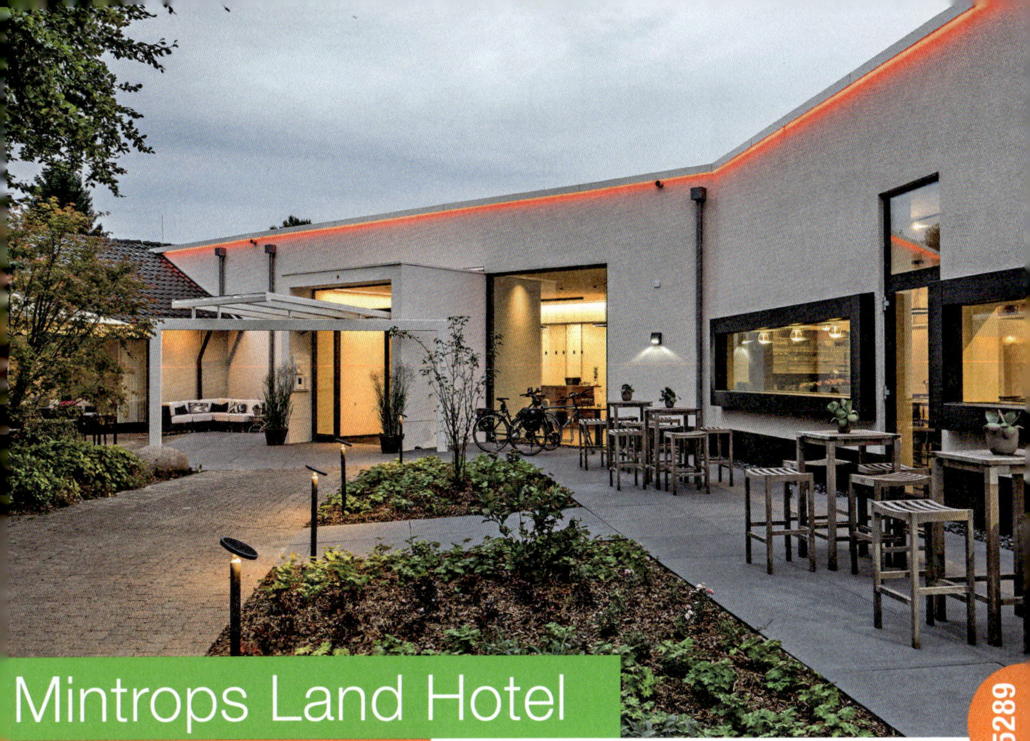

# Mintrops Land Hotel
## Burgaltendorf

**45289**

### FAZIT

Die Gäste schätzen die **herrliche Grünlage bei guter Erreichbarkeit.**

Das große, parkähnlich gestaltete Außengelände bietet **viele Möglichkeiten, Natur und Tagungserfolg zu verbinden:** Team- und Spielstationen, Outdoor-Tagungsplätze, Ruhe und Erholung.

Die **Tagungsräume sind erstklassig eingerichtet. Tolle Räume** im Pavillon „Pipapo".

**Obst und Gemüse stammen aus eigenem Bio-Anbau** – das schmeckt man!

**45289 ESSEN**
Schwarzensteinweg 81
Tel. +49 201 5717-10
info@land.mm-hotels.de
www.mintrops-landhotel.de

213

D ie 400 Jahre alte Dorflinde, die dem Gasthof einst den Namen gab, fiel einem Sturm zum Opfer, aber Wellings pflanzten eine neue, als sie 1984 die Gastwirtschaft in Moers Repelen direkt gegenüber der Dorfkirche übernahmen. Sie bauten an, integrierten den nebenan liegenden kleinen Bauernhof und entwickelten daraus ein charmantes, professionelles Tagungshotel, das nicht zuletzt für seine frische Küche und individuelle Erlebnisgastronomie bekannt ist. In den alten, wundervoll restaurierten kleinen Stuben und Kammern und dem noch erkennbaren Kuhstall werden heute beste Speisen in uriger Gemütlichkeit serviert. Zusammen mit der Schänke und der Felke-Stube – benannt nach dem Lehm-Pastor Felke, der damals hier wirkte – bilden die Gast- und Banketträume das Herz des Hauses. Tagungsgruppen finden zwei unterschiedliche Bereiche in der Linde: einen kreativen und einen klassischen. Im Kreativbereich dominieren lernfördernde, anregende Farben und außergewöhnliche Details das Design der professionell ausgestatteten Tagungs- und Gruppenräume. Ein kleiner Seminargarten und eine Dachterrasse sowie ein großzügiges Pausenfoyer mit bequemen Sitzgruppen als erweiterte Gruppenarbeitszone stehen zur Verfügung. Auch die Kreativ-Gästezimmer mit ihrem modernen Design und verglasten Bädern sind unvergleichlich. Fünf komfortable Themensuiten bieten zudem reichlich Platz zum Arbeiten und Wohnen und sind auch für kleinere Besprechungen eingerichtet. Die meisten Zimmer haben Balkon oder Terrasse. Der Klassikbereich hingegen überzeugt in ruhigem Ambiente mit warmen Farben, edlen Stoffen und viel Holz. Der hochwertige Landhaus-Stil bringt eine eher konzentrationsfördernde Stimmung in die Tagungsräume, modernste Technik an großen Plasma-TV-Bildschirmen statt Leinwand inklusive. Der eigene Pausenbereich samt WC-Anlagen sowie die etwas separierte Lage im Hause ermöglicht angenehme Klausurbedingungen. Entspannung nach getaner Arbeit darf natürlich nicht fehlen. Im feinen, kleinen Wellnessbereich zeigt sich, wie im gesamten Hotel, die Liebe zum besonderen Detail im wunderschön gestalteten Ambiente.

*Katrin Nauber-Happel*

## Individuell, charmant, charaktervoll

### LOGIS

**61 Zimmer:**
10 EZ, 40 DZ, 5 Suiten,
6 Appartements

### TAGUNG

**Besonders geeignet für:**
Seminar, Konferenz,
Kreativprozesse

**Räume**
Tagungsräume:                    8
Ausstellungsfläche:        300 m²

**Maximale Tagungskapazität**
U-Form:                    35 Pers.
Parlamentarisch:           48 Pers.
Reihenbestuhlung:         100 Pers.

**Preise**
Preiskalkulation 1*        94,54 €
Preiskalkulation 2*       378,15 €

*Alle Angaben Nettopreise
zzgl. MwSt., Kalkulationsanfrage siehe Seite 32

**MOERS**

**A 42:** 1,5 km
**A 57:** 3 km

**Fern:** Duisburg Hbf., 15 km
**Nah:** Moers, 4,5 km

**Düsseldorf:** 32 km

### WISSENSWERTES

- eigene Parkplätze, E-Ladestationen, Tiefgarage
- sehr günstige Taxi-Sonderkonditionen über das Hotel buchbar
- 2,20-m-Betten sind Standard
- Wellnessbereich mit modernen TechnoGym-Fitnessgeräten, zwei Saunen und Anwendungsräumen
- Rahmenprogramme, Teambuilding,  Aktivpausen
- Sonntag und Montag gastronomischer Ruhetag

# Wellings
## Romantik Hotel zur Linde

47445

## FAZIT

**Ein sehr schönes Hotel mit indivi-duellem Charakter:** urig-modernes Restaurant, klassisch-konzentrations-förderndes oder kreativ-anregendes Ambiente in den bestens eingerichteten Tagungs- und Logisbereichen.

Die **Erlebnis-Gastronomie** mit ihren schicken Restauranträumen in den Originalmauern eines alten Bauernhofes **ist das Schmuckstück des Hauses.** Frische Küche.

Der **Wellnessbereich** mit Saunen, Massageräumen und modernen Fitness-geräten **verspricht Entspannung.**

WELLINGS
ROMANTIK
**Hotel zur Linde**

**47445 MOERS**

An der Linde 2
Tel. +49 2841 976-0
info@hotel-zur-linde.de
**www.hotel-zur-linde.de**

## LOGIS

**144 Zimmer:**
10 EZ, 125 DZ, 9 Suiten

## TAGUNG

**Besonders geeignet für:**
Seminar, Konferenz, Klausur,
Kreativprozesse, Event

**Räume**
Tagungsräume:                          14
Ausstellungsfläche:              400 m²

**Maximale Tagungskapazität**
U-Form:                              60 Pers.
Parlamentarisch:            150 Pers.
Reihenbestuhlung:          250 Pers.

**Preise**
Preiskalkulation 1*              94,54 €
Preiskalkulation 2*            378,15 €

*Alle Angaben Nettopreise
zzgl. MwSt., Kalkulationsanfrage siehe Seite 32

**KAMP-LINTFORT**

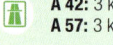

**A 42:** 3 km
**A 57:** 3 km

**Fern:** Duisburg, 26 km
**Nah:** Moers, 8 km

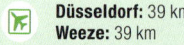

**Düsseldorf:** 39 km
**Weeze:** 39 km

# Ein Genuss für Körper, Geist und Seele

Familie Welling betreibt mit dem Parkhotel in Kamp-Lintfort und dem Romantik Hotel zur Linde im benachbarten Moers zwei der schönsten Hotels am Niederrhein. Ob Gästezimmer, Tagungsräume, Gastronomie oder Wellness: Das ganze Parkhotel durchströmt eine traumhafte Aufenthaltsqualität, gepaart mit ganzheitlich durchdachtem Service-Versprechen. Beim allseits hohen Logiskomfort in geräumigen Zimmern mit hochwertigen, teils überlangen Betten gibt es mit Jung, Modern und Farbenfroh sowie Cool und Edel drei Stilrichtungen zur Wahl. Sie verteilen sich, ebenso wie die verschiedenen Tagungsbereiche, auf drei winklig aneinandergebaute Gebäudeteile: das „Haus der Alleen", das „Gartenhaus" und das „Haus der Ideen". In ihrer Mitte liegt der wunderschöne Park mit malerischem See, kleinem Wasserfall, lauschigen Eckchen, traumhaften, teils überdachten Seminar- und Restaurant-Terrassen, inklusive Outdoor-Grill und Außenbar sowie einer Lounge auf der Seeinsel. Jeder findet hier wie auch im schicken Restaurant seinen Lieblingsplatz. Tatsächlich haben die meisten Tagungsräume eigene Terrassen, die eher verspielten Räume der Lern- und Erlebniswelt bieten im Garten der Sinne auch geschützte Outdoor-Tagungsplätze. Die Räume der „DenkWerkstatt" im Haus der Ideen bringen mit minimalistischer Ästhetik aus betont dezenter Farbgebung und einer geradlinigen Designsprache die Kreativität der hier Tagenden zur Entfaltung. Im direkt angrenzenden „Essquartier" und in der „Genusswerkstatt" unterstützt das eigens hierfür entwickelte Gastronomiekonzept des dynamischen Mittagessens die Bedürfnisse der Tagungsgäste nach mehr Flexibilität. Die stets frische Küche des Parkhotels wird allseits sehr geschätzt. Ein wunderschöner Spa-Bereich mit 12,5-m-Pool und Saunen oder der Fitnessraum mit Seeblick geben denjenigen Ruhe und Muße, die neben dem Besuch der „Wirtschaft" noch Zeit übrig haben. Denn die „Wirtschaft" ist der erklärte Lieblingsplatz des ganzen Hauses: Ein urgemütliches Ambiente, eine beachtliche Getränkeauswahl mit 30 Biersorten, darunter neun vom Fass. Wellings Parkhotel ist ein Genuss auf der ganzen Linie.          *Katrin Nauber-Happel*

## WISSENSWERTES

- 150 eigene Parkplätze und Tiefgarage mit E-Ladestation für PKW und E-Bikes
- Wellings Depot: 1.200 m² Veranstaltungsfläche im ehemaligen Straßenbahndepot direkt gegenüber
- Restaurants, „Wirtschaft", Weinbar, See-Terrassen, Essquartier mit Genusswerkstatt, Sonntag und Montag gastronomischer Ruhetag
- Seminarterrassen, Garten der Sinne
- Schwimmbad (12,5 m), Saunen, SPA, Fitnessraum mit Seeblick

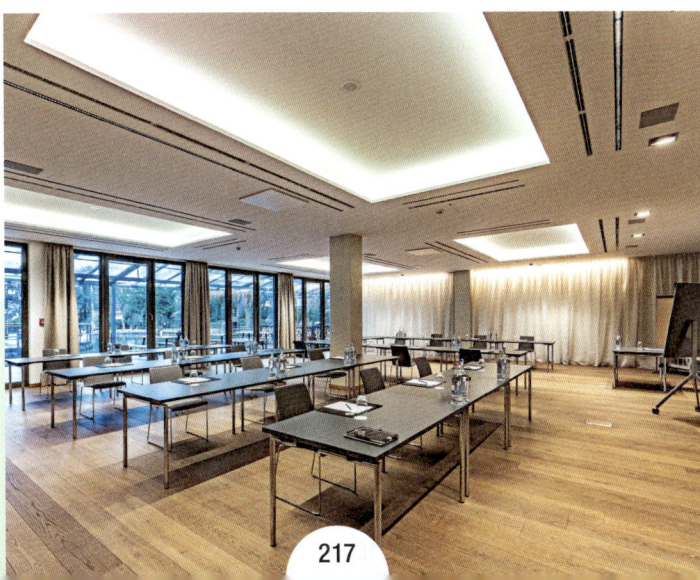

# Wellings Parkhotel

### FAZIT

Das gesamte Hotel zeichnet sich durch sein **konsequent individuelles und schönes Interieur** und die Liebe zum Detail aus.

Der Tagungsbereich bietet unter anderem ein **separates Konferenzzentrum mit professionellem Veranstaltungsbüro.** Auch das Tagen im Garten ist möglich.

Die Gäste erfreut eine **frische und einfallsreiche Küche.**

An der **„Wirtschaft"** führt abends kein Weg vorbei: ein außergewöhnlich schönes Ambiente, **30 Biersorten, darunter neun vom Fass!**

WELLINGS
## PARKHOTEL

**47475**
**KAMP-LINTFORT**
Neuendickstraße 96
Tel. +49 2842 2104-0
info@wellings-parkhotel.de
**www.wellings-parkhotel.de**

217

Mitten in der Innenstadt von Rheinberg, im Kreis Wesel nördlich von Düsseldorf, liegt der große Marktplatz mit seinen zum teil historischen Häuserzeilen, dem alten Rathaus und der Sankt-Peter-Kirche, dem ältesten Sakralbau der Stadt. Im Hotel am Fischmarkt, buchstäblich dem ersten Haus am Platze vis-a-vis zum Underberg-Palais, verbirgt sich ein sehr schickes, modernes Hotelambiente hinter den hübsch restaurierten historischen Fassaden der einst typisch kleinräumigen Häuser aus dem 15. bis 20. Jahrhundert. Diese wurden beim Umbau entkernt und bis 2017 als Hotel neu erbaut, wobei das hochwertig gewählte Interieur des Hauses bewusst die äußere Schmuckfassade mit klarer, industriell-moderner Designsprache kontrastiert. Die Gewölbekeller blieben erhalten, in einem befindet sich die Vinothek des Hotels, ein urig und zugleich modern gestalteter Weinkeller mit Steinwänden, Glaselementen und guter Beleuchtung, der für die verschiedensten Zwecke, von der Weinprobe bis zum Tagungsraum bis 20 Personen, genutzt werden kann. Im Erdgeschoss liegt der Veranstaltungsbereich mit vier 50 m² großen Tagungsräumen, die variabel kombiniert werden können. Vom vorgelagerten Pausenfoyer hat man direkten Ausgang in den Garten, in dem in der warmen Jahreszeit auch das Gartenrestaurant als Außengastronomie des Restaurants „Ratskeller" betrieben wird. Die gehobene neue deutsche Küche des Ratskellers hat sich einen über die Ortsgrenzen hinweg bekannten, sehr guten Ruf erarbeitet, unter anderem wegen des guten Essens kommen die Gäste des Hauses gern wieder. Dazu trägt auch ein zugewandter, individueller Service des familiär geführten Hotels bei, der seinen Tagungsgästen auch gern besondere Dinge abseits der Standardpauschale ermöglicht. Die insgesamt 37 modern designten, komfortablen Gästezimmer sind allesamt, baulich bedingt, sehr großzügig und geräumig geschnittene Unikate, teilweise sind sie bis zu 50 m² groß, die Zimmer der höheren Kategorien haben Minibar und Safe, einige Balkon oder Dachterrasse. Apropos Unikat: Im Haus gibt es ein Schmankerl: eine extragemütliche Zigarrenlounge, wie man sie aus Sherlock-Holmes-Filmen kennt, mit Sofa, Whiskey, Cognac und Weinauswahl an feinen Rauchwaren. *Katrin Nauber-Happel*

## geschmackvoll

### LOGIS

**37 Zimmer:**
37 DZ

### TAGUNG

**Besonders geeignet für:**
Seminar, Konferenz, Klausur

**Räume**
| | |
|---|---|
| Tagungsräume: | 4 |
| Ausstellungsfläche: | 200 m² |

**Maximale Tagungskapazität**
| | |
|---|---|
| U-Form: | 55 Pers. |
| Parlamentarisch: | 85 Pers. |
| Reihenbestuhlung: | 110 Pers. |

**Preise**
| | |
|---|---|
| Preiskalkulation 1* | 78,57 € |
| Preiskalkulation 2* | 318,42 € |

*Alle Angaben Nettopreise zzgl. MwSt., Kalkulationsanfrage siehe Seite 32

**RHEINBERG**

**A 57:** 3 km
**A 42:** 8 km

**Fern:** Duisburg Hbf., 25 km
**Nah:** Rheinberg, 0,9 km

**Düsseldorf:** 39 km
**Weeze:** 37 km

### WISSENSWERTES

- 21 eigene Parkplätze, davon 17 in der Tiefgarage, weitere öffentliche Parkplätze fußläufig zu erreichen
- Restaurant „Ratskeller" mit Gartenrestaurant und Straßencafé (zum Marktplatz), Bistro „Berka", Vinothek im historischen Gewölbekeller
- Zigarrenlounge, auch exklusiv mietbar

# Hotel
# am Fischmarkt

★★★S

## FAZIT

Das Hotel am Fischmarkt ist ein **modernes Business-Hotel im Charakter eines Boutique-Hotels,** dessen offizielle Drei-Sterne-Plus-Klassifizierung vom tatsächlichen Niveau deutlich übertroffen wird. **Tagungsräume sind klimatisiert.**

**In attraktiver Lage mitten in der historischen Altstadt** von Rheinberg, nördlich von Duisburg am Rhein, ist es **mit allen Verkehrsmitteln gut zu erreichen.**

**Die Küche des Hauses genießt** weithin einen sehr guten Ruf.

## 47495 RHEINBERG

Fischmarkt 2–5
Tel. +49 2843 907060
info@hotelamfischmarkt.com

**www.hotelamfischmarkt.com**

Wer ein charmantes, individuell geführtes Hotel in ruhiger Lage sucht, dem sei der Straelener Hof empfohlen. Die von Efeu üppig begrünte Fassade des Hotels am Niederrhein leuchtet von Ferne und macht der Blumenstadt Straelen (gesprochen: Stralen) alle Ehre. Inmitten eines der größten geschlossenen Gartenbaugebiete Europas ist die Stadt vor allem für ihren Blumenanbau bekannt. Bei „GreenCityTouren" lassen sich die Gartenbaubetriebe mit ihren beeindruckenden Gewächshäusern und imposanten Blumenkulturen besichtigen. Das Drei-Sterne-Hotel überzeugt die Gäste immer wieder mit seiner gastlichen, ungezwungenen Atmosphäre, zugewandtem Service und einer vielgelobten, frischen Küche inklusive hausgemachtem Kuchen. Im schicken und gemütlichen Restaurant mit Bar und Wintergarten oder auf der Terrasse genießt man dies in entspannter Umgebung. Besonders gelungen ist der klimatisierte Veranstaltungsbereich des Hauses. Im Erdgeschoss mit eigenem Eingang und Terrassenzugang angenehm separiert, umfasst er drei Tagungsräume an einem großzügigen Pausenfoyer, in dem auch die Tagungsbetreuung ihren Arbeitsplatz hat. Tagungskümmerer sind also stets ansprechbar. Das Hotel wirbt nicht damit, aber man fühlt es: Das renovierte Raum-Ensemble ist einst nach Feng-Shui geplant worden. Große Fensterfronten lassen viel Licht herein, Formen und Design sind von den Wänden bis zum bequemen Tagungsstuhl aufeinander abgestimmt und verströmen ganz nebenbei ein entspannendes Grundgefühl. Im Obergeschoss liegt ein vierter Raum mit besonderem Charakter. Maisonetteartig gestaltet, bietet er seine eigene Gruppenarbeitszone auf der offenen Galerie. Durch seine außergewöhnliche Form genießen hier Gruppen bis maximal 25 Personen eine Fläche von 140 m². Der moderne Festsaal für bis zu 200 Personen macht das Raumangebot im Straelener Hof komplett. Seine Ausstattung und Ausstrahlung in puncto Technik, Ambiente und Beleuchtung bedienen die Bedürfnisse von tagenden und feiernden Gästen gleichermaßen. Für die Freizeit bietet sich ein Spaziergang in den nahen Stadtkern an, eine Radtour – 10 km bis Venlo – oder Workout im Fitness- und Saunabereich des Hotels. *Katrin Nauber-Happel*

## Es grünt sehr grün am Niederrhein

## LOGIS

**50 Zimmer:**
10 EZ, 33 DZ, 7 Suiten

## TAGUNG

**Besonders geeignet für:**
Seminar, Konferenz, Klausur

**Räume**
Tagungsräume:                    4

**Maximale Tagungskapazität**
U-Form:                    60 Pers.
Parlamentarisch:            80 Pers.
Reihenbestuhlung:          200 Pers.

**Preise**
Preiskalkulation 1*        58,50 €
Preiskalkulation 2*       230,20 €

*Alle Angaben Nettopreise zzgl. MwSt., Kalkulationsanfrage siehe Seite 32

**STRAELEN**

**A 40:** 8 km
**A 61:** 12 km

**DB** **Fern:** Krefeld Hbf., 29 km
**Nah:** Geldern, 11 km

**Weeze:** 24 km
**Düsseldorf:** 57 km

### WISSENSWERTES

• eigene Parkplätze und Tiefgarage
• Sauna, Dampfbad, Fitness, Massagen, Dachterrasse
• Restaurant, Bar, Terrasse, Wintergarten
• Kegelbahn, Leihfahrräder
• Kanutouren, Paddeln + Radfahren, Wander- und Radwege, Venlo 10 km entfernt
• „GreenCityTouren", geführte Thementouren durch die umliegende Agrarwirtschaft

# Straelener Hof

47638

Straelener Hof
Landhotel

## FAZIT

Ein entspanntes Tagungskleinod am Niederrhein mit **ungezwungener, familiärer und tagungsgastlicher Atmosphäre. Separater Veranstaltungsbereich mit hellen, klimatisierten Tagungsräumen** und zentralem Pausenfoyer. **Gutes Preis-Leistungs-Verhältnis.**

**Die Küche des Straelener Hofs** erfreut sich großer Beliebtheit. Hausgemachter Kuchen.

Die Umgebung bietet sich für **Rad-touren und Wanderungen** an.

**47638 STRAELEN**

Annastraße 68
Tel. +49 2834 9141-0
nfo@straelenerhof.de
**www.straelenerhof.de**

221

In diesem Hotel stimmt einfach alles, zu Recht ist es für seine Qualität oft ausgezeichnet worden. Hier denkt ein funktionierendes Team um Direktor Walter Sosul nicht nur mit, sondern immer auch voraus, um die Tagungsgäste in allen Bereichen bestmöglich zu unterstützen. Dabei geht es vor allem um das Schaffen einer Kreativität fördernden Atmosphäre, in der sich alle rundum frei fühlen, neue Ideen und Gedanken zu entfalten. Es beginnt mit einfallsreichem, kompetentem und zugewandtem Service und reicht bis zur außergewöhnlichen Ausstattung außergewöhnlicher Tagungsräume: „Spielraum Alexa" beispielsweise ist komplett vernetzt. Auf Zuruf kann Alexa Bilder über die 4K-Videowall einspielen, Düfte, Geräusche, Bilder oder Licht-Szenarien herbeizaubern und damit je nach Tagungsziel unterschiedliche Stimmungen erzeugen. Die „Lern & Denker werkStadt" nimmt eine separate Ebene im Haus ein. Als autarke Tagungswelt aus mehreren Räumen im Lounge-Charakter mit Terrasse und verbindendem Atrium ist sie inspiriert vom Open-Space-Gedanken und unterstützt diese Formate ganz besonders. Alle Tagungsgruppen, die Neues suchen und von kreativem Austausch leben, profitieren darüber hinaus von modernster Technik, die auch stabile virtuelle und hybride Konferenzen ermöglicht. Es gibt großformatige, hochauflösende UHD-Touchscreen-Monitore, eine nahezu grenzenlose Vernetzung von internetfähigen Geräten aller Art bei immenser Übertragungsleistung, dazu ein Dolby-Surround-System sowie die automatische Erkennung von Apple, Windows oder Android, eine rollende Digi-Cam, beschreibbare Tische, digitale Flipcharts, aber auch allerlei analoges Material aus der Werkstatt zum Bauen und Basteln. Die „normalen" Tagungsräume punkten mit hochwertiger Ausstattung in Mobiliar und Technik, sie sind klimatisiert, hell, säulenfrei und haben Ausgang ins Grüne. Dort gibt es einen variantenreichen Outdoor-Parcours, die Aktionswiese und anderes mehr. Der Logiskomfort entspricht dem hohen Standard des Hauses, Lage und Erreichbarkeit sind ebenfalls sehr gut. Doch was wäre all dies ohne die hervorragende Gastronomie: Die hochgelobte Küche verwöhnt die Gäste nach allen Regeln der frischen, gehobenen Kochkunst, dazu stets mit passendem Wein. *Katrin Nauber-Happel*

## LOGIS

**155 Zimmer:**
155 (inkl. 4 Suiten)

# Lernen, Spielen, Denken in Perfektion

## TAGUNG

**Besonders geeignet für:**
Seminar, Konferenz, Klausur, Kreativprozesse, Event

**Räume**
| | |
|---|---|
| Tagungsräume: | 20 |
| Ausstellungsfläche: | 245 m² |

**Maximale Tagungskapazität**
| | |
|---|---|
| U-Form: | 60 Pers. |
| Parlamentarisch: | 200 Pers. |
| Reihenbestuhlung: | 200 Pers. |

**Preise**
| | |
|---|---|
| Preiskalkulation 1* | 84,24 € |
| Preiskalkulation 2* | 309,23 € |

*Alle Angaben Nettopreise zzgl. MwSt., Kalkulationsanfrage siehe Seite 32

KREFELD

**A 57:** 1 km

**Fern:** Krefeld Hbf., 5 km
**Nah:** Krefeld Hbf., 5 km

**Düsseldorf:** 25 km
**Köln/Bonn:** 60 km

## WISSENSWERTES

- eigene Parkplätze und Tiefgarage, Nachhaltigkeitssiegel
- vielfältige Technik, passwortgeschützte Internetverbindung möglich
- Outdoor-Parcours am Haus, eigene Trainings buchbar (K4 Akademie)
- Aktionswiese am Weinberg mit Lagerfeuerplatz, Kletterwand, Golfplatz, Joggingstrecken, Fahrräder, Naherholungsgebiet
- Spielraum Alexa mit Sprachsteuerung; neuer Fitness- und Saunabereich atemPause, Rahmenprogramme, exklusive Event-Locations

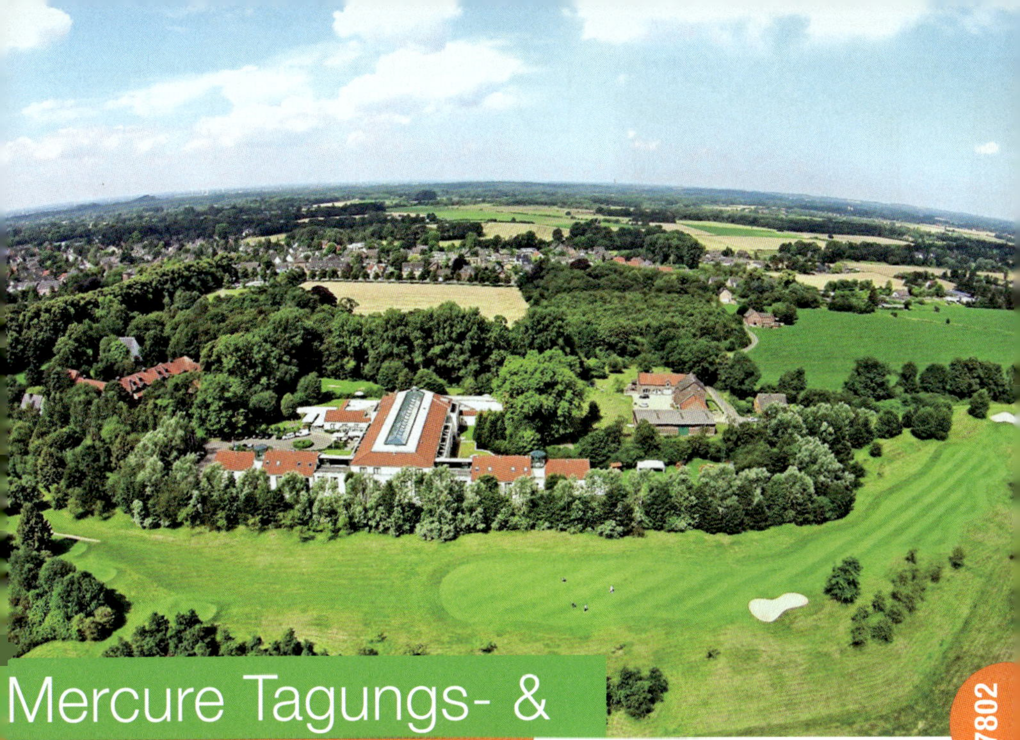

# Mercure Tagungs- & Landhotel Krefeld

47802

## FAZIT

Die **„Lern & Denker werkStadt"** eröffnet eine autarke Tagungswelt mit einzigartiger, innovativer Technikunterstützung.

Ein **vielseitiger Outdoor-Parcours** umfasst unter anderem Hochseil-Anlagen, die WSSA-Sandakademie und Kükelhaus-Spielstationen.

Der von **Sachkenntnis geprägte, umsichtige Service** garantiert das Mercure Service-Versprechen.

Die Lage vereint **schnelle Erreichbarkeit mit ruhiger Grünlage.**

**47802 KREFELD-TRAAR**

Elfrather Weg 5 / Navi: An der Elfrather Mühle
Tel. +49 2151 956-0
h5402@accor.com
**www.mercure-tagungs-und-landhotel-krefeld.de**

**D**as Landgut Ramshof punktet mit wunderbar ruhiger Grünlage westlich von Düsseldorf und ist dabei mit allen Verkehrsmitteln bestens erreichbar. Ein herzlicher, individueller Service mit familiärer Wohlfühlatmosphäre und die hervorragende Küche sind die Erfolgsfaktoren des Hauses. Viele Tagungsgäste kommen voller Vorfreude auf Matthias Stiegers „Küchenmeisterey" immer wieder gerne nach Willich. Der heutige Inhaber und Küchenchef lernte seine Kunst einst bei Harald Wohlfahrt und interpretiert eine neue deutsche Küche „inspiriert von rheinischer Hausmannskost und internationaler Hochküche", die bei den Gästen sehr gut ankommt. Zum Angebot gehören eine hauseigene Feinkostmanufaktur, Küchenpartys, interessante Themenbuffets, etwas Süßes aus der eigenen Patisserie oder das sommerliche Barbecue, es bleibt stets abwechslungsreich im Ramshof. Die große Auswahl im urigen Weinkeller, der Platz für bis zu 20 Personen zur geselligen Weinprobe bietet, macht den Genuss vollkommen. Bei gutem Wetter locken gleich mehrere großzügige Terrassen ins Freie. Im idyllischen Innenhof mit Feldsteinboden zwischen den weinbewachsenen Ziegelfassaden der historischen Hofanlage gibt es eigens eine Außenküche. Das große Hotelgelände bietet sich für allerlei Outdoor-Aktivitäten an, auch die Tagungsarbeit lässt sich bequem ins Grüne verlagern. Bei der Organisation von Incentives arbeitet das eingespielte Hotelteam mit einer Agentur zusammen. Das neue Raumdesign der klimatisierten und ergonomisch möblierten Tagungsräume mit Wald-Wandmotiven an tiefgrünem Teppichboden nimmt die entspannende Aussicht in die umliegende Niederrhein-Ebene auf und schafft eine sehr angenehme, ruhige Atmosphäre. Mit bequemen Sitzmöbeln und fest installiertem Flatscreen samt integriertem Windows-PC und Videokonferenzsystem fungiert das Pausenareal gleichzeitig als komfortabler Workspace. Zwei außergewöhnliche Meetingräume im runden Turm, darunter das „Oval Office", ebenfalls mit Flatscreen und bequemen Ledersesseln an runder Tischgruppe, ergänzen das Raumangebot. Nach einem genussreichen Abend zieht man sich in sein gemütliches Landhaus-Zimmer zurück und schläft wunderbar ruhig und gut im äußerst bequemen Bett. Tagungen im Ramshof sind stets eine runde Sache. *Katrin Nauber-Happel*

# Edles aus der „Küchenmeisterey"

## LOGIS

**56 Zimmer:**
4 EZ, 51 DZ, 1 Suite

## TAGUNG

**Besonders geeignet für:**
Seminar, Konferenz, Klausur

**Räume**
Tagungsräume:                    5

**Maximale Tagungskapazität**
U-Form:                    30 Pers.
Parlamentarisch:          70 Pers.
Reihenbestuhlung:        120 Pers.

**Preise**
Preiskalkulation 1*         82,50 €
Preiskalkulation 2*        330,00 €

*Alle Angaben Nettopreise zzgl. MwSt., Kalkulationsanfrage siehe Seite 32

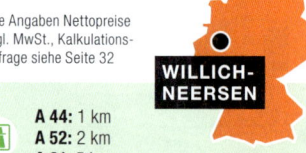

**WILLICH-NEERSEN**

**A 44:** 1 km
**A 52:** 2 km
**A 61:** 5 km

**Fern:** Düsseldorf Hbf., 26 km
**Nah:** Anrath, 2 km

**Düsseldorf:** 26 km

## WISSENSWERTES

- 100 eigene Parkplätze
- Flatscreen mit Videokonferenzsystem und Barco Clickshare
- Restaurant, Terrasse, Biergarten, Weinkeller, großer Garten, viel Platz für Outdoor-Aktivitäten
- Küchenpartys, vielfältige Rahmenprogramme mit externer Agentur
- eigene Feinkostmanufaktur

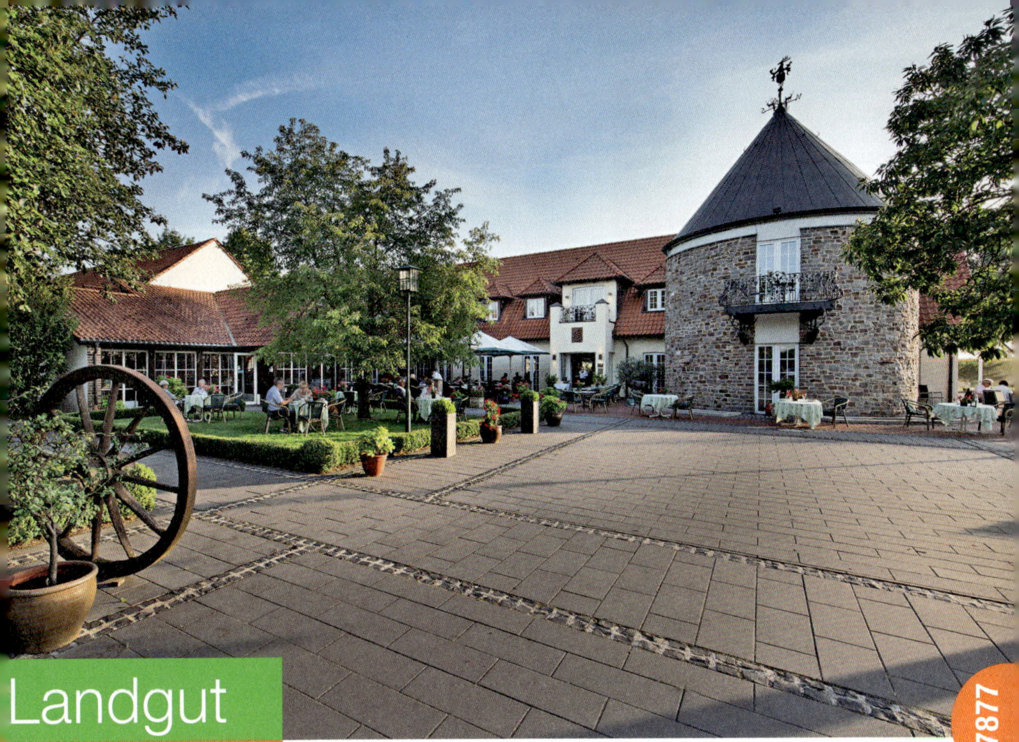

# Landgut Ramshof

## FAZIT

Das Hotel ist **sehr gut zu erreichen** und liegt doch **ruhig und im Grünen.**

**Die hochgelobte „Küchenmeisterey"** des Hausherrn Matthias Stieger erfreut sich großer Beliebtheit und bildet zusammen mit dem **Landhaus-Ambiente des Restaurants** gewissermaßen das Kernstück des Hotels.

Zwei der Tagungsräume sind rund und eignen sich für kleinere Gruppen, die die **besondere Atmosphäre** suchen.

Im **Gewölbe-Weinkeller** lässt man den Tag gemütlich ausklingen.

**47877
WILLICH-NEERSEN**

Ramshof 1
Tel. +49 2156 95890
stay@ramshof.de
www.ramshof.de

All die Münsteraner Sehenswürdigkeiten sind vom Stadthotel aus zu Fuß zu erreichen. Der mittelalterliche Stadtkern mit historischem Rathaus des Westfälischen Friedens aus dem 14. Jahrhundert und dem Prinzipalmarkt mit seinen prächtigen Giebelhäusern, dessen mittelalterliche Bogengänge in keiner TV-Sendung fehlen dürfen und dessen Kaufmannshäuser noch heute eine der schönsten Einkaufsstraßen Deutschlands ausmachen, ist genauso nah dran wie das Barockschloss und das Naherholungsgebiet Aasee. Bahnreisende Gäste haben es ebenso leicht wie Autofahrer, der Bahnhof ist nah und die hoteleigene Tiefgarage bietet ausreichend Plätze. Die Tagungsmöglichkeiten sind ebenso ideal wie die Lage und machen das Stadthotel zu einer der gefragtesten Adressen der Region. Auf einer separaten Veranstaltungsebene stehen gleich zwei verschiedene und gleichermaßen großzügige Raumkapazitäten mit reichlich Platz fürs professionell unterstützte Konferieren, Lernen und Denken zur Verfügung: einmal der große, in drei Räume teilbare Saal mit hoher Decke in modernem Industrial Style an Parkettboden und großen Fensterfronten und einmal der jüngst renovierte Konferenzbereich mit insgesamt sieben hellen, einladenden Räumen mit Fußbodenheizung, eigenem Pausenfoyer und Terrasse. Vom Foyer des Saalbereichs hat man über eine Treppe Zugang zum kleinen Sommergarten des Hotels. Verschiedene Tagungsgruppen können voneinander ungestört zeitgleich tagen. Die Ausstattung der Räume ist top: Magnetische Wände, ergonomisches Mobiliar, Klimaanlage sowie ein umfangreiches Equipment inklusive digitaler Whiteboards erlauben unkompliziertes Arbeiten, auch im Hybridmodus. Die Gästezimmer bieten Annehmlichkeiten wie Safe und Minibar, Superiorzimmer und Suiten haben Loggien oder kleine Terrassen. Die Kategorien Komfort bis Suite präsentieren sich ab Mai 2025 frisch renoviert. Neben der attraktiven Lage wird von den Gästen besonders der eingespielte, herzlich zugewandte Service gelobt. Mit allerlei Tipps für Rahmenprogramme oder empfehlenswerte Gastronomie rund um das Hotel steht das Hotelteam gerne zur Seite. *Katrin Nauber-Happel*

## Alles Gute liegt nah

### LOGIS

**137 Zimmer:**
53 EZ, 81 DZ, 3 Suiten

### TAGUNG

**Besonders geeignet für:**
Seminar, Konferenz, Klausur

**Räume**
| | |
|---|---|
| Tagungsräume: | 10 |
| Ausstellungsfläche: | 203 m² |

**Maximale Tagungskapazität**
| | |
|---|---|
| U-Form: | 42 Pers. |
| Parlamentarisch: | 140 Pers. |
| Reihenbestuhlung: | 250 Pers. |

**Preise**
| | |
|---|---|
| Preiskalkulation 1* | 75,74 € |
| Preiskalkulation 2* | 302,13 € |

*Alle Angaben Nettopreise zzgl. MwSt., Kalkulationsanfrage siehe Seite 32

MÜNSTER

 **A 43:** 3 km

 **Fern:** Münster, 1 km

 **Münster/ Osnabrück:** 26 km

### WISSENSWERTES

- GreenSign Hotel
- 100 Tiefgaragenplätze
- Restaurant, Bar, Sommergarten – biozertifizierte Tagungspauschale auf Anfrage
- Fitnessgeräte, Sauna-Bereich mit Außenterrasse
- Leihfahrräder, E-Bikes auf Anfrage, Tipps für interessante Rahmenprogramme, z.B. Krimiführungen oder Eventboot „MS Günther" auf Dortmund-Ems-Kanal

## Stadthotel Münster

48143

### FAZIT

**Die Lage ist wunderbar:** zentral und gleichzeitig ruhig genug, mit allen Verkehrsmitteln gut erreichbar, alle Sehenswürdigkeiten – und Münster hat eine Menge davon zu bieten – sowie die grüne Umgebung und um den Aasee liegen in bequemer Zu-Fuß-Entfernung.

Topmoderner, **klimatisierter und umfassend ausgestatteter Tagungsbereich** mit reichlich Platz für unterschiedliche Formate und Gruppen.

**Service und Küche werden sehr gelobt.**

## STADTHOTEL MÜNSTER

**48143 MÜNSTER**
Aegidiistraße 21
Tel. +49 251 4812-0
service@stadthotel-muenster.de
www.stadthotel-muenster.de

Das Hotel selbst liegt ziemlich genau in der Mitte des Alexianer Campus am Rande von Münster, mitten im Grünen. Die historischen Gebäudeflügel beidseits des Wasserturms aus dem Jahr 1911 wurden kernsaniert und bilden heute die historisch-charmante Kulisse für ein modernes, helles und sehr einladendes Tagungshotel, dessen Innenhof bei gutem Wetter eine wunderbare Fläche für Team-Events von Bogenschießen bis XXL-Menschenkicker hergibt, die bei den Gästen sehr beliebt sind. Mit dem Garten der Stille und dem Sinnespark mit Kükelhaus-Stationen locken weitere Areale des Geländes zum aktiven Pausen- oder Rahmenprogramm. Das eingespielte und gastliche Team des Hotels umsorgt die Gäste kompetent und herzlich, was seinen Ursprung nicht zuletzt in der einzigartigen Atmosphäre des Inklusionsbetriebs hat. Zehn allesamt sehr modern und einladend gestaltete Tagungsräume verteilen sich auf zwei Bereiche. Im Hotel liegen drei kombinierbare Räume mit eigenem Foyer sowie ein kleinerer separater Gruppenraum. In der Denkwerkstatt, einem Neubau wenige Schritte über den Hof, liegen auf zwei Etagen noch einmal sechs sehr schöne, teilweise kombinierbare Räume, darunter mit „Kubus" ein Kreativraum mit kubusförmigem Glasanbau und außergewöhnlicher Einrichtung. Eine Tischtafel, Sofagruppe, Sitzsäcke, Kicker und eine von der Decke hängende Schaukel mitten im Raum machen den Kopf frei für neues Denken. Die Technikausstattung ist überall hochmodern, auch hybride Formate werden bestens bedient. Ein Schmankerl ist der Outdoortagungsraum. Gut geschützt zwischen Mauern und Bambushecken finden bis zu 20 Personen Platz unter einem großen Sonnenschirm an frischer Luft, leises Blätterrauschen und Brunnenplätschern inklusive. Der Logiskomfort ist sehr angenehm und behaglich. Etwas Besonderes ist das „Kloster-Quartier", das ehemalige Kloster der Alexianer-Brüder, etwa 300 Meter von der Rezeption entfernt am Rande des Areals. Hier wohnt es sich sehr ruhig in 14 Zimmern, mit Innenhof, Kapelle und „Kapitelzimmer", einem Wohnraum mit Terrasse und Bibliothek, das auch zur Klausurtagung exklusiv genutzt werden kann. Rundum: Das Alexianer Hotel ist ein wunderbares Tagungsdomizil. *Katrin Nauber-Happel*

## herzlicher Teamspirit im Münsterland

## LOGIS

**67 Zimmer:**
28 EZ, 31 DZ, 2 Studios,
6 Appartements

## TAGUNG

**Besonders geeignet für:**
Seminar, Konferenz,
Klausur, Kreativprozesse

**Räume**
Tagungsräume:                   11
Ausstellungsfläche:        114 m²

**Maximale Tagungskapazität**
U-Form:                    40 Pers.
Parlamentarisch:           80 Pers.
Reihenbestuhlung:         120 Pers.

**Preise**
Preiskalkulation 1*        82,55 €
Preiskalkulation 2*       304,40 €

*Alle Angaben Nettopreise zzgl. MwSt., Kalkulationsanfrage siehe Seite 32

MÜNSTER

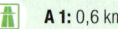
**A 1:** 0,6 km

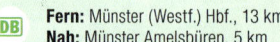
**Fern:** Münster (Westf.) Hbf., 13 km
**Nah:** Münster Amelsbüren, 5 km

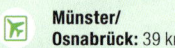
**Münster/
Osnabrück:** 39 km

### WISSENSWERTES

- GreenSign Hotel, my climate $CO_2$-Fußabdruck, geprüft barrierefrei
- ausreichende Parkplätze
- Bistro-Restaurant mit Terrasse, „Essbar", Bar, Innenhof
- 6 Business-Appartements mit besonderem Komfort
- Sauna, Waldbaden, Joggingstrecken
- „Garten der Stille", „Sinnespark", interessante Rahmenprogramme

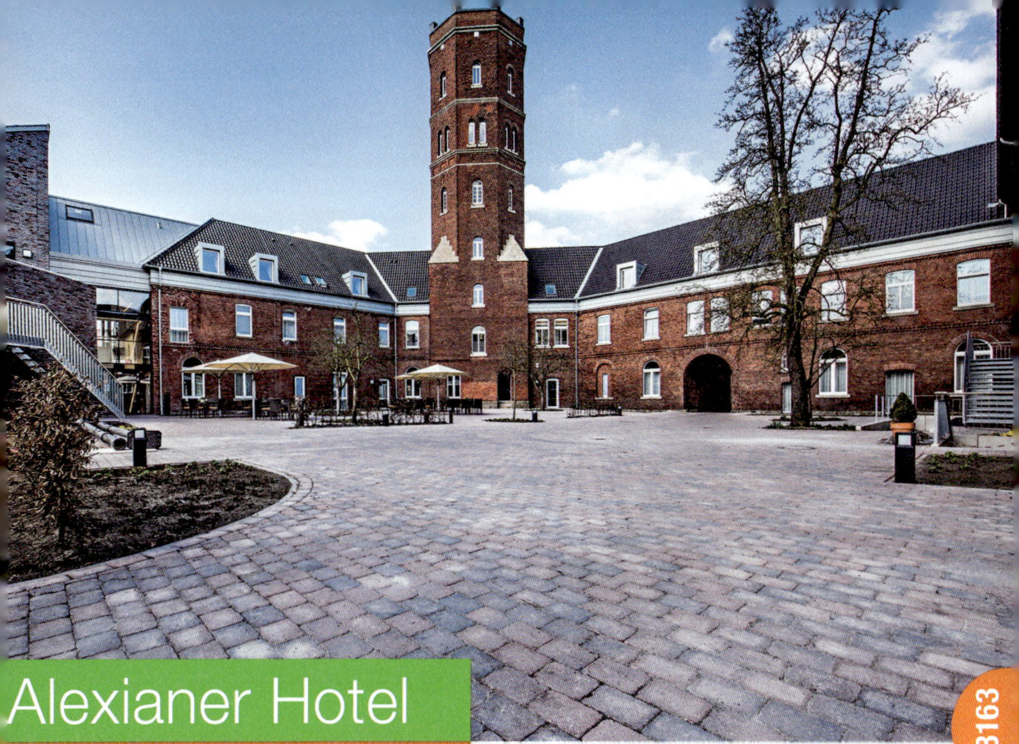

# Alexianer Hotel am Wasserturm

48163

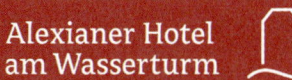

## FAZIT

**Die Lage ist attraktiv:** ein Campus-Gelände, mitten im grünen Münsterland, nahe der Stadt und noch näher dem Autobahnanschluss.

Die **Gäste profitieren von einem vielseitigen, kreativen Raum-, Incentive- und Freizeit-Angebot** auf dem Gelände. Extra Outdoor-Tagungsraum. Besonderes Tagungsoutlet: Die Räume, inklusive Hörsaal, des Alexianer Bildungszentrums am Münsteraner Dreieckshafen mit wunderbarem Ausblick auf denselben sind buchbar. **Gute Übersicht auf der Homepage.**

**48163 MÜNSTER**
Alexianerweg 9
Tel. +49 2501 966-23100
hotel-wasserturm@alexianer.de
**www.alexianer-hotel-
am-wasserturm.de**

D as Hotel Weissenburg ist eines jener erfolgreich familiengeführten Tagungshotels, das die Werte alteingesessener, herzlich-westfälischer Gastlichkeit seit nunmehr vier Generationen vortrefflich pflegt. Die Wünsche und Zufriedenheit der Gäste stehen unbedingt an erster Stelle. Vor über 100 Jahren aus einer kleinen Kneipe mit drei Zimmern und Landwirtschaft entstanden, entwickelte Familie Niehoff ihr Haus beständig fort und wurde bereits in den 1960er Jahren im Tagungsgeschäft aktiv, entsprechend reichhaltig ist die Erfahrung. Heute gibt es im Hause insgesamt 22 moderne Veranstaltungsräume, die sich auf verschiedene Bereiche im Hotel verteilen, so dass unterschiedliche Gruppen ihre eigenen Areale samt eigenen Foyers, Gruppenräumen, WCs, Pausenzonen und oftmals auch Terrassen für sich haben. Für die so vorhandenen kurzen Wege im Hotel wird die Weissenburg von ihren Gästen besonders geschätzt – noch mehr allerdings für ihre vorzügliche Küche und den aufmerksamen, zugewandten Service der vielfach langjährig dort beschäftigten Mitarbeiter und Mitarbeiterinnen. Durch die gewachsene Struktur des Hotels ist auch die Gastronomie sehr vielseitig und reicht vom großzügigen schicken Saal über gemütlich kleinräumige Speisezimmer bis hin zur urigen Bar samt Kaminzimmer, der Keimzelle des Hauses, an deren über 112-jährigem Kamin noch heute die Gäste sitzen, die als letzte zu Bett gehen. Hier darf es auch einmal sehr spät werden. Die Hotelzimmer sind den einzelnen Bauabschnitten entsprechend individuell verschieden und allesamt komfortabel eingerichtet, die meisten haben Balkon. Die ruhige grüne Umgebung ist sehr attraktiv, Wanderwege führen direkt am Hotel vorbei, man erreicht den historischen Billerbecker Ortskern zu Fuß in etwa 40 Minuten. Von der Terrasse des Hotels aus schweift der Blick über die malerische Kulisse, im Vordergrund das eigene Wildgehege, im Hintergrund die markanten Doppeltürme des Ludgerusdoms. Entspannung verspricht auch der großzügige Wellnessbereich mit Schwimmbad, Saunen, Beauty, Massagen und modernem Fitnessraum. Die Erreichbarkeit ist ebenfalls sehr gut, der Bahnhof ist nah, es gibt viele Parkplätze, kurzum: Es bleiben keine Wünsche offen.

*Katrin Nauber-Happel*

## Gastlichkeit vom Feinsten

### LOGIS
**96 Zimmer:**
13 EZ, 75 DZ,
8 Juniorsuiten

### TAGUNG
**Besonders geeignet für:**
Seminar, Konferenz, Klausur, Event

**Räume**
| | |
|---|---|
| Tagungsräume: | 22 |
| Ausstellungsfläche: | 300 m² |

**Maximale Tagungskapazität**
| | |
|---|---|
| U-Form: | 80 Pers. |
| Parlamentarisch: | 180 Pers. |
| Reihenbestuhlung: | 320 Pers. |

**Preise**
| | |
|---|---|
| Preiskalkulation 1* | 75,50 € |
| Preiskalkulation 2* | 289,50 € |

*Alle Angaben Nettopreise zzgl. MwSt., Kalkulationsanfrage siehe Seite 32

BILLERBECK

**A 1:** 16 km
**A 31:** 12 km
**A 43:** 18 km

**Fern:** Münster, 30 km
**Nah:** Billerbeck, 2 km

**Münster/ Osnabrück:** 35 km

### WISSENSWERTES

- Dehoga-Umweltcheck Gold, „Klimaneutrales Tagungshotel": Deutsches Institut für Nachhaltigkeit & Ökonomie
- verschiedene Restauranträume, Terrasse mit Ausblick, SPA mit Schwimmbad, Saunen, moderner Fitnessraum, Anwendungen
- eigenes Wildgehege (eigene Schlachtung), 200 eigene Parkplätze
- Rahmenprogramme: Eisstockschießen auf der Terrasse, „Der Sandstein, der Dom und der hl. Ludgerus"

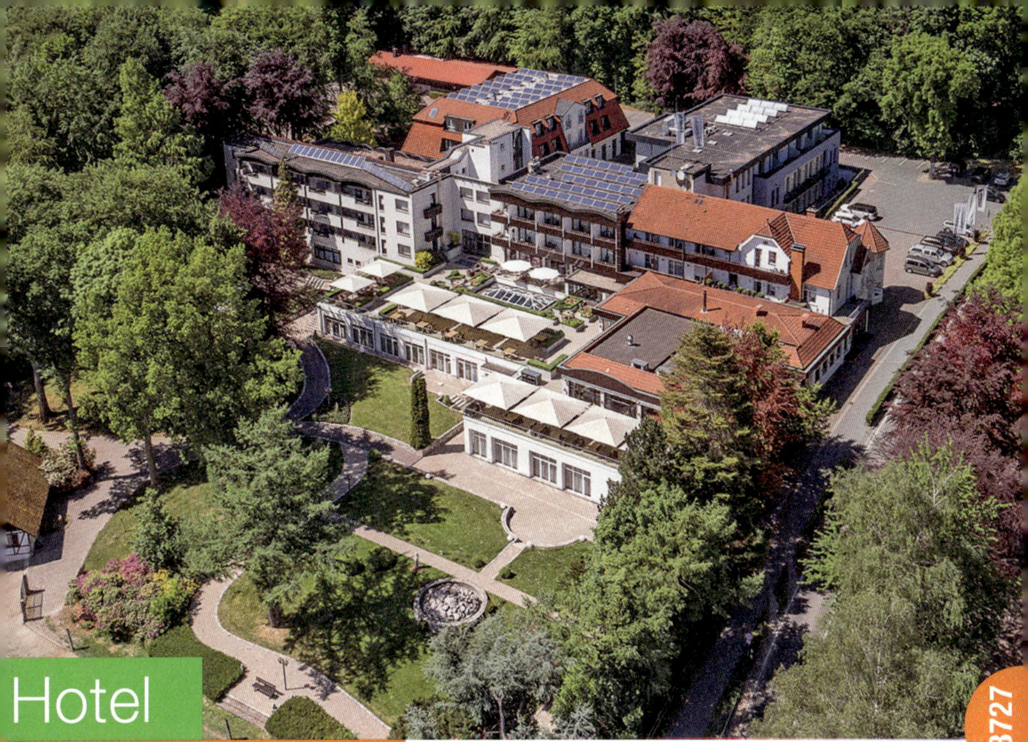

# Hotel
# Weissenburg

**HOTEL
RESTAURANT**

## FAZIT

Die Gäste genießen eine familiäre Atmosphäre mit herzlichem, **sehr gastorientiertem und professionellem Service.**

Die Keimzelle des Hotels ist die **niveauvolle und abwechslungsreiche Gastronomie.** Die Küchenleistung wird hochgelobt.

Durch Erweiterungen stehen heute **mehrere separate moderne Tagungsbereiche mit eigenen Foyers** zur Verfügung.

Das Haus liegt **ruhig und ländlich,** ist aber dennoch **verkehrlich sehr gut angebunden.**

**48727 BILLERBECK**

Gantweg 18 (Navi: Darfelder Str.)
Tel. +49 2543 75-0
team@hotel-weissenburg.de
**www.hotel-weissenburg.de**

231

Wie wäre es, in einer historischen Mühle zu tagen, die den Teilnehmern ganztags als „eigenes Reich" mit besonderer Atmosphäre dient? In Stratmanns Hotel entstand jüngst ein solcher autarker Meetingbereich, in dem Zusammenkünfte von Anfang bis Ende etwas abseits des sonstigen Hotelbetriebs ablaufen – inklusive gastronomischer Versorgung. Die Mühle ist das Wahrzeichen des im Oldenburgischen Münsterland beheimateten Hotels und befindet sich gleich nebenan. Ihre Windflügel hat sie zwar nicht mehr, aber der ursprüngliche Zustand ist nach sorgsamer Instandsetzung weitgehend erhalten und bietet nun im Inneren eine anheimelnd rustikale Abend-, Event- und Speiselocation für bis zu 120 Personen. Hinzu kommt im ersten Stock das neu geschaffene Arbeitsareal, das passend für eine Seminargruppe ausgestattet ist. Es besteht aus einem Haupt- und einem Gruppenraum mitsamt erforderlicher Technik, zu der ein mobiles, höhenverstellbares Touch-Display (80 Zoll) gehört. Zum Beinevertreten oder auch um das Treffen nach draußen zu verlegen, kann man jederzeit ins Freie, in einen hübschen Hofbereich zwischen Hotel und Mühle wechseln. Von dort gelangt man auch in die sonstigen Tagungsräumlichkeiten des Hotels, wo stilistisch ein rundum moderner Ausdruck herrscht. Insgesamt sind es drei klimatisierte und durch bodentiefe Fenster tageslichtverwöhnte Räume einschließlich Multimediatechnik – sie können zu einem Saal (253 m²) vereinigt werden; ergänzende Gruppenarbeitsmöglichkeiten sind im Nahbereich vorhanden. Atmosphärisch bewegt man sich in einer familiären und liebevoll arrangierten Hotelwelt mit Schick und Gespür für Gemütlichkeit. Die Küche setzt auf hausgemachte Gaumenfreuden: Man kann wählen zwischen deutschen und mediterranen Genüssen, wobei auch die Pasta aus eigener Herstellung stammt. Neben dem elegant-modernen Restaurant gibt es außerdem noch das „DELI", in dem ein rustikaler Charme den Ton zwischen Fässern, Weinregalen und viel Holzambiente bestimmt – hier lassen Tagungsgruppen den Tag gern in exklusiver Runde Revue passieren. Wer anschließend aufs Zimmer geht, kann sich auf Wohn- und Bad-Komfort freuen und nicht zuletzt auf eine Bettenlänge, die auch hochgewachsene Basketballspieler angenehm ruhen lässt.　　　　*Norbert Völkner*

## Mühlenflair & stimmiges Tagen

### LOGIS

**36 Zimmer:**
32 DZ, 2 Juniorsuiten,
2 Suiten

### TAGUNG

**Besonders geeignet für:**
Seminar, Konferenz, Klausur, Event

**Räume**
Tagungsräume:　　　　　　　5
Ausstellungsfläche:　　　100 m²

**Maximale Tagungskapazität**
U-Form:　　　　　　　60 Pers.
Parlamentarisch:　　　100 Pers.
Reihenbestuhlung:　　　200 Pers.

**Preise**
Preiskalkulation 1*　　　63,50 €
Preiskalkulation 2*　　228,50 €

*Alle Angaben Nettopreise
zzgl. MwSt., Kalkulationsanfrage siehe Seite 32

LOHNE

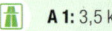
**A 1:** 3,5 km

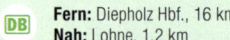
**Fern:** Diepholz Hbf., 16 km
**Nah:** Lohne, 1,2 km

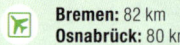
**Bremen:** 82 km
**Osnabrück:** 80 km

### WISSENSWERTES

- Glasfaser-Internet, kabellose Präsentationen auf Digital-Bildschirmen
- moderne Gästezimmer mit LAN-Anschluss, ebenerdigen Bädern und Betten in Überlänge, 2 rollstuhlgerechte Zimmer, Allergikerzimmer
- Restaurant mit Außenterrasse, Weinstube „DELI", Wintergarten mit Außenterrasse, historische Mühle für Kulinarik-Events, „Stratmanns Haus am See"
- Spa & Saunabereich mit angeschlossener Dachterrasse, Bibliothek
- Tastings, BBQs, Boßeln, Bogenschießen, Fahrradverleih u.v.m.

# Stratmanns
# Hotel

49393

## FAZIT

Das Hotel ist ein in allen Bereichen **atmosphärisch entspannter Rückzugsort,** in dem Tagungen familiär und professionell unterstützt werden – größenflexible Räume und Multimedia-technik werden ergänzt durch viel Platz für Gruppenarbeiten.

**Frische deutsche und italienische Küche** – für das Miteinander am Abend bieten „Stratmanns Restaurant" und die Weinstube „Stratmanns DELI" Gemüt-lichkeit und hausgemachte Delikatessen.

**Easy come & easy go** durch die nahe Autobahn A 1.

**49393 LOHNE**
Brandstraße 94
Tel. +49 4442 801970
info@stratmann-lohne.de
**www.stratmann-lohne.de**

233

As niedersächsische Barnstorf liegt zwischen Moor und Wald am Flusslauf der Hunte. Direkt am Marktplatz der kleinen Ortschaft befindet sich das familiengeführte Hotel Roshop. Durch die mittige Lage zwischen den Städten Bremen, Oldenburg und Osnabrück ist in dem Vier-Sterne-Quartier eine Art regionales „Tagungsdrehkreuz" entstanden – auch aus dem Raum Hannover finden sich Meeting-Gäste ein. Beim Ankommen bewirkt schon das Entrée eine angenehme Einstimmung: Die nahezu majestätische, als Wohlfühlzone eingerichtete Lobby begrüßt Gäste mit Kaminfeuer und stilvollen Verweilmöbeln. Dieser großzügige Willkommensbereich leitet direkt über in das Gros der Tagungsräumlichkeiten. Generell hat man es mit einem auswahlstarken Raumportfolio mit patenter Präsentations- und Übertragungstechnik (Glasfaser-Internet) zu tun, das sowohl für Seminare als auch für großangelegte Konferenzen gut bemessene Voraussetzungen bietet – besonders gilt dies für Veranstaltungen, bei denen es vom gemeinsamen Plenum hin zur Bildung von Arbeitsgruppen und wieder zurück geht. Mittels Zusammenlegung mehrerer Räume beträgt die maximale Veranstaltungsfläche 250 m². Im Obergeschoss ist außerdem eine kleine, aber feine Meetingwelt mit Freischwingerbestuhlung für bis zu acht Teilnehmer untergebracht. Über das eigentliche Tagungsgeschehen hinaus hat man es im Hotel Roshop mit geräumig komfortablen Gästezimmern zu tun, teils mit Gartenblick, außerdem gibt es einen gepflegten Wellnessbereich mit „tagungsfreundlichen" Öffnungszeiten. Am Abend bestehen dann gleich mehrere Optionen für einen gemeinsamen Schlussakkord in einem anregenden Ambiente. Einen Gruppenbesuch wert ist beispielsweise die vom Hotel betriebene „Marktschänke" – in dieser sehr gemütlichen Kneipe mit Nischen zum Untersichsein wird unter anderem frisches Fassbier in acht verschiedenen Geschmackssorten gezapft. Sofern ein tagungsbegleitendes Rahmenprogramm gefragt ist, bietet die Barnstorfer Umgebung hierzu einiges: Fahrten mit dem „Moorexpress" etwa oder auch Naturerlebnis-Kanutouren (ein Anleger ist nur fünfzig Meter vom Hotel entfernt) – zur „Grünkohlzeit" sind Bollerwagen-Ausflüge zu den nahgelegenen Walsener Teichen beliebt. *Norbert Völkner*

# Wohlfühlzone mit Tagungsvielfalt

## LOGIS

**62 Zimmer:**
14 EZ, 42 DZ, 2 Suiten,
4 Juniorsuiten

## TAGUNG

**Besonders geeignet für:**
Seminar, Konferenz, Klausur

**Räume**
Tagungsräume:                    10

**Maximale Tagungskapazität**
U-Form:                    40 Pers.
Parlamentarisch:           90 Pers.
Reihenbestuhlung:         180 Pers.

**Preise**
Preiskalkulation 1*        59,00 €
Preiskalkulation 2*       205,00 €

*Alle Angaben Nettopreise
zzgl. MwSt., Kalkulationsanfrage siehe Seite 32

**BARNSTORF**

**A 1:** 30 km

**Fern:** Bremen, 50 km
**Nah:** Barnstorf, 0,4 km

**Bremen:** 48 km

## WISSENSWERTES

- Tagungsräume mit Glasfaseranschluss und Klimatisierung
- Fine-Dining-Restaurant, Bar, „Ratskeller", „Marktschänke" mit eigener Speisekarte, 2 Kegelbahnen
- Schwimmbad, Saunen mit Saunagarten, Ruhebereiche, Fitnessraum
- Kanufahrten, „Moorexpress", Fußballgolf, Bollerwagen-Ausflüge, Fahrradverleih, Joggingrouten u.v.m.

# Hotel
# Roshop

49406

Einfach wohlfühlen

Hotel Roshop.

## FAZIT

Gäste erleben eine **einladende Mischung** aus Tradition, stilvollem Ambiente, guter Küche und gepflegtem Wellness.

Ein professionell ausgestattetes Tagungsraumensemble bietet **viel Entfaltungspotenzial für Plenums- und Gruppenarbeiten** sowie mehrere Pausenbereiche.

**Zentrale Lage im Städtedreieck Bremen, Oldenburg, Osnabrück** – in naher Umgebung locken Rahmenprogramme in Moor- und Fluss-Landschaften.

**49406 BARNSTORF**
Am Markt 6
Tel. +49 5442 9800
info@hotel-roshop.de

**www.hotel-roshop.de**

235

**LOGIS**

**101 Zimmer:**
2 EZ, 85 DZ, 8 Juniorsuiten
und Suiten, 6 Wohnapartments

**TAGUNG**

**Besonders geeignet für:**
Seminar, Konferenz, Klausur

**Räume**
Tagungsräume:                    7
Ausstellungsfläche:      2x 45 m²

**Maximale Tagungskapazität**
U-Form:                   100 Pers.
Parlamentarisch:          210 Pers.
Reihenbestuhlung:         300 Pers.

**Preise**
Preiskalkulation 1*       69,89 €
Preiskalkulation 2*      264,55 €

*Alle Angaben Nettopreise
zzgl. MwSt., Kalkulationsanfrage siehe Seite 32

# Idyllische Lakeside-Meetings

V on der Pausenterrasse hat man die Idylle gut im Blick: Wie ein „Showroom" auf den Ankumer See und die umliegende Parklandschaft geben sich die neuen Tagungsräume, die erst letztes Jahr im See- und Sporthotel Ankum fertiggestellt wurden. Eigentlich besteht der Ankumer See aus zwei kleineren Seen, die durch Wanderwege malerisch verbunden sind. Als Tagungsgast erlebt man hier einen spürbaren „Calm down"-Effekt. Mit seinem Standort im Osnabrücker Land liegt das Hotel etwa auf halbem Wege zwischen Bremen und dem Ruhrgebiet. Die größten Meeting-Kapazitäten sind im Stammhaus untergebracht, das sich mit einer terrassierten Gartenanlage, in der im Sommer alles blüht, einem der beiden Seen zuwendet. Durchwegs ebenerdig und modular gebaut, präsentieren sich die dortigen Veranstaltungsräume (75–195 m²) mit reichlich Tageslicht und praktisch bedienbarer Medientechnik – durch Zusammenlegung des Gesamt-Ensembles inklusive des Foyers entsteht ein großer stilvoller Eventsaal (380 m²). Die neu entstandenen „Lakeside-Conference"-Räume befinden sich am zweiten See, in kurzer Reichweite. Es sind vier an der Zahl (36–105 m²), verteilt auf zwei energieautarke Gebäude, zwischen denen ein Verbindungsgang verläuft. Jeweils im Erd- und Obergeschoss gelegen, bieten sie eine besonders rückzügliche Sphäre für Kommunikations- und Lernprozesse, aber auch für World Cafés und Strategie-Meetings – angeschlossen sind immer ebenerdige See-Terrassen oder große Balkonterrassen mit prachtvollen Aussichten. Technisch besteht höchstes Niveau: So erlauben eingebaute Mikrofone ein freihändiges und mobiles Agieren ohne Headset. Eigens für hybride Treffen oder Online-Präsentationen sind an Decken und Wänden KI-gesteuerte Kameras installiert, die Redner automatisch erkennen – auch Übertragungen in Nachbarräume sind möglich. Zum Speisen geht es hinüber ins Restaurant „800°C", dessen Fine-Dining-Konzept mit viel Kräuterkompetenz aus dem eigenen Küchengarten aufwartet – Fisch-, Fleisch- und vegetarische Gerichte werden mit feinen Aromen gewürzt, die anderswo nicht zu schmecken sind. Ein beliebter Treffpunkt zum abendlichen Ausklang ist die gemütliche „Weinbar", die ab 20 Personen auch exklusiv gebucht werden kann. *Norbert Völkner*

ANKUM

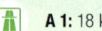
**A 1:** 18 km

**Fern:** Osnabrück, 26 km
**Nah:** Bersenbrück, 6 km

**Münster/**
**Osnabrück:** 62 km

## WISSENSWERTES

- Glasfaser-Internet, separates WLAN auf Wunsch, kabellose Präsentationen, digitale Whiteboards
- 43 hochwertige Gästezimmer am See (u.a. Apartements und Maisonette Suiten)
- Restaurant „800°C" mit Gartenterrasse, Weinbar, St. George Lounge
- Fitnessraum, Saunen, Massagen, Yoga-Sessions, Tennis- und Squash-Halle
- Küchenparty, Kochschule, Cocktailkurs, Kicker- und Dart-Turniere, Golf-Schnupperkurs, Kanutouren, Wasserski, Fahrradtouren u.v.m.

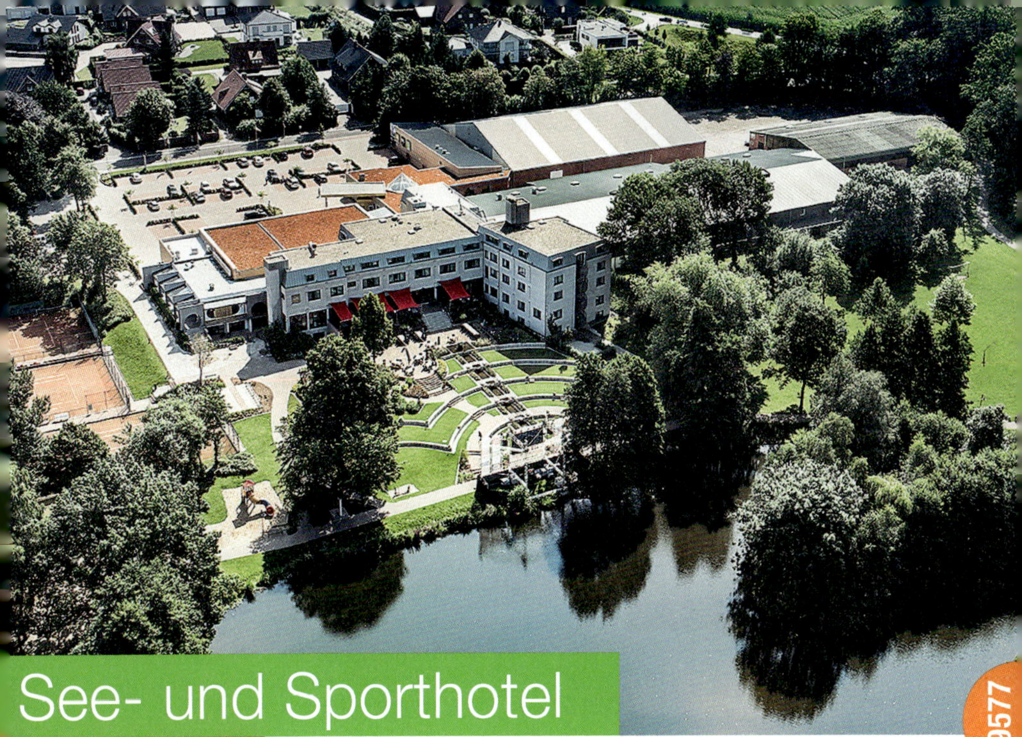

# See- und Sporthotel
# Ankum

49577

## FAZIT

Umgeben von einer See- und Parklandschaft bietet das Hotel einen entspannten Rückzugsort, bei dem **Tagen und
„Loslassen" im Gleichgewicht**
stehen.

Zwei **neue Tagungshäuser** am See
bieten eine besonders rückzügliche
Sphäre und ein medientechnisch hohes
Niveau – angeschlossene große Terrassen gewähren prachtvolle Ausblicke.

Rund 100 verschiedene Küchenkräuter
aus eigenem Garten bereiten im **Restaurant „800°C"** feine Geschmacks-
erlebnisse.

**49577 ANKUM**
Tütinger Straße 28
Tel. +49 5462 8820
info@seeundsporthotel.de
**www.seehotel-ankum.de**

D as GenoHotel Forsbach liegt am Rande eines ruhigen Wohngebietes in Rösrath östlich von Köln und grenzt unmittelbar an den Königsforst, das mit mehr als 2.500 Hektar größte zusammenhängende Waldgebiet der Region. Der Ausblick aus einem Teil der Veranstaltungsräume ersetzt jedes Bild und ist entspannend und anregend zugleich. Immer wieder wandert der Blick in die Tiefen des Waldes. Unter anderem diese ruhige Lage im Zusammenspiel mit der direkten Nähe zu Köln und den sehr guten Verkehrsanbindungen und Parkmöglichkeiten machen das Drei-Sterne-Superior-Hotel für Tagungsgruppen attraktiv. Der Kern des mehrflügeligen Gebäudes bildet zur Erdgeschossebene ein Viereck, wo allein 1.300 m² barrierefreie Veranstaltungsfläche in 29 Räumen zur Verfügung steht. Hier finden die Gäste sozusagen Raum-Qualität im Quadrat. Dabei ergeben sich flexible Raum-Kombinationen, so dass bei kurzen Wegen verschiedene Gruppenräume einem Plenum zugeordnet werden und separate Pausen-Areale genutzt werden können. Selbst bei guter Belegung entsteht hier nie das Gefühl, es sei voll. Die Ausstattung der hellen, modernen Räume ist technisch stets up to date. Schmuckstück ist die raumhoch verglaste Rotunde mit Parkettboden und Waldblick, die auch für Bankett-Veranstaltungen gern gebucht wird. Angenehm breite, mit Kunst geschmückte Flure führen einmal rund um den hübsch gestalteten Innenhof mit Außen-Theke, wo es sich bei gutem Wetter sehr angenehm zusammensitzen und auch unter freiem Himmel arbeiten lässt. In der warmen Jahreszeit wird hier auch gern für die Gäste gegrillt. Der Service ist zugewandt, herzlich und kompetent. Im Restaurant bedienen sich die Gäste selbst am variantenreichen Buffet mit stets frischen regionalen und saisonalen Speisen. Die gemütliche Bar hält eine beachtliche Gin- und Whisky-Auswahl bereit. Die Gästezimmer, mehrheitlich Einzelzimmer, sind klein aber fein, mit hellen Holzmöbeln und modernem Farbdesign harmonisch eingerichtet. Zum Ausgleich nach des Tages Mühen locken eine Kegelbahn sowie ein großes Schwimmbad mit Tageslicht, Sauna und Fitnessräume. Radfahrer – das Hotel verleiht E-Mountainbikes – und Jogger finden im Königsforst beste Bedingungen, getreu dem Motto: „Schuhe an und los!"

*Katrin Nauber-Happel*

## Authentisch und persönlich

## LOGIS

**170 Zimmer:**
152 EZ, 14 DZ, 4 Suiten

## TAGUNG

**Besonders geeignet für:**
Seminar, Konferenz, Klausur, Event

**Räume**
Tagungsräume: 29
Ausstellungsfläche: 300 m²

**Maximale Tagungskapazität**
U-Form: 32 Pers.
Parlamentarisch: 150 Pers.
Reihenbestuhlung: 300 Pers.

**Preise**
Preiskalkulation 1* 72,69 €
Preiskalkulation 2* 249,39 €

*Alle Angaben Nettopreise zzgl. MwSt., Kalkulationsanfrage siehe Seite 32

**RÖSRATH**

**A 4:** 6 km
**A 3:** 7 km

**Fern:** ICE-Bahnhof Flughafen Köln/Bonn, 13 km
**Nah:** Rösrath, 2 km

**Köln/Bonn:** 13 km

## WISSENSWERTES

- Green Sign Siegel 77 %, $CO_2$-Fußabdruck vorhanden
- Hybridtagungstechnik: Konferenzsysteme / LED-Wall (4,85 x 2,7 m)
- 160 kostenfreie Parkplätze, E-Ladestation
- SB-Restaurant, Bar, Biergarten, Lobbybar
- gratis: Schwimmbad (10 x 16 m), Sauna, zwei Fitnessräume
- 40 km Wanderwege im Königsforst unmittelbar am Hotel, Kegelbahn, E-Bikes

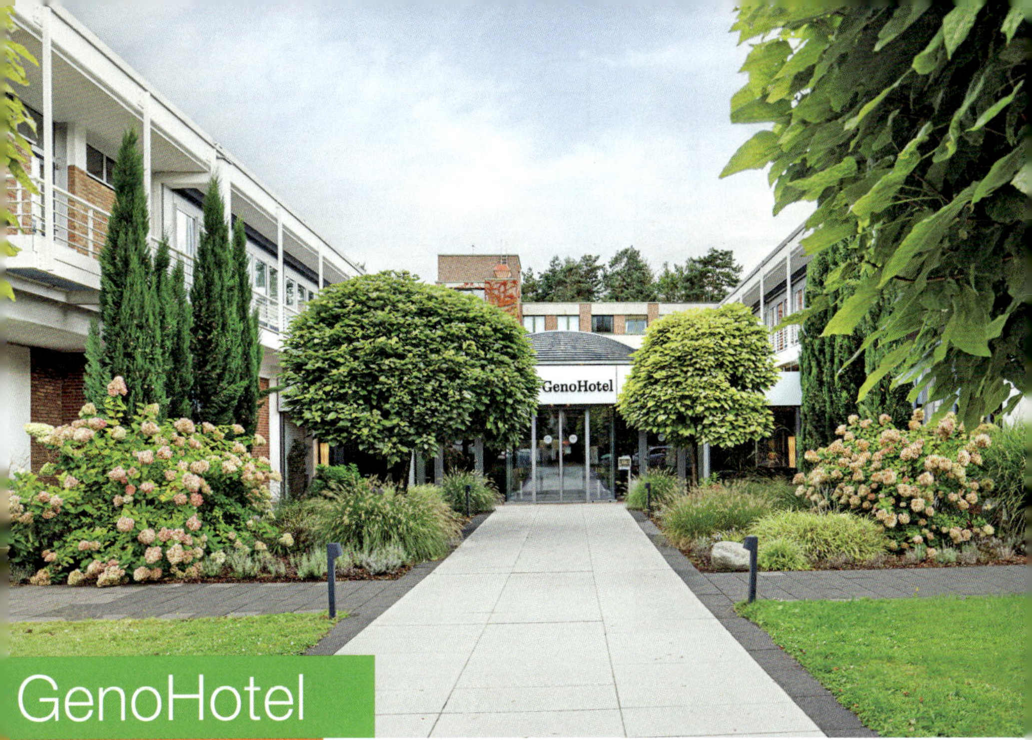

# GenoHotel
# Forsbach

51503

## FAZIT

Das **tagungsspezialisierte Hotel** liegt unmittelbar am Königsforst in **attraktiver Grünlage** und ist dabei **bestens erreichbar.** Der Flughafen Köln/Bonn ist nur 13 km entfernt.

Die **Homepage unterstützt die Planung** von Veranstaltungen mit differenzierten Informationen und bewegten Bildern.

**Großzügige, professionelle Tagungskapazitäten** auf 1.300 m²: Alle Räume liegen ebenerdig, die gläserne Rotunde als schönster eignet sich **auch für feierliche Anlässe.**

**51503 RÖSRATH**
Raiffeisenstraße 10–16
Tel. +49 2205 803-0
tagungen@genohotel-forsbach.de
www.genohotel-forsbach.de

239

B urg Obbendorf hat was. Es ist dieses gelungene Zusammenspiel aus stilvoller und zugleich herzlich familiärer Atmosphäre, die einen sogleich umarmt, wenn man das Anwesen betritt – als hielten die schützenden Mauern der Ritterburg den Stress des Alltags draußen, während man sich im warmen, modernen Ambiente des Inneren in aller Ruhe und Entspannung auf die Tagungsarbeit konzentrieren kann. Mitten im Grünen, am Ortsrand von Hambach, bietet die vierflügelige Burganlage mit großem Innenhof, Zugbrücke und Wassergraben sowie dem umgebenden Burgpark eine wunderbare Adresse für ungestörte Tagungen oder Events in historischer Kulisse. Es gibt einerseits zwei große, helle Säle mit hohen Decken und Ausgang zum Innenhof, zur Terrasse am Burggraben sowie zum Burgpark und im gegenüberliegenden Flügel zwei schicke Tagungsräume mit großen Fenstern und Zugang zum Innenhof. Hier wurde das alte Mauerwerk der ehemaligen Stallungen mit modernen Materialien gekonnt kombiniert, was den Räumen eine sehr angenehme, authentische Atmosphäre gibt. Bei gutem Wetter können die Gäste ihre Tagungsarbeit ganz bequem nach draußen verlegen. Sowohl der Innenhof als auch der Park bieten sich zudem für Outdoor-Aktivitäten, Präsentationen oder einfach den kurzen Spaziergang an. Incentives werden in Zusammenarbeit mit einer professionellen Agentur organi-

## LOGIS

**35 Zimmer:**
5 EZ, 30 DZ

## TAGUNG

**Besonders geeignet für:**
Seminar, Klausur, Event

**Räume**
Tagungsräume:                      4

**Maximale Tagungskapazität**
U-Form:                       40 Pers.
Parlamentarisch:              85 Pers.
Reihenbestuhlung:            160 Pers.

**Preise**
Preiskalkulation 1*          132,50 €
Preiskalkulation 2*          445,00 €

# Charmant, exklusiv, historisch

siert. Teamtrainings oder Sport und Spaß wie Bogenschießen finden hier ausreichend Platz in malerischer Umgebung. Die niveauvolle Küche des Hotels verwöhnt ausschließlich Haus- und Tagungsgäste. In der gemütlichen Kamin-Lounge halten sich die Gäste ebenso gern auf wie im „Spielezimmer". Dort können sie sich mit Kicker, Darts oder Gesellschaftsspielen vergnügen oder einfach beisammensitzen, solange sie mögen. Eine Auswahl an gekühlten Getränken und Snacks steht auf der Basis von Treu und Glauben zur Verfügung. Ebenso angenehm ist der Logiskomfort. Alle Zimmer haben denselben hohen Wohlfühlfaktor, 2,10 m lange Matratzen, die Einzelzimmer Queensize-Betten und die neusten Refugien in der Remise sind zudem sehr geräumig und noch einmal besonders schön eingerichtet. Bei alldem sind die Gäste bei einem herzlichen Serviceteam und Inhaberfamilie Müller in den besten Händen.

*Katrin Nauber-Happel*

*Alle Angaben Nettopreise zzgl. MwSt., Kalkulationsanfrage siehe Seite 32

NIEDERZIER-HAMBACH

**A 4:** 8 km
**A 44:** 10 km

**Fern:** Köln Hbf., 53 km
**Nah:** Düren, 13 km

**Köln/Bonn:** 60 km
**Düsseldorf:** 70 km

## WISSENSWERTES

- GreenSign
- 80 eigene Parkplätze
- restaurierte historische Burganlage mit Zugbrücke und Wassergraben
- reine Inhouse-Gastronomie, Lounge-Bar, Terrassen, Burgpark, Innenhof
- Rad- und Wanderwege, E-Bike-Verleih

# Burg
# Obbendorf

**BURG | OBBENDORF**
BESONDERS · BEGEISTERND · BEZAUBERND

52382

## FAZIT

Hier tagt man **in zurückgezogener Ruhe. Mitten im Grünen** am Ortsrand von Hambach liegt die Burganlage **gut erreichbar** in der niederrheinischen Ebene zwischen Köln, Düsseldorf und Aachen.

Ein **stimmiges, modernes Interieur in historischen Mauern** schafft eine besonders angenehme und zugleich **exklusive Atmosphäre.**

Der vollständig umschlossene, **malerische Innenhof** sowie der Burgpark bieten sich für **Outdoor-Aktivitäten** an.

**52382 NIEDERZIER-HAMBACH**

Burg Obbendorf
Tel. +49 2428 901240
info@burgobbendorf.de
**www.burgobbendorf.de**

241

D as Landhotel Kallbach ist ein idyllisch gelegenes und zugleich über gut ausgebaute Landstraßen zügig erreichbares Juwel für Tagende, die neben den Vorzügen eines Vier-Sterne-Superior-Hotels einen Quell der Ruhe und Inspiration suchen. Die romantische, waldreiche Umgebung bietet beides in Fülle: Simonskall in der Gemeinde Hürtgenwald liegt im tief eingeschnittenen Kalltal in der Nordeifel, nur etwas mehr als eine Stunde von Köln entfernt, hat mehr Wanderwege als Straßen und etwa 32 Einwohner. Themen-Wanderwege, versteckte Relikte aus Zeiten des Westwalls und historische Gebäude am Ufer des Kallbachs machen den Charme dieses hellwachen, kleinen Eifel-Örtchens aus. Das W-LAN im Hotel ist stabil und leistungsstark, der große Parkplatz hält eine Tesla- und eine Universal-E-Ladestation für die Gäste bereit. Unmittelbar neben dem Landhotel liegt der Adventure-Golfplatz. Bis zu 40 Meter lange Greens mit außergewöhnlichen Hindernissen fördern Spaß und Unterhaltung, auch im Team. Am gegenüberliegenden Hang erstreckt sich ein professioneller Mountainbike-Park. Wer hier tagt, genießt die befreiende Ruhe der malerischen, aber auch anregenden Eifellandschaft, gepaart mit einer niveauvollen und zugleich familiären Atmosphäre im Landhotel. Die modernen Tagungsräume gruppieren sich um ein schönes Pausenfoyer, sie sind technisch sehr gut ausgestattet und haben zum Teil eigene Terrassen mit Ausblick ins Grüne. Der Küchenchef verwendet viele Produkte aus der Region, legt bei seinen saisonalen wie regionalen Kreationen Wert auf Frische und Niveau, im Sommer gern auch als Barbecue im gemütlichen Biergarten. Am Rande des Gartens mit großer Liegewiese befindet sich direkt am Kallbach-Ufer ein Lagerfeuerplatz, der von Tagungsgruppen gern genutzt wird. Oberhalb des Hotels, im Hang, kann zudem eine rustikale Berghütte für gemütliche Abende gebucht werden. Wer nach einer ausgiebigen oder auch kurzen Wanderung durch Wald und Gegend noch mehr Ruhe sucht, entspannt sich im schicken Wellnessbereich mit Schwimmbad und Sauna. Der herzliche Service sowie ein hoher Logiskomfort im Hause überzeugen ebenfalls, kurzum: Man bekommt viel für sein Geld, die Anreise lohnt sich. *Katrin Nauber-Happel*

## In der Ruhe liegt Kraft

## LOGIS

**56 Zimmer:**
8 EZ, 41 DZ, 3 Suiten,
4 Appartements

## TAGUNG

**Besonders geeignet für:**
Seminar, Klausur

**Räume**
Tagungsräume:  6

**Maximale Tagungskapazität**
U-Form:  66 Pers.
Parlamentarisch:  80 Pers.
Reihenbestuhlung:  120 Pers.

**Preise**
Preiskalkulation 1*  82,00 €
Preiskalkulation 2*  265,00 €

*Alle Angaben Nettopreise
zzgl. MwSt., Kalkulationsanfrage siehe Seite 32

**HÜRTGENWALD**

  **A 4:** 20 km

  **Fern:** Aachen, 34 km
**Nah:** Düren, 23 km

  **Köln/Bonn:** 83 km

## WISSENSWERTES

- Nachhaltigkeitssiegel: Dehoga Umweltcheck Gold
- eigene Parkplätze, Tesla- und Universal-E-Ladestation
- Restaurant, Terrasse, Hüttenabende (10 Min. hangaufwärts)
- Adventure-Golf, Mountainbike-Park, Wanderwege, E-Bikes, Rangertouren
- Schwimmbad, Sauna, Fitnesscenter, Gameslounge
- Liegewiese und Lagerfeuerplatz direkt am Kallbach-Ufer

# Landhotel
# Kallbach

LANDHOTEL
*Kallbach*®
★ ★ ★ ★
SUPERIOR

## FAZIT

Das Landhotel Kallbach ist der ideale Tagungsort für Gäste, die sich **vom Alltag zurückziehen** wollen und dabei Wert auf eine **naturnahe Ruhe und anregende Umgebung** gleichermaßen legen.

Der **Service** im Hause ist herzlich und familiär. Das Niveau der **Küche ist hervorragend.**

Mit dem eigenen Lagerfeuerplatz, der Berghütte, Wellness, dem Adventure Golf und der umgebenden Natur sind auch **spontane Incentives möglich.**

**52393
HÜRTGENWALD**

Simonskall 24–26
Tel. +49 2429 94440
info@kallbach.de
**www.kallbach.de**

52393

D er Ausblick auf die Rheinschleife bei Remagen ist einfach herrlich entspannend. Kein Wunder, dass der Tagungsraum „Wintergarten" im obersten Stockwerk des Ringhotels Haus Oberwinter einer der beliebtesten ist. Von hier oben hat man nicht nur den mächtigen Strom samt Schifffahrt, sondern auch den gegenüberliegenden Ort Unkel sowie die weite Landschaft des Mittelrheins wunderbar im Blick. Ein eigener kleiner Thekenbereich sorgt für eine bequeme Pausensituation, sodass der Wintergarten gern von Gruppen gebucht wird, die sich etwas zurückziehen möchten. Aber auch die weiteren Tagungsareale des Hauses haben einiges zu bieten. Sie sind gut durchdacht konzipiert, großzügig gestaltet und auch sie erlauben ruhiges Arbeiten in einer zurückgezogenen Atmosphäre. In der ersten und zweiten Etage bilden jeweils zwei moderne, ergonomisch möblierte Räume eine Einheit mit eigenem Pausenfoyer und WC-Anlagen, so haben unterschiedliche Gruppen ihr eigenes Raum-Ensemble für sich allein. Sie sind zur Bergseite hin ausgerichtet, aus den bodentiefen Fenstern schaut man direkt in den Wald, was den Räumen eine angenehme Ruhe und im Sommer eine natürliche Kühle verleiht. Die Pausenfoyers sind mit allerlei Annehmlichkeiten wie Kaffeespezialitäten und Buffet sowie einem ovalen Tisch mit Stühlen ausgestattet, so dass hier sowohl spontane Gruppenarbeiten als auch gemütliche Abendrunden am gut gefüllten Kühlschrank stattfinden können. Drei weitere Gruppenräume stehen zur Verfügung. Die Gästezimmer sind im Ambiente ähnlich und unterscheiden sich in puncto Lage und Größe, die zur Rheinseite gelegenen haben in der Regel Balkon. 19 Zimmer sind rollstuhlgerecht, nahezu das gesamte Hotel ist barrierefrei. Das Ringhotel Haus Oberwinter wird gern von Tagungsgruppen ausgewählt, die als Team zusammenbleiben möchten oder sollen. Die Lage des Hotels ist gut erreichbar, andererseits an der Rhein-Anhöhe doch so abgeschieden, dass die Gruppen auch des Abends nicht auseinanderlaufen. Dazu trifft man sich im Restaurant oder bei gutem Wetter im großen Biergarten, natürlich mit herrlichem Ausblick, und genießt die regionale Küche des Hauses. Das beheizte Indoor-Schwimmbad, eine Sauna sowie ein Fitnessraum stehen für den körperlichen Ausgleich zur Verfügung. *Katrin Nauber-Happel*

## Wo der Ausblick den Kopf freimacht

**LOGIS**

**50 Zimmer:**
27 EZ, 23 DZ

**TAGUNG**

**Besonders geeignet für:**
Seminar, Klausur

**Räume**
Tagungsräume: 8

**Maximale Tagungskapazität**
U-Form: 40 Pers.
Parlamentarisch: 76 Pers.
Reihenbestuhlung: 90 Pers.

**Preise**
Preiskalkulation 1* 65,40 €
Preiskalkulation 2* 230,82 €

*Alle Angaben Nettopreise
zzgl. MwSt., Kalkulationsanfrage siehe Seite 32

**REMAGEN**

**A 61:** 15 km
**A 562:** 14 km

**Fern:** Bonn, 18 km
**Nah:** Remagen, 3 km

**Köln/Bonn:** 40 km

### WISSENSWERTES

- Nachhaltigkeitssiegel: Dehoga-Umweltcheck Gold, GreenSign
- 80 Parkplätze, 5 E-Ladestationen, 5 Behinderten-Parkplätze
- Logitech-Group-Videokonferenzsystem
- Restaurant, Terrasse mit Rheinblick
- Schwimmbad (9 x 5 m), Fitnessraum, Sauna, Golf- und Tennisplätze in der Nähe
- Rahmenprogramme, Wanderungen, Rhein-Schifffahrten, kulturhistorische Besichtigungen, u.a. Römervilla, Regierungsbunker; Bier- und Weinproben

# Ringhotel
# Haus Oberwinter

53424

## FAZIT

Die **Tagungsmöglichkeiten des Hauses sind gut konzipiert** und bieten unterschiedlichen Gruppen eigene Raumeinheiten mit separatem Pausenfoyer und WC. Der Wintergarten in der obersten Etage punktet **mit wunderschönem Rheinblick.**

Das Hotel ist **barrierefrei** eingerichtet.

Die **Lage** ist einerseits **idyllisch** – am bewaldeten Berghang oberhalb des Rheinufers – und andererseits **gut erreichbar.**

**Interessante Rahmenprogramme** sind möglich.

RINGH●TELS

Echt **Heimat**Genuss erleben

**53424 REMAGEN**

Am Unkelstein 1a
Tel. +49 2228 60040-0
hotel@haus-oberwinter.de
**www.haus-oberwinter.de**

D ie Eifel, etwa mittig im Städtedreieck zwischen Aachen, Köln und Koblenz gelegen, präsentiert sich als aufstrebende Tourismusregion mit großen Potentialen: verkehrsgünstig aus den großen Ballungsräumen Düsseldorf und Frankfurt/Main erreichbar, punktet die Destination mit viel intakter Natur, stillen Seen, alten Burgen sowie einem erlebenswerten Nationalpark. Und mittendrin, im beschaulichen Ort Wershofen gelegen, wartet das Hotel Kastenholz mit einer Programmatik auf, die auch die Herzen von Tagungsveranstaltern höherschlagen lässt. Das bereits in dritter Generation geführte Familienhotel bietet fünf Tagungsräume – allesamt frisch renoviert, teilweise miteinander kombinierbar sowie modern und ergonomisch möbliert, Tageslicht ist garantiert. Eine technische Grundausstattung inklusive High-Speed-DSL enthält jede der Tagungspauschalen, die sich im Übrigen an den Bedürfnissen der Tagenden orientieren und flexibel gestaltbar sind. Tagungsveranstalter wissen jedoch insbesondere zu schätzen, dass neben dieser „Tagungsgrundversorgung" umfassende Zusatzleistungen offeriert werden! Zu erwähnen sind in diesem Zusammenhang täglich wechselnde Aktiv- und Entspannungsprogramme ebenso wie Gruppencoachings. Ein großes Schwimmbad sowie ein Spa komplettieren das Angebotsportfolio. Größtes Augenmerk legt die Kastenholz-Crew auf Natürlichkeit – in allen Hotelbereichen.

## LOGIS

**51 Zimmer:**
49 DZ, 2 Appartements

# Eifel plus Mehrwert

## TAGUNG

**Besonders geeignet für:**
Seminar, Klausur, Event

**Räume**
Tagungsräume:                    5

**Maximale Tagungskapazität**
U-Form:                    45 Pers.
Parlamentarisch:          60 Pers.
Reihenbestuhlung:         85 Pers.

**Preise**
Preiskalkulation 1*        88,35 €
Preiskalkulation 2*       357,12 €

Das betrifft auch die Hotelküche, die ausschließlich frische und regional erzeugte Produkte verarbeitet. So finden sich beispielsweise auf der Karte des Restaurants Erzeugnisse der hauseigenen Wildzucht. Bei der Organisation von Rahmen- und Begleitprogrammen steht ein Besuch des nahen Nürburgrings auf der Beliebtheitsskala ganz oben, Fondue-Abende, Schokoladen-Wein-Verkostungen oder ein Besuch der hauseigenen Kegelbahn sind ebenso möglich. Und wenn der Tagungstag besonders urig ausklingen soll, dann bietet sich eine Fackelwanderung zur hauseigenen Jagdhütte an; deren Atmosphäre trägt dazu bei, den Abend mit informellen Gesprächen und Reflexionen des Erlebten stimmungsvoll zu beenden. Hotel Kastenholz besticht u.a. durch die Vielfalt hochwertiger Zusatzleistungen, die einen deutlichen Tagungs-Mehrwert garantieren.                                *Thomas Kühn*

*Alle Angaben Nettopreise
zzgl. MwSt., Kalkulationsanfrage siehe Seite 32

**WERSHOFEN**

 **A 1:** 10 km

 **Fern:** Köln Hbf., 79 km
**Nah:** Euskirchen, 31 km

 **Köln/Bonn:** 75 km

## WISSENSWERTES

- eigener Hirschpark mit Wildtierzucht am Hotel
- Parkplätze am Haus nutzbar
- Großer Wellnessbereich mit Pool und Saunen sowie zahlreiche Anwendungen können gebucht werden
- Fotogalerie gibt Auskunft über umfassende Modernisierungs- und Sanierungsarbeiten
- Weinkeller lädt zu Degustationen ein

# Natur- und Wohlfühlhotel
# Kastenholz

53520

### FAZIT

Das privat geführte, idyllisch gelegene Hotel Kastenholz beeindruckt durch die **Vielfalt der Möglichkeiten** inhouse, die, veranstaltungsbegleitend einbezogen, nachhaltige Tagungserlebnisse ermöglicht.

Eine große Zahl **hochwertiger Rahmen- und Begleitprogramme** stehen zur Wahl.

**Naturverbundenheit, Organic-Style und nachhaltiges Wirtschaften** zeichnen die Hotelperformance aus.

**53520**
**WERSHOFEN**
Hauptstraße 1
Tel. +49  2694 381
info@kastenholz-eifel.de
**www.kastenholz-eifel.de**

**M**itten in Siegburg ragt ein Vulkankegel, der Michaelsberg, rund 55 Meter hoch über die Stadt hinauf, auf dessen Gipfel die ehemalige Benediktinerabtei Michaelsberg als Wahrzeichen von Siegburg thront. Direkt am Fuße dieses Berges, am Rande der hübschen Innenstadt mit Fußgängerzone liegt das Vier-Sterne-Superior Kranz Parkhotel. Dank dieser zentralen Lage ist das Hotel mit sämtlichen Verkehrsmitteln hervorragend zu erreichen. Eine Tiefgarage sowie der öffentliche Parkplatz direkt nebenan erleichtern die Anreise per Pkw, Bahnfahrer können vom ICE-Bahnhof aus zu Fuß gehen. Das von Rüdiger Kranz in zweiter Generation geführte Hotel punktet mit einer sehr angenehmen Atmosphäre, professionellem, zugewandtem Service inklusive digitalen Check-in sowie einem modernen, warmen Ambiente. Erst kürzlich wurde fast das gesamte Haus renoviert. Die großzügigen Tagungskapazitäten im Erdgeschoss verteilen sich auf zwei separate Bereiche mit klimatisierten, hellen und befahrbaren Räumen und jeweils eigenem Pausenfoyer. Flexibel zu kombinierende Räume erlauben aufwändige Präsentationen und Veranstaltungen für bis zu 350 Personen. Eine variable Beleuchtung unterstützt dabei verschiedene Szenarien und lässt die Räume auch in Firmenfarben ausleuchten. Die einladende, offene Lobby leitet zum modernen Restaurant mit schickem Wintergarten

## charmant, modern und schick

### LOGIS

**155 Zimmer:**
10 EZ, 100 DZ, 1 Suite, 8 Juniorsuiten, 36 App. (14 mit Küche)

### TAGUNG

**Besonders geeignet für:**
Seminar, Konferenz, Event

**Räume**
Tagungsräume: 11
Ausstellungsfläche: 600 m²

**Maximale Tagungskapazität**
U-Form: 100 Pers.
Parlamentarisch: 200 Pers.
Reihenbestuhlung: 250 Pers.

**Preise**
Preiskalkulation 1* 119,00 €
Preiskalkulation 2* 264,00 €

*Alle Angaben Nettopreise
 zzgl. MwSt., Kalkulationsanfrage siehe Seite 32

und Terrasse über. Im Wintergarten sorgt eine moosbegrünte Wand als besonderer Hingucker für ein wohltuendes Raumklima. In der gemütlichen Kamin-Lounge gibt es hausgemachte Waffeln. Die Gäste schätzen die rheinische und internationale Küche des Hauses. Mit dem „Beefer's Royal" gibt es auch ein eigenes Steak-Restaurant mit Live-Cooking-Station. Bis zu 40 Personen genießen hier frisch zubereitete Steaks in exklusiver, gemütlicher Atmosphäre. Ein modernes Design mit Holzboden, schickem Mobiliar und Blick auf die abends beleuchtete Stadtmauer machen den Charme des Restaurants aus. Zum Sundowner geht es dann in die „SunSet-Bar" mit Dachterrasse und Ausblick über Siegburg, um dann in einem der wunderschön eingerichteten Gästezimmer erholsamen Schlaf zu finden.   *Katrin Nauber-Happel*

**SIEGBURG**

**A 3:** 2 km
**A 59:** 2 km
**A 565:** 5 km

**Fern:** Siegburg, 0,6 km
**Nah:** Siegburg, 0,6 km

**Köln/Bonn:** 18 km
**Düsseldorf:** 77 km

### WISSENSWERTES

- 50 Tiefgaragenplätze, öffentlicher Parkplatz
- E-Ladestation
- Restaurant, Steak-Restaurant, SunSet-Bar mit Raucher-Lounge
- Sauna, Dampfbad, Kardiogeräte
- Innenstadt fußläufig erreichbar, Joggingwege, Yoga-Studio nebenan, Tauchturm (2 km)

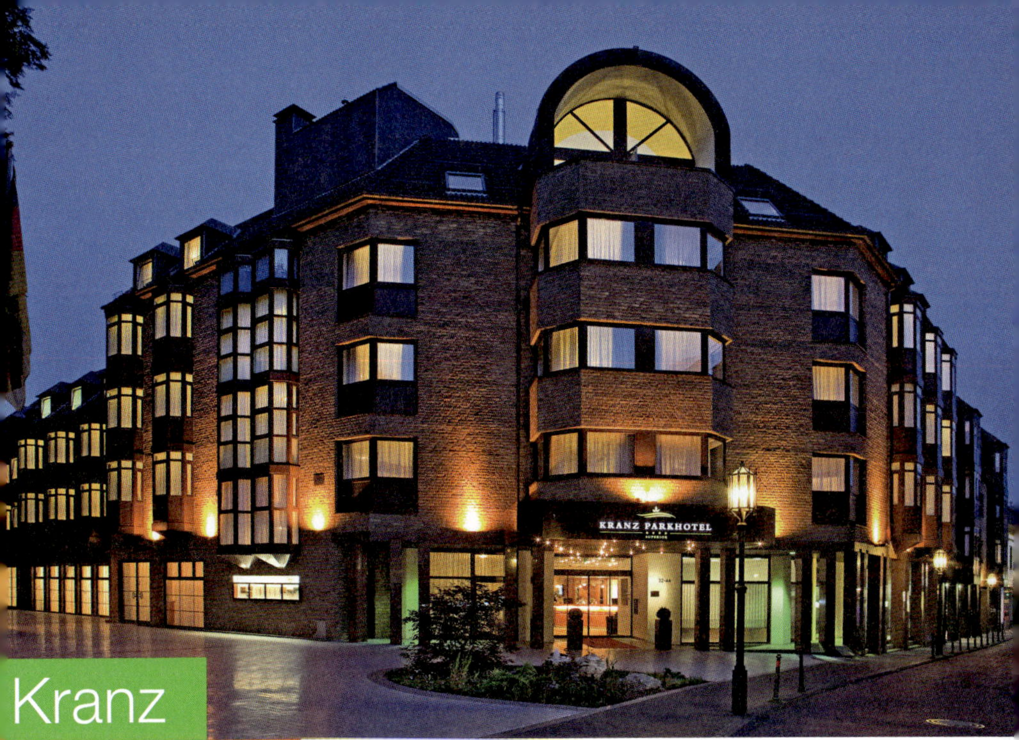

# Kranz
# Parkhotel

**53721**

## FAZIT

Das **Hotel liegt zentral** am Rande der Innenstadt und grün am Fuße des Michaelsberges, dessen ehemalige Benediktinerabtei zur Besichtigung einlädt.

Ob Pkw, Bahn oder Flugzeug, die Anbindung ist **für alle Verkehrsmittel hervorragend.**

Die Gäste des Hauses schätzen die **angenehme, familiäre Atmosphäre** und **gute, frische Küche.**

Es gibt flexibel kombinierbare, **klimatisierte und befahrbare Tagungsräume.**

**53721 SIEGBURG**

Mühlenstraße 32–44
Tel. +49 2241 5470
info@kranzparkhotel.de
www.kranzparkhotel.de

249

Wie ein kleines Dörfchen liegt Gut Heckenhof oberhalb von Eitorf an der Sieg inmitten herrlicher Landschaft. Auf insgesamt acht charmante Häuser verteilen sich die Bereiche Golf, Tagung, Zimmer und Wellness, dazwischen gibt es angenehm kurze und des Abends hübsch illuminierte Wege. Treffpunkt und Herzstück des privat geführten Vier-Sterne-Hotels ist die moderne Bar mit Terrasse im Clubhaus, die zusammen mit Lobby und Rezeption eine Einheit bildet. Hier kommen verschiedene Gästegruppen wie Tagende und Golfer miteinander ins Gespräch. Die ungezwungene, familiäre Atmosphäre setzt sich in der Kaminhalle und im gemütlichen Restaurant fort. Im Buffetbereich mit Front-Cooking-Station werden Speisen auch à la minute zubereitet, insgesamt zeigen sich das Service- und Küchenteam herzlich und flexibel. Die Tagungsräume sind in warmem Ambiente und klarem, zurückhaltendem Design gestaltet, der Ausblick sorgt für den Wow-Effekt. Alle Räume sind klimatisiert und technisch up to date. Die allermeisten haben entweder Zugang zu Balkon oder Terrasse. Das umgebende Grün des Golfareals und die wunderbare Landschaft bieten den Gästen traumhafte Ausblicke, niemand kann sich dem kraftvollen Zauber des sanften Hügelpanoramas entziehen. Sechs Tagungsräume liegen im separaten Seminarhaus, wo ein teilbarer, großer Saal mit Pausenfoyer sowie mehrere Gruppenräume ein variables Raum-Ensemble bilden. Wer zurückgezogen tagen möchte, wählt gern die besonderen Räume im Dachgebälk des denkmalgeschützten Fachwerkhäuschens. Im Erdgeschoss wurden elf besonders pfiffige Gästezimmer der Kategorie „Mini" individuell in das restaurierte Gebäude eingearbeitet. Alle haben eine eigene Eingangstür und lassen das Haus wie einen lebendigen Adventskalender wirken. Diese wie auch alle anderen Gästezimmer sind stilvoll und behaglich eingerichtet und bieten sehr angenehmen Komfort. Ein großer, gut gefüllter Kühlschrank in den einzelnen Häusern ersetzt die Minibar. Der wunderschöne Wellnessbereich mit Panoramasauna, Dampfbad, Anwendungsräumen und herrlichen Ruheräumen sorgt für Wohlbefinden auf der ganzen Linie. Obendrein ist dieses Tagungsparadies sehr gut angebunden. In einer knappen halben Stunde ist man in Köln und Bonn. *Katrin Nauber-Happel*

## Grün, so weit das Auge reicht

### LOGIS

**78 Zimmer:**
27 EZ, 45 DZ, 6 Juniorsuiten

### TAGUNG

**Besonders geeignet für:**
Seminar, Konferenz, Klausur, Event

**Räume**
| | |
|---|---|
| Tagungsräume: | 12 |
| Ausstellungsfläche: | 128 m² |

**Maximale Tagungskapazität**
| | |
|---|---|
| U-Form: | 48 Pers. |
| Parlamentarisch: | 60 Pers. |
| Reihenbestuhlung: | 100 Pers. |

**Preise**
| | |
|---|---|
| Preiskalkulation 1* | 75,55 € |
| Preiskalkulation 2* | 284,83 € |

*Alle Angaben Nettopreise zzgl. MwSt., Kalkulationsanfrage siehe Seite 32

**EITORF**

**A 560:** 12 km
**A 3:** 18 km

**Fern:** Siegburg/Bonn, 20 km
**Nah:** Eitorf, 2 km

**Köln/Bonn:** 35 km
**Düsseldorf:** 100 km

### WISSENSWERTES

- 150 eigene Parkplätze, E-Ladestation
- 27-Loch-Golf-Meisterschaftsanlage, öffentlicher 6-Loch-Kurzplatz
- Golfschnupperkurse, Fackelwanderungen, Kanutouren
- schicker kleiner Wellnessbereich mit Panorama-Sauna, Dampfbad, Anwendungsräumen, moderner Fitnessbereich
- Buffet-Restaurant, Kaminhalle, Bar mit Terrasse

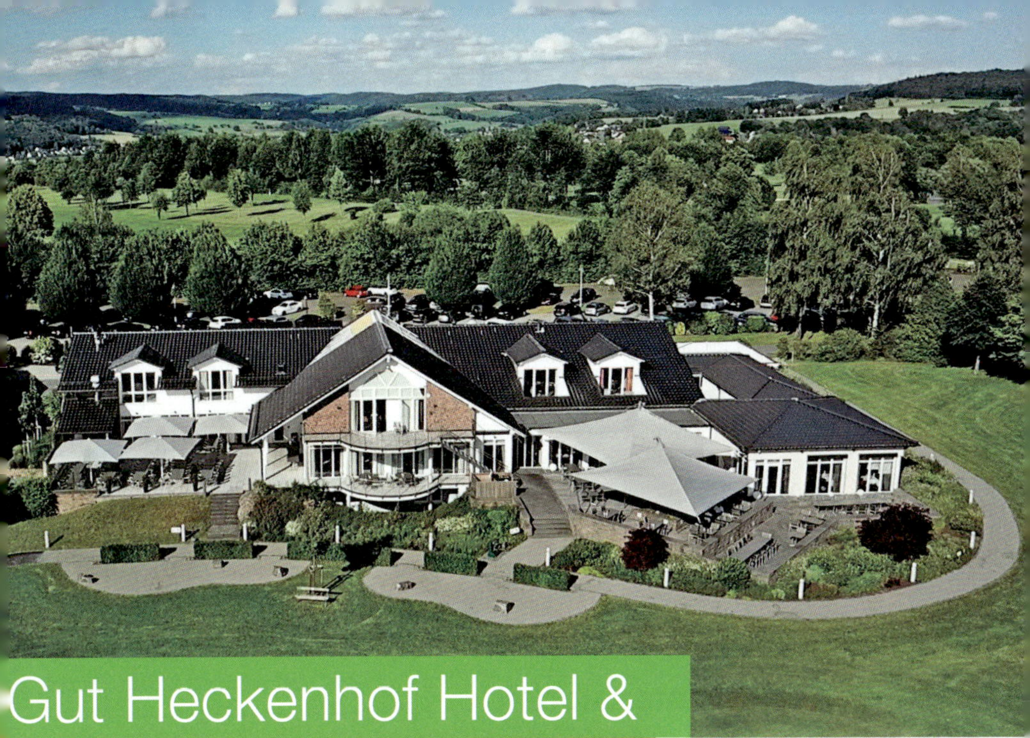

# Gut Heckenhof Hotel & Golfresort an der Sieg

53783

## FAZIT

Die Hotelanlage wird **von einer herrlichen Landschaft umgeben.** Outdoor-Programme sind möglich – traumhafte Ausblicke aus den meisten Tagungsräumen und Gästezimmern wirken entspannend.

Mit dem **neuen Seminarzentrum** stehen 12 bestens ausgestattete, klimatisierte Veranstaltungsräume, die meisten **mit Ausgang ins Grüne,** zur Verfügung.

Es ist mit allen Verkehrsmitteln sehr gut erreichbar. **30 Minuten bis Köln/ Bonn.**

**53783 EITORF**

Heckerhof 5; Navi: Josefshöhe
Tel. +49 2243 923232
hotel@gut-heckenhof.de
www.gut-heckenhof.de

## Professionell und gemütlich

V on außen ist das Atrium Hotel ein moderner Gebäudekomplex am Rande der Landeshauptstadt Mainz, umgeben von Obstgärten und Feldern. Die große Überraschung wartet im Inneren: Nicht ein Haus oder zwei, gefühlt ein ganzes Dorf verbirgt sich hinter dem Eingang. Immer wieder heißt es abbiegen, eine neue Ecke entdecken. Sichtlich wurde das inhabergeführte Privathotel immer wieder erweitert, modernisiert, wurden neue Teile hinzugefügt und dabei das Grün nicht vergessen: Rund um einen lauschigen Innenhof liegen die verschiedenen Bauten. Eines allerdings haben sie gemeinsam: Diskreter Luxus, gedeckte Farben, schlichtes, hochwertiges Design zeichnen das Hotel und die individuell eingerichteten Zimmer aus – fast möchte man die Innenarchitektin mal zu sich nachhause einladen, um sich ein paar Tipps zu holen! Für den Gast ergeben sich dadurch viele Gelegenheiten zu kommunikativer Entspannung: in der Lounge beispielsweise, wo zu dezenter Musik das Feuer flackert. Dank der verwinkelten Architektur laufen sich die Gäste der verschiedenen Veranstaltungen selten über den Weg – nicht zuletzt, weil für jede Gruppe ein eigener Pausenbereich zur Verfügung steht. Platz hat das Atrium übrigens auch zur Genüge, immerhin erstreckt sich der Conference Center über 22 flexible Räume auf 2.000 m²! Für jedes Event, von der intimen Gesprächsrunde bis zum Großkongress, findet sich daher der passende Rahmen. Technisch ist das Atrium Hotel absolut auf der Höhe der Zeit: Neue Beamer, Glasfaserverbindungen, digitale Whiteboards gehören selbstverständlich dazu, genauso wie die Ausstattung, auch hybride Veranstaltungen zu stemmen. Ebenfalls erlebenswert ist die hochkarätige Gastronomie samt Sommelier, die auch interaktive Kulinarik bietet. Falls es doch mal ausgefallene Extrawünsche gibt (wie wäre es mit einem privaten Weihnachtsmarkt für die Tagungsteilnehmer im Innenhof?) oder besondere Installationen nötig sind, stehen eine externe Technikfirma sowie eine Eventagentur zur Verfügung. Nicht nur in Sachen Technik ist das Hotel up to date, sondern auch ökologisch: Brandneu ist beispielsweise die große Photovoltaikanlage, die Wäscherei und Küche versorgt. Zudem ist geplant, den $CO_2$-Fußabdruck jeder Veranstaltung messbar zu machen. *Françoise Hauser*

### LOGIS

**147 Zimmer:**
31 EZ, 84 DZ, 3 Suiten,
29 Appartements

### TAGUNG

**Besonders geeignet für:**
Seminar, Konferenz

**Räume**
| | |
|---|---|
| Tagungsräume: | 22 |
| Ausstellungsfläche: | 2.000 m² |

**Maximale Tagungskapazität**
| | |
|---|---|
| U-Form: | 100 Pers. |
| Parlamentarisch: | 250 Pers. |
| Reihenbestuhlung: | 400 Pers. |

**Preise**
| | |
|---|---|
| Preiskalkulation 1* | 83,19 € |
| Preiskalkulation 2* | 341,09 € |

*Alle Angaben Nettopreise zzgl. MwSt., Kalkulationsanfrage siehe Seite 32

**MAINZ**

 **A 60:** 1 km

 **Fern:** Mainz Hbf., 6 km

 **Frankfurt/Main:** 29 km

### WISSENSWERTES

- führt den Dehoga Umweltcheck Silber und das Nachhaltigkeitssiegel „Certifies Green Hotel" (VDR)
- Wellnessbereich mit Indoor-Pool, Dampfbad und Sauna
- Mainzer Altstadt ist per Stadtbus erreichbar, Haltestelle direkt vor dem Haus
- mehr als 100 kostenfreie Parkplätze plus kostenpflichtige Tiefgarage
- drei Restaurants auf höchstem kulinarischem Niveau
- täglich wechselnde Preise dank Yield-Management-System

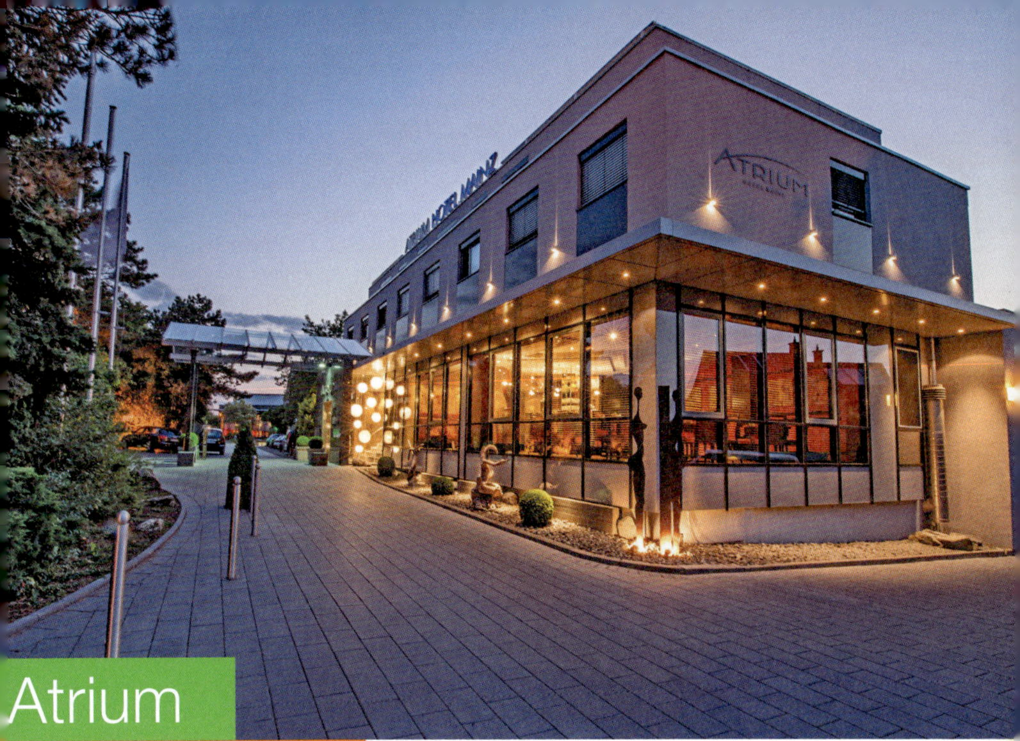

# Atrium
# Hotel Mainz

55126

## FAZIT

Viel Platz, kombinierbare Räume und modernste Technik machen das Atrium zu einem **Allrounder in Sachen Tagungen und Events** bis hin zur Großveranstaltung. Aber auch kleine Gruppen sind hier gut aufgehoben.

Auch **ausgefallene Veranstaltungen** und Extras wie abendliche Meet + Meat-Grillabende oder besondere Aufbauten sind in dieser Hotelanlage möglich.

**55126 MAINZ**
Flugplatzstraße 44
Tel. +49 6131 491491
tagen@atrium-mainz.de
**www.atrium-mainz.de**

253

Im malerischen Weindorf Oberheimbach, direkt am Rhein, erwartet das Hotel Weinberg-Schlösschen Gäste, die Tagungen und Seminare in einer entspannten, familiären Atmosphäre abhalten möchten. Unter der Leitung der Brüder Marc und Florian Lambrich, die das Hotel in dritter Generation führen, erleben sie eine gelungene Mischung aus professioneller Tagungsorganisation und persönlicher Gastfreundschaft. Das Hotel bietet lichtdurchflutete, klimatisierte Tagungsräume, die ein ideales Umfeld für Meetings und kreative Workshops bilden. Mit drei Tagungs- und zwei Seminarräumen sind Veranstaltungen jeder Größe möglich. Besonders hervorzuheben ist der Festsaal mit einer beeindruckenden Deckenhöhe von 4,20 Metern und Platz für bis zu 60 Personen. Eine große Sky-Frame-Glasfront mit direktem Zugang zur Terrasse lässt sich vollständig aufschieben, wodurch sich der Raum harmonisch mit der Natur verbindet. Der Tagungsraum „Sonne" ist mit 92 Quadratmetern und direkter Anbindung an die Terrasse ideal für Gruppen bis zu 50 Personen. Kleinere Gruppen finden in den Seminarräumen „Reblaus" im Souterrain und „Siebenburgenblick" ruhige Rückzugsorte für konzentriertes Arbeiten. In der gemütlichen Lounge Wohnstubb können sich Tagungsgäste wie zu Hause fühlen und in angenehmer Atmosphäre netzwerken und entspannen. Die Event-Küche steht ihnen den ganzen Tag mit einer Auswahl an Getränken zur Verfügung. „Die besten Partys finden in der Küche statt" – dieses Motto hat das Hotel zum Leitgedanken für Teambildungsmaßnahmen gemacht. Bei einem Drei-Gang-Kochevent in lockerer Atmosphäre stärken die Teams nicht nur ihre Zusammenarbeit, sondern erleben auch kulinarischen Genuss. Ein weiteres Highlight ist der Weinspaziergang auf dem Panoramaweg mit Weinverkostung und Blick auf den Rhein. Zurück im Hotel stehen ihnen 50 individuell gestaltete Zimmer zur Verfügung, die mit hochwertigen Eichendielen, stilvollen Wandverkleidungen und gemütlichen Sitzgelegenheiten ausgestattet sind. Und im Restaurant erwartet sie Marc und Florian Lambrichs ehrliche Küche mit bodenständigen und extravaganten Zutaten. *Susanne Freitag*

# Tagen und Entspannen im Oberen Mittelrheintal

### LOGIS

**38 Zimmer:**
1 EZ, 34 DZ, 1 Suite,
2 Juniorsuiten

### TAGUNG

**Besonders geeignet für:**
Seminar, Konferenz, Event

**Räume**
Tagungsräume:                    5

**Maximale Tagungskapazität**
U-Form:                    44 Pers.
Parlamentarisch:         60 Pers.
Reihenbestuhlung:       100 Pers.

**Preise**
Preiskalkulation 1*        65,00 €
Preiskalkulation 2*      295,00 €

*Alle Angaben Nettopreise
zzgl. MwSt., Kalkulationsanfrage siehe Seite 32

**OBERHEIMBACH**

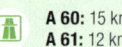
**A 60:** 15 km
**A 61:** 12 km

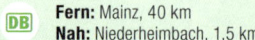
**Fern:** Mainz, 40 km
**Nah:** Niederheimbach, 1,5 km

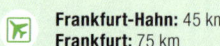
**Frankfurt-Hahn:** 45 km
**Frankfurt:** 75 km

### WISSENSWERTES

● Das Weinbergschlösschen liegt direkt am Rheinburgenweg zwischen der Etappe Bacharach – Trechtingshausen. Hinter dem Haus verläuft der Zubringerweg zum Rheinburgenweg nach Niederheimbach.

● In der Nähe befinden sich vier Burgen: Burg Sonneck, Burg Reichenstein, Burg Rheinstein und Burg Rheinfels.

● Im Waldgebiet direkt vor der Haustür gibt es Aussichtstürme, Kletterparks und einen Hochseilgarten.

# Hotel Weinberg-Schlösschen

★ ★ ★ ★$^s$ WEINBERG
SCHLÖSSCHEN

HOTEL · RESTAURANT

**55413**

## FAZIT

Im UNESCO-Weltkulturerbe Mittelrhein erwartet Tagungsgäste ein Aufenthalt in einem **stilvollen Ambiente mitten in den Weinbergen.**

Die Inhaber legen **großen Wert auf eine kompetente und individuelle Unterstützung der Tagungsgäste** und betreuen Incentives wie Weinwanderungen oder Teamkochen persönlich.

**55413 OBERHEIMBACH**
Hauptstraße 2
Tel. +49 6743 947184-0
nfo@weinberg-schloesschen.de
**www.weinberg-schloesschen.de**

I m UNESCO-Weltkulturerbe Oberes Mittelrheintal, südlich von Koblenz, dort, wo der Rhein seine beachtliche 180-Grad-Schleife fließt, liegt der bekannte Wein- und Luftkurort Boppard. Schmale Gässchen mit Geschäften und Weinlokalen, ein Römerkastell aus dem 4. Jahrhundert, Burgen und Schlösschen, Klöster, Kirchen und Villen, ausgedehnte Gärten und Wälder – kurzum: Boppard ist ein sehr lebendiger Ort mit spannender, erlebbarer Geschichte und reichlich Aufenthaltsqualität. Den mächtigen Strom zur einen, den mittelalterlichen Stadtkern zur anderen Seite befindet sich das Hotel Ebertor in allerbester Lage. Der große Biergarten, in dem Tagungsgäste bei gutem Wetter ihre Gruppenarbeit auch gern mal an einen der 6er-Tische mit Schaukelsitzen verlegen, grenzt unmittelbar an die Rheinpromenade. Erholsame Pausenspaziergänge und natürlich der wunderbare, entschleunigende Ausblick sind hier garantiert. Das Hotel Ebertor setzt bewusst und gekonnt einen jungen, lässigen Gegenpol zur barocken Rheinromantik der Ausflugsfahrten und Weintouristen. Das Design im Hause ist hell, modern und einladend, es dominieren die Farben Anthrazit und Weiß an hellen Holztönen sowie frischem, leuchtendem Grün. Die Tagungsräume sind licht- und medientechnisch sehr gut eingerichtet, ein Galneoboard sowie ein interaktives Smartboard sind vorhanden. Wandgroße Fototapeten zaubern Waldstimmung oder, in der „Denkfabrik", Industrial Style ins lockere Ambiente. Mit der „Clausur", einer Art Wintergarten im Außenbereich, wo zünftige Grill-Buffets stattfinden, und dem urigen „Klosterkeller" stehen auch zwei Eventlocations im Haus zur Verfügung. Ein Highlight ist das sehr schöne, zentrale Pausenfoyer des Hotels, wo auch spontane Gruppenarbeiten Platz finden. In einer Ecke befindet sich ein kleiner offener „Stufensaal" im Stile eines Mini-Kinos mit bequemen Sitzflächen und Riesenbildschirm für alle Zwecke. Übernachten können die Gäste in verschiedenen Kategorien, von der Low-Budget-Variante im Hostel-Mehrbettzimmer, welche aber eher von Wandergruppen gewählt werden, über schicke und moderne Zimmer im Innenhof bis hin zu den behaglichen Komfortzimmern mit wunderschönem Rheinblick. In der gemütlichen „Brasserie 53" mit Bar klingt der Abend gesellig aus.          Katrin Nauber-Happel

## coole Lifestyle-Idylle mit Rheinromantik

### LOGIS
**102 Zimmer:**
3 EZ, 89 DZ, 3 Juniorsuiten,
7 Dorms (Mehrbettzimmer)

### TAGUNG
**Besonders geeignet für:**
Seminar, Kreativprozesse, Event

**Räume**
| | |
|---|---|
| Tagungsräume: | 5 |
| Ausstellungsfläche: | 90 m² |

**Maximale Tagungskapazität**
| | |
|---|---|
| U-Form: | 50 Pers. |
| Parlamentarisch: | 60 Pers. |
| Reihenbestuhlung: | 70 Pers. |

**Preise**
| | |
|---|---|
| Preiskalkulation 1* | 49,59 € |
| Preiskalkulation 2* | 215,00 € |

*Alle Angaben Nettopreise zzgl. MwSt., Kalkulationsanfrage siehe Seite 32

**BOPPARD**

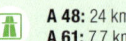
**A 48:** 24 km
**A 61:** 7,7 km

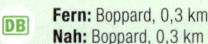
**Fern:** Boppard, 0,3 km
**Nah:** Boppard, 0,3 km

**Frankfurt/Main:** 113 km
**Köln/Bonn:** 120 km

### WISSENSWERTES

- 61 Parkplätze, 3 Tesla-Supercharger-Ladestationen
- Logitech-Group-Videokonferenzsystem
- Restaurant „Food-Factory", Bar und Brasserie, Biergarten am Rheinufer, Eventlocations „Clausur" und „Klosterkeller"
- Wellnessbereich mit zwei Saunen, Infrarotkabine
- Rheinschifffahrt, Wanderwege, Laufstrecken, Sehenswürdigkeiten

# DAS Ebertor
# Hotel & Hostel

56154

## FAZIT

Im Ebertor finden Gäste ein lockeres, stylisches und **einladend modernes Ambiente mit Wohlfühlfaktor und toller Aussicht.** Es liegt direkt am Rheinufer. Zur anderen Seite erstreckt sich das Wald- und Wandergebiet des Hunsrück. Ob zu Wasser oder an Land, es sind viele Incentives oder Freizeitaktivitäten möglich. **Gruppenarbeiten können bei gutem Wetter auch im Biergarten stattfinden.**

**Die Erreichbarkeit ist gut.** Der Hauptbahnhof mit Fernzug-Anbindung liegt fußläufig, die nächste Autobahn ist nah genug.

**56154 BOPPARD**

Heerstraße 172
Tel. +49 6742 807-0
info@ebertor.de
**www.das-ebertor.de**

ie Lage ist traumhaft schön. Mitten in der Eifel, nur acht Minuten vom Nürburgring entfernt, liegt das Hotel Wanderath, das sich vom einstigen Bildungszentrum zum professionellen Tagungshotel entwickelt hat, auf einer Anhöhe am Waldrand. Wunderschöne Ausblicke und vor allem die konzentrationsfördernde Ruhe sprechen für Wanderath. Die Gruppen, die hier tagen, möchten auch am Abend beisammenbleiben und den Tag gemütlich in der Bar ausklingen lassen, um den Tagungserfolg bei guten Gesprächen und leckeren Getränken zu vertiefen. Besonders gut gelingt dies bei einem rustikalen Grill-Event in der Grillkota mit offenem Feuer. Outdoor-Aktivitäten, Teamtrainings und andere Incentives mit Naturbezug sind im Umfeld des Hotels ebenfalls sehr gut machbar. Das aufmerksame Serviceteam organisiert dies gern mit Hilfe externer Partner, die sich hier bestens auskennen. Am nahen Nürburgring sind zum Beispiel Fahrsicherheitstrainings, Jeep-Offroad-Challenges, Quadfahren oder Nordschleifenführungen möglich, dort gibt es für Wanderath-Gäste auch eine exklusiv mietbare VIP-Lounge mit Blick auf den Start-Ziel-Bereich, die auch als exklusive Meeting-Location gebucht werden kann. Das Ambiente des Hauses ist durch klare Strukturen und ein eher schnörkelloses Design aus Anthrazit und Weiß geprägt. Dennoch wirkt es nicht zu kühl. Kunstgegenstände, Farbtupfer in Lobby und Restaurant sowie wechselnde Bilderausstellungen an den Wänden bringen ebenso Leben ins Haus wie der Blick ins Grüne aus den großen, teilweise raumhohen Fensterfronten der Tagungsbereiche. Deren Ausstattung ist vorbildlich. Tolles, ergonomisches Mobiliar, Klimaanlage und ein leistungsstarkes W-LAN sorgen für beste Tagungsbedingungen. Im Restaurant bedienen sich die Gäste mittags und abends an einem schmackhaften Buffet. Auf Wunsch sind auch andere Dinnervarianten in exklusiverem Ambiente oder Grill-Events buchbar. Sportive Menschen finden hier oben vielseitige Möglichkeiten. Lauf- und Wanderwege gibt es reichlich, auch geführte Themenwanderungen sind im Angebot. Das Hotel bietet seinen Gästen zudem ein Schwimmbad mit Gegenstromanlage, eine Sauna zur Entspannung sowie allerlei Geselliges wie Kicker, Billard oder die immer wieder beliebte und in diesem Hotel besonders schöne Kegelbahn.

*Katrin Nauber-Happel*

## Tagen mit Eifelruhe

### LOGIS

**96 Zimmer:**
35 EZ, 60 DZ, 1 Suite

### TAGUNG

**Besonders geeignet für:**
Seminar, Konferenz, Event

**Räume**
| | |
|---|---|
| Tagungsräume: | 17 |
| Ausstellungsfläche: | 80 m² |

**Maximale Tagungskapazität**
| | |
|---|---|
| U-Form: | 40 Pers. |
| Parlamentarisch: | 90 Pers. |
| Reihenbestuhlung: | 200 Pers. |

**Preise**
| | |
|---|---|
| Preiskalkulation 1* | 81,00 € |
| Preiskalkulation 2* | 287,00 € |

*Alle Angaben Nettopreise zzgl. MwSt., Kalkulationsanfrage siehe Seite 32

BAAR

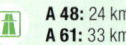
**A 48:** 24 km
**A 61:** 33 km

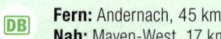
**Fern:** Andernach, 45 km
**Nah:** Mayen-West, 17 km

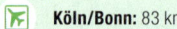
**Köln/Bonn:** 83 km

### WISSENSWERTES

- 150 Parkplätze, 17 E-Ladestationen
- Restaurant, Bar, Terrassen, Grillkota
- Schwimmbad, Sauna, Laufstrecken
- Kegelbahn, Billard, Kicker
- Rahmenprogramme mit Agenturen, eigene VIP-Lounge am Nürburgring
- Fahrsicherheitstrainings

# Hotel und Kongress-zentrum Wanderath

## Hotel und Kongresszentrum Wanderath

56729

the place to met

### FAZIT

Zahlreiche flexible **Tagungsraum-varianten,** darunter auch zwei bestens ausgestattete Boardrooms und ein Gästebüro mit IT-Arbeitsplatz, **erfüllen höchste Ansprüche** in puncto Technik, Mobiliar und Komfort. **Tolle Stühle!**

**Die Lage ist ruhig und naturnah.** Die Gruppe bleibt zusammen. Unterhaltungsangebote und Incentives unter Einbeziehung der Natur sind zu empfehlen.

**Der Nürburgring liegt nur acht Minuten entfernt.** Eine exklusive VIP-Lounge ist buchbar.

**56729 BAAR**
Am Buchholz 34
Tel. +49 2656 889-0
wanderath@eon.com
**www.eon-gastronomie.com/
wanderath**

D as Hotel Fünf10 ist ein durch und durch entspannender Tagungsort. Es liegt im Siegerland am Ortsrand von Netphen-Deuz und damit direkt am Rothaarsteig. Der Blick aus der einladenden offenen Lobby, in der man auch des Abends in gemütlicher Runde beisammenbleiben und sich aus der Maxibar einfach selbst bedienen kann, geht unmittelbar ins Wanderparadies. Auch ein Großteil der sehr angenehm designten, komfortablen Gästezimmer eröffnet Ausblicke ins weite Grün der wunderschönen Umgebung. Dazu passt der hier konsequent gelebte Nachhaltigkeitsgedanke, bei dem nicht nur der Umgang mit Natur und Ressourcen eine Rolle spielt, sondern auch der Umgang mit Menschen. Das Hotel ist ein Inklusionsbetrieb, in dem Menschen mit und ohne Handicaps in einem Team zusammenarbeiten, was zu einem sehr herzlichen, zugewandten Miteinander führt, das nicht zuletzt den Tagungsgästen zuteil wird. „Von Herzen willkommen", lautet das Motto und man merkt, dass dies keine Floskel ist, sondern Überzeugung. Das Hotel-Ambiente ist jung, modern und schick in allen Bereichen sowie größtenteils barrierefrei. Der Tagungsbereich befindet sich in einem separaten Seminarcenter direkt nebenan, die Hoffläche zwischen den Gebäuden wird bei gutem Wetter gern genutzt, um die Tagungsarbeit unkompliziert ins Freie zu verlegen. Der ebenerdige Veranstaltungsbereich mit zentralem Pausenareal ist mit moderner Technik wie interaktiven Whiteboards und digitalen Flipcharts ausgestattet und die einzelnen Räume verfügen über sehr gutes ergonomisches Mobiliar, die beiden beliebtesten haben zudem hellen Echtholzparkettboden. Tagungsgäste im Hotel Fünf10 profitieren von der naturnahen Lage in mehrerlei Hinsicht. Einerseits kann man hier direkt am Haus zu einem kurzen Pausenspaziergang aufbrechen und ist sogleich in schönster grüner Umgebung, andererseits lassen sich hier auch ausgedehntere Wanderungen ins Tagungsprogramm integrieren. Das Hotelteam organisiert gern und kompetent geführte Touren samt Picknick und gemütlichem Ausklang. In der Nähe ist unter anderem der zwei Kilometer lange Kyrill-Pfad zu erkunden, wo ein mehrere Hektar großes Areal nach dem Sturm von 2007 naturbelassen blieb, um zu erfahren, wie die Natur sich selbst regeneriert.

*Katrin Nauber-Happel*

## herzlich und naturverbunden

### LOGIS

**48 Zimmer:**
4 EZ, 44 DZ

### TAGUNG

**Besonders geeignet für:**
Seminar, Konferenz

**Räume**
| | |
|---|---|
| Tagungsräume: | 9 |
| Ausstellungsfläche: | 70 m² |

**Maximale Tagungskapazität**
| | |
|---|---|
| U-Form: | 32 Pers. |
| Parlamentarisch: | 45 Pers. |
| Reihenbestuhlung: | 80 Pers. |

**Preise**
| | |
|---|---|
| Preiskalkulation 1* | 64,00 € |
| Preiskalkulation 2* | 223,00 € |

*Alle Angaben Nettopreise zzgl. MwSt., Kalkulationsanfrage siehe Seite 32

**NETPHEN-DEUZ**

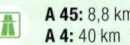

**A 45:** 8,8 km
**A 4:** 40 km

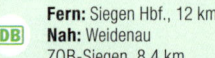

**Fern:** Siegen Hbf., 12 km
**Nah:** Weidenau
ZOB-Siegen, 8,4 km

**Köln/Bonn:** 71 km
**Siegerland**
**Flughafen:** 31 km

### WISSENSWERTES

- 55 eigene Parkplätze, 3 E-Ladestationen
- Nachhaltigkeitssiegel: TourCert
- Restaurant, Terrassen
- Wandergebiet Rothaarsteig, Kyrill-Pfad
- Freizeitpark N-Flow in Netphen mit Schwimmbad, Sauna, Sport, Trampolinpark etc.
- Freak Valley Festival fußläufig erreichbar

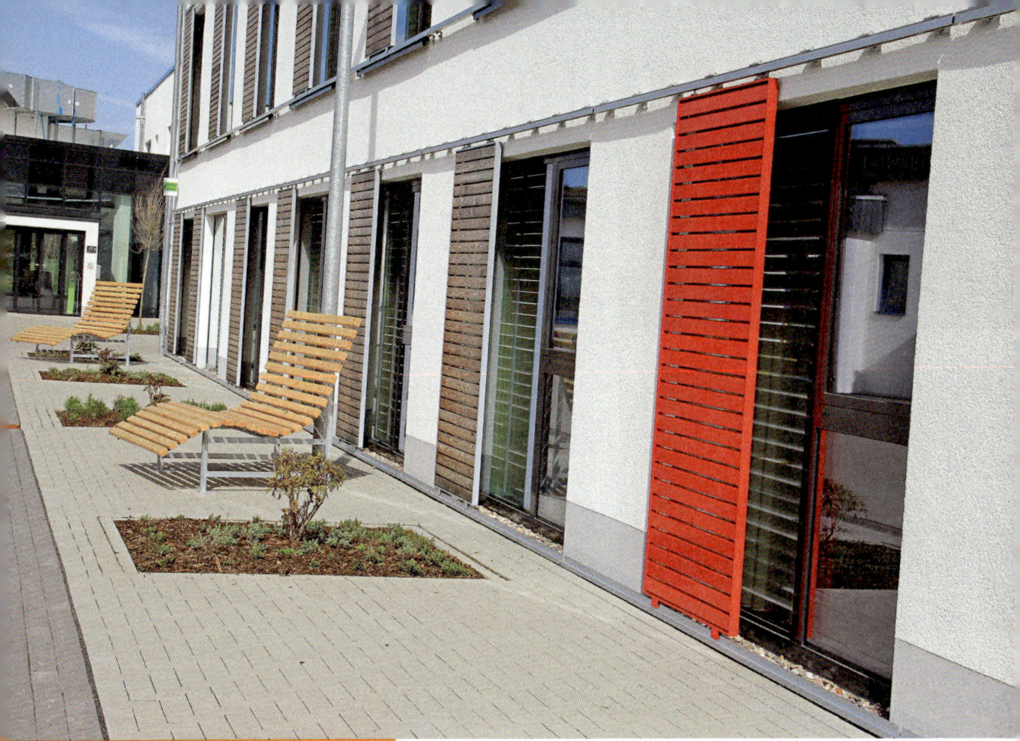

# Hotel Fünf10

57250

## FAZIT

Die **naturnahe Lage am Rande des Rothaarsteiges** bietet viele Möglichkeiten, direkt vor der Haustür ins Grüne zu starten, ob sportlich oder zum kurzen Pausenspaziergang.

**Gute Erreichbarkeit – gute Parkmöglichkeiten.**

Das **Hotel schreibt Nachhaltigkeit groß** und arbeitet als Inklusionshotel mit einem sehr herzlichen Team aus Menschen mit und ohne Handicap. Es ist **größtenteils barrierefrei.**

**57250 NETPHEN-DEUZ**
Nauholzer Weg 19a
Tel. +49 2737 9848040
info@hotel-fuenf10.de
**www.hotel-fuenf10.de**

D ieses Hotel zaubert seinen Gästen ein Lächeln ins Gesicht. Es steckt voller Überraschungen, die man so noch nie in einem Hotel gesehen hat. 44 Themenzimmer sind im Stile 44 verschiedener Sportarten individuell gestaltet. Das Bett als Boxring, die Boulderwand im Kletterzimmer, der Strandkorb in der Segel-Suite, Aljona Savchenkos Siegerkleid samt ihren und Bruno Massots Schlittschuhen im Eiskunstlaufzimmer: Es ist eine Freude, immer wieder Neues zu entdecken. Dabei handelt es sich um mehr als um ein paar nette Gimmicks, Ausprobieren ist erwünscht. Mit dem Gewehr im Biathlonzimmer darf man tatsächlich auf die kleinen runden Zielscheiben an der Wand schießen, inklusive Klick-Geräusch beim Treffer. Die VR-Brille für den Abfahrtslauf im Flur der Wintersport-Etage wartet darauf, aufgesetzt zu werden. Der Golfabschlag führt mit dem passenden Putt zum Golfzimmer. Schon die Hoteleinfahrt empfängt mit einem professionellen 9-Loch-Putting-Green mit Sandbunker. Die klimatisierten Tagungsräume liegen im Erdgeschoss, sie sind hell und modern sowie hochwertig eingerichtet und technisch auf dem aktuellsten Stand. Alle haben Ausgang ins Freie. Die Verknüpfung von Tagung und Sporterlebnis bietet sich an, drängt sich aber nicht auf. Es herrscht eine familiäre, entspannte Atmosphäre im ganzen Haus. Ein junges, motiviertes Team umsorgt die Gäste mit auffallend herzlichem Service. Neben der zentralen Pausenzone liegt die 7x7 Movebox, eine Sporthalle mit professioneller Boulderwand, die auch spontan genutzt werden darf. Kicker, Streetbasketball, ein Badmintoncourt und Tischtennis sorgen für weitere Abwechslungen. Das Sportangebot reicht von der großen Tennishalle, die auch für Events genutzt wird, über eine Beach-Volleyball-Arena und Fußballplätze bis hin zur kostenfreien Nutzung des professionellen Fitnesscenters Optimum. Die Gäste loben die schmackhafte Küche des Restaurants „Maracana" – optisch angelehnt an das Stadion in Rio. Entspannung verspricht ein moderner Wellnessbereich mit Massageraum, zwei Saunen, Erlebnisduschen und Ruheraum. Auf der Terrasse klingt der Tag dann unter den Hoch- und Stabhochsprung-Latten aus, die dort in den Original-Weltrekordhöhen eingearbeitet wurden. Spitzenleistung, wohin man schaut.        *Katrin Nauber-Happel*

## einzigartig originell auf hohem Niveau

## LOGIS

**44 Zimmer:**
9 EZ, 33 DZ, 1 Suite,
1 Team-Loft für 6 Personen

## TAGUNG

**Besonders geeignet für:**
Seminar, Konferenz, Klausur, Event

**Räume**
| | |
|---|---|
| Tagungsräume: | 4 |
| Ausstellungsfläche: | 150 m² |

**Maximale Tagungskapazität**
| | |
|---|---|
| U-Form: | 50 Pers. |
| Parlamentarisch: | 80 Pers. |
| Reihenbestuhlung: | 200 Pers. |

**Preise**
| | |
|---|---|
| Preiskalkulation 1* | 100,50 € |
| Preiskalkulation 2* | 365,00 € |

*Alle Angaben Nettopreise zzgl. MwSt., Kalkulationsanfrage siehe Seite 32

ALTEN-KIRCHEN

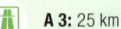
**A 3:** 25 km

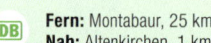
**Fern:** Montabaur, 25 km
**Nah:** Altenkirchen, 1 km

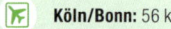
**Köln/Bonn:** 56 km

### WISSENSWERTES

- 150 Parkplätze, 6 E-Ladestationen
- „7x7 Movebox" mit Boulderwand, Badminton, Kicker, Tischtennis, Streetbasketball
- Tennis- und Eventhalle; Saunen und Massage, E-Bikes
- kostenfreier Zugang zum direkt angrenzenden Fitnessstudio
- Beachvolleyball-Arena, 4 Tennisplätze, Fußballplätze (Echt- und Kunstrasen), städtische 3-fach-Halle, Trainingslager möglich
- Küchenpartys

# Sport- & Seminarhotel
# Glockenspitze

**GLOCKENSPITZE**
SPORT- UND SEMINARHOTEL

57610

### FAZIT

Das Thema Sport wird hier in vielen interessanten Details spannend in Szene gesetzt. Im Haus gibt es sowohl in den Zimmern als auch in den öffentlichen Bereichen **viel Außergewöhnliches** zu entdecken.

Die **44 unterschiedlichen Designer-Themenzimmer** sind witzig und komfortabel zugleich.

Ein sehr differenziertes Sportangebot im und am Hotel prädestiniert das Hotel für eine **Verquickung von Tagung, Trainings und sportlichen Incentives.**

**57610**
**ALTENKIRCHEN**
Im Sportzentrum 2
Tel. +49 2681 8005-0
info@glockenspitze.de
**www.glockenspitze.de**

Die Grafen von Sayn gründeten einst 1180 die Burg, aus der später ein Residenzschloss wurde, das heute die Akademie der deutschen Bundesbank beherbergt. Hufeisenförmig seinen Innenhof umrahmend, thront es auf der Anhöhe des Westerwaldes am Rande der malerischen Hachenburger Fachwerk-Altstadt. Etwas unterhalb des Schlosses wurde 2019, sozusagen im Burggarten, das heutige Parkhotel erbaut. In puncto Stil und Erscheinungsbild hat man es im Sinne eines harmonischen Gesamteindrucks leicht dem Schloss nachempfunden. Die zweiflügelige Hotelanlage mit eigenem Garten überzeugt mit idyllischer und zugleich altstadtnaher Lage und wunderbaren Ausblicken entweder zum Burggarten mit Schloss oder in die Weiten des Westerwaldes. Die einladende, großzügige Lobby leitet räumlich in die schöne halbrunde Bar mit Kaminecke und weiter in das schicke, moderne Restaurant über. Große Fenster zur Terrasse geben den wunderbaren Blick über das Nistertal und die Hügellandschaft des Westerwaldes frei. Durch eine große Panoramascheibe lässt sich das Küchenteam bei der Arbeit zuschauen. Von dort kommen schmackhafte saisonale Gerichte frisch auf den Tisch. Der etwa 500 m² große Veranstaltungsbereich nimmt eine separate Etage ein. Vier klimatisierte Tagungsräume lassen sich unterschiedlich miteinander kombinieren, drei davon haben einen eigenen Terrassenzugang. Entprechend großzügige Buffet- und Pausenflächen erlauben einen vom sonstigen Hotelbetrieb ungestörten Tagungsablauf. Der Logiskomfort im Parkhotel ist vorzüglich. Geräumige, behaglich und schick eingerichtete Zimmer mit modernen Bädern, laptopgroßem Safe, Kaffee-Tee-Station und gut gefüllter Minibar machen den Aufenthalt sehr angenehm. Die Aussicht ist zu allen Seiten schön, viele Zimmer haben Balkon. Die freie Zeit lässt sich je nach Gusto mit einem kurzen oder ausgedehnten Spaziergang durch den angrenzenden Burgpark oder die sehenswerte Altstadt mit vielen Gässchen und restaurierten Fachwerkhäusern aus dem 17. und 18. Jahrhundert verbringen, um den Tag dann im Wellnessareal ausklingen zu lassen oder ihn an der geselligen Bar endgültig zu beschließen. *Katrin Nauber-Happel*

## Weitblick im ehemaligen Garten der Grafen

### LOGIS

**72 Zimmer:**
4 EZ, 62 DZ,
6 Juniorsuiten

### TAGUNG

**Besonders geeignet für:**
Seminar, Konferenz, Event

**Räume**
Tagungsräume: 5

**Maximale Tagungskapazität**
U-Form: 50 Pers.
Parlamentarisch: 100 Pers.
Reihenbestuhlung: 300 Pers.

**Preise**
Preiskalkulation 1* 61,34 €
Preiskalkulation 2* 260,53 €

*Alle Angaben Nettopreise zzgl. MwSt., Kalkulationsanfrage siehe Seite 32

**HACHEN-BURG**

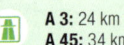
**A 3:** 24 km
**A 45:** 34 km

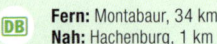
**Fern:** Montabaur, 34 km
**Nah:** Hachenburg, 1 km

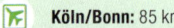
**Köln/Bonn:** 85 km

### WISSENSWERTES

- 90 eigene Parkplätze
- Restaurant, Lobbybar, Kaminecke, Terrasse, Hotelgarten
- Wellnessbereich mit Pool, Saunen, Beauty und Fitnessraum
- Rahmenprogramme mit Agentur
- Platz für Outdoor-Aktivitäten am Hotel
- Wanderwege, Joggingstrecken

# Parkhotel
# Hachenburg

### PARKHOTEL
★ ★ ★ ★

### HACHENBURG

## FAZIT

Die **Lage des erst 2019 eröffneten Hotels ist sehr attraktiv:** Zur einen Seite verwöhnt ein ungehinderter Fernblick in die Landschaft des Westerwalds, zur anderen Seite liegt der grüne Burggarten unterhalb des Schlosses. Die malerische Fachwerk-Altstadt ist in wenigen Fußminuten erreicht, ebenso der Bahnhof Hachenburg.

Die **sehr einladende Lobby mit Bar und Kaminecke** unterstützt das informelle Beisammensein bestens. Der **Logiskomfort ist sehr gut.**

### 57627 HACHENBURG

Burggarten 1
Tel. +49 2662 949650
info@parkhotel-hachenburg.de
**www.parkhotel-hachenburg.de**

265

I m Zuge der Digitalisierung wollen immer mehr Menschen ihre Arbeitszeiten und -orte flexibel gestalten. Im Arcadeon fließen darum die Funktionen Tagen, Arbeiten, Lernen sowie Schlafen, Essen und Freizeit ineinander, um die Idee der „Neuen Arbeit" optimal zu unterstützen. Diese Philosophie haben Claudia und Jörg Bachmann für ihr Haus entworfen und in Form einer stimmigen Raumkonzeption vereint mit mutiger und mehrfach preisgekrönter Designsprache umgesetzt. Die einladende Lobby leitet direkt in EMILs Bar und Lounge über. Hier spielt eine große 4-K-Media-Wall mal Natur, mal Sport oder Konzerte täuschend echt ein. Den integrierten Stammtisch der Bar nutzen die Gäste ebenso zum Arbeiten wie das schicke Restaurant KARLs, benannt nach dem Hagener Kunstmäzen Karl-Ernst Osthaus. Überall im Haus verbreiten gemütliche Sitzgelegenheiten und Grünpflanzen einen Hauch Wohnzimmer-Feeling, nicht zuletzt in den hellen Tagungsräumen, die neben professioneller Tagungstechnik auch mit rollbaren Eichentischen, hier und da Stehlampen und Sessel und einem farbenfrohen Ambiente aufwarten. Zwei verfügen durch ihr Raum-in-Raum-Konzept mit farblich abgestimmten Nischen auch über eigene Gruppenarbeitsbereiche. Der Kreativraum „Hexagon" punktet mit seiner außergewöhnlichen Einrichtung aus allerlei Sechseckigem und im Erlebnisraum „Wald" erzeugt eine spezielle Lichtinstallation authentisches Waldgefühl. Tagen in echtem Grün ist zudem im Outdoor-Tagungsraum auf der Terrasse möglich. Im wenige Schritte entfernten „Quartier 82" steht zudem ein Kreativzentrum mit 20 Zimmern, offenen Räumen, Bar und Küche für Events oder Open-Space-Tagungen zur Verfügung. Auch sogenannte festivalisierte Tagungen sind im Angebot, bei denen bestimmte Incentive-Bausteine passgenau zur Zielsetzung der Tagung ins Programm integriert werden, um eine höhere Effizienz zu erreichen. Unterstützt wird das Ganze durch herzlichen, kompetenten Service und eine leistungsfähige, synchrone Internetverbindung. Auf allen Gästezimmern gibt es einen 48-Zoll-Smart-TV. Zwölf „Transforming Rooms" lassen sich auf Knopfdruck vom behaglichen Schlafzimmer in einen spontan buchbaren kleinen Besprechungsraum umwandeln. Buchen können die Gäste auch „Quick & Easy" über die Homepage gänzlich online. *Katrin Nauber-Happel*

## New Work – New Life

### LOGIS

**98 Zimmer:**
16 EZ, 80 DZ, 2 Suiten

### TAGUNG

**Besonders geeignet für:**
Seminar, Klausur,
Kreativprozesse, Event

**Räume**

| | |
|---|---|
| Tagungsräume: | 16 |
| Ausstellungsfläche: | 290 m² |

**Maximale Tagungskapazität**

| | |
|---|---|
| U-Form: | 52 Pers. |
| Parlamentarisch: | 123 Pers. |
| Reihenbestuhlung: | 230 Pers. |

**Preise**

| | |
|---|---|
| Preiskalkulation 1* | 105,00 € |
| Preiskalkulation 2* | 401,16 € |

*Alle Angaben Nettopreise zzgl. MwSt., Kalkulationsanfrage siehe Seite 32

HAGEN

A 1: 7 km
A 45: 7 km
A 46: 3 km

**Fern:** Hagen, 3,5 km

**Dortmund:** 20 km

### WISSENSWERTES

- Hybridtagungstechnik: Clevertouch
- ausreichend eigene Parkplätze
- Bar, Biergarten, Barbecue, moderner Fitnessraum, eigener Park mit Seilgarten und Outdoor-Fitnessgeräten, Outdoor-Tagungsraum
- „Quartier 82" als Event-Location mit Zimmern, Kreativ-Räumen und Küche
- Preisnachlass im „Westfalenbad" mit Bade- und Saunalandschaft

# ARCADEON Haus der Wissenschaft und Weiterbildung

58093

## FAZIT

Die **außergewöhnliche Hotelkonzeption** lässt die Bereiche Tagen, Essen, Schlafen und Freizeit ineinanderfließen und vereint das **hochprofessionelle Tagungserlebnis mit mehrfach preisgekröntem, mutigem Design.** Das Ganze ist auch **„Quick & Easy"** online buchbar.

**Starke, synchrone Internetleistung.**

Besonderes Augenmerk gilt der **hochgelobten Küche.**

**Festivalisierte Tagungen** werden kompetent organisiert.

NEUES DENKEN BRAUCHT NEUE RÄUME

**58093 HAGEN**
Lennestraße 91
Tel. +49 2331 3575-0
rw@arcadeon.de
**www.arcadeon.de**

"Die Stadt zwischen den Ruhrseen", so nennt Herdecke sich selbst. Südlich von Dortmund, unmittelbar am Nordufer der Ruhr zwischen Harkort- und Hengsteysee gelegen, ist das Städtchen für seine malerische Altstadt mit vielen Fachwerkhäuschen und Gässchen bekannt und beliebt. Der Zweibrücker Hof liegt direkt am Flussufer, der Ruhrtalradweg führt am Hotel entlang. Wer mag, kann sich hier auch Rad oder Kanu ausleihen. Vom Tagungsbereich „Ruhr-Forum" in der fünften Etage aus genießt man eine wunderbare Aussicht über die Ruhr, den Hotelgarten mit Strandbar, Minigolfanlage, Biergarten und Wiesen mit schattenspendenden Bäumen. Die Einrichtung und Ausstattung der klimatisierten Tagungsräume ist vorbildlich. Ein ruhiges, zurückgenommenes Ambiente aus weißen Magnet-Wänden, dunklem Teppich und Holztischen an ergonomischen Stühlen sorgt in Einheit mit dem großzügigen Pausenbereich samt Balkon und kleinen Schmankerln wie Pausenspielen und diesem beruhigenden Ausblick für eine äußerst angenehme Atmosphäre. Im Erdgeschoss liegt ein weiterer Tagungsbereich mit ebenso schönen modernen Räumen, separatem Eingang, großem Foyer und Ruhrblick-Terrasse. Bei schönem Wetter verlegen die Gäste ihre Gruppenarbeiten auch gern ins Grüne. Im Biergarten oder Strandbereich lässt es sich dann beinah mit Urlaubsfeeling tagen. Ergänzt wird dieses vielseitige Raumangebot vom Ruhrfestsaal. Mit seinem 240 m² großen Foyer, sieben Metern Deckenhöhe und einer Bühne mit entsprechender Technik ist er in drei Sektionen teilbar und bietet bis zu 350 Personen Platz. Die Gäste können sich auf ein gut eingespieltes Service-Team in dem seit vier Generationen familiengeführten Haus verlassen, das professionell, zugewandt und herzlich agiert. In zwei Wintergärten und schicken Restaurant-Arealen mit Front-Cooking-Elementen genießen die Gäste die frische und allseits beliebte Küche des Hauses. Der Abend klingt entweder beim Kneipenbummel in der nahen Altstadt, beim Kegeln oder in der eigenen Pilsstube „Zum Sackträger" gemütlich aus, bevor man sich ins behagliche Zimmer, zur Ruhrseite mit Balkon, zurückzieht. *Katrin Nauber-Happel*

## Ein Genuss zwischen Altstadt und Ruhrseen

## LOGIS

**117 Zimmer:**
38 EZ, 77 DZ, 2 Suiten

## TAGUNG

**Besonders geeignet für:**
Seminar, Konferenz, Klausur, Event

**Räume**
Tagungsräume: 17
Ausstellungsfläche: 240 m²

**Maximale Tagungskapazität**
U-Form: 60 Pers.
Parlamentarisch: 120 Pers.
Reihenbestuhlung: 350 Pers.

**Preise**
Preiskalkulation 1* 84,87 €
Preiskalkulation 2* 291,35 €

*Alle Angaben Nettopreise
zzgl. MwSt., Kalkulationsanfrage siehe Seite 32

HERDECKE

**A 1:** 3 km
**A 45:** 6 km

**Fern:** Hagen, 6 km
**Nah:** Herdecke, 2 km

**Dortmund:** 30 km
**Düsseldorf:** 70 km

## WISSENSWERTES

- eigene Parkplätze, Parkgarage, E-Ladestation, GROUP von Logitech
- rustikale Pilsstube, Restaurant mit 2 Wintergärten, Terrasse und Biergarten mit Ruhrblick sowie der „Ruhrstrand54"
- Sauna, Dampfbad, Pool, Fitness-Club, Gymnastikraum
- 5 behindertenfreundliche Doppelzimmer
- Leihfahrräder, Kanuverleih, geführte Touren, Kletterwald in Wetter, Bogenschießen, Minigolfanlage am Haus, Boulebahn, 2 Kegelbahnen

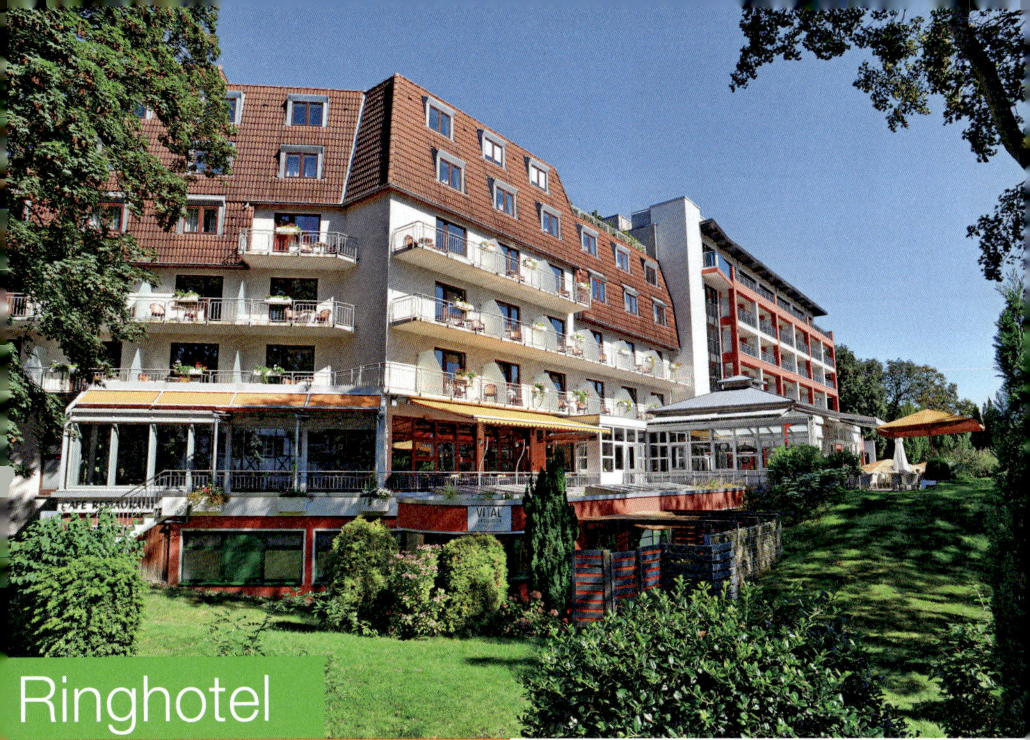

# Ringhotel
# Zweibrücker Hof

58313

## FAZIT

Im Zweibrücker Hof gibt es **erstklassig ausgestattete Tagungsbereiche** mit großzügigen Pausenfoyers, Ruhe und **entspannendem Ruhrblick** sowie Balkonen. Outdoor-Tagen im Hotelgarten ist ebenfalls möglich.

Das Hotel liegt **idyllisch, direkt am Ruhrufer.** Auf der anderen Seite lockt die malerische Herdecker Fachwerk-Altstadt zum Rundgang und Kneipenbummel.

Die Gäste loben besonders die **frische, schmackhafte Küche** sowie die schicke und **vielfältige Gastronomie.**

**58313 HERDECKE**
Zweibrücker Hof 4
Tel. +49 2330 605-0
herdecke.tagung@riepe.com
**www.riepe-hotels.de**

269

m Schulhaus Hotel trifft modernes Design auf pfiffige Nostalgie. Dabei heraus kommt ein erfrischender Quell der Inspiration. In dem altehrwürdigen Gebäude aus der Kaiserzeit wurde noch bis 2012 unterrichtet, dann gab die Stadt Schwelm die Grundschule auf. In den Klassenräumen logieren heute Hotelgäste in 35 geräumigen, hellen Zimmern mit großzügigen Bädern inklusive Fußbodenheizung und reichlich Komfort. Die ehemalige Turnhalle wurde durch einen Neubau ersetzt. Über zwei Etagen und deren volle Länge erstreckt sich die mächtige Glasfassade und öffnet den Blick in die umgebende Landschaft. Eine breite Holztreppe verbindet die obere Galerie mit dem darunter liegenden Restaurant „Die Turnhalle" samt Bar. In diesem Teil des Hotels haben die Ausstatter ihrer Kreativität freien Lauf lassen dürfen. Dabei herausgekommen ist ein nie da gewesenes, cooles Ambiente: Da hängt die Sitzbank an Turnerringen von der hohen Decke, die Wand zeigt Basketball-Bodenlinien, als hätten Boden und Wände die Plätze getauscht. Verschiedenes Mobiliar von der gemütlichen Sitzgruppe über „normale" Esstische bis hin zur Hochtischreihe lässt viele erdenkliche Gestaltungsvarianten zu. In der oberen Etage der Turnhalle liegt der klimatisierte Tagungsbereich mit vier sehr gut ausgestatteten Räumen

## LOGIS

## raffiniert phantasievoll

**35 Zimmer:**
6 EZ, 28 DZ, 1 Juniorsuite

## TAGUNG

**Besonders geeignet für:**
Seminar, Konferenz, Klausur,
Kreativprozesse, Event

**Räume**

| | |
|---|---|
| Tagungsräume: | 4 |
| Ausstellungsfläche: | 30 m² |

**Maximale Tagungskapazität**

| | |
|---|---|
| U-Form: | 40 Pers. |
| Parlamentarisch: | 40 Pers. |
| Reihenbestuhlung: | 90 Pers. |

**Preise**

| | |
|---|---|
| Preiskalkulation 1* | 71,43 € |
| Preiskalkulation 2* | 297,06 € |

nebst großzügiger Pausenlounge in Form einer offenen Galerie, die gleichzeitig als moderner Coworking-Space fungiert. Die Raumkonzeption ist recht flexibel, zwei Räume haben Zugang ins Freie, sind kombinierbar und auch zur Lounge hin zu öffnen, sodass ganz unterschiedliche Veranstaltungsideen verwirklicht werden können. Genauso flexibel und kreativ agiert das Serviceteam um Inhaber Marc Konopatzki bei der individuellen Erfüllung der Gästewünsche. Gekocht wird stets frisch, regional und lecker. Wein- und Biertastings, Küchenpartys und Teamkochen sind beliebte Incentives. Mit der Zimmerkarte hat man Zugang zum Schulkiosk, der rund um die Uhr Getränke und Snacks bereithält. Die Erreichbarkeit des Hotels ist bestens, ob Flughäfen, Bahnhof oder Autobahnen, alles ist nah dran, auch die hübsche Schwelmer Innenstadt. Parkraum gibt es reichlich, darunter viele Carports. Die Gastgeber wollten ein charakterstarkes Hotel erschaffen – es ist ihnen vortrefflich gelungen.

*Katrin Nauber-Happel*

*Alle Angaben Nettopreise
zzgl. MwSt., Kalkulationsanfrage siehe Seite 32

**SCHWELM**

**A 1:** 4 km
**A 43:** 4,5 km
**A 46:** 4,5 km

**Fern:** Wuppertal Hbf., 12 km
**Nah:** Schwelm, 1,3 km

**Düsseldorf:** 57 km
**Köln/Bonn:** 64 km

## WISSENSWERTES

- 40 eigene Parkplätze, darunter 25 Carports
- Restaurant und Bar „Die Turnhalle" mit Terrasse
- Lounge mit Coworking-Space, Glasfaseranschluss
- „Schulkiosk" – Snacks und Getränke, Zugang mit Zimmerkarte
- Bier- und Wein-Tastings, Küchenpartys, Teamkochen
- Schwelmer Altstadt fußläufig erreichbar

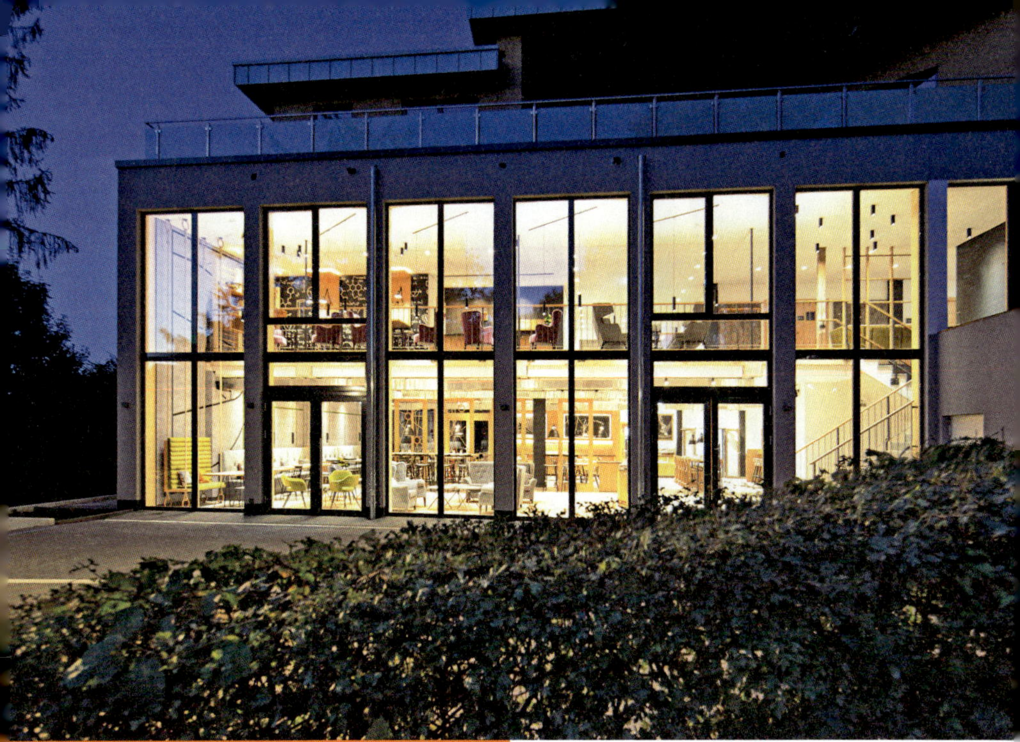

# Schulhaus Hotel

58332

### FAZIT

Das Schulhaus Hotel ist **ein modernes Tagungshotel mit interessanter „Story" und sehr schönem, stimmigem Interieur.**

Die Tagungsebene punktet **mit einem gut ausgestatteten Raum-Ensemble** und einer schick-gemütlichen, sehr hellen **Lounge mit Coworking-Plätzen** auf der offenen Galerie inklusive Weitblick.

Das Hotel ist **verkehrlich sehr gut angebunden,** Parkplätze und Carports stehen ausreichend zur Verfügung.

**58332 SCHWELM**

Westfalendamm 15
Tel. +49 2336 8198833
info@schulhaushotel.de
**www.schulhaushotel.de**

271

Allgäu goes Lüdenscheid: Dieses Hotel ist anders als andere, es überrascht seine Gäste mit alpinem Landhaus-Feeling in Südwestfalen, eine halbe Stunde südlich von Dortmund. Viel Holz, gemütliche Farben und Stoffe, witzige Hingucker und außergewöhnliche Dekorationen mit Mut zum Detail machen den Charme des Hauses aus und sorgen bei den ankommenden Gästen für sofortiges Wohlbefinden. Man findet kaum hoteltypische Möbelstücke, das meiste ist individuell ausgewählt und gekonnt in Szene gesetzt. Die Tagungsräume „Matterhorn", „Zugspitze" und „Alpspitze" mit entspannendem Ausblick in die hügeligen Weiten des Sauerlandes sind modern und professionell eingerichtet, einer davon mit eigener Küche und Dachterrasse. Darüber hinaus gibt es den großen Ballsaal „Mont Blanc", der auch als Konferenzraum gestaltet werden kann, sowie die exklusiv buchbare „Gaudistube" mit separatem Eingang, reichlich Platz und wohliger Atmosphäre für Partys und zünftige Hüttenabende. Bewegungsfreudige Gäste kommen hier auf ihre Kosten: Im Haus gibt es eine Tennishalle, die auch als Eventhalle genutzt werden kann, sowie einen Fitnessraum. Im Pausenbereich des Tagungsraumes „Matterhorn", einer mit gemütlichem Sofa und Tischchen wohnlich eingerichteten Galerie, blickt man in die hauseigene Kletterhalle, deren Wand von einer handgemalten Kuckucksuhr verziert ist. Sie ist für Teamtrainings, aber auch zum Allein-Klettern nutzbar. 5.000 m² Wald stehen zudem für Outdoor-Aktivitäten zur Verfügung. Im gemütlichen Restaurant, im großen „Winterstadl" und Biergarten, natürlich im Stil einer Skihütte, genießt man die leckere, frische Küche des Hauses. Die Gästezimmer sind allesamt individuell gemütlich eingerichtet und überraschen ebenfalls mit witzigen Deko-Ideen. Es gibt Massivholzmöbel und große freistehende Schreibtische. Ruhesuchende finden im hübschen kleinen Saunabereich mit Außenterrasse oder bei der Massage ihre wohlverdiente Erholung. Die Inhaberfamilie Stahnke hat mit der Sportalm ihren ganz eigenen Stil verwirklicht, und den Gästen gefällt es sehr. Der Service ist herzlich und flexibel, wie man es von einem privat geführten Hotel dieser Güte erwartet. Der Besuch auf der Lüdenscheider Höhe lohnt sich.

*Katrin Nauber-Happel*

## Alm-Design cool interpretiert

**LOGIS**

**40 Zimmer:**
34 DZ, 6 Suiten

**TAGUNG**

**Besonders geeignet für:**
Seminar, Konferenz, Event

**Räume**
| Tagungsräume: | 4 |
| Ausstellungsfläche: | 1.500 m² |

**Maximale Tagungskapazität**
| U-Form: | 50 Pers. |
| Parlamentarisch: | 80 Pers. |
| Reihenbestuhlung: | 150 Pers. |

**Preise**
| Preiskalkulation 1* | 74,20 € |
| Preiskalkulation 2* | 284,12 € |

*Alle Angaben Nettopreise zzgl. MwSt., Kalkulationsanfrage siehe Seite 32

**LÜDENSCHEID**

 **A 45:** 3 km

 **Fern:** Hagen Hbf., 30 km
**Nah:** Lüdenscheid Hbf., 4 km

 **Dortmund:** 55 km

### WISSENSWERTES

- 40 eigene Parkplätze, E-Ladestation, Glasfaseranschluss
- Restaurant, „Gaudistube", Biergarten, bayerische Spaßolympiaden, Barbecues
- 5.000 m² Wald für Outdoor-Aktivitäten und Teamsport
- Fitnessraum, Sauna, Massage
- Billard, Kicker (nur für Veranstaltungsgäste)
- Kletterhalle und Tennishalle (auch als Eventhalle oder Ausstellungsfläche nutzbar) im Haus

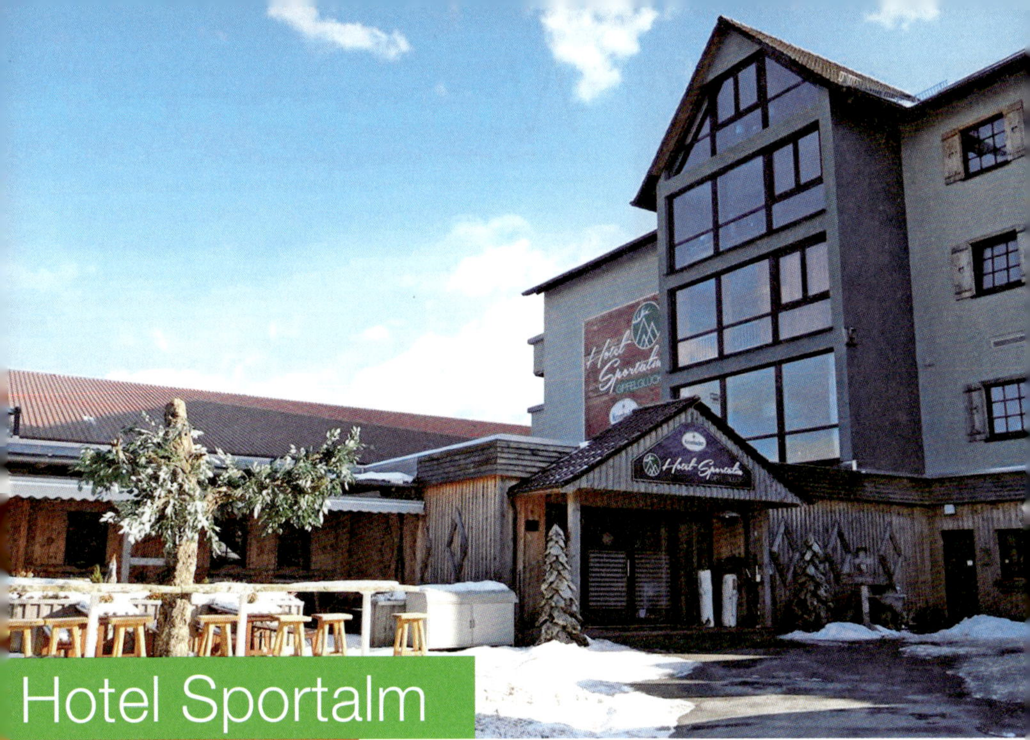

# Hotel Sportalm
## Gipfelglück

58511

### FAZIT

**Gewollt und gekonnt:** Anspruch und Umsetzung eines besonderen Interieurs verwöhnen vor allem Vieltager und Weitgereiste mit allerlei Hinguckern und „Oho"-Effekten auch in den Tagungsräumen.

Der Name ist Programm: Das Hotel vereint ein **leicht verrückt interpretiertes Alm-Design mit Sportangebot:** Tennis- und Kletterhalle im Haus.

Die **schmackhafte frische Küche** genießen die Gäste im gemütlichen Restaurant, im „Winterstadl" oder Biergarten.

**58511 LÜDENSCHEID**
Kalver Straße 36
Tel. +49 2351 66188-0
willkommen@sportalm-gipfelglueck.de
**www.sportalmgipfelglueck.de**

W erne, eine kleine, charmante Stadt mit langer Geschichte, liegt am Südrand des Münsterlandes oder am Nordrand des Ruhrgebietes, das ist hier Glaubenssache. Der mittelalterliche Stadtkern mit historischem Rathaus aus dem 16. Jahrhundert und malerischen Fachwerkhäusern rund um Kirchturm und Marktplatz ist für Hotelgäste immer einen Besuch wert. Direkt gegenüber dem Hotel, am Eingang zur Innenstadt, liegt ein Kapuzinerkloster, dessen Ursprünge bis ins 17. Jahrhundert reichen. Besucher sind hier immer willkommen, besonders die Klosterbibliothek ist interessant. Das von den Brüdern Hendrik und Steffen Kroes familiär geführte Hotel bietet seinen Tagungsgästen eine ungezwungene Atmosphäre in modernem Ambiente. Die größtenteils klimatisierten Veranstaltungsräume liegen im obersten Stockwerk und punkten mit einer sehr angenehmen, lichtdurchfluteten Stimmung. Durch die bodentiefen Fenster, in einem Raum auch als Panoramafenster über Eck, schweift der Blick über die Dächer von Werne und weitet buchstäblich die Sinne. Die Ausstattung der Räume ist modern, professionell sowie warm und anregend zugleich. Im großzügigen Foyer werden die Kaffeepausen gereicht, Kaffee- und Teespezialitäten stehen durchgehend bereit. Zwei baugleiche Foyerflächen in den anderen Etagen sind mit modernem Sitz- und Steh-Mobiliar an großen Fenstern

## schick, modern und ungezwungen

## LOGIS

**54 Zimmer:**
12 EZ, 38 DZ, 2 Suiten,
2 Appartements

## TAGUNG

**Besonders geeignet für:**
Seminar, Klausur

**Räume**
Tagungsräume:                      4
Ausstellungsfläche:          99 m²

**Maximale Tagungskapazität**
U-Form:                      32 Pers.
Parlamentarisch:             40 Pers.
Reihenbestuhlung:            70 Pers.

**Preise**
Preiskalkulation 1*          71,08 €
Preiskalkulation 2*         278,47 €

*Alle Angaben Nettopreise
zzgl. MwSt., Kalkulationsanfrage siehe Seite 32

**WERNE**

ebenfalls angenehm eingerichtet und können als Gruppenarbeitszonen spontan genutzt werden. Besonders gastlich ist die Maxibar im Logisbereich: Die Gäste können sich hier an einem gut gefüllten Kühlschrank kostenfrei an Getränken und Snacks bedienen. Alle Zimmer, Appartements und Suiten wurden in 2021 renoviert und präsentieren sich schick, bequem und behaglich. Die Einzelzimmer haben ein französisches Bett, ein Zimmer ist behindertenfreundlich ausgestattet. Während das Frühstück mit Ausblick in der oberen Etage gereicht wird, liegen das Restaurant und das Bistro „Abtei" als zentraler Treffpunkt im Erdgeschoss des Hauses, ebenso wie die Bar „Barsilika" mit Ausgang zur gemütlichen Gartenterrasse im Innenhof, wo gegrillt werden kann und wo die Gäste bei gutem Wetter auch ihrer Tagungsarbeit in Ruhe unter freiem Himmel nachgehen. Dieses schöne, moderne Hotel ist über die A 1 bestens zu erreichen.          *Katrin Nauber-Happel*

 **A 1:** 5 km

 **Fern:** Hamm/Westf. Hbf., 15 km
**Nah:** Werne a. d. Lippe, 1,7 km

**Dortmund:** 22 km
**Münster/**
**Osnabrück:** 60 km

### WISSENSWERTES

- eigene Tiefgarage, städtischer Parkplatz direkt am Hotel (3 Std. kostenfrei)
- Restaurant und Bistro „Abtei", Bar „Barsilika", Gartenterrasse, Grillabende möglich
- Innenstadt und Kapuzinerkloster direkt gegenüber, Klosterbesichtigung
- weitere Rahmenprogramme: Besichtigung Brennerei Ehringhausen mit Tasting, Stadtführung Werne
- ADFC-Bett+Bike-Hotel

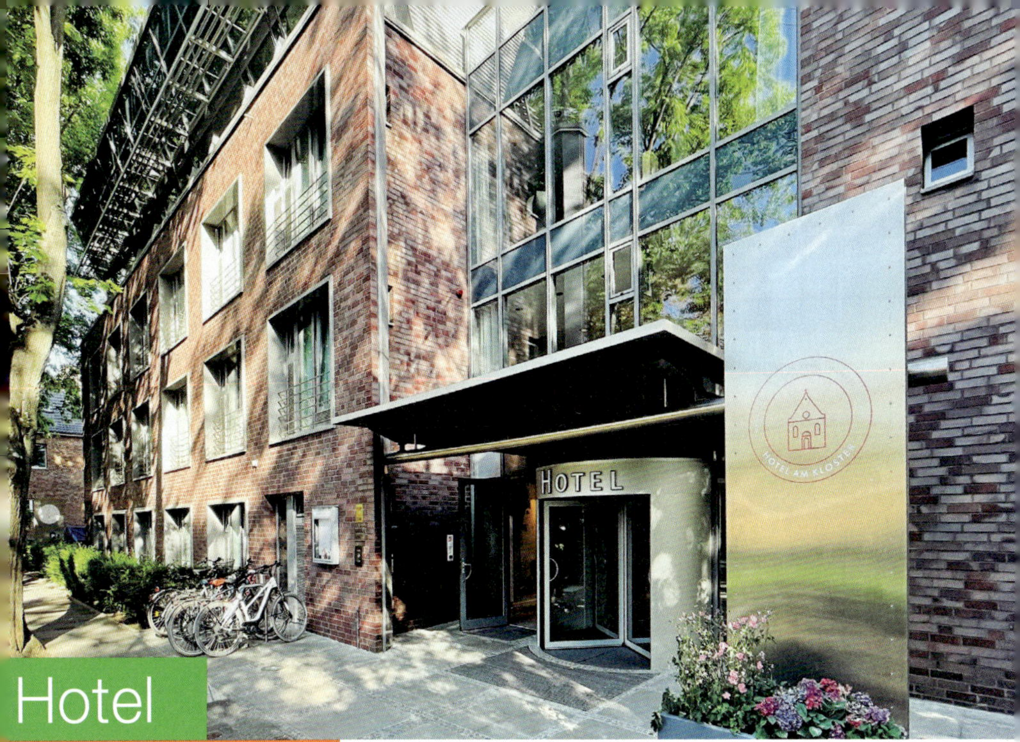

# Hotel am Kloster

## FAZIT

Das Hotel am Kloster ist ein **modernes Haus mit „feinheimisch" kreativer Küche** und angenehm familiärer Atmosphäre.

Man tagt mit Blick über die Dächer von Werne. Die **Tagungsräume** liegen im obersten Stockwerk, haben raumhohe (Panorama-)Fenster und ein **überaus angenehmes Ambiente.**

**Die Erreichbarkeit ist sehr gut,** eine eigene Tiefgarage und ein großer, öffentlicher Parkplatz direkt am Hotel erleichtern das Ankommen.

**59368 WERNE**
Kurt-Schumacher-Straße 9
Tel. +49 2389 526140
info@hotel-am-kloster.de
**www.hotel-am-kloster.de**

**V**or über 100 Jahren beantragte ein Landwirt im Münsterland die Schankerlaubnis, damit er seine Bauernhof-Geschäfte mit einem Korn besiegeln durfte, wie es damals üblich war. So ist es in der Chronik des Hotels zu lesen, das heute, drei Generationen später, zu den beliebtesten Tagungshotels im Münsterland zählt. Korn gibt es noch, aber die Inhaber-Brüder Clemens-August von Freeden und Michael Stattmann setzen als selbst brauende Biersommeliers inzwischen auf Hopfen und Malz. Ihre Biertastings sind beliebte Rahmenprogramme. Auch die Speisekarte der Bier-Lounge „Crafted" empfiehlt zu jedem Gericht das passende Bier. Inmitten der Davert, des waldreichen Naturschutzgebiets südlich von Münster, empfängt das Hotel Clemens-August seine Gäste mit typisch westfälischer Gastlichkeit. Sie schätzen besonders die zwanglose, warmherzige Atmosphäre des durch und durch familiengeführten Hauses. Der Veranstaltungsbereich ist nach und nach gewachsen und präsentiert sich nun entsprechend variantenreich. Größere Gruppen bis 350 Personen finden im teilbaren Münsterlandsaal Platz. Das CreAtivZentrum im separaten Gästehaus bietet einen autarken Bereich für Gruppen, die ein alternatives Ambiente suchen. Das Ensemble umfasst einen 75-m²-Haupttagungsraum mit Pausenbereich sowie im Souterrain zwei Gruppenräume mit Nischen aus Hockern, Palettenmöbeln, Raumteilern aus Birkenstämmen, unterstützt durch modernste digitale Technik. Im Tagungscenter „Auenblick" stehen zudem vier kombinierbare Räume mit bodentiefen Fenstern, umlaufendem Balkon, individuell steuerbarer Klimaanlage und großzügigem Pausenfoyer zur Verfügung. Ein beliebtes Gimmick: Die über Muskelkraft per Fahrrad betriebene große Carrerabahn. Zum echten Radfahren ist das Münsterland natürlich prädestiniert, im Hotel stehen Leihfahrräder und E-Bikes zur Verfügung. Überhaupt gibt es hier jede Menge Erfahrung in puncto Team-Unterhaltung: Das vom Senior moderierte „Westfälische Schützenfest" an der eigenen Vogelschießanlage im Garten mit anschließendem Grillbuffet ist bei Gruppen sehr beliebt. Man kann mit dem Clemens-August-Express durch die Lande fahren oder den Tag am Rande der Emmerbach-Auen in Strand-Atmosphäre ausklingen lassen. *Katrin Nauber-Happel*

# Tagen mit Herz

## LOGIS

**87 Zimmer:**
10 EZ, 75 DZ, 1 Suite,
1 Appartement

## TAGUNG

**Besonders geeignet für:**
Seminar, Konferenz,
Kreativprozesse, Event

**Räume**
Tagungsräume: 11
Ausstellungsfläche: 100 m²

**Maximale Tagungskapazität**
U-Form: 60 Pers.
Parlamentarisch: 130 Pers.
Reihenbestuhlung: 350 Pers.

**Preise**
Preiskalkulation 1* 82,10 €
Preiskalkulation 2* 262,80 €

*Alle Angaben Nettopreise
zzgl. MwSt., Kalkulationsanfrage siehe Seite 32

ASCHEBERG

**A 1:** 4,8 km
**A 2:** 29 km
**A 43:** 25 km

**Fern:** Münster, 27 km
**Nah:** Davensberg, 0,4 km

**Münster/Osnabrück:** 46 km

## WISSENSWERTES

- 140 eigene Parkplätze, E-Ladestation
- Restaurants, Bierlounge „Crafted", professionelle Bier-Tastings
- Rahmenprogramme u.a.: Münsterlandtouren mit dem „Clemens-August-Express", „Westfälisches Schützenfest"
- Fahrräder, E-Bikes, 8-Pers.-Kicker

# Hotel-Restaurant
# Clemens-August

★★★s

## CLEMENS-AUGUST
### HOTEL RESTAURANT

59387

### FAZIT

Man spürt die Erfahrung aus vier Generationen Gastlichkeit. Das Hotel ist bekannt für seine **familiäre und herzliche Atmosphäre.**

Es gibt **drei Tagungsbereiche:** den multifunktionalen Münsterland-saal, das Tagungscenter Auenblick sowie das alternative CreAtivZentrum. **Moderne Licht- und Medientechnik** sind vorhanden.

Die **frische Küche** wird hochgelobt. In der gemütlichen Bier-Lounge finden professionelle Bier-Tastings mit den Hausherren statt.

**59387 ASCHEBERG**

Burgstraße 54
Tel. +49 2593 6040
info@hotel-clemens-august.de
www.hotel-clemens-august.de

277

Das Ringhotel Katharinen Hof in Unna ist eines der fünf Hotels, die die Familie Riepe in und um Dortmund herum in inzwischen vierter Generation erfolgreich führt. Die Inhaber haben stets das Ohr am Gast, wissen um die Bedürfnisse ihrer Tagungsgruppen und greifen auf einen reichen Erfahrungsschatz aus gut bewährter Tradition und stets moderner Gastlichkeit zurück. So spürt man auch im Katharinen Hof eine angenehme familiäre Atmosphäre, wie sie ein gut eingespieltes Serviceteam mit augenscheinlich gutem Arbeitsklima zu erschaffen weiß. Das Hotel liegt direkt am Hauptbahnhof, im Schatten der namensgebenden Katharinenkirche am Beginn der Unnaer Fußgängerzone. Die Erreichbarkeit mit allen Verkehrsmitteln ist hier wahrlich unschlagbar, und das buchstäblich aus allen Himmelsrichtungen, denn nicht nur vier Autobahnen, auch der Dortmunder Flughafen liegt nur wenige Kilometer entfernt. In der eigenen Parkgarage sowie im städtischen Parkhaus nebenan parkt man praktisch und günstig. Trotz der zentralen Lage tagt und schläft man ruhig im Haus, dafür sorgen sehr gute schallisolierende Fenster. Die Gästezimmer sind allesamt komfortabel und großzügig, viele bieten eine Terrasse, alle haben Minibar und überlange Matratzen, die Zimmer der höheren Kategorien sind zudem klimatisiert. Zur Erholung steht ein kürzlich renovierter, sehr schöner und tagesheller Wellnessbereich mit drei Saunen, schickem Ruheraum, Massage und Fitnessraum zur Verfügung. Die klimatisierte Tagungsebene umfasst zwei nebeneinanderliegende Bereiche mit insgesamt sieben teilweise kombinierbaren Räumen und eigenen, zentralen Pausenfoyers. Wie in allen Hotels der Familie Riepe überzeugt auch im Katharinen Hof die durchdachte Raum-Konzeption mit flexiblen Zuschnitten, kurzen Wegen und der Möglichkeit, die beiden Bereiche zu separieren. Sechs der sieben Räume haben bodentiefe Fensterfronten und eigene Terrassenzugänge. Vom Restaurant „Camillo", mit integrierter Bar und Showküche sowie zwei auch exklusiv zu nutzenden Wintergärten, gelangt man auf die große Terrasse neben der Katharinenkirche, und von dort sind es nur ein paar Schritte durch die Fußgängerzone zum mittelalterlichen Stadtkern, wo es noch viele schöne Fassaden und Gässchen zu bewundern gibt. *Katrin Nauber-Happel*

## LOGIS

**99 Zimmer:**
25 EZ, 70 DZ, 4 Suiten

# Allerbeste Innenstadtlage

## TAGUNG

**Besonders geeignet für:**
Seminar, Konferenz, Klausur

**Räume**
Tagungsräume: 7
Ausstellungsfläche: 70 + 100 m²

**Maximale Tagungskapazität**
U-Form: 40 Pers.
Parlamentarisch: 80 Pers.
Reihenbestuhlung: 140 Pers.

**Preise**
Preiskalkulation 1* 62,18 €
Preiskalkulation 2* 236,30 €

*Alle Angaben Nettopreise zzgl. MwSt., Kalkulationsanfrage siehe Seite 32

**UNNA**

**A 1:** 3,7 km
**A 44:** 3,8 km
**A 2:** 8 km

**Fern:** Dortmund, 19 km
**Nah:** Unna, 0,1 km

**Dortmund:** 6,5 km
**Düsseldorf:** 91 km

## WISSENSWERTES

- Logitech Group, Glasfaser, passwortgeschützte Internetverbindung möglich
- eigene Parkgarage 46 Plätze, 2 E-Ladestationen, städt. Tiefgarage nebenan 500 Plätze
- zentrale Innenstadtlage an Fußgängerzone und Bahnhof
- Restaurant, Bistro, 2 Wintergärten, Terrasse
- Wellnessbereich mit 3 Saunen, Fitness, Massage
- Zentrum für internationale Lichtkunst

# Ringhotel
# Katharinen Hof

59423

## FAZIT

Die **Erreichbarkeit mit allen Verkehrsmitteln könnte besser nicht sein.** Das Hotel Katharinen Hof punktet mit seiner **idealen Lage** am Rande der Fußgängerzone und malerischen Altstadt von Unna zur einen und dem Bahnhof zur anderen Seite. Gute Fenster sorgen für die nötige Ruhe.

Die großzügige, klimatisierte Tagungsebene umfasst zwei Bereiche mit **hellen, gut ausgestatteten Räumen,** separaten Pausenfoyers und Terrassenzugang.

**59423 UNNA**
Bahnhofstraße 49
Tel. +49 02303 920-0
katharinenhof@riepe.com
**www.ringhotel-unna.de**

Die wunderschöne Lage ist eines der Hauptargumente für die Wahl des Hotels Haus Delecke als Tagungsdomizil. Ob Wandern, Radfahren, Wassersport oder einfach der kurze Pausenspaziergang, das weitläufige Hotelgrundstück direkt am Ufer des Möhnesees bietet viele Möglichkeiten zur Freizeit-, aber auch zur Tagungsgestaltung. Ein eigener Steg mit kleinem, umwaldetem Ruhebereich rückt den betriebsamen Arbeitsalltag sogleich in den Hintergrund. Ein paar Meter weiter oben genießt man denselben herrlichen Ausblick von der großen geschützten Hotelterrasse, je nach Anlass bei leckerem Kuchen oder zünftigem Grill-Buffet. Das Haus blickt auf eine lange Geschichte zurück. 1270 wurde es als Rittergut derer von Kettler erbaut, der Ruhrtalsperrenverein machte aus dem hofartigen Gebäude-Ensemble aus herrschaftlichem Haupthaus, Dependance, Tenne und Remise in den 1980er Jahren ein Hotel. In den letzten Jahren wurde es umfassend modernisiert und als Urlaubs- und Tagungshotel entwickelt. Drei der Veranstaltungsräume liegen im Haupthaus, der größte ist klimatisiert, sehr hell, modern wie professionell gestaltet und punktet mit dreiseitiger Verglasung und Panoramablick. Zwei weitere klassische, ebenfalls klimatisierte Tagungsräume liegen in der Dependance, wo sich auch ein Teil der Gästezimmer befindet. Die rustikale Tenne des Anwesens bietet im Dach einen 250 m² großen außergewöhnlichen Raum mit offenem Gebälk und Holzboden sowie im Erdgeschoss darunter eine flexibel gestaltbare 185-m²-Fläche, die „Deele", für begleitende Ausstellungen oder was immer die Veranstaltung erfordert. Die Remise beherbergt eine coole Eventlocation, die durch ihre Flexibilität in Sachen Ambiente, Beleuchtung und Möblierung punktet. Von der Restaurant-Alternative über die After-Work-Party bis hin zum Event lässt sie sich den verschiedensten Bedürfnissen anpassen. Einziger Nachbar des Hotel-Areals mit seiner nahezu völligen Alleinlage ist eine Tennishalle, deren Plätze über das Hotel gebucht werden können. Man erreicht dieses herrliche Kleinod zügig über die nur acht Kilometer entfernte A 44, auch der Soester Hauptbahnhof liegt in passabler Taxi-Entfernung. *Katrin Nauber-Happel*

# Entspanntes Tagen mit Seeblick

## LOGIS

**39 Zimmer:**
14 EZ, 20 DZ,
5 Juniorsuiten

## TAGUNG

**Besonders geeignet für:**
Seminar, Event

**Räume**
Tagungsräume:                6
Ausstellungsfläche:     185 m²

**Maximale Tagungskapazität**
U-Form:                  60 Pers.
Parlamentarisch:         70 Pers.
Reihenbestuhlung:       100 Pers.

**Preise**
Preiskalkulation 1*       64,00 €
Preiskalkulation 2*      255,00 €

*Alle Angaben Nettopreise
zzgl. MwSt., Kalkulationsanfrage siehe Seite 32

MÖHNESEE

**A 44:** 8 km

**Fern:** Soest Hbf., 13 km
**Nah:** Soest Hbf., 13 km

**Dortmund:** 40 km

## WISSENSWERTES

• 100 Parkplätze, E-Ladestationen
• zertifizierte Nachhaltigkeit
• Restaurant mit Seeterrasse, Remise, weitläufiges Hotelareal direkt am See mit viel Platz für Outdoor-Aktivitäten
• hoteleigener Badesteg am See
• Fahrradverleih, Wanderwege

# Hotel
# Haus Delecke

**HAUS DELECKE**

59519

### FAZIT

Die **Lage direkt am Möhnesee,** einem der größten Stauseen in Nordrhein-Westfalen, ist wunderbar ruhig und entspannend. Outdoor-Tagen ist möglich. Das Hotel bietet **reichlich Platz und Möglichkeiten, um die Faktoren Natur, Sport und Freizeit in die Veranstaltung einzubinden.**

**Die Verkehrsanbindung ist vergleichsweise sehr gut.** Nur acht Kilometer bis zur Autobahn. Ausreichende Parkmöglichkeiten.

Mit der Remise steht eine **exklusive Eventlocation** zur Verfügung.

### 59519 MÖHNESEE

Linkstraße 10–14
Tel. +49 2924 809-0
tagung@haus-delecke.de
www.haus-delecke.de

281

Die Geschichte des Rittergutes reicht zurück bis ins Mittelalter, erster Burgherr war Werno von Störmede. Eigentlich sind es sogar zwei Rittergüter innerhalb der noch heute intakten Grenzmauer mit ihren zwei Rundtürmen. Familiäre Wirren, Besitzerwechsel durch Heirat, Schenkung und Verkauf sowie interne Grabenkämpfe führten über die Jahrhunderte zu einer historisch ungewöhnlichen „Gruppenburg". Ende des 19. Jahrhunderts verfiel das Gut jedoch zur Ruine und war zuletzt im Besitz der Stadt Geseke. Dann kaufte es Familie Bröggelwirth, baute hier und restaurierte dort und schuf daraus schlussendlich ein echtes Juwel, das seinen Platz unter den Toptagungsdestinationen nun zu Recht einnimmt. Die Gestaltung des gesamten Anwesens, von den hochwertig eingerichteten Tagungsbereichen über Gastronomie oder Logis bis hin zu Wellness und malerischer Gartenanlage, ist beeindruckend schön. Stimmige Farben und Materialien, die Auswahl an Deko und Akzenten zeugen von Stil und Geschmack. Hier hält man sich einfach gern auf. Im restaurierten Schloss liegen vier der insgesamt neun Veranstaltungsräume, darunter der hohe Kuppelsaal mit Glasdach und einem auch separat nutzbaren Foyer. Mächtige Original-Mauern an Echtholzparkett und schicke Deckenleuchten sowie beste Technik geben den Räumen ein edles und zugleich professionelles Tagungsambiente. Im historischen Gewölbekeller, mit ebenerdigem Ausgang zur Terrasse an der Burggräfte, befindet sich das Restaurant „Sturmidi". Auch hier dominiert ein zurückhaltend schickes Design aus weiß getünchten Mauern und Gewölbe an modernem Mobiliar und stilvoller, indirekter Beleuchtung. Wo einst die Remise des Gutes war, steht nun ein topmoderner Hotelneubau, der die Gäste mit großzügiger Open Lobby, Bar und Wintergarten empfängt. Hier liegen drei kombinierbare Tagungsräume, die Gartenzimmer, mit raumhohen Fenstern und eigenen Terrassen sowie Zugang zum weitläufigen Garten. Hier finden spontane Gruppenarbeiten im Grünen ebenso statt wie Teamtrainings, die Platz brauchen. Hochwertig und behaglich eingerichtete Gästezimmer mit Echtholzboden und schicken Bädern sowie ein hübscher Wellnessbereich mit Pool, Saunen und uneinsehbarem Außenbereich machen des Gastes Wohlbefinden vollkommen. *Katrin Nauber-Happel*

# Von der Ruine zum Juwel

## LOGIS
**55 Zimmer:**
8 EZ, 42 DZ, 1 Suite,
4 Juniorsuiten

## TAGUNG
**Besonders geeignet für:**
Seminar, Konferenz, Klausur, Event

**Räume**
Tagungsräume:                     9

**Maximale Tagungskapazität**
U-Form:                     50 Pers.
Parlamentarisch:           100 Pers.
Reihenbestuhlung:          150 Pers.

**Preise**
Preiskalkulation 1*          65,00 €
Preiskalkulation 2*         246,00 €

*Alle Angaben Nettopreise
zzgl. MwSt., Kalkulationsanfrage siehe Seite 32

GESEKE

 **A 44:** 10 km

 **Fern:** Lippstadt, 10 km
**Nah:** Geseke, 4,5 km

 **Paderborn:** 15 km

## WISSENSWERTES
• 70 Parkplätze
• Restaurant „Sturmidi" im historischen Gewölbekeller mit Terrasse, Bar, Bistro, Lounge, Wintergarten, Terrassen
• kleiner Wellnessbereich mit Indoor-Pool, Saunen, Infrarotkabine, Anwendungen, Fitnessraum, separaten Außenbereichen
• eigener Park, viel Platz für Outdoor-Aktivitäten

# Rittergut Störmede

**RITTERGUT STÖRMEDE**
HOTEL & RESTAURANT
★ ★ ★ ★ S

59590

## FAZIT

Das Ambiente des Anwesens ist in allen Bereichen top. Historische Reminiszenzen, interpretiert mit moderner Designsprache und professioneller Technik, ergeben **ein sehr stimmiges Tagungserlebnis.**

Im umgebenden großen Garten mit Wasserspielen und mächtigen Bäumen ist reichlich Platz sowohl für kleine Spazierrunden als auch zum **Outdoor-Tagen bis hin zu Teamtrainings** (mit Agentur).

Die **ruhige, aber gut erreichbare Lage** ist für Tagungsgruppen attraktiv.

**59590 GESEKE**
Albert-Brand-Straße 3
Tel. +49 2942 988080
post@rittergut-stoermede.de
**www.rittergut-stoermede.de**

D as Relexa Hotel im Frankfurter Büropark Mertonviertel ist die ideale Adresse für Tagungsteilnehmer, die eine Kombination aus urbaner Nähe, hervorragender Erreichbarkeit und ungestörtem Arbeitsumfeld suchen. Das privat geführte Vier-Sterne-Haus punktet mit einer exzellenten Verkehrsanbindung und die Frankfurter Innenstadt ist wenige Minuten entfernt. Die 15 Veranstaltungsräume im Erdgeschoss sowie im 1. und im 7. Obergeschoss bieten Platz für bis zu 600 Personen. Alle Räume haben Tageslicht, sind mit Klimaanlage und kostenfreiem WLAN ausgestattet und drei der fünf Räume im Erdgeschoss sind PKW-befahrbar. Die beiden Penthouse-Räume im Dachgeschoss und der Raum Hamburg bieten einen Blick über die Dächer des Mertonviertels. Die Konferenztechnik ist auf dem neuesten Stand: hochwertige Ton- und Beschallungsanlage, Mikrofone, Moderatorenkoffer, Rednerpult, Poly Studio USB-Video-Bar, HD-Beamer, 4K-Monitore und TV-Geräte. Hybridveranstaltungen für bis zu 15 Personen lassen sich kurzfristig realisieren. Größere sind mit einer Vorlaufzeit von einer Woche umsetzbar. Technik für kabellose Präsentationen sowie Dolmetscherkabinen und ein Businesscenter können ergänzt werden. Die 163 Zimmer und Suiten bieten höchsten Komfort und sind rauchfrei.

## Ruhiger Tagungsort in der Main-Metropole

Großzügige Raumkonzepte und eine harmonische Farbgestaltung schaffen eine ruhige Atmosphäre. Im ersten Obergeschoss befinden sich allergikerfreundliche Studios und in der sechsten Etage klimatisierte Business-Zimmer. Auf der siebten Etage lädt der Fitnessclub „relexa Sports & Fun" mit Sauna und Dampfbad sowie Trainingsmöglichkeiten zum Entspannen oder zum Workout ein. Das Relexa Hotel verwöhnt seine Gäste mit einer vielseitigen Gastronomie. Im Bistro und Restaurant „Boulevard" werden reichhaltige Frühstücks- und Lunchbuffets für bis zu 220 Personen angeboten. Am Abend genießen Besucher im À-la-carte-Restaurant „La Fenêtre" saisonale Spezialitäten im intimen Ambiente mit 45 Sitzplätzen. Für entspannte Stunden bietet das „Bistro" mit 100 Sitzplätzen und einer Außenterrasse ein lockeres Flair. Den perfekten Ausklang des Tages erleben Gäste in der Bar „Happy Hour". *Susanne Freitag*

## LOGIS

**163 Zimmer:**
128 EZ, 30 DZ, EZ zur Doppelbelegung, 5 Suiten

## TAGUNG

**Besonders geeignet für:**
Seminar, Konferenz, Klausur, Kreativprozesse

**Räume**
| | |
|---|---|
| Tagungsräume: | 15 |
| Ausstellungsfläche: | 300 m² |

**Maximale Tagungskapazität**
| | |
|---|---|
| U-Form: | 86 Pers. |
| Parlamentarisch: | 180 Pers. |
| Reihenbestuhlung: | 300 Pers. |

**Preise**
| | |
|---|---|
| Preiskalkulation 1* | 74,79 € |
| Preiskalkulation 2* | 222,84 € |

*Alle Angaben Nettopreise zzgl. MwSt., Kalkulationsanfrage siehe Seite 32

FRANK-FURT/M.

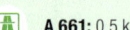

**A 661:** 0,5 km

**Fern:** Frankfurt/Main Hbf., 8,4 km
**Nah:** Riedwiese, 0,7 km

**Frankfurt/Main:** 17 km

## WISSENSWERTES

- Nachhaltiges Business- & Tagungshotel mit GreenSign-Zertifizierung von 77 Prozent
- 72 Parkplätze in der Tiefgarage, 1 Ladestation, 3 weitere ab Mitte 2025
- Die großzügige Lobby bietet viel Platz für Rückzugsmöglichkeiten
- kostenfreies WLAN im gesamten Hotel

# relexa hotel
# Frankfurt GmbH

**relexa hotels**
Die feine Art

**60439**

## FAZIT

Das Hotel hat eine **besonders verkehrsgünstige und dennoch ruhige Lage** am Stadtrand von Frankfurt am Main. Die **positive Ausstrahlung der Mitarbeiter** – viele arbeiten seit mehr als sieben Jahren dort – verleiht dem Haus eine besonders gastliche Atmosphäre. **2025 wird der Tagungsbereich in der siebten Etage renoviert,** geplant ist auch die Entstehung einer kleinen Dachterrasse.

**60439**
**FRANKFURT/MAIN**

Lurgiallee 2
Tel. +49 69 957780
frankfurt.main@relexa-hotel.de
**www.relexa-hotel-frankfurt.de**

285

er Name Glashütten klingt fast schon wie aus einem Märchen, und der Ort selbst ist ebenso zauberhaft. Nur 25 Kilometer von Frankfurt entfernt, hat sich die Gemeinde mit rund 5.000 Einwohnern im Taunus aus einer ehemaligen Waldglashütte entwickelt. Auf einer Anhöhe in Alleinlage, mit dichten Wäldern im Rücken und Blick auf die idyllischen Landschaften, thront das Collegium Glashütten – ein Rückzugsort der besonderen Art. Nicht nur Seminar- und Konferenzteilnehmende finden in dem vor 50 Jahren von der Commerzbank als reine Weiterbildungseinrichtung gegründeten Haus ein vollkarätiges Vier-Sterne-Hotel mit Weitblick – sowohl von der Terrasse des Restaurants als auch von den Zimmern aus. Auch die beiden Tagungsbereiche „Forum" und „Atrium" bieten Tageslicht und ein weiträumiges Work-Space-Areal für nahezu jedes Format. Neben 27 hellen und multifunktional ausgestatteten Seminarräumen für bis zu 300 Teilnehmende gibt es große und kleine Aktionsflächen und kreative Bereiche für Gruppenarbeiten und Workshops. Moderne Hochtische ermöglichen einen Arbeitswechsel vom Sitzen zum Stehen und in den Seminarräumen ermöglichen mobile Whiteboards und digitale Flipcharts mit Speicherfunktion flexibles Arbeiten. Die Pausenbereiche sind mit

## Naturverbundener Meeting Point seit 50 Jahren

**LOGIS**

**127 Zimmer:**
10 EZ, 117 DZ

**TAGUNG**

**Besonders geeignet für:**
Seminar, Konferenz, Klausur, Kreativprozesse, Event

**Räume**
Tagungsräume: 27
Ausstellungsfläche: 200 m²

**Maximale Tagungskapazität**
U-Form: 40 Pers.
Parlamentarisch: 130 Pers.
Reihenbestuhlung: 199 Pers.

**Preise**
Preiskalkulation 1* 87,95 €
Preiskalkulation 2* 339,04 €

*Alle Angaben Nettopreise zzgl. MwSt., Kalkulationsanfrage siehe Seite 32

**GLASHÜTTEN-OBEREMS**

**A 3:** 17 km
**A 5:** 30 km
**A 66:** 22 km

**Fern:** Frankfurt/Main, 31 km
**Nah:** Königstein, 11 km

**Frankfurt/Main:** 35 km

zahlreichen Rückzugsecken versehen, sowohl im Innenbereich als auch auf Außenterrassen und Gartenflächen im Freien. Kaffeestationen mit frischen Snacks ergänzen das Angebot und in jedem Raum finden sich Getränkekühlschränke zur Selbstbedienung. Besonders erwähnenswert ist der große Tagungssaal im „Atrium" (220 m²) mit deckenhohen Fenstern und großen Terrassen – Taunusblick inklusive. Eine acht Quadratmeter große LED-Video-Wall mit Videokonferenzsystem ergänzt die technische Ausstattung. Das „Atrium"-Foyer mit Bar lässt sich mit verschiedenen Bereichen für unterschiedliche Bedürfnisse perfekt in den Veranstaltungsrahmen einbauen. Und nicht nur in der wärmeren Jahreszeit ist der Naturpark vor der Tür prädestiniert für gemeinsame Team-Unternehmungen.

*Susanne Freitag*

**WISSENSWERTES**

- kostenlose Parkmöglichkeiten mit 165 Park- und Tiefgaragenplätzen sowie einer kostenpflichtigen Ladesäule für zwei Elektroautos
- gemütliche Sitzgruppen drinnen und draußen in Freis' Restaurant
- Das Collegium Glashütten ist mit GreenSign zertifiziert

# Collegium Glashütten –
# Zentrum für Kommunikation

## FAZIT

Die **Alleinlage des Hotels in der Naturlandschaft** des Hochtaunus, die freizügige Architektur und der großzügige Garten bieten ideale Bedingungen für konzentrierte Seminare und Konferenzen.

**Ansprechende Zimmer,** von denen fast alle über einen Balkon verfügen, und ein kleiner **Wellnessbereich** mit Sauna, Schwimmbad und Fitnessgeräten sorgen für eine hohe Aufenthaltsqualität.

Im ganzen Haus finden sich charmante **Stilelemente** in Form von Sichtbeton, roten Teppichen und Retro-Lampen **aus den 1970er Jahren**.

**COLLEGIUM GLASHÜTTEN**
Zentrum für Kommunikation

61479

**61479 GLASHÜTTEN-OBEREMS**

Wüstemser Straße 1
Tel. +49 6082 20-0
veranstaltung@collegium-glashuetten.de
**www.collegium-glashuetten.de**

287

Tagungshotels sind meist modern oder klassisch oder historisch; selten eine Kombination aus allem und somit in der Lage, ganz unterschiedliche Ansprüche an die Atmosphäre einer Veranstaltung abzudecken – so wie im Hotel Villa Stokkum. Einst Sommerresidenz eines hohen adligen Militärs und im 19. Jahrhundert zu einer Tabakfabrik erweitert, durchlebte das historische Gebäudeensemble eine bewegte Vergangenheit, bevor es zu dem wurde, was Veranstalter und Tagungsgäste heute gleichermaßen schätzen: ein modernes und großzügiges Tagungshotel in den Mauern eines Industriedenkmals, in dem zahlreiche historische Elemente mit modernster Technik und einem stilvollen Ambiente verschmelzen. Das Raumangebot ist dementsprechend vielseitig: Modern und lichtdurchflutet lässt es sich im klimatisierten ebenerdigen Tagungscenter mit Pausenfoyer und Blick auf die historische Stadtmauer tagen. Hier stehen vier flexibel gestaltbare Räume für unterschiedliche Gruppengrößen zur Verfügung. Geschichtsträchtig geht es in der klassizistischen Sommerresidenz zu, hier laden der aufwendig renovierte historische Barocksaal sowie zwei Gewölberäume zu Konferenzen, Festlichkeiten und als Ensemble mit Foyer und Gärtchen zu Klausurtagungen ein. Moderne Elemente, interaktive Bildschirme und neue Lichtsysteme in Kombination mit alten Holzböden und Natursteinwänden schaffen eine ganz besondere stimmungsvolle Atmosphäre. Raum Sternfels im historischen Dachstuhl wiederum eignet sich bestens als Rückzugsbereich für kreative Brainstormings. Auch der Wunsch nach Events in einem außergewöhnlichen Rahmen kann erfüllt werden: Das Hotel betreibt nur wenige Gehminuten entfernt mitten in der romantischen Altstadt von Hanau-Steinheim die 500 Jahre alte Zehntscheune. Ihr historisches Ambiente verbunden mit modernster Technik sorgt für eine inspirierende Atmosphäre bei Tagungen und rauschenden Festen. Beliebter Meetingpoint für alle Tagungsgäste ist die BEE bar mit Zugang zur Gartenterrasse. Hier verbringen sie ihre Pausen, genießen das umfangreiche Gin-Angebot und entspannen nach anstrengenden Arbeitstagen, bevor sie in einem der neu gestalteten klimatisierten Zimmer mit herrlichen überlangen Boxspring-Betten zur Ruhe kommen. *Uta Müller*

## Tagungs-Allrounder mit besonderem Flair

### LOGIS

**135 Zimmer:**
69 EZ, 66 DZ

### TAGUNG

**Besonders geeignet für:**
Seminar, Konferenz, Klausur, Event

**Räume**
Tagungsräume: 11
Ausstellungsfläche: 100 m²

**Maximale Tagungskapazität**
U-Form: 65 Pers.
Parlamentarisch: 120 Pers.
Reihenbestuhlung: 200 Pers.

**Preise**
Preiskalkulation 1* 74,79 €
Preiskalkulation 2* 238,00 €

*Alle Angaben Nettopreise
zzgl. MwSt., Kalkulationsanfrage siehe Seite 32

**HANAU**

**A 3:** 5 km
**A 45:** 5 km
**A 66:** 5 km

**Fern:** Hanau Hbf., 5 km
**Nah:** Hanau-Steinheim, 2 km

**Frankfurt/Main:** 28 km

### WISSENSWERTES

- Tagungs- und Eventgarten mit Boule-Bahn
- Beste Verkehrsanbindung im Rhein-Main-Gebiet
- WLAN bis zu 1.000 Mbit/s im gesamten Hotel
- 8 Tesla Supercharger und 2 Elektro-Ladestationen mit je 22 kW

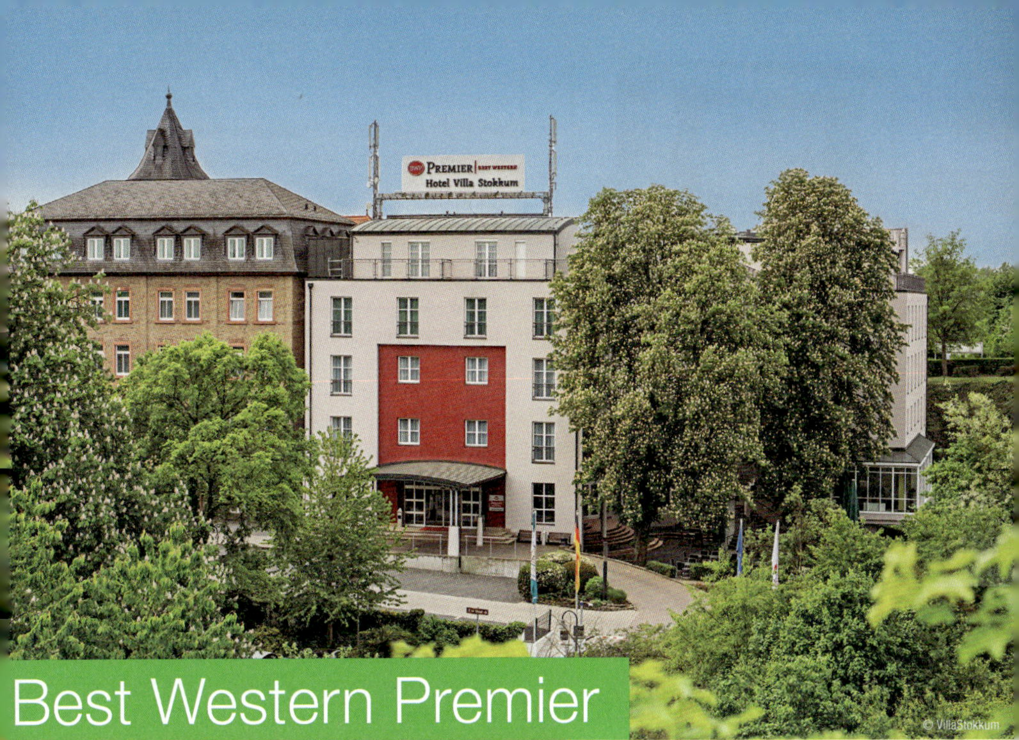

# Best Western Premier
# Hotel Villa Stokkum

63456

## FAZIT

Die wechselvolle Geschichte des Hotels spiegelt sich in unterschiedlichsten multifunktionellen Räumlichkeiten wider und bietet somit **Tagen in modernem, klassischem und historischem Ambiente** an.

Die **135 klimatisierten und neu gestalteten Zimmer** greifen die Geschichte des Hauses auf und bieten überlange Boxspring-Betten.

Der **Eventgarten mit Boule-Bahn** lädt zu Tagungspausen und entspannten Abenden ein.

**63456 HANAU**
Steinheimer Vorstadt 70
Tel. +49 6181 664-0
info@villastokkum.bestwestern.de
**www.villastokkum.de**

289

N ie stehen bleiben. Veränderungen anstoßen. Atmosphäre entwickeln. Das ist der Anspruch der charmanten Hühnerhof-Chefin Myriam Hecker, die mit ihrem engagierten Team beste Voraussetzungen dafür schafft, dass Teams erfolgreiche, aber auch erholsame Tage auf Gut Hühnerhof verbringen. Das ist nicht schwer. Gäste erwartet hier ein Bilderbuchidyll. Alles hinter sich lassen, entspannen und neue Ideen entwickeln – nirgends gelingt dies besser als in der geschützten Atmosphäre des historischen Gut Hühnerhof, das von der Familie Hecker vor über 40 Jahren erworben und liebevoll restauriert wurde. Ökologische Baustoffe, natürliches Mauerwerk und hochwertiges Massivholz aus der Hof-Schreinerei in Kombination mit viel Glas verleihen dem Anwesen seinen unverwechselbaren natürlichen Charme. Nachhaltiges Wirtschaften und Leben ist der Familie wichtig. Brunnenwasser, Honig von den Hecker'schen Bienenvölkern, Fair-Trade-Produkte beim Frühstück und täglich frische Eier aus dem eigenen Hühnerstall sind nur einige Beispiele dafür. Gleichzeitig haben die Heckers auf dem Gutshof ein hochprofessionelles Arbeitsumfeld geschaffen: Neun Seminar- und Arbeitsräume für unterschiedlichste didaktische Ansprüche sind mit modernster Konferenz- und Präsentationstechnik ausgestattet. Ob gemütlicher Kornspeicher oder Heuschober, die große Tenne für Events oder die Kreativräume Werkstatt, Klassenzimmer und Naturraum – die Ausstattung

## LOGIS

**38 Zimmer:**
24 DZ, 1 Juniorsuite, 4 Appartements, 9 Familienzimmer

## TAGUNG

**Besonders geeignet für:**
Seminar, Klausur, Kreativprozesse

**Räume**
Tagungsräume: 9
Ausstellungsfläche: 100 m²

**Maximale Tagungskapazität**
U-Form: 40 Pers.
Parlamentarisch: 80 Pers.
Reihenbestuhlung: 200 Pers.

**Preise**
Preiskalkulation 1* 80,53 €
Preiskalkulation 2* 288,78 €

# Zu Gast auf dem Gutshof

ist top, kreative Details inspirieren, die Wege nach draußen sind kurz, wo Lounge-Möbel unter Kastanien zu Gesprächen im Grünen einladen. Das Miteinander wird hier großgeschrieben. Abends können sich die Gäste in das „Wohnzimmer" mit gemütlichen Sitzecken, Spielen und Snacks zurückziehen. Und auch die Pausenlounge wurde gerade umgestaltet, um noch mehr Kommunikation zuzulassen – wohnlich, natürlich und entspannend gestaltet greift auch sie die Botschaft des Hauses auf. Dass professionelles Tagen auch unkompliziert und herzlich geht, mag ein wesentlicher Erfolgsfaktor dieses familiären Rückzugsorts sein. Ein weiterer sind sicher die vielen Möglichkeiten für Outdoor-Aktivitäten. Beliebt sind Events, die den Teamgeist fördern oder einfach nur Spaß bringen. Alternativ laden zahlreiche Wanderstrecken, die zwei Golfplätze und der neue Abenteuer-Golfplatz zu Bewegung in der Natur ein.

*Uta Müller*

*Alle Angaben Nettopreise zzgl. MwSt., Kalkulationsanfrage siehe Seite 32

GRÜNDAU

**A 66:** 4 km

**Fern:** Hanau, 23 km
**Nah:** Gelnhausen, 10 km

**Frankfurt:** 55 km

## WISSENSWERTES

- Nachhaltigkeitssiegel GreenSign 80%
- 9-Loch-Golfplatz auf dem Hotelanwesen, 18-Loch-Platz gleich nebenan
- Freizeitanlage mit Minigolf, Abenteuer-Golfplatz und Kneipp-Anlage, ADAC-Fahrsicherheitszentrum direkt in der Nähe
- Fitness-Bereich
- 2 Restaurants: das schicke „Heckers" mit Panoramablick und die gemütliche Gutsschänke mit Gewölbekeller und Biergarten

# Hotel
# Gut Hühnerhof

## Gut Hühnerhof
GOLF · HOTEL · TAGUNGEN · CAFÉ · GUTSSCHÄNKE · BEWEGUNGSGUT

63584

### FAZIT

Tagen auf Gut Hühnerhof, das heißt Tagen in einer **faszinierenden Destination,** die gekonnt **Natürlichkeit und Tradition mit modernstem** Tagungskomfort und einer persönlichen und ungezwungenen Atmosphäre verbindet.

Tagungsbegleitend erwartet die Seminargäste ein **tolles Angebot an Rahmenprogrammen,** wie Golfspielen auf den beiden hauseigenen Plätzen oder Fahrsicherheitstraining im benachbarten ADAC-Fahrsicherheitszentrum.

**63584 GRÜNDAU**
Gettenbacher Straße 1
Tel. +49 6058 916384-97
tagung@gut-huehnerhof.de
**www.gut-huehnerhof.de**

M an kann richtig schweben und sich mal treiben lassen im natürlichen Sole-Wellness-Wasser, das aus über 500 Metern Tiefe stammt und einen Salzgehalt, fast so hoch wie im Toten Meer, hat. Fünfzig Meter sind es vom Kress Hotel bis zum Haupteingang der „Spessart Therme" mit ihren vielfältigen Bade- und Sauna-Gelegenheiten – Tagungsgäste erhalten einen kostenfreien Eintrittsgutschein und gepackte Badeutensilien gleich mit. Neben einem solchen Aufenthaltsplus wird in dem verkehrsgünstig an Frankfurt angebundenen Hotel vor allem tüchtig getagt: Der Tagungsbereich präsentiert sich als stimmiges arbeitsräumliches Rückgrat, um Kommunikations-, Lern- und Veränderungsprozesse praktikabel anzugehen. Auf zwei Etagen untergebracht, handelt es sich um flexibel zuschneidbare Räumlichkeiten (30–200 m²), die optisch ansprechend, tageslichthell und jeweils mit einer Lüftungsanlage versehen sind. Auch Veranstaltungen mit Extra-Platzbedarf für Arbeitsgruppen erhalten, was sie brauchen: Es finden sich immer zusätzliche Galsträume für konzentrierte Kleingruppen-Intermezzi – bei schönem Wetter bieten sich dazu auch Außenterrassen an. Entsprechend der persönlich herzlichen Atmosphäre des familiär geführten Hotels kommt für die kulinarischen Momente eine „ehrliche Küche" zum Zuge, die Fertigprodukte meidet und Handgemachtes wertschätzt. Für die Pausenverpflegung bedeutet dies zum Beispiel hausgebackenen Kuchen nach „Omas Rezepten", während für den großen Hunger Heimisches, Mediterranes oder auch Asiatisches frisch und aus Liebe zu gutem Essen zubereitet wird – berühmt ist die Hotelküche außerdem für ihren im Ganzen gebratenen Truthahn, der, bei Tisch tranchiert, nicht zuletzt einen „Augenschmaus" hergibt. Die schöne Umgebung von Bad Soden-Salmünster an den Ausläufern des Spessarts macht tagungsbegleitend ein Outdoorprogramm verlockend. Dies muss nicht unbedingt mit viel Zeitaufwand verbunden sein: Ein Spaziergang zur Ruine der Höhenburg auf dem nahen Stolzenberg dauert inklusive eines vergnüglichen Überfalls durch „Spessart-Räuber" höchstens zwei Stunden – dabei müssen die Teilnehmer Aufgaben lösen, um frei zu kommen, im Hotel kann der Spaß mit einem deftigen „Räuberschmaus" fortgesetzt werden.

*Norbert Völkner*

## LOGIS

**40 Zimmer:**
19 EZ, 21 DZ

# Eine Therme als Aufenthaltsplus

## TAGUNG

**Besonders geeignet für:**
Seminar, Klausur

**Räume**
| | |
|---|---|
| Tagungsräume: | 7 |
| Ausstellungsfläche: | 300 m² |

**Maximale Tagungskapazität**
| | |
|---|---|
| U-Form: | 70 Pers. |
| Parlamentarisch: | 90 Pers. |
| Reihenbestuhlung: | 110 Pers. |

**Preise**
| | |
|---|---|
| Preiskalkulation 1* | 71,68 € |
| Preiskalkulation 2* | 271,77 € |

*Alle Angaben Nettopreise zzgl. MwSt., Kalkulationsanfrage siehe Seite 32

**BAD SODEN-SALMÜNSTER**

 **A 66:** 2 km

 **Fern:** Gelnhausen, 25 km
**Nah:** Salmünster, 1 km

 **Frankfurt/Main:** 60 km

## WISSENSWERTES

- Restaurant mit Außenterrasse, Bar & Gaststube mit Außenterrasse, „Zehnthof" (110 m²) mit offenem Kamin, eigener Kräutergarten
- Massagen, Kosmetik, Physiotherapie
- „Spessart Therme" mit auswahlstarker Bade- und Saunawelt
- hoteleigener „Abenteuerwald" für Teamspaß und Teamentwicklung (Gallische Spiele, Bauern-Gaudi, Kletterwald u.v.m.)

# Kress Hotel

63628

### FAZIT

Herzlich familiäre Gastfreundschaft und ein **entspanntes Arbeitsumfeld** mit zeitgemäß patenter Tagungsausstattung zeichnen dieses Hotel aus.

Das engagierte Küchenteam ist bekannt für **Erlebnisgastronomie** mit viel Liebe zum Detail.

Jeder Tagungsgast erhält einen **kostenfreien Eintrittsgutschein** in die benachbarte **„Spessart Therme"**.

**Gute Verkehrsanbindung** zum Großraum Frankfurt (Main) und nach Fulda.

**63628 BAD SODEN-SALMÜNSTER**

Sprudelallee 26
Tel. +49 6056 7306-0
infowunsch@hotel-kress.de
**www.kress-hotel.de**

Himmlische Ruhe, eine klösterliche Atmosphäre und ein professionelles Arbeitsumfeld: Das Tagungszentrum Schmerlenbach bietet Menschen, die innehalten wollen, Abstand zum betrieblichen Alltag suchen und völlig ungestört strategisch oder kreativ arbeiten möchten, ideale Rahmenbedingungen. Südlich des Rhein-Main-Gebiets und nur wenige Minuten von der A 3 entfernt liegt das Tagungszentrum idyllisch im Grünen am Rande des Spessarts. Wo vom 13. bis zum 19. Jahrhundert Benediktinerinnen lebten und wirkten, steht auf den Grundmauern des Klosters heute ein modernes Tagungszentrum des Bistums Würzburg mit zehn Tagungsräumen unterschiedlichster Größe – hell, luftig und modern, stets mit Blick in die umliegende Natur. Die Medientechnik kann sich sehen lassen: Per Clickshare werden Präsentationen kabellos zugeschaltet, dargestellt und geteilt. Interaktive hochauflösende 86"-Monitore von Clevertouch ermöglichen, dass Teams im Haus und auch dezentral gemeinsam an Dokumenten arbeiten können. Neu ist der zentrale Pausentreffpunkt in der stilvollen Bibliothek – hier kommt man für kurze entspannende Breaks zwischen den Tagungseinheiten oder für Gruppenarbeiten zusammen und genießt frische und leichte Snacks, die aus biologischen und saisonalen Zutaten kreiert werden. Von der Bibliothek gelangt man in den historischen Kreuzgang, um den die schön gestalteten Zimmer angesiedelt sind – in Schmerlenbach ist es gelungen, historische Mauern mit moderner Architektur und viel Komfort zu einer kraftspendenden Einheit zu verbinden. Und bei aller Modernität ist es auch das gelebte christliche Leitbild und die benediktinische Gastfreundschaft, die den Gästen Inspiration gibt und sie das Tagungszentrum als Ort der Offenheit, des Austauschs und des Lernens erleben lässt. Dafür steht auch die großzügige Parkanlage zur Verfügung: Hinter hohen Klostermauern können Tagungsgäste in aller Abgeschiedenheit im Freien arbeiten oder Teambildungsmaßnahmen durchführen, Bänke laden zum Verweilen, ein Labyrinth zum Meditieren ein. *Uta Müller*

## Auf das Wesentliche konzentrieren

### LOGIS

**78 Zimmer:**
54 EZ, 15 DZ, 9 andere

### TAGUNG

**Besonders geeignet für:**
Seminar, Klausur

**Räume**
Tagungsräume: 10
Ausstellungsfläche: 70 m²

**Maximale Tagungskapazität**
U-Form: 50 Pers.
Parlamentarisch: 60 Pers.
Reihenbestuhlung: 120 Pers.

**Preise**
Preiskalkulation 1* 72,26 €
Preiskalkulation 2* 254,44 €

*Alle Angaben Nettopreise zzgl. MwSt., Kalkulationsanfrage siehe Seite 32

**HÖSBACH**

 **A 3:** 5 km

 **Fern:** Aschaffenburg, 7 km

 **Frankfurt:** 54 km

### WISSENSWERTES

- Nachhaltigkeitssiegel GreenSign 85%, ServiceQualität-Deutschland und BIO-zertifiziert
- 86-Zoll-Multitouch-Bildschirme für interaktives Arbeiten
- ausreichend Parkplätze am Haus
- vielseitige Möglichkeiten der Bewegung in der freien Natur
- kostenfreie Internetnutzung, schnelles Internet, kostenfreies WLAN
- Mountainbikes und Walking-Stöcke vorhanden

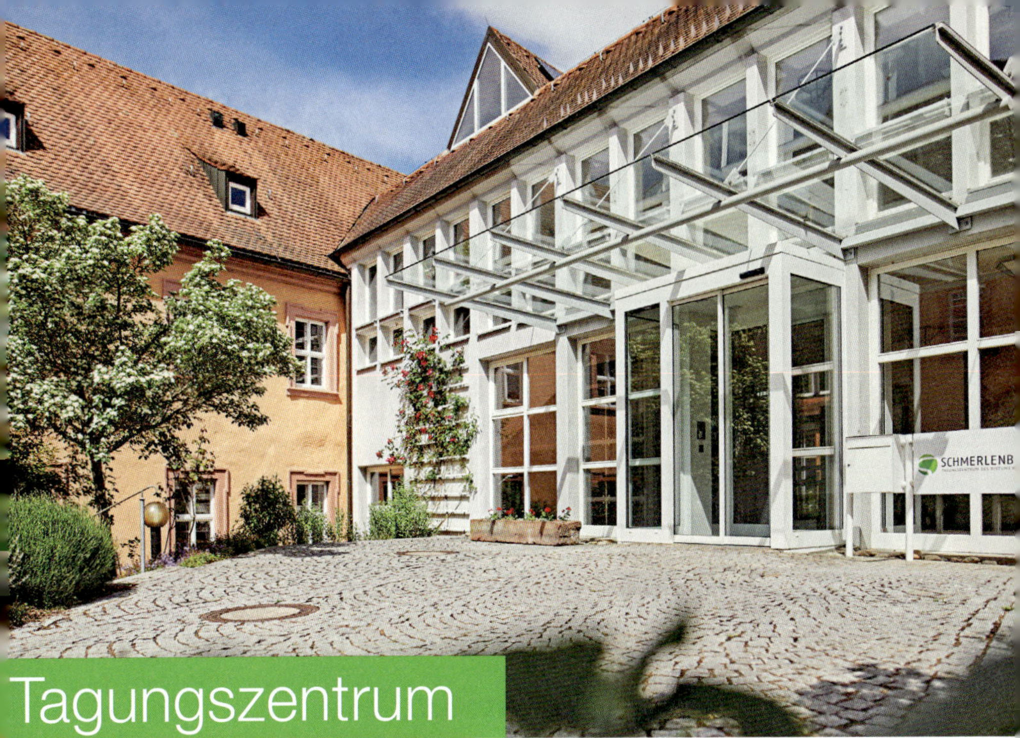

# Tagungszentrum
## Schmerlenbach

## FAZIT

Die Lage im Großraum Rhein-Main bietet eine **hervorragende Verkehrsanbindung bei gleichzeitig besten Bedingungen für konzentriertes, ruhiges Arbeiten** im klösterlichen Ambiente.

Das **historische Anwesen beherbergt modernste Arbeitsräume mit neuester Tagungstechnik,** bietet mit seinem **großen Park** aber auch **Raum für Inspiration, Entspannung oder Teambildungsmaßnahmen.**

Die umliegende Natur lädt zu **Outdoor-Aktivitäten direkt „vor der Haustür"** ein.

**63768 HÖSBACH**
Schmerlenbacher Straße 8
Tel. +49 6021 6302-0
info@schmerlenbach.de
www.schmerlenbach.de

**63768**

Obwohl die Gemeinde Kahl am Main schon zum Freistaat Bayern gehört, wird sie regional betrachtet zum Rhein-Main-Gebiet gezählt. Im Ort ist in nunmehr vierter Generation das Zeller -Hotel und Restaurant- ansässig. Mit seinem weitläufigen Grundstück liegt es an den Ufern der Kahl, die wenig entfernt von hier in den Main mündet. Das Hotel ist ideal für Veranstalter, die einerseits die Nähe und gute Verkehrsanbindung zu Frankfurt schätzen, aber auch eine gewisse Distanz und Rückzüglichkeit von der Großstadt. Hinter der mit Weinlaub bewachsenen Eingangsfassade erwartet Tagungsgäste ein wohltuend zurückgelehnter Ankerplatz – man trifft auf ansprechende Denkräumlichkeiten mit viel Entfaltungsfreiheit, sei es zum Gedankenaustausch, für Führungskraft-Seminare oder die Ausarbeitung neuer Sichtweisen. Atmosphärisch haben das Team um Renate Schleunung und ihre Tochter Alexandra einen Ort geschaffen, an dem herzlicher Service mit einem Rundum einhergeht, das aus modernem Schönheitssinn, persönlicher Handschrift und viel Platz zum Luftholen besteht – kurzum eine individuelle Hotelwelt, die nicht en masse zu finden ist. In den rückwärtig gelegenen Tagungsräumen setzt sich das stilvolle Ambiente fort. Freundlich dezente Farbtöne, bequeme Freischwinger, aktuelle Technik und volle Klimatisierung gehören dazu. Sehr angenehm sind die zugehörigen Gartenzugänge, die auf eine große überdachte Terrasse und mitten hinein ins Grüne führen, wo bei schönem Wetter weiter gearbeitet werden kann. Jede Tagungsgruppe hat ihren eigenen Pausenbereich – für Gruppenarbeiten stehen zusätzlich ein schickes Foyer mit Polstermöbeln sowie weitere Winkel und Nischen bereit. Das flankierende Speiseerlebnis führt in den historischen Teil des Hauses, wo sich mehrere gemütliche Gasträume befinden. Die Küche verheißt gehoben-bodenständige Gaumenfreuden mit traditioneller oder kreativer Geschmacksnote – nur Hausgemachtes mit Frischezutaten kommt auf den Tisch, sei es als Fingerfood oder als Verwöhn-Menü. Für den entspannenden oder sportlichen Ausgleich sorgt das auswahlstarke und ebenfalls anmutig designte „ZELLER Garden Spa", dessen Ästhetik japanisch angehaucht ist – Massagen sind kurzfristig buchbar.

*Norbert Völkner*

## LOGIS

**86 Zimmer:**
54 EZ, 23 DZ, 1 Suite,
8 Juniorsuiten

## TAGUNG

**Besonders geeignet für:**
Seminar, Konferenz, Klausur

**Räume**
Tagungsräume:            4

**Maximale Tagungskapazität**
U-Form:            40 Pers.
Parlamentarisch:            50 Pers.
Reihenbestuhlung:            80 Pers.

**Preise**
Preiskalkulation 1*            100,00 €
Preiskalkulation 2*            410,00 €

*Alle Angaben Nettopreise zzgl. MwSt., Kalkulationsanfrage siehe Seite 32

# Tagen – Aufatmen – Wohlfühlen

KAHL
AM MAIN

**A 3:** 10 km
**A 45:** 3 km

**Fern:** Hanau Hbf., 8 km
Aschaffenburg Hbf., 16 km
**Nah:** Kahl, 1 km

**Frankfurt/Main:** 40 km

## WISSENSWERTES

- Glasfaser-Internet, kabellose Präsentationen
- Restaurant im historischen Hotelteil, Terrassenzimmer, Ratszimmer, Lobby mit Kamin, Bar mit Außenterrasse, Weinbar „Das Emmas"
- ZELLER Garden Spa (Indoor & Outdoor-Pool, Saunen, Ruheräume, Fitnessraum, Massagen u.v.m.)
- hoher Wohnkomfort in sechs Zimmerkategorien
- Weinproben, Ausflüge in die nahen Weinberge, Fahrradverleih u.v.m.

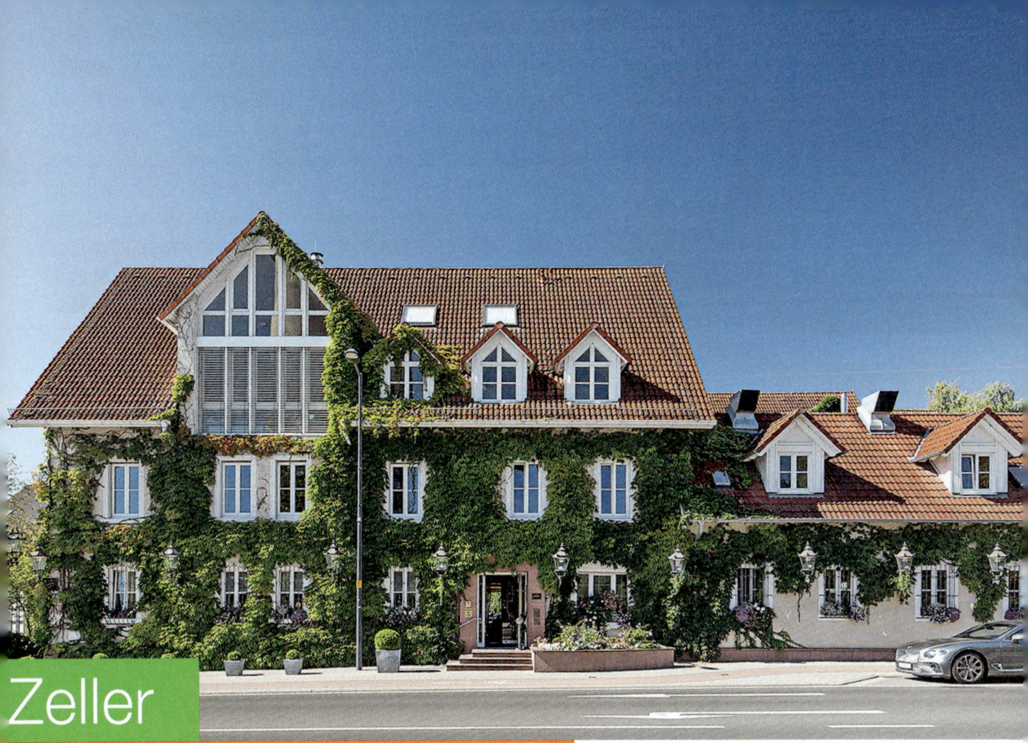

# Zeller
## -Hotel+Restaurant-

### FAZIT

Persönliche Atmosphäre und individuelle Designhandschrift ergänzen sich mit feiner Küche und feinem Wellness zu einem **gehoben-entspannten Hotelerlebnis.**

Die ruhig gelegenen und stilvollen **Tagungsräume haben eigene Gartenzugänge** – sie verfügen über bequeme Ergonomie, Klimatisierung und freundliche Pausenbereiche.

Es besteht eine gute Erreichbarkeit innerhalb der **Metropolregion Frankfurt/Rhein-Main.**

**63796**
**KAHL AM MAIN**
Aschaffenburger Straße 2
Tel. +49 6188 9180
rezeption@hotel-zeller.de
**www.hotel-zeller.de**

63796

S chön, dass es so etwas noch gibt: Im Behl's Genusshotel am Rande des Spessarts vereint die Familie Behl eine exzellente Fine-Dining-Küche, ausgesuchte Weine aus Deutschland und der Welt und ein familiäres, sehr persönliches Miteinander zu einer Wohlfühl-Atmosphäre, in der Gäste gerne arbeiten, genießen und das Leben feiern. Auf dem Frühstücksbuffet findet sich selbstgeräucherter Lachs, das Joghurt wird aus eigenen Kulturen gezogen, die Forelle stammt aus der Fischzucht in der Nähe und der Ziegenkäse aus dem nahen Bio-Berghof – die vielfach ausgezeichnete Küche setzt einen klaren Schwerpunkt auf Nachhaltigkeit und Regionalität, ohne dabei innovative Einflüsse aus der ganzen Welt außer Acht zu lassen. Die Leidenschaft fürs Kochen teilt Florian Behl – nach einigen Jahren in der Sterneküche – mit seinem Vater Gerhard, seine Frau Melanie und die Mutter Beate kümmern sich mit der gleichen Hingabe um alle anderen Belange ihrer Gäste. Professionell gestaltet die Familie auch das Angebot für Tagungsgäste: Vier unterschiedlich große Tagungsräume laden zu Meetings und Konferenzen, zu Workshops, Seminaren und Firmen-Events ein. In der klimatisierten „Sonne" mit 140 m² sorgen warme Farben, viel Licht und ein wunderbarer Blick in das Kahl-Tal für Energie und Konzentration. Mehrere Leinwände machen den Raum multifunktional, er ist teilbar und mit einem interaktiven Smart-TV mit Kamera- und Soundanlage ausgestattet. Direkt nebenan finden die Seminargäste Entspannung auf der großzügigen Terrasse. Im Raum „Zöllnerstube" lassen sich in kleinerer Runde bis acht Personen Ziele vereinbaren, Round-Table-Gespräche führen oder Gruppenarbeiten durchführen. Eine ganz besondere Atmosphäre erleben die Gäste in der klimatisierten „Destille" – Teile der historischen Bruchsteinwand sind mit modernen Designelementen kombiniert, modernste Sound- und Lichttechnik und ein angrenzender begrünter Innenhof bieten den passenden Rahmen für Premium-Tagungen oder tolle Firmen-Events. Das abendliche „Brenn-Menü" mit mehreren Gängen und köstlichen Destillaten ist der Renner unter den Tagungsgästen. Und so können die Gäste auch in geschmackvoll gestalteten Zimmern mit Namen wie „Morellenfeuerkirsche" oder „Feldzwetschge" am Abend zur Ruhe kommen. *Uta Müller*

# Kulinarisches Tagungsjuwel

## LOGIS

**23 Zimmer:**
8 EZ, 14 DZ, 1 Suite

## TAGUNG

**Besonders geeignet für:**
Seminar, Klausur, Event

**Räume**
| | |
|---|---|
| Tagungsräume: | 4 |
| Ausstellungsfläche: | 80 m² |

**Maximale Tagungskapazität**
| | |
|---|---|
| U-Form: | 40 Pers. |
| Parlamentarisch: | 40 Pers. |
| Reihenbestuhlung: | 60 Pers. |

**Preise**
| | |
|---|---|
| Preiskalkulation 1* | 80,00 € |
| Preiskalkulation 2* | 270,00 € |

*Alle Angaben Nettopreise zzgl. MwSt., Kalkulationsanfrage siehe Seite 32

**BLANKENBACH**

**A 3:** 10 km
**A 45:** 16 km
**A 66:** 18 km

**Fern:** Aschaffenburg Hbf., 18 km
**Nah:** Blankenbach, 0,05 km

**Frankfurt:** 55 km

## WISSENSWERTES

- GreenSpoon-Auszeichnung für nachhaltige Gastronomie
- Interaktives Newline-Smart-TV für Meetings und hybride Tagungen
- Bahnhof vis-à-vis (schalldichte Fenster)
- Rahmenprogramme im schönen Kahlgrund
- Brennabendmenü mit selbst gebrannten Schnäpsen
- 45 Parkplätze am Haus

# BEHL'S Genusshotel im Brennhaus

**63825**

## FAZIT

Ein **charmantes Hotel,** in dem sich die Familie **persönlich und sehr engagiert** um die Belange der Tagungsgäste kümmert.

Geschmackvolle Räume und stimmungsvolle Zimmer bilden einen gelungenen Rahmen für **professionelles Tagen** am Rande des Spessarts.

Die **hervorragende, mehrfach ausgezeichnete Fine-Dining-Küche** in lockerer Atmosphäre macht den Tagungsaufenthalt zu einem kulinarischen Erlebnis.

**Gute Erreichbarkeit** aus dem Rhein-Main-Gebiet.

**63825 BLANKENBACH**
Krombacher Str. 2
Tel. +49 6024 4766
info@behl.de
**www.behl.de**

299

E s gibt Freiräume, die kann nur die Natur bieten. Frische Luft, sattes Grün, eine ruhige Atmosphäre und natürliches Licht machen es leicht, Abstand von der Hektik des Alltags zu nehmen, sich zu entwickeln und ein positives Lernerlebnis zu erfahren. Besonders Teams profitieren davon, wenn der Tagungsort ideale Voraussetzungen für entspannte gruppendynamische Prozesse in der Natur bietet – so wie im SeminarZentrum Rückersbach. „Natürlich tagen" heißt das Konzept, das die engagierte Hotelcrew hoch oben auf dem Höhenzug des Spessarts professionell für ihre Gäste umsetzt. Arbeitet man in einem der zehn Tagungsräume, hell, modern und mit professioneller Präsentations- und Konferenztechnik ausgestattet, sitzt man quasi im Grünen: Große Fenster geben stets den Blick frei auf Wald und Wiesen, die Aussicht über das Tal hinweg ist grandios, und auch der spontane Wechsel des Seminarorts nach draußen ist kein Problem: Lernplattformen laden zum Arbeiten im großen Garten ein, das WLAN ist dort genauso stabil wie in den Innenräumen. Ebenso erfolgreich können Outdoor-Erlebnisse gestaltet werden. 30.000 m$^2$ groß ist die Gartenanlage, hier ist genügend Platz für spannende und vor allem teamstärkende Aktivitäten im Freien. Ob Fußballspielen, Bogenschießen, Koordinationsaufgaben im Kletterparcours oder Balance-Akte auf dem Niedrigseil – den Teamgeist stärken und die Kommunikation verbessern gelingt hier spielerisch direkt vor der Tür und ohne lange Anfahrtswege. Zum „natürlich tagen" gehört in Rückersbach immer auch der unkomplizierte Umgang miteinander. Gäste und Trainer schätzen die legere Atmosphäre an diesem Tagungsort, was ein hohes Service-Niveau nicht ausschließt. Die langjährigen Mitarbeiter kennen die Bedürfnisse „ihrer" Gäste und kümmern sich aufmerksam um die Wünsche der Tagenden. Dazu gehört auch eine abwechslungsreiche, frische Seminarverpflegung: Die Küchencrew ist international und verwöhnt die Gäste nicht nur mit leckeren fränkischen, sondern auch mit exotischen Gerichten. Genuss erleben heißt es auch in der gemütlichen Wein-Lounge, die am Abend geöffnet wird, oder im Grill-Pavillon im Freien, unter rauschenden Baumwipfeln und bei phantastischer Fernsicht.

*Uta Müller*

## Raum für neue Perspektiven

## LOGIS

**73 Zimmer:**
40 EZ, 29 DZ, 4 Suiten

## TAGUNG

**Besonders geeignet für:**
Seminar, Konferenz, Klausur

**Räume**
Tagungsräume: 13

**Maximale Tagungskapazität**
U-Form: 70 Pers.
Parlamentarisch: 80 Pers.
Reihenbestuhlung: 235 Pers.

**Preise**
Preiskalkulation 1* 67,98 €
Preiskalkulation 2* 266,32 €

*Alle Angaben Nettopreise zzgl. MwSt., Kalkulationsanfrage siehe Seite 32

JOHANNES-BERG

**A 3:** 8 km
**A 45:** 8 km

**Fern:** Aschaffenburg, 10 km

**Frankfurt:** 45 km

## WISSENSWERTES

- ausreichend Parkplätze
- ausgewiesene Mountainbike-Strecken, Jogging- und Wanderwege
- Bar, Terrasse, Panorama-Restaurant, Weinlounge
- Wellnessbereich mit Sauna, Fitnessraum und Infrarotkabine
- Lagerfeuerplatz, Liegewiese, Boulefeld, Bogenschießen

# SeminarZentrum
# Rückersbach

**★★★★**
**SEMINAR ZENTRUM**
RÜCKERSBACH

63867

## FAZIT

**Auf dem 30.000 m² großen Gelände,** idyllisch am Waldrand gelegen und mit einem phantastischen Fernblick, **finden Tagungsgäste eine ruhige und entspannte Atmosphäre** in einem auf Tagungen spezialisierten Hotel mit wenig Individualverkehr.

**Verschiedene Outdoor-Elemente** auf dem großen Freigelände **laden zu Freizeitaktivitäten ein, Terrassen und ein Pavillon schaffen Freiraum für kreative Seminare** im Grünen.

**63867**
**JOHANNESBERG**

Kolpingstraße 1
Tel. +49 6029 9718-0
info@natuerlich-tagen.de
**www.natuerlich-tagen.de**

E r ist Urlaubsregion und ein Geheimtipp für stressge-
plagte Stadtmenschen: der Spessart. Seine weiten
Wälder laden ein zum Aktivsein, seine gute Luft ani-
miert zum tiefen Auf- und Durchatmen. In seiner Mitte, im
„Räuberland", und bestens erreichbar von der A 3 aus liegt
das Hotel Lamm in Heimbuchenthal – ein traditionsreiches
4-Sterne-Haus, das die Familie Schwab mit viel Geschick
und einem guten Gespür für die Bedürfnisse ihrer Gäste
vom einfachen Landgasthof zu einem stilvollen Tagungs-
und Wellnessresort entwickelt hat. Vier stattliche Gebäude
verteilen sich auf dem großzügigen Hotelareal, zwei davon
– die „Birkenhöfe" – sind den Tagungsgästen zum ungestörten Arbeiten vorbehalten. Stetige Erneuerung ist bei den
Schwabs selbstverständlich und so präsentieren sich die
Häuser mit modernster Ausstattung und einem inspirierenden Ambiente, neuester Videokonferenztechnik, großen
interaktiven 86"-Monitoren und elektronischen Flipcharts.
Fototapeten holen die nahe Natur direkt hinein in die freundlichen Seminarräume, die alle direkten Zugang nach draußen
haben. Hier ist man unter sich, hat viel Platz für konzentriertes kreatives Miteinander und kann im Sommer
jederzeit den Arbeitsplatz ins Grüne verlegen.

## LOGIS

**75 Zimmer:**
15 EZ, 57 DZ,
3 Juniorsuiten

# MehrZeit
# im Spessart

Die umgebende Natur schafft auch den perfekten Rahmen für lernunterstützende Aktivitäten.
Zur Tagungsauszeit im Spessart passen deshalb immer auch Rahmenprogramme, Events,

## TAGUNG

**Besonders geeignet für:**
Seminar, Konferenz, Klausur

**Räume**
Tagungsräume: 9
Ausstellungsfläche: 250 m²

**Maximale Tagungskapazität**
U-Form: 70 Pers.
Parlamentarisch: 120 Pers.
Reihenbestuhlung: 150 Pers.

**Preise**
Preiskalkulation 1* 72,00 €
Preiskalkulation 2* 245,00 €

Weinverkostungen in der Kamin-Lounge, Fitness-Breaks
oder gesellige Get-together – vom Hotelteam persönlich und
maßgeschneidert auf die Lernziele zusammengestellt. Zum
Essen treffen sich die Tagungsteilnehmer im stilvollen Haupthaus und genießen die feinen fränkischen und internationalen
Gerichte, begleitet von besten fränkischen Weinen. Perfekt
entschleunigen können die Tagungsgäste auch im Wellnessbereich ElsaVital mit Hallenbad, Blockhaussauna, Außenpool,
Sonnendeck sowie Fitnessraum und Beauty-Pavillon – eingebettet in einen wunderbaren Garten. Das separate Elsava
Spa mit Panoramasauna, exklusiven Ruheräumen mit Liegen
aus geräucherter Eiche und gemütlicher Kamin-Lounge lädt
dazu ein, abzuschalten und nach langen Arbeitstagen herrlich zu entspannen. *Uta Müller*

*Alle Angaben Nettopreise
zzgl. MwSt., Kalkulationsanfrage siehe Seite 32

**HEIM-
BUCHENTHAL**

 **A 3:** 9 km

 **Fern:** Aschaffenburg
Hbf., 20 km

 **Frankfurt:** 70 km

## WISSENSWERTES

- Nachhaltigkeitszertifikat GreenSign 79%
- interaktive Bildschirme, Konferenzsystem für hybride Tagungen
- Wellnessbereich „ElsaVital" mit Erlebnisschwimmbad, Außenpool, Saunen,
  Kosmetik, Massage und Fitnessgeräten
- Wanderungen und Radtouren im Naturpark Spessart,
  Spieleabend mit Billard, Darts, Kicker, Bowlingbahnen oder Shuffleboard
- E-Bike-Ladestation und E-Ladestation

# Hotel Lamm

**HOTEL LAMM**
RESTAURANT·WELLNESS·SPA

★ ★ ★ ★

### FAZIT

Tagungsgäste erleben ein professionelles Tagungsangebot mitten im Spessart, in dessen **separaten Tagungshäusern in klimatisierten Tagungsräumen** abseits des Hotelbetriebs ungestört auf hohem Niveau gearbeitet werden kann.

Das gepflegte, weitläufige Anwesen begeistert zudem mit seiner **großzügigen Wellness-Oase „ElsaVital"** und sorgt mit der **zertifizierten Well-Vital-Küche** zusätzlich für Wohlbefinden und Entspannung für die Tagungsgäste.

**63872
HEIMBUCHENTHAL**
Sankt-Martinus-Straße 1
Tel. +49 6092 944-0
info@hotel-lamm.de
**www.hotel-lamm.de**

63872

303

Die reizvolle Landschaft mit ihren Wäldern, Wiesen und Teichen bewog Landgraf Georg I. von Hessen-Darmstadt um 1580 dazu, ein Hofgut im Norden Darmstadts zu einem dreiflügeligen Jagdschloss im Renaissance-Stil auszubauen. Heute befindet sich das Schloss im Eigentum der Stiftung Hessischer Jägerhof und beherbergt nicht nur ein Jagdmuseum, sondern auch das Hotel Jagdschloss Kranichstein. Im Jahr 2013 wurde dieses umfassend renoviert und um einen neuen Gebäudetrakt mit 20 Zimmern erweitert. Auch heute noch liegt das Haus in der Natur, umgeben vom weitläufigen Schlosspark, der im 19. Jahrhundert nach dem Vorbild englischer Landschaftsgärten angelegt wurde und von Tagungsgästen für Events oder Outdoor-Aktivitäten genutzt werden kann. Direkt am Hotel befindet sich mit dem Parforcehof ein Innenhof mit Rasenfläche, der nicht nur für Kaffeepausen oder Stuhlkreise zur Verfügung steht, sondern sich auch für Abend-Events mit bis zu 1.000 Teilnehmern eignet. Im Inneren besticht das Hotel durch seine geschmackvollen, in Naturfarben gehaltenen Räumlichkeiten. Die Symbiose aus modernem Landhausstil und historischen Elementen verleiht ihm seinen ganz besonderen Charme. Helles Holz wird kombiniert mit hochwertigen Stoffen und Leder. Aus allen Fenstern blicken die Gäste ins Grüne. Veranstalter finden in diesem Haus optimale Kapazitäten für Gruppen verschiedenster Größen. Ob Kick-off-Meetings, Firmenfeiern, Präsentationen oder Vorstandssitzungen: Jeder der fünf Tagungsräume, vom klimatisierten Boardroom bis zum eleganten Schlosssaal, hat einen individuellen Charakter, bietet Tageslicht und ist mit modernstem Equipment ausgestattet. Bei hybriden und digitalen Meetings kann sich das erfahrene Team des Hotels auf seinen langjährigen internen Technik-Dienstleister Hotelco verlassen. Das kulinarische Angebot des Hotels verbindet eine kreative und qualitativ hochwertige regionale Küche mit internationalen, überwiegend französischen Einschlägen. Entspannung finden die Gäste beim Spazieren oder Joggen um den idyllischen Backhausteich, im Fitness-Raum oder an der Bar. Ihre mentale Stärke können sie zudem in der Gesundheitslounge, einer psychologischen Praxis mit verschiedenen Gesundheitsangeboten, fördern.

*Susanne Stauß*

# Ein Schloss im Grünen

## LOGIS

**48 Zimmer:**
3 EZ, 43 DZ, 1 Suite,
1 Juniorsuite

## TAGUNG

**Besonders geeignet für:**
Seminar, Konferenz, Klausur, Event

**Räume**
Tagungsräume:                    5

**Maximale Tagungskapazität**
U-Form:                    30 Pers.
Parlamentarisch:          60 Pers.
Reihenbestuhlung:         90 Pers.

**Preise**
Preiskalkulation 1*        73,71 €
Preiskalkulation 2*       319,00 €

*Alle Angaben Nettopreise
zzgl. MwSt., Kalkulationsanfrage siehe Seite 32

**DARMSTADT**

**A 5:** 3 km
**A 661:** 10,3 km

**Fern:** Darmstadt Hbf., 5 km
**Nah:** Darmstadt Hbf., 5 km

**Frankfurt/Main:** 36,1 km

## WISSENSWERTES

• Professionelle technische Ausstattung und Unterstützung
• hohe Serviceorientierung/viele langjährige Mitarbeiter
• Tagen und Sport im Grünen möglich
• ausreichend Parkplätze
• eigene Kapelle für kirchliche Events

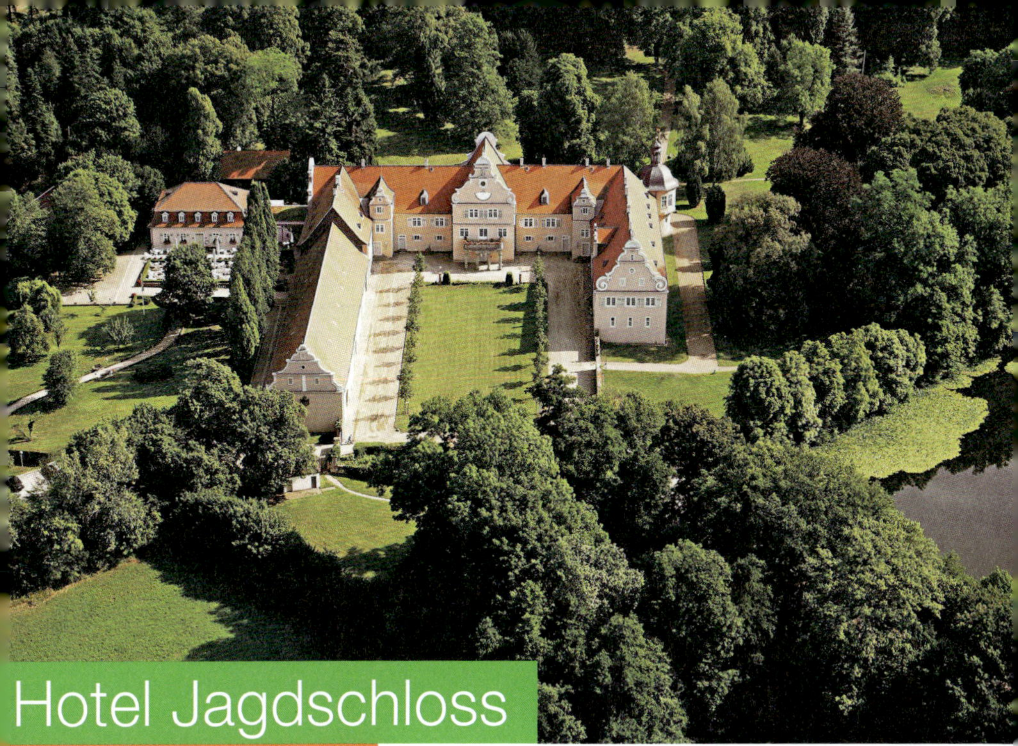

# Hotel Jagdschloss
# Kranichstein

### FAZIT

Hier tagt man **idyllisch und doch zentral in Deutschland,** inmitten des Rhein-Main-Gebiets.

Moderner Landhausstil verbindet sich elegant mit dem Charme des historischen Jagdschlosses, dessen grüne, inspirierende Umgebung zu **vielerlei Outdoor-Aktivitäten** einlädt. Ein Ort, wie geschaffen für **anspruchsvolle geschäftliche Veranstaltungen.**

Die Außenfläche und der Schlosspark sind besonders gut für **größere Events** geeignet.

**64289**

**64289 DARMSTADT**

Kranichsteiner Straße 261
Tel. +49 6151 13067-0
veranstaltung
@hotel-jagdschloss-kranichstein.de
**www.hotel-jagdschloss-kranichstein.de**

305

**H**ohe Qualität und geschmackvolles Design ziehen sich wie ein roter Faden durch das 4-Sterne-Hotel Monika in Büttelborn, das Tagungsgäste insbesondere auch mit seiner hervorragenden Küche begeistert. Sie ist eine Herzensangelegenheit von Inhaber Holger Gries, der das Haus gemeinsam mit seiner Frau Stefanie in dritter Generation führt. Der gelernte Koch mit Lehr- und Wanderjahren in namhaften Sterne-Restaurants bietet seinen Gästen überwiegend regionale Gerichte oder solche mit mediterranem Einschlag an. Besonderer Eyecatcher in dem mit viel Liebe zum Detail gestalteten Restaurant ist die feuerrote Berkel-Aufschnittmaschine aus den 1930er Jahren. In der Küche kommen vor allem Produkte ortsansässiger Erzeuger zum Einsatz. Das Haus liegt sehr verkehrsgünstig zur A 67, aber auch inmitten von Spargel- und Erdbeerfeldern. Tagungsteilnehmer erwarten 41 schicke Zimmer sowie ein großzügiger, lichtdurchfluteter Tagungsbereich. Die von Neuland geplanten und ausgestatteten klimatisierten Räume bieten State-of-the-Art-Tagungstechnik, Beschallungs- und Lichtanlagen sowie Akustik-Decken. Digitale und mobile Sessionboards ermöglichen interaktives Arbeiten innerhalb von Seminargruppen und unterstützen professionell hybride Tagungen. Veranstalter, die schwerere Gegenstände präsentieren möchten, können diese über eine Anlieferungsrampe bequem ins Haus befördern. Die Tagungsräume sind zudem barrierefrei erreichbar. Hervorzuheben ist auch der großzügige Pausenraum des Tagungsbereichs mit Bar, unterschiedlich hohen Tischen und einer gemütlichen Loungeecke mit Sesseln und Sofas. Er bietet sich für Empfänge, die Pausenverpflegung, aber auch für Diskussionsrunden im lockeren Ambiente oder Seminargruppen an. Beliebt für Arbeitsessen, Vorstandssitzungen oder kleinere Präsentationen ist die historische, holzvertäfelte Gut Stubb des Hotels. Im Sommer locken die große Terrasse und der Garten ins Freie. Von den Gästen gern genutzt wird dort auch die mit Beamer und Leinwand ausgestattete Schirmbar, an deren Tresen Fußball gesehen oder geraucht wird. Entspannung finden Tagungsteilnehmer zudem im kleinen, feinen Waldesruh-SPA mit großzügigen Saunen und Dampfbad sowie beim Sport an Cardio-Geräten oder der Hantelbank im Fitnessraum. *Susanne Stauß*

## Tagungsadresse für Genießer

### LOGIS

**41 Zimmer:**
34 EZ, 4 DZ,
3 Appartements

### TAGUNG

**Besonders geeignet für:**
Seminar, Konferenz, Event

**Räume**
Tagungsräume:                          5
Ausstellungsfläche:        100 m²

**Maximale Tagungskapazität**
U-Form:                        28 Pers.
Parlamentarisch:          48 Pers.
Reihenbestuhlung:        80 Pers.

**Preise**
Preiskalkulation 1*          66,00 €
Preiskalkulation 2*        260,00 €

*Alle Angaben Nettopreise zzgl. MwSt., Kalkulationsanfrage siehe Seite 32

**BÜTTELBORN**

**A 67:** 0,5 km
**A 5:** 6 km

**Fern:** Darmstadt, 10 km
**Nah:** Groß-Gerau Dornberg, 3 km

**Frankfurt/Main:** 15 km

### WISSENSWERTES

- hybrides und interaktives Tagen, Board mit Kamera
- verkehrsgünstige Lage im Rhein-Main-Gebiet in der Nähe der A 67
- Schallschutzfenster
- Schirmbar für Raucher und Fußballfans
- SPA-Bereich mit Finnischer und Biosauna sowie Dampfbad, Fitnessraum

# Hotel-Restaurant
## MONIKA

### FAZIT

In **direkter Nähe zur A 67** können Tagungsgäste in einer **persönlichen und familiären Atmosphäre professionell tagen.**

Eine **hohe Servicequalität, kurze Wege und schnelle Entscheidungen** sorgen für einen **unkomplizierten Aufenthalt** und **entspannte Arbeitstage** für die Seminarteilnehmer.

Die **hervorragende Küche** versteht sich auf leichte **Business-Lunch-Variationen** ebenso gut wie auf **kulinarische Highlights** und **festliche Menüs.**

64572

**64572 BÜTTELBORN**

Im Mehlsee 1
Tel. +49 6152 1810
info@hotelmonika.de
**www.hotelmonika.de**

Erhaben thront die Burg Schwarzenstein Relais & Châteaux seit 1876 über der Rheinebene zwischen Wiesbaden und Rüdesheim. Beim Bau ihrer Wohnburg folgte die Familie der Wein- und Sektdynastie Mumm der damaligen Mode und verlieh ihr die Gestalt einer künstlichen Ruine. Heute präsentiert sich das Anwesen rund um die denkmalgeschützte Burg als herausragender Tagungsort mit erstklassigem Hotel. Die fünf Tagungsräume sind im Erdgeschoss der Parkresidenz untergebracht, deren Interior Eleganz mit Leichtigkeit vereint. Terrassen und der Innenhof ermöglichen einen nahtlosen Übergang zum Outdoor-Arbeiten. Die Räume sind zwischen 50 und 230 Quadratmetern groß und können für Events aller Art teilweise miteinander kombiniert werden. Alle sind mit State-of-the-Art-Tagungstechnik ausgestattet. In den 40 Zimmern der Parkresidenz erwartet die Gäste eine elegante Umgebung mit dunklem Wengeholz und wertvollen Seidenstoffen. Sieben weitere, romantische Doppelzimmer befinden sich direkt im historischen Burggemäuer. Ergänzt werden sie durch vier Zimmer im Gästehaus im Park, die mit viel Liebe zum Detail ausgestattet sind. Ein romantisch-elegantes Ambiente bietet auch das Burgrestaurant im historischen Gebäude. Cuisinier Christofer Kokozka verwöhnt die Gäste mit den Finessen regionaler Kochkunst und die Rieslinge stammen von befreundeten Winzern aus dem Rheingau. Auf der von Weinreben umrankten historischen Burgterrasse genießen die Gäste dank saisonaler Verglasung in den kühleren Monaten zu jeder Jahreszeit den besten Blick auf das Schloss Johannisberg und den Rhein. In der Brasserie Schwarzenstein im modernen Glaspavillon mit einer Terrasse auf zwei Ebenen zelebriert der gebürtige Franzose Christofer Kokozka gemeinsam mit Marco Stenger eine authentisch französische Küche. Eine intime Atmosphäre für Geschäftsessen für bis zu 20 Personen bietet der Salon der Brasserie. Besonders interessant: Die Brasserie ist komplett befahrbar und bestens geeignet für Präsentationen von bis zu vier Fahrzeugen.

*Susanne Freitag*

# Stilvoll tagen mit Blick auf Reben und Rhein

## LOGIS

**50 Zimmer:**
2 EZ, 36 DZ,
10 Juniorsuiten, 2 Suiten

## TAGUNG

**Besonders geeignet für:**
Seminar, Konferenz,
Kreativprozesse

**Räume**
| | |
|---|---|
| Tagungsräume: | 6 |
| Ausstellungsfläche: | 200 m² |

**Maximale Tagungskapazität**
| | |
|---|---|
| U-Form: | 80 Pers. |
| Parlamentarisch: | 200 Pers. |
| Reihenbestuhlung: | 250 Pers. |

**Preise**
| | |
|---|---|
| Preiskalkulation 1* | 100,00 € |
| Preiskalkulation 2* | 500,00 € |

*Alle Angaben Nettopreise
zzgl. MwSt., Kalkulationsanfrage siehe Seite 32

**GEISENHEIM**

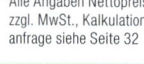 **A 66:** 25 km

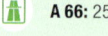 **Fern:** Wiesbaden Hbf., 26 km
**Nah:** Geisenheim, 4 km

 **Frankfurt/Main:** 48 km

## WISSENSWERTES

- 2,5 Hektar Parklandschaft mit Mammutbaum
- Kaffeepausen-Stationen in jedem Tagungsraum
- mit GreenSign und einem MICHELIN-Schlüssel ausgezeichnet
- flexible Glasfronten und eine Markisenanlage mit Heizstrahlern

# Relais & Châteaux
# Hotel Burg Schwarzenstein

## FAZIT

**Exzellent ausgestattete Tagungsräume** hinter denkmalgeschützten Mauern, umgeben von den **malerischen Weinbergen** des Rheingaus.

**Attraktive Teambuildingangebote,** die von den Partnern Event Kollektiv und Pro Time im **großen Park** und in der landschaftlich **wunderschönen Umgebung** organisiert werden.

BURG SCHWARZENSTEIN
RESTAURANT & HOTEL

65366

**65366 GEISENHEIM-
JOHANNISBERG**

Rosengasse 32
Tel. +49 6722 9950-0
bankett@burg-schwarzenstein.de
**www.burg-schwarzenstein.de**

Von außen fällt zunächst die rote, klare Fassade des Nägler's ins Auge, die keinerlei Hinweise auf das Innenleben preisgibt. Auch der Weg vom Parkplatz zum rezeptionslosen Eingang und weiter mit dem Aufzug in die zweite Etage lässt nicht erahnen, welche besonderen Reize das Haus verbirgt. Doch wenn sich die Lifttür öffnet, setzt der Wow-Effekt ein. Hier, mitten im gemütlich duftenden Frühstücksbereich, in dem frisch gemahlener Kaffee und hausgemachtes Gebäck auf die Gäste warten, will man am liebsten sofort Platz nehmen. Aber nicht nur der Genuss lockt: Direkt zur Linken eröffnet sich eine heimelige Lounge mit Dielenboden, warmen Teppichen, bequemen Sitzecken und liebevoll ausgesuchter Dekoration. Panoramafenster und eine große, angeschlossene Terrasse bieten einen atemberaubenden Blick auf den Rhein bis hinüber nach Rheinland-Pfalz. Diese Oase aus Gemütlichkeit ist der perfekte Rückzugsort für eine kleine Auszeit oder einen Absacker nach einem kulinarischen Streifzug durch die umliegenden Straußwirtschaften und Restaurants. Die Rezeption? Die befindet sich direkt hinter dem Frühstücksbereich – unaufdringlich und praktisch zugleich. Nach einer derartigen Wohlfühl-Wucht stellt sich die spannende Frage, ob die 39 Zimmer des Nägler's mithalten können. Die Antwort lautet: ja. Auch hier bleibt das Nägler's seinen Prinzipien treu: Ankommen, runterkommen und sich spontan wohl fühlen. Warme Holzböden und -wandelemente, eine natürliche Farbgebung und hoher Komfort prägen jedes Zimmer. Besonders hervorzuheben sind die Themenzimmer, darunter eine Junior-Suite, die an das Rheingau Musik Festival angelehnt ist und den Gästen vom Bett aus einen einzigartigen Blick auf die Weinberge und den Rhein bietet. Für geschäftliche Anlässe bietet das Hotel eine überschaubare, aber perfekt zugeschnittene Infrastruktur: Vier klimatisierte, flexibel teilbare Tagungsräume im ersten Obergeschoss sind technisch hochwertig ausgestattet und bieten direkten Zugang zum Innenhof. Der Tagungsraum „Goldberg" im zweiten Stock ist ideal für kleine Workshops oder vertrauliche Meetings in absoluter Privatsphäre – ideal für das konzentrierte Arbeiten in einem entspannten Umfeld.

*Susanne Freitag*

## Inspiration und Rückzugsort im Rheingau

### LOGIS

**41 Zimmer:**
39 DZ, 1 Juniorsuite,
1 Appartement

### TAGUNG

**Besonders geeignet für:**
Seminar

**Räume**
Tagungsräume:                    4

**Maximale Tagungskapazität**
U-Form:                  48 Pers.
Parlamentarisch:         80 Pers.
Reihenbestuhlung:       120 Pers.

**Preise**
Preiskalkulation 1*          53,50 €
Preiskalkulation 2*        200,00 €

*Alle Angaben Nettopreise
 zzgl. MwSt., Kalkulationsanfrage siehe Seite 32

**OESTRICH-WINKEL**

🏛 **A 66:** 17 km

**Fern:** Wiesbaden Hbf., 22 km
**Nah:** Oestrich-Winkel, 0,5 km

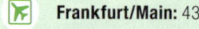

✈ **Frankfurt/Main:** 43 km

### WISSENSWERTES

- Für E-Autos steht eine 22-kW-Ladestation mit einem Ladepunkt-Stecker Typ 2 zur Verfügung und direkt am Hotel gibt es kostenfreie Parkplätze.
- Ab Frankfurt verkehrt stündlich die Rheingau-Linie, bis zum Bahnhof Oestrich-Winkel sind es rund acht Minuten zu Fuß. Gute Anbindung über die A 66 Richtung Rüdesheim und die Bundesstraße B 42.

# Nägler's
# Fine Lounge Hotel

**NÄGLER'S**
FINE LOUNGE HOTEL

Ein Kraftort ist der **Wellness-Bereich** mit drei Saunen, zwei Infrarotkabinen und einem fast orientalisch anmutenden Relaxbereich im ehemaligen Weinkeller. Neben Massagen sind auch Kosmetikbehandlungen buchbar.

Nur 70 Meter trennen das Nägler's vom Rhein und ganz in der Nähe befindet sich auch das **Weingut der Familie Nägler,** Villa Gutenberg.

**65375**
**OESTRICH-WINKEL**

Hauptstraße 1
Tel. +49 6723 99020
veranstaltung@naeglers-hotel.de
**www.naeglers-hotel.de**

65375

311

D as Rheinhöhen-Panorama von der Felskuppel „Rossel" sucht seinesgleichen: Den schroffen Steilhang hinunter präsentiert sich das sagenumwobene Flusstal von „Vater Rhein" mit der Burgruine Ehrenstein und dem Binger Mäuseturm, gegenüber schließen sich die dunklen Wälder des Hunsrück an. Das Panorama ist Romantik pur und eigentlich ein Muss für Gäste des Jagdschlosses Niederwald, zumal man es von dort in nur zehn Fußminuten erreicht. Die Hotel-Alleinlage oberhalb von Rüdesheim gehört zum Landschaftspark Niederwald, der wiederum ein Bestandteil des UNESCO-Welterbes „Oberes Mittelrheintal" ist. Das im achtzehnten Jahrhundert erbaute Jagdschloss ist heute das Hauptgebäude des Hotels – zusammen mit den Dependancen „Kutscherhaus" und „Kavaliershaus" ergibt sich ein schmuckes Ensemble um einen Schlosspark herum. Für Tagende gibt es viel Platz in mehreren, voneinander getrennten, Arealen. Da wäre etwa der von drei Seiten Aussicht gewährende Quadrat-Raum „Taunusblick" (120 m²), dessen Name zugleich für viele Hotelbereiche symptomatisch ist, weil ein prachtvoller Natur-Landschaftsblick in den Hohen Taunus besteht. Angeschlossen ist eine eigene Außenterrasse, von der aus man auf eine Grünfläche gelangt, die für Gruppenarbeiten und Teamübungen reserviert ist. Am anderen Ende des Schlosses erlangte der „Grüne Salon" (95 m²) eine besondere historische Bedeutung: Hier fand 1948 die „Niederwaldkonferenz" statt, bei der Konrad Adenauer und andere Länderchefs das Grundgesetz vorbereiteten. Eine besondere Meeting-Sphäre für sich bildet zudem der Bereich „Bellevue" (77 m²) im Dachgeschoss – abgekoppelt vom sonstigen Geschehen treffen sich dort und in einem verbundenen Break-out-Raum bis zu zehn Personen zu intensiven Gesprächen und Brainstormings. Grundsätzlich begegnet man im Hotel einer stilvoll-modernen Innenarchitektur mit „Jagdschloss-Charakter". Die Zimmer sind allseits mit bequemen Ledersitzmöbeln und angenehmen Bädern versehen, mal mit Taunus-, mal mit Schlossparkblick. Bei begleitenden Rahmenprogrammen lässt sich im Nahbereich aus dem Vollen schöpfen: Beliebt sind geführte Wanderungen zu den schönsten Aussichtspunkten über den Rhein, zu denen auch das imposante Niederwalddenkmal gehört. *Norbert Völkner*

# In Rhein-Romantik schwelgen

## LOGIS

**52 Zimmer:**
2 EZ, 6 Comfort-EZ, 39 DZ, 5 Juniorsuiten (davon 1 behindertengerecht)

## TAGUNG

**Besonders geeignet für:**
Seminar, Konferenz, Klausur, Event

**Räume**
Tagungsräume: 7
Ausstellungsfläche: 25–110 m²

**Maximale Tagungskapazität**
U-Form: 45 Pers.
Parlamentarisch: 70 Pers.
Reihenbestuhlung: 95 Pers.

**Preise**
Preiskalkulation 1* 62,60 €
Preiskalkulation 2* 259,66 €

*Alle Angaben Nettopreise zzgl. MwSt., Kalkulationsanfrage siehe Seite 32

**RÜDESHEIM**

 **A 61:** 8 km
**A 66:** 20 km

 **Fern:** Wiesbaden Hbf., 25 km
**Nah:** Rüdesheim Rhein, 3,5 km

 **Frankfurt/Main:** 45 km

## WISSENSWERTES

- Glasfaser-Internetanschluss, behindertengerechte Gäste-Suite mit großem Bad
- Landschaftspark mit Anschluss an die Felskante zum Rhein
- Panoramarestaurant mit Freiterrasse, stilvolle Kamin-Lounge mit Barbereich, Außenterrassen, Weinproben, BBQ
- „Wohlfühlwelt" (Schwimmbad mit Waldblick, Sauna, Fitnessgeräte)
- Rheinschifffahrt, Weingut-Besichtigung, Kutschfahrten, Wanderung zu Rhein-Aussichtspunkten, Rüdesheim-Programme u.v.m.

# Hotel Jagdschloss
## Niederwald

JAGDSCHLOSS
NIEDERWALD

★ ★ ★ ★

**65385**

### FAZIT

Eingebettet in das **UNESCO-Welterbe Oberes Mittelrheintal** bietet das historische Jagdschloss ein urlaubshaftes Arbeitsumfeld für Tagungen und Workshops mit Rückzugsanspruch – **gute Erreichbarkeit** in der Metropolregion Frankfurt.

Modern ausgestattete und ruhige **Tagungsbereiche gewähren schöne Natur-Ausblicke** und Gelegenheiten zum Outdoor-Arbeiten.

Im Nahbereich sind attraktive **Rahmenprogramme mit Rhein-Bezug** zeitflexibel in die Tagung integrierbar.

**65385 RÜDESHEIM**

Jagdschloss Niederwald 1
Tel. +49 6722 7106-0
jagdschloss@niederwald.de
**www.niederwald.de**

## LOGIS

**116 Zimmer:**
82 DZ, 4 Suiten, 8 Appartements, 22 Twin-Zimmer

## TAGUNG

**Besonders geeignet für:**
Seminar, Konferenz, Klausur, Event

**Räume**
| | |
|---|---|
| Tagungsräume: | 7 |
| Ausstellungsfläche: | 115 m² |

**Maximale Tagungskapazität**
| | |
|---|---|
| U-Form: | 34 Pers. |
| Parlamentarisch: | 55 Pers. |
| Reihenbestuhlung: | 150 Pers. |

**Preise**
| | |
|---|---|
| Preiskalkulation 1* | 87,00 € |
| Preiskalkulation 2* | 260,00 € |

*Alle Angaben Nettopreise
zzgl. MwSt., Kalkulationsanfrage siehe Seite 32

# Vielfalt am Mainufer

Gemeinsam mit Stuttgart und Ingolstadt zählt Rüsselsheim zu den Pionierstädten der deutschen Automobilgeschichte. Seine Autobahnanbindung ist folglich hervorragend, der S-Bahn-Anschluss zu den wichtigsten Knotenpunkten des Rhein-Main-Gebiets nur 500 Meter vom mk | hotel Rüsselsheim entfernt. Das 2017 eröffnete Haus greift die Story des nahegelegenen Opel-Stammsitzes auf, alle Tagungsräume tragen den Namen einer Opel-Marke. Im gesamten Hotel erinnern historische Fotografien an die Blütezeit der Automobilproduktion. Dem modernen Gebäude verleiht der Einsatz von Eichenholz sowohl bei der Möblierung als auch als Bodenbelag eine warme Atmosphäre. Die insgesamt sieben Tagungsräume verfügen über Tageslicht, starkes Internet und zeitgemäße Technik. Im größten Raum finden 150 Gäste Platz, kleinere Räume bieten sich für Gruppenarbeiten und Workshops an. Bei hybriden Tagungen hat sich die Zusammenarbeit mit dem Mainzer Unternehmen Soundline bewährt. Die freundlichen Hotelzimmer mit offenen Badezimmern und separaten Toiletten sind zum Entspannen, aber auch Arbeiten bestens geeignet. Longstay-Gästen stehen acht Apartments zur Verfügung. Die Marke mk | hotels mit heute 13 Häusern wurde 2009 von der Lindner Group aus Arnstorf gegründet und nach dem ersten Standort Mariakirchen (mk) benannt. Alle mk-Häuser zeichnen sich durch klare Strukturen und hochwertige Materialien aus. Ein Highlight des Rüsselsheimer Hotels ist die Hausbrauerei Rüsselsheimer Bräu mit frisch gebrauten Bierspezialitäten und regionaler Küche. In einem Nebenraum können Tagungsteilnehmer ganz unter sich bleiben, seine Terrasse wird gerne für Barbecues, im Winter für Glühwein- oder Glühbierempfänge genutzt. Und im behaglichen Café genießen die Gäste Land.Luft-Produkte des nachhaltigen Landwirtschaftsbetriebs der Lindner Group. Als Rahmenprogramm des am Mainufer gelegenen Hotels bieten sich Schifffahrten, Bike-Ausflüge, ein Besuch des Opelwerks oder der benachbarten Kunst- und Kulturstätte Opelvillen an. Sportliches Teambuilding kann direkt im Hotel stattfinden: Der Prama Fitnessbereich mit 500 Trainingseinheiten kombiniert Musik, Licht, Timing und Fun zu einer vielseitigen Workout-Session. *Susanne Stauß*

**RÜSSELSHEIM**

| 🏛 | **A 60:** 3,1 km |
| | **A 67:** 5,3 km |
| | **A 3:** 6,7 km |

| DB | **Fern:** Rüsselsheim, 0,5 km |
| | **Nah:** Rüsselsheim, 0,5 km |

| ✈ | **Frankfurt/Main:** 13,8 km |

## WISSENSWERTES

- Viabono-zertifiziert
- hybride Tagungstechnik verfügbar
- Rüsselsheimer Bräu mit Außenterrasse
- direkt am Main gelegen, Joggingstrecke, Leihfahrräder, fußläufig erreichbare Rahmenprogramme

# mk | hotel
# rüsselsheim

## FAZIT

Rüsselsheim ist von drei Autobahnen aus in wenigen Minuten zu erreichen, das **am Mainufer gelegene Hotel** hat zudem eine **hervorragende S-Bahn-Anbindung** nach Frankfurt-Flughafen, Frankfurt, Mainz und Wiesbaden.

Die **funktionelle Tagungstechnik** kann zusätzlich um ein digitales Whiteboard erweitert werden.

In der **hauseigenen Brauerei** bieten sich Besichtigungen und Tastings als Rahmenprogramm an.

# mk | hotel rüsselsheim

**65428**

**65428
RÜSSELSHEIM**

Mainstraße 4–6
Tel. +49 6142 961-240
conferences_rus@mkhotels.de
www.mkhotels.de/de/ruesselsheim/

315

W as haben Mönche und Tagungs- oder Seminarteilnehmer gemeinsam? Sie arbeiten konzentriert
an einer Aufgabe, und das am liebsten ohne
Ablenkung, aber mit Genuss. Und genau dies ermöglicht
das Kloster Hornbach direkt auf der pfälzisch-französischen
Grenze. Karge Genügsamkeit sucht man hier allerdings
vergebens – eher schon diskreten Luxus, vom richtigen, angenehmen Licht und der passenden, dezenten Hintergrund-
musik bis zum Wellnessangebot – und natürlich liebevoll und
hochwertig ausgestattete Zimmer. Das Besondere an diesem
Hotel ist ganz klar die Atmosphäre. Fast meint man den Weih-
rauch zu riechen oder leise Klostergesänge zu hören, denn
bei allen Annehmlichkeiten ist es der Betreiberfamilie Lösch
gelungen, die einzigartige Stimmung des Klosters zu erhalten.
Einfach war dies nicht, denn noch Mitte der 1990er Jahre
war Kloster Hornbach eine Ruine, und das bereits seit mehr
als 500 Jahren! Das einst größte Benediktinerkloster der
Region aus dem Jahr 742 wurde im 16. Jahrhundert aufge-
geben. Heute, viele behutsame Modernisierungen später,
bietet das Kloster einen einzigartigen Rahmen für Veranstaltungen aller Art: Für Seminare und Events
beispielsweise, aber auch (oder gerade!) wenn
es darum geht, in Klausur wirklich Neues zu
entwickeln oder sich neu auszurichten, ist
diese Atmosphäre genau richtig. Neben den
Veranstaltungsräumen im Kloster selbst – alle
mit modernster Technik ausgestattet – bietet sich dabei auch
das zweite Haus, „Lösch – das etwas andere Boutique Hotel",
mit seinen 15 individuellen, großen Zimmern und Tagungsräumen an, einige Meter neben dem Kloster gelegen, das
sich auch komplett anmieten lässt. Oder wie wäre es mit einer
Sitzung im Klostergarten? Bereits erwähnter Genuss kommt
dabei nicht zu kurz: Die beiden Restaurants Klosterschän-
ke und Säulenzimmer (nettes Detail: Die Servicekräfte tragen
natürlich ein Gewand, das an eine Kutte erinnert) bieten feine
Küche und danach lockt ein Umtrunk im lauschigen Klosterhof. Kein Wunder also, dass viele Seminar- und Tagungsteilnehmer auch privat nochmal ins Kloster Hornbach zurück-
kehren – und sei es, um zu heiraten, denn das geht hier, dank
einer Außenstelle des Standesamts, auch. *Françoise Hauser*

## Der perfekte Rückzugsort

### LOGIS

**48 Zimmer:**
4 EZ, 29 DZ, 10 Suiten,
5 Juniorsuiten

### TAGUNG

**Besonders geeignet für:**
Seminar, Konferenz, Klausur,
Kreativprozesse, Event

**Räume**
| | |
|---|---|
| Tagungsräume: | 6 |
| Ausstellungsfläche: | 45 m² |

**Maximale Tagungskapazität**
| | |
|---|---|
| U-Form: | 48 Pers. |
| Parlamentarisch: | 70 Pers. |
| Reihenbestuhlung: | 130 Pers. |

**Preise**
| | |
|---|---|
| Preiskalkulation 1* | 121,85 € |
| Preiskalkulation 2* | 429,64 € |

*Alle Angaben Nettopreise
zzgl. MwSt., Kalkulationsanfrage siehe Seite 32

HORNBACH

 **A 8:** 5 km

 **Fern:** Homburg/Saar, 20 km
**Nah:** Zweibrücken Hbf., 15 km

 **Saarbrücken:** 45 km

### WISSENSWERTES

- Outdoor-Rahmenprogramme und Teambuilding
  mit externem Anbieter möglich
- E-Ladestationen vor dem Hotel
- kleine, aber feine Wellness-Anlage mit römisch anmutendem Interieur
- feine Restaurants mit französisch angehauchter Küche
- Mitglied der Marke „Exzellente Lernorte"

# Kloster Hornbach

## KLOSTER HORNBACH
### *Ihr Hotel für Leib und Seele*
ANNO 742 | 2000

**66500**

## FAZIT

Die **unvergleichliche, fast schon spirituelle und ruhige Atmosphäre** ist ideal für Klausurtagungen und gehobene Events oder Seminare.

Wenn es wichtig ist, nicht nur **professionell zu tagen,** sondern auch **nach der Arbeit zu entspannen und Kraft zu tanken,** ist dies der ideale Ort.

### 66500 HORNBACH
Im Klosterbezirk
Tel. +49 6338 91010-55
veranstaltungen@kloster-hornbach.de
**www.kloster-hornbach.de**

W ollte man das Angel's in wenigen Stichworten zusammenfassen, es wären Ruhe, Weite und Stille. Was fast schon wie ein Kloster klingt, ist jedoch ein topmodernes Design-Hotel in angenehm zurückhaltendem Stil: Nichts drängt sich dem Besucher auf, bei allem Komfort lässt es sich hier erst einmal ausatmen. Ankommen. Ruhig gelegen ist es allerdings schon: Gar nicht weit vom Zentrum der kleinen Stadt St. Wendel nahe Saarbrücken, aber doch so schön versteckt, dass man sich bei Anreise im Dunkeln (und mit ein wenig Glück unter tollem Sternenhimmel) fragt: Ist das der richtige Weg? Die große Überraschung folgt dann am Morgen: Was für eine Aussicht! Direkt am Golfplatz gelegen reicht der Blick über die grünen Hügel des Golfparks St. Wendel, den Teich samt Enten, die hier ihre Runden drehen, und viel Horizont. Drum herumlaufen könnte man auch, auf einem rund fünf Kilometer langen Rundweg, wenn man nicht gerade zu einer straffen Tagung hier wäre – oder vielleicht doch, um den Gedanken zwischendurch ein wenig Platz zu geben? Oder den Tag mit einer Joggingrunde zu starten? Kein Wunder, dass alles im Angel's auf diese Aussicht ausgelegt scheint: Panorama-Fenster, überall! Sie geben viel Platz für eigene Ideen und laden geradezu dazu ein, die Gedanken schweifen zu lassen. Konkret tun dies die Tagungsgäste in vier flexiblen Seminarräumen, die Platz für bis zu 80 Personen bieten. Alle Tagungsräume sind natürlich mit modernster Technik ausgestattet. Dank der ruhigen Lage ist das Angel's ideal für Klausurtagungen und Veranstaltungen, bei denen die Gruppe sich auch am Abend nicht in alle Richtungen verstreuen soll – was sie auch nicht muss, denn das hauseigene Restaurant bietet erstklassige internationale Küche. Wenn es etwas mehr als nur Tagen sein darf, bietet das Hotel ein breit gefächertes Zusatzprogramm: zum Beispiel eine Runde Schnuppergolf auf der 36-Loch-Anlage, schließlich sind wir hier an einem der schönsten Golfplätze Deutschlands, oder, passend zur ruhigen Atmosphäre, eine Trainingsstunde Yoga, Workshops zu Atemtechniken und Bogenschießen. Falls es lieber ein Event am Abend sein darf, wie wäre es mit einer Zaubershow, einem Krimi-Event oder (ganz gewagt) auch mal einer Burlesque-Show? *Françoise Hauser*

## LOGIS

**46 Zimmer:**
44 DZ, 2 Suiten

# Viel Platz für neue Ideen

## TAGUNG

**Besonders geeignet für:**
Seminar, Klausur, Event

**Räume**
| | |
|---|---|
| Tagungsräume: | 4 |
| Ausstellungsfläche: | 165 m² |

**Maximale Tagungskapazität**
| | |
|---|---|
| U-Form: | 53 Pers. |
| Parlamentarisch: | 81 Pers. |
| Reihenbestuhlung: | 180 Pers. |

**Preise**
| | |
|---|---|
| Preiskalkulation 1* | 113,59 € |
| Preiskalkulation 2* | 387,03 € |

*Alle Angaben Nettopreise zzgl. MwSt., Kalkulationsanfrage siehe Seite 32

ST. WENDEL

A 1: 18 km
A 8: 22 km
A 62: 25 km

Fern: Homburg (Saar), 29,5 km
Saarbrücken, 37,5 km
Nah: St. Wendel, 2,5 km

Saarbrücken: 45 km

## WISSENSWERTES

- Mit mehr als 150 ha ist der Golfpark St. Wendel auch für versierte Golfer interessant
- So versteckt das Hotel liegt, die Innenstadt von St. Wendel liegt nur 2,5 km entfernt
- So ruhig und doch erreichbar tagt man selten
- Für Gäste, die mit dem PKW anreisen, stehen kostenlose Parkplätze zur Verfügung

# Angel's – das hotel
# am golfpark

Angel's | das hotel am golfpark

## FAZIT

Das Angel's eignet sich **hervorragend für Klausurtagungen und kreative Meetings.**

Landschaft und Ruhe spielen hier eine große Rolle – und man hat sie, dank **offener Architektur,** immer im Blick!

**Schnuppergolfen nach der Tagung** bietet sich hier geradezu an.

66606

**66606 ST. WENDEL**

Golfparkallee 1
Tel. +49 6851 999000
reservierung@angels-hotels.de
www.angels-hotels.de

319

S chon die Anfahrt zum quasi auf der deutsch-französischen Grenze gelegenen Hof ist viel versprechend: Einmal von der Hauptstraße abgebogen, geht es durch die Auenlandschaft und Felder zu einem sichtbar historischen, weitläufigen Ensemble mit alten Bäumen und Kiesflächen, die unter den Füßen knirschen – was für eine schöne Atmosphäre, ist der erste Gedanke. Kein Wunder, stammen die liebevoll restaurierten Gebäude doch teils aus dem 12. Jahrhundert! Einst als Sommersitz der Nonnen des Klosters Fraulautern gegründet, wuchs der Hof im Laufe der Jahrhunderte: Für den Gast bedeutet das heute: Viele unterschiedliche Locations auf einem Gelände, die sogar bis zu 300 Teilnehmer fassen können, diverse Außengelände und damit viel Abwechslung. Gleiches gilt für die Zimmer, die jedes anders eingerichtet wurden. Allen gemein ist allerdings der Stil: Englische Jagdgesellschaft kommt einem unweigerlich in den Sinn. Dass dahinter dennoch modernes Management steckt, fällt erst einmal gar nicht auf, es sei denn, man wirft einen Blick auf die Technik, die in allen Räumen auf modernem Standard ist. Besonders erwähnenswert sind auch die Zusatzprogramme: Dank der benachbarten Jagdschule samt Falknerei sind geführte Eulenwanderungen, Falknerei-Vorführungen, Aufenthalte auf dem Schießstand (unbedingt vorher anmelden!), GPS-Schnitzeljagden, aber auch historische Führungen möglich. Alles kernig-handfeste Angebote also? Nein, auch ein brandneuer, großzügiger Wellnessbereich mit Sauna und Yoga auf Anfrage wartet im Linslerhof. Abends geht es in eines der zwei Restaurants, die feine, aber bodenständige Küche bieten – oder ins „Wohnzimmer" mit Selbstausschank, wo sich auf gemütlichen Sofas unter Hirschgeweihen noch spannende Gespräche ergeben. Besonders geeignet ist der Hof daher für Veranstaltungen, bei denen die Teilnehmer abends nicht in alle Richtungen auseinanderstreben, sondern sich besser kennenlernen wollen. Auch in Sachen Nachhaltigkeit ist der Linslerhof auf Höhe der Zeit und einer der größten privaten Erzeuger von Solarstrom im Südwesten Deutschlands – sogar eine rundum ökologische Anreise per Pferd ließe sich hier übrigens einrichten, denn im Reitstall des Hofs findet sich immer ein Platz für ein Gast-Pferd. *Françoise Hauser*

# Historisch mit ausgefallenem Programm

## LOGIS

**60 Zimmer:**
21 Standardzi., 27 Komfortzi., 12 Juniorsuiten

## TAGUNG

**Besonders geeignet für:**
Seminar, Konferenz, Klausur, Event

**Räume**

| | |
|---|---|
| Tagungsräume: | 6 |
| Ausstellungsfläche: | 650 m² |

**Maximale Tagungskapazität**

| | |
|---|---|
| U-Form: | 60 Pers. |
| Parlamentarisch: | 100 Pers. |
| Reihenbestuhlung: | 200 Pers. |

**Preise**

| | |
|---|---|
| Preiskalkulation 1* | 88,57 € |
| Preiskalkulation 2* | 304,80 € |

*Alle Angaben Nettopreise zzgl. MwSt., Kalkulationsanfrage siehe Seite 32

ÜBERHERRN

**A 620:** 3 km
**A 8:** 8 km

**Fern:** Saarbrücken, 30 km
**Nah:** Saarlouis, 12 km

**Saarbrücken:** 31 km
**Luxemburg:** 80 km

## WISSENSWERTES

- kostenlose Parkplätze und Wallboxen für E-Autos
- Certified Green Hotel (VDR)
- hofeigene Kläranlage führt biologisch gereinigtes Wasser zurück ins „Wasserschutzgebiet Linslerhof"
- Am Sonntag nach Pfingsten findet in der St.-Antonius-Kapelle des Hofs der „Leslertag" mit Festgottesdienst und Tiersegnung statt.

# Der Linslerhof –
# Hotel, Restaurant, Events & Natur

## FAZIT

**Landschaftlich schön gelegen** und greifbar historisch lockt der Hof mit angenehmer Atmosphäre und ist nicht nur für Tagungen und Seminare geeignet, sondern auch für Klausur-Meetings.

**Ausgefallene Rahmenprogramme,** die man wirklich nicht überall buchen kann, verwandeln Veranstaltungen auf dem Linslerhof in etwas ganz Besonderes und verleiten dazu, vielleicht noch einen Tag länger zu bleiben.

*Linslerhof*
Idylle erleben auf dem historischen Gut

**66802**

**66802**
**ÜBERHERRN**

Linslerhof 1
Tel. +49 6836 807-0
tagung@linslerhof.de
www.linslerhof.de

321

D ie Weihermühle, das ist dort, wo die Entschleunigung bereits bei der Anfahrt beginnt. Wo der Weg am Odenbach entlang durch ein Tal führt, wildromantisch an Felsen, Wiesen und Wäldern vorbei, bis man auf eine schöne Waldlichtung gelangt. Schon von weitem sieht man das Gebäudeensemble aus Glas und Holz – modern und ungewöhnlich für diese ländliche Gegend, perfekt eingebettet in die umliegende Natur. Der ideale Ort für eine kreative Auszeit, um im Team zueinanderzufinden oder ungestört Strategiegespräche führen zu können. Hotelier Sebastian Cronauer und seine Familie haben dafür in den vergangenen Jahren den passenden Rahmen geschaffen. Im Jahr 2012 haben sie das historische Mühlenanwesen übernommen – damals noch Gasthof und beliebtes Ausflugsziel. Durch mehrere An- und Umbauten wurde daraus ein stilvolles und architektonisch anspruchsvolles Hideaway, das mit seinem geschmackvollen Ambiente und der typischen Pfälzer Gastfreundschaft punktet. Die Natur ist zentrales Element im Hotel: Holz, warme gedeckte Farben, modernes Design und schöne Stoffe dominieren. Große Glasfronten lassen Licht und Luft hinein, geben den ungestörten Blick auf Wald und Wiesen frei. In dieser Idylle kann man hervorragend arbeiten. Die neuen Tagungsräume sind hell, modern und mit direktem Zugang zur Natur, so dass der Lernprozess jederzeit ins Grüne verlagert werden kann. Die professionelle Ausstattung ermöglicht alle denkbaren klassischen und hybriden Veranstaltungsformate, dank Glasfaserkabel ist das Highspeed-Internet schnell und stabil. Inmitten des Pfälzer Waldes bieten sich auch tolle Möglichkeiten für Rahmenprogramme. Zahlreiche Wanderwege führen am Haus vorbei, ein nahegelegener Wasserfall ist fußläufig in 30 Minuten zu erreichen, hier finden im Sommer entspannte Team-Picknicke statt. Auch die benachbarte „Kleine Mühle", ein rustikales Ausflugslokal, kann für Events gebucht werden. Zur Entschleunigungs-Philosophie des Hauses gehört auch eine moderne frische Landhaus-Küche mit überwiegend regionalen Produkten. Die kulinarischen Leckereien und beste ausschließlich Pfälzer Weine können die Tagungsgäste im gemütlichen Restaurant oder auf der idyllischen Sommerterrasse mit Blick auf den naturbelassenen Mühlweiher genießen. *Uta Müller*

# Tagen im Einklang mit der Natur

## LOGIS

**34 Zimmer:**
2 EZ, 31 DZ, 1 Juniorsuite

## TAGUNG

**Besonders geeignet für:**
Seminar, Konferenz, Klausur, Event

**Räume**
Tagungsräume: 3

**Maximale Tagungskapazität**
U-Form: 48 Pers.
Parlamentarisch: 48 Pers.
Reihenbestuhlung: 80 Pers.

**Preise**
Preiskalkulation 1* 62,18 €
Preiskalkulation 2* 208,40 €

*Alle Angaben Nettopreise
zzgl. MwSt., Kalkulationsanfrage siehe Seite 32

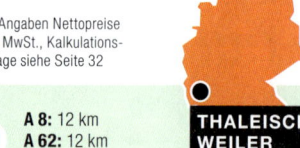

**THALEISCH-WEILER**

**A 8:** 12 km
**A 62:** 12 km
**A 6:** 30 km

**Fern:** Kaiserslautern, 35 km
**Nah:** Thaleischweiler-Fröschen, 8 km

**Saarbrücken:** 51 km

## WISSENSWERTES

• zahlreiche kostenfreie Parkplätze
• neuer Wellness-Bereich mit phantastischen Ausblicken
• Glasfaseranschluss und Hochleistungs-Accesspoint für bestes WLAN
• benachbarte „Kleine Mühle" für Events
• Wander- und Joggingstrecken ab Hotel

# Landhotel
# Weihermühle

WEIHERMÜHLE
— LANDHOTEL · RESTAURANT —

**66987**

## FAZIT

Ein idyllischer Rückzugsort, der **historische und moderne Elemente** gelungen kombiniert und zu einer neuen stimmungsvollen architektonischen Einheit verbindet.

Hier ist Tagen mitten in der Natur mit einer **professionellen technischen Ausstattung und Hochleistungsinternet** möglich.

Das Tagen auf der **Entschleunigungsspur** wird unterstützt von herzlicher **Pfälzer Gastfreundschaft** und einer **frischen Landhausküche.**

**66987 THALEISCHWEILER-FRÖSCHEN**

Weihermühle 1
Tel. +49 6334 449080
info@landhotel-weihermuehle.de
**www.landhotel-weihermuehle.de**

323

**W**er in der Toskana tagen möchte, muss nicht über die Alpen fahren. Mediterranes Lebensgefühl gibt es auch in der Pfalz: Sanfte Hügel, Weinberge, so weit das Auge reicht, grüne Wälder und Lebensart pur prägen die malerische Region an der Deutschen Weinstraße. Die Hoteliersfamilie Charlier hat das toskanische Flair der Umgebung aufgegriffen und daraus eine charmante Wohlfühlatmosphäre in ihrem Traditionshotel geschaffen. Warme mediterrane Farben, gemütliche Stoffe, Holz und Naturstein prägen die Atmosphäre, lichtdurchflutete Räume lassen viel Sonne hinein und im Sommer lockt die Gartenterrasse mit gemütlichen Korbstühlen und Zitronenbäumchen. Ein Haus mit Seele, das es mit seinem südländischen Flair den Gästen leicht macht, den Alltag hinter sich zu lassen und sich auf neue Lerninhalte zu konzentrieren. Work-Pfalz-Balance nennen die Charliers das Lebensgefühl, eine Mischung aus ausgeglichenem genussfreudigem Leben und optimalen Arbeitsbedingungen. Dafür stehen 1.000 m² Veranstaltungsfläche zur Verfügung, verteilt auf 16 klimatisierte Räume auf verschiedenen Gebäudeebenen, ausgestattet mit innovativer Technik für klassische und hybride Tagungsformate. Stets sind die Tagungsgäste unter sich, haben direkten oder nahen Zugang zum mediterranen Garten, überall lockt der Blick in die schönen Weinberge. Entspannte Pausen finden im Foyer am großen Mühlsteintisch statt, die kreativen leckeren Snacks sind dabei ein Vorgeschmack auf das gute Essen, das im ausgezeichneten À-la-carte-Restaurant „Scharfes Eck" serviert wird. Besonders beliebt ist das Tagungslandhaus mit seinen Natursteinwänden und dem offenen Holzgiebel. Hier können Gedanken fliegen und rauschende Feste gefeiert werden – immer entspannt, komplett entschleunigt. Nicht umsonst sieht man die Schnecke als Symbol für Ruhe und Gelassenheit überall im Hotel. Ein Muss für alle Seminargäste ist deshalb ein Besuch der eigenen Schneckenfarm ganz in der Nähe. Mit der Erkenntnis, dass man auch langsam, aber sicher an seine Ziele gelangt, können die Gäste am Abend die köstlichen Weine in der urigen „Weinbergschnecke" genießen und sich entspannt auf den nächsten Tag einstimmen.

*Uta Müller*

## Tagungswelt mit Toskana-Feeling

### LOGIS
**88 Zimmer:**
15 EZ, 66 DZ, 7 Suiten

### TAGUNG
**Besonders geeignet für:**
Seminar, Konferenz, Klausur, Event

**Räume**
| | |
|---|---|
| Tagungsräume: | 16 |
| Ausstellungsfläche: | 1.000 m² |

**Maximale Tagungskapazität**
| | |
|---|---|
| U-Form: | 50 Pers. |
| Parlamentarisch: | 90 Pers. |
| Reihenbestuhlung: | 150 Pers. |

**Preise**
| | |
|---|---|
| Preiskalkulation 1* | 89,92 € |
| Preiskalkulation 2* | 319,14 € |

*Alle Angaben Nettopreise zzgl. MwSt., Kalkulationsanfrage siehe Seite 32

**GRÜNSTADT-ASSELHEIM**

 **A 6:** 3 km

 **Fern:** Mannheim Hbf., 40 km
**Nah:** Asselheim, 0,3 km

 **Frankfurt:** 100 km

### WISSENSWERTES
- 110 Parkplätze in Hotelnähe
- einzigartige Weinbergschneckenfarm
- Bacchuskeller für rustikale Veranstaltungen
- zusätzliches Vinotel und Gästehaus
- Ergonomisches Mobiliar, moderne Lichtsteuerung sowie modernste digitale Präsentations- und Bildtechnik

# Pfalzhotel Asselheim

## FAZIT

Haus mit **großem Entschleunigungs-potenzial** im Hotelambiente, in der Ausstattung der Tagungs- und Event-räume und dem Angebot an Rahmen-programmen.

Die Kombination aus **optimalen Arbeitsbedingungen** und genuss-freudiger **Pfälzer Lebensart** macht das Hotel zu einem sehr sympathischen Tagungsort.

**Regionale Pfälzer** und **überregio-nale Köstlichkeiten** – inklusive der Schneckenspezialitäten – runden jeden Aufenthalt ab.

**67269 GRÜNSTADT-ASSELHEIM**

Holzweg 6–8
Tel. +49 6359 8003-0
tagung@pfalzhotel.de
www.pfalzhotel.de

M an muss dem Leben immer mindestens um einen Whisky voraus sein – sagte einst Humphrey Bogart. Im ART-Hotel Braun in Kirchheimbolanden darf es gerne auch eine extravagante Gin-Variante sein – eine von vielen Cocktailspezialitäten, die es in der bei Gästen äußerst beliebten „the martin's-Lounge" gibt. Die Bar spielt eine zentrale Rolle im Hotel: als chic in Rost- und Cognactönen gestylte Hotellounge mit offenem Feuer für gesellige Abende, als Meeting Point für Tagungspausen und Gruppenarbeiten oder sogar als Seminarraum, von manchen Trainern gewünscht wegen des coolen und entspannten Ambientes. Solchen und anderen Sonderwünschen kommt die Inhaberfamilie Braun gerne nach, schließlich ist es die persönliche und individuelle Betreuung, die Gäste seit 40 Jahren an das 4-Sterne-Haus mitten im Ort bindet. Seit einigen Jahren ist der technikaffine Junior-Chef Martin Braun mit im Boot. Er hat das Business-Hotel nicht nur weitgehend digitalisiert, sondern auch neugestaltet und eine moderne Farbgebung in Erde, Olive und Terrakotta hineingebracht. Zusätzlich setzt er starke künstlerische Akzente. An der Fassade des Hotels prangt die größte Spraybanane der Welt des Künstlers Thomas Baumgärtel. In den Innenräumen des Hotels finden wechselnde Ausstellungen zeitgenössischer Künstler statt, die immer wieder Gesprächsthema in der kleinen Stadt sind oder inspirierende Ideengeber für die Tagungsgäste. Auch die Zimmer – alle modern gestaltet, klimatisiert und mit Kaffee-Tee-Station versehen – fallen durch einen witzigen künstlerischen Touch und fröhliche Farben auf. Da wird das Tagen fast zur Nebensache, obwohl auch hier die Bedingungen bestens sind: Der große Tagungsraum ist klimatisiert, mit warmen Farben stilvoll gestaltet und hat bodentiefe Fenster. Er kann um einen weiteren Raum erweitert werden für größere Veranstaltungen oder Vorträge. Die cannyboards, mit denen die Teilnehmer ihr Meeting interaktiv gestalten und Teilnehmer an anderen Standorten problemlos zuschalten können, sind in der Tagungspauschale inkludiert. Am Abend können Seminargäste einen kulinarischen Streifzug durch das historische Städtchen unternehmen oder Ausflüge zu einem der vielen nahegelegenen Weingüter in der Pfalz machen, bevor sie ihren Absacker in der Cocktail-Lounge genießen.     *Uta Müller*

## Die Kunst des Tagens

### LOGIS

**40 Zimmer:**
12 EZ, 27 DZ, 1 Suite

### TAGUNG

**Besonders geeignet für:**
Seminar, Klausur

**Räume**
Tagungsräume:                     3

**Maximale Tagungskapazität**
U-Form:                    24 Pers.
Parlamentarisch:          28 Pers.
Reihenbestuhlung:         47 Pers.

**Preise**
Preiskalkulation 1*        48,25 €
Preiskalkulation 2*       201,61 €

*Alle Angaben Nettopreise zzgl. MwSt., Kalkulationsanfrage siehe Seite 32

KIRCHHEIM-BOLANDEN

**A 63:** 2 km
**A 61:** 14 km

**Fern:** Mainz, 40 km
**Nah:** Kirchheimbolanden, 0,3 km

**Frankfurt/Main:** 58 km

### WISSENSWERTES

- 2 cannyboards für effiziente Meetings und hybride Tagungen
- passwordgeschützte Internetverbindung
- gemütliche Cocktail-Lounge mit offenem Kamin
- Elektro-Ladestation
- Wellness-Oase mit Sauna und Dampfbad
- E-Mountainbikes zum Ausleihen

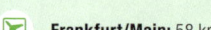

# ART-Hotel Braun

## FAZIT

Das familiengeführte Business-Hotel sorgt mit **besten Tagungsbedingungen** und kleinen Überraschungen des **engagierten Teams** für das individuelle Wohl der Gäste.

**Kunst** findet sich im ganzen Haus wieder und dient als **inspirierendes Element** für die auch häufig internationalen Gäste.

**Verkehrsgünstige Lage** zwischen Mainz, Worms und Kaiserslautern.

**67292**
**KIRCHHEIMBOLANDEN**

Uhlandstraße 1
Tel. +49 6352 4006-0
nfo@hotelbraun.de
**www.hotelbraun.de**

67292

D er Schillerhain im rheinland-pfälzischen Kirchheim-bolanden ist in zweifacher Hinsicht hochinteressant. Unter historischem Aspekt zum einen: Es ist ein Bürgerpark, der seinen Ursprung in der Verehrung Friedrich von Schillers findet und Mitte des 19. Jahrhunderts angelegt wurde. Zum anderen, weil in den 60er Jahren der Umbau des Kurhauses zum Hotel erfolgte. Das wird noch heute von den Erwerbern, der Familie Wurster, betrieben, zwischenzeitlich in 2. Generation. Und genau dieser Umstand macht die Destination Schillerhain aus Sicht von Tagungsveranstaltern interessant: Aus dem einst beschaulichen Parkbetrieb mit seinem Kurhaus ist in den letzten Jahren ein beachtliches Tagungszentrum entstanden – Tradiertes wurde liebevoll bewahrt und mit Modernem ergänzt. Und so präsentiert sich das Parkhotel Schillerhain heute als zeitgemäß eingerichtetes und komfortabel ausgestattetes Arbeitsrefugium inmitten einer stillen Parkanlage. Ein Ergänzungsbau konnte im Jahr 2016 eingeweiht werden: Hochmodern und ästhetisch eingerichtete Zimmer – Gästeinformationen erfolgen via Tablets – ergänzen vorhandene Kapazitäten im Logisbereich und das ebenerdig gelegene Tagungszentrum hat den bezeichnenden Namen „gedankenGUT" erhalten. Unmittelbar an den Rezeptionsbereich anschließend, vom übrigen Hotelbetrieb jedoch separiert, haben bis zu 150 Tagende Raum und Platz für Seminare und Konferenzen. Teilweise miteinander kombinierbar, bestechen die Räume durch Eleganz und die hochwertige technische Ausstattung – Trainern steht die Möglichkeit offen, Weframe-unterstützt zu arbeiten, kreative Ideen entfalten sich im neu gestalteten „Schillerhain-LOFT", einem besonderen Kreativraum. Frische Produkte der Region werden in der Schillerhain-Küche verarbeitet und im edel-rustikalen Ambiente der Schillerhainer Stuben, alternativ im modernen Restaurant serviert. Drei Outlets sind zu erwähnen: Unmittelbar am Hotel lädt ein Eventgarten dazu ein, Pausen im Grünen zu verbringen und Teambuildings durchzuführen. Mit dem Pagodenzelt offeriert die Veranstaltungsabteilung des Hauses eine originelle gastronomische Variante für Gruppen – wetterunabhängig. Gruppen zeigen sich von den zahlreichen Möglichkeiten begeistert, die das nahe Wanderrevier Pfälzerwald bietet. *Thomas Kühn*

## Der Pfälzerwald so nah

**LOGIS**

**61 Zimmer:**
7 EZ, 54 DZ

**TAGUNG**

**Besonders geeignet für:**
Seminar, Konferenz,
Klausur, Kreativprozesse

**Räume**
Tagungsräume: 8
Ausstellungsfläche: 100 m²

**Maximale Tagungskapazität**
U-Form: 78 Pers.
Parlamentarisch: 140 Pers.
Reihenbestuhlung: 260 Pers.

**Preise**
Preiskalkulation 1* 85,00 €
Preiskalkulation 2* 300,00 €

*Alle Angaben Nettopreise
zzgl. MwSt., Kalkulationsanfrage siehe Seite 32

KIRCHHEIM-BOLANDEN

**A 63:** 2,5 km

**Fern:** Worms, 33 km
**Nah:** Kirchheimbolanden, 1,5 km

**Frankfurt/Main:** 75 km

### WISSENSWERTES

- kostenfreie Parkplätze am Haus vorhanden
- Eine weitere Tagungsmöglichkeit bietet das neu gestaltete Schillerhain Loft, mit seinem extravaganten und exklusiven Design bietet es eine einzigartige Umgebung für Tagungen und kreative Ideen
- wunderschöner Wellnessbereich, das NaturSPA im 3. Stock bietet Saunen und ein Dampfbad
- Hochwertige Programme zur Entwicklung des Teamgedankens sind ebenso buchbar wie attraktive Rahmenprogramme

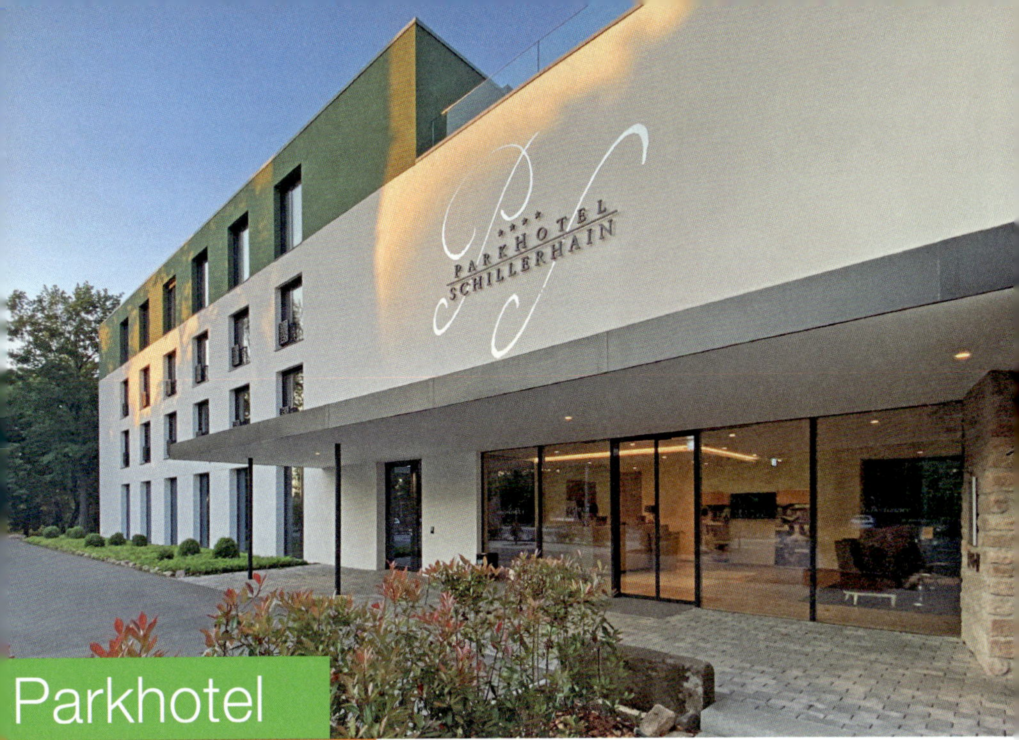

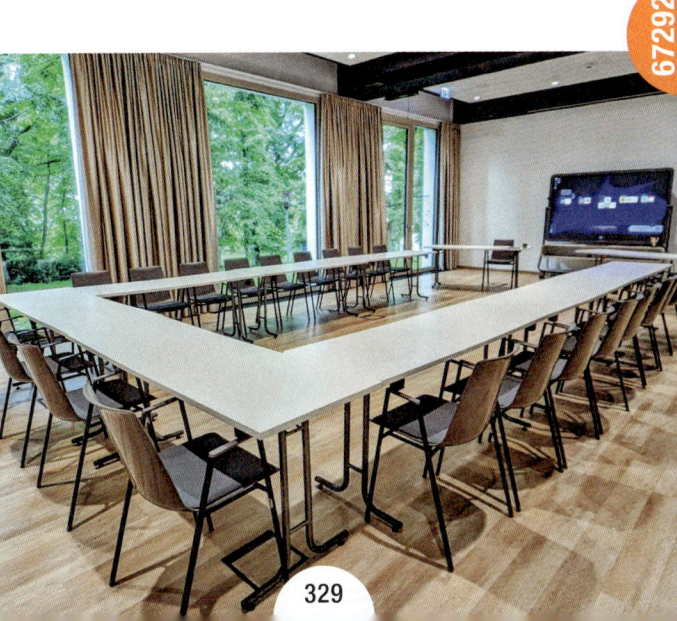

# Parkhotel
# Schillerhain

## FAZIT

Parkhotel Schillerhain bietet **exzellente Arbeitsbedingungen** – abseits des Hotelbetriebs – im Tagungszentrum „gedankenGUT": tagesbelichtet, technisch hochwertig ausgestattet und naturnah.

Veranstaltern steht eine **Vielzahl von „Bausteinen"** zur Verfügung – gastronomisch in unterschiedlichen Restaurantbereichen sowie für die innovative Gestaltung der Tagungsagenda auch im Außenbereich.

Hochwertig eingerichteter **Spa-Bereich.**

67292

**67292 KIRCHHEIM-BOLANDEN**

Schillerhain 1
Tel. +49 6352 712-0
info@schillerhain.de
**www.schillerhain.de**

329

S peyer wird gerne die „Superlative in der Pfalz" genannt: Der Dom zu Speyer ist die größte romanische Kirche der Welt und zählt zum UNESCO-Weltkulturerbe. Im historischen Museum erfährt man alles über die vielen gekrönten Häupter, die Speyer bereits besucht haben, und im Technikmuseum werden atemberaubende Exponate aus der Welt der Technik gezeigt. Lebens- und Genussfreude prägen die Stadt, traditionelle Weinstuben, Vinotheken und zahlreiche Restaurants zeugen von herzlicher Gastfreundschaft und Geselligkeit. Nur wenige Minuten von der schönen historischen Altstadt entfernt lässt es sich auch hervorragend tagen. Das Hotel Löwengarten, seit 2003 in Besitz der Familie Deisinger, hat sich durch kontinuierliche An- und Umbauten und das Engagement der Inhaber zu einem modernen 4-Sterne-Hotel entwickelt, das sehr persönlich und mit vielen langjährigen Mitarbeitern äußerst serviceorientiert aufgestellt ist. Fünf multifunktionale Tagungsräume auf verschiedenen Ebenen stehen zur Verfügung, bis zu 150 Personen können dort unter besten Bedingungen arbeiten und feiern. Die beiden größten modernen Räume, benannt nach dem bekannten Speyerer Künstler Hans Purrmann, liegen im Erdgeschoss. Sie sind hell und mit freundlichen Farben versehen, klimatisiert und mit neuester Tagungstechnik ausgestattet. Meetings werden effizient gestaltet, das digitale cannyboard mit 86" großem Multitouch-Display ersetzt Beamer, Flipchart und Pinnwand und lässt Teilnehmer interaktiv miteinander arbeiten, unabhängig von ihrem Standort. Im Souterrain des Hotels lädt die Bibliothek zum Tagen ein. Der 70 m² große modern gestaltete Raum ist ruhig gelegen, hat Tageslicht und verbreitet mit Holzboden und Bücherwand eine ausgesprochen behagliche Atmosphäre. Gleich nebenan befinden sich ein weiterer moderner Tagungsraum, ein Gruppenraum und der gemauerte Weinkeller. Hier können bis zu 30 Personen moderierte Weinproben durchführen oder gesellige rustikale Abende erleben. Natürlich bieten auch ein Rundgang durch die fußläufig erreichbare Altstadt mit ihren urigen Kneipen, eine Kirchen- oder eine Stadtführung mit korrespondierendem Menü eine gelungene Abwechslung zum erfolgreichen Seminartag. *Uta Müller*

## Modern – familiär – kompetent

**LOGIS**

**64 Zimmer:**
6 EZ, 55 DZ, 1 Suite,
2 Appartements

**TAGUNG**

**Besonders geeignet für:**
Seminar, Konferenz, Klausur

**Räume**
Tagungsräume:                    5

**Maximale Tagungskapazität**
U-Form:                    40 Pers.
Parlamentarisch:          80 Pers.
Reihenbestuhlung:        150 Pers.

**Preise**
Preiskalkulation 1*        83,61 €
Preiskalkulation 2*       224,79 €

*Alle Angaben Nettopreise
zzgl. MwSt., Kalkulationsanfrage siehe Seite 32

SPEYER

**A 61:** 9 km

**Fern:** Mannheim, 24 km
**Nah:** Speyer, 1,3 km

**Frankfurt/Main:** 96 km
**Karlsruhe:** 85 km

## WISSENSWERTES

• Ein cannyboard ermöglicht interaktives Arbeiten und hybride Tagungen
• alle Tagungsräume und Zimmer klimatisiert
• rustikaler Weinkeller für urige Abende
• Elektro-Ladestation
• kulinarische Rahmenprogramme in der Altstadt

# Hotel
# Löwengarten

## FAZIT

In dem **familiengeführten Hotel** kümmert sich ein langjähriges Service-Team **äußerst engagiert und flexibel** um die Belange der Tagungsgäste.

**Neueste Tagungstechnik** macht die multifunktional nutzbaren, klimatisierten Tagungsräume zu idealen Orten für **interaktive Workshops** und **hybride Tagungen.**

**Schöne Lage** direkt am Rande der historischen Altstadt.

**67346 SPEYER**

Schwerdstraße 14
Tel. +49 6232 6270
info@hotel-loewengarten.de
www.hotel-loewengarten.de

67346

331

W er einen Ort besonderer Herzlichkeit, Naturverbundenheit, Kulinarik und Ruhe sucht, ist im Landidyll Hotel-Restaurant Klostermühle in Münchweiler genau richtig aufgehoben. Unterhalb des Donnersbergs, am Ufer des Flüsschens Alsenz gelegen und mit einem großzügigen Freigelände ausgestattet, bietet das 3-Sterne-Superior-Hotel das ideale Umfeld für Tagungen, bei denen nicht nur gearbeitet, sondern auch hervorragend Teambuilding betrieben werden kann. Die beiden hellen, flexibel kombinierbaren Tagungsräume im Erdgeschoss fassen zusammen maximal 80 Personen, sind mit bodentiefen Fenstern versehen und haben einen direkten Zugang zum Innenhof. Im Dachgeschoss kann im Raum Mühlenspeicher unter einer heimeligen Balkendecke präsentiert oder auch Yoga praktiziert werden. Die kleineren Räume im Haus werden gerne für Vorstandssitzungen und Besprechungen im engeren Kreis genutzt. Neben weiterem modernem Tagungsequipment hält das Hotel jetzt auch eine Logitec-Meetup-Kamera für hybride Veranstaltungen bereit. Deren reibungslosen Verlauf garantiert ein starker, abgeschirmter W-LAN-Zugang. Sehr beliebt bei den Gästen ist das ungezwungene Beisammensein in der „Gut Stubb" der Klostermühle: zwei gemütlichen, wohn- und esszimmerartig gestalteten Räumen, die die Bar ersetzen und zur Selbstbedienung mit gekühlten Getränken einladen.

Alle Bäder der 28 komfortabel und mit viel Liebe zum Detail eingerichteten Zimmer wurden 2021 neu gestaltet. Die Sauna und ein Ruheraum befinden sich im urigen Sandsteingewölbe der alten Mühle, die seit den 1920er Jahren im Besitz der Familie Jennewein ist. Neben ihrer professionellen Tagungs- und Veranstaltungsbetreuung überzeugt die Klostermühle auch mit einer exzellenten Küche unter Küchenchef Michael Brehm und durch ihren aufmerksamen und ungekünstelten Service. Erik Jennewein führt das Hotel heute mit seiner Frau Violaine, gleichzeitig ist er für die Landwirtschaft der Familie verantwortlich. Frische Kräuter und Gemüse für die Restaurantküche stammen aus dem familieneigenen Anbau „Fräulein Lenz". Zu den Genüssen aus der Küche werden Weine von befreundeten Winzern und dem familieneigenen Weingut „Hinter der Kirche – Oliver Knab" gereicht. Das Hotel ist sowohl per PKW als auch mit der Bahn hervorragend zu erreichen. *Susanne Stauß*

## Authentische Natürlichkeit

### LOGIS

**28 Zimmer:**
8 EZ, 19 DZ,
1 Komfort-Appartement

### TAGUNG

**Besonders geeignet für:**
Seminar, Klausur

**Räume**
Tagungsräume:                   3
Ausstellungsfläche:      180 m²

**Maximale Tagungskapazität**
U-Form:                   40 Pers.
Parlamentarisch:          70 Pers.
Reihenbestuhlung:         80 Pers.

**Preise**
Preiskalkulation 1*      71,54 €
Preiskalkulation 2*     248,40 €

*Alle Angaben Nettopreise
zzgl. MwSt., Kalkulationsanfrage siehe Seite 32

**MÜNCHWEILER**

**A 63:** 2 km
**A 6:** 10 km

**Fern:** Kaiserslautern Hbf., 18 km
**Nah:** Münchweiler
a.d. Alsenz, 0,5 km

**Frankfurt/Main:** 90 km
**Frankfurt-Hahn:** 115 km

### WISSENSWERTES

• Eigenes WLAN-Netzwerk, kabellose Präsentation, Konferenzsystem und Kamera für hybride Veranstaltungen
• kostenfreie Parkplätze am Haus, zwei E-Ladesäulen
• attraktiver Wellnessbereich, grünes Umfeld
• familieneigene Landwirtschaft ist immanenter Bestandteil des Hotelbetriebs

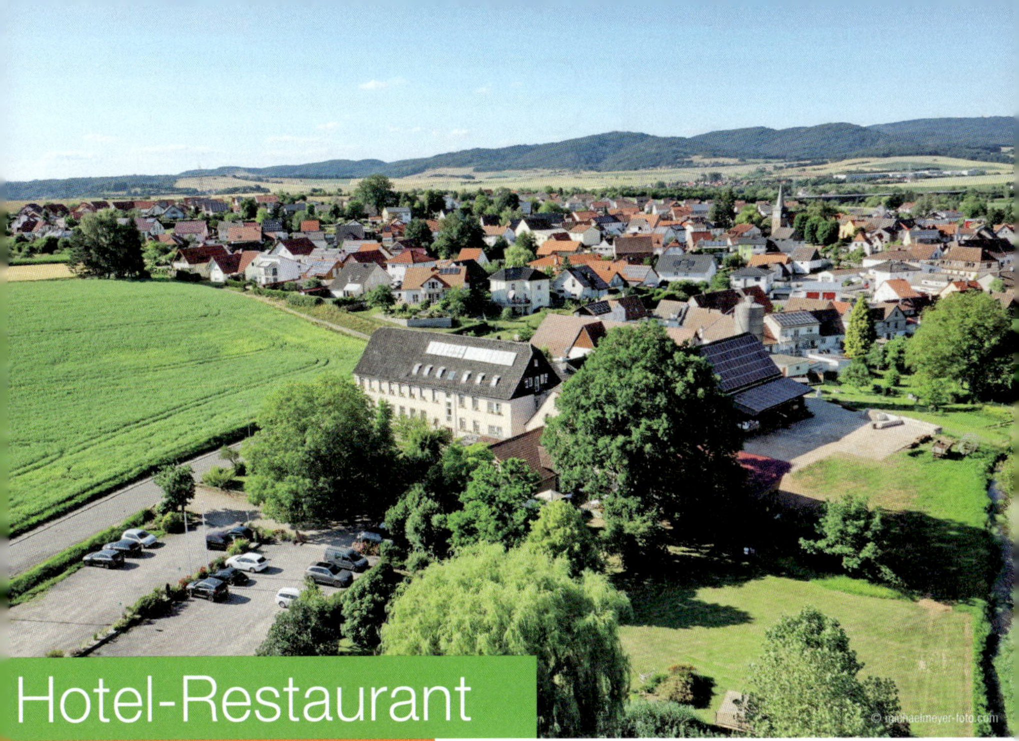

# Hotel-Restaurant
# Klostermühle

### FAZIT

Hotel Klostermühle überzeugt durch die **Herzlichkeit seines Teams** und seine helle, freundliche Ausstattung mit vielen natürlichen Materialien.

Ob Brückenbauen, Bogenschießen, SUP-Yoga auf dem hauseigenen Weiher oder Innen-Aktivitäten wie Laserlicht-Biathlon oder Drohnenflug-Wettbewerb mit Quadrocoptern: Hier findet jede Tagung ihr **einzigartiges Rahmen-programm.**

Gäste schätzen besonders die hohe Qualität der Küche, beliefert durch die **familieneigene Landwirtschaft.**

67728

**67728 MÜNCHWEILER (AN DER ALSENZ)**

Mühlstraße 19
Tel. +49 6302 9220-0
info@klostermuehle.com
**www.klostermuehle.com**

333

**S**üdlich von Heidelberg, an den Ausläufern des Kraichgauer Hügellands, liegt die Weinstadt Wiesloch mit einer ganz besonderen Sehenswürdigkeit: der „1. Tankstelle der Welt" alias Stadtapotheke, in der sich Bertha Benz 1888 auf einem Automobil-Ausflug mit Leichtbenzin eingedeckt hatte. Über 100 Jahre später eröffnete in Wiesloch das heutige Best Western Plus Palatin Kongresshotel & Kulturzentrum mit 16 Veranstaltungsräumen, deren Mittelpunkt der 1.270 m² große Staufersaal mit installierter Bühne bildet. Bei den Veranstaltungsformaten kennt das Haus keine Grenzen. Besonders unkonventionell und bunt präsentiert sich etwa der Raum „Denkwerkstatt" für Kreativprozesse. Das Inszenieren hybrider Tagungen oder das Streamen von Videokonferenzen in Studioqualität sind im Palatin ebenso selbstverständlich wie eine eigene Technik-Crew. Als Symbiose aus Restaurant, Kulturzentrum, Hotel, Tagungs- und Eventlocation bietet das Haus das ganze Jahr über professionelles Entertainment: von Konzerten über Theateraufführungen bis hin zu Vernissagen. Hotelgäste genießen dabei Vorteilspreise, und für das Rahmenprogramm der Tagungen kann auf einen großen Künstlerpool zurückgegriffen werden. Wichtig ist dem Team auch die enge Beziehung zur Region, die sich etwa in der Förderung lokaler Vereine niederschlägt oder in der Kulinarik, bei der die Küchencrew ihr Augenmerk auf Regionalität und Saisonalität legt. Auf der gut sortierten Weinkarte findet sich zudem der Vino Palatino, ein Rosé, an dessen Anbau die Palatin-Azubis unter der Leitung des heimischen Winzerkellers mitwirken. Das nahe der Weinberge gelegene Hotel bietet sich für Unternehmungen in der Natur an, für einen entspannten Tagesausklang steht eine Panorama-Sauna mit Fernblick bereit, und für den erholsamen Schlaf sorgen 115 wohnliche Zimmer im Haupthaus und 19 Studios im gegenüberliegenden Boardinghouse. Seit vielen Jahren beschreitet das Palatin seinen eigenen „grünen Weg", wozu auch ein Blockheizkraftwerk, Elektroladestationen in der Tiefgarage und Photovoltaikanlagen zählen. *Susanne Stauß*

## Tagen mit Kultur

### LOGIS

**134 Zimmer:**
5 EZ, 110 DZ (auch als EZ nutzbar),
16 Studios, 3 Suiten

### TAGUNG

**Besonders geeignet für:**
Seminar, Konferenz, Event

**Räume**
Tagungsräume: 16
Ausstellungsfläche: 860 m²

**Maximale Tagungskapazität**
U-Form: 50 Pers.
Parlamentarisch: 636 Pers.
Reihenbestuhlung: 1.263 Pers.

**Preise**
Preiskalkulation 1* 66,38 €
Preiskalkulation 2* 281,51 €

*Alle Angaben Nettopreise
zzgl. MwSt., Kalkulationsanfrage siehe Seite 32

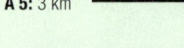

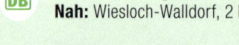

A 6: 2 km
A 5: 3 km

**WIESLOCH**

**Fern:** Heidelberg Hbf., 12 km
**Nah:** Wiesloch-Walldorf, 2 km

**Mannheim:** 32 km
**Frankfurt/Main:** 95 km
**Stuttgart:** 95 km

### WISSENSWERTES

- Kongressbereich mit Bühne ist auch befahrbar und verfügt über separate Eingänge
- kostenfreie Business-Corner und W-LAN
- 392 Parkplätze
- DEKRA-Zertifizierung für Datenschutz
- IT-, Ton-, Lichtspezialisten, Elektriker, Eventmanager und Veranstaltungsmeister vor Ort
- 1-GB-Up-/-Download-Glasfasernetz vorhanden

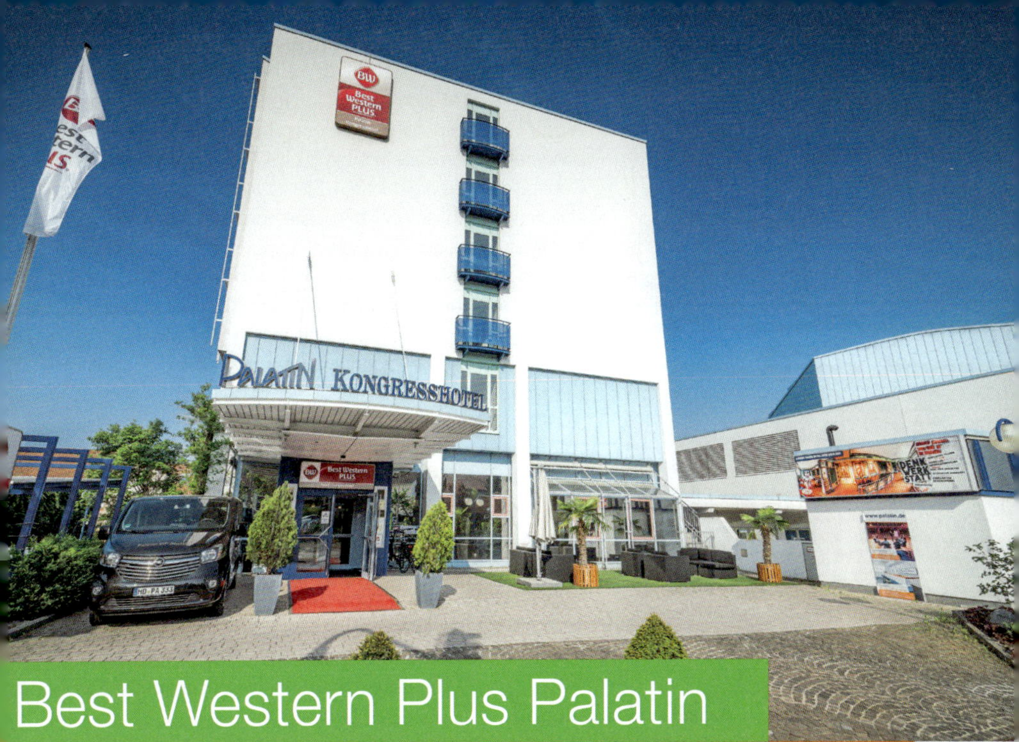

# Best Western Plus Palatin

## Kongresshotel & Kulturzentrum

### FAZIT

Hier sind **Veranstaltungsprofis** mit langjähriger Erfahrung am Werk.

Ein größenvariables Raumangebot ermöglicht eine **Vielzahl an Formaten.**

Für das **Rahmenprogramm** kann auf einen **großen Künstlerpool** zurückgegriffen werden.

**69168 WIESLOCH**

Ringstraße 17–19
Tel. +49 6222 582-600
tagung@palatin.de
www.palatin.de
www.palatin.bestwestern.de

Südlich von Heidelberg, im Herzen von Walldorf gelegen, hat sich das Hotel Vorfelder als kleines, feines Tagungshotel einen großen Namen gemacht – insbesondere für Seminare mit bis zu 40 Personen. Das in dritter Generation inhabergeführte 4-Sterne-Hotel zeichnet sich unter anderem durch seine individuelle, professionelle Veranstaltungsbetreuung aus. Ein dicker Pluspunkt sind die vielen langjährigen Mitarbeiter. Sie begleiten kompetent den Ablauf und stehen stets für alle Fragen, von der Technik bis zum Rahmenprogramm, zur Verfügung. Jeder der fünf hellen, in Naturfarben gehaltenen Tagungsräume hat einen Zugang zur Terrasse. Logitech-Equipment für hybride Veranstaltungen oder Videokonferenzen ist ebenso verfügbar wie modernste Präsentationstechnik mit digitalem Flipchart. Im Sommer bietet sich die großzügige Außenfläche mit Garten für Sitzkreise oder sommerliche Barbecues an, im Winter kann dort z.B. Eisstockschießen organisiert werden – nebst Glühwein und Maronen. Kulinarisch dürfen sich die Gäste im Haus auf eine kreative, leichte und qualitativ hochwertige Frischeküche freuen. Bereits seit vielen Jahren wird die Küchenleistung von namhaften Restaurantführern empfohlen. Auf einen After-Work-Drink oder -Snack trifft man sich gerne in der gemütlichen Kaminlounge. Ein moderner Wellnessbereich mit Infrarotkabine, Sauna, Erlebnisdusche und Massagesessel lädt zum Relaxen ein. Wer es lieber sportlich mag, findet im kleinen Fitnessbereich eine Auswahl an Technogym-Geräten vor. Für erholsame Nächte stehen 65 schicke Zimmer bereit, darunter 4 Studios. Je nach Verfügbarkeit kann der Gast als Alternative zum herkömmlichen Kopfkissen Spezialkissen aus einem Kissenmenü wählen. Dass die Geschichte des modern und geschmackvoll, gleichzeitig aber auch anheimelnd gestalteten Hotelensembles auf ein öffentliches Bad zurückgeht, ist heute nicht mehr vorstellbar. Doch in den 1950er Jahren hatten die Großmutter und der Vater von Inhaber Oliver Vorfelder genau an dieser Stelle das Volksbad Vorfelder eröffnet. Als die Nachfrage nach öffentlichen Bädern nachließ, wandelte die Familie die Immobilie in ein Hotel mit Restaurant um. An diese originale Vergangenheit erinnern heute noch historische Fotos.

*Susanne Stauß*

## Qualität und Individualität

### LOGIS

**65 Zimmer:**
18 EZ, 43 DZ, 4 Studios

### TAGUNG

**Besonders geeignet für:**
Seminar, Klausur, Event

**Räume**
| | |
|---|---|
| Tagungsräume: | 5 |
| Ausstellungsfläche: | 50 m² |

**Maximale Tagungskapazität**
| | |
|---|---|
| U-Form: | 24 Pers. |
| Parlamentarisch: | 32 Pers. |
| Reihenbestuhlung: | 50 Pers. |

**Preise**
| | |
|---|---|
| Preiskalkulation 1* | 64,29 € |
| Preiskalkulation 2* | 260,68 € |

*Alle Angaben Nettopreise zzgl. MwSt., Kalkulationsanfrage siehe Seite 32

**WALLDORF**

**A 5:** 1 km
**A 6:** 1,5 km

**Fern:** Heidelberg, 16 km
**Nah:** Wiesloch-Walldorf, 1,5 km

**Frankfurt:** 90 km
**Stuttgart:** 110 km

### WISSENSWERTES

- Technikpakete für hybride Veranstaltungen
- kostenfreies W-LAN, auf Wunsch zusätzliche LAN-Verbindung
- 40 eigene Parkplätze, 4 mit Ladesäule
- ruhiges Tagen bei hervorragender Verkehrsanbindung

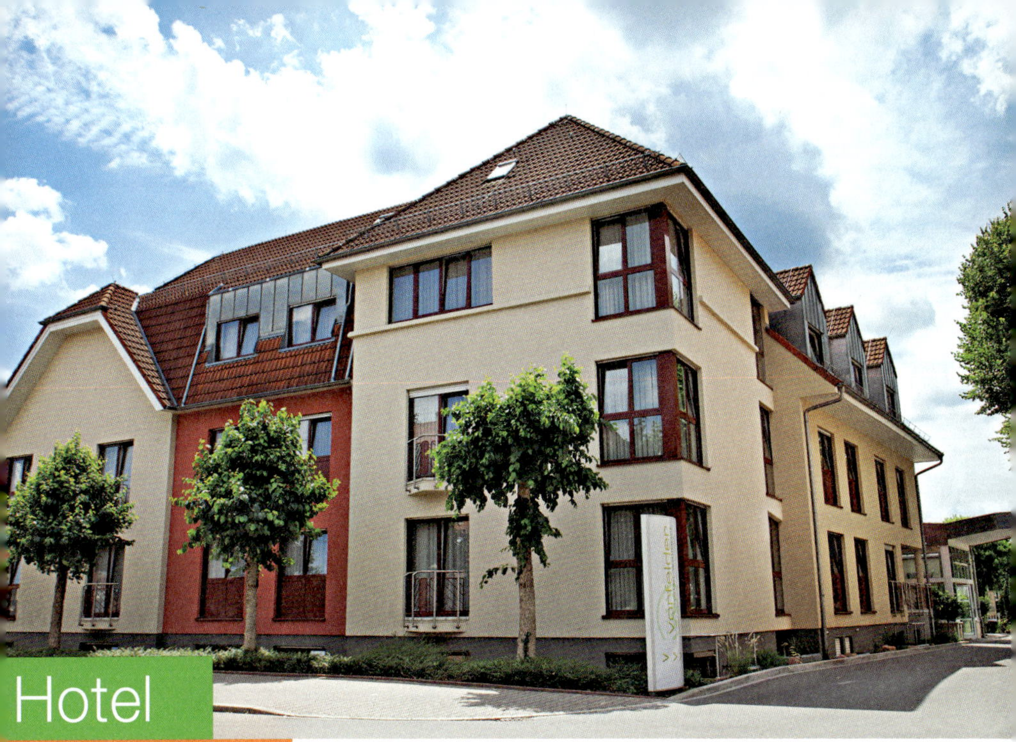

# Hotel Vorfelder

## FAZIT

Das Hotel Vorfelder zeichnet sich durch ein **sehr attraktives Interior-Design** aus, das für eine moderne und gleichzeitig behagliche Atmosphäre sorgt.

Erfahrene, langjährige Mitarbeiter stehen für den reibungslosen Ablauf jeder Tagung bereit und bieten einen **individuell abgestimmten Service.**

Vom Fingerfood in der Tagungspause bis zum Menü: **Die frische, kreative Küche lässt keine Wünsche offen.**

**69190 WALLDORF**
Bahnhofstraße 28
Tel. +49 6227 6990
info@hotel-vorfelder.de
**www.hotel-vorfelder.de**

69190

S o sieht ein perfektes Tagungs-Hideaway aus: eine wunderbar ruhige Lage am Waldrand mit bester Anbindung an die Innenstadt. Ein Veranstaltungsteam, das herzlich, professionell und schnell erfolgreiche Tagungen und Events organisiert. Und eine stilvolle, private Atmosphäre, die Gäste inspiriert und auf angenehm legere Weise Komfort und Qualität verkörpert. Arbeiten, entspannen, genießen – im Waldhotel wird Gastfreundschaft auf hohem Niveau gepflegt, in einem Ambiente, das eher an ein kultiviertes Zuhause als an einen funktionalen Lernort erinnert. Und doch finden Veranstalter hier alles, was Tagungen erfolgreich macht: Sechs Tagungsräume, vom 185 m² großen festlich-modernen Ballsaal bis zum idyllisch im Garten gelegenen historischen Lindensaal; alle sind klimatisiert, hell und mit neuester Technik ausgestattet. Das Arbeiten mit Konferenzsystemen, digitalen Whiteboards und modernster Präsentationstechnik ist ebenso selbstverständlich wie exklusive Strategiegespräche und Vorstandsmeetings in denkmalgeschützten eleganten Räumlichkeiten. Allen gemeinsam ist der Zugang nach draußen, so dass die Gäste ganz unkompliziert Freiräume in der Natur zum Lernen oder für erholsame Breaks nutzen können. Die Lage im grünen Stadtteil Degerloch macht das Waldhotel auch zum idealen Ausgangspunkt für Rahmenprogramme in der Natur: Ob beim Waldbaden, auf Spurensuche, bei Teamwettbewerben oder Geschicklichkeitstrainings – die Hotelcrew hat eine hohe Tagungskompetenz und unterstützt bei der Organisation von Incentives, damit die angesteuerten Lernziele erreicht werden. Eng verbunden mit dem hohen Qualitätsanspruch ist ein konsequent nachhaltiges Denken und Handeln des gesamten Hotelteams: Ohne auf Komfort und tollen Service zu verzichten, stehen ökologische, ökonomische und soziale Aspekte im Waldhotel stets im Mittelpunkt. Regionalität ist Trumpf, alle kulinarischen Köstlichkeiten werden selbst zubereitet – die Küche des Gourmet-Restaurants „Finch" kann locker mit dem insgesamt hohen Niveau des 4-Sterne-superior-Hotels mithalten. Entspannt können die schönen (Arbeits-)Tage im Waldhotel auf der Terrasse oder am Kaminfeuer in der Bar ausklingen. *Uta Müller*

## LOGIS

**96 Zimmer:**
26 EZ, 68 DZ, 2 Suiten

# Tagungs-Hideaway für Genießer

## TAGUNG

**Besonders geeignet für:**
Seminar, Konferenz, Klausur, Event

**Räume**
Tagungsräume:      6

**Maximale Tagungskapazität**
U-Form:      40 Pers.
Parlamentarisch:      74 Pers.
Reihenbestuhlung:      120 Pers.

**Preise**
Preiskalkulation 1*      135,00 €
Preiskalkulation 2*      417,00 €

*Alle Angaben Nettopreise
zzgl. MwSt., Kalkulationsanfrage siehe Seite 32

**STUTTGART**

 **A 8:** 7 km

 **Fern:** Stuttgart Hbf., 7 km

 **Stuttgart:** 10 km

## WISSENSWERTES

- Nachhaltigkeitszertifikat GreenSign 94%
- passwortgeschützte Internetverbindung
- ausreichend Parkplätze und Tiefgarage mit 4 E-Ladestationen
- schöner Wohlfühlbereich inkl. Terrasse mit Sauna, Dampfbad und Fitness
- Zahlreiche naturnahe Rahmenprogramme sind direkt ab Hotel möglich

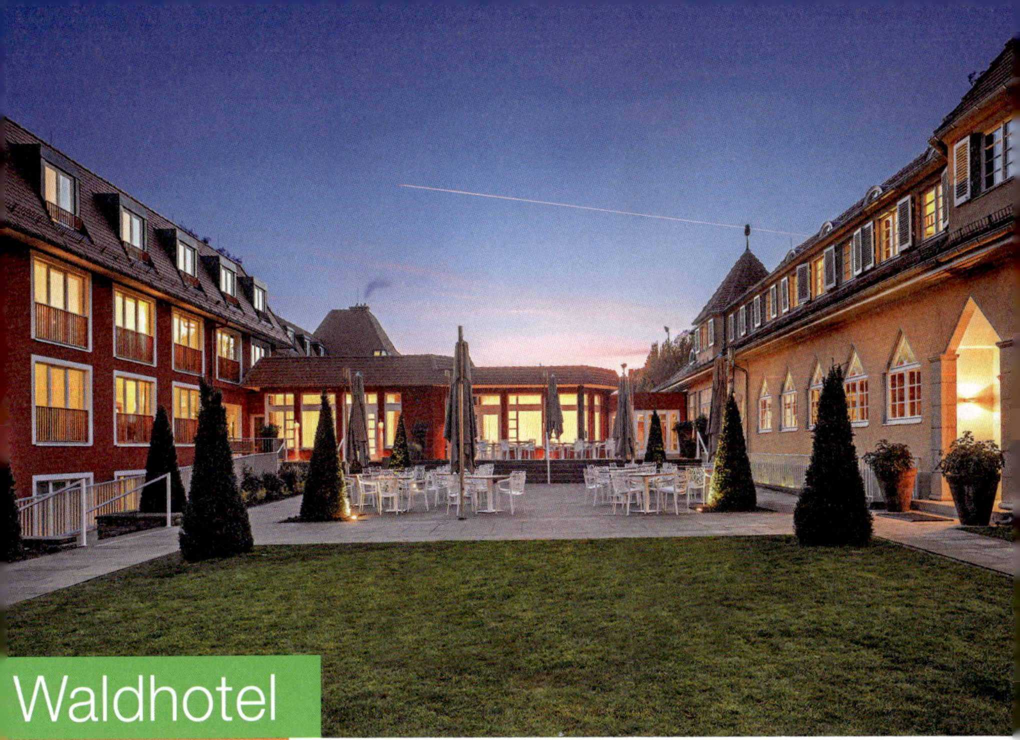

# Waldhotel
# Stuttgart

## FAZIT

Eine **exklusive Tagungsdestination** im Grünen, die **Nachhaltigkeit, Genuss und Komfort** zu einem stilvollen Arbeitserlebnis verbindet.

Die engagierte Hotel-Crew sorgt durch **professionelles Arbeiten** und eine **hohe Serviceorientierung** für ein Rundum-Wohlgefühl bei den Gästen.

Trotz der naturnahen Lage **gut erreichbar** mit dem **Auto** und öffentlichen Verkehrsmitteln.

70597

**70597 STUTTGART**

Guts-Muths-Weg 18
Tel. +49 711 18572-0
info@waldhotel-stuttgart.de
**www.waldhotel-stuttgart.de**

einfelden-Echterdingen liegt am Rand der fruchtbaren, vor allem durch ihren Krautanbau bekannten Filderebene. Allerdings zeichnet sich diese Region südlich von Stuttgart auch durch ihre hervorragende Anbindung an öffentliche Verkehrsmittel, Messe, Flughafen und Autobahn aus. Und so entstand dort im Jahr 2011 – tatsächlich auf dem Gelände einer ehemaligen Krautfabrik – das Parkhotel Stuttgart: ein stilvolles Haus, dessen gelungenes Design, verbunden mit seiner gastronomischen Vielfalt, seinem anspruchsvollen ökologischen Konzept und einem höchst professionellen Team, alle Attribute für ein erstklassiges Tagungshotel in sich vereint. Die besondere Lichtgestaltung, kombiniert mit ausgesuchten Materialien, verschafft dieser Oase der Gastlichkeit eine besondere Behaglichkeit. Für Farbtupfer sorgen im Haus verteilte Sofas sowie Sitzgruppen. Der hellen, hohen Lobby schließen sich linker Hand die einladende Kaminlounge und der Barbereich und rechter Hand das schicke Parkrestaurant an. Für Tagungen und Seminare bietet das Hotel insgesamt 19 Tagungsräume. Neun davon, einige mit Zugang ins Freie, liegen im Erdgeschoss und sind teilweise miteinander verbindbar. Highlight dort ist der 270 m² große Ballsaal. Weitere Gruppenräume befinden sich auf der ersten Etage. Im Dachgeschoss fasziniert der Panoramasaal mit seinem Blick bis zur Schwäbischen Alb. Alle Tagungsräume sind mit moderner Kommunikations- und Präsentationstechnik und hochwertigem Mobiliar ausgestattet. Für den reibungslosen Ablauf der Tagungen vor Ort sorgt ein interner Tagungsservice. Dem Parkrestaurant mit kreativer regionaler Küche schließt sich die beliebte Echterdinger Hausbrauerei mit Biergarten an. Auch Einheimische lieben diese Gaststätte inmitten des Dorfs, größeren Tagungsgruppen steht sie auf Wunsch exklusiv zur Verfügung. 220 stilvolle Zimmer, aufgeteilt in sechs Kategorien, sorgen für den erholsamen Schlaf. Nach der Arbeit warten ein exklusiver Wellness- und Spa-Bereich mit Sauna, Dampfbad und begrünter Sonnenterrasse sowie ein Fitnessbereich auf die Gäste. Insbesondere als Rahmenprogramm für Gruppen mit bis zu 12 Personen hat sich der GPS-Surround-Golfsimulator des Hotels bewährt, der zu den 42 berühmtesten Golfanlagen der Welt führt. *Susanne Stauß*

## Tagungsoase auf den Fildern

### LOGIS

**220 Zimmer:**
110 EZ, 84 DZ, 8 Juniorsuiten, 2 Suiten, 16 Appartements

### TAGUNG

**Besonders geeignet für:**
Seminar, Konferenz, Event

**Räume**
Tagungsräume:             19
Ausstellungsfläche:    148 m²

**Maximale Tagungskapazität**
U-Form:              66 Pers.
Parlamentarisch:    150 Pers.
Reihenbestuhlung:   256 Pers.

**Preise**
Preiskalkulation 1*      64,00 €
Preiskalkulation 2*     290,00 €

*Alle Angaben Nettopreise zzgl. MwSt., Kalkulationsanfrage siehe Seite 32

LEINFELDEN-ECHTERDINGEN

 **A 8:** 1 km

 **Fern:** Stuttgart Hbf., 12 km
**Nah:** Echterdingen, 0,1 km

 **Stuttgart:** 2 km

### WISSENSWERTES

- Hotel arbeitet nach einem ambitionierten ökologischen Konzept und ist mit dem Certified Green Hotel-Siegel (VDR) ausgezeichnet
- Ein eigener Tagungsservice ist stets vor Ort
- Tiefgarage und E-Tankstelle vorhanden
- viele Rückzugsmöglichkeiten für informelle Breaks
- Hausbrauerei und Tasting-Angebote, z.B. Gin oder Whisky

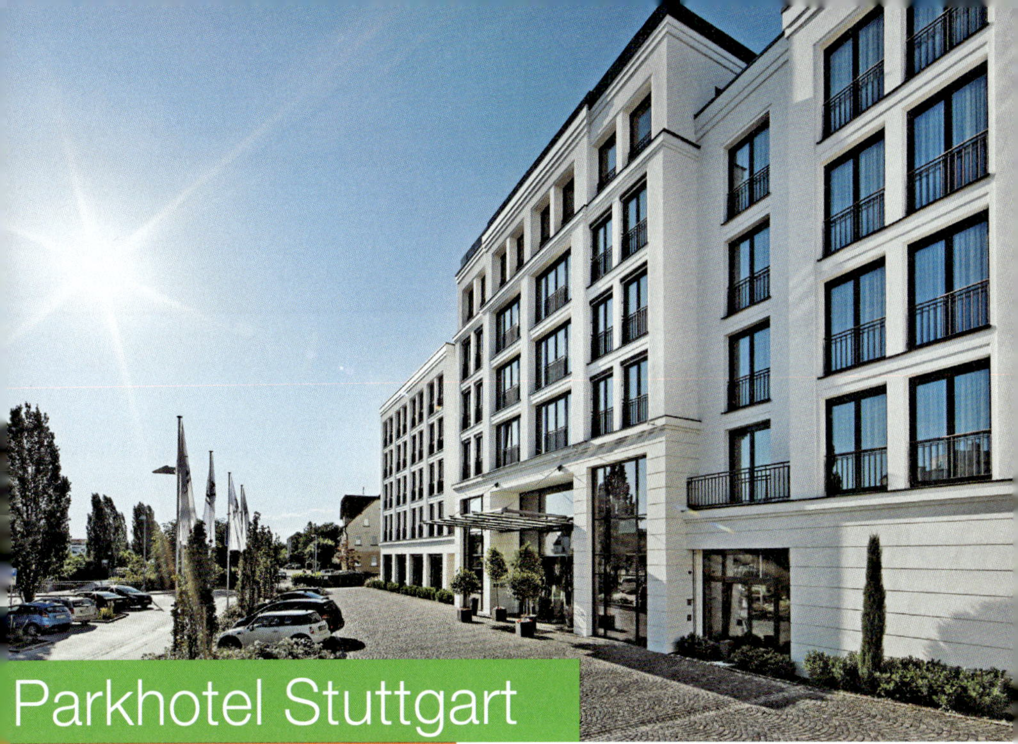

# Parkhotel Stuttgart
## Messe-Airport

### FAZIT

**Erstklassige Tagungsvoraussetzungen:** Ausstattung und Einrichtung sowie technisches Know-how entsprechen höchsten Anforderungen.

**Vielseitige Gastronomie:** Ob Parkrestaurant, Hotelbar, Kaminlounge, Havanna Lounge für Raucher oder Echterdinger Brauhaus: Hier findet jeder Gast etwas für seinen Geschmack.

**Hervorragende Verkehrsanbindungen:** Das Hotel ist sowohl mit öffentlichen Verkehrsmitteln als auch per PKW völlig unproblematisch erreichbar.

**70771 LEINFELDEN-ECHTERDINGEN**

Filderbahnstraße 2
Tel. +49 711 63344-0
info@parkhotel-stuttgart.de
www.parkhotel-stuttgart.de

70771

## LOGIS

**66 Zimmer:**
24 EZ, 30 DZ, 4 Suiten,
8 Maisonettes

## TAGUNG

**Besonders geeignet für:**
Seminar, Konferenz, Klausur, Event

**Räume**
| | |
|---|---|
| Tagungsräume: | 5 |
| Ausstellungsfläche: | 15 m² |

**Maximale Tagungskapazität**
| | |
|---|---|
| U-Form: | 40 Pers. |
| Parlamentarisch: | 60 Pers. |
| Reihenbestuhlung: | 80 Pers. |

**Preise**
| | |
|---|---|
| Preiskalkulation 1* | 71,90 € |
| Preiskalkulation 2* | 265,25 € |

*Alle Angaben Nettopreise
zzgl. MwSt., Kalkulationsanfrage siehe Seite 32

# Frischer Wind im Familienbetrieb

H errenberg gilt mit seinen lückenlos erhaltenen, teils bis auf das 13. Jahrhundert zurückgehenden Fachwerkhäusern als eine der schönsten Fachwerkstädte Baden-Württembergs. Ein Fachwerkpfad führt als Rundweg mit 23 Stationen durch die Altstadt. Sein Start liegt nur wenige Gehminuten vom Hotel Gasthof Hasen entfernt, dessen eigener Altbau aus dem 16. Jahrhundert stammt. 1984 übernahm Familie Nölly die Leitung des zum Tagungshotel erweiterten Hauses. Seit sechs Jahren hält die nächste Generation, die Geschwister Margrit, Arnold und Gerhard Nölly mit ihren Familien, die Zügel in der Hand und entwickelt den Betrieb behutsam weiter. Dabei verbindet sie moderne Betriebsführung mit traditionellen Werten und setzt bewusst sowohl in ihrer Funktion als aufmerksame Gastgeber als auch als Arbeitgeber auf eine familiäre Atmosphäre. Tagungskunden finden im Hasen fünf moderne, klimatisierte und helle Tagungsräume vor. Besonders beeindruckend ist der teilbare, im Sommer 2021 aufwändig sanierte Hasensaal im Erdgeschoss mit seiner nachhaltigen Akustikdecke aus Schafwolle und moderner Lichttechnik. Drei Tagungsräume in der ersten Etage haben eine eigene Pausenzone mit Dachterrasse und eignen sich somit auch ideal für Klausuren. Kulinarisch verwöhnen der in Sterneküchen ausgebildete Küchenchef Gerhard Nölly und Sommelier Arnold Nölly ihre Gäste mit feiner, regional ausgerichteter Küche, Bier aus der Familienbrauerei und einer großen Weinauswahl, darunter auch Tropfen aus dem Familienweinberg. Rahmenprogramme wie Weinseminare, Fondue-Abende, Rätsel-Dinner, Küchenpartys oder Bierproben können auch in der gemütlichen Tessiner Grotte oder im Weinkeller stattfinden. Im Sommer grillen kleinere Tagungsgruppen gerne selbst an speziellen Grillplatten auf der Terrasse, angeboten werden auch Events im Weinberg. Wer nach der Tagung noch weiterarbeiten muss, findet dafür in den Zimmern ebenso hervorragende Möglichkeiten inklusive USB-Anschlüsse vor wie am Co-Working-Tisch in der Lounge-Bar. Das Thema Nachhaltigkeit spielt eine große Rolle für die junge Gastgeber-Generation. Über die Photovoltaik auf den Hoteldächern werden bereits heute an sonnigen Tagen bis zu 30 Prozent des Stromverbrauchs generiert. *Susanne Stauß*

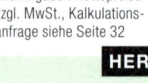
**HERRENBERG**

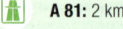
**A 81:** 2 km

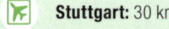
**Fern:** Stuttgart, 30 km
**Nah:** Herrenberg, 0,4 km

**Stuttgart:** 30 km

### WISSENSWERTES

- Alle Zimmer und Tagungsräume sind klimatisiert
- Kindermann-Touch-Displays mit Whiteboard-Funktion, Click-Share für kabellose Verbindung zum Endgerät
- ProActiveAir-Geräte beseitigen 99,9% aller Viren und Schadstoffe in den Tagungsräumen
- hybride Tagungstechnik zubuchbar
- viele kulinarische Rahmenprogramme, eigene Kaffeerösterei

# Ringhotel
# Gasthof Hasen

HOTEL
GASTHOF
HASEN
HERRENBERG
★★★★

## FAZIT

Verlässlichkeit, Verantwortung, Familie: Werte wie diese prägen die **persönliche Atmosphäre** in dem traditionellen, mit **modernster Tagungstechnik** ausgestatteten Hotel.

Genießer kommen hier nicht zu kurz. Das aufmerksame Team serviert **hervorragende Gerichte und Getränke,** im Sommer auch gerne auf der **Terrasse.**

Das Hotel wird bequem über die A 81 erreicht. **96 hauseigene Parkplätze inklusive 7 E-Ladesäulen** stehen bereit. Die S-Bahn-Station liegt 500 Meter entfernt.

71083

**71083**
**HERRENBERG**

Hasenplatz 6
Tel. +49 7032 204-0
post@hasen.de

www.hasen.de

K örperliches und geistiges Befinden beeinflussen sich gegenseitig, im Positiven wie im Negativen. Wie sehr auch die Leistungsfähigkeit im Job von der allgemeinen körperlichen und seelischen Verfassung abhängt, das bekommen Firmen derzeit verstärkt zu spüren. Dass Gesundheitsthemen im beruflichen Kontext wichtiger werden, sieht man an den sich mehrenden Angeboten im Bereich Corporate Health, die darauf abzielen, Belastungen zu reduzieren sowie die Performance von Teams und Unternehmen anzukurbeln, deren Entwicklung ins Stocken geraten ist. Zum Glück gibt es auch Orte wie das ARAMIS, wo Body & Business während Tagungsveranstaltungen wieder in Schwung gebracht werden können. Denn hier, in der größten Sport- und Freizeitanlage im südlichen Stuttgarter Raum, ist nicht nur viel Platz für Meetings und Seminare, sondern eben auch, um Mitarbeiter professionell wie spielerisch für die Themen Gesundheit und Leistungsfähigkeit zu sensibilisieren. Dabei helfen die unzähligen Optionen an Teamtrainings und Aktivitäten, wie Badminton, Squash, Klettern, Tennis, Tischtennis oder Beachvolleyball, zudem die naturnahe Lage und der große Outdoor-Bereich am Naturbadeteich mit Weitblick auf die Schwäbische Alb, wo man tief durchatmen, den Kopf frei bekommen und geschäftliche Dinge bei Gruppenarbeiten oder Freiluftseminaren in Ruhe angehen kann. Indoor stehen im separierten Tagungsgebäude technisch sowie hinsichtlich des Mobiliars hochwertig ausgestattete Räume zur Verfügung, die sogar miteinander kombiniert werden können. Das W-LAN ist im gesamten Haus stabil, es steht ein portables 4K-Touchdisplay mit Whiteboard-Funktion zur Verfügung, außerdem Conference Cams zur professionellen Durchführung hybrider Formate. Ganz analog wird es am Abend, im exklusiv nutzbaren Kaminzimmer in direkter Nähe zur Bar, wo Tagungsgruppen ganz für sich sein und wo sich Kolleginnen und Kollegen in gemütlicher Atmosphäre persönlich austauschen können. Sobald sich hier die tagsüber herausgeforderten Muskeln und Gemüter entspannen, werden die zwischenmenschlichen Bande gestärkt. Das wiederum bringt, wie jeder weiß, die Gruppendynamik besonders in Schwung – und damit auch das Business!

*Raphael Werder*

## LOGIS

**86 Zimmer:**
43 EZ, 42 DZ,
1 Appartement

# Neuer Schwung für Body & Business

## TAGUNG

**Besonders geeignet für:**
Seminar, Konferenz, Klausur, Event

**Räume**
Tagungsräume:                    12
Ausstellungsfläche:        290 m²

**Maximale Tagungskapazität**
U-Form:                       38 Pers.
Parlamentarisch:              80 Pers.
Reihenbestuhlung:            180 Pers.

**Preise**
Preiskalkulation 1*          63,68 €
Preiskalkulation 2*        260,21 €

*Alle Angaben Nettopreise
zzgl. MwSt., Kalkulationsanfrage siehe Seite 32

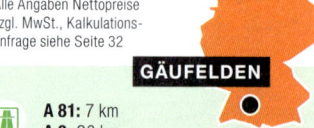

**A 81:** 7 km
**A 8:** 30 km

**Fern:** Böblingen, 20 km
**Nah:** Gäufelden, 0,5 km

**Stuttgart:** 39 km

## WISSENSWERTES

- nachhaltige Hotelführung von „ClimatePartner" zertifiziert
- 5 Wirelane-E-Ladesäulen, gesamt ca. 200 Parkplätze
- befahrbarer Tagungsraum, z.B. für Kfz-Schulungen oder -Präsentationen
- Appartement eignet sich für vertrauliche Gespräche im gemütlichen Ambiente
- Outdoor-Bereich eignet sich für Freiluftseminare und als Ausstellungsfläche
- perfekt für fitnessbewusste Menschen, die ihre Routine beibehalten und morgens aufs Laufband, abends in die Sauna oder Badminton spielen wollen

# ARAMIS Tagungs- und Sporthotel

HOTEL
TAGUNGEN
WELLNESS
SPORT

## FAZIT

Das ARAMIS Tagungs- und Sporthotel bietet **vielfältige Möglichkeiten für Aktivitäten und Teambuildings,** aber auch Freiraum, um zur Ruhe zu kommen und konzentriert zu arbeiten. Dank der **großen Auswahl an Gruppen- und Besprechungsräumen** qualifiziert es sich besonders als Austragungsort **mehrtägiger Seminare und Konferenzen.**

Einzigartig ist ein **Businessevent in der Tennishalle,** bei dem auf den Courts Vorträge stattfinden, Lunch-Stationen aufgebaut und Teamtrainings durchgeführt werden.

**71126 GÄUFELDEN**

Siedlerstraße 40–44
Tel. +49 7032 781-0
info@aramis.de
**www.aramis.de**

71126

345

Auf halber Strecke zwischen New York und Tokio, nahe der Schwabenmetropole Stuttgart, steht im Örtchen Pliezhausen ein Hotel, das mit Fug und Recht von sich behaupten kann, Deutschlands führendes Eventhotel zu sein. Dies bezeugen nicht nur die vielen ersten Plätze beim Wettbewerb der Besten Tagungshotels, sondern auch die Vielzahl der seminarbegleitenden Rahmenprogramme. Wobei „begleitend" ein völlig falsches Bild vermittelt: Anstatt der weit verbreiteten Standard-Teambuildings und -Gruppenbespaßungen wählen Tagungsplaner und Personalentwickler hier aus einem ganzen Katalog von Lernziele unterstützenden Maßnahmen aus, die sogar dahingehend individualisiert werden können, dass sie nicht nur zum Veranstaltungszweck passende Aufgabenstellungen, sondern auch ein der Gruppe entsprechendes Storytelling aufweisen. Paradebeispiel ist die Teamschmiede, bei der Tagungsgruppen eine gemeinsam mit dem Meisterschmied erarbeitete, ein Unternehmensziel oder eine Herausforderung visualisierende Skulptur erschaffen, die, als Trophäe im Büro aufgestellt, an formulierte Vorsätze erinnert und motiviert. Dieses Angebot uneingeschränkter Individualisierungsmöglichkeiten ist die Inkarnation der Philosophie des Hotelinhabers Maik Hörz, Tagungserlebnisse zu ermöglichen, welche die Erreichung gesteckter Ziele während des gesamten Aufenthalts in den Mittelpunkt stellen und Lernerfolge nachhaltig festigen. Materialisiert hat sich diese Vision im Raumwunder „Infinity". Der 2023 eröffnete Multifunktionsraum ist dank auf Knopfdruck raumteilenden Schallschutzvorhängen extrem wandelbar und findet als Seminarraum, Kreativraum, Eventraum, Escaperoom oder Streaming Studio Verwendung. Projektoren individualisieren den Raum sogar im Unternehmens-CI. Neben allem technischen Schnickschnack liefert „Infinity" aber auch das, was derzeit besonders wichtig ist: eine Wohlfühlumgebung mit Zugang ins Freie, zur Terrasse, auf der auch ein Foodtruck abgestellt werden kann, der für eine autarke Verpflegung sorgt. Räume, Rahmenprogramme, F&B-Konzepte – die Vielfalt und Flexibilität aller Komponenten machen Veranstaltungen im Hotel Schönbuch im wahrsten Sinne des Wortes einzigartig; und deshalb besonders erfolgreich.

*Raphael Werder*

# Maßgeschneiderte Tagungserlebnisse

## LOGIS

**59 Zimmer:**
18 EZ, 39 DZ,
2 Juniorsuiten

## TAGUNG

**Besonders geeignet für:**
Seminar, Klausur,
Kreativprozesse, Event

**Räume**
Tagungsräume:                          7
Ausstellungsfläche:            350 m²

**Maximale Tagungskapazität**
U-Form:                              60 Pers.
Parlamentarisch:             130 Pers.
Reihenbestuhlung:           180 Pers.

**Preise**
Preiskalkulation 1*          120,00 €
Preiskalkulation 2*          400,00 €

*Alle Angaben Nettopreise
zzgl. MwSt., Kalkulationsanfrage siehe Seite 32

**PLIEZHAUSEN**

**A 8:** 18 km
**A 81:** 26 km

**Fern:** Reutlingen Hbf., 12 km
**Nah:** Metzingen, 10 km

**Stuttgart:** 20 km

## WISSENSWERTES

- über 100 Rahmenprogramme, indoor wie outdoor, die aufs Veranstaltungsziel und auf den Background der Gruppe zugeschnitten werden können
- TMS-Workshops zur Personal- und Teamentwicklung werden angeboten
- Die kulinarische Bandbreite reicht vom gutbürgerlichen Schwabenabend bis hin zur exquisiten Gourmetküche, vom Foodtruck bis zur Grillhütte
- beste Tagungs- und Präsentationstechnik verfügbar, sowohl klassisch (neuland) als auch digital, bspw. Clevertouch-Multifunktionsboard

# Hotel
# Schönbuch

**Hotel Schönbuch**
★★★★

## FAZIT

Hotel Schönbuch begeistert mit Qualität, Professionalität und Flexibilität. Basis sind die **hochklassige technische Ausstattung** und das **vielfältige Raumangebot** für klassische, kreative und exklusive Formate.

Wer das Angebot einer **maßgeschneiderten Visualisierungsmaßnahme** in Anspruch nimmt, bekommt ein einzigartiges Tagungserlebnis dargeboten, das die Erreichung der formulierten Veranstaltungsziele unterstützt und die erzielten **Erfolge nachhaltig festigt.**

**72124
PLIEZHAUSEN**
Lichtensteinstraße 45
Tel. +49 7127 5607-0
tagung@hotel-schoenbuch.de
www.hotel-schoenbuch.de

72124

© Fotograf Matthias Fend

# Nachhaltige Eventlocation

A ls kleines, auf einem sonnigen Plateau des Schwarzwalds gelegenes Dorf hat sich Wart bei Altensteig seit Jahrzehnten einen großen Namen als Tagungszentrum gemacht. Zu verdanken ist dies dem Sicherheitsdienstleister DEKRA, der dort ein vielseitiges und modernes Congress Center betreibt, das im Jahr 2020 zusätzlich mit dem DEKRA Congresshotel Wart um einen direkt benachbarten, nachhaltigen und attraktiven Hotelneubau ergänzt wurde. Getagt wird nach wie vor im Congress Center mit seinen 20 flexibel gestaltbaren Räumen und einer Gesamtkapazität für 2.200 Gäste. Der größte Saal mit Bühne und besonders ausgeklügelter Lichttechnik bietet Platz für 850 Personen und wird auch gerne für PKW-Präsentationen genutzt. Insgesamt sind vier Räume mit PKW befahrbar. State-of-the-Art-Präsentationstechnik und schnelles Internet ermöglichen eine Vielfalt an Veranstaltungsformaten, darunter auch Gruppenarbeiten unter freiem Himmel. Mit vielseitigen Workshop-Utensilien und gemütlichen Sitzsäcken ausgestattet, fördert zudem die Ideenwerkstatt im Haus besonders kreatives Denken und produktiven Austausch. Das Thema Nachhaltigkeit hat einen hohen Stellenwert im Congresshotel und Congress Center. Alle Tagungsgäste erhalten beim Einchecken Recup-Becher, die sie den ganzen Tag über unlimitiert an den zahlreichen Stationen mit Heiß- oder Kaltgetränken befüllen können. In den freundlichen, mit natürlichen Materialien und komfortablen Betten und Schreibtischen ausgestatteten Hotelzimmern gibt es Nespresso-Maschinen mit biologisch abbaubaren Kaffeekapseln. Der Tag im Hotel beginnt mit einem reichhaltigen Frühstücksbuffet aus Bioprodukten, als Pausenverpflegung im Congress Center stehen regionale Spezialitäten, frische Backwaren, Obst und Gemüse bereit. Am Abend bietet das Hotelrestaurant hervorragende, von der Schwarzwälder Küche geprägte Buffets. Zwei Sommeliers sorgen für entsprechende Wein- und Getränkeempfehlungen. Im Hotel finden Gäste eine Sauna und einen sehr gut ausgestatteten Fitnessraum vor. Die naturnahe Lage bietet zudem den idealen Rahmen für Outdoor-Aktivitäten und Teambuilding-Maßnahmen, sehr beliebt ist die Fackelwanderung ins rustikale Gasthaus zum Joggel im Nachbarort Wenden.

*Susanne Stauß*

## LOGIS

**168 Zimmer:**
100 EZ, 68 DZ

## TAGUNG

**Besonders geeignet für:**
Seminar, Konferenz, Klausur, Kreativprozesse, Event

**Räume**
| | |
|---|---|
| Tagungsräume: | 20 |
| Ausstellungsfläche: | 400 m² |

**Maximale Tagungskapazität**
| | |
|---|---|
| U-Form: | 60 Pers. |
| Parlamentarisch: | 300 Pers. |
| Reihenbestuhlung: | 850 Pers. |

**Preise**
| | |
|---|---|
| Preiskalkulation 1* | 70,00 € |
| Preiskalkulation 2* | 260,00 € |

*Alle Angaben Nettopreise zzgl. MwSt., Kalkulationsanfrage siehe Seite 32

**ALTENSTEIG WART**

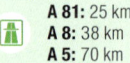
A 81: 25 km
A 8: 38 km
A 5: 70 km

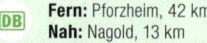
Fern: Pforzheim, 42 km
Nah: Nagold, 13 km

Stuttgart: 57 km

### WISSENSWERTES

• Green-Sign-Hotel- und Ecovadis-zertifiziert
• ca. 200 Parkplätze und 14 E-Ladesäulen
• Heiß- und Kaltgetränke unlimitiert an Stationen in den Pausenbereichen erhältlich, jedoch nicht in den Tagungsräumen
• Das Haus betreibt auch das Gasthaus zum Joggel in Wenden und die Event-Location Texeria in Nagold
• Zugriff auf weitere Hotelzimmer im Umkreis von 25 Kilometern

# DEKRA Congresshotel & DEKRA Congress Center

**CONGRESS HOTEL** WART

## FAZIT

Congresshotel und Congress Center bilden eine gelungene Kombination aus zeitgemäßer und **vielseitiger Tagungsstätte** mit **angenehmem Schlaf- und Wohnkomfort.**

**Die gelebte Nachhaltigkeit** spiegelt sich auch im hohen Anspruch an die **frische und regional geprägte Küche** wider, sowohl in den Tagungspausen als auch im Hotel.

Die naturnahe Lage trägt zur Entspannung bei und bietet ein **ideales Umfeld für Outdoor-Aktivitäten,** im Hotel stehen **Sauna und Fitnessraum** bereit.

**72213**
**ALTENSTEIG WART**

Wildbader Straße 28
Tel. +49 7458 771-0
Sales.DCCW@DEKRA.com
**www.dekra-congresshotel.com**

349

D ie Schwarzwald-Gemeinde Baiersbronn ist weit über die Landesgrenzen hinaus für die hohe Qualität ihrer Gastgeber bekannt. Einer ihrer Ortsteile trägt in Reminiszenz an das dortige ehemalige Benediktinerkloster den Namen Klosterreichenbach. Im Ortskern Klosterreichenbachs gelegen, war der aus dem Jahr 1769 stammende Gutshof Waldknechtshof einst Meierei des Klosters und Sitz des Waldknechts, einer Art Forstmeister. Zwei seiner Nachkommen, die Geschwister Christine und Gernot Marquardt, entwickelten in dem denkmalgeschützten Gebäude vor 30 Jahren unter der Devise „Bestand durch Wandel" einen faszinierenden Hotel- und Gastronomiebetrieb. Das sorgsam restaurierte Anwesen zieht die Gäste vom ersten Augenblick an in seinen Bann. Seine Bausubstanz aus ökologischen Baumaterialien wie Naturstein und Holz tragen ebenso zum Wohlbefinden bei wie sein gemütlicher Einrichtungsstil, eine Kombination aus klassischen, zeitlosen Holzmöbeln und Design-Ikonen der 1990er bis 2020er Jahre. Die Ausstrahlung der beiden großen Seminarräume Forum mit 220 m² im ersten Stock und Galerie mit 180 m² im zweiten wird durch die beeindruckende Balkenkonstruktion der ehemaligen Scheune geprägt. Dieses stimmungsvolle Lernumfeld, ergänzt um modernste Tagungstechnik, bietet sich besonders für ungestörte Führungskräftemeetings, Seminare oder Klausuren an. Die Pausenverpflegung kann im Sommer auch auf den beiden großzügigen Terrassenbereichen mit Schattenschutz und Blick ins Grüne aufgebaut werden. Die Küche des Hotels ist ebenso authentisch und anspruchsvoll wie das gesamte Hotel. Menüs für die Tagungsgäste werden wahlweise im Restaurant Meierei, auf der Terrasse oder im Weingewölbekeller serviert. Das junge, internationale Team des Hotels ist hoch motiviert und serviceorientiert. Die zwölf gemütlichen Zimmer, Suiten und Maisonettes unter dem typischen Schwarzwälder Satteldach tragen Namen von Höhen der Umgebung wie Schliffkopf oder Kniebis. Zusätzlich stehen fünf Appartements in der benachbarten Alten Apotheke zur Verfügung. *Susanne Stauß*

## Ort mit besonderer Atmosphäre

**LOGIS**

**17 Zimmer:**
4 DZ, 8 Suiten,
5 externe Appartements

**TAGUNG**

**Besonders geeignet für:**
Seminar, Klausur,
Kreativprozesse, Events

**Räume**
Tagungsräume: 2

**Maximale Tagungskapazität**
U-Form: 25 Pers.
Parlamentarisch: 40 Pers.
Reihenbestuhlung: 60 Pers.

**Preise**
Preiskalkulation 1* 80,00 €
Preiskalkulation 2* 303,00 €

*Alle Angaben Nettopreise
zzgl. MwSt., Kalkulationsanfrage siehe Seite 32

**BAIERSBRONN**

 **A 81:** 30 km

 **Fern:** Freudenstadt, 10 km
**Nah:** Klosterreichenbach, 0,5 km

 **Baden-Baden:** 50 km

### WISSENSWERTES

- weitere Zimmer über kooperierende Gastgeber in der Nachbarschaft
- Tagesveranstaltungen mit bis zu 100 Personen möglich
- eigenes WLAN-Netz mit hoher Bandbreite in den Tagungsräumen. Dort steht auch Hardware für hybride Tagungen über Teams oder Zoom bereit
- Weinproben, Kochkurse oder Raclette-Abende im Haus möglich
- lernzielfördernde In- und Outdoor-Aktivitäten werden gerne organisiert

## Gutshof-Hotel
## WALDKNECHTSHOF

**WALD KNECHTS H·O·F**

### FAZIT

**Beste Klausurbedingungen** in einem historischen **nachhaltigen Gebäude-denkmal**, das authentisches Lebens-gefühl mit Modernität und technischem Komfort verbindet.

**Kulinarik wird hier großgeschrie-ben,** Falstaff bewertet die Küche mit 87 Punkten. Im Sommer genießen Gäste die **beiden Terrassenbereiche.** Besonders hervorzuheben ist auch die **persönliche individuelle Betreuung.**

Wer nicht mit dem PKW anreist, kann von Karlsruhe aus mit der **Stadtbahn direkt nach Klosterreichenbach** fahren.

**72270**
**BAIERSBRONN**

Baiersbronner Straße 4
Tel. +49 7442 8484-400
info@waldknechtshof.de
**www.waldknechtshof.de**

72270

B iosphärenreservate sind von der UNESCO initiierte Modellregionen, in denen eine ökologisch, ökonomisch und sozial nachhaltige Entwicklung gefördert werden soll. Seit 2009 ist die „Kulturlandschaft Schwäbische Alb" als ein solches anerkannt. Hang- und Schluchtwälder, Streuobstwiesen und Wacholderheiden, Wiesen, Weiden und Ackerflächen kennzeichnen das Biosphärengebiet. Die schützenswerte Kulturlandschaft bietet nicht nur seltenen Tier- und Pflanzenarten wie Rotmilan, Bechsteinfledermaus oder der Silberdistel Lebensraum. Auch für Tagungsgruppen stellt sie einen Lern-, Arbeits- und Erlebnisraum dar, der in puncto Vielfalt und Ruhe seinesgleichen sucht. So mitten im beschaulichen Städtle Münsingen, wo das Biosphärenhotel Gasthof Herrmann ein prima Klima für Tagungen bietet: Selbst im Sommer wird es hier nicht zu heiß, weswegen ruhiges Tagen bei offenem Fenster oder im Innenhof des Hotels zu den Vorzügen gehört, die Gäste lieben. Es weht ein erfrischendes Lüftchen, das jeglichen Business-Mief oder auch mitgebrachte „mentale Gewitterwolken" vertreibt. Als Biosphärengastgeber hat sich das Haus dazu verpflichtet, Qualitätskriterien in den Bereichen Umweltschutz, Regionalität und Service zu erfüllen – und tut dies mit Hingabe. Vor allem in der Küche, wo Wurst vom örtlichen Metzger, Käse aus der Käserei und viele Produkte in Bio-Qualität verarbeitet werden. Das schmeckt man – morgens, beim üppigen Frühstücksbuffet, und erst recht abends, wenn in separierten Restauranträumen exquisite Menüs vom professionell agierenden Serviceteam kredenzt werden. Dass im Tagungsbereich – in den modern eingerichteten Seminarräumen wie im historischen „Großen Herrmann-Saal" – Premium-Mobiliar und -Tagungstechnik zur Verfügung stehen, ist folgerichtig. Zu guter Letzt trägt zum positiven Arbeitsklima auch bei, dass überall auf der Alb Rahmenprogramme durchführbar sind, die den Teamgeist stärken. Die Renner sind jedoch gemütliche Abendgestaltungen, die – prima fürs Klima – keiner Transfers bedürfen: Grill- oder Fondue-Partys sowie stimmungsvolle Fackelwanderungen mit Punschpause durchs herrlich ruhige Biosphärengebiet. *Raphael Werder*

## Prima Tagungsklima im Biosphärengebiet

### LOGIS

**44 Zimmer:**
5 EZ, 36 DZ, 3 Suiten,
davon 11 Biosphärenzimmer

### TAGUNG

**Besonders geeignet für:**
Seminar, Klausur

**Räume**
Tagungsräume:                    4

**Maximale Tagungskapazität**
U-Form:                    40 Pers.
Parlamentarisch:          60 Pers.
Reihenbestuhlung:         80 Pers.

**Preise**
Preiskalkulation 1*          70,89 €
Preiskalkulation 2*         286,72 €

*Alle Angaben Nettopreise
zzgl. MwSt., Kalkulationsanfrage siehe Seite 32

**MÜNSINGEN**

 **A 8:** 29 km

 **Fern:** Stuttgart Hbf., 60 km
**Nah:** Münsingen, 0,6 km

 **Stuttgart:** 49 km

### WISSENSWERTES

- Die nachhaltige Hotelführung ist GreenSign-zertifiziert
- 2 Tesla-E-Ladesäulen, 40 hoteleigene Parkplätze in der näheren Umgebung
- ergonomisches Mobiliar, Tagungstechnik von Premium-Marken wie Neuland sowie ein interaktives Multifunktionsboard stehen zur Verfügung
- Eine hohe Aufenthaltsqualität bieten die mit Liebe zum Detail und viel hellem Holz eingerichteten Biosphärenzimmer und Biolandschaftszimmer
- kleiner, feiner Wellnessbereich mit Indoor-Pool und Sauna

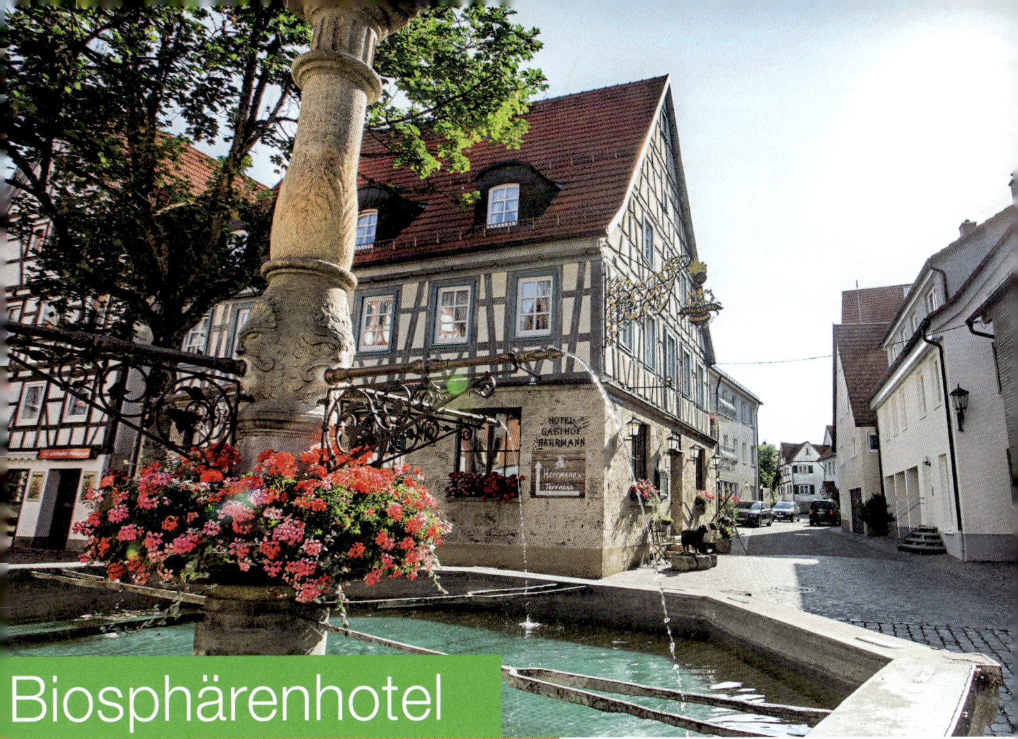

# Biosphärenhotel
# Gasthof Herrmann

## FAZIT

In vierter Familiengeneration mit dem Bewusstsein für schwäbische Gastgebertradition wie auch die Bedürfnisse moderner Businesskunden geführt, präsentiert sich das Hotel als ein **Refugium der unbeschwerten Schaffenskraft,** der produktiven Gelassenheit.

Als Biosphärenhotel eng verbunden mit der Kulturlandschaft Schwäbische Alb, achtet die Küche auf hochwertige Produkte aus der Region, oft in Bio-Qualität, was das **gastronomische Erlebnis zum echten Highlight** macht.

**72525 MÜNSINGEN**
Ernst-Bezler-Straße 1
Tel. +49 7381 18260
info@hotelherrmann.de
**www.hotelherrmann.de**

72525

353

V ier Zutaten braucht der Brauer, um der Deutschen liebstes alkoholisches Getränk herzustellen: Wasser, Hopfen, Malz und Hefe. Um darüber hinaus (Geschäfts-) Reisende standesgemäß zu umsorgen, bedarf es außerdem eines wohnlichen Umfelds, einer schmackhaften Küche sowie einer großen Portion Gastgeberqualitäten. In Speidel's BrauManufaktur sind all diese Zutaten seit 1763, als die Geschichte des Hauses als „Brau-, Brenn-, Back- und Umspannstation" auf dem Postkutschenweg von Stuttgart an den Bodensee begann, vorhanden. Heute werden sie in der 10. Generation gepflegt und weiterentwickelt. Das Hotel geht mit der Zeit – beispielsweise, indem es mit ergonomischem Mobiliar, Highspeed-Internet und einem digitalen Multifunktionsboard aufwartet – und doch wird die Tradition bewahrt. Das macht die besondere Atmosphäre aus, das spürt der Gast, sobald er über die Schwelle tritt und sich vor einem riesigen, von Hopfen umrankten Braukessel wiederfindet. Fotografien an den Wänden erzählen Geschichte(n), lassen am Familienschicksal teilhaben und geleiten zu den Tagungsräumen, die nach ihrem einstigen Verwendungszweck benannt sind: zum „Malzlager" mit „Schroterei", zum Raum „Fasswichs", wo Holzfässer gereinigt und gepflegt wurden, und zum „Schalander", wo die Bierbrauer ihr Erzeugnis dem ersten Geschmackstest unterzogen.

## LOGIS

**40 Zimmer:**
4 EZ, 36 DZ

# Glasfaser und Malz – Gott erhalt's!

## TAGUNG

**Besonders geeignet für:**
Seminar, Klausur, Event

**Räume**
Tagungsräume: 4
Ausstellungsfläche: 50 m²

**Maximale Tagungskapazität**
U-Form: 34 Pers.
Parlamentarisch: 50 Pers.
Reihenbestuhlung: 70 Pers.

**Preise**
Preiskalkulation 1* 78,00 €
Preiskalkulation 2* 298,00 €

Ergänzt wird das Raumensemble von der liebevoll restaurierten „Scheunenwerkstatt", in der unterm alten Balkenhimmel schon neueste Sportwagen denkwürdig inszeniert wurden. Den krönenden Abschluss eines Arbeitstages stellt das schon legendäre Brauseminar mit Senior-Chef Wolfgang Speidel dar, in dem Gäste bei frisch gezapftem Bier einiges über die Brautradition im Haus erfahren und sich auch aktiv an der Herstellung von Nachschub beteiligen. Indem sie in die Rolle des Braumeisters schlüpfen, werden sie selbst Teil der Speidel-Historie und schreiben zugleich ein bedeutendes Kapitel ihrer eigenen Geschichte als Team. Denn beim geselligen Zusammensein braut sich im positivsten Sinne etwas zusammen: etwas, das in der Gruppe bewahrt, nach Bedarf dank Highspeed-Internet aber auch gleich mit der Welt geteilt werden kann. Deshalb: Glasfaser und Malz – Gott erhalt's!               *Raphael Werder*

*Alle Angaben Nettopreise
zzgl. MwSt., Kalkulationsanfrage siehe Seite 32

**HOHENSTEIN**

**A 8:** 41 km
**A 81:** 54 km

**Fern:** Ulm Hbf., 57 km
**Fern:** Stuttgart Hbf., 65 km
**Nah:** Reutlingen, 25 km

**Stuttgart:** 55 km

## WISSENSWERTES

- Das Hotel ist mit dem Nachhaltigkeitssiegel „GreenSign" zertifiziert
- E-Ladesäule mit zwei Anschlüssen auf dem Hotelparkplatz
- Alle Gästezimmer im Anbau mit Balkon, 6 davon barrierefrei
- Glasfaser-Internet mit bis zu 300 mbit/s Download und 60 mbit/s Upload
- „Entdecke den Bauer in Dir": amüsante Teamolympiade auf dem Biobauernhof mit Gummistiefelweitwurf, Strohballenrollen, Melken und Traktorfahren
- Für größere Gruppen bis zu 70 Personen ist der „Bürgersaal" verfügbar

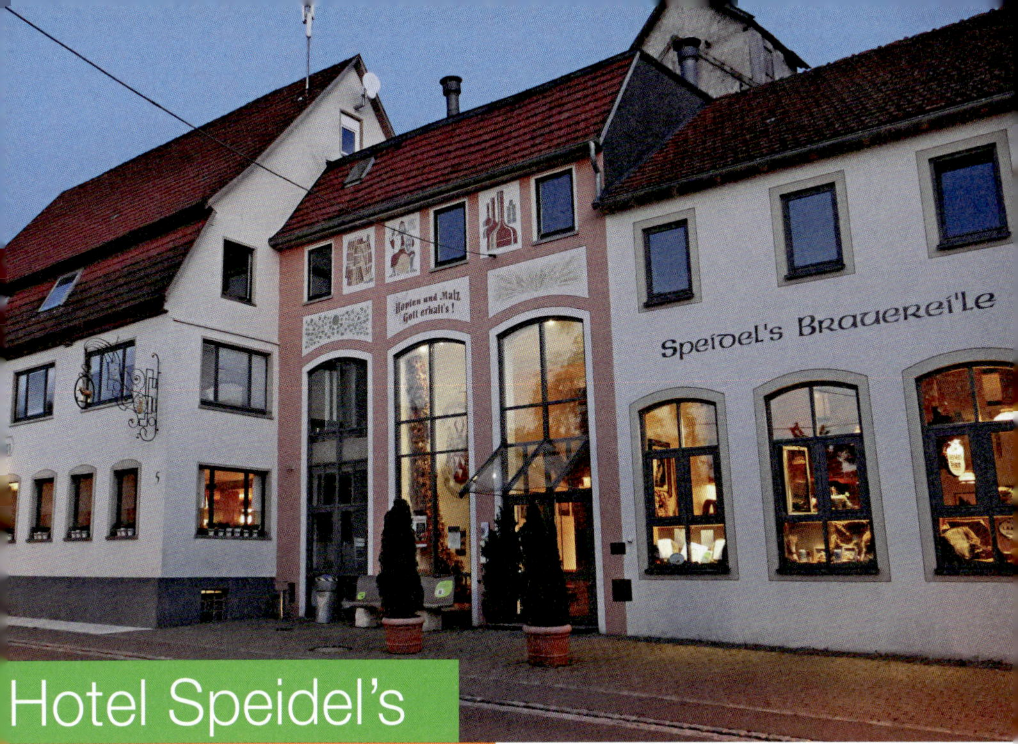


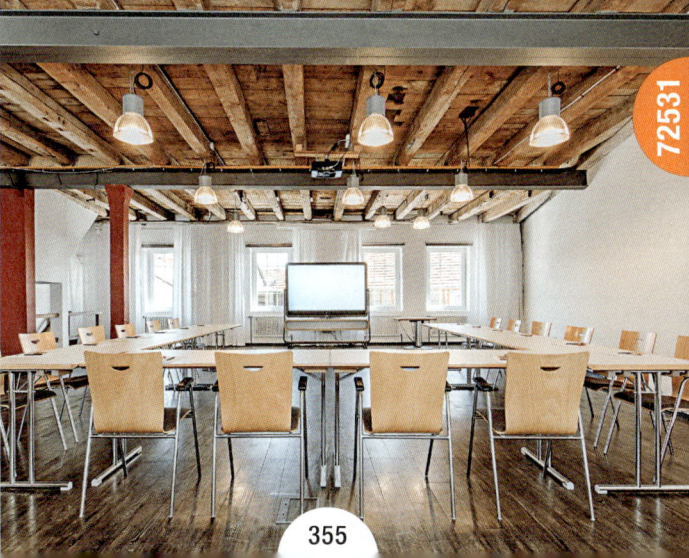

# Hotel Speidel's BrauManufaktur

Speidel's BrauManufaktur
★★★★
Hotel - Gasthof - Brauerei'le

## FAZIT

**Die Mischung macht's** – beim Brauen wie beim Tagen. Speidel's BrauManufaktur begeistert mit Glasfaser und ergonomischem Mobiliar im „Malzlager" mit historischer Balkendecke, mit **modernem Equipment in anregend-authentischer Atmosphäre.**

Mit **Brauereile, Scheunenwerkstatt und uriger Jagdhütte** verfügt das Hotel über **außergewöhnliche Räumlichkeiten,** die bedeutenden Botschaften wie auch Teamzusammenführungen einen markanten Rahmen geben.

72531

**72531 HOHENSTEIN**
Im Dorf 5
Tel. +49 7387 98900
info@speidels-brauereile.de
**www.speidels-brauereile.de**

D en Alltag weit hinter sich lassen, ablenkungsfrei lernen, arbeiten und als Team zusammenwachsen – diese Vorstellung spielt eine immer wichtigere Rolle im Weiterbildungskonzept von Personalentwicklern. Gesucht wird daher kein klassisches Seminarhotel. Am besten ein Haus exklusiv für Tagungsgruppen – nur keines dieser Bildungszentren, die allzu schulmäßig wirken. Etwas Kleines, Individuelles, dennoch mit professioneller Betreuung. Nicht viele Lokationen, die da infrage kommen! Eine davon ist das „Naturhotel Die Maise". Natur spielt eine tragende Rolle: Naturstoffe, vor allem helle Hölzer, prägen die edel-rustikalen Zimmer. Auch die Tagungslokalitäten begeistern mit natürlichem Charme, indoor wie outdoor. Wahrlich nicht alltäglich und deshalb allbeliebt sind Gruppenarbeiten auf der Aussichtsterrasse mit unvergleichlichem Blick ins entzückende Große Lautertal. Natürlichkeit und Abwechslung auch in puncto Verpflegung: Da der Gastgeber eine Bioland-zertifizierte Naturmanufaktur betreibt, kommen Gäste in den Genuss von eigenem Apfelsaft, Holunderblütensirup, Honig und vor allem von Wild: ein kulinarisches Highlight und zugleich teambildendes Erlebnis sind Wildseminare mit Inhaber Markus Stoll, bei denen gemeinsam Bratwürste oder Maultaschen hergestellt und 3-Gang-Menüs zubereitet werden. Die Natur rund ums Hotel kommt bei Rahmenprogrammen ins Spiel, die fester Bestandteil des Hotelerlebnisses sind. Denn neben Biken, GPS-Rallye, Klettern oder Bogenschießen sind außergewöhnliche Erlebnisse wie Heißluftballonfahrten möglich, mit Start am Hotel, Hochsitzbau, von der Traktorfahrt zum Fällen des Baumaterials bis zum Aufbau im Wald, oder Seilbrückenbau, bei dem Seile, Seilrollen und Karabiner fachgerecht angebracht werden müssen, um mit Karacho über die Große Lauter „fliegen" zu können. Was gut ankommt, ist das Angebot, den Tag nicht vor, sondern hinter der Bar ausklingen zu lassen: Nach einer Einführung avanciert die Gruppe selbst zum Barkeeper, ist damit Herr über den hauseigenen Schlehen-Gin und wieder ganz unter sich. Beste Voraussetzungen für den Teamgeist, sich bis tief in die Nacht zu stärken. Teambuilding de luxe in exklusiver Umgebung, rund um die Uhr!

*Raphael Werder*

## Teambuilding de luxe in exklusiver Umgebung

## LOGIS

**36 Zimmer:**
32 DZ, 4 Suiten

## TAGUNG

**Besonders geeignet für:**
Seminar, Klausur, Event

**Räume**
Tagungsräume:                    4

**Maximale Tagungskapazität**
U-Form:                    60 Pers.
Parlamentarisch:          100 Pers.
Reihenbestuhlung:         200 Pers.

**Preise**
Preiskalkulation 1*      115,00 €
Preiskalkulation 2*      408,50 €

*Alle Angaben Nettopreise zzgl. MwSt., Kalkulationsanfrage siehe Seite 32

HAYINGEN

 **A 8:** 44 km

 **Fern:** Ulm Hbf., 49 km
**Nah:** Rechtenstein, 10 km

 **Stuttgart:** 69 km

## WISSENSWERTES

- Da das Hotel keine Individualgäste empfängt, können Tagungsgruppen ohne Ablenkung und ganz für sich lernen, arbeiten und feiern
- Die Maise besitzt kein Restaurant, sondern bietet individuelle Caterings an. Ein Highlight ist das Wild-Seminar mit Hofgut-Inhaber Markus Stoll
- Internet-Verbindung über das Satellitennetzwerk „Starlink"
- Wellnessbereich mit Panoramasauna, Dampfbad, Kneippbecken und Ruhebereich. Außerdem steht ein kleines Kino zur Verfügung

# Naturhotel
# Die Maise

DIE MAISE
HOTEL

## FAZIT

Das **Tagungsrefugium in Alleinlage** über dem burgenreichsten Tal Deutschlands punktet mit **außergewöhnlichen Räumlichkeiten indoor wie outdoor,** insbesondere mit einer Tagungsterrasse am Fuße der Burgruine, die einen faszinierenden Blick über die zum „Naturwunder" gewählte, sich malerisch schlängelnde Große Lauter bietet.

Wo wochenends spektakuläre Hochzeiten gefeiert werden, genießen unter der Woche Tagungsgruppen die **exklusive Aufmerksamkeit** der Gastgeber.

**72534 HAYINGEN**

Maisenburg 1
Tel. +49 7386 97700-0
info@die-maise.de
www.die-maise.de

72534

Seit der Antike werden Schwäne aufgrund ihrer eindrucksvollen Größe, der anmutigen Erscheinung und des weißen Gefieders in Mythen und Märchen stilisiert – als Begleittiere von Göttern, als Symbol der Reinheit und Vollendung. Im Hotel-Restaurant Schwanen in Metzingen ist der majestätische Entenvogel nicht nur in Form künstlerischer Darstellungen allgegenwärtig; wer den Blick vom Detail aufs Ganze hebt, dem wird sich erschließen, dass dieses Haus selbst als Schwan, als Beispiel schwäbisch-familiärer Gastgeberkultur und Tagungsbetreuung in Vollendung, gelten kann. Das Fundament bildet die Kombination aus stilvollem Logisbereich, exquisiter Gastronomie – vom üppigen Frühstück mit Bio-Ware und edler Tee-Lounge über die Pausen im atmosphärischen Café Bistro „Mezzo" bis hin zum genussreichen 5-Gänge-Menü am Abend –, überzeugendem Erlebnisangebot – es locken Weinwanderungen mit Verkostung sowie Naturerlebnisse auf der Schwäbischen Alb – und einem vielfältigen Raumangebot mit hochwertiger Ausstattung. So begeistern die Tagungsräume durch Design und Funktionalität: ergonomisches Mobiliar, moderne Präsentationstechnik, schnelles Internet, eine gut sortierte „bordbar" anstatt eines gewöhnlichen Moderatorenkoffers, welche das Herz jedes Seminarleiters höherschlagen lässt. Das Juwel ist der 220 m² große Kreativraum „WORK.SHOP." mit angeschlossener Dachterrasse, die flexibel in den Tagesablauf eingebaut werden kann. Der Bereich lässt sich autark betreiben und verfügt über eine voll ausgestattete Küche, in der auch Pausenbuffets aufgebaut werden können. Der Landhausdielenboden sorgt für eine angenehme Akustik und Raumatmosphäre, Arbeitsnischen und Talk Cubes ermöglichen es, sich ungestört in Kleingruppen zurückzuziehen. Filz- und Magnetwände sowie beschreibbare Flächen bringen Kreativprozesse genauso in Schwung wie die rollbaren Tische, Flipcharts und Pinnwände. Vollendet veredelt wird das hochklassige Angebot durch den herzlichen wie professionellen Service der bestens ausgebildeten Hotelcrew. Das rundum perfekte Tagungserlebnis – im Schwanen kein Mythos, sondern Anspruch und Versprechen der Inhaberfamilie Wetzel und eines hochmotivierten Schwanen-Teams. *Raphael Werder*

## Vollendet veredeltes Tagungserlebnis

### LOGIS

**70 Zimmer:**
5 EZ, 59 DZ, 6 Ateliers

### TAGUNG

**Besonders geeignet für:**
Seminar, Klausur,
Kreativprozesse, Event

**Räume**
| | |
|---|---|
| Tagungsräume: | 5 |
| Ausstellungsfläche: | 148 m² |

**Maximale Tagungskapazität**
| | |
|---|---|
| U-Form: | 34 Pers. |
| Parlamentarisch: | 70 Pers. |
| Reihenbestuhlung: | 140 Pers. |

**Preise**
| | |
|---|---|
| Preiskalkulation 1* | 87,39 € |
| Preiskalkulation 2* | 320,90 € |

*Alle Angaben Nettopreise
zzgl. MwSt., Kalkulationsanfrage siehe Seite 32

METZINGEN

**A 8:** 22 km
**A 81:** 38 km

**Fern:** Reutlingen, 9 km
**Nah:** Metzingen, 0,5 km

**Stuttgart:** 23 km

### WISSENSWERTES

- Mit dem Raum WORK.SHOP. samt Sky Lounge verfügt das Hotel über eine exklusive Kreativlocation, die autark betrieben werden kann
- Eine 360-Grad-Konferenz-Kamera ermöglicht hybride Tagungsformate
- In der Weinregion Metzingen sind geführte Weinwanderungen mit Einkehr in einem „Wengerthäusle" der Renner; die nahe Schwäbische Alb lockt mit Rahmenprogrammen für Naturliebhaber und Sportbegeisterte
- Die international bekannte „Outletcity", die Markenware zu Schnäppchenpreisen verspricht, liegt nur zwei Gehminuten vom Hotel entfernt

# Hotel-Restaurant
# Schwanen

**schwanen**
HOTEL & RESTAURANT METZINGEN

## FAZIT

Ein Hotel mit **energetisierendem Gesamtkonzept:** Die freundliche Rundum-Betreuung durch das **bestens ausgebildete, motivierte Hotelteam** und die **detailverliebt gestalteten Tagungsräume** sorgen genauso für Kreativ- und Leistungsschübe wie auch die **vielfältige Verpflegung mit regionalen Leckereien,** oft in **Bioqualität,** und das energetisierte Trinkwasser aus dem Schwanenbrunnen.

**72555 METZINGEN**
Bei der Martinskirche 10
Tel. +49 7123 946-0
veranstaltung@schwanen-metzingen.de
**www.schwanen-metzingen.de**

72555

Das schwäbische Bad Urach, südlich Stuttgarts und mit unmittelbarem Bezug zu Reutlingen gelegen, fasziniert – aus verschiedenen Gründen: Die einstige Residenzstadt präsentiert eine Vielzahl geschichtsträchtige Gebäude, den heißen Thermalquellen wird eine heilende Wirkung nachgesagt und der erste regierende württembergische Herzog, Graf Eberhard, wurde in den Mauern der Stadt geboren. Darüber hinaus ist der Ort Teil des „Biosphärengebietes Schwäbische Alb" sowie des „UNESCO Geoparks Schwäbische Alb". Bad Urach ist – umgeben von den Höhenzügen der Schwäbischen Alb – in den Jahrhunderten seiner Existenz historisch gewachsen, eine Vielzahl liebevoll restaurierter Fachwerkhäuser und die sich dahinschlängelnde Erms verleihen dem Ort eine geradezu romantische Attitüde. Das unmittelbar in der Innenstadt und zur Flair-Gruppe gehörende Hotel Vier Jahreszeiten fügt sich nahtlos in diesen Kontext: Vom Inhaberehepaar Tanja und Thomas Frank geführt, fühlen sich insbesondere Gäste wohl, die original Schwäbisches erleben wollen – die herzliche Gastfreundschaft gehört ebenso dazu wie die anspruchsvolle Küche, die im stimmungsvollen Restaurant „Karl's Esszimmer" aufgetragen wird, die die Saison lebt und natürlich aus der Vielfalt der Produkte des Biosphärenreservates Schwäbische Alb schöpft. Ein anspruchsvoller und gleichermaßen authentischer Kontext, den natürlich auch Tagungsveranstalter zu schätzen wissen. Das Haus gilt als gut erreichbare urbane Adresse, in der sich intensiv arbeiten lässt – konzentriert aufs Wesentliche, ungestört und von der umsichtig agierenden Servicecrew freundlich betreut. Unterschiedlich große Räume stehen dafür zur Verfügung, drei in einem separaten Gebäudeteil und mittels flexibler Trennwände miteinander verbunden, Exklusivnutzungen sind möglich. Ein stimmungsvoll wirkender Gewölbekeller kann ebenfalls in Veranstaltungskonzeptionen eingebunden werden. Die Auswahl an Möglichkeiten, die Freizeit zu gestalten, ist groß: Inhouse lädt ein schöner Innenhof für abendliche informelle Gespräche ein, im nahen Metzingen shoppt es sich vortrefflich. Und die nähere Umgebung lockt mit zahlreichen Wanderzielen, mit Burgruinen und Schlössern in der wundervollen Natur der Schwäbischen Alb. *Thomas Kühn*

## Schwäbisches Original

### LOGIS

**46 Zimmer:**
10 EZ, 33 DZ, 2 Suiten,
1 Appartement

### TAGUNG

**Besonders geeignet für:**
Seminar, Klausur

**Räume**
Tagungsräume:           3

**Maximale Tagungskapazität**
U-Form:          30 Pers.
Parlamentarisch:     40 Pers.
Reihenbestuhlung:    80 Pers.

**Preise**
Preiskalkulation 1*     85,72 €
Preiskalkulation 2*    325,30 €

*Alle Angaben Nettopreise
zzgl. MwSt., Kalkulationsanfrage siehe Seite 32

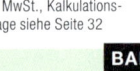

 **A 8:** 22 km

 **Fern:** Stuttgart Hbf., 50 km
**Nah:** Bad Urach, 0,3 km

 **Stuttgart:** 35 km

### WISSENSWERTES

- Hotel ist mit dem GreenSign Level 4 zertifiziert
- öffentliches Parkhaus in unmittelbarer Nachbarschaft nutzbar
- Küche ist auf spezielle Gästewünsche eingestellt: z.B. vegetarisch, vegan und glutenfrei; „Sophie's Kauflädle": Schwäbische Spezialitäten gibts online
- Hotel ist ausgezeichnet mit 3 Löwen bei „Schmeck den Süden" und in den Genussführer von Slowfood aufgenommen
- zum „Flairhotel des Jahres 2025" gewählt

# Flair Hotel
# Vier Jahreszeiten

FLAIR-HOTEL RESTAURANT

**VIER JAHRESZEITEN**

BAD URACH

## FAZIT

Das Flair Hotel Vier Jahreszeiten trägt **deutlichen Boutique-Charakter:** Persönlicher Service, die bedingungslose Einhaltung von Qualitätsstandards und die überschaubaren Kapazitäten machen das Hotel zu einem liebenswerten Schmuckstück, in dem auch Tagungen organisiert werden und stattfinden können.

Neben der **Authentizität** des Hotels und seiner Leistungen punktet das Haus mit zahlreichen Möglichkeiten für interessante und hochwertige Rahmen- und Begleitprogramme.

**72574 BAD URACH**

Stuttgarter Straße 5
Tel. +49 7125 9434-0
info@flairhotel-vierjahreszeiten.de
**www.flairhotel-vierjahreszeiten.de**

72574

Fokus auf Business, Fokus auf den Menschen! Wer im City Hotel Fortuna tagt, ist zu Gast bei routinierten Tagungsprofis, die Veranstaltungsplanern und Seminarleitern genau die Aufmerksamkeit und Unterstützung zukommen lassen, die sie benötigen. Als Businesshotel für alle Fälle bietet es für mannigfache Bedarfe und Budgets unterschiedliche Pakete, was Räume, Technik, gastronomisches Angebot und Logis betrifft. Um Veranstaltungen verschiedenster Art und Größenordnung ausrichten zu können, verfügt das Hotel über 11 multifunktionale, teilweise kombinierbare, helle und klimatisierte Veranstaltungsräume sowie über modernes technisches Equipment, auch für Streamings und hybride Meetings. Im Innenhof befindet sich ein kleiner, geschützter Terrassenbereich, der sich für Tagungspausen oder Gruppenarbeiten anbietet. Letztere können genauso in den für diese Zwecke reservierten Besprechungsräumen abgehalten werden – auch spontan, falls verfügbar. Funktionalität und Flexibilität stehen merklich an oberster Stelle! Auch, was die Verpflegung betrifft: Tagungspausen werden individuell zusammengestellt; die Auswahl an Süßspeisen und herzhaften Leckereien ist groß. Mittags und abends ist ein abwechslungsreiches Buffet vorgesehen, auf Wunsch bereitet die Küche jedoch auch ein 3-Gang-Menü zu. Für Tagungsgruppen, die unter sich bleiben möchten, gibt es einen separaten Restaurantraum oder die Möglichkeit eines BBQs auf der Terrasse. Kontaktfreudige Hotelgäste verbringen die späten Stunden meist in der stimmungsvollen Raucherbar. Wer noch mehr Auswahl bei der Abendgestaltung haben möchte, sucht die nahe Reutlinger Innenstadt auf – und findet nicht nur ein breites kulinarisches Angebot, sondern auch die laut Guinnessbuch der Rekorde engste Straße der Welt. Neben solchen städtischen Attraktionen hat die Region viele Naturerlebnisse zu bieten: Auf der nur wenige Autominuten entfernten Schwäbischen Alb locken faszinierende Tropfsteinhöhlen und die einzige mit dem Kahn befahrbare Wasserhöhle Deutschlands sowie geschichtlich und architektonisch interessante Orte wie Burg Hohenzollern oder Schloss Lichtenstein. Als Stadthotel mit Direktverbindung ins Grüne ist das City Hotel Fortuna also auch für Naturliebhaber attraktiv – wahrhaftig ein Businesshotel für alle Fälle! *Raphael Werder*

# Businesshotel für alle Fälle

## LOGIS

**159 Zimmer:**
159 DZ

## TAGUNG

**Besonders geeignet für:**
Seminar, Konferenz, Klausur

**Räume**
Tagungsräume: 11
Ausstellungsfläche: 110 m²

**Maximale Tagungskapazität**
U-Form: 60 Pers.
Parlamentarisch: 160 Pers.
Reihenbestuhlung: 300 Pers.

**Preise**
Preiskalkulation 1* 49,58 €
Preiskalkulation 2* 205,44 €

*Alle Angaben Nettopreise zzgl. MwSt., Kalkulationsanfrage siehe Seite 32

**REUTLINGEN**

**A 8:** 28 km
**A 81:** 30 km

**Fern:** Reutlingen, 2 km
**Nah:** Reutlingen, 2 km

**Stuttgart:** 30 km

## WISSENSWERTES

- Alle Zimmer sind mit großzügigen Arbeitsflächen bestens auf die Bedürfnisse von Businessgästen ausgerichtet; einige Allergiker-Zimmer sind vorhanden
- 20 Parkplätze am Haus sowie 80 Stellplätze in der Tiefgarage
- hervorragend ausgestatteter, heller Fitnessraum im Obergeschoss, perfekt auch für aktivierende Einheiten am Nachmittag
- Erfahrung mit hybriden Meetings; u.a. steht ein cannyboard bereit. Glasfaser garantiert eine schnelle, stabile Internetverbindung

# City Hotel Fortuna

## FAZIT

Ein **Stadthotel mit Tagungsschwerpunkt,** bei dem **Funktionalität und Flexibilität an oberster Stelle** stehen, sodass vielerlei Veranstaltungsziele professionell unterstützt werden können. Die Lage ermöglicht einen **bunten Mix aus Stadt- und Land-Aktivitäten:** Im wenige Gehminuten entfernten Stadtkern locken ein breites gastronomisches Angebot sowie die offiziell engste Straße der Welt; sportlich wie kulturell interessante Rahmenprogramme bietet die nahe Schwäbische Alb.

## FORTUNA HOTELS
SEMINARE • TAGUNGEN • FESTLICHKEITEN • ERHOLUNG

72764

### 72764 REUTLINGEN

Am Echazufer 22
Tel. +49 7121 924630
reservation@city-hotel-reutlingen.de
**www.city-hotel-reutlingen.de**

S chwäbisch Gmünd – eine Stadt voller Geschichte. Mit Bauwerken aus acht Jahrhunderten, eindrucksvollen Kirchen und Klöstern, malerisch am Fuße der Schwäbischen Alb gelegen. Dank der Landesgartenschau 2014 hat die älteste Stauferstadt ein neues, modernes Gesicht bekommen – und in bester City-Lage das Hotel am Remspark im ehemaligen Gartenschaugelände. 2017 wurde es eröffnet und steht mit seiner silbernen Fassade für preisgekröntes, gelungenes Design. Auch im Inneren punktet das Hotel mit stylischem Ambiente und einer luftigen, leichten Großzügigkeit – unterstützt durch riesige Glasfronten, die viel Licht hineinlassen und einen phantastischen Blick über die Stadt und die ganze Region ermöglichen. So wird das Essen im Restaurant „Charles" in der 7. Etage zu einem wunderbaren Sightseeing-Erlebnis, bei dem Gäste die feine Küche genießen können – ganz regional den Zwiebelrostbraten mit handgeschabten Spätzle und die Forelle aus dem Ländle oder saisonal zum Beispiel die Canelloni vom Reh oder frittierte Wachteln. Auch die All-day-Bar lädt mit traumhaftem Weitblick tagsüber zum Arbeiten und Entspannen ein, abends werden hier Cocktails und kreative Signature Drinks gereicht. Übertroffen wird die Aussicht nur noch von einem Aufenthalt in der Rooftop Bar auf dem Dach des Hotels – einem Hotspot für Gmünder und Hotelgäste mit unvergesslichem 360°-Blick.

## LOGIS

**105 Zimmer:**
4 EZ, 97 DZ,
4 Juniorsuiten

## TAGUNG

**Besonders geeignet für:**
Seminar, Klausur

**Räume**
Tagungsräume:                       5
Ausstellungsfläche:          160 m²

**Maximale Tagungskapazität**
U-Form:                       48 Pers.
Parlamentarisch:              72 Pers.
Reihenbestuhlung:            100 Pers.

**Preise**
Preiskalkulation 1*          71,20 €
Preiskalkulation 2*         249,60 €

# Tagungstreff für Design-Fans

In dieser entspannten Atmosphäre gerät das Tagen fast zur Nebensache. Dabei lässt es sich in den fünf klimatisierten Konferenzräumen mit Panoramaverglasung und eigener Sonnenterrasse im Erdgeschoss bestens arbeiten. Sie bieten modernste Technik, tolle Aussichten und die Möglichkeit zum Arbeiten im Grünen, wenn der Sommer kommt. Stets aufmerksam und flexibel werden die Gäste dabei vom sympathischen Team um Direktor Benjamin Schöll betreut. Sie sind gerne für ihre Gäste da und umsorgen sie nicht nur wertschätzend im Hotel, sondern geben auch Tipps für schöne Erlebnisse in Schwäbisch Gmünd und Umgebung: Ein Muss ist die abendliche Stadtführung oder eine Weinprobe in der Region; Aktiv-Menschen können aber auch im nahegelegenen Kletterpark trainieren oder im schönen Remstal wandern oder radeln.                                            *Uta Müller*

*Alle Angaben Nettopreise
zzgl. MwSt., Kalkulationsanfrage siehe Seite 32

**SCHWÄBISCH GMÜND**

**A 7:** 36 km
**A 8:** 41 km

**Fern:** Stuttgart, 52 km
**Nah:** Schwäbisch Gmünd, 0,1 km

**Stuttgart:** 70 km

## WISSENSWERTES

- Unmittelbare Nähe zum Bahnhof
- 86" Clever Touch Screen mit Logitech-Kamera für hybride Veranstaltungen
- Modernes Gym im 6. Stock
- Wanderstrecken, Fahrradwege, Kletterhalle und Skypark in der Nähe
- Rahmenprogramm mit Agentur
- 6 E-Ladestationen

# Hotel
# am Remspark

## HOTEL AM REMSPARK

### FAZIT

Ein modernes Hotel mit **hohem Design-faktor** direkt am Remspark in der Innenstadt mit **modernem und klarem, stylischem Interieur.**

Restaurant, All-day-Bar und Rooftop-Area mit phantastischem Weitblick schaffen ein **entspanntes Lounge- und Urlaubsgefühl,** das von der **unkomplizierten und herzlichen Betreuung** durch das Hotelteam noch verstärkt wird.

Das Tagungsumfeld bietet zahlreiche Möglichkeiten für **kulturelle, kulinarische und sportliche Aktivitäten.**

**73525**
**SCHWÄBISCH GMÜND**

Remspark 1
Tel. +49 7171 7988200
event@hotelamremspark.de
www.hotelamremspark.de

73525

E s ist nicht nur das größte Hotel in Heilbronn, sondern mit Sicherheit auch das schönste. Schon beim Eintreten begrüßt das Parkhotel Heilbronn seine Gäste mit großzügigen Flächen, wohnlichem Design und warmen Farben – bodentiefe Fenster sorgen zusätzlich für einen schönen Blick in den bezaubernden Stadtgarten mit seinen Blumenbändern und Gartenerlebnisräumen. Erfolgreich arbeiten und sich dabei wohl fühlen sollen sich die Gäste in diesem 2020 eröffneten Hotel, das ist der Anspruch der Familie Scheidtweiler. Dafür hat sie ein beeindruckendes Angebot an Möglichkeiten zum Tagen, Feiern und Genießen geschaffen: Elf Räume unterschiedlicher Größe für bis zu 200 Personen, modern gestaltet, lichtdurchflutet und mit neuester Technik, sorgen dafür, dass es für jede Veranstaltung den richtigen Platz gibt. Auf allen Etagen wurde das Konzept der offenen Raumarchitektur und flexibler Aufteilungen umgesetzt – daraus ergeben sich ideale Arbeitsbedingungen, ob vertraute Gespräche am runden Tisch, kreative Workshops im kleinen Kreis, Präsentationen und erfolgreiche Konferenzen im Panoramasaal oder Zusammenkünfte im offenen Plenum. Räumlich angeschlossen ist auch die Festhalle Harmonie, Heilbronns Konzert- und Kongresszentrum. Das ermöglicht Veranstaltern, größere Events durchzuführen und die Möglichkeiten beider Häuser miteinander zu verbinden. Zum Wohlfühlen gehört auch die professionelle Betreuung der Tagungskunden. Das Parkhotel-Team arbeitet eng und freundschaftlich zusammen, „dem Gast mehr geben, als er erwartet" lautet das Motto der Veranstaltungs- und Servicekollegen. Dass auch der Direktor des Hauses, Marcel Küffner, stets präsent ist und mit anpackt, motiviert das Team und freut die Gäste. Die können ihren eigenen Teamgedanken weiterentwickeln im schönen Pop-up Restaurant, einem Erlebnisraum für Kochkurse und das gemeinsame Dinner, bei Küchenpartys oder Barbecue-Abenden auf der schönen Terrasse. Wer nach dem Genuss der regionalen Speisen in der eigenen Hausbrauerei noch Lust auf ein Highlight hat, besucht die tolle Skybar in luftigen 42 Metern Höhe. Hier klingen erfolgreiche Arbeitstage mit einer spektakulären Aussicht über die Stadt bis in die umliegenden Weinberge hinein aus. *Uta Müller*

# Tagungs-Highlight im Herzen von Heilbronn

## LOGIS

**174 Zimmer:**
9 EZ, 163 DZ, 2 Suiten

## TAGUNG

**Besonders geeignet für:**
Seminar, Konferenz, Klausur, Event

**Räume**
Tagungsräume:                    11

**Maximale Tagungskapazität**
U-Form:                     33 Pers.
Parlamentarisch:           120 Pers.
Reihenbestuhlung:          200 Pers.

**Preise**
Preiskalkulation 1*          71,43 €
Preiskalkulation 2*         319,86 €

*Alle Angaben Nettopreise zzgl. MwSt., Kalkulationsanfrage siehe Seite 32

**HEILBRONN**

**A 6:** 5 km
**A 81:** 10 km

**Fern:** Bietigheim, 36 km
**Nah:** Heilbronn Hbf. 2,5 km
S-Bahn-Station Harmonie, 0,1 km

**Stuttgart:** 70 km

## WISSENSWERTES

- eigene WLAN-Netzwerke in den Tagungsräumen möglich
- Skybar und Festsaal mit spektakulärem Panoramablick
- Tiefgarage mit E-Ladestationen
- Räumlicher Anschluss an Konzert- und Kongresshalle
- Eigenes Brauhaus mit frischen regionalen Gerichten

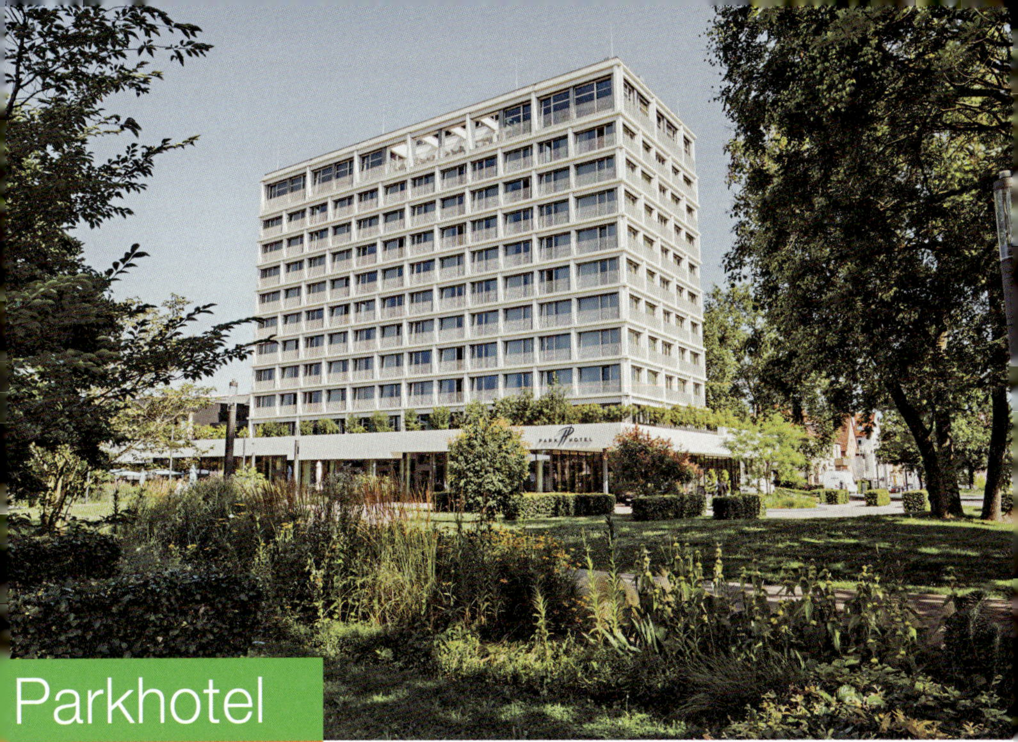

# Parkhotel Heilbronn

### FAZIT

Das **moderne Stadthotel** bietet in **wohnlicher Atmosphäre** ein **vielseitiges, flexibles Raumangebot,** teilweise befahrbar, und gemeinsam mit der angrenzenden Konzerthalle die Möglichkeit zu **Kongressen und großen Events.**

**Gemeinsames Kochen im Pop-up Restaurant,** Küchenpartys, Bierproben und Weinführungen sind nur einige der **vielen Möglichkeiten zur Teambildung** im Hotel und in der Nähe.

**Zentrale Lage** in Heilbronn ermöglicht eine gute Erreichbarkeit mit **öffentlichen Verkehrsmitteln.**

**74072 HEILBRONN**

Gartenstraße 1
Tel. +49 7131 382200
info@parkhotel-heilbronn.de
**www.parkhotel-heilbronn.de**

74072

G enießer werden begeistert sein: Wer zum Tagen in das Hotel Rappenhof kommt, erlebt nicht nur einen Ort für entspanntes Arbeiten, sondern gelebte Gastlichkeit in einem ehemaligen Gutshof und eine hervorragende regionale Küche, bio-zertifiziert und vom Küchenchef Robert Marzahn kreativ verfeinert. Genuss spielt eine große Rolle in dem Traditionshaus, das von Elisabeth Wurster und ihrer Nichte Johanna Mohrlok geführt wird. Die köstliche Landküche ist mit dem Prädikat „Schmeck den Süden" ausgezeichnet, das Hotel ist zudem ein „Haus der Baden-Württemberger Weine" und zeigt damit seine hohe Weinkompetenz und die Auswahl an regionalen guten Tropfen. Im großen Panorama-Wintergarten oder auf der Sonnenterrasse haben die Gäste einen herrlichen Blick über Weinberge, sanfte Hügel, Wiesen und das Weinsberger Tal mit der Burgruine Weibertreu – nicht umsonst wird die Gegend auch die schwäbische Toskana genannt. Die angenehme Atmosphäre dieses charmanten Landhotels schafft auch ein äußerst positives Lernumfeld. In dem Gebäudeensemble stehen fünf Tagungsräume von 23 bis 84 m² für alle didaktischen Anforderungen zur Verfügung. Sie sind hell, freundlich, verfügen über moderne Technik und sind alle, bis auf den kleinsten Raum Kerner, klimatisiert. Aus jedem Fenster erblickt man die schöne Natur und im Sommer verlagern die Tagungsgäste ihr Seminar einfach in die große Gartenanlage, die mit Arbeitsnischen und hohen schattigen Bäumen ideale Bedingungen für das Lernen im Grünen bietet. Auch die Rahmenprogramme spielen sich überwiegend im Freien ab. Elisabeth Wurster ist Weinerlebnisführerin, auch deshalb organisiert das Rappenhof-Team Touren durch die heimischen Weinberge sowie Weinverkostungen und Picknicks. Die Gäste können aber auch mit dem Segway oder dem Fahrrad die schöne Gegend erkunden, Geo-Caching machen oder zum Beispiel das Technik-Museum in Sinsheim besuchen – das Autobahnkreuz Weinsberg ist nur wenige Kilometer entfernt. Hoch im Kurs stehen bei den Tagungsgästen jedoch entspannte Abende im Hotel – bei einem guten Glas Wein kann man am Abend entspannen und spektakuläre Sonnenuntergänge hinter den Weinbergen erleben. *Uta Müller*

# Tagen in der schwäbischen Toskana

## LOGIS
**39 Zimmer:**
21 EZ, 18 DZ

## TAGUNG
**Besonders geeignet für:**
Seminar, Event

**Räume**
Tagungsräume:                              5

**Maximale Tagungskapazität**
U-Form:                            26 Pers.
Parlamentarisch:                   24 Pers.
Reihenbestuhlung:                  56 Pers.

**Preise**
Preiskalkulation 1*           68,91 €
Preiskalkulation 2*          256,30 €

*Alle Angaben Nettopreise zzgl. MwSt., Kalkulationsanfrage siehe Seite 32

WEINSBERG

**A 81:** 2 km
**A 6:** 5 km

**Fern:** Heilbronn, 12 km
**Nah:** Weinsberg, 2 km

**Stuttgart:** 66 km

## WISSENSWERTES
- passwortgeschützte Internetverbindung
- EMAS-zertifiziert und bio-zertifizierte Küche
- zahlreiche Rahmenprogramme rund um den Wein
- große Gartenanlage zum Arbeiten im Grünen
- klimatisierte Tagungsräume
- kostenfreie Parkplätze

# Hotel und Gutsgaststätte
## Rappenhof

**FAZIT**

Das charmante Landhotel kombiniert **hervorragende Tagungsmöglich-keiten** mit **kulinarischen Rahmen- und Freizeitprogrammen.**

Das Traditionshaus mit Gutshofcharakter mitten in der Natur sorgt für eine positive und **entspannte Lernatmosphäre.**

**Beste Erreichbarkeit** Nähe A6/A81.

Rappenhof
seit 1951
Hotel und
Gutsgaststätte

74189

**74189 WEINSBERG**

Rappenhofweg 1
Tel. +49 7134 519-0
rezeption@rappenhof.de
**www.rappenhof.de**

369

E s gibt Häuser, die sind wahre Tagungs-Allrounder. Sie liegen in einer ländlichen Region, sind zugleich aber auch bestens erreichbar. Sie verfügen über große Tagungskapazitäten, betreuen ihre Gäste trotzdem sehr persönlich. Sie bieten zahlreiche Möglichkeiten für Rahmenprogramme, und niemand muss dafür lange Wege auf sich nehmen. Kurzum: Ein solches Rundum-sorglos-Paket ist das Flair Park-Hotel Ilshofen. Seit 35 Jahren ist das Tagungshotel erfolgreich am Markt und wurde anlässlich des Jubiläums umfassend renoviert. Die Hotel-Crew um Ronny Mechnich begrüßt ihre Gäste nun in einem modernen, klassisch-eleganten Wohlfühl-Ambiente. Alle Mitarbeiter fühlen sich hier verantwortlich für das Wohl des Gastes – mit Herzblut und Kompetenz, einer hohen Servicebereitschaft und individueller Betreuung. Von außen sieht man dem 4-Sterne-Haus nicht an, was in ihm steckt: eine Vielzahl von attraktiven Tagungs- und Erholungsmöglichkeiten. Die neun modernen und hellen Tagungsräume in einer Größe von 20 bis 400 m² sind klimatisiert und multifunktional nutzbar. ClickShare verwandelt sie in kreative Konferenzzonen, moderne Tontechnik und Lichtsysteme wurden eingebaut – alle Räume haben viel Tageslicht und einen Blick oder Zugang zur großen Terrasse oder in den gestalteten Park. Besonderen Komfort bietet der ebenerdige Raum „Messe" mit 400 m² Fläche, der Platz für etwa 300 Personen bietet und prädestiniert ist für Produktpräsentationen, Schulungen, Messen und große Veranstaltungen. Er ist befahrbar und verfügt über alle Versorgungsanschlüsse, um Anlagen, Maschinen und Fahrzeuge optimal vorführen zu können. Seine Türen lassen sich weit zum Park hin öffnen. Hier kommen Tagungsgäste bei schönem Wetter zusammen, um kreativ zu werden oder Rahmenprogramme durchzuführen. Ob Bogenschießen, eine entspannende Alpaka-Tour, Highland-Games im Schottenrock, Boule-Partien oder morgendliches Yoga unter den hohen Bäumen – alles ist möglich, um Zusammenarbeit, Motivation und Spaß im Team aufzubauen. Abendlicher beliebter Treffpunkt ist die Bajazzo-Bar, in der leckere Cocktails serviert werden, oder die Restaurantterrasse, auf der die Gäste nach dem feinen Essen gerne verweilen.     *Uta Müller*

# Tagungsprofis im Hohenloher Land

## LOGIS

**70 Zimmer:**
12 EZ, 50 DZ, 6 Studios,
2 Dreibettzimmer

## TAGUNG

**Besonders geeignet für:**
Seminar, Konferenz, Event

**Räume**
Tagungsräume:                       9
Ausstellungsfläche:         200 m²

**Maximale Tagungskapazität**
U-Form:                       40 Pers.
Parlamentarisch:           200 Pers.
Reihenbestuhlung:          350 Pers.

**Preise**
Preiskalkulation 1*          79,00 €
Preiskalkulation 2*        303,70 €

*Alle Angaben Nettopreise zzgl. MwSt., Kalkulationsanfrage siehe Seite 32

ILSHOFEN

 **A 6:** 4 km

DB **Fern:** Crailsheim, 10 km
**Nah:** Eckartshausen-Ilshofen, 4 km

**Stuttgart:** 100 km
**Nürnberg:** 100 km

## WISSENSWERTES

- Internet-Terminal, kostenfreies WLAN (DSL)
- ausreichend Parkmöglichkeiten im Freien und in der Tiefgarage
- neuer Schwimmbad- und Saunabereich, Liegewiese, Tennisplätze
- Bistro-Bar/Lounge „Bajazzo"
- separater Tagungsraum im Hotelpark
- Hotel-Shuttle vom Bahnhof Ilshofen (auf Anfrage)

# Flair Park-Hotel
## Ilshofen

FLAIR PARK-HOTEL
ILSHOFEN
★★★★

### FAZIT

Neun Tagungsräume mit eigenem **befahrbaren Messebereich bieten alle Möglichkeiten** des Tagens und **der Präsentation von Anlagen und Maschinen.**

Der **schöne Hotelpark** lädt die Tagungsgäste gleichermaßen zur Erholung, aber auch zu **spontanen oder organisierten Outdoor-Aktivitäten** ein, wie Volleyball oder Bogenschießen, Boccia oder Yoga.

In der Parkanlage befindet sich der voll **ausgestattete Klausur-Pavillon.**

**74532 ILSHOFEN**

Parkstraße 2
Tel. +49 7904 7030
info@parkhotel-ilshofen.de
**www.parkhotel-ilshofen.de**

74532

I m Landhotel Rössle geht das Tagen in eine neue Dimension. Bereits bekannt für ihr hervorragendes Tagungs- und Eventangebot, setzt die Familie Sperr mit dem Umbau ihres Seminarhauses „Obstgarten" nun einen Meilenstein in Sachen „new work". Auf mehreren Etagen wurden unterschiedliche Bereiche konzipiert, die sich auf das Arbeiten fokussieren, das soziale Miteinander fördern oder beides perfekt kombinieren. Hier ist alles möglich, und das in einem entspannenden, modernen Wohlfühl-Ambiente: Austausch und Kommunikation, kreatives Arbeiten und Rückzug ins Private, Teambildung an der Live-Cooking-Station oder Vorstandssitzung in elegant-moderner Kaminrunde – ideale Bedingungen für erfolgreiche Workshops, Seminare und Strategiebesprechungen, aber auch für kreative CoWorking Camps und Hackathons. Die Räume sind – wie auf dem gesamten Areal – mit modernster Präsentations- und Medientechnik ausgestattet und bieten den Blick oder Zugang ins inspirierende Grün der schönen Hohenloher Landschaft. Herzstück des neuen „Obstgartens" ist das Foyer als einladender Ort für kommunikative Pausen, als Lounge-Bereich für geselliges Miteinander an einem prächtigen Eichentisch und als Treffpunkt für Küchenpartys und andere Events. In Kombination mit dem vielseitigen Raumangebot des Campus und dem Pavillon ist hier eine traumhafte Tagungswelt entstanden, die wohl keine Veranstalterwünsche offenlässt.

## LOGIS

**95 Zimmer:**
32 EZ, 63 DZ

# Lernen. Leben.
# Leichtigkeit

## TAGUNG

**Besonders geeignet für:**
Seminar, Konferenz, Klausur, Kreativprozesse, Event

**Räume**
Tagungsräume: 18
Ausstellungsfläche: 380 m²

**Maximale Tagungskapazität**
U-Form: 50 Pers.
Parlamentarisch: 140 Pers.
Reihenbestuhlung: 250 Pers.

**Preise**
Preiskalkulation 1* 85,00 €
Preiskalkulation 2* 312,00 €

Was das Ganze jedoch unschlagbar macht, ist der Geist, der in diesem Hause herrscht – herzlich, engagiert und offen umsorgen die Familie und ihr Team die Gäste, stets professionell, immer leicht und mühelos. Kein Wunsch zu groß, kein Weg zu weit – ganz nah dran am Kunden lebt die Rössle-Familie und pflegt „ein gutes Miteinander" mit ihrem Team und den Gästen. Für die wurde extra ein Lieblingsplatz geschaffen, die beeindruckende Bar in der schönen gemütlichen Lobby. Ein Ort zum Wohlfühlen, ein Platz für das spontane „After-Work-Bier" oder den schnellen Espresso zwischendurch. Hier wird gearbeitet, hier werden Kontakte geknüpft und der Abend in netter Runde beendet, nach dem Genuss des herrlichen Essens, das Inhaber und Küchenchef Lutz Sperr mit Herzblut für seine Gäste zubereitet. So schön kann Tagen sein! *Uta Müller*

*Alle Angaben Nettopreise zzgl. MwSt., Kalkulationsanfrage siehe Seite 32

**STIMPFACH-RECHENBERG**

 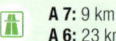
**A 7:** 9 km
**A 6:** 23 km

**Fern:** Crailsheim, 15 km
**Nah:** Ellwangen, 13 km

**Nürnberg:** 100 km
**Stuttgart:** 120 km

## WISSENSWERTES

- Hoch- und Niederseilgarten, großes Freigelände
- rustikale Jagdhütte mit Schwedenofen
- Sauna, Dampfbad, Solarium, Fitnessraum, Kegelbahnen
- Glasfaser-Internet und Equipment für hochwertige Video-Live-Übertragungen vorhanden
- Die „Scheuer" als großer repräsentativer und klimatisierter Festsaal für bis zu 250 Personen

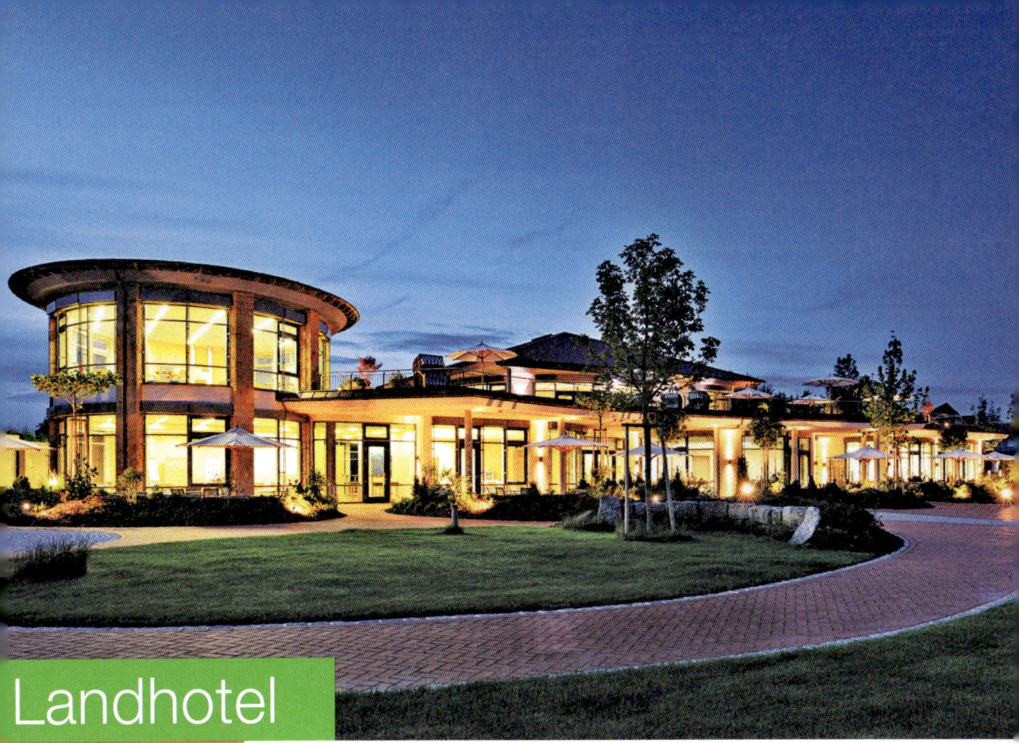

# Landhotel
# Rössle

## FAZIT

Das **neue multifunktionale CoworkingCenter** bietet verschiedenste Raumlösungen in einer **hochwertigen, urban-gemütlichen Atmosphäre.**

Im hochprofessionellen Tagungsumfeld finden Tagende **zahlreiche Seminarräume,** einen **modernen, nachhaltig gebauten Campus** mit Dachgarten und **Terrassenlogen.**

Zur Rundum-Betreuung gehören **flexible Tagungspausen** und eine **Verpflegung jenseits des Mainstreams** mit einer köstlichen, vom Chef zubereiteten Seminarküche.

**74597 STIMPFACH-**
**RECHENBERG**

Ortsstraße 22
Tel. +49 7967 9004-0
info@roessle-rechenberg.de
**www.roessle-rechenberg.de**

74597

373

I m Landhotel Beck in Beltersrot weht ein Hauch von Italien. Tagungsgäste können dort nicht nur hausgemachte italienisch-mediterrane Spezialitäten genießen. Pächterfamilie Pisani, seit Dezember 2015 am Ruder, lebt auch die berühmte italienische Gastfreundschaft. Mit ganz viel Herz und persönlichem Einsatz arbeitet sie daran, ihren Gästen den Aufenthalt in dem modernen Tagungshotel so angenehm wie möglich zu machen. Das Landhotel ist schnell zu erreichen, nur zwei Kilometer von der A 6 entfernt, und bietet mit seinem benachbarten Gästehaus insgesamt acht Tagungsräume mitten im Grünen in einem kleinen Dörfchen bei Kupferzell. Im großzügigen verglasten Restaurant mit Showküche und großer Terrasse werden frische mediterrane und Hohenloher Spezialitäten zubereitet, stets von bester Qualität, die Lebensmittel stammen zum größten Teil aus kontrollierten, zertifizierten Betrieben der Region. Die Zimmer sind modern und geschmackvoll eingerichtet, warme Erdtöne schaffen im gesamten Hotel eine ansprechende und gemütliche Atmosphäre. Drum herum liegen Felder und Wiesen, wohin das Auge auch blickt – ungestörtes Arbeiten und Wohnen sind hier selbstverständlich. Im Hotel stehen fünf äußerst großzügige Tagungs- und Banketträume zur Verfügung. Bodentiefe Fensterflächen lassen viel Licht herein, im trendigen Business-Stil laden Lounge-Ecken zum Arbeiten ein. Schön gestaltete Terrassenflächen vor den Tagungsräumen sowie zwei Restaurantbereiche ergänzen das professionelle Angebot für die Seminargäste. Bis zu 120 Personen können im neuen Tagungsbereich stilvoll arbeiten, exklusive Firmenevents oder rauschende Feste feiern. Drei schöne und helle Tagungsräume zwischen 38 und 70 m$^2$ laden im benachbarten Gästehaus zu Workshops und Seminaren ein, alle mit dem Fahrstuhl erreichbar und mit moderner Technik ausgestattet. Für die Pausen ist in jeder Tagungsetage ein Foyer eingerichtet. Damit die Gäste trockenen Fußes die Zimmer und Tagungsräume des Gästehauses erreichen können, sind die Häuser unterirdisch verbunden. Beliebte Alternativprogramme am Abend sind Ausflüge in die Region, die zahlreiche Burgen und Schlösser zu bieten hat, und die benachbarten Orte Künzelsau, Schwäbisch Hall oder Öhringen mit ihren pittoresken Altstädten. *Uta Müller*

# Dolce Vita im Hohenloher Land

## LOGIS

**74 Zimmer:**
15 EZ, 59 DZ

## TAGUNG

**Besonders geeignet für:**
Seminar, Konferenz, Klausur, Event

**Räume**
Tagungsräume:                 8

**Maximale Tagungskapazität**
U-Form:                 50 Pers.
Parlamentarisch:         80 Pers.
Reihenbestuhlung:       120 Pers.

**Preise**
Preiskalkulation 1*         56,73 €
Preiskalkulation 2*        220,98 €

*Alle Angaben Nettopreise zzgl. MwSt., Kalkulationsanfrage siehe Seite 32

**KUPFERZELL-BELTERSROT**

 **A 6:** 2 km

 **Fern:** Stuttgart, 46 km
**Nah:** Waldenburg, 5 km

 **Stuttgart:** 103 km

374

## WISSENSWERTES

- lichtdurchflutete Tagungsetage mit Lounge-Ecken
- große Showküche mit mediterranen und Hohenloher Spezialitäten
- mehrere Terrassen und Seminargarten
- 120 Parkplätze
- nur wenige Kilometer zur Autobahn A 6

# Landhotel Beck

LANDHOTEL

## BECK

### FAZIT

**Moderne Tagungsmöglichkeiten** im Grünen, gepaart mit italienischer Gastfreundschaft, frischer mediterraner Küche und **sehr persönlicher Betreuung,** machen Tagungsaufenthalte in diesem Haus zu angenehmen Lernveranstaltungen.

Die **schnelle Erreichbarkeit** und Nähe zur A 6 machen das Hotel zu einem **perfekten Meeting-Point** zwischen den Städten Nürnberg, Stuttgart und Heilbronn.

**74635 KUPFERZELL-BELTERSROT**

Goldbacher Straße 11
Tel. +49 7944 9170-0
info@landhotel-beck.de
**www.landhotel-beck.de**

74635

375

## Rückzugsort mit grandioser Aussicht

**G**randioser kann ein Blick über den Tellerrand nicht sein: Bis zu 160 Kilometer weit schaut man von Waldenburg, dem „Balkon Hohenlohes", auf die umliegende Ebene. Über Serpentinen zu erreichen, lädt hier das neue Panoramahotel seine Gäste zum erfolgreichen Tagen, Feiern und Genießen ein. Denn – wo Blicke schier unendlich in die Ferne schweifen können, gelingt es auch Tagungsgästen spielend leicht, kreativ zu werden und neue Gedanken zu entwickeln. Die Betreiber-Familie Würth hat alles darangesetzt, ihren Business-Kunden ein professionelles, aber legeres Umfeld zum erfolgreichen Arbeiten zu schaffen. Die Atmosphäre ist privat, das Haus geschmackvoll und modern gestaltet – für das Design des Hauses zeichnet der renommierte Architekt Stephen Williams verantwortlich, bekannt für das Design von Hotels und multifunktionalen Räumen. Hohe Decken und bodentiefe Fenster schaffen Freiraum und ein großzügiges Ambiente, stehen für Offenheit und Transparenz. Der separate Konferenzbereich ist voll auf die Bedürfnisse der Tagungsgäste zugeschnitten: Zehn moderne Veranstaltungsräume zwischen 36 und 244 m² werden allen Anforderungen an innovatives Arbeiten gerecht. Ausgestattet mit interaktiven Flatscreens, raumeigener sicherer WLAN-Umgebung, modernster Präsentationstechnik sowie Funkmikrofonen, Headsets und Beschallungsanlagen, laden sie zu Konferenzen und Meetings ebenso ein wie zu Vorstandssitzungen oder Firmen-Events. Zentraler Meeting-Point ist die Pausen-Lounge, eine großzügige Area, die mit feinen Hölzern und Nischen ein stimmungsvoller Ort zum Austausch oder für Gruppenarbeiten ist. Hier schaffen, wie im ganzen Haus, warme, freundliche Farben, feine Stoffe und zahlreiche Kunstwerke aus der Sammlung Würth eine echte Wohlfühlatmosphäre. Attraktive Rahmenprogramme, wie das Schießen in der eigenen Laser-Biathlon-Anlage, der Panofit-Parcours oder eine Wanderung zur Theresienberg-Hütte runden jede Tagung ab. Auch der Genuss kommt hier nicht zu kurz. Der Küchenchef bringt sowohl feine, saisonale Gerichte auf den Tisch als auch den Zwiebelrostbraten oder die schwäbische Hochzeitssuppe als Klassiker der Region. Am Abend gibt es bei bester Fernsicht – neben köstlichen Weinen und Cocktails – süffiges Bier vom Tegernseer Brauhaus vom Fass. *Uta Müller*

## LOGIS

**120 Zimmer:**
117 DZ, davon 4 barrierefrei, 3 Suiten

## TAGUNG

**Besonders geeignet für:**
Seminar, Konferenz, Klausur, Event

**Räume**
Tagungsräume: 10
Ausstellungsfläche: 100 m²

**Maximale Tagungskapazität**
U-Form: 60 Pers.
Parlamentarisch: 120 Pers.
Reihenbestuhlung: 200 Pers.

**Preise**
Preiskalkulation 1* 57,54 €
Preiskalkulation 2* 243,14 €

*Alle Angaben Nettopreise zzgl. MwSt., Kalkulationsanfrage siehe Seite 32

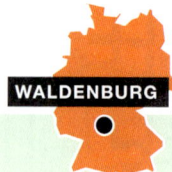
**WALDENBURG**

 **A 6:** 7 km

 **Fern:** Heilbronn, 30 km
**Nah:** Waldenburg, 5 km

 **Stuttgart:** 80 km

## WISSENSWERTES

- raumeigene sichere WLAN-Umgebung
- 6 E-Auto- und E-Bike-Ladestationen
- 1.000 m² Event-Außenfläche
- Biathlon-Laser-Schießanlage
- 120 kostenfreie Parkplätze
- Event-Terrassen

© Panoramahotel Waldenburg – Mellenthin

# Panoramahotel Waldenburg

## PANORAMAHOTEL
### WALDENBURG

### FAZIT

Tagungsgäste erleben ein **neues, hochwertiges und sehr geschmackvoll eingerichtetes Hotel** der Würth-Group im gut erreichbaren, schönen Hohenloher Land.

Der **separate Tagungsbereich bietet ein vielseitiges Raumangebot** für alle didaktischen Formen mit hohem multimedialen Ausstattungskomfort und ansprechendem Pausenbereich.

Die **gute Hohenloher Küche, eine stilvolle Bar** und **zahlreiche Möglichkeiten für sportliche und kulturelle Rahmenprogramme** runden jeden Tagungsaufenthalt ab.

**74638 WALDENBURG**

Hauptstraße 86
Tel. +49 7942 9100-0
info@panoramahotel-waldenburg.de
**www.panoramahotel-waldenburg.de**

74638

## LOGIS

**47 Zimmer:**
7 EZ, 36 DZ, 2 Suiten,
2 Juniorsuiten

## TAGUNG

**Besonders geeignet für:**
Seminar, Klausur, Event

**Räume**
| | |
|---|---|
| Tagungsräume: | 6 |
| Ausstellungsfläche: | 125 m² |

**Maximale Tagungskapazität**
| | |
|---|---|
| U-Form: | 44 Pers. |
| Parlamentarisch: | 66 Pers. |
| Reihenbestuhlung: | 80 Pers. |

**Preise**
| | |
|---|---|
| Preiskalkulation 1* | 63,03 € |
| Preiskalkulation 2* | 265,14 € |

# Landleben trifft Stadtkultur

Viele Städter sehnen sich nach dem Land, wünschen sich Ruheoasen, entspannendes Grün und Wohlfühlatmosphäre. Genau das finden sie im NaturKulturHotel Stumpf – ohne dabei auf urbane Annehmlichkeiten verzichten zu müssen. Dem Hotel gelingt es, zwei unterschiedliche Welten miteinander zu vereinbaren: Zum einen bietet es die Vorzüge eines klassischen Landhotels, ruhig und abgeschieden am Waldrand von Neunkirchen im Odenwald gelegen. Ideal, um neue Strategien zu erarbeiten, an der persönlichen Weiterentwicklung zu feilen oder weitab von Stress und betrieblicher Hektik Teambildung voranzutreiben. Zum anderen genießen Tagungsgäste dort die Vorzüge eines urbanen Hideaways, das mit Ausstattung und Ambiente luxuriöse Akzente setzt. Hinter diesem Angebot, das Gäste eher in der Stadt verorten würden, steckt der Elan der Inhaberfamilie Stumpf und ein motiviertes Team, das persönlich stets für das Wohl der Gäste sorgt. Ein separates Tagungszentrum mit vier Räumen, großer Lobby mit Zugang zum schönen Garten und dem lernfördernd gestalteten Pausenbereich bildet den professionellen Rahmen für effektives und entspanntes Arbeiten. Hier kann nach Belieben drinnen oder draußen gearbeitet werden. Dabei unterstützen modernste Tagungstechnik, klassisch und hybrid, sowie High-Speed-WLAN die Trainingsziele. Die direkt angrenzende, inspirierende Natur sowie der Seminargarten sind ideale Orte für aktives Tagen im Freien oder Outdoor-Incentives, um Lernerfolge zu festigen: der gemeinsame Tipi-Bau mit anschließendem Barbecue steht bei den Teilnehmern ebenso hoch im Kurs wie beispielsweise Bogen- oder Eisstockschießen, Bubble-Soccer oder Kanufahrten auf dem nahen Neckar. Zum erfolgreichen Arbeiten gehören auch Entspannung und Genuss am Abend. Sportliche Naturen können im Schwimmbad noch ihre Bahnen ziehen, bevor sie regionale Spezialitäten aus dem Odenwald und dem Kraichgau genießen, neu interpretiert mit asiatischem und mediterranem Einfluss. Beliebt bei den Tagungsgästen sind aber auch stimmungsvolle Barbecue-Abende auf den überdachten Sonnenterrassen. Himmlische Ruhe finden sie zum Schluss in den frisch renovierten, sehr geschmackvoll gestalteten Zimmern.

*Uta Müller*

*Alle Angaben Nettopreise zzgl. MwSt., Kalkulationsanfrage siehe Seite 32

NEUNKIRCHEN

**A 6:** 30 km
**A 5:** 40 km
**A 81:** 40 km

**Fern:** Heidelberg Hbf., 35 km
Mannheimer Hbf., 50 km
**Nah:** S-Bahn Neckargerach, 7 km

**Frankfurt:** 115 km

## WISSENSWERTES

- Nachhaltigkeitssiegel GreenSign 66%
- Glasfaser-Internetverbindung
- großer Tagungsgarten
- rustikale Waldhütte
- Küchenpartys, Tipi-Bau-Workshop, Weinseminare, Wanderungen
- GARDEN SPA mit Schwimmbad, finnischer Sauna, Biosauna, Infrarotkabine, Whirlpool, Massagen

# NaturKulturHotel
# Stumpf

★ ★ ★ ★

**Natur**Kultur
**Hotel Stumpf**

Alles im Grünen Bereich.

## FAZIT

Mit seiner **traumhaften Lage mitten in der Natur** ist diese Tagungsdestination geradezu prädestiniert als ultimativer Standort für die **ungestörte persönliche Weiterentwicklung.** Dabei helfen Outdoor-Rahmenprogramme wie **Teamtrainings und Orientierungsmärsche** oder **Kletterpartien.**

Im **separaten Seminarbereich** unterstützen modernste Tagungsräume und -technik die Kunden, wobei das **großzügige Gelände** stets in didaktische Übungen miteinbezogen werden kann.

**74867 NEUNKIRCHEN**
Zeilweg 16
Tel. +49 6262 92290
info@hotel-stumpf.de
**www.hotel-stumpf.de**

74867

379

## LOGIS

**208 Zimmer:**
23 EZ, 181 DZ, 4 Suiten

## TAGUNG

**Besonders geeignet für:**
Seminar, Konferenz, Event

**Räume**
| | |
|---|---|
| Tagungsräume: | 20 |
| Ausstellungsfläche: | 300 m² |

**Maximale Tagungskapazität**
| | |
|---|---|
| U-Form: | 40 Pers. |
| Parlamentarisch: | 100 Pers. |
| Reihenbestuhlung: | 150 Pers. |

**Preise**
| | |
|---|---|
| Preiskalkulation 1* | 62,20 € |
| Preiskalkulation 2* | 272,90 € |

*Alle Angaben Nettopreise zzgl. MwSt., Kalkulations-anfrage siehe Seite 32

# Tagen am Flussufer

Wo Enz und Nagold zusammenfließen, in unmittelbarer Nähe zu Grünanlagen und somit an einem der schönsten Plätze der Stadt, errichteten vier Unternehmerfamilien im Jahr 1991 das Parkhotel Pforzheim. Bis heute wird es durch die Gesellschafterfamilie Scheidtweiler geführt, die sich in der Hotellerie auch an anderen Orten einen Namen gemacht hat – nicht zuletzt wegen ihres stets hoch motivierten und gastorientierten Teams sowie ihrer ausgeprägten Tagungskompetenz. Das in der Vergangenheit weltweit als Gold- und Uhrenstadt bekannte Pforzheim steht heute auch für innovative und kreative Unternehmen und für die Wissenschaft. Diese Entwicklung ergänzt das Parkhotel durch seine regelmäßigen Investitionen in die Zukunft perfekt. Erst Anfang 2025 ging dort der neue Saal Vision an den Start, ein großzügiger, lichtdurchfluteter Veranstaltungsraum im Dachgeschoss mit LED-Wand, schwenkbaren Bildschirmen, Panoramafenstern, umlaufender Terrasse mit Blick über die ganze Stadt sowie einem separaten Pausenfoyer. Insgesamt beeindruckt die Bandbreite an Tagungsmöglichkeiten im Parkhotel. Die dortigen 20 Räume sind alle klimatisiert und verfügen über Tageslicht.

Im Erdgeschoss, mit direktem Zugang ins Freie, befindet sich eine gemütliche Lounge für Kaffeepausen, direkt daneben liegt der Tagungsraum La Strada. Ein Stockwerk höher laden sechs kleinere Räume zu Meetings oder Gruppengesprächen ein. Darüber hinaus ist das Hotel mit dem Congress Centrum Pforzheim (CCP) verbunden, dessen Tagungsbereich ebenfalls angefragt werden kann. Die geschmackvoll eingerichteten Hotelzimmer werden kontinuierlich renoviert. Zum Flussufer hin erstreckt sich die abwechslungsreiche Gastronomielandschaft des Hauses mit Bar, Restaurant, Terrasse, Palmengarten und Wintergarten-Café. Hier können auch größere Gruppen in separaten Räumen beim Mittag- oder Abendessen unter sich bleiben. Im Hotel steht ein Fitnessbereich mit Fernblick zur Verfügung, und für das Tagungs-Rahmenprogramm hat sich der fußläufig erreichbare Gasometer, ein ehemaliger Glockengasspeicher, bewährt: Das 40 Meter hohe Industriedenkmal eröffnete 2014 nach seiner aufwendigen Generalsanierung als Eventlocation und als Stätte für wechselnde Panorama-Ausstellungen. *Susanne Stauß*

**PFORZHEIM**

 **A 8:** 5 km

 **Fern:** Pforzheim Hbf., 0,5 km

 **Stuttgart:** 45 km

## WISSENSWERTES

- Alle Räume sind klimatisiert
- kabellose Präsentationen durch Laser-Projektoren möglich
- attraktiver Fitness- und Wellnessbereich mit Fernblick in der 5. Etage
- beliebtes Rahmenprogramm ist der fußläufig erreichbare Gasometer

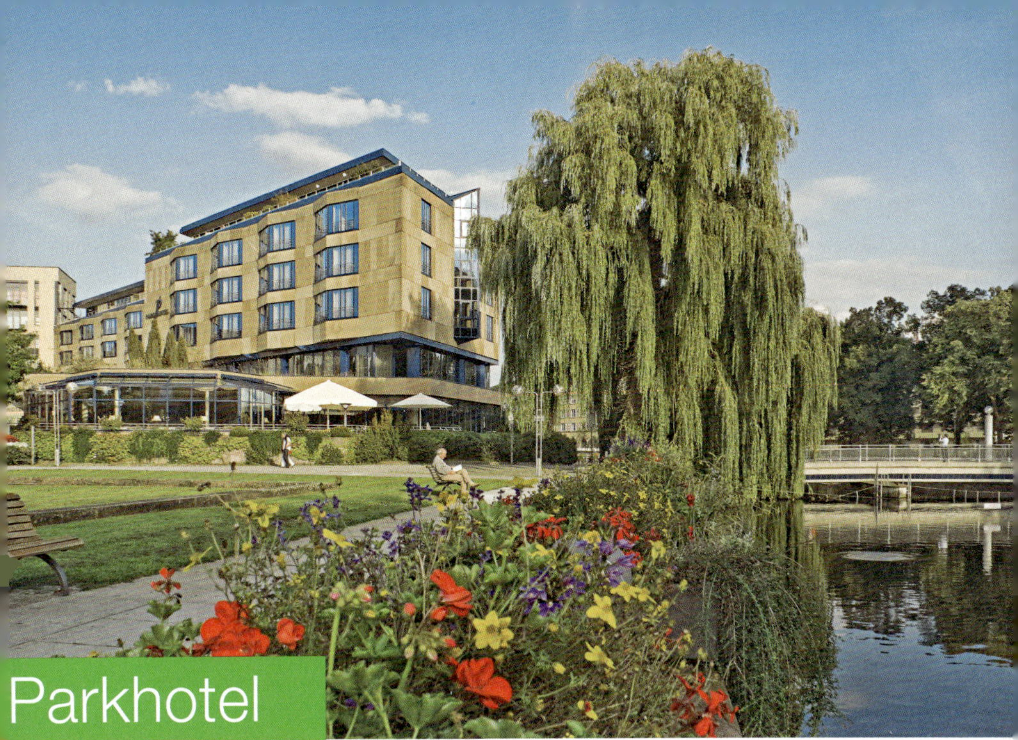

# Parkhotel Pforzheim

## FAZIT

Die räumliche und organisatorische **Verbindung zwischen dem Parkhotel und dem CongressCentrum Pforzheim (CCP)** ermöglicht Veranstaltern den Zugriff auf weitere 4.000 Quadratmeter Fläche. Im Hotel selbst ging 2025 der neue Tagungsraum Vision an den Start.

Die weitläufige **Gastronomielandschaft** des Hotels lässt keine kulinarischen Wünsche offen.

Die **zentrale Lage in der Stadt** ermöglicht eine unkomplizierte An- und Abreise mit der Bahn oder im PKW.

**75175 PFORZHEIM**

Deimlingstraße 32–36
Tel. +49 7231 161-0
info@parkhotel-pforzheim.de
**www.parkhotel-pforzheim.de**

75175

## LOGIS

**100 Zimmer:**
39 EZ, 61 DZ

## TAGUNG

**Besonders geeignet für:**
Seminar, Konferenz, Klausur

**Räume**
| | |
|---|---|
| Tagungsräume: | 17 |
| Ausstellungsfläche: | 500 m² |

**Maximale Tagungskapazität**
| | |
|---|---|
| U-Form: | 40 Pers. |
| Parlamentarisch: | 120 Pers. |
| Reihenbestuhlung: | 210 Pers. |

**Preise**
| | |
|---|---|
| Preiskalkulation 1* | 61,33 € |
| Preiskalkulation 2* | 220,35 € |

*Alle Angaben Nettopreise
zzgl. MwSt., Kalkulationsanfrage siehe Seite 32

# Ort der Begegnung

**W**enn Tagungshäuser zu einem echten Ort der Begegnung werden, bieten sie mehr als komfortable Zimmer und moderne Tagungsräume. Sie sind inspirierend, ermöglichen den Gästen, Kontakte zu knüpfen, sich untereinander auszutauschen und ein unkompliziertes Miteinander zu erleben. Kurzum: Sie schaffen eine Atmosphäre des Wohlbefindens, in dem sich Tagungsgäste gerne weiterentwickeln und offen für Neues sind. Ein solcher Ort ist das Hohenwart Forum bei Pforzheim. Das Hotel, als Bildungszentrum der evangelischen Kirche Pforzheim gebaut, liegt mitten in einer offenen Wiesenlandschaft, umgeben von einem 42.000 m² großen Areal. Hier ist konzentriertes, ruhiges Arbeiten möglich und gemeinsame Aktivitäten in der Natur können direkt vor der Tür stattfinden. Das Oktagon – symbolisch für den Neubeginn – stand Pate für die außergewöhnliche Architektur: Mehrere Tagungsbereiche unter achteckigen Dächern reihen sich rund um das Haupthaus. Das ist mit seinem lichtdurchfluteten Restaurant, der Lobby und dem Barbereich ein attraktiver zentraler Treffpunkt für alle Gäste, bietet Platz für kleine Arbeitsgruppen und Nischen für gute Gespräche. Offene Dachkonstruktionen, viel Holz und Glas lassen Licht und die umliegende Natur ins Haus, sie vermitteln Weite und Freiraum für kreatives Arbeiten. Inspiration bringen auch zahlreiche Bilder und Skulpturen im Hotel – Teil der Hohenwart-Philosophie ist es, durch wechselnde Ausstellungen regionaler Künstler für Abwechslung und Anregung der Gäste zu sorgen. Ihnen stehen 17 Tagungsräume von 31 bis 203 m² zur Verfügung, geschickt separiert durch Terrassen und Grünbereiche, die vor jedem Raum zum Arbeiten im Freien oder zur Pause einladen. Ob Business-Konferenzraum, Coaching-Lounge oder das beeindruckende Plenum – alle Räume sind sehr ansprechend gestaltet, flexibel bestuhlbar und mit moderner Technik ausgestattet. Dem Hotel ist der achtsame Umgang mit Ressourcen wichtig – das Hohenwart Forum betreibt ein EMAS-zertifiziertes Umweltmanagement und begeistert seine Gäste mit einer Bio-zertifizierten, kreativen Küche. Tagungsteilnehmer schwärmen auch von der Freundlichkeit der Mitarbeiter, die stets zur Stelle sind und mit viel Herzblut den Ort der Begegnung erst richtig lebendig werden lassen.

*Uta Müller*

**PFORZHEIM**

 **A 8:** 12 km

 **Fern:** Karlsruhe, 38 km
**Nah:** Pforzheim, 12 km

 **Stuttgart:** 57 km
**Karlsruhe /
Baden-Baden:** 71 km

## WISSENSWERTES

- EMAS-und TourCert-zertifiziertes Umweltmanagement
- Digitale Boards, hybrides Tagen möglich, passwortgeschützte Internetverbindung
- 24 Zimmer barrierefrei, Tagungsräume haben direkten Zugang zur Natur
- Bio-zertifizierte Küche
- Dart, Tischkicker und Tischtennisplatte, blühendes Labyrinth

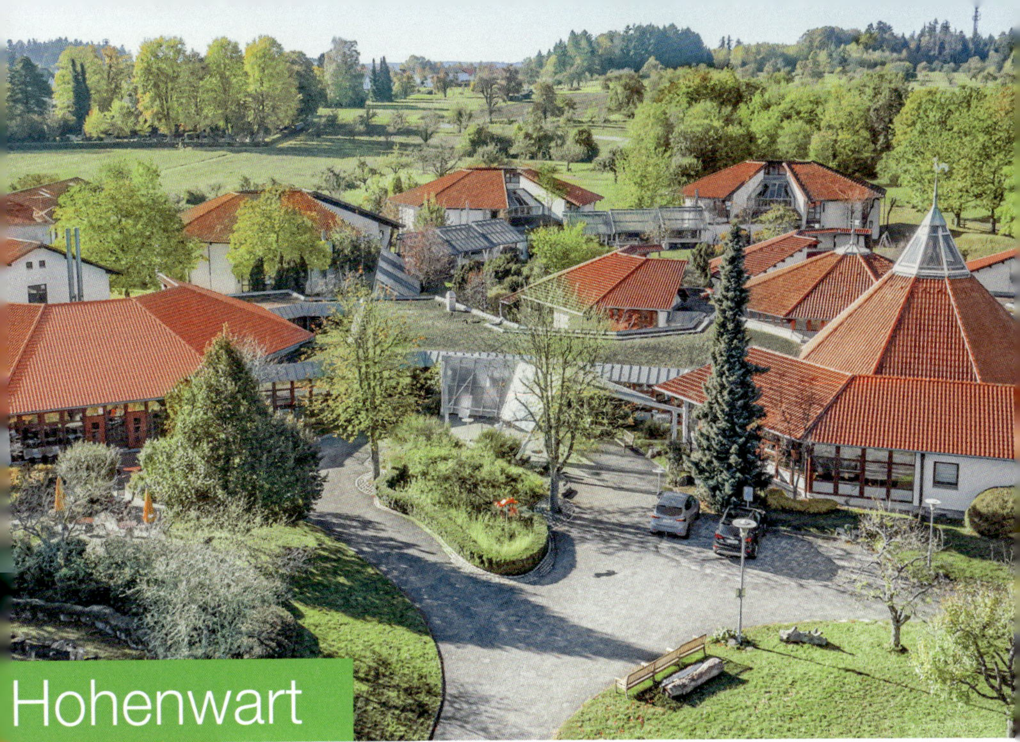

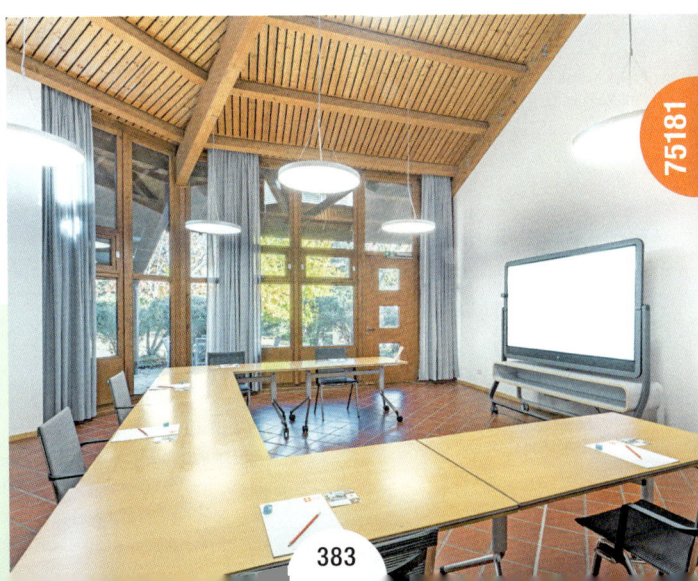

# Hohenwart Forum

## NET'T WORKING MIT WOHL GEFÜHL

### FAZIT

Das Hohenwart Forum ist ein **perfekter Tagungsort** im Nordschwarzwald – viel **Platz,** viel **Flexibilität** und jede Menge Inspiration. Die **außergewöhnliche Lage und Architektur** sorgen für kreative Arbeitstreffen, die dezente Spiritualität für ein entspannendes Miteinander.

Das **weitläufige Gelände** bietet hervorragende Möglichkeiten für **Gruppenaktivitäten im Freien.**

**Zentrale Lage** zwischen Karlsruhe und Stuttgart.

**75181 PFORZHEIM**

Schönbornstraße 25
Tel. +49 7234 6060
info@hohenwart.de
reservierung@hohenwart.de
www.hohenwart.de

75181

Die Kirschtorte ist eines der bekanntesten Symbole des Schwarzwaldes, im Hotel Ochsen in Höfen hat sie zudem eine ganz besondere Bedeutung: 1954 kreierte Horst Braune, Vorgänger der heutigen achten Familiengeneration, ein Exemplar mit einer stattlichen Höhe von 20 Zentimetern. Bis heute zählen diese Schwarzwälder Kirschtorte sowie weitere Kunstwerke der Patisserie zu den Aushängeschildern des Hotels und unterstreichen gleichzeitig dessen hohen Anspruch an kulinarische Qualität. Die Historie des Ochsen geht sogar bis auf das Jahr 1751 zurück. Aktuell verwöhnen Simone und Holger Braune und ihr Team hungrige Gäste in den verschiedenen Stübchen und im 2023 neu gestalteten Haupt-Restaurant mit einer hervorragenden frischen Regionalküche und liebevollem Service. Gleichzeitig bietet das Hotel Ochsen auf zwei Etagen insgesamt sieben Tagungsräume und damit eine Auswahl an Kombinationsmöglichkeiten für Seminare und Klausuren. Im Erdgeschoss punktet die Raumkombination Eyach/Enztal mit viel Tageslicht. Die hellen, im Obergeschoss gelegenen und teilweise verbindbaren Tagungsräume zeichnen sich durch eine großzügige Pausenzone sowie einen umlaufenden Balkon aus. In den Sommermonaten lädt der großzügige Park zwischen dem Hotel und der seit 2010 zum Ochsen-Ensemble zählenden Jugendstilvilla Commerell zum Entspannen, Tagen unter freiem Himmel oder zu Teambuilding-Aktivitäten ein. In der Villa selbst besteht von April bis Oktober die Möglichkeit, Dinner in besonders festlicher Atmosphäre zu genießen. Im Hotel wurde mit dem Vitalium eine kleine, feine Wellnessoase mit 10 Meter langem Innenpool und Saunen geschaffen. Und im Souterrain lässt es sich nach getaner Arbeit ungestört in der neu gestalteten Schwarzwald-Lounge mit Bar chillen, Dart oder Tischkicker spielen. Dort verbirgt sich auch noch eine funktionsfähige Kegelbahn. Für weitere sportliche oder entspannende Rahmenprogramme stellt das herzliche und professionelle Team des Ochsen auf Wunsch gerne den Kontakt zu externen Anbietern her, beispielsweise für E-Bike Touren, Wanderungen oder den Besuch der Adventure-World im nahen Murgtal. 52 freundlich eingerichtete Zimmer, in denen es sich bei Bedarf auch bequem weiterarbeiten lässt, stehen für die Übernachtung bereit. *Susanne Stauß*

## Herzlich und genussreich

### LOGIS
**52 Zimmer:**
16 EZ, 29 DZ,
7 Juniorsuiten

### TAGUNG

**Besonders geeignet für:**
Seminar, Klausur

**Räume**
Tagungsräume: 7

**Maximale Tagungskapazität**
U-Form: 60 Pers.
Parlamentarisch: 60 Pers.
Reihenbestuhlung: 100 Pers.

**Preise**
Preiskalkulation 1* 80,00 €
Preiskalkulation 2* 290,00 €

*Alle Angaben Nettopreise
zzgl. MwSt., Kalkulationsanfrage siehe Seite 32

**HÖFEN A.D. ENZ**

 **A 8:** 15 km

 **Fern:** Karlsruhe, 45 km
**Nah:** Höfen a.d. Enz, 0,1 km

 **Stuttgart:** 60 km

### WISSENSWERTES
- GreenSign-zertifiziert
- großer Park, geeignet für Teambuilding im Freien
- Jugendstil-Villa Commerell als besondere Event-Location
- eigene Parkplätze und 2 E-Ladesäulen
- S6 aus Pforzheim/Karlsruhe eine Gehminute vom Hotel entfernt

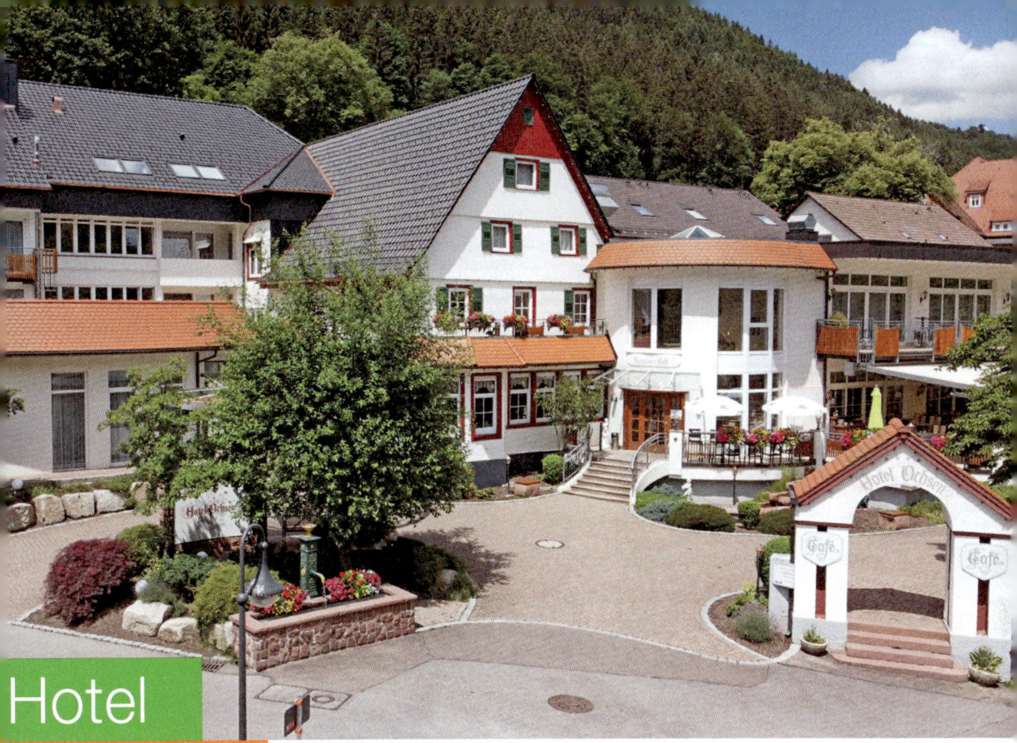

# Hotel
# Ochsen

## FAZIT

Der Familienbetrieb zeichnet sich durch seinen **herzlichen Service** und seine jahrhundertelange Tradition als beliebter Gastgeber aus – auf Tagungsgäste warten **helle Räume und moderne Technik.**

Die Küche überzeugt mit **hervorragenden regionalen Gerichten,** überrascht aber auch gerne einmal mit **internationalen kulinarischen Highlights.**

Entspannt wird im **feinen Vitalium** oder im **großzügigen Park,** im Souterrain bietet sich die **Schwarzwald-Lounge** für gesellige Stunden an.

**75339**
**HÖFEN A.D. ENZ**

Bahnhofstraße 2
Tel. +49 7081 7910
info@ochsen-hoefen.de

75339

F
ällt der Name Karlsruhe, denken viele an den Obersten Gerichtshof. Die am nordwestlichen Rand des Schwarzwaldes gelegene badische Stadt hat jedoch weit mehr zu bieten als gestrenge Richter: zum Beispiel einen einzigartigen Fächergrundriss mit zahlreichen Alleen, ein beeindruckendes Barock-Schloss, eine Verkehrsanbindung an zwei Autobahnen oder viel Grün. Der Zugang zur Natur, sei es im großen Garten oder im angrenzenden Wald, ist auch eines der besonderen Merkmale des 1993 am Ortsrand des Stadtteils Rüppur eröffneten heutigen GenoHotels Karlsruhe. Gäste erleben ein Hotel, bei dessen Planung als Tagungsstätte Profis am Werk waren. Gleich neben der Einfahrt zur Tiefgarage stehen Trainerparkplätze bereit, die Betreuung der Tagungsveranstalter übernehmen erfahrene Mitarbeiter an einer separaten Rezeption. Insgesamt 4.000 qm Glasflächen, darunter zahlreiche bodentiefe Fenster, verleihen den Tagungsräumen natürliches Licht. Für Wärme sorgt die Verarbeitung von massivem Holz, auch in Form imposanter Holzdecken, kombiniert mit hellen Teppichböden und Natursteinen. Das technische Equipment für die insgesamt 33 klimatisierten Tagungsräume ist auf dem allerneusten Stand, inklusive digitaler Whiteboards oder eines erfolgreich erprobten und stabilen Videokonferenzsystems. Glasfaser und ein eigenes WLAN-Netzwerk sorgen für die hohe Internet-Qualität. Besonders beliebt bei den Tagungsgästen ist der komplett von Balkonen umgebene Raum mit Baumwipfelblick für bis zu 160 Personen im ersten Stock des schiffsförmigen, im Park gelegenen Pavillons. Getränke- und Kaffeestationen sowie Pausensnacks stehen während der Veranstaltung zur Verfügung. Das Restaurant bietet eine abwechslungsreiche und hochwertige Küche, die dortige Barista-Kaffeebar findet großen Anklang. Für Gruppen, die unter sich bleiben wollen, lässt sich ein Teil des Restaurants als Nebenraum abtrennen. Im Sommer können Mahlzeiten auch auf der Terrasse oder im Garten genossen werden. Eine gemütliche Bistro-Bar mit Nischen für größere Gruppen lädt ebenso zum abendlichen Ausklang ein wie die danebenliegenden Kegelbahnen oder die Saunalandschaft. Freundliche Einzelzimmer mit renovierten, modernen Bädern dominieren den Logisbereich. *Susanne Stauß*

## Hightech am Waldesrand

### LOGIS
**153 Zimmer:**
134 EZ, 19 DZ

### TAGUNG

**Besonders geeignet für:**
Seminar, Konferenz

**Räume**
| | |
|---|---|
| Tagungsräume: | 33 |
| Ausstellungsfläche: | 380 m² |

**Maximale Tagungskapazität**
| | |
|---|---|
| U-Form: | 40 Pers. |
| Parlamentarisch: | 220 Pers. |
| Reihenbestuhlung: | 370 Pers. |

**Preise**
| | |
|---|---|
| Preiskalkulation 1* | 82,82 € |
| Preiskalkulation 2* | 293,08 € |

*Alle Angaben Nettopreise zzgl. MwSt., Kalkulationsanfrage siehe Seite 32

KARLSRUHE

 **A 5:** 2 km

**DB**
**Fern:** Karlsruhe Hbf., 3,5 km
**Nah:** S-Bahn „Rüppurrer Schloss", 0,5 km

**Baden-Baden:** 36 km
**Stuttgart:** 80 km

### WISSENSWERTES

• EMAS zertifiziert und Partner nachhaltiges Reiseziel
• Profi-Ausstattung für hybrides Tagen im Haus
• Wellnessbereich mit Sauna, Fitnessbereich sowie Kegelbahnen vorhanden
• All-inclusive-Pausenverpflegung steht bereit, feste Zeiten müssen nicht eingehalten werden
• 210 hauseigene Parkplätze, 4 E-Ladestationen in der Tiefgarage

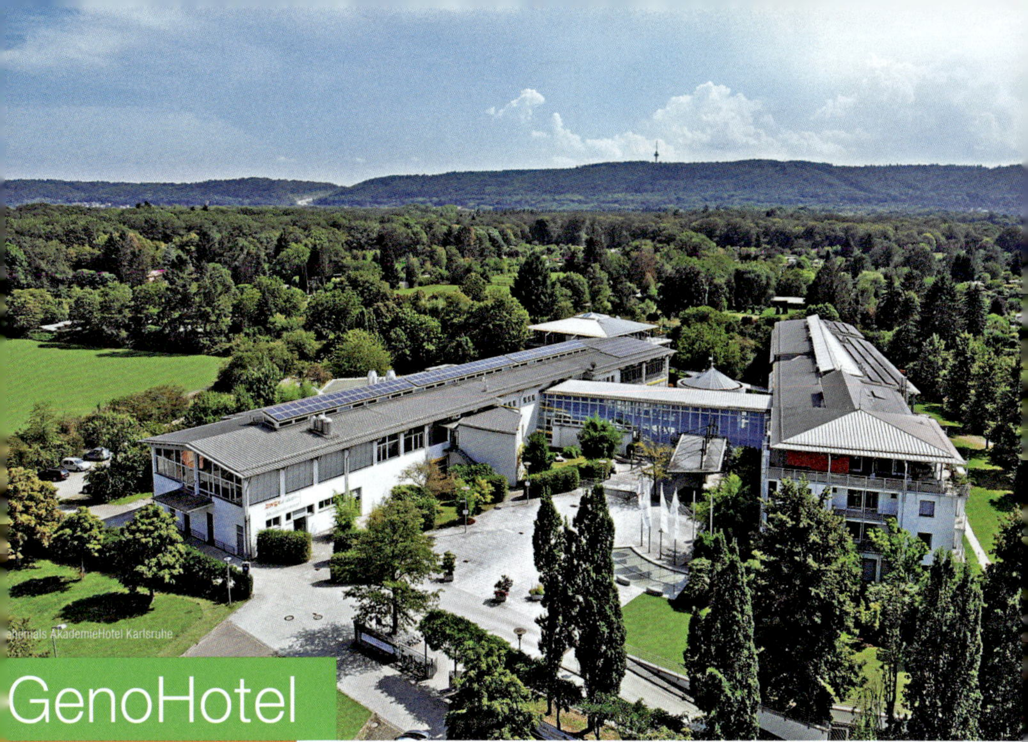

ehemals AkademieHotel Karlsruhe

# GenoHotel
# Karlsruhe

## FAZIT

Unterschiedlich große, teils kombinierbare Räume und die Grünflächen um
das Haus eröffnen eine **Vielzahl an
Veranstaltungsvarianten.**

Langjährige und **speziell geschulte
Mitarbeiter** begleiten jede Tagung
professionell.

Das Hotel ist sowohl per PKW als
auch mit öffentlichen Verkehrsmitteln
**sehr gut erreichbar** und besticht
durch seine **Lage am Waldrand** und
den eigenen **großen Park.**

**76199 KARLSRUHE**

Am Rüppurrer Schloss 40
Tel. +49 721 9898-542
bankett@genohotel-karlsruhe.de
**www.genohotel-karlsruhe.de**

76199

D er Watthaldenpark im Südosten Ettlingens beeindruckt mit seiner romantischen Anmutung: Stille Wege, überraschende Sichtachsen und Gewässer laden zum Entspannen und Entdecken ein, der Park im englischen Stil mit seinem wunderschönen alten Baumbestand präsentiert sich als grünes Kleinod. Seine Ursprünge reichen bis zum Anfang des 19. Jahrhunderts zurück. In diese Zeit fällt auch die Errichtung eines Gebäudekomplexes, der ursprünglich hochherrschaftlichen Wohnzwecken diente. Mitte der 90er begann man in diesem Kontext ein anspruchsvolles Hotelkonzept umzusetzen, das den Park und die historische Bebauung einbezieht; Vorhandenes wurde mit einem modernen Neubau, der sich organisch in das Umfeld fügt, ergänzt. Seit 1998 begrüßt Hotel Watthalden nunmehr auch Tagungsveranstalter, die nicht nur das grüne Arbeitsumfeld zu schätzen wissen, sondern auch honorieren, dass die Crew des Hotels individuelle Serviceleistungen in einem einzigartigen Hotelensemble offeriert! Räume, beispielsweise: Sechs unterschiedlich große finden sich im historischen Teil des Hotels: Helle Holzdielung, hohe Stuckdecken, edles Interieur und große Fensterfronten, die den Blick in den Park öffnen, schaffen eine exzellente Arbeitssituation, die insbesondere Veranstalter hochwertiger Tagungen mit überschaubarer Teilnehmerzahl anspricht. Gastronomisch punkten die Schwarzwälder mit der Watt's Brasserie: Dort, wo einst Stallungen untergebracht waren, in ursprünglichen Wirtschaftsgebäuden erwartet eine stimmungsvoll eingerichtete Brasserie Tagungsgäste. Die urige Küche verbindet frisch zubereitetes Regionales mit schmackhaftem Mediterranem. Das Kaminzimmer und die Alte Bar laden zum individuellen Rückzug und zu informellen Gesprächen am Abend ein. Und natürlich besticht der 83 Zimmer umfassende Logisbereich des Hotels Watthalden mit modern eingerichteten, besonders stimmungsvollen Zimmern in unterschiedlichen Kategorien. Für die Komplettierung unvergesslicher Tagungserlebnisse bietet der nahe Schwarzwald eine Fülle hochinteressanter Möglichkeiten. Bei der Organisation von Rahmen- und Begleitprogrammen assistiert die Veranstaltungsabteilung des Hotels gern.   *Thomas Kühn*

## LOGIS

**83 Zimmer:**
46 EZ, 33 DZ,
4 Appartements

## TAGUNG

**Besonders geeignet für:**
Seminar, Klausur, Event

**Räume**
Tagungsräume:                6

**Maximale Tagungskapazität**
U-Form:                25 Pers.
Parlamentarisch:        34 Pers.
Reihenbestuhlung:        50 Pers.

**Preise**
Preiskalkulation 1*        79,55 €
Preiskalkulation 2*        295,50 €

# Eingebettet in einen Landschaftspark

*Alle Angaben Nettopreise
zzgl. MwSt., Kalkulationsanfrage siehe Seite 32

**ETTLINGEN**

**A 5:** 3 km
**A 8:** 3 km

**Fern:** Karlsruhe Hbf., 8 km
**Nah:** Albgaubad, 0,5 km

**Karlsruhe:** 0,5 km
**Stuttgart:** 78 km

### WISSENSWERTES

• Ein Teil des Hotels befindet sich in denkmalgeschützten Räumen
• Freiluftgastronomie in den Sommermonaten nutzbar
• Parkplätze am Haus vorhanden
• Tagungsräume und Logisbereich sind klimatisiert
• Logisbereich präsentiert Zimmer in unterschiedlichen Kategorien

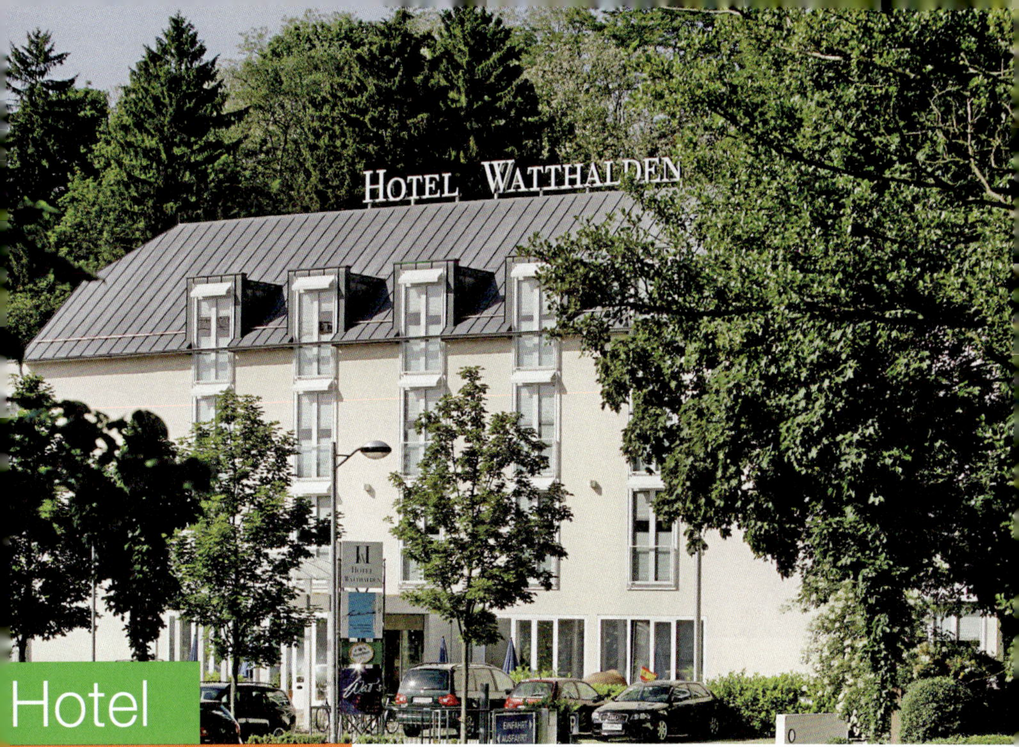

## Hotel Watthalden

### FAZIT

Hotel Watthalden begeistert in mehrfacher Hinsicht: Die Verbindung von **historisch gewachsenen Strukturen** inmitten eines **englischen Landschaftsparks** mit modernem Hotelkomfort schafft eine einzigartige Atmosphäre, die **nachhaltig wirkende Tagungserlebnisse** garantiert.

Die **Tagungsräume genügen höchsten Ansprüchen** – individuell eingerichtet und ausgestattet bieten sie unverzichtbaren Tagungskomfort.

Besonders **hochwertige und abwechslungsreiche Küche.**

**76275 ETTLINGEN**
Pforzheimer Straße 67a
Tel. +49 7243 714-0
hotel@watthalden.de
www.hotel-watthalden.de

76275

M önche wussten immer schon, wo es sich gut leben lässt. Die Siebentälerstadt Bad Herrenalb entstand folglich 1149 aus einer Klostergründung der Zisterzienser. Das Wasser der Täler und die Fruchtbarkeit der Höhenrücken zogen bald Handwerker und Bauern nach, die gute Luft und das 1971 eröffnete Thermalbad später Touristen. Heute ist das kleine Städtchen durch seine schnelle Verbindung zu zwei Autobahnausfahrten bequem erreichbar. In attraktiver Hanglage, mit Blick über die Stadt ging 1980 das im Schwarzwald-Stil erbaute Parkhotel Luise an den Start. Seine heutige Eigentümerfamilie Scherer hat es während der vergangenen Jahre mit viel Liebe zum Detail in ein inspirierendes Resort- und Tagungshotel verwandelt. Von der imposanten Lobby mit Kamin-Lounge führt der Weg ebenerdig zu fünf modernen Tagungsräumen mit Tageslicht. Fünf nagelneue, sehr individuell gestaltete Tagungsräume mit großen Fenstern und Balkonen befinden sich im Dachgeschoss. Auch dort wurde, wie im gesamten Haus, überwiegend mit natürlichen Materialien gearbeitet. Heimisches Holz und die Hommage an den Schwarzwald dominieren die Optik, ergänzt um augenzwinkernde Deko-Elemente aus aller Welt. Im Tagungsraum Madagaskar sind dies unter anderem tropische Pflanzen und kleine Äffchen. Vom Whiteboard bis zum Beamer: Moderne Tagungstechnik ist vorhanden, in den Räumen finden Gruppen mit bis zu 150 Personen Platz. Ein eigenes Veranstaltungsteam steht den Gästen professionell zur Seite. Für das kulinarische Rahmenprogramm bietet das Parkhotel Luise neben dem Restaurant zahlreiche weitere Inhouse-Optionen: vom Raum Cooking mit Herd, ideal für Küchenpartys, über die edle Hotelbar bis hin zum urigen sogenannten Kuhstall im Stil einer österreichischen Hütte mit Alpenpanoramafenster. Die ruhige Lage des Hotels inmitten der Natur und seine großartige Parklandschaft schaffen eine entspannte Tagungsatmosphäre. Relaxt werden kann auch in der 2025 neu gestalteten, hoteleigenen Wellnesswelt mit Pool, Sauna, Dampfbad, Salzgrotte und Whirlpool oder in den freundlichen Zimmern mit ihrem von der Natur inspirierten Materialmix. Für anspruchsvollere Gäste stehen Junior-Suiten oder luxuriöse Suiten zur Verfügung, deren Namen wie Lagerfeld Suite oder Suite Gatsby für sich sprechen. *Susanne Stauß*

## Lifestyle im Schwarzwald

### LOGIS

**141 Zimmer:**
20 EZ, 115 DZ, 3 Suiten,
3 Junior-Suiten

### TAGUNG

**Besonders geeignet für:**
Seminar, Konferenz, Klausur,
Kreativprozesse, Event

**Räume**
| | |
|---|---|
| Tagungsräume: | 10 |
| Ausstellungsfläche: | 70 m² |

**Maximale Tagungskapazität**
| | |
|---|---|
| U-Form: | 40 Pers. |
| Parlamentarisch: | 80 Pers. |
| Reihenbestuhlung: | 100 Pers. |

**Preise**
| | |
|---|---|
| Preiskalkulation 1* | 70,00 € |
| Preiskalkulation 2* | 280,00 € |

*Alle Angaben Nettopreise
zzgl. MwSt., Kalkulationsanfrage siehe Seite 32

BAD HERRENALB

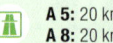
**A 5:** 20 km
**A 8:** 20 km

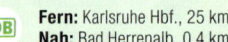
**Fern:** Karlsruhe Hbf., 25 km
**Nah:** Bad Herrenalb, 0,4 km

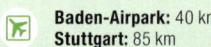
**Baden-Airpark:** 40 km
**Stuttgart:** 85 km

### WISSENSWERTES

- Moderne Tagungstechnik, HD-Beamer und interaktive Whiteboards, hybrides Tagen in Vorbereitung
- Wellness-Bereich mit Innenpool, Sauna, Dampfbad
- Entspannte Arbeitsatmosphäre durch ruhige Lage inmitten der Natur
- Mit Partnern zahlreiche Rahmenangebote möglich: z.B. E-Bike, Klettern, Nordic Walking, Schneeschuhwandern, Eisstockschießen
- eigene Tiefgarage

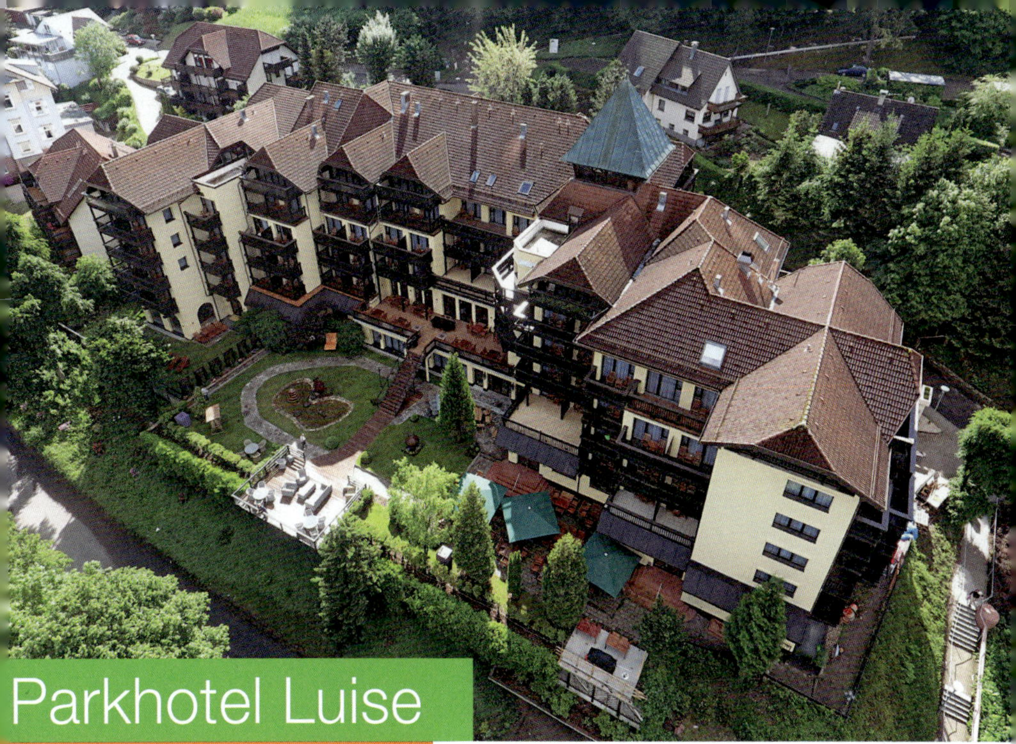

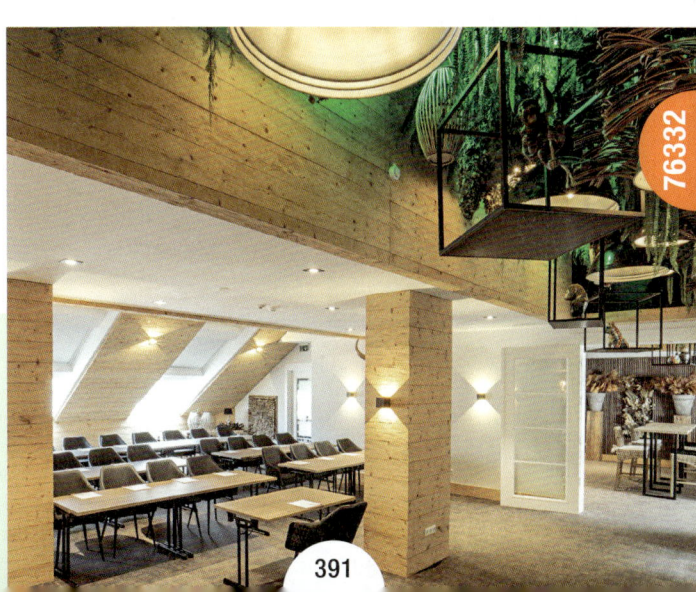

# Parkhotel Luise
# Bad Herrenalb

LUISE
PARKHOTEL LUISE
Zeitgeist · Lebenslust · Begegnung

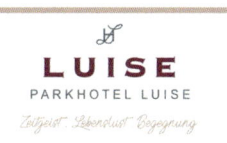

## FAZIT

Das Hotel schlägt elegant den Spagat zwischen **Schwarzwälder Gemütlichkeit** und **Großstadt-Design** und bietet seinen Gästen damit viel Abwechslung.

Veranstaltern eröffnen sich zahlreiche Kombinations-Möglichkeiten: **individuelle Tagungsräume, professionelle Technik, faszinierende Event-Flächen.**

Der **idyllische Park** eignet sich hervorragend sowohl für Gruppenarbeiten als auch für Empfänge im Freien.

76332

**76332**
**BAD HERRENALB**
Alte Dobler Str. 26
Tel. +49 7083 7420
info@parkhotel-luise.de
**www.parkhotel-luise.de**

D er Name Schwarzwald Panorama ist hier Programm. Bodentiefe Fenster, Balkone und Terrassen geben den Blick direkt in die bewaldeten Berge oder über Bad Herrenalb hinaus frei. Gleichzeitig gilt das innovative Haus mit seiner Strategie und seiner besonderen Atmosphäre der Branche als Vorreiter und Impulsgeber in Sachen Nachhaltigkeit. Hoteleigentümer Stephan Bode und sein Team arbeiten kontinuierlich an der Optimierung von Qualität, Service-Leistung und Angebot: von der bewussten Auswahl der Lieferanten über die Weiterverarbeitung von Abfallprodukten wie Flaschen zu Eierbechern, Windlichtern oder Lampenschirmen bis hin zur Entwicklung von speziellen Kursen wie etwa Resilienztraining für Gäste oder Mitarbeiter. Selbstverständlich wird auch der Tagungsbereich des Hotels, der Campus der Möglichkeiten, von Kreativität und Nachhaltigkeitsaspekten geprägt. In vier der neun mit modernster Technik ausgestatteten Räume kann eine kabellose Präsentationsübertragung an den Beamer per Click-Share erfolgen. Die unmittelbare Nähe zur Natur sorgt bei Tagungsgästen für eine entspannte Stimmung. Im Sommer ernten sie im hoteleigenen Naschgarten Teile ihres Pausensnacks, verschiedene Beerensorten, selbst. Im grünen Umfeld des Hotels finden zudem Bienen und Igel ein Zuhause. Und weil bequemes Sitzen bei einer Tagung einen wesentlichen Anteil am Erfolg hat, steht ein sogenanntes Stuhlbuffet zur Auswahl, mit Sitzwürfeln, Hockern, Bällen oder hochwertigen Stühlen. Die großzügigen Freiflächen rund um das Hotel ermöglichen Outdoor-Arbeitssequenzen oder -aktivitäten wie das beliebte Do-it-yourself-Barbecue. In den Pausen werden Biosnacks, Superfood und biozertifizierte Getränke angeboten, für Bewegung sorgen Tischkicker und Tischtennis. Zu den besonderen Teambuilding-Programmen des Hotels zählen Waldbaden, nicht motorisiertes Baumfällen per Hand oder Prothesenbau. Im Haus selbst sorgen die Hotelbar, ein 1.000 Quadratmeter großer Spa-Bereich mit Saunen und Innenpool und ein Fitnessraum mit zwei neuen Rudergeräten für den nötigen Ausgleich. Besonders hervorzuheben sind auch die mindestens 28 m² großen Hotelzimmer, von denen ein bedeutender Teil nach dem Konzept Circular Living renoviert wurde. Im Hotel ist das Gefühl einer nachhaltigen Zukunft so bereits heute mit allen Sinnen erlebbar. *Susanne Stauß*

## Nachhaltiger Impulsgeber

**LOGIS**

**97 Zimmer:**
88 DZ, 1 Suite,
8 Appartements

**TAGUNG**

**Besonders geeignet für:**
Seminar, Konferenz,
Klausur, Kreativprozesse

**Räume**
| | |
|---|---|
| Tagungsräume: | 9 |
| Ausstellungsfläche: | 1.300 m² |

**Maximale Tagungskapazität**
| | |
|---|---|
| U-Form: | 34 Pers. |
| Parlamentarisch: | 100 Pers. |
| Reihenbestuhlung: | 200 Pers. |

**Preise**
| | |
|---|---|
| Preiskalkulation 1* | 71,43 € |
| Preiskalkulation 2* | 308,42 € |

*Alle Angaben Nettopreise
zzgl. MwSt., Kalkulationsanfrage siehe Seite 32

BAD
HERRENALB

**A 5:** 22 km
**A 8:** 17 km

**Fern:** Karlsruhe, 25 km
**Nah:** Bad Herrenalb, 0,5 km

**Baden-Airpark:** 52 km
**Stuttgart:** 84 km
**Frankfurt/Main:** 160 km

### WISSENSWERTES

- Hotel führt folgende Zertifizierungen: GreenSign Hotel (93%), GreenSign Circular, TourCert, ClimatePartner, Bioland Gold Status
- spezieller Hotelbereich bietet Yoga, Fastenkuren und Resilienztraining
- Rahmenprogramme: Waldbaden, DIY-Barbecue, Black Forest Games u.v.m.
- Aktiv- und Kreativpausen werden von einer Selfnessleiterin begleitet
- Tagenden steht ein Stuhlbuffet zur Verfügung (u.a. Sitzsack, Drehstuhl, Sitzwürfel und normaler Stuhl)

# SCHWARZWALD PANORAMA

**SCHWARZWALD PANORAMA**

Hotel.Campus.Selfness

★ ★ S ★ ★

BAD HERRENALB

## FAZIT

Das Hotel bietet **exzellente Tagungsbedingungen** in einem vom übrigen Hotelbetrieb **separierten Bereich:** dem Campus der Möglichkeiten.

Das Hotel setzt moderne, bedienerfreundliche und **energiesparende Veranstaltungstechnik** ein. Digitale Multifunktionsboards stehen zur Verfügung.

Die gesamte Ausrichtung ist **ökologisch zukunftsweisend,** die **naturnahe Küche** arbeitet mit überwiegend regionalen und saisonalen Produkten, mind. 90 % davon sind Bioland-zertifiziert.

**76332**

**76332 BAD HERRENALB**

Rehteichweg 22
Tel. +49 7083 927-0
info@schwarzwald-panorama.com
**www.schwarzwald-panorama.com**

393

W ollte man einen typischen Ort des Parkhotels Landau wählen, es wäre wohl der Tagungsraum Banksys Atelier mit seinen roten (und unglaublich bequemen!) Ledersesseln samt Street Art und Selfie-Spot. Oder doch eher einer der anderen kreativen Räume wie Steve's Garage, eine Hommage an Steve Jobs im Industrial Style, oder der grüne, mit Hängepflanzen dekorierte Raum HinGaabe? So unterschiedlich und außergewöhnlich sie sind, eines haben sie gemein: Sie sollen die Teilnehmer von Seminaren und Tagungen dazu verleiten, ein wenig „Out-of-the-Box-Denken" zu proben. Auch in den konventionelleren Räumen finden die Seminarleiter daher mit der Activity Box die Ausstattung, die man braucht, um auch mal ein wenig Fantasie aus den Teilnehmern zu kitzeln, modernste Technik inklusive: Beschreibbare Wände beispielsweise, digitale Flipcharts sowie ein Multifunktionsboard, das für hybride Veranstaltungen genutzt werden kann – und all das komplett barrierefrei! Sogar für die Pause gibt es ausgefallene Möglichkeiten, denn das Parkhotel liegt (nomen est omen) an einem Teich samt Grünflächen und hölzernen Installationen, auf denen sich auch (oder gerade!) Erwachsene vergnügen dürfen. Mit dem Bollerwagen voller Snacks und Kaffee bekommt man so auch müde Geister wieder fit. Alle Zimmer sind individuell eingerichtet – und der Gast wird immer wieder daran erinnert, dass er oder sie sich in der Pfalz befindet: Durch die Deko, aber auch im Restaurant Brasserie Wein & Dein, wo rund 50 lokale Weine auf der Karte stehen. Doch nicht nur Genuss ist hier wichtig, sondern auch Nachhaltigkeit: Das Frühstücksbuffet und die Kaffeepausen kommen komplett ohne Verpackungen aus, passend dazu sind im Hotel alle Vorgänge konsequent digitalisiert. Nicht zuletzt ist das Parkhotel aber auch entspannend: Selbst wenn man sich hier bewusst nicht als Wellness-Hotel bezeichnet, können sich der 18 Meter lange Pool und die Saunen samt Massage-Angebot sehen lassen. *Françoise Hauser*

## „Out of the Box" ist hier Alltag

**LOGIS**

**110 Zimmer:**
4 EZ, 106 DZ

**TAGUNG**

**Besonders geeignet für:**
Seminar, Konferenz,
Kreativprozesse

**Räume**
Tagungsräume:                    7
Ausstellungsfläche:        60 m²

**Maximale Tagungskapazität**
U-Form:                    30 Pers.
Parlamentarisch:          50 Pers.
Reihenbestuhlung:        100 Pers.

**Preise**
Preiskalkulation 1*        89,50 €
Preiskalkulation 2*      230,00 €

*Alle Angaben Nettopreise zzgl. MwSt., Kalkulationsanfrage siehe Seite 32

**LANDAU IN DER PFALZ**

 **A 65:** 2 km

 **Fern:** Neustadt an der Weinstraße, 20 km
**Nah:** Landau, 0,5 km

 **Frankfurt/Main:** 125 km

### WISSENSWERTES

- zentral in Landau gelegen und sehr gut mit dem ÖPNV erreichbar
- 150 Parkplätze in der Tiefgarage
- GreenSign (InfraCert Institut) Hotel-Nachhaltigkeitsscore von 86 %
- per Gang mit der Jugendstil-Festhalle verbunden, so dass auch große Veranstaltungen für max. 2000 Personen machbar sind
- zahlreiche Programme zum Teambuilding und Weinproben möglich

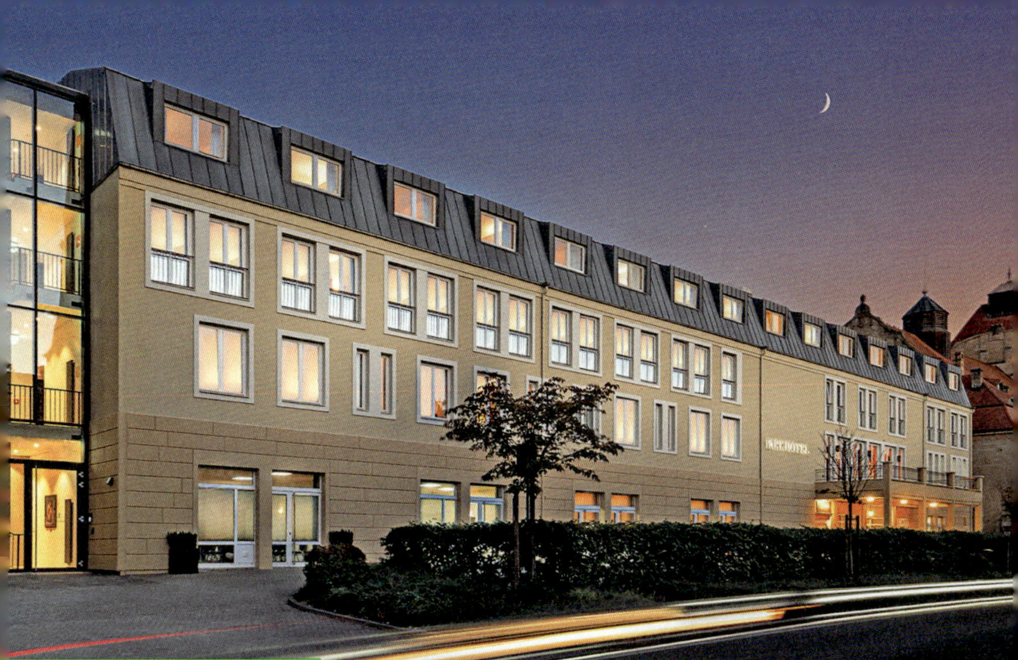

# Parkhotel
# Landau

### FAZIT

Auf der Suche nach einem **kreativen, aber nicht überkandidelten Umfeld?** Dann ist dieses Haus genau richtig, das zudem mit bester technischer Ausstattung besticht.

**Genuss spielt eine große Rolle:** Im Restaurant, in der Bar, aber auch im Wellness-Areal. **Wein-Kenner freuen sich dabei über ein großes Angebot.**

**Nachhaltigkeit** spielt im Parkhotel eine sichtbar große Rolle – überall! Wer es genau wissen will, **kann online den Nachhaltigkeitsbericht einsehen.**

**76829 LANDAU IN DER PFALZ**

Mahlastraße 1
Tel. +49 6341 145-402
veranstaltung@parkhotel-landau.de

www.parkhotel-landau.de

**76829**

Ein Ufo, mitten im Pfälzer Wald? Fast könnte man beim ersten Anblick des „Oval Office" eine außerirdische Präsenz vermuten. In der Tat ist der Meetingraum gleich am Jugendstilhotel Trifels eine futuristische Angelegenheit: Als perfektes Oval gehalten, auf Stelzen an den Hang gebaut, an den geraden Seiten voll verglast – und im Inneren doch gemütlich (der Holzduft!), mit grandiosem Ausblick und viel Licht. Ein spannender Gegensatz zum Äußeren, und genau diese Gegensätze sind typisch für das Jugendstilhotel. Das opulente Gebäude aus dem Jahr 1911 wurde einst als Erholungsheim für Ludwigshafener Beamte gebaut, mitten im Pfälzer Wald, mit Blick auf die drei Burgen Trifels, Anebos und Münz. Bei guter Luft und inmitten der Natur zur Ruhe kommen kann man hier noch immer. Die Besucher freilich sind heute oft Seminarteilnehmer, denen das Spiel mit den Gegensätzen neue Inspirationen verschafft. Dies übrigens auch, wenn es um die Unterbringung geht. Neben den liebevoll eingerichteten „normalen" Zimmern im eigentlichen Hotel warten seit 2022 auch drei Baumhäuser und vier Chalets auf die Gäste. Auch sie alle wurden auf Stelzen errichtet, Erstere sogar inmitten der Bäume auf sieben Metern Höhe – ein architektonisch schwieriges Unterfangen, dessen Ausgang die Übernachtungsgäste begeistert, denn wo sonst wacht man, in vollem Komfort, zwischen den Baumwipfeln auf, zum Sound des Vogelzwitscherns? Vor lauter Natur sollte man nicht übersehen: Modernste Technik gehört immer dazu: Smartscreens sind selbstverständlich in allen Räumen. Nachhaltigkeit spielte bei der Erweiterung des Jugendstilhotels eine große Rolle, was sich auch in der Küche bemerkbar macht: Gehobene, aber nicht abgehobene Gastronomie im Slow-Food-Stil sorgt mittags und nach der Veranstaltung für Genuss. Am Abend bietet es sich an, als Gruppe den Clubkeller im Haupthaus zu besuchen: Hier leben mit Musikbox, Flipper, Billard und Kicker die 50er und 60er Jahre wieder auf. Wer Lust hat, die Natur noch ein wenig mehr zu erleben, kann mit externen Anbietern Zusatzprogramme wie Escape-Touren, Spaziergänge mit Lamas oder – etwas gewagter – Klettertouren auf den Trifels buchen. Weitere Stelzenhäuser sind übrigens in Planung, genauso wie ein Wellness-Bereich.

*Françoise Hauser*

## LOGIS

**34 Zimmer:**
21 DZ, 13 DZ in Villa Waldfrieden, 7 Stelzenhäuser

## Naturnah und innovativ

## TAGUNG

**Besonders geeignet für:**
Seminar, Klausur, Kreativprozesse

**Räume**
Tagungsräume:                        5

**Maximale Tagungskapazität**
U-Form:                         20 Pers.
Parlamentarisch:                16 Pers.
Reihenbestuhlung:               35 Pers.

**Preise**
Preiskalkulation 1*              92,00 €
Preiskalkulation 2*             331,00 €

*Alle Angaben Nettopreise zzgl. MwSt., Kalkulationsanfrage siehe Seite 32

**ANNWEILER AM TRIFELS**

 **A 65:** 17 km

 **Fern:** Karlsruhe Hbf., 53 km
**Nah:** Annweiler, 2,6 km

**Frankfurt/Main:** 130 km

### WISSENSWERTES

- Tourcert-Certifikat und Partner des Projekts Nachhaltiges Reiseziel Deutsche Weinstraße
- Nichtraucher-Hotel
- hybride Veranstaltungen dank Glasfaser und Konferenzsystem möglich

# Jugendstilhotel
# Trifels

Jugendstilhotel Trifels

### FAZIT

**Ausgeruht und inspiriert auf neue Gedanken kommen,** das fällt in diesem Ambiente besonders leicht.

Trotz der gefühlten Abgeschiedenheit liegt das Hotel **nur wenige Minuten von der Autobahn** entfernt.

Mit den **Stelzenhäusern** bietet das Jugendstilhotel wirklich **ausgefallene Unterkünfte** an, an die sich die Teilnehmer noch lange erinnern.

**76855 ANNWEILER AM TRIFELS**
Kurhausstraße 25
Tel. +49 6346 308860
info@jugendstilhotel-trifels.de
www.jugendstilhotel-trifels.de

76855

R heinebene, Weinberge und Schwarzwald: Eingebettet in diese wunderschöne Landschaft liegt die lebhafte Zwetschgenstadt Bühl. Sie punktet außerdem mit ihrer guten Anbindung an die A 5. Hier hat sich Familie Haag mit dem Hotel am Froschbächel 2012 ihren Traum vom eigenen Hotel erfüllt und einen Betrieb mit einer spannenden Geschichte übernommen: Ursprünglich als französische Kaserne errichtet, avancierte das Haus zunächst zum Schulungszentrum des Deutschen Roten Kreuzes. Seit der Übernahme investierte Familie Haag kontinuierlich in die Weiterentwicklung des lichtdurchfluteten 3-Sterne-Superior-Hotels. Dabei setzte sie bei der wohnlichen Gestaltung der öffentlichen Bereiche auf eine Kombination aus Antiquitäten und modernen Elementen. Heute besteht das Hotel aus zwei miteinander verbundenen, um einen Wintergarten erweiterten Gebäudeensembles. Die sechs klimatisierten, hellen Tagungsräume sind nach Weinlagen benannt und können teilweise miteinander kombiniert werden. Besonders beliebt ist die Einheit aus Raum Affental und Bletschgraben zu einem 96 Quadratmeter großen Saal unter einer hohen gewölbten Decke aus hellem Holz. Bequeme Sitzmöbel und Tische, Beamer, starkes WLAN und tagungserfahrene Mitarbeiter sorgen für eine angenehme Arbeitsatmosphäre. Im Sommer lädt der große Garten mit Teich und altem Baumbestand zum Verweilen oder zu Workshops ein. Zum Essen treffen sich die Tagungsgäste im Restaurant oder im dahinterliegenden separaten Gastraum für 30 Personen, der auch als Tagungsraum genutzt werden kann. Von montags bis donnerstags bietet das Abend-Restaurant Henrys mit Bar und Terrasse eine Auswahl an internationalen und regionalen Speisen, frisch gezapftes Bier, Cocktails und Weine. Die 76 großzügigen Hotelzimmer überzeugen durch hochwertige Möbel, große Schreibtische und geräumige Bäder mit begehbarer Dusche. Zwei Doppelzimmer sind rollstuhlgerecht. Weitere Pluspunkte des Froschbächel sind sein Fitnessbereich mit Trainingsgeräten, Boxsack und Tischtennisplatte sowie der große kostenfreie Parkplatz. Das Hotelgelände eignet sich für Rahmenprogramme. Weitere Angebote stellt Partner Black Forest Action zusammen, z.B. Weinwanderungen oder einen Hochseilparcours.                                      *Susanne Stauß*

## Komfortabel und vielseitig

### LOGIS

**76 Zimmer:**
27 EZ, 49 DZ,
davon 26 Appartements

### TAGUNG

**Besonders geeignet für:**
Seminar, Konferenz, Klausur

**Räume**
Tagungsräume:                 6

**Maximale Tagungskapazität**
U-Form:                30 Pers.
Parlamentarisch:       40 Pers.
Reihenbestuhlung:      80 Pers.

**Preise**
Preiskalkulation 1*       72,27 €
Preiskalkulation 2*      257,52 €

*Alle Angaben Nettopreise
zzgl. MwSt., Kalkulationsanfrage siehe Seite 32

**BÜHL**

 **A 5:** 5 km

 **Fern:** Baden-Baden, 20 km
**Nah:** Bühl, Baden, 1 km

 **Karlsruhe/
Baden-Baden:** 20 km
**Stuttgart:** 115 km

### WISSENSWERTES

• großer Garten, ideal für Workshops
• kostenfreie Parkplätze auf dem Hotelgelände
• E-Ladestation für PKW vorhanden, drei weitere in Planung
• Technik für hybrides Tagen steht bereit
• großzügiger Fitnessbereich
• 2 barrierefreie Doppelzimmer

# Hotel
# am Froschbächel

## FAZIT

Das familiengeführte Hotel am Froschbächel präsentiert sich als **professionelles und flexibles Tagungshotel** für Gäste, die modernen Komfort schätzen.

Das Motto der Familie Haag „Gastfreundschaft genießen" spiegelt sich in der **Freundlichkeit der Mitarbeiter,** aber auch im gastronomischen Angebot wider, das im Sommer gerne auf der **Terrasse** genossen wird.

Von der **BAB 5** aus ist Bühl schnell zu erreichen.

**Hotel \*\*\*S**
**Restaurant**
**Tagungszentrum**

## Am Froschbächel

**77815 BÜHL**

Henri-Dunant-Platz 2
Tel. +49 7223 8085-0
info@hotel-froschbaechel.de
www.hotel-froschbaechel.de

77815

399

I m Bühler Stadtteil Vimbuch liegt mit dem Hotel Engel ein hervorragender Familienbetrieb mit herzlichen Gastgebern, wie er leider immer seltener anzutreffen ist. Das ehemalige Gasthaus aus dem 18. Jahrhundert befindet sich seit über 50 Jahren im Eigentum der Familie Kohler und wird aktuell von Alexandra und Jürgen Kohler geleitet. Regelmäßig investiert die Hoteliersfamilie in ihr Produkt. Während der letzten großen Renovierungsphase bis 2019 entstand eine einladende, im modernen Schwarzwaldstil eingerichtete Lobby-Lounge mit Bar. Viel Holz, Birkenstämme, Naturfarben und gedämpftes Licht sorgen hier sofort für eine Wohlfühl-Atmosphäre. Hinzu kamen klimatisierte Zimmer und Suiten sowie ein erstklassiger Tagungsbereich auf einer Fläche von 120 qm. Die drei miteinander verbindbaren, ebenerdig gelegenen Räume verfügen über Tageslicht, ergonomisches Mobiliar und starkes Internet. Die Anlieferung von Equipment ist vom Parkplatz aus auf kurzem Weg möglich. Hochwertige Materialien und ein abgestimmtes Farbkonzept unterstützen die ansprechende Optik des Tagungsbereichs. Ob Beamer, Leinwand, Flipchart, Metaplan oder erfahrene Mitarbeiter für die Beratung: Hier fehlt es an nichts. Wie bei gewachsenen Hotels üblich, haben die gepflegten Zimmer unterschiedliche Größen und Ausstattungen. Doch egal, für welchen Typ sich der Gast entscheidet, in jedem kann er angenehm relaxen und arbeiten. Ein Highlight des Hotels ist sein aus verschiedenen Räumen und Stübchen bestehendes, liebevoll saisonal dekoriertes Restaurant mit einer schmackhaften badischen Küche, die sich gerne auch vom angrenzenden Frankreich inspirieren lässt und von Einheimischen, Businessgästen sowie durchreisenden Feinschmeckern aus den Benelux-Staaten gleichermaßen geschätzt wird. Die Weinkarte dominieren ausgewählte heimische Gewächse. Tagungsgäste können ihre Speisen auf Wunsch in einem separierten Nebenraum genießen. Und an lauen Sommerabenden lädt der lauschige Biergarten zum Feierabendbier ein. Stolz sind die Kohlers zudem zu Recht auf ihren hübschen Wellness-Bereich „Kleine Wolke" mit Saunen, Dampfbad und Infrarotsitzen. Hinzu kommt ein kleiner, feiner Fitnessraum mit Technogym-Geräten. *Susanne Stauß*

## Herzlich und innovativ

## LOGIS

**49 Zimmer:**
10 EZ, 37 DZ,
1 Suite, 1 Juniorsuite

## TAGUNG

**Besonders geeignet für:**
Seminar, Event

**Räume**
| | |
|---|---|
| Tagungsräume: | 3 |
| Ausstellungsfläche: | 30 m² |

**Maximale Tagungskapazität**
| | |
|---|---|
| U-Form: | 16 Pers. |
| Parlamentarisch: | 35 Pers. |
| Reihenbestuhlung: | 40 Pers. |

**Preise**
| | |
|---|---|
| Preiskalkulation 1* | 57,00 € |
| Preiskalkulation 2* | 214,00 € |

*Alle Angaben Nettopreise zzgl. MwSt., Kalkulationsanfrage siehe Seite 32

**BÜHL-VIMBUCH**

 **A 5:** 1,5 km

 **Fern:** Baden-Baden, 14 km
**Nah:** Bühl, 2,5 km

 **Baden-Airpark:** 12 km

### WISSENSWERTES

- Der Ortsteil Vimbuch ist der Stadt Bühl zugeordnet, präsentiert sich jedoch dörflich
- Das Hotelteam hat sich dem Credo „Als Gast kommen, als Freund gehen" erfolgreich verschrieben – dem Gast begegnet wahrhaftige Herzlichkeit
- An der Bar „5und20" können abendliche informelle Gespräche geführt werden
- Hotel hat hohe „Promidichte": u.a. Stefan Mross, Hansi Hinterseer und Michelle waren bereits zu Gast bei Kohlers

# Kohlers Hotel Engel

KOHLERS ENGEL

HOTEL · RESTAURANT · WELLNESS · TAGUNGEN

## FAZIT

Kohlers Engel bietet einen **in sich geschlossenen Tagungsbereich** – alle relevanten Bereiche, vom Restaurant über die Zimmer bis hin zur kleinen **Wellnessoase,** sind auf kurzem Wege erreichbar.

Die **regionale badische Frischeküche** kann in verschiedenen Stübchen oder Räumen genossen werden. Im Sommer lockt ein **Biergarten.**

Von der BAB 5 aus ist Vimbuch schnell zu erreichen, rund ums Haus stehen **eigene Parkplätze** zur Verfügung.

**77815 BÜHL-VIMBUCH**

Vimbucher Straße 25
Tel. +49 7223 93990
info@engel-vimbuch.de
**www.engel-vimbuch.de**

77815

401

Die Bodenseeregion präsentiert sich mit einem hohen Freizeit- und Erlebniswert: Die berühmten Pfahlbauten in Unteruhldingen und der Rheinfall bei Schaffhausen, die Inseln Mainau und Reichenau, einzigartige Städte wie das schweizerische St. Gallen, Konstanz, Friedrichshafen und Ravensburg, dazu eine Fülle an gut ausgeschilderten Rad- und Wanderwegen sowie unzählige Aktivitäten, die auf und am Wasser möglich sind – all das fasziniert. Darüber hinaus begeistern ein prall gefüllter Veranstaltungskalender und eine Kulinarik, die aus der Fülle regionaler Produkte schöpft. In diesen Kontext ordnet sich das im Jahr 2013 eröffnete Hotel bora ein. Das Haus begeisterte von Beginn an, weil es die Region mit der Inszenierung von modernem und hochwertigem Design, mit klaren und geradlinigen Strukturen, also mit erfrischend moderner Hotelkultur, bereichert. Einrichtung und Ausstattung orientieren sich an dem naturgeschützten Landschaftskontext. Alle 84 Zimmer des Logisbereichs sind mit naturbelassenen Hölzern eingerichtet und ausgestattet, umlaufende Balkone schaffen einen stufenlosen Übergang in die grüne Umgebung – und bieten, je nach Zimmertyp – einen unverstellten Blick auf den See. Dabei folgen die Einrichtung und Ausstattung des gesamten Logisbereichs den Grundsätzen zeitgemäßen Wohnens – schnörkellos, mit akzentuiert eingesetzten Farben und hochwertigen Materialien. Tagungsveranstalter wissen um die Wertigkeit der Tagungsbedingungen und schätzen die exklusive Betreuung. Zur Verfügung steht ein an die Hotellobby und das Restaurant angrenzender Arbeitsraum. Er bietet eine technisch komplette Ausstattung, ist bodentief verglast und verfügt über einen Zugang in die grüne Umgebung des Hauses. Die Skylounge in der 4. Etage präsentiert sich als bestechende Raumofferte mit einem 180-Grad-Blick, u.a. nutzbar für entspannte Abende im Kollegenkreis. Der besondere Reiz des Hotels bora besteht in der Verbindung von exklusiven Tagungsbedingungen mit Möglichkeiten, anspruchsvolle Rahmen- und Begleitprogramme zu organisieren. Die Veranstaltungsabteilung des Hauses kooperiert dazu mit regionalen Agenturen, die das „Erlebnis Bodensee" professionell organisieren. *Thomas Kühn*

## LOGIS

# Erlebnis Bodensee

**84 Zimmer:**
1 EZ, 78 DZ, 5 Suiten

## TAGUNG

**Besonders geeignet für:**
Seminar, Klausur, Event

**Räume**
Tagungsräume:                    1
Ausstellungsfläche:        200 m²

**Maximale Tagungskapazität**
U-Form:                   14 Pers.
Parlamentarisch:          18 Pers.
Reihenbestuhlung:         30 Pers.

**Preise**
Preiskalkulation 1*        63,32 €
Preiskalkulation 2*       343,52 €

*Alle Angaben Nettopreise
zzgl. MwSt., Kalkulationsanfrage siehe Seite 32

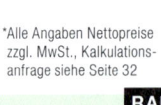

**A 81:** 6 km

**Fern:** Singen Hbf., 10 km
**Nah:** Radolfzell, 1,9 km

**Friedrichshafen:** 60 km
**Zürich:** 86 km

## WISSENSWERTES

- Das Hotel ist zertifiziert mit dem Nachhaltigkeitssiegel „GreenSign"
- Übernachtende Tagungsgäste können die Vorzüge der 8.000 m² großen Saunalandschaft kostenlos nutzen und genießen
- öffentliche Parkplätze sowie eine Tiefgarage vorhanden
- großzügiger Restaurantbereich mit moderner Einrichtung
- Rahmen- und Freizeitprogramme greifen Thematiken der Bodenseeregion auf – kulturell und kulinarisch, Yoga-Retreats bis 15 Teilnehmer sind möglich

# bora
## HotSpaResort

**bo ra**
HotSpaResort

### FAZIT

Frischer Wind am Bodensee! Das bora HotSpaResort präsentiert sich als **modernes Designhotel** – Einrichtung und Ausstattung folgen den Anforderungen an zeitgemäßes Arbeiten und Wohnen. Tagungsgäste genießen darüber hinaus die Möglichkeiten der 8.000 m² großen angeschlossenen Saunalandschaft.

Der in der Nähe der Lobby befindliche **Tagungsraum ist exquisit ausgestattet,** bietet eine komfortable Lichtsituation und ist ergonomisch möbliert.

78315

**78315 RADOLFZELL**
Karl-Wolf-Straße 35
Tel. +49 7732 95040-0
info@bora-hotsparesort.de
www.bora-hotsparesort.de

403

E s gibt Orte, denen haftet etwas Magisches an. Eine elementare Kraft ist spürbar, ein inspirierender Geist, der alles in einen Flow versetzt. Menschen, die solche Orte aufsuchen, sind hinterher nicht mehr dieselben; sie sind im wahrsten Sinne „begeistert" – von einer Idee, einem Gefühl … und dem Ort selbst. Schloss Marbach ist ein solcher Ort: Ein weiträumiges Areal in direkter Seelage, exklusiv für die Entwicklung von Ideen, Menschen und Teams reserviert, ein Knotenpunkt natürlicher Elemente und von Menschenhand geschaffener Gefüge, die sich im architektonischen Spannungsfeld zwischen altehrwürdigem Herrenhaus und progressiv designten Anbauten reiben, ergänzen, gegenseitig erheben. In den 1980er Jahren von Jacobs Suchard erworben und als Kommunikationszentrum ausgebaut, dient Schloss Marbach heute als Domizil für Führungskräfte und Manager, die hier zusammenkommen, um sich frei zu machen von blockierenden Gedanken oder Emotionen und sich auf strategische Besprechungen zu konzentrieren, wegweisende Entscheidungen zu treffen oder bahnbrechende Ideen zu entwickeln. Dazu stehen 14 Tagungsräume im Schloss, im Anbau sowie in der Jugendstilvilla „Bella Vista" zur Verfügung; jeweils individuell in Größe, Design und Ausstattung – vom repräsentativen Sitzungszimmer über flexibel gestaltbare Tagungsräume bis hin zum Multifunktionssaal. Ergonomische Stühle der Premiummarken Wilkhahn und Thonet garantieren maximalen Sitzkomfort. Tische und Flipcharts stehen auf Rollen, sodass ein Wechsel zwischen Plenum und Kleingruppenszenarien genauso einfach ist wie Ortswechsel zur Befeuerung ins Stocken geratener Denkprozesse; beispielsweise zur Terrasse mit Blick über den Bodensee und die dazwischenliegende Grünfläche. Letztere dient Meetings im Freien genauso wie Grillevents oder Teambuildings, die in Schloss Marbach hochprofessionell etwa an einer der dafür im Park fest installierten Stationen durchgeführt werden. Wer in den Genuss eines der über 60 Rahmenprogramme kommt, der lernt den Angebotsreichtum besonders zu schätzen; der verlässt diesen magischen Ort nicht nur mit neuen Ideen und Strategien im Gepäck, sondern auch mit dem inspirierenden Geist Marbachs und der Kraft der Elemente, die hier aufeinandertreffen.      *Raphael Werder*

# Kraftort für Entscheider

## LOGIS

**75 Zimmer:**
34 EZ, 41 DZ

## TAGUNG

**Besonders geeignet für:**
Seminar, Konferenz, Klausur, Kreativprozesse, Event

**Räume**
Tagungsräume:                    14
Ausstellungsfläche:        350 m²

**Maximale Tagungskapazität**
U-Form:                      50 Pers.
Parlamentarisch:           120 Pers.
Reihenbestuhlung:          190 Pers.

**Preise**
Preiskalkulation 1*          110,00 €
Preiskalkulation 2*          432,00 €

*Alle Angaben Nettopreise zzgl. MwSt., Kalkulationsanfrage siehe Seite 32

**ÖHNINGEN**

 **A 81:** 22 km

 **Fern:** Radolfzell, 14 km

 **Zürich:** 50 km
**Friedrichshafen:** 75 km
**Stuttgart:** 170 km

## WISSENSWERTES

- eigener Seezugang, gemütliches Bootshaus für Meetings und Abendevents
- 14 Tagungsräume, verschieden in Größe und Charakter: klassische Seminarräume, repräsentative Meetingzimmer, 250-m²-Multifunktionssaal
- Die Zimmer teilen sich in drei Kategorien auf: Golf-Lounges, Logistürme und Schloss. Alle bieten ein Höchstmaß an Aufenthaltsqualität
- technisch perfekt ausgestattet mit verschiedensten Geräten, Boards und Kommunikationssystemen

# Tagungs- und Seminarzentrum
## Schloss Marbach

**SCHLOSS MARBACH**

### FAZIT

Ein **riesiges Areal, exklusiv für Tagungsgäste,** das voll und ganz der Entwicklung von Ideen, Menschen und Teams dient. Die Tagungsräume samt Ausstattung und Technik, der Logisbereich und auch die Küche sind von **Premium-Qualität.**

Mit dem vorhandenen Methodenwissen sowie **Installationen für Teambuildings,** wie die Team-Kletterwand oder die Amazonas-Challenge, ist Schloss Marbach der perfekte Ort, Alpha-Einzelkämpfer zu einer Einheit zu verschmelzen.

**78337**

**78337 ÖHNINGEN**

Marbach 1
Tel. +49 7735 813-0
info@schlossmarbach.de
www.schlossmarbach.de

405

**W**elche Rolle spielt Kirche, spielen kirchliche Institutionen und Angebote in heutiger Zeit – für die Gesellschaft im Ganzen, aber auch für Unternehmen im Besonderen? Tagungshotels in kirchlicher Trägerschaft werden jedenfalls nicht weniger, sondern immer stärker frequentiert. Denn in einer Zeit multipler Krisen suchen auch Firmen Rückzugsorte, an denen Mitarbeiter wie Manager Abstand gewinnen, zur Ruhe kommen und sich Fragen widmen können, aus deren Beantwortung ein festes Fundament für persönliche wie auch unternehmerische Weiterentwicklung entstehen kann. Das Hotel St. Elisabeth ist ein solcher Ort. Hier, in direkter Nähe zum Kloster Hegne, treffen Businessgäste nicht nur auf ein historisch-sinnerfülltes Umfeld, sondern sie finden sich auch in einer einzigartigen Natur-Lage am Bodensee wieder, die es ihnen genauso wie das für kirchliche Häuser typische weitläufige Areal und das großzügige Raumangebot möglich macht, sich im wahrsten Sinne des Wortes frei zu entfalten. Großzügigkeit findet man wirklich allerorten: in den technisch hochwertig ausgestatteten Tagungsräumen, den Ausstellungsbereichen, auch im Garten, wo man sich im Schatten der Bäume besprechen kann. Großzügig auch der Umgang mit Kundenwünschen, die vom aufmerksamen Hotelteam mit Hingabe erfüllt werden. Überhaupt ist die herzliche, menschliche Art, sich zu begegnen, etwas Besonderes und erzeugt eine vertrauensvolle Atmosphäre, in der man sich als Individuum wahrgenommen und wohl fühlt. Das Haus zeigt sich weltoffen und lebendig, empfängt auch Individualreisende. Dass sich deshalb die Küche gewandelt hat und mittlerweile zeitgemäßen Anforderungen entspricht, davon profitieren auch Tagungsgäste. Gemeinsam zu Abend essen kann man übrigens nicht nur im schlicht, aber schön eingerichteten Restaurant, sondern auch am privaten Seegrundstück, wo der Szenerie um den Untersee, die Alpen und die Insel Reichenau vor allem bei Sonnenuntergang etwas Magisches anhaftet: Großzügig hat der Herrgott diesen Landstrich mit Schönheit gesegnet, weshalb Tagungsgäste den Aufenthalt garantiert nicht vergessen werden – genauso wenig wie die Großzügigkeit, die sie allerorten erfahren durften. *Raphael Werder*

# Großzügigkeit allerorten

**LOGIS**

**84 Zimmer:**
24 EZ, 60 DZ

**TAGUNG**

**Besonders geeignet für:**
Seminar, Konferenz, Klausur

**Räume**
| | |
|---|---:|
| Tagungsräume: | 8 |
| Ausstellungsfläche: | 250 m² |

**Maximale Tagungskapazität**
| | |
|---|---:|
| U-Form: | 42 Pers. |
| Parlamentarisch: | 70 Pers. |
| Reihenbestuhlung: | 150 Pers. |

**Preise**
| | |
|---|---:|
| Preiskalkulation 1* | 52,10 € |
| Preiskalkulation 2* | 241,40 € |

*Alle Angaben Nettopreise zzgl. MwSt., Kalkulationsanfrage siehe Seite 32

**ALLENSBACH-HEGNE**

 **A 81:** 23 km

 **Fern:** Konstanz, 10 km
**Nah:** Hegne, 0,5 km

 **Friedrichshafen:** 70 km
**Zürich:** 65 km

**WISSENSWERTES**

- Nachhaltiges Leben und Wirtschaften ist ein wichtiges Thema beim Tagungshotel in kirchlicher Trägerschaft; das Haus kann diverse Nachhaltigkeitssiegel vorweisen, wie Blaue Schwalbe und DEHOGA Umweltcheck Gold
- Privates Seegrundstück für Teambuilding-Einheit am und im Wasser – oder um den Tag mit Blick auf die Insel Reichenau ausklingen zu lassen
- Ganz neu stehen NewLine VEGA 86"-Screens zur Verfügung, mit denen dank stabiler LAN-Verbindung auch Zuschaltungen möglich sind

# Hotel
# St. Elisabeth

**STIFTUNG KLOSTER HEGNE**

*Hotel St. Elisabeth*

### FAZIT

Hotel St. Elisabeth ist ein **Ort der Ruhe und Konzentration.** In Zeiten gesellschaftlicher wie wirtschaftlicher Umbrüche finden Tagungsgruppen ein **sinnerfülltes Umfeld,** das den Fokus aufs Wesentliche ermöglicht und die **Entwicklung starker Fundamente für Teams und Unternehmen** unterstützt.

So **großzügig die Räume** im und ums Hotel, so **großherzig ist das Hotel-team,** das jeden Gast als Menschen mit besonderen Eigenarten und Bedürf-nissen wahrnimmt und sich fürsorglich kümmert.

**78476**
**ALLENSBACH-HEGNE**

Konradistraße 1
Tel. +49 7533 9366-2000
info@st-elisabeth-hegne.de
**www.st-elisabeth-hegne.de**

78476

D ass es sich bei diesem Hotel um einen besonderen Ort handeln muss, wird dem Gast bereits bei der Anfahrt bewusst: Zwei imposante Plastiken aus Drahtringen symbolisieren am Beginn des Zufahrtsträßchens eine Torsituation, weitere Kunstobjekte säumen die Strecke zum Hof oder verteilen sich auf die umliegenden Wiesen. An der südlichen Bergflanke des 912 Meter hohen Bergs Hohenkarpfen und inmitten einer faszinierenden Landschaft entstand das Hotel Hofgut Hohenkarpfen aus einem Meierhof der altwürttembergischen Herrschaft Karpfen. Seit 50 Jahren ist der Hof im Besitz der Familie Ritzi und beherbergt neben Hotelgästen heute auch das regionale Kunstmuseum Hohenkarpfen. Es ist die Symbiose aus moderner Kunst, Natur, Fernblick und Historie, die diesem Ort seine einzigartige, inspirierende Atmosphäre verleiht. 21 gemütliche Zimmer und vier helle, individuelle Tagungsräume verteilen sich auf die beiden Hofgut-Gebäude. Drei von ihnen verbinden die historische Bausubstanz elegant mit ergonomisch-modernem Tagungsmobiliar und State-of-the-Art-Präsentations- und -Kommunikationstechnik. Ein gemauerter Kamin lädt etwa zu Kamingesprächen ein, an anderer Stelle besticht die Kombination aus Fachwerk und Lounge-Charakter. Der größte Raum versteckt sich im modernen Anbau und kann um ein lichtes Foyer sowie eine eigene Terrasse erweitert werden. Bei gutem Wetter hält es die Tagungsgäste ohnehin nicht in den Gebäuden. Sie verteilen sich zum Arbeiten, Diskutieren und Debattieren auf den weitläufigen Freiflächen: rund um den Hofbrunnen, auf den Wiesen oder auf der Terrasse. Rahmenprogramme in der Natur liegen auf der Hand, von geführten Wanderungen mit dem Förster und anschließendem Sundowner bis zum Genuss eines afrikanischen Eintopfes aus der Feuerschale am Teich. In den Pausen bietet das Hotel auf Wunsch auch Workshops zur Steigerung der mentalen Stärke und körperlichen Leistungsfähigkeit an. Wer's lieber gemütlich hat, genießt im historischen Gewölbekeller für bis zu 10 Gäste eine Weinprobe oder lässt sich von dem mehrfach ausgezeichneten Küchenchef Stefan Schäfer und seinem Team kulinarisch verwöhnen. Auch hier werden passend zum Gesamtkonzept regionale Einflüsse mit modernen, internationalen Zutaten verschmolzen. *Susanne Stauß*

## Kreativ und inspirierend

### LOGIS

**21 Zimmer:**
11 EZ, 10 DZ

### TAGUNG

**Besonders geeignet für:**
Seminar, Klausur, Kreativprozesse

**Räume**
Tagungsräume: 4
Ausstellungsfläche: 200 m²

**Maximale Tagungskapazität**
U-Form: 60 Pers.
Parlamentarisch: 80 Pers.
Reihenbestuhlung: 150 Pers.

**Preise**
Preiskalkulation 1* 69,15 €
Preiskalkulation 2* 235,45 €

*Alle Angaben Nettopreise zzgl. MwSt., Kalkulationsanfrage siehe Seite 32

**HAUSEN OB VERENA**

**A 81:** 11 km

**Fern:** Tuttlingen, 15 km
**Nah:** Spaichingen, 3 km

**Zürich:** 110 km
**Stuttgart:** 110 km

### WISSENSWERTES

- Das Hotel Hofgut Hohenkarpfen ist von Wäldern und Streuobstwiesen umgeben, Seminarteile im Grünen sind konzeptionell darstellbar
- Die stimmungsvolle Restauration verfügt auch über eine Außenterrasse mit traumhaftem Panoramablick
- Zeitgenössische Kunst ist allgegenwärtig
- Renommierte Restaurantführer empfehlen und bewerten die Gutsküche
- kostenfreies Highspeed-Internet via WLAN in allen Tagungsräumen

# Hotel Hofgut
# Hohenkarpfen

Hotel Hofgut Hohenkarpfen

## FAZIT

Das Hotel Hofgut Hohenkarpfen zeichnet sich durch ein **schlüssiges Gesamtkonzept** aus – das Wechselspiel von Historie und Moderne, das stets freundlich dem Gast zugewandte Team, präsentierte Kunstobjekte und nicht zuletzt die Lage verdichten sich zu einer einzigartigen Atmosphäre, die Kreativität fördert und Kräfte freisetzt.

Die **wohnlich und modern ausgestatteten Zimmer** bieten Gästen einen ruhigen Raum zum Arbeiten und zur Regeneration.

**78595 HAUSEN
OB VERENA**

Am Hohenkarpfen
Tel. +49 7424 9450
info@hohenkarpfen.de
**www.hohenkarpfen.de**

**78595**

**F**ällt der Name Freiburg, geraten viele sofort ins Schwärmen: Die Universitätsstadt im Südschwarzwald versprüht mit ihrem von Bächlein durchzogenen, mittelalterlichen Stadtkern, dem imposanten Münster und bunten Markt einen ganz besonderen Charme. Die Altstadt grenzt an den Stadtgarten. Hinter ihm zieht sich ein exklusives, von Jugendstil-Villen geprägtes Wohngebiet am Fuße des Schlossbergs entlang. Eine dieser Villen bildet den Mittelpunkt des Caritas Tagungszentrums, das aus insgesamt vier Gebäuden besteht. In dem historischen Teil sind die Rezeption, ein 24/7-Selbstbedienungs-Bistro, einige Zimmer sowie charismatische Tagungsräume untergebracht, die teilweise mit historischen Holzböden, Stuckdecken, Erkern, Balkonen und viel Tageslicht ausgestattet sind. Im Erdgeschoss lädt eine gemütliche Kaminlounge zum Verweilen ein. Ihr schließen sich eine Kapelle und eine kleine Bibliothek an. 2012 erhielt die Villa einen Anbau mit einem lichtdurchfluteten Tagungsraum für bis zu 140 Personen. Tagungstechnik, ergonomische Stühle und starkes WLAN stehen im gesamten Tagungszentrum zur Verfügung. Für den Service sorgt ein freundliches und tagungserfahrenes Team. Die Mehrzahl der modernen Zimmer sowie weitere Tagungsräume verteilen sich auf zwei längliche Gebäude auf dem Gelände. Für den komfortablen Schlaf können Gäste aus verschiedenen Kissentypen wählen und auf dem weitläufigen Areal des Tagungszentrums lädt ein hübsch gestalteter Bergpfad zum Spazieren und Innehalten ein. Im Sommer treffen die Gäste dabei auf Schafe und Ziegen, die dort im Rahmen eines Weideprojekts mit der Universität Freiburg grasen. Viel Platz im Freien bieten zudem verschiedene Terrassenflächen rund um das Tagungszentrum. Für das ganze Haus gilt der Slogan „Zeit für Ziele – Raum für Genuss." Ihn setzt auch das Küchenteam dieses außergewöhnlichen Hotels entsprechend um und wartet mit abwechslungsreichen und leckeren Buffets auf: vom Frühstück über Pausensnacks bis hin zu warmen Mahlzeiten mit mindestens einer vegetarischen Komponente sowie Salatauswahl. Ein besonderes Rahmenprogramm ist hier wahrlich nicht nötig und der Weg in die Altstadt beträgt zu Fuß etwa 10 Minuten. *Susanne Stauß*

## Erfrischend anders

**LOGIS**

**53 Zimmer:**
47 EZ, 6 DZ

**TAGUNG**

**Besonders geeignet für:**
Seminar, Konferenz, Klausur

**Räume**
| | |
|---|---|
| Tagungsräume: | 14 |
| Ausstellungsfläche: | 20 m² |

**Maximale Tagungskapazität**
| | |
|---|---|
| U-Form: | 40 Pers. |
| Parlamentarisch: | 72 Pers. |
| Reihenbestuhlung: | 140 Pers. |

**Preise**
| | |
|---|---|
| Preiskalkulation 1* | 72,00 € |
| Preiskalkulation 2* | 230,00 € |

*Alle Angaben Nettopreise zzgl. MwSt., Kalkulationsanfrage siehe Seite 32

 **A 5:** 8 km

 **Fern:** Freiburg Hbf., 1,8 km
**Nah:** Freiburg, 1,8 km

 **EuroAirport Basel Mulhouse Freiburg:** 51 km

### WISSENSWERTES

- Das Tagungszentrum ist EMAS-zertifiziert
- Die Gebäude werden von einem 3,2 Hektar großen Park umgeben, der in die Veranstaltungskonzeption eingebunden werden kann
- Auf den Zimmern gibt es keine Fernseher, starkes WLAN ermöglicht aber auch dort den digitalen Empfang über persönliche Devices
- Die Freiburger Altstadt ist in 10 Minuten zu Fuß erreichbar

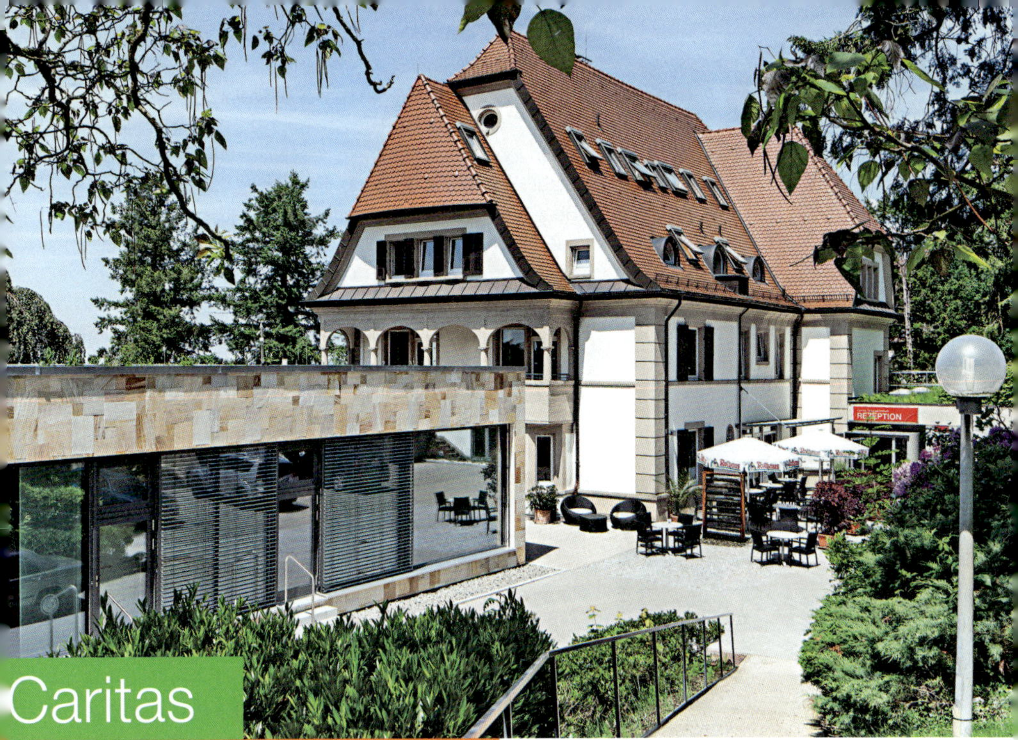

# Caritas
# Tagungszentrum

**FAZIT**

Das Tagungszentrum der Fortbildungs-akademie des Deutschen Caritas-Verbandes bietet eine **hochprofessionelle Tagungsinfrastruktur,** wahlweise mit **Konferenzlautsprechern und 360°-Kameras.**

Für Tagungen stehen **14 Räume mit unterschiedlichem Charakter** bereit, auf dem großen Parkplatz **3 PKW-E-Ladestationen.**

Die vom eigenen Team **frisch zuberei-tete,** badisch-regionale **Küche** verwöhnt mit großer Vielfalt.

**79104 FREIBURG**

Wintererstraße 17–19
Tel. +49 761 2001801
tagungszentrum@caritas.de
**www.caritas-akademie.de**

Die Aussicht vom Breisacher Münsterberg – vom Rhein bis zu den Vogesen – überwältigt. Sie ist vom Vorplatz des historischen St.-Stephans-Münsters ebenso zu bewundern wie von seinem Nachbargebäude aus, dem Hotel Stadt Breisach. Weitblick, Freiräume, Licht, Großzügigkeit: Begriffe wie diese dominierten die Planung des 1976 errichteten Hotels und führten zu seiner architektonischen Auszeichnung. 2017 wurde die in der Region ansässige Unternehmerfamilie Schandelmeier neuer Eigentümer des Hauses, brachte Kontinuität in die Führung und investiert seither mit viel Fingerspitzengefühl in die Substanz. Von der hohen, lichtdurchfluteten und modern ausgestatteten Lobby gelangen die Gäste mit wenigen Schritten in die fünf luftigen Tagungsräume mit separater Pausenecke, die diesen Bereich zur Lobby hin abgrenzt. Die Räume bieten Platz für bis zu 150 Personen, sind klimatisiert, zu verdunkeln und teilweise miteinander kombinierbar. Sehr beliebt ist Raum Neuf-Brisach mit eigener Panoramaterrasse. Hier, aber auch auf der großen öffentlichen Terrasse sind Gruppenarbeiten im Freien möglich. Zum Übernachten stehen 70 Zimmer unterschiedlicher Größe bereit.

# Weitblick und Genuss

Küche und Service verwöhnen kulinarisch im schicken Restaurant Augustin, in das ein Teil der Stadtmauer aus dem 14. Jahrhundert integriert wurde und wo sich auf Wunsch durch bodenlange Vorhänge Bereiche separieren lassen. Auf den Tisch kommt eine badisch-elsässische Frischeküche aus regionalen Produkten. Seit Frühjahr 2018 wird Bio-Gemüse im nahegelegenen Ihringen sogar selbst angebaut. Weingenießer freuen sich über die breitgefächerte Weinauswahl mit lokalem Schwerpunkt, und Cocktail-Fans begeistert der erfahrene Barkeeper mit individuellen Kreationen oder Klassikern in der Bar Dreiundzwanzig. Nach der Tagung lockt das Boutique Spa Liquidium auf über 600 m² mit 10 Meter langem Indoor-Pool, Saunawelt, Ruheraum und Außenterrasse. Breisachs Lage bietet sich aber auch für Städtetouren oder Aktivitäten in der Natur an. Beliebte Rahmenprogramme sind zudem die Nachtwächterwanderung sowie Weinproben mit heimischen Winzern.

*Susanne Stauß*

## LOGIS

**70 Zimmer:**
21 EZ, 49 DZ

## TAGUNG

**Besonders geeignet für:**
Seminar, Klausur

**Räume**
Tagungsräume:                    5

**Maximale Tagungskapazität**
U-Form:              40 Pers.
Parlamentarisch:     60 Pers.
Reihenbestuhlung:   120 Pers.

**Preise**
Preiskalkulation 1*     75,00 €
Preiskalkulation 2*    280,00 €

*Alle Angaben Nettopreise zzgl. MwSt., Kalkulationsanfrage siehe Seite 32

**BREISACH**

 **A 5:** 10 km

 **Fern:** Freiburg, 25 km
**Nah:** Breisach, 2 km

 **Basel/Mulhouse/Freiburg:**
60 km

## WISSENSWERTES

- einmalige Panoramalage über dem Rhein
- vollklimatisierte Tagungsräume
- exklusiver SPA-Bereich mit Boutique-Charakter
- Bar Dreiundzwanzig mit großem Cocktailangebot
- hauseigene Außenstellplätze und Tiefgarage

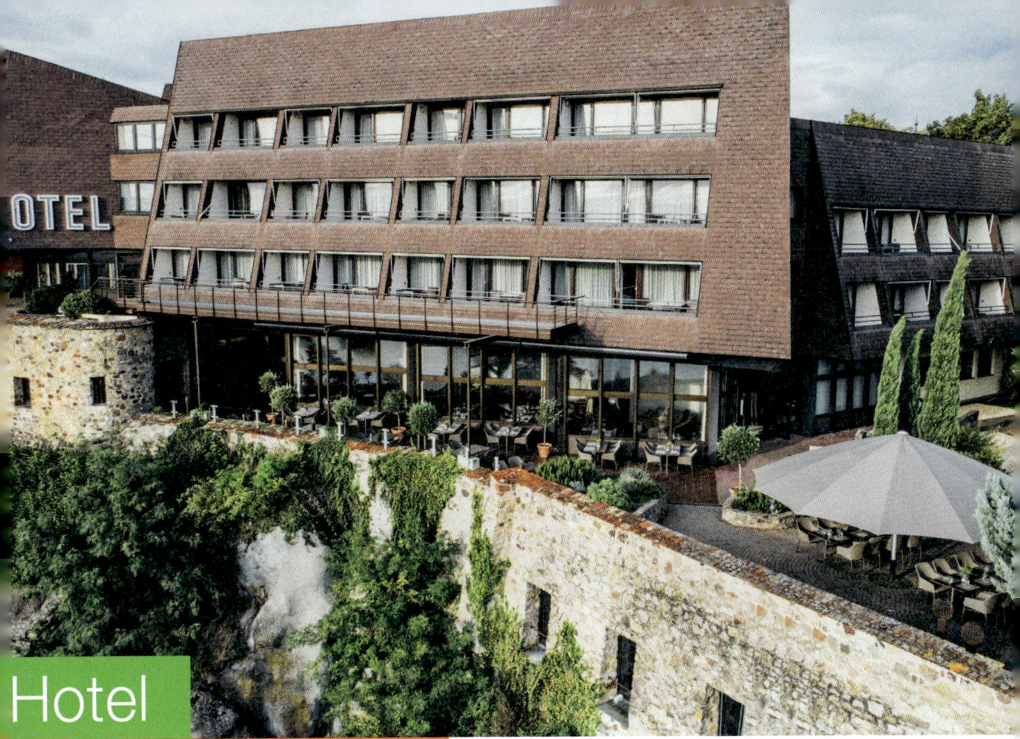

# Hotel
# Stadt Breisach

**FAZIT**

Die **Panoramalage** und die hohe **Serviceorientierung des Teams** sind beste Voraussetzungen für **konzentriertes Arbeiten.**

Die teils kombinierbaren **Tagungsräume mit Tageslicht,** moderner Technik und Fernblick eignen sich für **verschiedenste Formate.**

Die **verkehrsgünstige Lage** im Dreiländereck Deutschland-Frankreich-Schweiz bietet **viele Ausflugsmöglichkeiten.**

**Genießer** kommen hier auf ihre Kosten.

79206

**79206 BREISACH**

Münsterbergstraße 23
Tel. +49 7667 8380
info@hotelstadtbreisach.de
www.hotelstadtbreisach.de

## LOGIS

**41 Zimmer:**
4 EZ, 37 DZ/MBZ

## TAGUNG

**Besonders geeignet für:**
Seminar, Klausur, Event

**Räume**
| | |
|---|---|
| Tagungsräume: | 6 |
| Ausstellungsfläche: | 40 m² |

**Maximale Tagungskapazität**
| | |
|---|---|
| U-Form: | 80 Pers. |
| Parlamentarisch: | 80 Pers. |
| Reihenbestuhlung: | 140 Pers. |

**Preise**
| | |
|---|---|
| Preiskalkulation 1* | ab 63,03 € |
| Preiskalkulation 2* | ab 162,91 € |

*Alle Angaben Nettopreise zzgl. MwSt., Kalkulationsanfrage siehe Seite 32

**GUTACH-BLEIBACH**

**A 5:** 26 km
**A 81:** 76 km

**Fern:** Freiburg, 23 km
**Nah:** Gutach-Bleibach, 1,2 km

**Freiburg:** 17 km
**Basel-Mulhouse:** 90 km

# Reich an Geschichten

Am Fuße des Hörnlebergs in Gutach-Bleibach, nur 15 Kilometer von Freiburg entfernt, lädt das Ringhotel Schwarzwald Hotel Silberkönig zum entspannten Tagen und Genießen ein. Es ist umgeben von Wäldern und Wiesen, und über sein Gelände führt ein dem hl. Franziskus von Assisi gewidmeter Franziskusweg. Nach diesem Heiligen benannte Familie Birmelin auch ihre auf dem Hotelgelände errichtete und für jeden zugängliche Franziskuskapelle. Die Familie ist bereits in dritter Generation leidenschaftlicher Gastgeber. Ihre erste Gaststube war 1955 zufällig entstanden, als Karl Birmelin sein Wohnhaus so weit außerhalb des Ortes errichtet hatte, dass Wanderer und Wallfahrer dort um Getränke baten. Anstelle der damaligen Waldschänke zum Silberkönig, deren Name auf eine lokale Sage zurückgeht, trat 1983 das heutige Schwarzwald Hotel Silberkönig. Sein Schwerpunkt lag von Beginn an auf Tagungen. Für Seminare oder Klausuren bietet das Hotel heute sechs teilweise kombinierbare und mit modernster Technik ausgestattete Räume. Jeder von ihnen verfügt über Tageslicht, manche über einen direkten Zugang ins Grüne. Besonders attraktiv ist der lichtdurchflutete Raum Wintergarten mit seiner hohen, hellen Holzbalkendecke. Im Sommer finden Gruppenarbeiten gerne im Freien statt. Nach getaner Arbeit locken im Garten kulinarische Outdoor-Events wie Brot-, Pizza- oder Flammkuchenbacken im Backhäusle sowie Grillabende. In den gemütlichen Gaststuben dürfen sich die Gäste auf saisonale badische Gerichte mit französischem Einschlag freuen, gewürzt mit frischen Kräutern aus dem Garten. Passend dazu setzt die Weinkarte auf regionale Gewächse, und seit Neuestem braut das Hotel sogar sein eigenes Bier. Zum ungestörten geselligen Beisammensein lädt der Gewölbekeller Bergwerk für bis zu 16 Personen ein, alternativ kann der Abend aber auch in der danebenliegenden Bowlingbahn mit Sitzecken, Tischkicker und Billardtisch fröhlich ausklingen. Sportliche Angebote wie Bogenschießen, Segwaytouren oder Nachtwanderungen werden als Rahmenprogramme ebenso angeboten wie Massagen oder auch Weinseminare bei umliegenden Winzern. Danach stehen 41 ruhige Zimmer für den erholsamen Schlaf bereit.

*Susanne Stauß*

## WISSENSWERTES

- Die gartenähnliche Umgebung des Hotels mit kleiner Parkanlage und Kräutergarten kann für Tagungspausen oder abendliche BBQs genutzt werden
- Technik für hybride Formate stellt auf Wunsch ein externer Partner, wodurch sie stets auf dem neuesten Stand ist
- Das Hotel bietet eine Bowlingbahn
- Fünf Indoor-Restaurantbereiche sowie eine Außengastronomie laden zu badischer Küche ein

# Ringhotel
# Schwarzwald Hotel Silberkönig

SCHWARZWALD-HOTEL *mit Herz*

**Silberkönig**
★★★★

79261 GUTACH-BLEIBACH

## FAZIT

Die naturnahe Lage am Fuße des Hörnlebergs und die gleichzeitige **Nähe zu Freiburg** und dem Kaiserstuhl machen das mit 4 DEHOGA-Sternen klassifizierte Hotel zu einer **gut erreichbaren Tagungsdestination in grüner Umgebung.**

**Tagungsgäste** genießen **ungestörte Arbeitsruhe und ein hohes Maß an Aufenthaltsqualität:** Neben gut ausgestatteten Tagungsräumen, einer feinen Küche, regionalen Weinen und selbstgebrautem Bier stehen auch Massage- und Wohlfühlangebote zur Wahl.

**79261**
**GUTACH-BLEIBACH**

Silberwaldstraße 24
Tel. +49 7685 701-0
info@silberkoenig.de
www.silberkoenig.de

**79261**

S eit 30 Jahren ist es eine feste Größe auf dem Münchener Tagungsmarkt und sorgt mit seiner eigenen unverwechselbaren Handschrift für zufriedene Kunden: das Holiday Inn München-Unterhaching. Viele langjährige Mitarbeiter stehen für einen großen Erfahrungsschatz im Ausrichten professioneller Tagungen und Seminare; sie repräsentieren aber auch das gut funktionierende Miteinander und den Teamgeist im Haus. Obendrein ist die mehrsprachige Crew auch sehr serviceorientiert und nah dran am Gast, das lässt sich immer wieder in den Bewertungen nachlesen. Als wahrer Tagungs-Allrounder zeigt sich das Haus bei seiner Raumvielfalt. Mit 27 hellen und klimatisierten Tagungsräumen, die durch mobile Wände flexibel gestaltbar sind, findet das Hotelteam Lösungen für fast alle Veranstaltungsformen – vom kreativen Workshop mit 15 Personen über Vorträge und Konferenzen bis hin zum Kongress für 500 Teilnehmer oder repräsentative Auftritte mit Bühne. Die Aufteilung in vier Konferenzzentren ermöglicht problemlos parallel stattfindende Veranstaltungen. Ganz ungestört können auch Klausurtagungen und Veranstaltungen abseits des normalen Seminargeschehens in einem Konferenzzentrum im Nebengebäude ablaufen. In den Pausen kommen die Teilnehmer in den großzügigen Foyers zusammen, die sich auch hervorragend für

## LOGIS

**257 Zimmer:**
36 EZ, 148 DZ, 2 Suiten,
20 Maisonettes, 51 Sonstige

## TAGUNG

**Besonders geeignet für:**
Seminar, Konferenz, Klausur, Event

**Räume**
| | |
|---|---|
| Tagungsräume: | 27 |
| Ausstellungsfläche: | 525 m² |

**Maximale Tagungskapazität**
| | |
|---|---|
| U-Form: | 75 Pers. |
| Parlamentarisch: | 250 Pers. |
| Reihenbestuhlung: | 500 Pers. |

**Preise**
| | |
|---|---|
| Preiskalkulation 1* | 83,00 € |
| Preiskalkulation 2* | 310,00 € |

*Alle Angaben Nettopreise
zzgl. MwSt., Kalkulationsanfrage siehe Seite 32

# Tagungs-Allrounder bei München

Empfänge und zur Bewirtung der Gäste eignen. Natürlich gibt es auch ein umfassendes Restaurantangebot vor Ort: Ob im stylisch-gemütlichen Restaurant Leonardo, im flexiblen Event-Restaurant Kolumbus oder im großen Biergarten – Tagungsveranstalter können aus einer Vielzahl an Buffetangeboten mit bayerischen Leckerbissen sowie asiatischen oder mediterranen Spezialitäten auswählen. Am Abend sitzt man gemütlich beieinander oder nutzt den kurzen Weg nach München, um Kunst oder Kultur zu genießen. Hier kommt die gute Erreichbarkeit des Hotels zum Tragen. Das Holiday Inn liegt im Südosten von München und ist nicht nur hervorragend an das Autobahnnetz und den Flughafen im Erdinger Moos angebunden, auch mit der S-Bahn ist man in 20 Minuten am Hauptbahnhof. Alternativ liegt das schöne Alpenvorland für zahlreiche Outdoor-Events und Ausflüge praktisch vor der Haustür. *Uta Müller*

**UNTER-HACHING**

**A 995:** 1 km
**A 8:** 3,5 km

**Fern:** München Ostbhf., 12 km
**Nah:** Taufkirchen, 0,8 km

✈ **München:** 50 km

## WISSENSWERTES

- Hotel ist GreenSign-zertifiziert (72%) und führt „IHG Green Engage"-Siegel
- Im Hotelumfeld gibt es unterschiedliche Joggingstrecken, die „Joggerecke" im Rezeptionsbereich informiert darüber
- Parkplätze stehen in der Tiefgarage (kostenpflichtig) sowie auf dem nahegelegenen Außenparkplatz (kostenfrei, mit Parkausweis) zur Verfügung
- Samsung Flip, Glasfaser-Internet kann kostenfrei genutzt werden
- Das Hotel bietet spezielle Allergiker- und behindertengerechte Zimmer

# Holiday Inn
## Munich-Unterhaching

**Holiday Inn**
EIN **IHG** HOTEL

MUNICH-UNTERHACHING

### FAZIT

Ein Hotel für viele Möglichkeiten: Das **umfassende, durchdachte Raumangebot** bietet Platz für zahlreiche Lern- und Veranstaltungsformate, die zudem von **neuester Tagungstechnik** unterstützt werden.

**Ruhig am Rande von München gelegen** bietet das Hotel eine **hervorragende Verkehrsanbindung** an das umliegende Autobahnnetz, den Flughafen und per S-Bahn an die Münchener Innenstadt.

82008

**82008**
**UNTERHACHING**

Inselkammerstraße 7–9
Tel. +49 89 66691-745
christoph.eiler@holiday-inn-muenchen.de
www.himuenchenunterhaching.de

417

E r war seiner Zeit voraus, als Ulli Portenlänger vor etwa 18 Jahren sein Hotel Alter Wirt bio-zertifizieren ließ. Achtsam mit den Menschen, der Natur und den gegebenen Ressourcen umzugehen, war für ihn schon immer eine gelebte Selbstverständlichkeit. Diese Überzeugung ist in dem seit über 100 Jahren in Familienbesitz befindlichen Traditionshaus, das nun von Sohn Jakob geführt wird, überall zu spüren: Mit Herz, Verstand und einem hohen Qualitätsanspruch wurde hier ein nachhaltiges Hotel- und Gastronomieangebot geschaffen, das aus dem Alten Wirt eine ganz besondere Tagungsdestination macht: authentisch und weltoffen, vielfältig und natürlich, bayerisch-urig und zugleich modern. Das zeigt sich im charmanten Service des bunten Teams aus vielen Nationen. Das zeigt sich auch im hervorragenden Essen, das nur mit besten Zutaten, bio-zertifiziert, auf den Tisch kommt und vom Buchweizenrisotto mit Kräuterseitlingen über Canelloni mit bayerischer Fetafüllung bis hin zum Frikassee vom Bauerngockel reicht. Und das zeigt sich in einem professionellen Umfeld für natürliches Arbeiten: Drei luftige und helle Tagungsräume unterschiedlicher Größe gibt es, in denen Holz und Naturmaterialien ein angenehmes Raumklima schaffen. Für den Sitzkomfort sorgen ergonomische Designerstühle, moderne Präsentationstechnik und schnelles WLAN sind selbstverständlich. „Alles aus einer Hand" lautet das Motto der Tagungsbetreuung, damit hat jeder Veranstalter einen Ansprechpartner vom ersten Kontakt bis zur erfolgreichen Umsetzung der Tagung vor Ort. Keine Frage, hier sind Kunden gut aufgehoben, ob es ums Arbeiten oder ums Genießen geht. Beides gut verbinden lässt sich auch im beliebten vierten (Tagungs-) Raum, dem idyllischen Apfelgarten hinter dem Hotel, der prädestiniert ist für Auszeiten im Grünen, legere Workshops oder für gemütliche Abende am Grill. Rahmenprogramme, wie eine Floßfahrt auf der nahen Isar, der Besuch eines Klettergartens oder Wein- und Bierverkostungen gibt es natürlich – am liebsten verbringen die Gäste ihre Abende aber im modernen Restaurant mit offener Küche, in den gemütlichen Marktplatz-Stuben oder auf der schönen Terrasse vor dem Haus, bevor sie sich in einem der echten Wohlfühlzimmer mit gesundem Schlafkomfort zur Ruhe begeben. *Uta Müller*

# Bayerisch. Bio. Besonders

## LOGIS

**50 Zimmer:**
30 EZ, 20 DZ

## TAGUNG

**Besonders geeignet für:**
Seminar, Konferenz, Klausur, Event

**Räume**
Tagungsräume: 3

**Maximale Tagungskapazität**
U-Form: 40 Pers.
Parlamentarisch: 60 Pers.
Reihenbestuhlung: 100 Pers.

**Preise**
Preiskalkulation 1* 106,70 €
Preiskalkulation 2* 250,40 €

*Alle Angaben Nettopreise zzgl. MwSt., Kalkulationsanfrage siehe Seite 32

GRÜNWALD

**A 995:** 7 km
**A 95:** 12 km

**Fern:** München Hbf., 14 km
**Nah:** Trambahn: Grünwald Derbolfinger Platz, 0,5 km

**München:** 55 km

## WISSENSWERTES

- Zertifikate: ABCert, grüner Michelin Stern, Slowfood, 2 Gabeln Falstaff
- ausreichend Parkplätze, Tiefgarage und E-Ladestationen am Hotel
- Glasfaser und Kupferleitungen für schnelles, stabiles Internet
- hochwertige baubiologische Ausstattung aller Zimmer
- zahlreiche Rahmenprogramme in der Natur und an der Isar
- Tagen im alten Apfelgarten

# Alter Wirt

**alter wirt**
GRÜNWALD
Restaurant & Hotel

## FAZIT

Das **familiengeführte Traditionshaus** besticht durch ein stimmiges Gesamtkonzept, bei dem **echte Gastfreundschaft** mit der **ökologischen Ausrichtung** und allen Annehmlichkeiten des **modernen Arbeitens und Genießens** verbunden wird.

Das **professionell arbeitende Team** betreut Veranstaltungskunden 1:1 von der Kontaktaufnahme bis zur Veranstaltung vor Ort.

Die **anspruchsvolle Bio-Küche** aus besten Zutaten können die Gäste im **traditionellen oder modernen Ambiente** genießen.

**82031 GRÜNWALD**
Marktplatz 1
Tel. +49 89 641934-0
info@alterwirt.de
www.alterwirt.de

82031

Wer eine hervorragende Tagungsdestination im Großraum München sucht, ist im Hotel Schiller in Olching bestens aufgehoben: Seine Lage zwischen Dachau und Fürstenfeldbruck macht das Hotel attraktiv für alle, die mit dem Auto anreisen. Aber auch mit der S-Bahn erreicht man in 20 Minuten von München aus das beschauliche Städtchen, das jenseits von Großstadtrummel in eine wunderbare Natur- und Flusslandschaft eingebettet ist. In einer ruhigen Seitenstraße des Zentrums, nahe den angrenzenden Amperauen, erwartet die Gäste ein familiengeführtes Tagungs- und Businesshotel, dessen Team sich mit viel Herzblut und Engagement um ihre Belange kümmert – ungezwungen, freundlich und sehr persönlich. Ein Haus zum Wohlfühlen, über die Jahre gewachsen und immer wieder modernisiert, um den Gästen zeitgemäßen Komfort, aber auch beste Bedingungen zum Arbeiten zu bieten. Fünf moderne Tagungsräume auf verschiedenen Ebenen, klimatisiert, hell und mit bequemen ergonomischen Stühlen ausgestattet, werden allen Anforderungen an kreatives und konzentriertes Arbeiten gerecht: Mit modernster Tagungs- und Präsentationstechnik versehen, bieten sie Platz für bis zu 50 Personen und verschiedenste Veranstaltungsziele – ob kleine Meeting-Runde im Raum „Dialog", EDV-Schulungen oder Hightech-Präsentationen im Raum „Kreativ" oder Klausurtagungen im Raum „Impuls", der mit Gartenzugang und Pausengalerie zwei Ebenen besitzt und damit ein ungestörtes Arbeiten jenseits des Hotelbetriebs ermöglicht. Das grüne Umfeld am Fluss und die ruhige Lage laden dazu ein, im Sommer draußen zu arbeiten und die Abende nach einem Spaziergang auf der schönen Hotelterrasse zu verbringen. Partneragenturen sorgen für tolle Team-Events, wie Bogenschießen, Naturrallyes oder Floßbau; wer Gas geben möchte, findet die größte Kartbahn Europas gleich in der Nähe. Sehr beliebt bei den Gästen ist die gute Küche des Hotels und deshalb ein „Muss" die kulinarischen Rahmenprogramme: Bei leckeren bayerischen Schmankerln und Paulaner-Bier, italienischen Spezialitäten, beim geselligen BBQ auf der Terrasse oder bei der zünftigen bayerischen Brotzeit können die Tagungsgäste perfekt nach kreativen Arbeitstagen entspannen. *Uta Müller*

## Famos. Familiär. Freundlich.

### LOGIS
**51 Zimmer:**
16 EZ, 35 DZ

### TAGUNG

**Besonders geeignet für:**
Seminar, Klausur

**Räume**
Tagungsräume: 5

**Maximale Tagungskapazität**
U-Form: 25 Pers.
Parlamentarisch: 35 Pers.
Reihenbestuhlung: 50 Pers.

**Preise**
Preiskalkulation 1* 74,79 €
Preiskalkulation 2* 273,18 €

*Alle Angaben Nettopreise zzgl. MwSt., Kalkulationsanfrage siehe Seite 32

OLCHING

 **A 8:** 4 km

 **Fern:** München-Pasing, 15 km
**Nah:** Olching, 0,3 km

 **München:** 44 km

### WISSENSWERTES
- Präsentation über kabellose Click-Share-Verbindungen
- Hervorragende Küche verarbeitet überwiegend regionale Produkte
- Kulinarische Event-Menüs für Tagungsgruppen
- Parkplätze und Tiefgarage am Haus

# schiller's Hotel & Restaurant

## schiller's HOTEL

### FAZIT

Eine **Tagungsdestination mit herzlicher, familiärer Atmosphäre,** in der kleinere Gruppen ein **professionelles Angebot** vorfinden, das Anforderungen an modernes, kreatives Arbeiten bestens erfüllt.

Die **ausgezeichnete Küche** stellt sich flexibel auf die Bedürfnisse der Tagungsgäste ein und bietet **tolle Event-Menüs** für den Abend.

**Gute Erreichbarkeit** mit dem Auto und der S-Bahn im Großraum München.

**82140 OLCHING**
Nöscherstraße 20
Tel. +49 8142 4730
anfrage@hotel-schiller.de
**www.hotel-schiller.de**

82140

D as Hotel Vier Jahreszeiten Starnberg bringt alles mit, was ein etabliertes erstklassiges Tagungshotel ausmacht. Charme, Professionalität und eine perfekte Lage vor den Toren Münchens. Seit vielen Jahren ist das Haus mit seinem ausgezeichneten Ruf eine sehr gute Adresse. Nicht zuletzt durch seine hohe gastronomische Beständigkeit – es beheimatet das einzige Sternerestaurant in der Region StarnbergAmmersee – ist es etwas ganz Besonderes, hier zu tagen und zu feiern. Der exklusive Meetingbereich mit fünf flexibel kombinierbaren Räumen ist direkt an den Lobby-Bereich angeschlossen. Somit kann der Tagungsgast in das Hotelgeschehen integriert werden oder man bleibt im großzügigen Veranstaltungsbereich „unter sich". Das Herzstück ist ohnehin die Hemingway Bar, welche das Hotelleben sehr angenehm aufnimmt. Im Bereich vor der Bar werden auch Kaffeepausen mit frischen Waffeln oder gesundem „Brain Food" bereitgestellt. Durch die Lebendigkeit des Hauses bieten sich Kick-off-Veranstaltungen oder Produkt-Präsentationen jeglicher Art an. Wer es noch exklusiver möchte oder eine Klausurtagung plant, kann die 4 Suiten für entsprechende Meetings hoch oben über den Dächern Starnbergs nutzen. Darüber hinaus bieten die Event-Suite „Sissi" und die Meeting-Suite „Franz" gute Möglichkeiten, Veranstaltungen einen besonderen Rahmen zu geben.

## Tagen und Feiern in Perfektion!

Neben den klassischen Tagungsräumen bietet das Hotel Vier Jahreszeiten Starnberg auch Möglichkeiten für Teambuilding-Aktivitäten und kreative Veranstaltungen jeglicher Art. In Zusammenarbeit mit spezialisierten Partnern bietet das Hotel verschiedene Programme an, die speziell auf den Bedarf an Teamförderung zugeschnitten sind. Die Region Starnberg bietet dazu jede Menge Ideen und unverwechselbare Erlebnisse. Es wird grundsätzlich sehr auf Nachhaltigkeit geachtet und der ökologische Fokus ist klar erkennbar. Neben dem Privat- und Tagungsgast fühlt sich zunehmend auch der aktive und temporäre Business-Gast beheimatet. Das Hotelangebot wird abgerundet durch gemütliche Zimmer, die keine Wünsche offenlassen. *Christian Badenhop*

## LOGIS

**122 Zimmer:**
114 DZ, 4 Deluxe-Suiten, 4 Juniorsuiten

## TAGUNG

**Besonders geeignet für:**
Seminar, Konferenz, Event

**Räume**
Tagungsräume: 5
Meetingsuiten: 6

**Maximale Tagungskapazität**
U-Form: 30 Pers.
Parlamentarisch: 160 Pers.
Reihenbestuhlung: 256 Pers.

**Preise**
Preiskalkulation 1* 73,10 €
Preiskalkulation 2* 326,20 €

*Alle Angaben Nettopreise zzgl. MwSt., Kalkulationsanfrage siehe Seite 32

STARNBERG

 **A 952:** 0,5 km

 **Fern:** München-Pasing, 15 km
**Nah:** Starnberg Nord, 0,5 km

 **München:** 66 km

## WISSENSWERTES

- einzigartiges Ambiente im Sternerestaurant Aubergine
- Fitness-Bereich ist vorhanden
- Fahrräder kann man im Hotel leihen. Stellplätze für das private Bike stehen zur Verfügung.
- eigene Parkgarage mit knapp 100 Plätzen (kostenpflichtig) + E-Ladesäulen
- Tipp: Anreise mit dem DB-Veranstaltungsticket

# Hotel Vier Jahreszeiten
# Starnberg

HOTEL
### VIER JAHRESZEITEN
STARNBERG

★ ★ ★ ★ S
First Class

## FAZIT

Die **Qualität** der Hotelleistung ist der Schlüssel zu einem Gesamtkunstwerk. Das Hotel funktioniert in allen Belangen auf höchstem Niveau. Das Angenehmste dabei ist der sehr **freundliche, hilfsbereite und sympathische Mitarbeiter,** den man überall im Hause findet. In diesem Hotel wird **stilvolle Gastlichkeit und perfekte Kulinarik** immer noch sehr großgeschrieben. Die Erreichbarkeit des Hauses ist ein sehr wichtiger Aspekt. **Öffentliche und infrastrukturelle Anbindung sind ausgesprochen gut.**

**82319 STARNBERG
BEI MÜNCHEN**

Münchner Straße 17
Tel. +49 8151 4470-163
meeting@vier-jahreszeiten-starnberg.de
**www.vier-jahreszeiten-starnberg.de**

82319

Um es gleich vorwegzunehmen: Als Autor von TOP 250 Tagungshotels ist man ja einiges gewohnt. Aber die ehemalige Villa Knorr schlägt alle Superlative. LA VILLA ist nicht nur seit knapp 170 Jahren ein Ort der Begegnung. Er ist vielmehr der nahezu perfekte Ort, in aller Abgeschiedenheit modern und stilvoll zu tagen und zu feiern. Neben der großartigen Kulinarik und dem besonderen Ambiente mit dem einzigartigen Blick auf den Starnberger See ist besonders die hochprofessionelle Flexibilität des Teams der Villa zu erwähnen. Ein Tagungsort für Menschen, von Menschen kreiert. Ob ruhig und exklusiv, repräsentativ oder fröhlich – jeder Auftraggeber bekommt seinen individuellen Rahmen. Der Gast erfreut sich der Nähe zum See mit direktem Bootshaus-Meeting-Raum und gleichermaßen einem stilsicheren „Rundum-sorglos"-Paket, das seinesgleichen sucht. Ankommen und genießen – und das auf vielfältigste Art. Ein großer Vorteil des Hauses sind die unerschöpflichen Erfahrungswerte der vielen letzten Jahre. Der Gartenpavillon als Herzstück kann auf verschiedenste Art genutzt werden. Von Produktpräsentationen bis hin zu privaten oder geschäftlichen Anlässen ist alles denk- und machbar. Ebenfalls mit großer Flexibilität und modernster Tagungstechnik ausgestattet, bieten sich die historischen Räume Maximilian, König Ludwig und Zenetti an. Nicht zu vergessen in diesem Zusammenhang ist der Turm, in dem man auf besondere Art „unter sich" ist. Die bemerkenswerte Küchenleistung ist immer wieder ein Highlight bei Veranstaltungen. Wenn man eine Tagung oder Veranstaltung organisiert, ist es wichtig, den passenden Rahmen auch gastronomisch zu finden. Auch bei diesem Aspekt ist LA VILLA der richtige Ort. Die erstklassigen 30 Zimmer sind auf erstaunlich hohem Niveau und liebevoll dem Gesamtbild des Hauses angeglichen. Hier passt einfach alles. Für den professionellen Tagungsplaner ist die Villa ein Ort, kreativ zu werden. Inspiration ist hier an jeder Stelle gegeben und gewünscht. Der atemberaubende Blick von der Terrasse rundet den Gesamteindruck ab. Hier muss man einfach gewesen sein. Ein (Tagungs-)Ort, den man nicht so schnell vergisst.

*Christian Badenhop*

## Ein Ort, der keine Wünsche offenlässt

**LOGIS**

**30 Zimmer:**
12 EZ, 18 DZ

**TAGUNG**

**Besonders geeignet für:**
Seminar, Konferenz, Klausur,
Kreativprozesse, Event

**Räume**
Tagungsräume: 5

**Maximale Tagungskapazität**
U-Form: 35 Pers.
Parlamentarisch: 70 Pers.
Reihenbestuhlung: 144 Pers.

**Preise**
Preiskalkulation 1* ab 95,00 €
Preiskalkulation 2* ab 345,00 €

*Alle Angaben Nettopreise
zzgl. MwSt., Kalkulationsanfrage siehe Seite 32

**NIEDER-
PÖCKING**

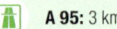 **A 95:** 3 km

 **Fern:** München, 30 km
**Nah:** Starnberg, 2 km

 **München:** 70 km

**WISSENSWERTES**

- hoteleigene Tiefgarage mit direktem Zugang ins Hotel
- denkmalgeschützt und wunderbar erhalten
- hoteleigenes Boot für eine Exkursion auf dem Starnberger See verfügbar
- exklusives Mieten der gesamten Anlage ist möglich

# LA VILLA
## am Starnberger See

**LA VILLA**

TAGUNGEN · FESTLICHKEITEN · HOTEL

### FAZIT

**Jeder Tagungsplaner** sollte LA VILLA „auf dem Schirm haben". Ein Juwel der hiesigen Veranstaltungsbranche.

Wer das Besondere und Einzigartige sucht, ist hier richtig – **auch für internationale Gäste** mit dem Ziel Großraum München.

LA VILLA erinnert stark an **die Toskana,** und das direkt am schönsten See Bayerns.

**82343
NIEDERPÖCKING**

Ferdinand-von-Miller-Str. 39–41
Tel. +49 8151 7706-0
corporateevents@lavilla.de
**www.lavilla.de**

82343

425

Eingebettet in eine Parklandschaft am Starnberger See findet sich ein in dritter Generation geführtes 4-Sterne-Hotel, das insbesondere in den Sonnenmonaten Gäste aus nah und fern anzieht. Wo andere Urlaub machen oder den perfekten Ort für ihren „perfekten Tag" suchen, finden auch Tagungsgruppen ein Resort, das vor allem durch sein Ambiente, das maritime Flair, den Incentive-Charakter begeistert. Die Möglichkeiten, es sich rund um die Tagung herum gut gehen zu lassen, sind vielfältig, weshalb mehrtägige Aufenthalte variantenreich gestaltet werden können. Dabei steht natürlich der See im Mittelpunkt: Der Blick auf im glitzernden Wasser segelnde Boote, auf den Hafen und am Ufer entspannende Menschen, dann die frische Seeluft und das belebende Klima und nicht zuletzt die Kulinarik mit saisonalen Köstlichkeiten aus der Region. Diese genießen Gäste im Seerestaurant, bei schönem Wetter auf der Seeterrasse, zur Abwechslung auch in der Lake Lounge mit Außenküche, wo BBQ, bayerische Tapas und Flammkuchen im Mittelpunkt stehen, sowie im Kaminrestaurant oder Stüberl, die beide dank Originalgebälks aus alten bayrischen Bauernhäusern ein Wohlfühlambiente aufweisen.

## Ankerplatz für Tagungen mit Incentive-Charakter

Für Seminare, Meetings und Konferenzen stehen mit Standardtechnik und bequemem Mobiliar ausgestattete, unterschiedlich große Tagungsräume mit individuellem Charakter zur Verfügung. Bodentiefe Fenster sorgen für Tageslicht, einen Vorzug stellen direkte Zugänge zur Terrasse oder auf Balkone mit herrlicher Aussicht auf den See oder ins Grüne dar. Dafür, dass Gäste schöne Erinnerungen mit nach Hause nehmen, sorgen nicht nur unvergessliche Ausblicke, sondern auch zahlreiche Begleitprogramme: Seifenkisten- oder Floßbau, Radtouren um oder Bootsfahrten auf dem See sowie SUP-Yoga-Kurse, also Bewegungsübungen auf Brettern im Wasser! Wenn das Wetter nicht mitspielt, kann eine Führung durch das nur fünf Gehminuten entfernte Buchheim Museum zum Highlight werden. Die hier ausgestellten Kunstgewerke sind genauso ein Fest fürs Auge wie der Blick auf den See zur blauen Stunde – und vervollständigen das Bild des Marina Resorts als Ankerplatz für Tagungen mit Incentive-Schwerpunkt. *Raphael Werder*

### LOGIS

**90 Zimmer:**
87 DZ, 1 Suite,
2 Juniorsuiten

### TAGUNG

**Besonders geeignet für:**
Seminar, Konferenz, Klausur, Event

**Räume**
Tagungsräume:                13
Ausstellungsfläche:     120 m²

**Maximale Tagungskapazität**
U-Form:                 45 Pers.
Parlamentarisch:       160 Pers.
Reihenbestuhlung:      200 Pers.

**Preise**
Preiskalkulation 1*       116,00 €
Preiskalkulation 2*       344,50 €

*Alle Angaben Nettopreise
zzgl. MwSt., Kalkulationsanfrage siehe Seite 32

**BERNRIED**

**A 95:** 12 km

**Fern:** München Hbf., 50 km
**Nah:** Bernried, 1 km

**München:** 82 km

### WISSENSWERTES

- ca. 200 registrierungspflichtige Parkplätze am Hotel
- Rezeption, Zimmer, Tagungs- sowie Restauranträume sind in eine 5 Hektar große Parkanlage eingebettet und auf mehrere Gebäude aufgeteilt
- Für besondere Abendveranstaltungen stehen separate Restauranträume sowie die Eventlocations „Marina Werft" und „Saustall Club" zur Verfügung
- Wellnessbereich mit Innenpool und Sauna; im Fitnessraum stehen Cardiogeräte, Yogamatten und Freihanteln bereit; Jogging- und Radwege am Seeufer

# Marina Resort

**MARINA**
Starnberger See

### FAZIT

Das Marina Resort überzeugt nicht nur Urlaubsgäste, sondern auch Tagungsgruppen vor allem durch seine **Lage am Ufer des Starnberger Sees,** die zu **Outdoor-Sessions** sowie **Aktivpausen** und Rahmenprogrammen im Freien – im Grünen wie auch zu Wasser – einlädt.

Eine **Vielzahl an Tagungs- und Besprechungsräumen sowie Eventlocations und Restaurantbereichen,** mitunter im Freien, verspricht abwechslungsreiche Aufenthalte auch über mehrere Tage.

**82347 BERNRIED AM STARNBERGER SEE**

Am Yachthafen 1–15
Tel. +49 8158 932-0
tagungen@marina-bernried.de
veranstaltungen@marina-bernried.de
**www.marina-bernried.de**

427

D as Hotel DAS GRASECK ist einzigartig – in vielerlei Hinsicht. Darüber hinaus präsentiert sich das Haus als qualitativ besonders hochwertiges Hotel mit unverwechselbaren und einzigartigen Angeboten – ein Hideaway im besten Sinne, das besondere Erlebnisse und nachhaltig wirkende Tagungen zur immanenten Programmatik postuliert. Das beginnt mit der Anreise: Die letzten 150 Meter bis zum Check-in absolvieren Hausgäste mit einer Seilbahn. In luftigen 900 Höhenmetern, inmitten eines Naturschutzgebietes gelegen, war das Haus ursprünglich ein königlich-bayrisches Forsthaus und diente als Basislager bei der ersten Gipfelexpedition 1851 auf die nahe Zugspitze. Heute, nach der Revitalisierung der Destination, garantiert diese besondere Zuwegung Ungestörtheit – ein nicht unwesentlicher Punkt, Tagungsgruppen wissen um die Vorzüge abgeschiedener und ruhiger Arbeitsbedingungen. Dafür stehen vier Tagungsräume unterschiedlicher Größe zur Verfügung: Holzdielung, Naturmaterialien und bodentiefe Fenster sind die Basics, die sich in summa zu einer besonders hochwertigen Atmosphäre verdichten. Klimatisierung, ergonomische Möblierung und beste technische Ausstattungsparameter verstehen sich als Selbstverständlichkeiten. Qualitativ gleichwertig präsentiert sich der Logisbereich mit insgesamt 34 Zimmern, bei deren Einrichtung gänzlich auf Folkloreelemente verzichtet wurde – gerade Linien, hochwertige Materialien, Glas und Holz sowie der phantastische Ausblick auf das umgebende Wettersteingebirge garantieren ein Höchstmaß an Aufenthaltsqualität. Ebenfalls immanenter Bestandteil der Hotelprogrammatik ist dessen Positionierung als Gesundheitshotel! Ein Team von interdisziplinären Fachärzten steht bereit, um Gästen – selbstverständlich auch Tagungsgästen – einen medizinischen Check-up auf Klinikniveau zu bieten. Die Möglichkeit der Verbindung von genussvollem Tagen mit persönlicher Gesundheitsvorsorge in einem hochanspruchsvollen Hotelumfeld vereint den verbindenden Anspruch individueller Gesundheitsvorsorge mit zeitgemäßem Arbeiten. Der vollständig ausgestattete Spa- und Wellnessbereich steht fürs individuelle Wohlbefinden nach getaner Arbeit, der Panorama-Infinity-Pool krönt das Angebotsportfolio des Hideaways.  *Thomas Kühn*

## Hideaway im Wettersteingebirge

### LOGIS

**34 Zimmer:**
21 DZ, 11 Suiten, 1 Maisonette, 1 Appartement

### TAGUNG

**Besonders geeignet für:**
Seminar, Klausur, Kreativprozesse, Event

**Räume**

| | |
|---|---|
| Tagungsräume: | 4 |
| Ausstellungsfläche: | 60 m² |

**Maximale Tagungskapazität**

| | |
|---|---|
| U-Form: | 22 Pers. |
| Parlamentarisch: | 34 Pers. |
| Reihenbestuhlung: | 40 Pers. |

**Preise**

| | |
|---|---|
| Preiskalkulation 1* | 175,00 € |
| Preiskalkulation 2* | 600,00 € |

*Alle Angaben Nettopreise zzgl. MwSt., Kalkulationsanfrage siehe Seite 32

GARMISCH-PARTENKIRCHEN

 **A 95:** 17 km

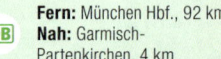 **Fern:** München Hbf., 92 km
**Nah:** Garmisch-Partenkirchen, 4 km

 **München:** 135 km

### WISSENSWERTES

- Die letzten Meter der Anreise werden mit einer Seilbahn absolviert
- Zimmer sind individuell zugeschnitten und unterscheiden sich hinsichtlich ihrer Größe
- Hotel verfügt über ein modernes Diagnostikzentrum
- Hotel agiert – mit Gästen kooperierend – umweltbewusst, mit einer Fülle von Maßnahmen
- vielfältiges Angebot an Rahmen- und Begleitprogrammen vorhanden

# DAS GRASECK

**DAS**
# GRASECK
*mountain hideaway & health care*

### FAZIT

Die Einzigartigkeit des Hotels DAS GRASECK besteht in der Verbindung von **exzellenten Arbeits- und Lebensbedingungen mit zahlreichen Möglichkeiten der individuellen Gesundheitsvorsorge** – auf Klinikniveau, von Fachärzten garantiert.

Die Konfiguration des Hotels, die zur Verfügung stehenden **Kapazitäten** und die **Exklusivität** der angebotenen Leistungen prädestinieren das Hotel zu einer der ersten Adressen für besonders anspruchsvolle Veranstalter.

**82467 GARMISCH-PARTENKIRCHEN**

Graseck 4
Tel. +49 8821 943240
events@das-graseck.de
**www.das-graseck.de**

82467

429

## LOGIS

**163 Zimmer:**
99 DZ, 44 Maisonetten, 18 Suiten,
2 Ferienwohnungen (Seehaus)

## TAGUNG

**Besonders geeignet für:**
Seminar, Konferenz, Klausur, Event

**Räume**
Tagungsräume:                    10
Ausstellungsfläche:         200 m²

**Maximale Tagungskapazität**
U-Form:                      40 Pers.
Parlamentarisch:             70 Pers.
Reihenbestuhlung:           140 Pers.

**Preise**
Preiskalkulation 1*          78,00 €
Preiskalkulation 2*         320,00 €

*Alle Angaben Nettopreise
zzgl. MwSt., Kalkulationsanfrage siehe Seite 32

**GARMISCH-
PARTENKIRCHEN**

 **A 95:** 17 km

 **Fern:** München Hbf., 90 km
**Nah:** Garmisch-
Partenkirchen, 3,5 km

**Innsbruck:** 60 km
**München:** 125 km

# Großes (Natur-)Kino!

Nicht nur Alpinisten werden es lieben: das ergreifende Hochgefühl, das diejenigen erfüllt, die vom „Kreativberg" aus über den Riessersee zum mächtigen Waxenstein blicken. Großes Kino, diese Szenerie inmitten der majestätischen Alpenwelt, die nicht nur das Auge erfreut, sondern mit lieblichen Tönen und Düften aus Wald und Wiese alle Sinne betört. Seit 2024 ist der Ort, der schon lange als Freiluft-Location für Ja-Worte und improvisierte Gruppenarbeiten dient, als offizieller Outdoor-Tagungsraum deklariert: In einem Geräteschuppen befinden sich Flipcharts, Matten, Sitzsäcke sowie Bierbänke und dank einer stabilen WLAN-Verbindung steht dem perfekten Naturtagungserlebnis nichts im Wege. Sofern das Wetter mitspielt. Sollte die Einheit auf dem „Kreativberg" oder im „Naturkino", einem weiteren Outdoor-Raum mit Aussicht über Garmisch, ins Wasser fallen, entschädigen die qualitativ hochwertigen Räume im Haus: Der Tagungsbereich wurde jüngst neu eingerichtet und mit ergonomischem Mobiliar sowie moderner Technik ausgestattet. Seminarleiter sind von den höhenverstellbaren Trainertischen und rollbaren Moderatoren-Etageren begeistert. Arbeitsnischen ergänzen die zehn Tagungsräume, ebenso das Freiraum-Angebot draußen, das für spontane Aktivpausen genutzt werden kann. Dafür bietet das Hotel eine große Auswahl an Sportgeräten und Konzentrationsspielen, wie Hula-Hoop, Balanceboards, Wikingerschach oder Basketballkörbe. Vielfältig auch die Rahmenprogramme, die mitunter vom Hotelteam begleitet werden: Geführte Touren in Garmisch oder um den Riessersee, Achtsamkeitsspaziergänge und Wanderungen mit Alpakas. Die Abende verbringt man bei Glühweinpartys mit Eisstockschießen, beim Grillbuffet auf der Seehausterrasse oder im Kaminzimmer mit Fondue, das in verschiedenen Varianten, mit Fleisch und Fisch oder auch vegetarisch, zubereitet werden kann. Das Hotel ist sehr auf Nachhaltigkeit bedacht, wobei das Konzept neben Umweltschutz auch soziale Aspekte beinhaltet: Jungen Menschen eine hervorragende Ausbildung zu ermöglichen und Mitarbeiter verantwortungsvoll zu fördern, hat höchste Priorität. Dass sich dies für Tagungsgäste auszahlt, die durch ein hochmotiviertes, schnell und professionell agierendes Hotelteam unterstützt werden, ist ebenfalls „großes Kino"!

*Raphael Werder*

## WISSENSWERTES

- Die Nachhaltigkeitsbestrebungen des Hotels bezeugt das GreenSign-Zertifikat
- 3 E-Ladesäulen mit je 2 Ladeplätzen, Tiefgarage vorhanden
- Im DSV-Partnerhotel wird der Tagungserfolg gezielt durch kostenfreie Sportgeräte und Konzentrationsspiele für Aktivpausen unterstützt
- Freilufttagen auf dem „Kreativberg", dem „Coolsten Tagungsraum Deutschlands 2024", mit atemberaubendem Blick zum Waxenstein
- Wohlfühlbereich mit Trainingsraum, Pool und Saunen ist bis 22 Uhr geöffnet

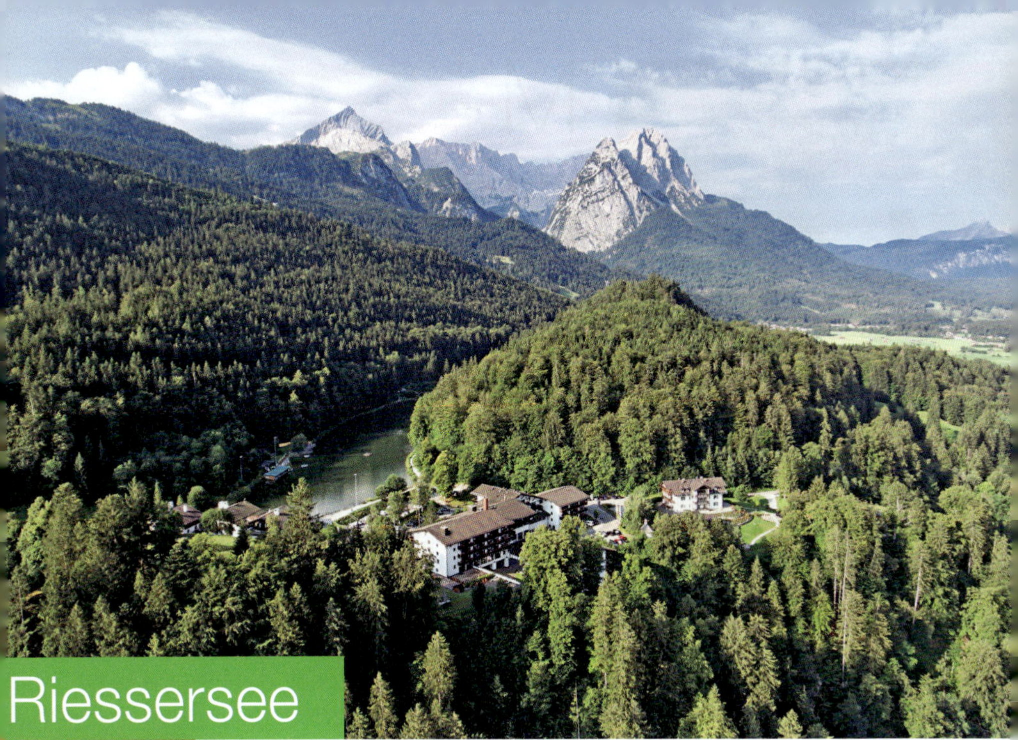

# Riessersee
# Hotel

## FAZIT

Im **Wohlfühlhotel mit Sportprofil** finden Tagungsgäste viel Freiraum für Entwicklung: in top ausgestatteten Räumlichkeiten im Hotel sowie im **weitläufigen Outdoor-Bereich** mit faszinierendem Blick in die majestätische Alpenwelt.

Eine **nachhaltige Hotelführung** hat oberste Priorität – die Berücksichtigung ökologischer Aspekte genauso wie eine verantwortungsvolle Ausbildung und Förderung der Mitarbeiter. Der darin begründete, **kraftvolle „Team Spirit"** springt auf Tagungsgruppen über.

**82467 GARMISCH-PARTENKIRCHEN**

Riess 5
Tel. +49 8821 758-0
veranstaltungen@riessersee-hotel.de
**www.riessersee-hotel.de**

82467

**M**alerisch schmiegt sich der von urigem Nadelwald umgebene Badersee in die herrliche Alpenkulisse um Waxenstein und Zugspitzmassiv. Von einer unterirdischen Grundwasserquelle gespeist, strahlt das smaragdgrüne, klare Gewässer eine Seelenruhe aus, hat etwas Märchenhaftes, geradezu Magisches, das unwillkürlich auf das Hotel am Ufer überfließt und es damit zu einem Refugium der Ruhe in dieser sonst so touristischen Region macht. 1974 vom Bayerischen Raiffeisenverband erworben und als Schulungszentrum umgebaut, gilt das Haus seit 2012 als eine der besten Adressen für konzentrierte Lern- und Kreativprozesse, denn das in jenem Jahr gebaute Tagungsatrium setzt hinsichtlich Großzügigkeit und Vielfältigkeit der Räume, auch zusätzlicher Gruppenarbeitszimmer und eines weitläufigen Ausstellungsbereichs, sowie Wertigkeit und Design der Einrichtung und Ausstattung Maßstäbe. Besondere Erwähnung verdienen die liebevoll gestalteten Kreativräume „Frillensee" und „Alpspitz", die durch ihre natürlich-inspirierende Atmosphäre begeistern: Birkenstämme, duftendes Zirbelholz, Wanderschuhe, Seil und Pickel, Moderatoren-Rucksäcke anstelle der klassischen Koffer sowie analoge Multifunktionsboards in Holzoptik. Dabei ist man technisch keineswegs auf dem Holzweg: Neuland-Stifte, zahlreiche Stromanschlüsse und leistungsfähige Beamer sind selbstverständlich. Ergänzt wird das Raumangebot durch klassisch-repräsentative Säle im Stammhaus. Bei aller Zweckdienlichkeit ist auch dort Platz für Fantasie: Vor dem Konferenzraum „Badersee" ist in einem Wandgemälde, das eine Badersee-Szenerie um Ludwig II. von Bayern einfängt, auch die Nixe verewigt, die im See gehaust haben soll; ein mystisches Element, von dem der König eine Nachbildung im See anordnete, die noch heute Hotelgäste verzaubert. Mit Professionalität und dem im See verankerten Stückchen Magie gelingt es dem Hotel am Badersee, ein Tagungserlebnis zu kreieren, das Gäste raus aus ihrem hektisch-monotonen Alltag, hinein in einen geschützten Kreativ-Kosmos entführt, in dem wichtige Dinge in aller Seelenruhe besprochen werden können und der Tagungsgruppen zu neuen, mit etwas Glück auch magischen Ideen inspiriert.

*Raphael Werder*

## Quell der Ruhe und Begeisterung

### LOGIS

**135 Zimmer:**
82 EZ, 52 DZ,
1 Maisonette-Suite

### TAGUNG

**Besonders geeignet für:**
Seminar, Konferenz,
Kreativprozesse, Event

**Räume**
Tagungsräume: 22
Ausstellungsfläche: 400 m²

**Maximale Tagungskapazität**
U-Form: 40 Pers.
Parlamentarisch: 130 Pers.
Reihenbestuhlung: 200 Pers.

**Preise**
Preiskalkulation 1* 69,74 €
Preiskalkulation 2* 339,02 €

*Alle Angaben Nettopreise
zzgl. MwSt., Kalkulationsanfrage siehe Seite 32

**ZUGSPITZDORF GRAINAU**

**A 95:** 21 km
**A 7:** 53 km

**Fern:** München, 95 km
**Nah:** Grainau, 1,5 km

**München:** 130 km
**Innsbruck:** 65 km

### WISSENSWERTES

- ausgezeichnet mit dem Nachhaltigkeitssiegel Certified Green Hotel (VDR). 2022 zum beliebtesten Certified Green Hotel deutschlandweit gekürt
- 4 Ladepunkte für E-Cars vor dem Hotel, ein weiterer in der Tiefgarage
- Fahrt zur Zugspitze mit der historischen Zahnradbahn direkt ab Grainau
- Fitnessraum sowie Landhaus-Spa mit Ruhe-Lounge, Saunen und Schneeraum
- Das Hotel samt Tagungsbereich kann bei einem virtuellen 3D-Rundgang von zuhause aus besichtigt werden: www.hotelambadersee.de/3d-rundgang

# Hotel
# am Badersee

## HOTEL AM BADERSEE
### ZUGSPITZDORF GRAINAU

### FAZIT

Als **dezidierter Tagungsspezialist** überzeugt das Hotel mit der **Vielfalt und Wertigkeit von Räumen, Mobiliar und Technik.** Ob klassisch oder modern, drinnen oder draußen, Kleingruppen oder Konferenzen – hier findet sich das ideale Umfeld zur Erreichung von Lern- und Veranstaltungszielen.

Abseits der touristischen Hotspots ist der von einem zu Spaziergängen einladenden Waldstück umgebene Badersee am Fuße des Waxensteins eine **Oase der Ruhe, ein Quell der Kraft und Inspiration.**

**82491 ZUGSPITZDORF GRAINAU**

Am Badersee 1–5
Tel. +49 8821 8210
mice@hotelambadersee.de
**www.hotelambadersee.de**

82491

433

© Foto Chiemsee-Alpenland Tourismus, Pia Steen

D as B&O Parkhotel ist ein einzigartiger Tagungsort. Die Weitläufigkeit der Anlage wird einem schon bei der Ankunft bewusst. Die hochinteressante Geschichte dieses Ortes außerhalb Bad Aiblings ist allgegenwärtig. Zwischen Rosenheim und München liegt es ausgesprochen verkehrsgünstig und wurde ursprünglich als amerikanische Militärbasis genutzt. Die Geschichte wird dem Gast sehr angenehm vermittelt und es wirkt sich positiv auf die Besonderheit dieses Refugiums aus. 14 Tagungsräume unterschiedlicher Größe verteilen sich auf zwei separate Konferenzgebäude des Hotels. Alle nur denkbaren Veranstaltungsformate lassen sich hier realisieren. Jedes Event bekommt somit seinen eigenen Charakter. Ob Klausurtagung abgeschieden und exklusiv oder themenbezogen als Outdooraktivität – alles ist machbar und wird professionell organisiert. Es kommt unweigerlich zu einem besonderen Moment für jeden Tagungsteilnehmer. Der Holzpavillon, das unter freiem Himmel zu aktivierende Campustheater oder der größte zur Verfügung stehende Multifunktionsraum Cambridge mit 410 m² und 8 m Deckenhöhe liegen zentral und imposant auf dem großzügig angelegten grünen Areal. Die individuelle Betreuung und das stets freundliche, gut geschulte Personal lassen jede Veranstaltung zu einem Highlight werden. Schon bei der Anreise fühlt man sich gut aufgehoben und wird bestens versorgt. Die Hotelanlage wird somit zu einem zweiten Zuhause. Man fühlt sich direkt und unmittelbar wohl. Die Zimmer sind erstklassig. Man genießt den Rückzugsort im Stile eines Apartments. Das Restaurant „Casino" kommt unprätentiös daher. Ein sehr gelungenes Konzept auf hohem gastronomischem Niveau. Vom sagenhaft umfangreichen Frühstück über sämtliche Tagungsleistungen bis hin zur À-la-carte-Karte überzeugt die exzellente Küchenleistung besonders durch regionale Produktvielfalt. Ob nach einer Veranstaltung oder einem intensiven Tag in Oberbayern, der wunderbare Wellnessbereich lädt zum Entspannen ein. Auch hier findet man eine erstklassige Ausstattung. Der Außenpool und der lichtdurchflutete Fitnessbereich sind hier ein absolutes Highlight.

*Christian Badenhop*

## Panoramablick inklusive

### LOGIS

**96 Zimmer:**
13 EZ, 74 DZ, 9 Suiten

### TAGUNG

**Besonders geeignet für:**
Seminar, Konferenz, Klausur

**Räume**
Tagungsräume:          14
Ausstellungsfläche:     100 m²

**Maximale Tagungskapazität**
U-Form:                50 Pers.
Parlamentarisch:       160 Pers.
Reihenbestuhlung:      280 Pers.

**Preise**
Preiskalkulation 1*     72,27 €
Preiskalkulation 2*     289,96 €

*Alle Angaben Nettopreise
zzgl. MwSt., Kalkulationsanfrage siehe Seite 32

**BAD AIBLING**

 **A 8:** 7 km

 **Fern:** Rosenheim, 13 km
**Nah:** Bad Aibling, 4 km

 **München:** 72 km

### WISSENSWERTES

- Campus Bar am Pool
- Rahmenprogramme auf 6 Hektar Außenfläche umsetzbar
- Theatron für Open-Air-Präsentationen
- ausgezeichnet mit dem Siegel „Natürlich bewusst" (CAT)
- Parkplätze und E-Ladesäulen verfügbar (kostenpflichtig)
- verschiedene Kategorien im Logisbereich (auch barrierefrei)

# B&O Parkhotel

## B&O PARKHOTEL

### FAZIT

**Workation** ist hier kein Fremdwort. Egal ob als Geschäfts-, Tagungs- oder Privatreisender, man kommt zur Ruhe, tankt Energie und findet mit großartigem **Blick auf die Alpen** einen parkähnlichen Ort vor, der durch seine Einzigartigkeit besticht.

Bauart, Interieur und verwendete Materialien sind dem **hochkarätigen Stil der Hotelanlage** angepasst und begeistern den Gast immer wieder.

**Ökologische Aspekte** finden hier in allen Belangen statt. Ein zukunftsweisender Ort zum Arbeiten, Verweilen und Wohlfühlen.

**83043 BAD AIBLING**

Dietrich-Bonhoeffer-Straße 31
Tel. +49 8061 38999-12
tagung@bo-parkhotel.de
**www.bo-parkhotel.de**

83043

D er Heißenhof präsentiert sich ortstypisch: Die weiße Fassade der Hofgebäude glänzt im Sonnenlicht, kunstvoll ausgeführte Lüftlmalereien erinnern an die einstige Nutzung des Anwesens: Dessen Geschichte reicht bis ins 14. Jahrhundert zurück, Besitzer wechselten, es wurde häufig gebaut – bis der Hof sein heutiges Aussehen erhielt. Pferde wurden ursprünglich auf dem Hof gezüchtet, davon leitet sich der Name ab. Bereits vor Jahren ist jedoch ein neues Kapitel Hofgeschichte aufgeschlagen worden, der Heißenhof hat sich bei Tagungsveranstaltern als fixe Adresse weit über die Grenzen des südlichen Chiemgaus hinaus einen Namen gemacht. Das hat eine Vielzahl von Ursachen. Signifikant ist, dass das Haus ausschließlich Tagungsgruppen vorbehalten ist. Darüber hinaus wissen Veranstalter die Einrichtung und Ausstattung des Hotels zu schätzen. Das Hotel verfügt über vier Arbeitsräume mit jeweiligen Grundflächen zwischen 60 m$^2$ und 80 m$^2$ sowie sechs kleinere Besprechungsräume. Teilweise verfügen die Räume über Zugänge in den grünen Außenbereich. Ein Hochmoor schließt sich an das Hotelgrundstück an – das garantiert absolute Ruhe! Gäste wissen auch um die gastronomischen Vorzüge des Hotels. Mittag- und Abendessen werden im urgemütlich wirkenden Restaurant, dem „Heißenstall", aufgetragen. Unter den kunstvoll verzierten Gewölbedecken standen einst Tiere, heute werden Tagungsgäste mit bayerischer Cuisine in authentischer Atmosphäre verwöhnt. In den Sommermonaten kann eine Außenterrasse genutzt werden – der unverstellte Blick auf die Berge ist grandios! Tagungstage lassen Arbeitsgruppen darüber hinaus gern in der Lounge „Tenne" ausklingen: Unter der hohen Balkendecke lässt es sich vortrefflich ausspannen, plaudern und den Tag Revue passieren – und der eine oder der andere mag darüber nachdenken, welcher der vielen sich bietenden Freizeitvarianten der Vorzug zu gewähren ist, die Auswahl ist riesig! Während sich für Kulturinteressierte der Weg ins nahe Salzburg oder zum Chiemsee lohnt, mögen sich Sportinteressierte für einen Besuch der Max Aicher Arena interessieren. Hotel Heißenhof präsentiert sich mit großer Vielfalt und erinnert gleichermaßen an seine Ursprünge.     *Thomas Kühn*

## Vielfalt und Ursprünglichkeit

## LOGIS

**40 Zimmer:**
17 EZ, 20 DZ, 2 Suiten,
1 Appartement

## TAGUNG

**Besonders geeignet für:**
Seminar, Klausur

**Räume**
Tagungsräume:               10

**Maximale Tagungskapazität**
U-Form:                 30 Pers.
Parlamentarisch:         30 Pers.
Reihenbestuhlung:        50 Pers.

**Preise**
Preiskalkulation 1*       76,00 €
Preiskalkulation 2*      256,00 €

*Alle Angaben Nettopreise
zzgl. MwSt., Kalkulationsanfrage siehe Seite 32

**INZELL**

  **A 8:** 12 km

  **Fern:** Traunstein, 16 km
**Nah:** Traunstein, 16 km

  **Salzburg:** 25 km

### WISSENSWERTES

- kostenfreie Parkplätze unmittelbar am Haus vorhanden
- sehr schöner und großzügiger Wellnessbereich, ein Schwimmbad mit Gegenstromanlage ist vorhanden
- gut ausgeschilderte Jogging- und Wanderwege in unmittelbarer Hotelumgebung
- hauseigener Fahrradverleih für Hausgäste kostenlos

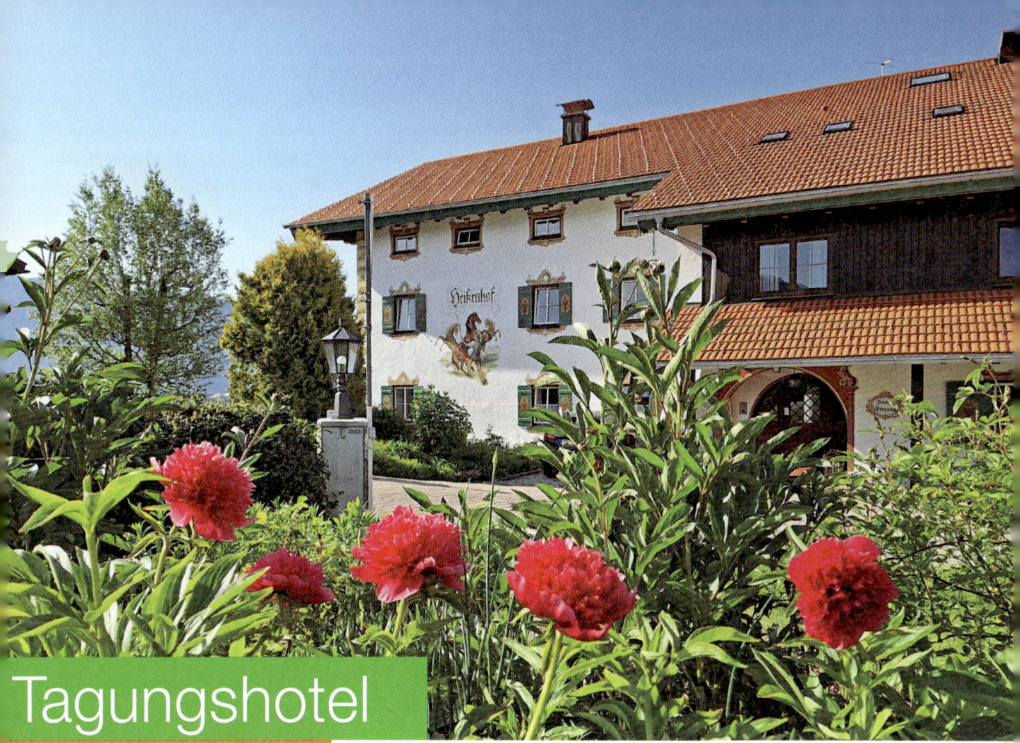

# Tagungshotel
# Heißenhof

## FAZIT

Stil und Einrichtung aller Hotelbereiche wirken **authentisch;** die Programmatik des Hauses korrespondiert mit dem regionalen Kontext.

Die Alleinlage des Hotels Heißenhof sowie die Zahl der zur Verfügung stehenden Hotelzimmer gewährleisten die **Exklusivität jeder Tagungs-veranstaltung.**

Die Nähe zu den Chiemgauer Alpen bietet vielfältige **Möglichkeiten zur Gestaltung alpiner Rahmen- und Begleitprogramme;** das Hotel koope-riert mit regional ansässigen Agenturen.

**83334 INZELL**

Windgrat 10
Tel. +49 8665 6730
info@heissenhof.de
**www.heissenhof.de**

83334

437

© Foto Günter Standl

© Foto Günter Standl

## 1.000 Jahre Tradition

### LOGIS

**92 Zimmer:**
31 EZ, 59 DZ,
2 Juniorsuiten

### TAGUNG

**Besonders geeignet für:**
Seminar, Konferenz, Klausur

**Räume**
Tagungsräume:                    16
Ausstellungsfläche:        200 m²

**Maximale Tagungskapazität**
U-Form:                    52 Pers.
Parlamentarisch:          110 Pers.
Reihenbestuhlung:         199 Pers.

**Preise**
Preiskalkulation 1*        71,42 €
Preiskalkulation 2*       281,59 €

*Alle Angaben Nettopreise
zzgl. MwSt., Kalkulationsanfrage siehe Seite 32

Das Naturschutzgebiet Seeoner Seen umfasst knapp 140 Hektar Wiesen, Wald und Seen. Kloster Seeon fügt sich in diesen Rahmen – seit mehr als 1.000 Jahren! Bei allen Wirren und historischen Wendungen war es immer ein Ort des Disputes, der kreativen Auseinandersetzung, auch der Kultur und der Wissenschaft. Diese Traditionslinie wird bis heute erfolgreich fortgeführt, das imposant wirkende Haus präsentiert sich als kultureller Leuchtturm und beherbergt auch ein Tagungshotel, seit 1993. Wer heute nach Seeon kommt, kommt mit hohen Erwartungen. Das Haus hat sich in 30 Jahren ein hochgeschätztes Standing erarbeitet und erfährt bei Veranstaltern aus Politik und Wirtschaft eine sehr große Wertschätzung. Das mag auch daran liegen, dass das Management ständig an der Profilierung des Hauses arbeitet. Und so präsentiert sich das Tagungshotel mit einer modernen und einer traditionellen Seite: Historisches harmoniert oder kontrastiert – je nach Blickwinkel, Erfahrungshorizont oder persönlicher Vorliebe – mit Modernem. Uralte Dielung in den Gängen adelt Kunstobjekte, Stuckdecken erstrahlen im hellen Licht edelsten Lampendesigns und stille Rückzugsbereiche sind mit modernem Mobiliar ausgestattet. Zudem sind alle Tagungsräume ergonomisch bestuhlt und mit moderner Präsentations- und Kommunikationstechnik ausgestattet, teilweise führen separate Türen ins Grün der Umgebung. Der Logisbereich besticht durch die Geradlinigkeit seiner Einrichtung, die „Fensterblicke" rahmen Kloster- und Landschaftsdetails. Die Gesamtanmutung erinnert daran, das hier einst Mönche logierten, die Szenerie vermittelt „mönchisch-lässige" Aufenthaltsqualitäten. Erst unlängst ist eine Coworking-Area eingerichtet worden, ein stiller „Arbeits-Rückzugsort" für Referenten und Tagungsteilnehmer gleichermaßen und sichtbares Zeichen dafür, dass auch in die Digitalisierung des Hauses investiert wurde. Tagungsgästen bietet das Hotel unterschiedliche gastronomische Bereiche, in denen eine ausgezeichnete Frischeküche gereicht wird, das Restaurant „Ex Libris" in der ehemaligen Klosterbibliothek begeistert auch durch liebevoll bewahrte Raumstrukturen. Kloster Seeon interpretiert eine 1.000-jährige Tradition auf moderne Art, beeindruckend!            *Thomas Kühn*

**SEEON**

 **A 8:** 28 km

 **Fern:** Bad Endorf, 18 km
**Nah:** Bad Endorf, 18 km

 **Salzburg:** 60 km
**München:** 80 km

### WISSENSWERTES

- Hotel ist als „ÖKOPROFIT-Betrieb" ausgezeichnet
- gut bestückter Klosterladen bietet ein umfangreiches Sortiment an Kulinarischem, Künstlerischem und anderen Produkten
- Für informelle Gespräche am Abend steht ein gemütliches Klosterstüberl zur Verfügung; veranstaltungsbegleitend oder -ergänzend können Klosterführungen gebucht werden
- Kloster Seeon bietet einen umfangreichen Veranstaltungs- und Kulturkalender
- Kramerhaus bietet exklusiven Tagungsbereich mit Kamin, Terrasse und Seeblick

© Foto Günter Standl

# Kloster Seeon

## FAZIT

**Der Genius Loci** von Kloster Seeon umfängt Tagungsgäste und -veranstalter gleichermaßen – er inspiriert mit kreativer Atmosphäre und er vermittelt Bodenständigkeit, Natürlichkeit und Werte durch Authentisch-Traditionelles.

**Die Vielfalt und die Qualität der sich bietenden Möglichkeiten bestechen:** Tagungsveranstaltern steht ein umfassendes Raumportfolio zur Verfügung, hochwertige Rahmen- und Begleitprogramme können organisiert werden und schließlich präsentiert sich die umgebende Natur als vielfältiger Erlebnisraum.

**KLOSTER SEEON** KULTUR & BILDUNGS ZENTRUM

bezirk oberbayern

83370

**83370 SEEON**
Klosterweg 1
Tel. +49 8624 8970
info@kloster-seeon.de
**www.kloster-seeon.de**

D ie Arbeitswelt ist fordernd! Und weil neben fachlicher Versiertheit in immer stärkerem Maße Teamfähigkeit gefordert ist, ist der Bedarf, diese Fähigkeit zu trainieren, groß. Signifikant messbar ist das an der kontinuierlich steigenden Nachfrage nach entsprechenden Trainingsmöglichkeiten. Der Trend wird von den Veranstaltungsprofis des Tagungshotels „Westerham – die Akademie" uneingeschränkt bestätigt. Bereits vor Jahren wurde der Bedarf erkannt und Angebote geschaffen. Deren Ausbau, Profilierung und Professionalisierung machen das Haus zu einer anerkannten, geschätzten und nachgefragten Adresse für solcherart Trainings im Großraum München. Zur Verfügung stehen unter anderem eine beeindruckende Teamplattform in dem das Haus umgebenden Wald. Darüber hinaus können aus einer Vielzahl von Eventformaten auch digitale Teamtrainings ausgewählt werden – wetterunabhängig! Ein weiterer Grund für das großartige Standing des Hauses liegt in dessen Ausstattung selbst. Alle 24 Arbeitsräume bieten neben Tageslicht zeitgemäße, d.h. moderne Präsentations- und Kommunikationstechnik sowie eine ergonomische Möblierung, Trainerwerkzeuge werden gar in verschiedenen Ausführungen bereitgehalten! Ein Raum sei besonders erwähnt: „Open Space" – nomen est omen – gilt als Herzstück des Raumportfolios – unter der hohen Decke können verschiedene Lichtszenarien dargestellt werden, für den guten Ton sorgt eine überaus leistungsfähige Tonanlage, Gehandicapte haben keine Zugangsprobleme und Tageslicht gibt's im Überfluss. Maximal 200 Teilnehmer können – in Reihenbestuhlung – dem Veranstaltungsgeschehen folgen. Die Akademie Westerham offeriert eine Reihe von Freizeitangeboten – u.a. verfügt das Haus über ein Hallenbad, Saunen und einen Fitnessraum. Stolz sind die Westerhamer auf die Leistung ihrer Küche, die natürlich die regionale Karte spielt, der es aber auch keine Schwierigkeiten bereitet, besondere Wünsche internationaler Gäste zu erfüllen. Neues Schmuckstück des Hauses ist das komplett umgestaltete Restaurant. Die Akademie Westerham bietet perfekte Bedingungen für konzentriertes Arbeiten – nah an München und doch ganz weit weg.

*Thomas Kühn*

# Teamerlebnisse – Nah bei München

## LOGIS

**96 Zimmer:**
90 EZ, 6 DZ

## TAGUNG

**Besonders geeignet für:**
Seminar, Konferenz,
Kreativprozesse, Klausur

**Räume**
| | |
|---|---|
| Tagungsräume: | 25 |
| Ausstellungsfläche: | 52 m² |

**Maximale Tagungskapazität**
| | |
|---|---|
| U-Form: | 40 Pers. |
| Parlamentarisch: | 110 Pers. |
| Reihenbestuhlung: | 200 Pers. |

**Preise**
| | |
|---|---|
| Preiskalkulation 1* | 106,40 € |
| Preiskalkulation 2* | 341,40 € |

*Alle Angaben Nettopreise
zzgl. MwSt., Kalkulationsanfrage siehe Seite 32

**FELDKIRCHEN-
WESTERHAM**

 **A 8:** 9 km

 **Fern:** München Ost, 35 km
**Nah:** Westerham, 0,7 km

 **München:** 63 km

## WISSENSWERTES

- gute verkehrliche Erreichbarkeit für Gäste, die mit dem PKW anreisen, ausreichende Parkplätze finden sich in der unmittelbaren Hotelumgebung
- Trainer genießen VIP-Status
- in der Hotelhalle kommen Gäste zum informellen Gedankenaustausch zusammen
- Küche offeriert Themenbuffets
- Außengastronomie im Sommer, den grandiosen Blick auf die Alpen gibt's das ganze Jahr

# Westerham
# Die Akademie

## WESTERHAM
### DIE AKADEMIE

### FAZIT

Die IHK-Akademie Westerham bietet **exquisite Tagungsbedingungen** – nicht mehr, aber auch nicht weniger; Tagungsteilnehmer können sich ablenkungsfrei auf ihre Arbeit konzentrieren und werden dabei von einer professionell agierenden Servicebrigade unterstützt.

Neben hervorragend ausgestatteten Tagungsräumen stehen **Outdoor-trainingstools** ebenso wie **Freizeit-einrichtungen** zur Verfügung.

**Leistungsfähige Küche!**

**83620 FELDKIRCHEN-WESTERHAM**

Von-Andrian-Straße 5
Tel. +49 8063 91-0
westerham@ihk-akademie-muenchen.de
**https://www.ihk-akademie-muenchen.de/akademie-standorte/westerham/**

83620

"E s lebe das Wirtshaus" – besser lässt sich die Philosophie nicht beschreiben, mit der Christoph Wenisch seit einem Jahr das traditionsreiche Hofmarkschloss Schönbrunn betreibt: Ein denkmalgeschütztes Haus aus dem 17. Jahrhundert mit über 200-jährigem Schankrecht, das er zu einem Ort der Gastfreundschaft und des Genusses gemacht hat. Hier kommt man zusammen, hier tauscht man sich aus. Hier wird gearbeitet und hier wird gefeiert. Die schöne Gaststube mit 110 Plätzen ist das Herzstück des Hotels, bei süffigen Bieren der Augustiner Brauerei genießen die Gäste echte bayerische Spezialitäten. Da gibt es Brezenknödel-Carpaccio und Wurstsalat, Wammerl-Krustenbraten, Spanferkel und Ochsengulasch, aber auch einen leckeren Ox-Burger oder die Bavaria Beluga Bowl. Dass alles beste Qualität hat, versteht sich von selbst – die Familie Wenisch ist bereits in Straubing ein Begriff für herausragende Gastfreundschaft und hohe Produktqualität in ihren Metzgereien, im Genusshotel und auf dem Straubinger Gäubodenfest. Das junge, 50-köpfige Team in Landshut sorgt allerdings nicht nur für Gaumenfreuden. Tagungsgäste fühlen sich in dieser herzlich-bayerischen, familiären Atmosphäre ebenso wohl. Vier Tagungsräume unterschiedlicher Größe laden zum Arbeiten im kleinen Kreis, zu Konferenzen, Meetings und Workshops ein – inspirierend mit historischem Flair, wertigen schönen Echtholzböden, meterhohen Decken und teilweise Zugang zum Garten. Ideal ist die Kombination mit dem Event-Stadl, einer urigen Altholz-Scheune, in der auch gearbeitet, am liebsten aber gefeiert wird. Wie alle Räume ist sie mit moderner Präsentationstechnik und High-Speed-Internetzugang ausgestattet und bietet Platz für bis zu 120 Personen. Zum historischen Anwesen gehört auch ein großer Biergarten. Im Sommer kann also spontan der Arbeitsplatz ins Grüne verlegt und im kühlen Schatten großer Kastanien gearbeitet und entspannt werden. Aktive Naturen können nach der Tagung die umliegenden Wanderwege nutzen und auf der zum Hotel gehörenden Wiese verschiedenste Team-Events durchführen. Danach steht wieder der Genuss im Mittelpunkt, wenn es heißt „o'zapft is" und eines der vielen leckeren Augustiner-Biere probiert wird, bevor man sich zur Ruhe begibt in einem der 34 charmanten und gemütlichen Hotelzimmer begibt. *Uta Müller*

# Bayerisch. Herzlich. Genussvoll.

## LOGIS

**34 Zimmer:**
18 EZ, 13 DZ, 3 Sonstige

## TAGUNG

**Besonders geeignet für:**
Seminar, Konferenz, Klausur, Event

**Räume**
Tagungsräume: 5
Ausstellungsfläche: 100 m²

**Maximale Tagungskapazität**
U-Form: 30 Pers.
Parlamentarisch: 40 Pers.
Reihenbestuhlung: 60 Pers.

**Preise**
Preiskalkulation 1* 51,94 €
Preiskalkulation 2* 205,34 €

*Alle Angaben Nettopreise zzgl. MwSt., Kalkulationsanfrage siehe Seite 32

LANDSHUT

**A 93:** 5 km

**Fern:** Landshut, 6 km
**Nah:** Landshut, 6 km

**München:** 45 km

## WISSENSWERTES

- Highspeed-Internet im gesamten Anwesen
- Uriger Event-Stadel für bis zu 120 Personen
- Lauschiger Biergarten mit über 600 Sitzplätzen
- 500 kostenfreie Parkplätze
- Schöne Traditionsgaststube mit Bieren der Augustiner Brauerei

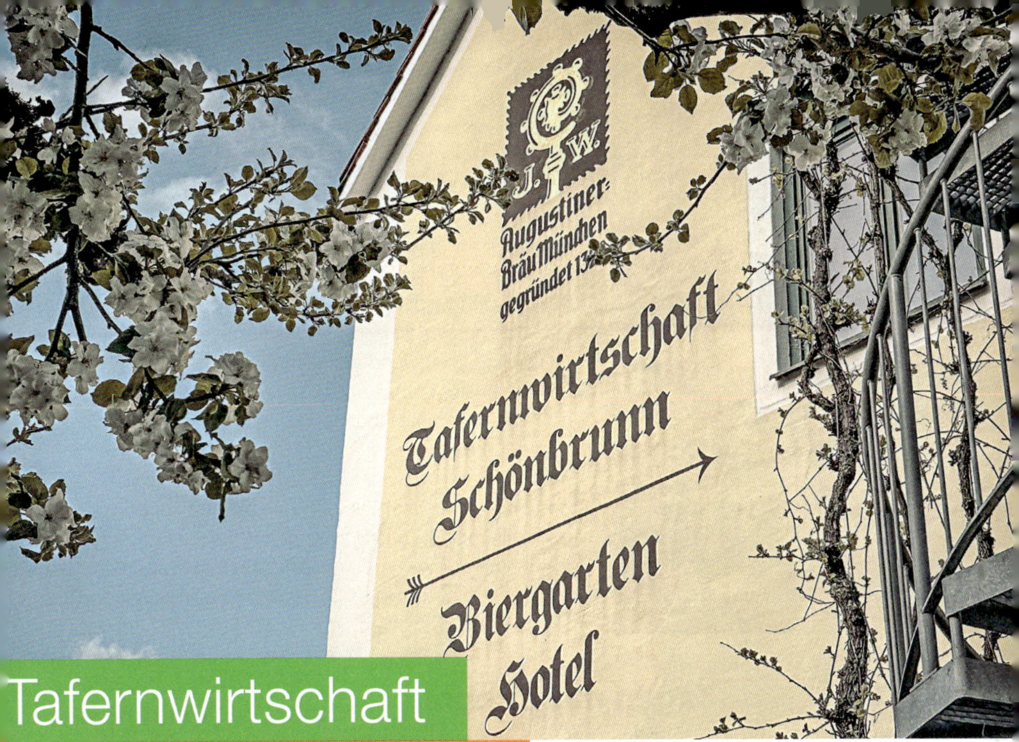

# Tafernwirtschaft
# Hotel Schönbrunn

## FAZIT

Das Hotel ist ein **Paradies für Genießer der bayerischen Wirtshauskultur,** die in entspannter Stimmung **professionell tagen** und dabei eine **exzellente Gastfreundschaft** erleben möchten.

Veranstalter erleben im Hotel Schönbrunn eine **gepflegte urige und historische Atmosphäre,** die vom jungen Team mit Leben und Leidenschaft gefüllt wird.

Die **Lage am Rande von Landshut** ermöglicht **ungestörtes Arbeiten im Grünen** sowie zahlreiche **Team-Events.**

**84036 LANDSHUT**

Schönbrunn 1
Tel. +49 871 4306060
info@schoenbrunn-la.de
www.hotelschoenbrunn.de

84036

Historische Räume, wehrhafte Türme und verwunschene Gärten – wenn Tagungen ein besonderes Erlebnis sein sollen, bieten sich Schlosshotels geradezu an. Meist im Grünen gelegen, garantieren sie ein störungsfreies Umfeld für konzentriertes Arbeiten und kreative Meetings. Und schaffen mit einer märchenhaften Kulisse und viel Individualität eine ganz besondere Atmosphäre, um Seminarziele erfolgreich umzusetzen. In diesen Kontext fügt sich hervorragend das 600 Jahre alte Schlosshotel Neufahrn ein – eine aufwändig restaurierte zweigeschossige Vierflügelanlage um einen wunderschönen Innenhof in der Nähe von Landshut. Hier ist der Schlosscharakter richtiggehend Kult: In historischen Gewölben wird gespeist, ein Teil der Hotelzimmer beeindruckt mit antiken Stuckdecken, Himmelbetten und historischer Einrichtung, vom Innenhof blickt man auf rundum laufende mittelalterliche Arkadengänge und der neu gestaltete romantische Schlossgarten lädt zu Spaziergängen und Teamaktivitäten im Freien ein. Während vieles im Schloss mittelalterlich bleiben darf, ist das Anwesen in seinen Funktionen vollkommen modernisiert und punktet mit einem überaus freundlichen, flexiblen Service-Team und einem professionellen Tagungsmanagement. In fünf repräsentativen historischen Tagungsräumen kann

# Tagen mit Erlebnis

auf dem neuesten Stand der Technik gearbeitet werden. Cannyboards mit großem Multitouch-Display führen Teilnehmer interaktiv zusammen, sie ersetzen auf Wunsch Beamer, Flipchart und Pinnwand. Die Räume im Erdgeschoss haben Zugang zu einer Terrasse, auf der im Sommer mit Blick in den Garten kreative Ideen verfolgt oder eine Pause eingelegt werden kann. Die großen Säle in der Arkadenetage sind auch gefragte Bankettäume und bieten festlichen Events einen beeindruckenden historischen Rahmen. Beliebter Meeting-Point für alle Gäste ist der schmucke Innenhof mit angrenzendem Lounge-Wintergarten und der Bar. Hier wird die Pause unter freiem Himmel genossen, am Abend gegessen und am Lagerfeuer diskutiert. Viel Spaß fürs Team bringen zünftige Rittergelage in den historischen Kellerräumen des Schlosses oder die Ritterolympiade im nachgebauten historischen Dorf im Garten. *Uta Müller*

## LOGIS

**54 Zimmer:**
54 DZ

## TAGUNG

**Besonders geeignet für:**
Seminar, Klausur, Event

**Räume**
Tagungsräume:                    5
Ausstellungsfläche:        420 m²

**Maximale Tagungskapazität**
U-Form:                    50 Pers.
Parlamentarisch:           70 Pers.
Reihenbestuhlung:         100 Pers.

**Preise**
Preiskalkulation 1*         58,00 €
Preiskalkulation 2*        221,00 €

*Alle Angaben Nettopreise
zzgl. MwSt., Kalkulationsanfrage siehe Seite 32

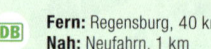

**A 92:** 18 km
**A 3:** 40 km
**B15n:** 2 km

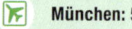
**Fern:** Regensburg, 40 km
**Nah:** Neufahrn, 1 km

**München:** 55 km

## WISSENSWERTES

- großes Angebot an Entertainment, wie Ritteressen und Lagerfeuer
- interaktives Arbeiten mit Cannyboards möglich
- kleiner Wellnessbereich mit Sauna
- Großteil der Zimmer im „Chalet" im Schlossgarten

# Schlosshotel
# Neufahrn

## FAZIT

Eine **kleine, feine Schlossanlage** mit historischem Ambiente, **schmuckem Innenhof und schönem Schloss-garten,** die Tagungsgäste mit einem besonderen Flair verzaubert.

**Historische Tagungsräume** bieten modernste, interaktive Tagungs- und Präsentationstechnik.

Typische Schlosserlebnisse, wie ein **Ritteressen** oder die **Ritterolympiade,** unterstützen teambildende Maßnahmen.

**84088**

## 84088 NEUFAHRN

Schlossweg 2
Tel. +49 8773 709-0
message@schlosshotel-neufahrn.de
www.schlosshotel-neufahrn.de

Wer hierher zum Tagen kommt, erlebt eine Landschaft wie aus dem Bilderbuch: Stolze Burgen überragen liebliche Täler, die Altmühl plätschert durch saftige Wiesen und über allem thronen steil aufragende Jurafelsen. Mittendrin, am Marktplatz im historischen Kipfenberg, lädt die Familie Treffer in ihren „Postwirt" ein – einen Familienbetrieb, in dem zwei Generationen mit vielen Ideen daran arbeiten, dass ihre Gäste sich rundum wohlfühlen. 2021 eröffnet, bildet das Hotel mit dem historischen Gasthof eine charmante Kombination aus Alt und Neu. Der alpine Einrichtungsstil mit Balken, Holzböden, Fellen und Filz geht Hand in Hand mit gelebter traditioneller Gastlichkeit, wunderbar restaurierten urigen Stuben, Kachelofen und offenem Kamin. So ist ein 4-Sterne-Wohlfühlort entstanden, der neben den 48 Landhauszimmern auch vier Veranstaltungsräume mit ganz besonderem Flair bietet. Der Spiegelsaal im Untergeschoss ist der größte Raum, hell und mit direktem Zugang zum Biergarten. Bis zu 120 Personen können hier feiern oder tagen, Altholzwände sowie unterschiedliche Farb- und Beleuchtungskonzepte sorgen für Wohlfühlambiente. Ebenso die Posthütte, ein sonniger klimatisierter Raum mit Terrasse und Burgblick, der mit Holzwänden, Fellen und alpinem Design an eine stimmungsvolle Berg-Lodge erinnert. Im Konferenzbereich „Boxerstadl" können Tagung und Activity kombiniert werden – auf einer Ebene befinden sich Tagungsraum, Pausenzone und Fitnessbereich. Neu ist der Tagungsraum „Frieda" im Haus gegenüber, das auch weitere Zimmer und ein Restaurant mit leckeren bayerischen Tapas bietet. Senior- und Juniorchef bringen beste bayerische Küche auf den Tisch, zudem schmackhafte Burger-Varianten und erstklassige Pizza aus dem Holzofen. Zahlreiche kulinarische Events sorgen für Spaß und jede Menge Kommunikation: die beliebte Burger-Night, das Wintergrillen mit Glühweinempfang, der Polenta-Tisch mit Schmankerln von der Tischplatte oder eine Brauereibesichtigung mit Bier-Tasting. Natürlich organisiert das Team auch Entertainment außerhalb des Hotels, wie gesellige Abende in einer modernen Kegelsportanlage, geführte Wanderungen zur Burg Kipfenberg, E-Bike-Touren oder Kanufahrten auf der Altmühl. *Uta Müller*

# Schmuckstück im Altmühltal

## LOGIS

**48 Zimmer:**
48 DZ

## TAGUNG

**Besonders geeignet für:**
Seminar, Klausur

**Räume**
Tagungsräume: 4

**Maximale Tagungskapazität**
U-Form: 80 Pers.
Parlamentarisch: 70 Pers.
Reihenbestuhlung: 120 Pers.

**Preise**
Preiskalkulation 1* 45,00 €
Preiskalkulation 2* 187,00 €

*Alle Angaben Nettopreise
zzgl. MwSt., Kalkulationsanfrage siehe Seite 32

KIPFENBERG

 **A 9:** 6 km

 **Fern:** Ingolstadt Hbf., 29 km
**Nah:** Kinding, 7 km

 **München:** 90 km

## WISSENSWERTES

- Qualitätssiegel „Ausgezeichnete Bayerische Küche"
- zahlreiche Rahmenprogramme und Team-Erlebnisse
- interaktives Arbeiten in allen Räumen möglich
- kulinarische Events, wie Burger-Night und Burgergrillen
- Freizeitraum mit Billard, Kicker, Dart, Fun4Four, Jukebox
- gemütlicher Biergarten

# Der Postwirt

DER POSTWIRT
Gasthof - Hotel
seit 1990

## FAZIT

Engagiert geführter, **traditionsreicher Familienbetrieb** mitten im historischen Städtchen Kipfenberg, der Veranstaltungsräume mit **außergewöhnlichem Flair** und eine **hervorragende Küche** bietet.

Das Hotel und die Lage im Altmühltal eignen sich gut **für lernzielunterstützende Rahmenprogramme.**

**Verkehrsgünstig** mitten in Bayern nahe der A 9 gelegen.

85110

**85110 KIPFENBERG**

Marktplatz 1
Tel. +49 8465 297
info@derpostwirt.de
www.derpostwirt.de

447

S chon die wenigen Kilometer von der A 9 durch die schöne Natur des Altmühltals bis zum Landhotel Geyer signalisieren: Hier ist entspanntes Tagen in herrlicher Ruhe möglich. Mittendrin, im kleinen Örtchen Pfahldorf, zeigt die Familie Geyer, dass man das natürliche Umfeld ganz hervorragend mit professionellem Arbeiten und kreativem Gedankenaustausch verbinden kann. In der achten Generation herzliche oberbayerische Gastgeber, haben Maria und Johann Geyer in den vergangenen Jahren kräftig investiert und – neben ihrem Tagungsangebot im Haupthaus – das hochmoderne Seminarzentrum „Kramerhaus" direkt gegenüber vom Hotel geschaffen. Bis zu 120 Personen können nun für alle denkbaren Veranstaltungsformate zusammenkommen: Ob Workshop, Konferenz, Barcamp oder Hightech-Präsentation – dank durchdachter flexibler Raumaufteilungen und mobilem Mobiliar gibt es Platz für große und kleine Tagungsgruppen, spontane Gruppenarbeiten oder gewünschte Raumwechsel. Alle Räume sind klimatisiert und mit Neuland-Möbeln und -Equipment ausgestattet. Neueste Tagungs- und Präsentationstechnik wie Click-Share sowie digitale Flipcharts und hochauflösende Bildschirme sind der technikaffinen Chefin wichtig und ebenso selbstverständlich wie entspanntes Tagen im Freien: In beiden Gebäuden lädt eine Seminarterrasse zum Breakout ein, für erholsame Pausen werden gekühlte Getränke einfach hinausgerollt. Eine Vielzahl an lernzielunterstützenden, teambildenden Maßnahmen wird auf Wunsch organisiert – alles ist möglich, lautet die Devise, dafür sorgen eine hohe Tagungskompetenz, ein sehr persönlicher, flexibler Service und ein langjähriges Team, das die Bedürfnisse der Veranstaltungskunden genau kennt. Die schätzen nicht nur die guten Seminarbedingungen, sondern auch das kulinarische Angebot. Küchenchef Johann Geyer bringt eine gehobene klassisch-bayerische Küche aus regionalen Zutaten auf den Tisch – besonders beliebt bei Tagungsgästen ist das tägliche Buffet mit 20 frischen Salaten. Im gemütlichen Restaurant oder an der Bar können erfolgreiche Arbeitstage ausklingen, bevor die Seminargäste sich in den modernen Zimmern bei himmlischer Ruhe erholen können. *Uta Müller*

## Tagungskompetenz im Altmühltal

### LOGIS

**48 Zimmer:**
7 EZ, 31 DZ, 3 Suiten,
7 Juniorsuiten

### TAGUNG

**Besonders geeignet für:**
Seminar, Konferenz, Klausur, Event

**Räume**
Tagungsräume: 7
Ausstellungsfläche: 100 m²

**Maximale Tagungskapazität**
U-Form: 42 Pers.
Parlamentarisch: 85 Pers.
Reihenbestuhlung: 120 Pers.

**Preise**
Preiskalkulation 1* 89,10 €
Preiskalkulation 2* 289,10 €

*Alle Angaben Nettopreise
 zzgl. MwSt., Kalkulationsanfrage siehe Seite 32

 **A 9:** 7 km

**KIPFENBERG-PFAHLDORF**

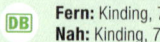 **Fern:** Kinding, 7 km
**Nah:** Kinding, 7 km

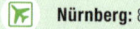 **Nürnberg:** 80 km

### WISSENSWERTES

- Zertifikat „Umwelt- und Klimapakt Bayern"
- eigene WLAN-Netzwerke und Videokonferenztechnik
- Wellnessbereich mit Schwimmbad, Sauna, Dampfbad sowie Fitness- und Aktivraum
- teambildende Rahmenprogramme
- Rad-, Wander- und Joggingstrecken ab Haus, E-Bike-Verleih

# Landhotel Geyer

LANDHOTEL Geyer

## FAZIT

**Familiär und persönlich** umsorgt das Hotel-Team seine Gäste, die hier ein **professionell ausgestattetes Tagungsrefugium mit einem flexiblen Raumangebot** vorfinden.

Die Lage in einem kleinen Dorf im Altmühltal sorgt für ein **besonders störungsfreies Tagungsumfeld,** in dem **viele Möglichkeiten für Outdoor-Programme** vorhanden sind.

**Modernes Seminarzentrum „Kramerhaus"** für bis zu 120 Personen.

**85110 KIPFENBERG-PFAHLDORF**
Alte Hauptstraße 10
Tel. +49 8465 173063-0
info@landhotel-geyer.de
www.landhotel-geyer.de

85110

449

Es ist ein deutschlandweit einzigartiges Konzept, das dem Pfaffenhofener Stadtteil Eco-Quartier zugrunde liegt: Hier, vor den Toren der Stadt, werden Wohnen, Gewerbe und Landwirtschaft strikt nach Kriterien der Nachhaltigkeit ausgerichtet – ein zukunftsweisendes Umfeld, in dem vor drei Jahren das Hotel Alea Eco eröffnete. In dem modernen Haus sind Holz und Glas die dominierenden Bauelemente. Alle Zimmer sind aus massiver Fichte gebaut und sorgen somit für ein angenehmes Raumklima. Auch die Möbel bestehen aus Naturholz und bereits beim Bau wurde auf Kunststoffe fast völlig verzichtet. Dass die ökologische Ausrichtung modern und stylisch daherkommt, liegt an den trendigen Möbeln und Farben, mit denen das Hotel ausgestattet ist. Naturfarben, Kupfer und warme Materialien schaffen eine gemütliche Atmosphäre. Große Glasfronten lassen viel Licht hinein, der Blick auf grüne Wiesen und die gegenüberliegenden Hopfenfelder scheint zum Greifen nah. Das alles schafft beste Voraussetzungen für entspanntes Arbeiten. Sechs unterschiedlich große Tagungsräume stehen für Seminare, Workshops und Business-Events im Erdgeschoss zur Verfügung. Allen gemeinsam sind bodentiefe Fenster und die Möglichkeit, ins Freie zu treten oder im Grünen zu arbeiten. Herzstück der Tagungsebene ist das EcoPlenum mit 375 m², einer imposanten Raumhöhe von über acht Metern und einer breiten Fensterfront. 200 kupferfarbene Lichtkugeln illuminieren den befahrbaren Raum, der sich hervorragend für Tagungen, Kongresse, Präsentationen und Feste eignet. Flexibilität ist dem jungen, engagierten Team wichtig. Auf Wunsch können deshalb auch Get-together-Bereiche des Hotels in die Veranstaltungen mit einbezogen werden. Neben der ebenerdigen Terrasse, dem Bistro oder dem Campus bietet auch die 120 m² große Dachterrasse herrliche Möglichkeiten für abendliches Miteinander am Feuer, beim Barbecue oder beim Cocktailempfang – der phantastische Rundumblick in die Holledau immer inklusive. Die Region ist auch Lieferant für die Zutaten in der Küche. Teil des Konzepts ist es, dass das Frühstück sowie alle vegetarischen/veganen Gerichte im Hotel zubereitet werden, Fisch- und Fleischspeisen kommen von ausgewählten Caterern aus der Region.

*Uta Müller*

## Nachhaltig erfolgreich tagen

### LOGIS

**40 Zimmer:**
36 DZ, 4 Suiten

### TAGUNG

**Besonders geeignet für:**
Seminar, Konferenz, Klausur, Event

**Räume**
| | |
|---|---|
| Tagungsräume: | 6 |
| Ausstellungsfläche: | 300 m² |

**Maximale Tagungskapazität**
| | |
|---|---|
| U-Form: | 80 Pers. |
| Parlamentarisch: | 200 Pers. |
| Reihenbestuhlung: | 250 Pers. |

**Preise**
| | |
|---|---|
| Preiskalkulation 1* | 69,00 € |
| Preiskalkulation 2* | 269,50 € |

*Alle Angaben Nettopreise zzgl. MwSt., Kalkulationsanfrage siehe Seite 32

PFAFFEN-HOFEN

**A 9:** 5 km

**Fern:** Ingolstadt Hbf., 30 km
**Nah:** Pfaffenhofen a. d. Ilm, 1,7 km

**München:** 42 km

### WISSENSWERTES

• Veranstalter können Cateringdienstleistungen vergeben
• Passwortgeschütztes WLAN-Netzwerk möglich
• Parkplätze am Hotel
• Außenbereich des Hotels für Veranstaltungen
• Partnerhotel Alea City mit weiteren Tagungsräumen und 42 Zimmern

# Hotel Alea Eco

## FAZIT

Das unter **strikt ökologischen Vorgaben** gebaute Hotel bietet Tagungskunden **ansprechende lichtdurchflutete und funktionale Räumlichkeiten** zum Arbeiten und Feiern.

Ein **junges Team** und das **natürliche moderne Ambiente** sorgen für eine authentische, **lockere Arbeitsatmosphäre.**

**Großzügige Dachterrasse** für Empfänge, Barbecue und Events.

**85276 PFAFFEN-HOFEN A. D. ILM**

Flachsbogen 1
Tel. +49 8441 47997-02
info@hotel-alea.de
www.hotel-alea.de

85276

Auf Schloss Hohenkammer nördlich von München wird erfolgreiches Tagen anders definiert. Das Tagungszentrum mit Hotel und eigenem landwirtschaftlichen Bio-Gutshof ist einfach #derrichtigeort, um zu gelungenen Arbeitstreffen zusammenzukommen: Ein Ort mit Charakter und viel Atmosphäre, der zu Kreativität inspiriert und dabei unterstützt, Dinge mit neuen Augen und dem richtigen Fokus zu betrachten. Ein Ort, der durch eine anspruchsvolle Ausstattung seiner Räume Arbeitstreffen auf ein hohes Niveau hebt. Und ein Ort, an dem durch eine unglaubliche Raumvielfalt alle Veranstaltungs- und Lernformate umsetzbar sind: große Konferenzen für bis zu 180 Personen, Coachings oder Schulungen und Vorträge in bestens ausgestatteten Räumen im schönen Wasserschloss. Kleine Vorstandssitzungen, Kreativ-Meetings oder Klausurtreffen in den so genannten Krafträumen – der Werkstatt für Neues, in der sich die Teilnehmer ihren Raum selbst gestalten und, drinnen oder draußen, ein Maximum an Kreativität freisetzen können. Im Turm der Ideen oder im Alten Försterhaus mit Blick auf die Glonn, in dem man in Wohnzimmeratmosphäre ganz unter sich Ideen entwickeln und am Abend auf der Terrasse gemeinsam grillen kann. Dass spezielle Zimmer mit viel Platz und Technik für Trainer bereitstehen, macht das Bild rund. Alles ist vor Ort, fast alles ist möglich, dafür sorgt das weitläufige Schlossgelände – und ein Team von Veranstaltungsprofis und „Kümmerern", das stets die Bedürfnisse der Tagenden im Blick hat und mit viel Herzblut für eine funktionierende Technik, leckere Pausensnacks und jedwede Annehmlichkeit während der Veranstaltungen sorgt. Lernzielunterstützende Maßnahmen werden gerne konzipiert und organisiert, in der großen Eventhalle auf dem Schlossgelände können zahlreiche Team-Challenges stattfinden, vom Klettern über den Seilgarten bis hin zum Bogenschießen. Dass auch die Tagungsverpflegung von besonderer Qualität ist, versteht sich von selbst: Die Küche ist leicht, kreativ, bodenständig und zugleich international – nahezu ausschließlich werden Bio-Produkte vom eigenen Gut Eichethof verwendet. Die leckere Frischeküche können die Gäste im großzügigen Gutshof-Restaurant, in der urigen Alten Galerie oder im wunderschönen Biergarten hinter dem Schloss genießen. *Uta Müller*

## LOGIS

**168 Zimmer:**
101 EZ, 67 DZ

# Tagungsoase bei München

## TAGUNG

**Besonders geeignet für:**
Seminar, Konferenz, Klausur,
Kreativprozesse, Event

**Räume**
| | |
|---|---|
| Tagungsräume: | 29 |
| Ausstellungsfläche: | 1.000 m² |

**Maximale Tagungskapazität**
| | |
|---|---|
| U-Form: | 50 Pers. |
| Parlamentarisch: | 130 Pers. |
| Reihenbestuhlung: | 180 Pers. |

**Preise**
| | |
|---|---|
| Preiskalkulation 1* | 100,50 € |
| Preiskalkulation 2* | 358,05 € |

*Alle Angaben Nettopreise
zzgl. MwSt., Kalkulationsanfrage siehe Seite 32

HOHENKAMMER

**A 9:** 6 km
**A 8:** 15 km

**Fern:** München Hbf., 30 km
**Nah:** Petershausen, 6 km

**München:** 30 km

## WISSENSWERTES

- Nachhaltigkeitszertifikate GreenSign 88% sowie Certified Green Hotel
- hoteleigener Bio-Gutshof als Nahrungs- und Energielieferant
- zahlreiche Freizeitmöglichkeiten wie Fußball, Boccia im Schlosspark
- Cannyboards, (Video-)Konferenzsysteme, Samsung Flips
- 1 Gbit Glasfaseranbindung (nach Cannyboards)
- schöner Wellnessbereich mit Fitness und Sauna

452

# Schloss
# Hohenkammer

## FAZIT

Restaurierte historische Gebäude neben moderner Architektur und Einrichtung schaffen einen **großzügigen Tagungsort mit einzigartiger Atmosphäre.**

Hier ist **Arbeiten und Relaxen auf hohem Niveau** möglich: mit **neuester Technik** für Zusammentreffen vor Ort oder hybrid, mit **unterschiedlichsten Raumszenarien** und viel Platz im grünen Schlosspark.

**Mehrere Restaurants** und ein Biergarten bieten eine frische **Bio-Küche für Feinschmecker.**

## Schloss Hohenkammer

### 85411 HOHENKAMMER

Schlossstraße 20
Tel. +49 8137 9340
mail@schlosshohenkammer.de
www.schlosshohenkammer.de

85411

D as Hotel gehört zur Stumpf-Stiftung, die sich der Unterstützung alter Menschen, der Förderung bayrischer Kunst und Kultur und der Bewahrung von Heimat, Natur und Tierwelt verschrieben hat. So gesehen ist jede Veranstaltung in diesem besonderen Haus in doppelter Hinsicht „sinnstiftend". Kaum betritt man als Tagungsgast das Haus, fällt einem sofort die angenehme Gastlichkeit auf. Eine gemütliche Lobby, die sowohl den Privat, als auch den Geschäftsreisenden anspricht. Der Rezeptionsbereich ist modern gestaltet und beinhaltet auch eine kleine Bar, die zum Ausklang einer Veranstaltung einlädt. In dem Tagungsbereich ist es besonders praktisch, dass man direkt auf eine Terrasse treten kann. Das Gleiche gilt für den „Boardroom" in der ersten Etage, der einen Balkon hat. Die jeweiligen Treppenhäuser in den beiden Gebäudeteilen des Hotels sind mit Spiegeln und viel Tageslicht sehr angenehm. Sowohl für Klausurtagungen als auch Veranstaltungen mit mehreren Seminarräumen ist der Schreiberhof optimal geeignet. Auch die Maximalgröße von bis zu 130 PAX wird mit professioneller Unterstützung des Bankett-Teams bestens realisiert. Die Ausstattung ist in allen Räumen auf sehr gutem Niveau und genießt aktuellen Standard. Mit dem angegliederten Biergarten und der Bauernstube ist der Tagungsgast auch kulinarisch bestens versorgt. Die wunderbare Möglichkeit, einen Extraraum sowohl für Mittag- als auch Abendessen nutzen zu können, ist sehr passend. Da die Lage im Ortskern Aschheims ist, ist es ein typisch bayrisches, traditionelles Ambiente. Man fühlt sich direkt eingebunden und die Parkplätze in der Tiefgarage lassen den Tagungsteilnehmer ohnehin unkompliziert anreisen. Veranstaltungen sind sowohl als Tagesveranstaltung durch die Nähe zu München – als auch mit entsprechender Übernachtung denkbar. Knapp 90 moderne Zimmer runden das Angebot in diesem Bereich ab. Ein weiteres Highlight des Hotels ist der Wellness-Bereich. Eine echte Oase der Erholung vor oder nach einer intensiven Tagung. Der SchreiberHof ist seit Jahren ein renommiertes Hotel, welches immer wieder Tagungsgäste für sich begeistert. *Christian Badenhop*

## Sinnstiftend tagen

### LOGIS

**87 Zimmer:**
7 EZ, 80 DZ

### TAGUNG

**Besonders geeignet für:**
Seminar, Konferenz, Klausur

**Räume**
Tagungsräume: 5

**Maximale Tagungskapazität**
U-Form: 52 Pers.
Parlamentarisch: 72 Pers.
Reihenbestuhlung: 130 Pers.

**Preise**
Preiskalkulation 1* 140,00 €
Preiskalkulation 2* 460,00 €

*Alle Angaben Nettopreise zzgl. MwSt., Kalkulationsanfrage siehe Seite 32

ASCHHEIM

**A 99:** 2 km
**A 94:** 5 km

**Fern:** München Hbf., 16 km
**Nah:** Feldkirchen, 3 km
**München-Riem:** 5 km

**München:** 22 km

### WISSENSWERTES

• großzügiger Wellness-Bereich mit Fitnessraum
• hauseigene Garage (kostenpflichtig)
• Lobby Bar 24/7

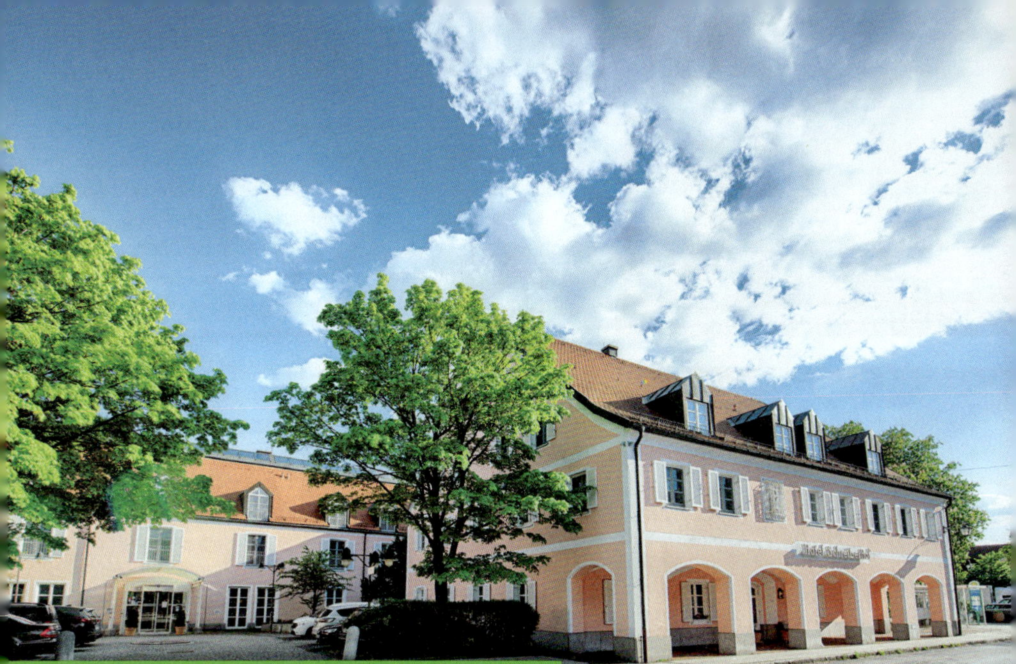

# Hotel SchreiberHof
## Aschheim

### FAZIT

Wer im Oberbayrischen **stilecht tagen** möchte, ist hier richtig. Aber auch international ist Aschheim ein passender Ort. **Flughafen und Stadt München** sind gleich „um die Ecke".

**Kulinarik** wird in diesem Hause großgeschrieben. Authentisch und gut.

Das Hotel strahlt **Behaglichkeit und echte Gastlichkeit** aus.

**85609 ASCHHEIM**
Erdinger Straße 2
Tel. +49 89 900060
mail@schreiberhof.com
www.schreiberhof.com

85609

T agungsgäste im Business- und Tagungshotel Alte Posthalterei arbeiten und nächtigen im Kontext großer Persönlichkeiten der Weltgeschichte! Das 1648 erbaute Haus diente im 18. und 19. Jahrhundert als Halt an der Poststrecke von Wien über München nach Paris und war somit für Menschen aller Herren Länder eine Bleibe auf Zeit. Nicht verwunderlich, dass sich hier auch Berühmtheiten aufhielten: 1770 machte die spätere französische Königin und damalige österreichische Erzherzogin Marie Antoinette Halt; 1805 war Napoleon Bonaparte zu Gast. Die Nutzung als Postkutschenstopp und die berühmten Gäste sind noch heute tragend für die Atmosphäre, die das Haus umgibt, und die Geschichte, die es nicht nur erzählen, sondern Gästen „vom Kutscher bis zum Kaiser", vom Mitarbeiter bis zum Manager erlebbar machen möchte. Nicht zuletzt aus diesem Grund wurden die 66 Zimmer in fünf Kategorien gestaltet: Fürstenzimmer, Adelszimmer, Posthalterzimmer, Kutscherzimmer und ein Apartment mit Küchenzeile werden angeboten – natürlich allesamt modern-komfortabel eingerichtet und mit liebevollen Details bespickt, die historischen Charme versprühen. Auch das gemütlich-urige Heimatrestaurant „dahoim" folgt der Devise „fürstlicher Genuss für jedermann" und pflegt eine Küche, die geprägt ist von der Tradition der bayerisch-schwäbischen Heimat, sich Rezepten bedient, die in der Region seit Generationen gekocht werden, und vorzugsweise lokale und saisonale Zutaten bezieht. Die stilvoll eingerichteten Restaurantbereiche ergänzt ein stimmungsvoller Gewölbekeller, der beispielsweise für eine abendliche Weinprobe in den Tagungsaufenthalt eingebunden werden kann. Auch im mit hochwertiger analoger wie digitaler Technik ausgestatteten Tagungsbereich ist die Historie präsent: Die Räume (Paris, Wien, München und Zusmarshausen) sind nach Stationen der Postkutschenstrecke benannt; die Tagungspauschalen heißen Napoleon, Marie Antoinette, Fürst, Adel, Posthalter und Kutscher. Auch hier gilt: Jeder findet das Passende – Mitarbeiterschulungen sind genauso willkommen und gut aufgehoben wie Vorstandsmeetings. Würde Napoleon heute zu einem Business-Meeting in die Gegend reisen, bestünde er natürlich ebenso darauf, in der Alten Posthalterei zu tagen.    *Raphael Werder*

## Napoleonisches Tagungsvergnügen

### LOGIS

**66 Zimmer:**
62 DZ, 3 Suiten,
1 Appartement

### TAGUNG

**Besonders geeignet für:**
Seminar, Konferenz, Klausur, Event

**Räume**
Tagungsräume:                          5

**Maximale Tagungskapazität**
U-Form:                         45 Pers.
Parlamentarisch:                80 Pers.
Reihenbestuhlung:              200 Pers.

**Preise**
Preiskalkulation 1*              70,74 €
Preiskalkulation 2*             197,64 €

*Alle Angaben Nettopreise zzgl. MwSt., Kalkulationsanfrage siehe Seite 32

**ZUSMARSHAUSEN**

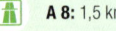   **A 8:** 1,5 km

   **Fern:** Augsburg, 24 km
**Nah:** Dinkelscherben, 8 km

   **München:** 110 km
**Stuttgart:** 125 km

### WISSENSWERTES

- 66 moderne Zimmer in fünf verschiedenen Kategorien, ausgestattet mit Echtholz-Fußboden sowie hochwertigen Matratzen und Kopfkissen für einen rundum erholsamen Schlaf
- Das Hotel verfügt über einen kleinen Wellnessbereich mit finnischer Bio-Sauna, Fitnessgeräten und Wohlfühlliegelandschaft
- kein Ruhetag, durchgehend warme Küche von 6:00 bis 21:30 Uhr
- Deutschlands größte Elektrotankstelle im Ort

# Business- und Tagungshotel
## Alte Posthalterei

### FAZIT

Während eines langjährigen und aufwändigen Prozesses neu renoviert, präsentiert sich die Alte Posthalterei als **charismatisch-stilvolles Businesshotel.** Die Symbiose aus rustikalen und modernen Elementen in **Architektur und Interior Design ist ästhetisch herausragend** und macht die über 350-jährige Geschichte nicht nur erlebbar, sondern dieses Hotel auch zu einem einzigartigen Wohlfühlort für jedermann.

**ALTE POSTHALTEREI**

HOTEL & RESTAURANT

86441
**ZUSMARSHAUSEN**

Augsburger Straße 2
Tel. +49 8291 858220
event@hotel-posthalterei.de
www.posthalterei.com

*Alle Angaben Nettopreise zzgl. MwSt., Kalkulationsanfrage siehe Seite 32

er Name lässt bereits erahnen: Gäste finden hier ein Tagungsdomizil im Grünen; einen Ort, an dem sie ungestört in der Natur kreativ werden können – und das nur wenige Minuten von der Autobahn entfernt. Das Parkhotel Schmid in Adelsried umgibt eine wunderbare großzügige Parkanlage, die Raum für Erholung, aber auch für Arbeit, Bewegung und Begegnung ist. Seminargruppen können auf einer der „Inseln" professionell tagen, auf den Wiesen Team-Events, wie Volleyball, Bogenschießen oder Soccer, durchführen oder einfach nur am Teich entspannen. Alles ist möglich, das gilt im Park ebenso wie im Hotel. Neu renoviert und wunderschön gestaltet erfüllt die Lobby als „place to be" gleich mehrere Funktionen. Sie ist urban-gemütlicher Meeting-Point für Gäste und Rückzugsort für informelle Gespräche; Raum für Gruppenarbeiten und Lieblingsplatz für erholsame Tagungspausen. Warme Farben, wertiges Holz und einladende Nischen mit hübscher Dekoration zeigen die Handschrift der weiblichen Geschäftsleitung. Spielend schafft die Lobby den Spagat zwischen „mittendrin und doch geborgen", geschickt konzipiert ist der fließende Übergang zwischen arbeiten und entspannen. Das gilt auch für Ambiente und Ausstattung der sieben Tagungsräume. High-Speed-Internet, Klimaanlage und modernste Präsentationstechnik schaffen optimale Arbeitsbedingungen für bis zu 200 Personen. KNX-gesteuerte Lichtszenarien, wohnliche Farben und Materialien sorgen für viel Atmosphäre. Auch beim kulinarischen Angebot bietet die Familie Schmid mehr als den üblichen Tagungsstandard. Im neu renovierten „Esszimmer" können die Gäste mit Blick in den Park echte Gaumenfreuden erleben, wenn die Küchen-Crew aus frischen regionalen Produkten genussvolle Gerichte zaubert, etwa den klassischen Zwiebelrostbraten und Wiener Schnitzel, feine Asia- und Fischspezialitäten oder den beliebten Adelsrieder Gocklburger. Im Sommer brutzeln Steakspezialitäten auf dem Grill im Biergarten. Mit Blick in den romantischen Park mit seinem alten Baumbestand klingen hier oder an der Bar kreative Arbeitstage gesellig aus. Zur traumhaften Nachtruhe laden 94 schön gestaltete Zimmer in drei verschiedenen Kategorien ein. *Uta Müller*

# Wandelbares Tagungs-Highlight

## LOGIS

**94 Zimmer:**
29 EZ, 65 DZ

## TAGUNG

**Besonders geeignet für:**
Seminar, Konferenz, Kreativprozesse

**Räume**
| | |
|---|---|
| Tagungsräume: | 7 |
| Ausstellungsfläche: | 200 m² |

**Maximale Tagungskapazität**
| | |
|---|---|
| U-Form: | 65 Pers. |
| Parlamentarisch: | 165 Pers. |
| Reihenbestuhlung: | 200 Pers. |

**Preise**
| | |
|---|---|
| Preiskalkulation 1* | 62,50 € |
| Preiskalkulation 2* | 262,50 € |

**ADELSRIED**

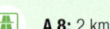
**A 8:** 2 km

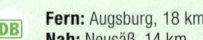
**Fern:** Augsburg, 18 km
**Nah:** Neusäß, 14 km

**München:** 90 km

## WISSENSWERTES

- Tagungsräume mit interaktiven Whiteboards und eigenen WLAN-Netzwerken
- ruhig gelegen mit bester Verkehrsanbindung an A 8
- 100 kostenfreie Parkplätze, 4 E-Ladestationen
- Pool- und Saunalandschaft mit tropischem Flair
- Walk- und Joggingstrecken ab Hotel

# Parkhotel
# Schmid

### FAZIT

**Tagungsmöglichkeiten jenseits des Standards** erleben Gäste in diesem stilvoll-renovierten Hotel, das **flexible Raumlösungen** und **professionelle Technik** in echter Wohlfühl-**Atmosphäre** bietet.

Der **großzügige Park** ist **Raum für Team-Events** mit Tagungspavillons, Mini-Sportplatz und Outdoor-Gesellschaftsspielen.

**Hochwertige Küche,** die frische regionale Produkte zu **kreativen Tagungspausen und kulinarischen Leckereien** verarbeitet.

PARKHOTEL SCHMID
ADELSRIED

**86477 ADELSRIED**
Augsburger Straße 28
Tel. +49 8294 2910
veranstaltungen@parkhotel-schmid.de
**www.parkhotel-schmid.de**

864

459

Über 260 Jahre gelebte Tradition, darauf kann die Familie Platzer stolz sein. Stets wurde erfolgreich die Brücke geschlagen zwischen Tradition und Innovation, kontinuierlich auf Qualität und Wohlbefinden gesetzt und, damals wie heute, mit viel Herzblut die Wünsche der Gäste erfüllt. So konnte aus der kleinen Taverne in Familienbesitz das heutige modern-gemütliche Flair Hotel werden – ein Tagungsrefugium in der Nähe von Augsburg, das alle Sinne anspricht. Elf Seminarräume, verteilt auf die verschiedenen Gebäude des Anwesens, übernehmen die Aufgabe, Lernerfolge durch lernpsychologisch eingesetzte Farben und Formen optimal zu unterstützen. Tagungsgruppen können voneinander ungestört arbeiten, im Sommer lädt der schöne Tagungsgarten zu Pausen oder dem Arbeiten im Grünen ein. Überall strömt Licht hinein, Gedanken können beim Blick in das hohe Dachgebälk Grenzen überwinden, viel Holz und natürliche Materialien schaffen eine echte Wohlfühl-Atmosphäre. Dazu passt das vertraute Miteinander im Hotel: Drei Generationen der Platzers sind im Zum Schwarzen Reiter aktiv, die Mitarbeiter sind Teil der großen Familie, die, stets präsent und engagiert, kompetent und seit vielen Jahren dabei, den Gästen ein Zuhause auf Zeit geben möchte.

## Aus Tradition gut

## LOGIS

**48 Zimmer:**
19 EZ, 26 DZ, 1 Maisonette,
2 Juniorsuiten

## TAGUNG

**Besonders geeignet für:**
Seminar, Konferenz, Klausur

**Räume**
Tagungsräume: 11

**Maximale Tagungskapazität**
U-Form: 60 Pers.
Parlamentarisch: 80 Pers.
Reihenbestuhlung: 120 Pers.

**Preise**
Preiskalkulation 1* 62,86 €
Preiskalkulation 2* 235,29 €

Das gelingt auch durch die heimelige Atmosphäre, die das Gebäudeensemble entstehen lässt: Es gibt das Haus der Sinne, das Gartenhaus, das Haupthaus und natürlich den Traditions-Gasthof mit seinen schönen Stuben. Hier werden die Gäste kulinarisch verwöhnt mit bayerisch-mediterranen Köstlichkeiten, aber auch mit Wildspezialitäten wie Wildhackküchle, Damwildgulasch oder Rehschäuferl, denn alle „Platzers" sind leidenschaftliche Jäger. Den Leberkäs stellt der Seniorchef persönlich her und auch die Tagungspausen überraschen mit hausgemachten Aufstrichen und selbst gebackenem Kuchen. Wen wundert's, dass Arbeitstage meist in den urigen Stuben ausklingen. Zuvor kann der schöne Wellness-Bereich im Haus der Sinne besucht werden, er hat von 16 bis 22 Uhr geöffnet. Wer sich zur Ruhe in eines der gemütlichen Zimmer begibt, der findet – neben dem normalen Kopfkissen – auch ein airfect-Kissen für entspanntes optimales Liegen in der Nacht. *Uta Müller*

*Alle Angaben Nettopreise
zzgl. MwSt., Kalkulationsanfrage siehe Seite 32

HORGAU

  **A 8:** 5 km

  **Fern:** Augsburg Hbf., 16 km
**Nah:** Kutzenhausen, 8 km

  **Augsburg:** 24 km
**München:** 100 km

## WISSENSWERTES

- Passwortgeschütztes WLAN in jedem Tagungsraum
- Großer Festsaal für Konferenzen und Events
- Parkplatz am Haus mit derzeit 2 Ladestationen
- Schöner Wellness- und Fitnessbereich mit Liegegarten
- Joggingrouten ab Haus, Fahrradverleih
- Terrasse, Seminargarten, Biergarten im Sommer

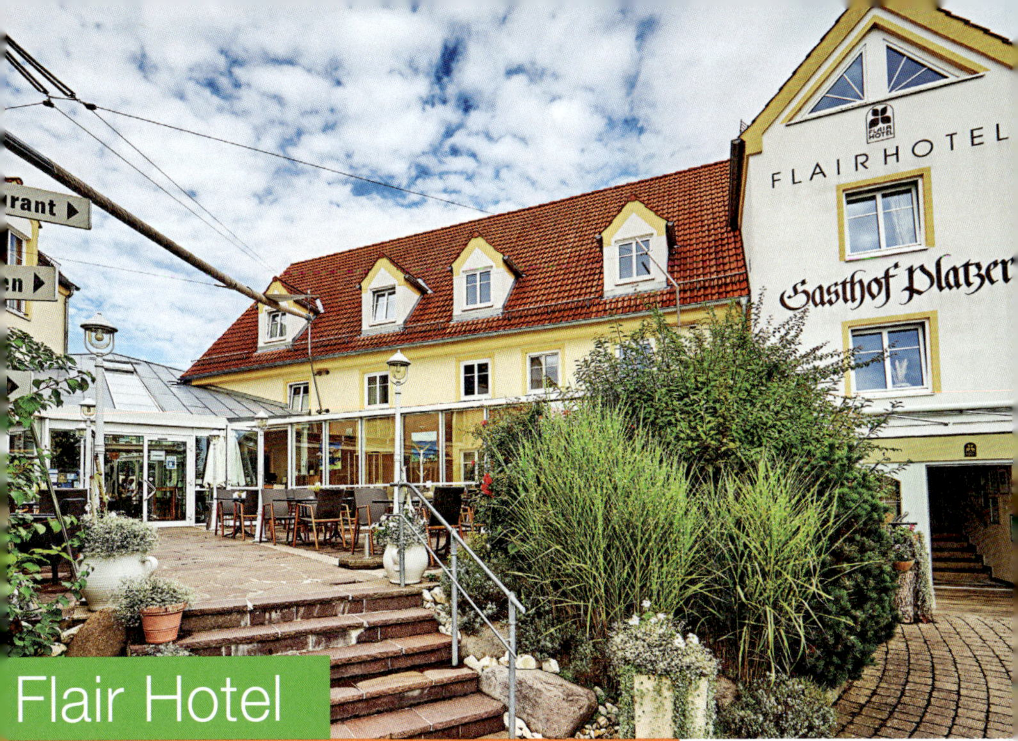

# Flair Hotel
# Zum Schwarzen Reiter

## FAZIT

Im Zum Schwarzen Reiter wird **Tradition gelebt** und erfolgreich mit einem **modernen, ergonomischen Arbeitsumfeld** kombiniert, das in **Farben und Formen lernpsychologisch unterstützt.**

Die **Familie und das Team** sind stets auf die Wünsche und das **Wohlergehen der Gäste** fokussiert.

Urige Stuben, eine schöne Terrasse und der Seminargarten bieten eine **gemütliche Atmosphäre für geselliges Beisammensein.**

**86497 HORGAU**
Hauptstraße 1
Tel. +49 8294 86080
mjp@zumschwarzenreiter.de

**www.zumschwarzenreiter.de**

86497

V eranstalter wissen: Ort und Ambiente eines Tagungshotels tragen maßgeblich zum Erfolg einer Veranstaltung bei. Denn erst die optimale Lernumgebung weckt Emotionen und lässt die Gäste erfolgreich und kreativ arbeiten – wie im Hotel Klostergasthof in Thierhaupten. Zwischen München und Ulm inmitten der schönen Landschaft Schwabens gelegen, wurde das Anwesen vor etwa 400 Jahren als Brauerei des ansässigen Benediktinerklosters gebaut. Heute beeindruckt das denkmalgeschützte Hotel mit einer einzigartigen Kombination aus historischen Räumen in modernem Look mit einem professionellen Lernumfeld und fröhlichem Design. Die fünf Seminarräume fördern jeder auf ganz individuelle Weise die Lernmotivation der Tagungsgäste. Der klimatisierte Pavillon als eigenständiger Raum mit Pausenbereich schafft mit seinen transparenten Wänden Weite, lässt Gedanken schweifen und holt die Natur herein. Die angrenzende Terrasse ermöglicht einen schnellen Lernortwechsel – ungestört kann dort im Sommer unter großen Segeln im Freien gearbeitet werden. Das Kreativ-Studio punktet mit einer großen Medienwand und kabellosem ClickShare-System – von ihm geht es direkt in das Amphitheater unter freiem Himmel. Auch im Seminarraum Denk.Mal ist Lernerfolg garantiert: Der historische Gewölberaum schafft eine geschützte Atmosphäre, moderne ergonomische Möbel in frischen Farben machen gute Laune – so wie das ganze Hotel. Wenn dort gespeist wird, wo früher die Sudkessel standen, sitzen die Gäste auf stilvollen wertigen Designermöbeln, moderne Kunst ziert die weiß gekalkten Wände – Ästheten werden begeistert sein. Auch das neue Design Loft kommt bei den Kunden gut an: Der moderne Boardroom mit Küche und Gruppenraum dient informellen Gesprächen und Strategiesitzungen, die in hochwertiger und ungestörter Atmosphäre stattfinden sollen. Unterstützt werden Lernerfolge durch zahlreiche Rahmenprogramme und Teambildungs-Aktivitäten im schönen Lechtal. Beliebter Meeting-Point am Abend sind die Terrasse oder das ansprechende À-la-carte-Restaurant in der historischen Gaststube. Hier genießen die Gäste die frische regionale Küche und anschließend das exklusiv für den Klostergasthof gebraute naturtrübe Kellerbier.

*Uta Müller*

## Kreatives Lernen macht Spaß

**LOGIS**

**47 Zimmer:**
19 EZ, 20 DZ,
8 Maisonettes

**TAGUNG**

**Besonders geeignet für:**
Seminar, Klausur,
Kreativprozesse, Event

**Räume**
Tagungsräume:                     5

**Maximale Tagungskapazität**
U-Form:                24 Pers.
Parlamentarisch:       26 Pers.
Reihenbestuhlung:      45 Pers.

**Preise**
Preiskalkulation 1*       68,00 €
Preiskalkulation 2*      251,00 €

*Alle Angaben Nettopreise
zzgl. MwSt., Kalkulationsanfrage siehe Seite 32

THIERHAUPTEN

 **A 8:** 14 km

 **Fern:** Donauwörth, 25 km
**Nah:** Meitingen, 5 km

 **Augsburg:** 20 km
**München:** 80 km

**WISSENSWERTES**

• 40 Parkplätze am Hotel
• neuer Boardroom mit Küche und Gruppenraum
  für separates Arbeiten
• digitale Medienwände mit ClickShare
• interessante Rahmenprogramme und Outdoor-Aktivitäten
• Wellness-Oase mit Sauna und Dampfbad

# Hotel Klostergasthof
# Thierhaupten

**HOTEL**
**KLOSTERGASTHOF**
**THIERHAUPTEN**

## FAZIT

Das historische Anwesen bietet ein **inspirierendes Umfeld** für **erlebnis-orientiertes und inszeniertes Lernen** in individuell gestalteten Tagungsräumen.

Unterstützt werden Lernerfolge durch den **persönlichen Service des kompetenten Tagungsteams.**

Terrassen, ein Amphitheater und zahlreiche Rahmenprogramme laden zum erfolgreichen **Arbeiten und zur Teambildung im Freien** ein.

**86672 THIERHAUPTEN**
Augsburger Str. 3
Tel. +49 8271 81810
info@hotel-klostergasthof.de
**www.hotel-klostergasthof.de**

86672

463

n exponierter Lage auf dem Karlsberg, umgeben von der ländlichen Idylle Bayerisch-Schwabens, thront Hotel Kloster Holzen zwischen Himmel und Erde. Ganz in der über 800-jährigen Tradition der Einheit von Geistlichem und Weltlichem gibt es hier weder Denk- noch physische Barrieren, verschmelzen Welten zu einem größeren Ganzen: Arbeit und Freizeit, Spiritualität und irdisches Vergnügen, Schaffenskraft und Ruhe. Jahrhundertealte Mauern beheimaten eine hochmoderne Tagungswelt. Die Verbindung von klösterlicher Schlichtheit und zeitgemäßem Komfort in den Zimmern, Tagungsräumen und gastronomischen Bereichen schafft einen Ort, an dem mentale wie körperliche Erholung zur Bündelung von Energien für kreative Denkarbeit führen. Hierfür bietet Kloster Holzen zehn Veranstaltungsräume, von klassisch-schlichter Eleganz bis hin zum pompös-erhabenen Ambiente. Herausragend ist die Ausstattung mit ergonomischen Stühlen und Tischen, die mit Rollen versehen sind, um unkompliziert zwischen verschiedenen Szenarien, Plenum und Gruppenarbeit wechseln zu können. Auch die Präsentationstechnik mit TV-Screens, interaktiven Smartboards und digitalen Flipcharts überzeugt. Alle Tagungsräume sind in Kloster Holzen, wo Menschen mit und ohne Behinderung arbeiten, barrierefrei erreichbar. Grenzenlos ist auch die Auswahl eines Besprechungsorts unter freiem Himmel, beispielsweise im Kreuzgarten, unter Obstbäumen oder in einem Klosterhof. Geht es um ganzheitliche Lern- und Erlebniskonzepte, bietet das erfahrene Team eine Seminarberatung sowie einen bunten Strauß an Rahmenprogrammen an, die Arbeitsprozesse sinnvoll ergänzen: von Lifekinetik-Gehirntraining oder Business-Yoga über Teamkunst, Führungstrainings mit Alpakas oder GPS-Abenteuern bis hin zu Bavarian Highland Games mit Disziplinen wie Hufeisenwerfen, Baumstammsägen oder Maßkrugstemmen. Auch hier fließen Welten ineinander – Kontemplation und Aktion, persönliches Wohlgefühl und gemeinsames Erlebnis. In Hotel Kloster Holzen ist man dem Himmel, aber auch dem perfekten ganzheitlichen Tagungserlebnis nah!

*Raphael Werder*

## Grenzenlos arbeiten, erleben, kreativ sein

### LOGIS

**63 Zimmer:**
11 EZ, 47 DZ, 3 Deluxe-Zimmer,
1 Vierbettzimmer, 1 Dreibettzimmer

### TAGUNG

**Besonders geeignet für:**
Seminar, Klausur, Kreativprozesse

**Räume**
Tagungsräume: 10

**Maximale Tagungskapazität**
U-Form: 34 Pers.
Parlamentarisch: 60 Pers.
Reihenbestuhlung: 100 Pers.

**Preise**
Preiskalkulation 1* 85,29 €
Preiskalkulation 2* 297,82 €

*Alle Angaben Nettopreise zzgl. MwSt., Kalkulationsanfrage siehe Seite 32

ALLMANNS-HOFEN

 **A 8:** 25 km

 **Fern:** Donauwörth, 20 km
**Nah:** Nordendorf, 3 km

 **München:** 110 km

### WISSENSWERTES

- Das Hotel kann das ÖKOPROFIT-Zertifikat vorweisen, welches für ein sinnorientiertes, zukunftsfähiges und nachhaltiges Wirtschaften steht
- rollbare Stühle und Tische für schnelle Wechsel des Raum-Settings
- genial-einfache Videokonferenzen dank Kandao-Meeting-Pro-360°-Kamera
- Sitznischen indoor wie outdoor für kreatives Arbeiten
- Zentral und verkehrsgünstig im Süden gelegen, ist Kloster Holzen schnell von Stuttgart, München, Nürnberg etc. aus zu erreichen

# Hotel
# Kloster Holzen

**KLOSTER HOLZEN**
HOTEL · GASTRONOMIE · TAGUNGEN

## FAZIT

Das 2011 zum Hotel umgebaute ehemalige Benediktinerinnen-Kloster ist ein **Ort der Kraft und Ruhe,** welcher Arbeit und Entspannung, **Lebenslust und Spiritualität** vereint.

Hinter geschichtsträchtigen Klostermauern befindet sich eine hochmoderne Tagungswelt – mit **ergonomischem Premium-Mobiliar** und **interaktiver, smarter Tagungstechnik.**

Das Hotel ist **Spezialist für wirklich besondere, gehaltvolle Rahmenprogramme und Team-Events** – indoor sowie in der herrlichen Natur um die Klosteranlage.

**86695**
**ALLMANNSHOFEN**

Klosterstraße 1
Tel. +49 8273 9959-0
tagungen@kloster-holzen.de
**www.kloster-holzen.de**

86695

465

Fragt man Trainer und Seminarleiter, wie sich die Anforderungen für Tagungen in den letzten Jahren verändert haben, dann sind es vor allem zwei Dinge, die herausstechen: zuvorderst ein deutlich erhöhter Platzbedarf, gefolgt vom Wunsch nach einem inspirierenden, natürlichen Umfeld. Beides – viel Freiraum und eine inspirierende Umgebung im Grünen – ist im Steigenberger Hotel Der Sonnenhof, im Erholungsort Bad Wörishofen am Rande des Münchner Speckgürtels, in besonderem Maße vorhanden. Das 5-Sterne-Superior-Hotel samt Tagungszentrum „INSPIRA" überzeugt durch wohnlich-komfortable Zimmer, hochwertig eingerichtete Tagungsräume und eine Vielzahl an Möglichkeiten im und ums Hotel, Gruppen auch bei mehrtägigen Aufenthalten abwechslungsreich zu unterhalten. Variantenreich ist das F&B-Angebot, von euro-asiatischer Kost im Showküchen-Restaurant „CALLA" über französische Küche im Bistro „Petit Plaisir" bis hin zu regionalen Schmankerln in der „König Ludwig Lounge". Ergänzend hinzu kommt ein Indoor-Biergarten, ebenfalls dem König der Bayern geweiht, der alpenländisches Flair oder Oktoberfeststimmung zu jeder Jahreszeit und bei jedem Wetter garantiert – und der von vielen Gästen als Highlight beschrieben wird. Ein Highlight ist auch das große Tagungsfoyer im INSPIRA, das, genauso wie zwei der zwölf Tagungsräume, mit Pkw befahrbar

## LOGIS

**156 Zimmer:**
24 EZ, 119 DZ, 13 Suiten

# INSPIRATION wird
# großgeschrieben

## TAGUNG

**Besonders geeignet für:**
Seminar, Konferenz, Klausur, Event

**Räume**
Tagungsräume:                    12
Ausstellungsfläche:        300 m²

**Maximale Tagungskapazität**
U-Form:                    52 Pers.
Parlamentarisch:          144 Pers.
Reihenbestuhlung:         240 Pers.

**Preise**
Preiskalkulation 1*          72,90 €
Preiskalkulation 2*         327,54 €

ist und oft als Ausstellungsfläche bei Kongressen oder Präsentationen dient. Tagungsteilnehmer freuen sich über tadellose Technik, viel Tageslicht und ergonomisches Mobiliar sowie die Möglichkeit, für Outdoor-Sessions oder Pausen in den hoteleigenen Park wechseln zu können. Für kurze Pausen hält das Hotel entspannende wie aktivierende Angebote bereit, die unkompliziert umgesetzt werden können; Teambuildings und Rahmenprogramme wie Bayern-Olympiade, Kettenreaktion, GPS-Rallye oder Casino-Event werden von professionellen Partnern durchgeführt. Inspiration, Freiraum, Vielfalt, Qualität und Professionalität – im 5-Sterne-Superior-Hotel Der Sonnenhof nicht nur Versprechen, sondern gelebte Realität. Dafür steht das erfahrene Veranstaltungsteam – und das bezeugen auch zahlreiche 5-Sterne-Bewertungen professioneller Tagungsplaner und Trainer.          *Raphael Werder*

*Alle Angaben Nettopreise zzgl. MwSt., Kalkulationsanfrage siehe Seite 32

BAD WÖRIS-HOFEN

 **A 96:** 6 km

 **Fern:** Augsburg, 55 km
**Nah:** Bad Wörishofen, 1 km

 **Memmingen:** 35 km
**München:** 110 km

## WISSENSWERTES

- 4 E-Ladepunkte, ausreichend Parkplätze am Hotel und in direkter Umgebung
- Das Tagungsfoyer sowie zwei Räume im Erdgeschoss sind für Pkw befahrbar
- Ein Highlight für Tagungsgäste ist der König-Ludwig-Indoor-Biergarten, der für Abendevents, aber auch Arbeitseinheiten zur Verfügung steht
- separates WLAN-Netzwerk im Tagungszentrum, auch LAN-Verbindung möglich
- Die Spa-Nutzung ist nicht in die Teilnehmerpauschale eingepreist; so kann das 5-Sterne-S-Hotel bemerkenswert günstige Tagungsraten anbieten

# Steigenberger Hotel
## Der Sonnenhof

### FAZIT

**Vor den Toren der bayerischen Hauptstadt** gelegen, empfiehlt sich der Sonnenhof mit **reichlich Platz** sowie vielfältigen F&B- und Erlebnisangeboten für **Tagungen und Konferenzen im Grünen.**

Im angeschlossenen **Tagungszentrum „INSPIRA"** genießen Teilnehmer und Seminarleiter eine **modern-wertige Ausstattung** sowie eine herzlich-professionelle Betreuung durch das **erfahrene Veranstaltungsteam.**

STEIGENBERGER
**HOTEL DER SONNENHOF**
BAD WÖRISHOFEN

**86825**
**BAD WÖRISHOFEN**

Hermann-Aust-Straße 11
Tel. +49 8247 9595-700
veranstaltung@inspira-sonnenhof.de
**www.inspira-sonnenhof.de**

86825

# Das Größte im Allgäu

Mit 26 Veranstaltungsräumen, 150 m² Präsentationsfläche, 423 Zimmern sowie passenden Verpflegungs- und Abendgestaltungskonzepten für Gruppen von 6 bis 600 Personen ist das AllgäuSternHotel einschließlich AlpenCongressCentrum schon rein quantitativ „das Größte" (Tagungshotel) im Allgäu. Für viele Stammgäste, kleine Mittelständler wie Global Player, ist es überhaupt „das Größte", hier tagen zu dürfen. Denn mit seinen Bergen und Seen ist das Allgäuer Alpenland ein Sehnsuchtsort, an dem Schwäbisches, Bayerisches und Österreichisches zu einer Melange verschmelzen, von der Tagungsgruppen schwärmen. Und auch das Hotel selbst überzeugt mit einer bunten Mischung aus Angeboten zur Durchführung von Kleingruppenmeetings bis hin zu Großveranstaltungen. Die Tagungsräume im Haupthaus bieten Standardausstattung und einen schönen Blick ins Grüne. Das moderne AlpenCongressCentrum mit seinen 15 Workshopräumen für Gruppenarbeiten oder Meetings, sechs Tagungssalons und dem 550 m² großen CongressSaal begeistert mit ergonomischem Mobiliar sowie hochwertiger Licht-, Video- und Audio-Technik. Ein direkter Zugang zu Balkonen oder zur Terrasse ermöglicht genussreiche Pausen an der frischen Alpenluft mit belebendem Weitblick. Die vielfältigen Möglichkeiten der Abendgestaltung laden dazu ein, den Aufenthalt zu etwas ganz Besonderem zu machen: Neben exquisiten Menüs im PanoramaRestaurant erfreuen sich die exklusiv buchbare, urig-bayerische Bierstube und das gehobene Ambiente des Weinkellers großer Beliebtheit. Zwei Bowlingbahnen und ein Spielsalon mit Billard, Air Hockey, Flipper, Darts und Box-Automat sind überaus förderlich für die Stimmung und Interaktion im Kollegenkreis. Wer bis in die Morgenstunden feiern möchte, wird beim Nightclub mit Bar, gemütlichen Sitzecken und Tanzfläche fündig. Das vollendete Allgäu-Feeling entsteht, sommers wie winters, beim Tagesausklang auf der 30 Gehminuten entfernten „Sonnenkopfhütte". Dort erleben Gäste das wahrhaft Größte im Allgäu: eine unvergessliche Team-Zeit in gemütlich-rustikaler Atmosphäre, verwöhnt mit allen Köstlichkeiten, die die alpenländische Küche zu bieten hat.

*Raphael Werder*

## LOGIS

**423 Zimmer:**
268 DZ, 29 Suiten, 56 Maisonettes, 70 Familienzimmer

## TAGUNG

**Besonders geeignet für:**
Seminar, Konferenz, Event

**Räume**
| | |
|---|---|
| Tagungsräume: | 26 |
| Ausstellungsfläche: | 150 m² |

**Maximale Tagungskapazität**
| | |
|---|---|
| U-Form: | 42 Pers. |
| Parlamentarisch: | 320 Pers. |
| Reihenbestuhlung: | 500 Pers. |

**Preise**
| | |
|---|---|
| Preiskalkulation 1* | 72,27 € |
| Preiskalkulation 2* | 290,68 € |

*Alle Angaben Nettopreise zzgl. MwSt., Kalkulationsanfrage siehe Seite 32

SONTHOFEN

**A 7:** 28 km

**Fern:** Ulm, 120 km
**Nah:** Sonthofen, 3 km

**Memmingen:** 75 km
**München:** 180 km

## WISSENSWERTES

- 4 E-Ladestationen, 250 Parkplätze ums Hotel und in der Tiefgarage
- inmitten der Alpen und doch schnell erreichbar über die A 7 und B 19
- dank 423 teils neu renovierter Zimmer perfekt auch für Großgruppen
- Glasfaser sorgt selbst bei großen Teilnehmerzahlen für stabiles Internet
- zum Trainieren und Entspannen stehen u.a. ein Fitnessraum, ein Schwimmbad, mehrere Saunen sowie ein Beachvolleyballfeld auf dem Dach zur Verfügung; direkt am Hotel starten Wanderwege und Joggingstrecken

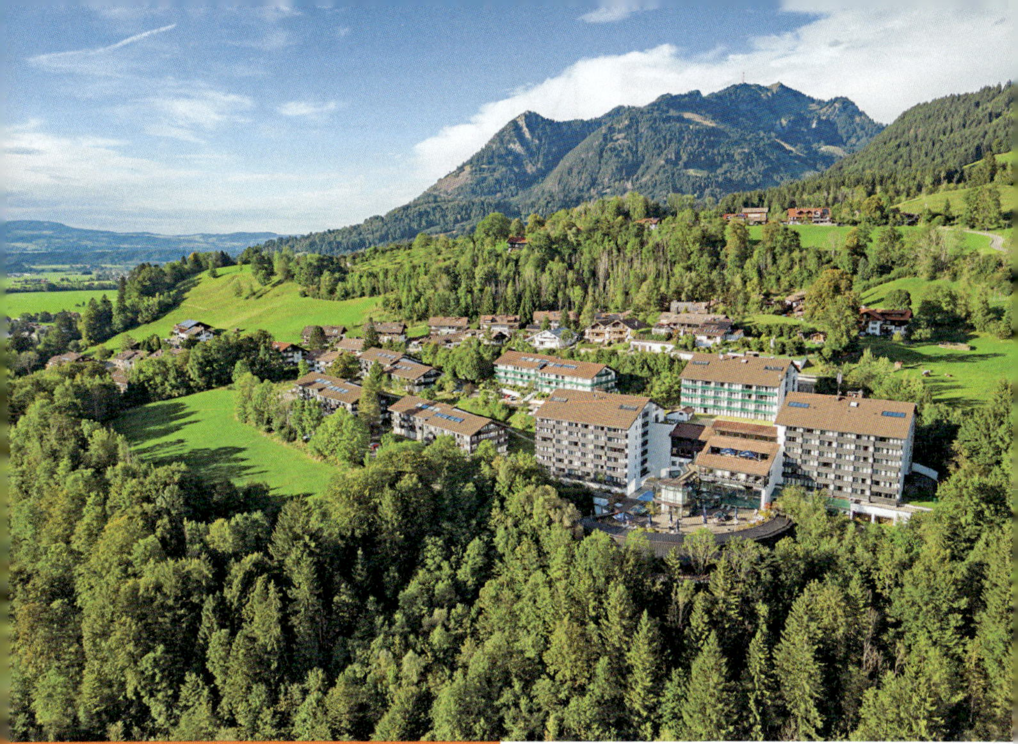

# AllgäuSternHotel

## FAZIT

Das AllgäuSternHotel bietet mit dem AlpenCongressCentrum **modernsten Tagungskomfort für eine Vielzahl von Veranstaltungsarten,** von Kleingruppenmeetings bis hin zu Kongressen, außerdem für jede Gruppengröße die **passende Location zur individuellen Abendgestaltung.**

Dank der **traumhaften Lage am Fuße der Oberstdorfer Alpen** ist das Hotel zu jeder Jahreszeit Ausgangspunkt für beeindruckende sportliche, kulturelle oder kulinarische Rahmenprogramme.

**87527 SONTHOFEN**
Buchfinkenweg 2
Tel. +49 8321 2790
info@allgaeustern.de
**www.allgaeustern.de**

87527

**M**ajestätisch überragt das feuerrote Mansarddach mit schneeweißem Risalit die Dächer des Örtchens Lautrach im Unterallgäu: 1781 als Propstei des Fürstabts von Kempten gegründet, wurde Schloss Lautrach stetig kunstvoll erweitert, bis es 1993 seine Tore für Tagungsgruppen öffnete, um ihnen ein prachtvolles Umfeld für bedeutsame Begegnungen zu bieten. Große Kunst erwartet Gäste im weitläufigen Park, der mit Blumenbeeten, altem Baumbestand und Skulpturen begeistert und der für Gruppenarbeiten oder Rahmenprogramme genutzt wird, genauso wie im denkmalgeschützten Schloss, wo wechselnde Kunstausstellungen das historische Ambiente kontrastieren und Schätze wie ein mit Edelsteinen besetztes Gemmenkreuz des Bildhauers Max Faller ihre Heimat finden. Die Tagungsräume verleihen Begegnungen schon allein durch ihre Ästhetik Bedeutung, zuvorderst die Anschütz-Kaempfe-Bibliothek, benannt nach dem Erfinder des Kreiselkompasses und einstigen Schlossbesitzer: In den mit Antiquitäten, Wandvertäfelungen und Gemälden bestückten Prachtraum fügen sich ergonomische Stühle der Premium-Marke Thonet so elegant ein wie die moderne Lichttechnik und ein Multifunktionsboard, das HD-Präsentationen und virtuelle Zuschaltungen ermöglicht, die dank Highspeed-Internets störungsfrei funktionieren. Ein weiteres Highlight ist das 1825 errichtete Rokoko-Theater, das bedeutenden Botschaften oder Festakten einen edlen Rahmen gibt. Durch ihre repräsentative Atmosphäre überzeugen auch sämtliche Seminarräume, die nach Wissenschaftlern und Künstlern benannt sind, die sich hier in den 1920er-Jahren zum Austausch trafen. Schon damals zeichnete sich Schloss Lautrach übrigens, wie wir dank Albert Einstein wissen, der seinen Aufenthalt als „paradiesisch" bezeichnete, durch große Gastgeber-Kunst aus. Heute präsentiert sich die Küche hochklassig-originell, gleichzeitig der Nachhaltigkeit verpflichtet; 5-Gänge-Menüs werden genauso detailverliebt zubereitet wie seminargerechte Kost. Auf ebenso hohem Niveau agiert der Service, der Gästewünsche hingebungsvoll erfüllt und damit die Geschichte Schloss Lautrachs als Ort paradiesischer Aufenthalte fortschreibt. *Raphael Werder*

## Große Kunst für paradiesische Begegnungen

**LOGIS**

**80 Zimmer:**
25 EZ, 55 DZ

**TAGUNG**

**Besonders geeignet für:**
Seminar, Konferenz, Klausur, Event

**Räume**
| | |
|---|---|
| Tagungsräume: | 14 |
| Ausstellungsfläche: | 200 m² |

**Maximale Tagungskapazität**
| | |
|---|---|
| U-Form: | 34 Pers. |
| Parlamentarisch: | 48 Pers. |
| Reihenbestuhlung: | 100 Pers. |

**Preise**
| | |
|---|---|
| Preiskalkulation 1* | 78,50 € |
| Preiskalkulation 2* | 314,00 € |

*Alle Angaben Nettopreise zzgl. MwSt., Kalkulationsanfrage siehe Seite 32

**A 96:** 6 km
**A 7:** 11 km

**Fern:** Memmingen, 13 km
**Nah:** Memmingen, 13 km

**Memmingen:** 17 km

### WISSENSWERTES

- Das Hotel legt großen Wert auf regionale Produkte, oft in Bio-Qualität. 2023 erhielt es die Goldurkunde des „Umwelt- und Klimapakt Bayern"
- 4 Ladepunkte für E-Fahrzeuge sind vorhanden
- Im prachtvollen Rokoko-Theatersaal können einzigartige Papiertapeten der Pariser Manufaktur Dufour aus dem Jahr 1825 bewundert werden
- Abends locken die urige Bierstube oder der exklusiv buchbare Weinkeller
- Der Freizeitbereich bietet Tischtennis, Kicker, Billard, Fitness, Wellness

# Schloss Lautrach

## SCHLOSS LAUTRACH

### FAZIT

Das Schloss mit seinem weitläufigen Park bietet als historischer **Ort der Begegnung** von großen Denkern und Künstlern ein **imposantes Ambiente für denkwürdige Meetings,** Konferenzen, Feiern und Klausuren.

Die niveauvolle Gastgeberkultur legt hohen Wert auf Qualität und Individualität – davon zeugen eine **hochklassig-originelle Küche** sowie ein **hingebungsvoller Service,** der alle Gäste gleichermaßen fürstlich umsorgt.

**87763 LAUTRACH**

Schloßstraße 1
Tel. +49 8394 910-0
hotel@schloss-lautrach.de
**www.schloss-lautrach.de**

87763

D er Lebensweisheit „Zu einem klaren Kopf gehört ein gesunder Körper" folgend hat sich das Ringhotel Krone darauf spezialisiert, Tagungsgästen eine Wohlfühlumgebung bereitzustellen, die in ihrer Vielfalt und Qualität ihresgleichen sucht. Aufgrund dieser über die Jahre optimierten Fokussierung sowohl auf Tagung als auch auf Freizeit und Wellness darf man behaupten, das Hotel sei die versinnbildlichte Krone der Work-Life-Balance, die Heimat des Genusstagens. Damit erfüllt das unter der Ringhotel-Flagge segelnde Haus das Motto besagter Kooperation „Echt HeimatGenuss erleben" auf vortrefflichste Weise. Einen Gutteil dazu bei trägt eine hervorragende regionale Frischeküche, welche auf die Schätze der Bodenseeregion zugreift und Tagungsgäste mit seminargerechter, vitaler Kost verwöhnt. Eine weitere auf den Wohlfühlfaktor einzahlende Komponente ist die Atmosphäre des Hauses mit über 100-jähriger Geschichte: Idyllisch gruppieren sich die Gebäudeteile um eine Gartenanlage, die Tagungsgäste einlädt, während der Pausen Körper und Geist an der frischen Luft zu aktivieren. Modern und einladend präsentiert sich der separierte Tagungsbereich – erst im März 2025 wurden das Tagungsfoyer sowie drei Räume renoviert und teilweise neu ausgestattet. Heimelig eingerichtet ist der Restaurantbereich mit einer Vielzahl an Räumen und Sitznischen, die es Tagungsgruppen ermöglichen, separiert zu speisen. Am Abend locken zwei stimmungsvoll eingerichtete Bars, um den Tag genüsslich-ruhig oder schwungvoll mit einem Cocktailkurs ausklingen zu lassen. Schwungvoll geht es auch auf der Kegelbahn, in der Tennishalle und auf dem hoteleigenen Minigolfplatz zu; entspannt im üppigen Wellnessbereich. Ergänzt wird die Angebotsvielfalt durch die nahezu grenzenlosen Outdoor-Möglichkeiten zu Wasser und an Land, welche das Dreiländereck am Bodensee bietet. Aufgrund der heimeligen Atmosphäre, der Vielzahl an Freizeitangeboten und nicht zuletzt auch dank des herzlich-professionellen Services des Teams rund um die Inhaberfamilie Rueß ist die Krone eine der ersten Adressen, um Teams für geleistete Denkarbeit mit einer exzellenten Work-Life-Balance zu belohnen.

*Raphael Werder*

# Die Krone der Work-Life-Balance

## LOGIS

**145 Zimmer:**
35 EZ, 100 DZ, 10 Suiten

## TAGUNG

**Besonders geeignet für:**
Seminar, Klausur

**Räume**
Tagungsräume: 6
Ausstellungsfläche: 100 m²

**Maximale Tagungskapazität**
U-Form: 30 Pers.
Parlamentarisch: 50 Pers.
Reihenbestuhlung: 50 Pers.

**Preise**
Preiskalkulation 1* ab 75,00 €
Preiskalkulation 2* ab 270,00 €

*Alle Angaben Nettopreise zzgl. MwSt., Kalkulationsanfrage siehe Seite 32

**FRIEDRICHS-HAFEN**

**A 96:** 27 km
**A 98:** 45 km
**A 81:** 55 km

**Fern:** Friedrichshafen-Stadt, 4 km

**Friedrichshafen:** 7 km

## WISSENSWERTES

- Nachhaltigkeitszertifikat „GreenSign"
- Parken in der Tiefgarage oder auf dem Parkplatz am Haus. Sechs E-Ladestationen stehen bereit
- Vielzahl entspannender oder aktivierender Begleitprogramme: Tennishalle, Minigolfplatz, Fitnessraum sowie Wellnessbereich mit Schwimmbädern, Saunen, Salzgrotte und Ruhebereich
- Das Tagungsfoyer sowie drei Räume wurden erst im März 2025 renoviert

# Ringhotel Krone
# Schnetzenhausen****(S)

## FAZIT

Getreu dem Ringhotel-Motto **„Echt HeimatGenuss erleben"** ist das Hotel der perfekte Ort fürs **Tagen mit Work-Life-Balance,** um vor allem mehrtägige Tagungen mit **vielfältigen erholsamen oder aktivierenden Programmen** zu bereichern.

**Sehr gute, regionale Frischeküche,** welche auf die Schätze der Bodenseeregion zugreift und Tagungsgäste mit **seminargerechter, vitaler Kost** verwöhnt. Eine große Auswahl vegetarischer Speisen ist so selbstverständlich wie handgemachte Soßen und Spätzle.

**88045
FRIEDRICHSHAFEN**

Untere Mühlbachstraße 1
Tel. +49 7541 408-0
tagungen@ringhotel-krone.de
**www.ringhotel-krone.de**

88045

S eit Bäckermeister Alois Maier am Pfingstsonntag 1936 die Café-Pension Maier im schönen Bodensee-Örtchen Fischbach bei Friedrichshafen eröffnete, hat sich viel getan: Jede Generation modernisierte und erweiterte das in Familienbesitz gebliebene Haus. Zuletzt wurde ein architektonisch bemerkenswerter Neubau eröffnet – die silberne Textilhaut der Fassade erinnert an die hier heimischen Zeppeline – mit einem kleinen, feinen Tagungsbereich, perfekt für Gruppen, die unter sich bleiben möchten. Was sich seit der Gründung nicht verändert hat: Die familiäre Atmosphäre, der hervorragende Service und die gehoben-authentische Kulinarik-Kultur. So werden, den Vorgaben der Slow Food Chef Alliance entsprechend, im Restaurant „Die Speiserei im Maier" mit höchster Sorgfalt zubereitete Gerichte serviert, für die vor allem saisonale, aus dem Bodensee und dem Umland stammende Lebensmittel in Bio- und Demeter-Qualität verarbeitet werden. Die Bodenseeregion prägt nicht nur die Speisekarte des 300 Meter vom Ufer entfernten Hauses. Vielfältige Möglichkeiten verführen zu Teambuildings am und im Wasser; die Nähe zu den Vorarlberger Alpen ermöglicht Rahmenprogramme im alpinen Gelände wie Mountainbike- oder Kletter-Touren. Doch auch wer keinen diesbezüglichen Bedarf hat, schätzt die Lage am See, den Naturbadestrand oder die Joggingstrecke als Wohlfühl-Ergänzung zum Angebot des Hotels mit Sauna, Dampfbad und Ruheraum. Rundum wohl fühlen sich Tagungsgäste genauso in den hellen, barrierefrei zugänglichen und in modern-natürlicher Designsprache gestalteten Tagungsräumen. Philips Screens und das drahtlose ClickShare-System liefern die passende Präsentationstechnik. Besonders attraktiv ist das Hotel für Gruppen, die ungestört sein wollen und für die zusätzlich zum Plenum ein bis zwei Besprechungsräume von Nutzen sind. Dann nämlich können sie den Tagungsbereich exklusiv buchen und erfreuen sich auch allein am schönen Innenhof, in dem neue Ideen dank der frischen Bodenseeluft besonders gut gedeihen – und in dem abendliche Grillevents den Teamzusammenhalt ECHT nachhaltig stärken.                *Raphael Werder*

## Exklusivtagung mit Bodensee-Bonus

### LOGIS

**75 Zimmer:**
6 EZ, 69 DZ

### TAGUNG

**Besonders geeignet für:**
Seminar, Klausur, Event

**Räume**
Tagungsräume:                4

**Maximale Tagungskapazität**
U-Form:                26 Pers.
Parlamentarisch:                30 Pers.
Reihenbestuhlung:                50 Pers.

**Preise**
Preiskalkulation 1*                89,00 €
Preiskalkulation 2*                245,00 €

*Alle Angaben Nettopreise
zzgl. MwSt., Kalkulationsanfrage siehe Seite 32

**FRIEDRICHSHAFEN-FISCHBACH**

**A 96:** 30 km
**A 81:** 52 km

**Fern:** Friedrichshafen Stadt, 5 km
**Nah:** Friedrichshafen-Fischbach, 0,3 km

**Friedrichshafen:** 10 km

### WISSENSWERTES

- Das Hotel ist Mitglied im Netzwerk „ECHT nachhaltig Bodensee" und verarbeitet regionale Lebensmittel, vor allem in Bio- oder Demeter-Qualität
- große Philips Screens mit drahtlosem ClickShare-Präsentationssystem
- eine integrierte Kamera ermöglicht hybride Meetings, einfach und effizient
- schöner kleiner Saunabereich mit Dachterrassenzugang
- 30 hoteleigene Parkplätze (Tiefgarage), weitere öffentliche in der Nähe
- nur ca. 10 Autominuten vom Flughafen und vom Messegelände entfernt

# Hotel Maier

HOTEL
# MAIER

## FAZIT

Ein Haus für **bewusste Genießer:** Als Mitglied der Slow Food Chef Alliance und der GWÖ Gemeinwohl-Ökonomie besticht das Hotel durch ein **nachhaltig-authentisches Kulinarik-Konzept.**

Die **Lage nahe dem Bodenseeufer** ermöglicht Rahmenprogramme und Teambuildings am und im Wasser, mit herrlichem Blick auf die Alpen.

**Ideal für Exklusivbuchungen** des Tagungsbereichs mit Plenum, ergänzendem Besprechungsraum und Gruppenarbeitsmöglichkeiten im Innenhof.

**88048 FRIEDRICHS-HAFEN-FISCHBACH**

Poststraße 1–3
Tel. +49 7541 4040
veranstaltung@hotel-maier.de
www.hotel-maier.de

88048

475

E ntschleunigung – ein Lifestyle-Trend, der im Business-Kontext oft kritisch beäugt wird. Tatsächlich ist kontrollierte Langsamkeit jedoch ein Zustand, den sich viele Getriebene in unserer schnelllebigen Welt ersehnen. Und obgleich es scheint, als würde Potenzial vergeudet, berichten Menschen, welche die Kraft des „Slow Living" entdeckt haben, dass sie sich nicht nur besser fühlen, sondern auch produktiver sind als im früheren, hektischen Leben – weil sie fokussierter sind bei allem, was sie tun, und so das Tempodefizit wettmachen. Ein dazu passendes Konzept des achtsamen Tagens entwirft das neu eröffnete Seegut Zeppelin an einem ruhigen, unter Naturschutz stehenden Ufer des Bodensees. Hier, auf dem vier Hektar großen Landschaftspark rund um die „Villa Gminder", finden Tagungsgruppen einen idyllischen Rückzugsort für bewusste Businessevents. Im Hotel mit nachhaltigem Schwerpunkt ist der Mensch zu Gast in der Natur, vom respektvollen Verhalten profitieren beide. So verschont die strenge Beachtung einer Höchstzahl an Tagesgästen die Natur und auch Tagungsgruppen von den Touristenmassen des stark frequentierten Bodensees. Der Gedanke des harmonischen Teilens zugunsten eines nachhaltigen Mehrwerts zieht sich fort: Im Restaurant „PINUS" stehen Slow Food und Food-Sharing im Mittelpunkt, was bedeutet, dass die Küche von „Root to Leave" auf eine möglichst vollständige Verarbeitung von Lebensmitteln achtet. Außerdem liegt der Schwerpunkt auf einer vegetarischen Küche, welche die Pflanzenwelt gekonnt in Szene setzt und Fleisch wie Fisch als edle Beilage miteinbezieht. Das Slow-Food-Konzept, das durch die Idee des Mindful Drinking ergänzt wird, gipfelt im Mindful Meeting in einem der technisch wie optisch hochwertig ausgestatteten Tagungsräume. Für Flexibilität sorgen weitere Besprechungsräume sowie der Zugang ins Freie, wo man zwischen Bäumen und Wildblumen den Kopf frei bekommen kann. Begeistern werden die Aufenthalte im entschleunigenden Umfeld nicht nur Tagungsgäste, sondern letztlich auch die Unternehmen; weil Veranstaltungen im Refugium am See lange in Erinnerung – und das Besprochene, Erlernte sowie das Erlebte somit nachhaltig präsent bleiben. *Raphael Werder*

## LOGIS

**62 Zimmer:**
62 DZ

# Mindful Meetings im Refugium am See

## TAGUNG

**Besonders geeignet für:**
Seminar, Konferenz, Klausur

**Räume**
Tagungsräume: 10

**Maximale Tagungskapazität**
U-Form: 32 Pers.
Parlamentarisch: 48 Pers.
Reihenbestuhlung: 108 Pers.

**Preise**
Preiskalkulation 1* 102,00 €
Preiskalkulation 2* 404,00 €

*Alle Angaben Nettopreise
zzgl. MwSt., Kalkulationsanfrage siehe Seite 32

**FRIEDRICHS-HAFEN**

 **A 96:** 32 km

 **Fern:** Friedrichshafen, 6 km
**Nah:** Fischbach, 1 km

 **Friedrichshafen:** 12 km
**Memmingen:** 90 km

## WISSENSWERTES

- Insgesamt 62 Parkplätze am Hotel sowie in der Tiefgarage
- Ein moderner Fitnessraum, ein Yogaraum sowie der Garten Spa mit Sauna, Sanarium, Erlebnisduschen und Ruheraum stehen zur Verfügung
- Übers Smart-TV-System auf den Zimmern können individuelle Botschaften wie Begrüßungstexte oder Ablaufpläne gesendet werden
- Naturschutz und Wohlfühlatmosphäre stehen an oberster Stelle. Raucherbereiche sind im sonst komplett rauchfreien Grundstück gekennzeichnet

# Seegut Zeppelin

**SEEGUT ZEPPELIN**

## FAZIT

**Entschleunigung, Achtsamkeit, Fokus auf das Wesentliche.** Dieser Ort, an dem herrliche Natur, faszinierende Architektur und ein inspirierendes Hotelkonzept miteinander verschmelzen, ist prädestiniert für **ablenkungsfreie Klausuren und Mindful Meetings.**

Indem das Restaurantkonzept **Nachhaltigkeit, Slow Food, Food-Sharing und bewusstes Genießen** in den Mittelpunkt stellt, unterstützt es optimal den **Erfolg von Teambildungen und Persönlichkeitsentwicklungen.**

**88048**

**88048**
**FRIEDRICHSHAFEN**
Ziegelstraße 5
Tel. +49 7541 959360
post@seegut-zeppelin.de
**www.seegut-zeppelin.de**

477

**R**outinierte Tagungsteilnehmer kennen es leider zur Genüge: Tagungsbetreuung nach Schema F. Selbst in unkonventionell erscheinenden Hotels kommt vor Ort häufig die Ernüchterung: irgendwie läuft doch alles stereotyp, mechanisch, nach Schema F. Wer solche Erfahrungen leid ist, sollte unbedingt „Schema S" kennenlernen; die genau entgegengesetzte Gästebetreuung, wie im Hotel Bad Schachen praktiziert. Das wohl schönste Grandhotel am Bodensee wird seit 1752 als Familienbetrieb geführt; mittlerweile ist die achte Generation der Familie Schielin verantwortlich für die Bewahrung des mondänen Charmes des geschichtsträchtigen Ortes – und für das Wohl der Gäste. An erster Stelle in „Schema S" steht deshalb ein ‚S'ervice-Gedanke, der die Erfüllung individueller Gästewünsche in den Mittelpunkt stellt. Ein weiterer Stützpfeiler ist der noble ‚S'til, in dem das Hotel entworfen und eingerichtet wurde, von der großzügigen Hotelhalle über die Restaurantbereiche, die atmosphärische Rendezvous-Bar und die Zimmer bis hin zu den tageslichthellen, klimatisierten Tagungsräumen. Die ‚S'alons, so werden Letztere genannt, sind zwischen 30 und 200 m² groß und bilden einen würdigen Rahmen für Führungskräftemeetings, Tagungen oder Konferenzen. Ihre Repräsentativität verdanken die Räume der noblen Ausgestaltung und dem hochwertigen Mobiliar, außerdem sicherlich auch der Strahlkraft der Nobelpreisträgertagung, die hier seit 1951 jährlich stattfindet. Ein Highlight und der vielleicht stärkste emotionale Ankerpunkt, nicht nur für Nobelpreisträger, ist die sensationelle ‚S'eelage mit Weitblick zum Alpenpanorama auf der gegenüberliegenden Seeseite. Der weitläufige Park oder die Seeterrasse sind deshalb bei gutem Wetter „place to be" – schon zum Frühstück, dann in den Pausen und auch später, wenn man den Tag beim gemeinsamen Grillen ausklingen lässt, dabei die Lichter um den See und den sagenhaften Sternenhimmel darüber genießt. Verständlich, dass, wer einmal hier getagt hat, wünscht, nie mehr nach Schema F zu tagen. Und sich nach dem sensationellen ‚S'ee- und Bergblick sehnt, dem schicken ‚S'trandbad, der ‚S'ervicementalität, den ‚s'tilvollen ‚S'alons; dem Tagen nach „Schema S" im schönsten Grandhotel am Bodensee – in ‚S'chachen. *Raphael Werder*

# Stilvoll tagen nach „Schema S"

## LOGIS

**128 Zimmer:**
47 EZ, 62 DZ, 19 Suiten

## TAGUNG

**Besonders geeignet für:**
Seminar, Konferenz, Event

**Räume**
Tagungsräume: 5
Ausstellungsfläche: 400 m²

**Maximale Tagungskapazität**
U-Form: 54 Pers.
Parlamentarisch: 105 Pers.
Reihenbestuhlung: 250 Pers.

**Preise**
Preiskalkulation 1* ab 104,00 €
Preiskalkulation 2* ab 419,00 €

*Alle Angaben Nettopreise zzgl. MwSt., Kalkulationsanfrage siehe Seite 32

LINDAU

**A 96:** 6 km
**A 81:** 78 km

**Fern:** Lindau-Reutin, 3 km
**Nah:** Lindau-Enzisweiler, 1 km

**Friedrichshafen:** 20 km
**Memmingen:** 75 km

## WISSENSWERTES

- E-Ladesäulen für alle Modelle vorhanden
- Das 1924 erbaute Parkstrandbad, ein architektonisches Jugendstil-Juwel, steht für Events zur Verfügung
- Schachen Bad & Spa inklusive Fitness-Raum auf über 1.000 m²
- Bootcamps und Team-Coachings am und im Wasser, durchgeführt in Kooperation mit den Eventprofis von Kiwi-Connection
- Saison 2025 vom 7. April bis 5. Oktober, danach Winterpause

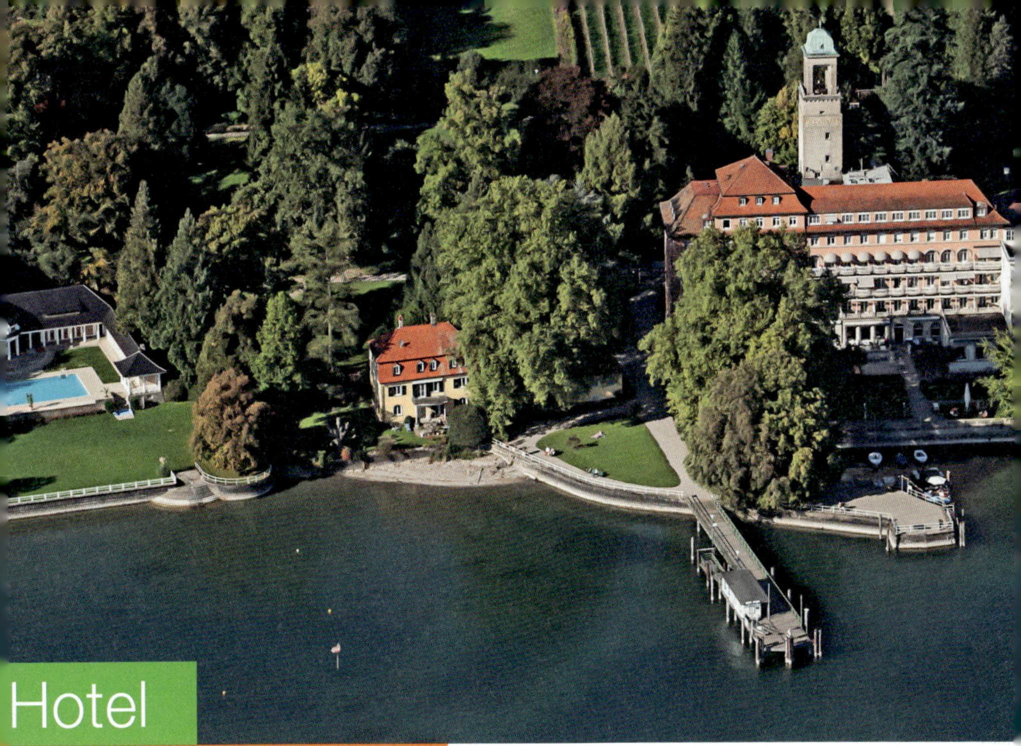

# Hotel
# Bad Schachen

## FAZIT

Das **Grandhotel am Bodensee** ist mit seinen repräsentativen Tagungs-salons und der weitläufigen Außenanlage samt Jugendstil-Parkbad eine **attraktive Spielwiese für anspruchsvolle Tagungsgäste,** insbesondere Personen der Führungsebene.

Der **hohe Serviceanspruch** und die enge Verbindung zum Bodensee kulminieren in einer **raffinierten regionalen Frischeküche.** Die kulinarische Palette reicht von klassischen Bodensee-Spezialitäten bis hin zu Köstlichkeiten der mediterranen Küche.

**88131 LINDAU**
Bad Schachen 1
Tel. +49 8382 2980
servus@badschachen.de
**www.badschachen.de**

88131

## Tagungsbetreuung mit Herz und Präzision

Stellen Sie sich vor, ein Unternehmerpaar, das sich mit Hochpräzisionsteilen für Automobil, Maschinenbau, Medizintechnik und andere Branchen weltweit einen Namen gemacht hat, entschlösse sich dazu, ein Hotel zu eröffnen – was, denken Sie, dürften Tagungsgäste dort erwarten? In Scheidegg, im lieblichen Westallgäu, finden Sie die Antwort! Dort führen Edith und Alois Berger seit 2018 ein 4-Sterne-Superior-Hotel, das ganz dem Leitspruch verpflichtet ist, der auch das 1955 gegründete Unternehmen prägt: „Präzision in Perfektion". So sorgfältig dort Baugruppen für die Industrie gefertigt werden, so zuverlässig betreut das Veranstaltungsteam im Hotel "edita" Tagungsgruppen, die hier für Seminare, Workshops oder Konferenzen zu Gast sind. Selbstredend erfüllt der vom übrigen Hotelleben separierte Tagungsbereich mit sieben nach heimischen Blumen benannten Räumen höchste Qualitätskriterien und so manchen stillen Referentenwunsch: ergonomische Möblierung, hochwertiges Equipment – neben klassischer Technik auch ein Samsung Flip sowie ein Videokonferenzsystem – und bestens gepflegte Moderatorenkoffer. Dabei wirkt das Arbeitsambiente so behaglich-heimelig wie das ganze Hotel, das von der Rezeption bis zu den Zimmern durch eine edle Designsprache mit Lokalkolorit begeistert. Eine zentrale Pausenzone im Tagungsbereich führt ins Freie, wo man sich schnell die Beine vertreten kann und dazu entweder den See am Kurhaus ansteuert, das übrigens zwei weitere vom Hotel verwaltete Räume für Großgruppen bietet, oder die Terrasse mit Weitblick in die Alpenwelt. Letztere ist auch prädestiniert für laue BBQ-Sommerabende mit Alpenglühen. Alternativ genießen Tagungsgruppen in Perfektion zubereitete 3-Gang-Menüs im Restaurant, gerne im Separee „Sennerei". Drinnen wie draußen, bei der Arbeit wie beim „Vergnügen danach" – Tagungsgruppen sind im "edita" bestens aufgehoben. Denn wo Hochpräzisions-Unternehmer die Geschicke leiten, arbeitet auch das Hotelteam überaus sorgfältig daran, perfekte Tagungserlebnisse zu schaffen, um Teilnehmer, Seminarleiter und Tagungsplaner nicht nur zufrieden zu stellen, sondern „wunschlos glücklich" zu machen.

*Raphael Werder*

### LOGIS

**93 Zimmer:**
87 DZ, 3 Suiten,
3 Juniorsuiten

### TAGUNG

**Besonders geeignet für:**
Seminar, Konferenz, Klausur

**Räume**
| | |
|---|---|
| Tagungsräume: | 9 |
| Ausstellungsfläche: | 150 m² |

**Maximale Tagungskapazität**
| | |
|---|---|
| U-Form: | 35 Pers. |
| Parlamentarisch: | 250 Pers. |
| Reihenbestuhlung: | 350 Pers. |

**Preise**
| | |
|---|---|
| Preiskalkulation 1* | 59,66 € |
| Preiskalkulation 2* | 234,45 € |

*Alle Angaben Nettopreise zzgl. MwSt., Kalkulationsanfrage siehe Seite 32

SCHEIDEGG

**A 96:** 14 km

**Fern:** Ulm Hbf., 120 km
**Nah:** Röthenbach, 12 km
**Nah:** Lindau, 18 km

**Friedrichshafen:** 35 km
**Memmingen:** 80 km
**München:** 220 km

### WISSENSWERTES

- 10 hoteleigene E-Ladestellen, davon 3 für Tesla-Modelle
- barrierefreie Zimmer, drei davon rollstuhlgerecht, in hochwertigem Design mit alpenländischer Note. Kissen-Service für den perfekten Schlaf
- vielfältige Rahmenprogramme im idyllischen Umland, wie Naturerlebnisführungen, Baumwipfelpfad, Kapellenwanderweg oder „Hüttenolympiade"
- voll ausgestatteter Fitnessraum sowie diverse Wellnessbereiche mit Sonnenterrasse, Pools und Saunen (Außen-Textilsauna mit Bergblick)

## Hotel "edita"

edita

work life resort
scheidegg

### FAZIT

Beim "edita" handelt es sich um ein **modernes Wellness- und Tagungshotel,** das höchste Qualität zu äußerst fairen Preisen bietet. Eingebettet in die **idyllische Voralpenkulisse** des Westallgäus ist es selbst „Wohlfühlort" sowie Ausgangspunkt vielfältiger Rahmenprogramme in der Natur.

Der **separierte Tagungsbereich** überzeugt mit ergonomischer Möblierung, hochwertiger Technik und einladender Optik. Das **eingespielte Veranstaltungsteam** agiert herzlich und professionell.

**88175 SCHEIDEGG**
Am Hammerweiher 3
Tel. +49 8381 91232-501
event@hotel-edita.com
www.hotel-edita.com

88175

481

Farny verheißt Genuss! Der Name steht für eine traditionsreiche Privatbrauerei, deren Wurzeln bis in die Mitte des 19. Jahrhunderts zurückreichen und die noch heute neben zahlreichen Biersorten hochwertige Spirituosen produziert und vertreibt. Die ursprüngliche Produktionsstätte, das Hofgut Farny, präsentiert sich heute als einzigartig schönes, der Tradition verpflichtetes Hotel, das sich ebenfalls dem Genuss verschrieben hat. Das historische Hofgutsgebäude, die Hofkapelle, das alte Sudhaus, Remisen und Stallungen wurden mit einem Neubau komplettiert. Im Vierländereck gilt das Haus als beliebtes Ausflugsziel, im großen Biergarten oder in einer der stilecht eingerichteten Gaststuben sitzend, genießen Gäste neben Hausgebrautem Köstliches aus Küche und Keller – frisch zubereitet und überwiegend regional produziert. Tagungsveranstaltern präsentiert sich Hofgut Farny als modernes, mit 4 DEHOGA-Sternen klassifiziertes Hotel, das anspruchsvoll eingerichtete und ausgestattete Tagungsräume offeriert. Die Alleinlage und das umgebende Naturschutzgebiet „Argental" machen das Haus zudem zu einer Tagungsdestination, in der absolut störungsfreies Arbeiten garantiert ist. 4 Räume stehen zur Verfügung – lichthell und teilweise miteinander kombinierbar, sind sie mit modernster Präsentations- und Kommunikationstechnik ausgestattet. Die Inneneinrichtung präsentiert sich zeitlos-klassisch, helles Holz vermittelt Natürlichkeit. Das Farb- und Lichtkonzept verdichtet Raumeindrücke zu einem stimmigen Ganzen. Über gleiche Qualitäten verfügt der 53 Zimmer, für rund 100 Gäste, umfassende Logisbereich: Gerade Linien und naturbelassene Hölzer bieten einen frischen Look und sorgen für ein hohes Maß an Aufenthaltsqualität. Wunderbar kontrastiert dazu die Gaststube, deren Einrichtung teilweise aus dem Jahr 1919 stammt: Hier lässt es sich vortrefflich genießen – die Küche versteht sich auf die Zubereitung regionaler Spezialitäten. Dass die Region eine Vielzahl von Angeboten für anspruchsvolle Rahmen- und Begleitprogramme hat, versteht sich. Sollte ein Teambuilding auf der Tagungsagenda stehen, empfiehlt sich die Kooperation mit einer ortsansässigen Outdooragentur. Im Jahr 2023 wurde der Logisbereich erweitert.

*Thomas Kühn*

## Dem Genuss verpflichtet

### LOGIS

**53 Zimmer:**
7 EZ, 46 DZ

### TAGUNG

**Besonders geeignet für:**
Seminar, Konferenz, Klausur, Kreativprozesse, Event

**Räume**
| | |
|---|---|
| Tagungsräume: | 4 |
| Ausstellungsfläche: | 85 m² |

**Maximale Tagungskapazität**
| | |
|---|---|
| U-Form: | 60 Pers. |
| Parlamentarisch: | 100 Pers. |
| Reihenbestuhlung: | 180 Pers. |

**Preise**
| | |
|---|---|
| Preiskalkulation 1* | 77,00 € |
| Preiskalkulation 2* | 297,00 € |

*Alle Angaben Nettopreise zzgl. MwSt., Kalkulationsanfrage siehe Seite 32

KISSLEG

 **A 96:** 1 km

 **Fern:** Ulm, 94 km
**Nah:** Wangen im Allgäu, 7 km

 **Friedrichshafen:** 35 km
**Memmingen:** 45 km

### WISSENSWERTES

- Schöner Wellnessbereich mit Dampfbad, Saunen, Erlebnisdusche, Ruheräumen und Fitnessraum vorhanden
- Bierspezialitäten und Spirituosen der EDELWEISSBRAUEREI FARNY können verkostet werden
- Idealer Ausgangspunkt für Rad- und Wandertouren sowie Wintersport. Beste Voraussetzungen auf umliegenden Golfplätzen zum Golfspielen für jeden Anspruch
- eine Vielzahl attraktiver Ausflugsziele steht in der Umgebung zur Verfügung

# Hofgut FARNY

## HOFGUT FARNY
### HOTEL · BRAUEREIWIRTSCHAFT

### FAZIT

Hofgut Farny tritt besonders nachhaltig den Beweis an, dass sich große Traditionen mit zeitgemäßen Anforderungen in einem **anspruchsvollen Tagungsumfeld** vereinen lassen.

Die – teilweise miteinander kombinierbaren – Tagungsräume **erfüllen höchste Ansprüche an Technik und Ästhetik.**

Die historische Brauereiwirtschaft vermittelt **beste Allgäuer Tradition –** echte Allgäuer Küche mit Frischegarantie.

**88353 KISSLEGG IM ALLGÄU**

Dürren 1
Tel. +49 7522 972880
info@hofgut-farny.de
www.hofgut-farny.de

88353

## LOGIS

**59 Zimmer:**
18 EZ, 41 DZ

## TAGUNG

**Besonders geeignet für:**
Seminar, Konferenz, Klausur

**Räume**
Tagungsräume: 10
Ausstellungsfläche: 100 m²

**Maximale Tagungskapazität**
U-Form: 60 Pers.
Parlamentarisch: 70 Pers.
Reihenbestuhlung: 130 Pers.

**Preise**
Preiskalkulation 1* 47,00 €
Preiskalkulation 2* 203,00 €

*Alle Angaben Nettopreise
zzgl. MwSt., Kalkulationsanfrage siehe Seite 32

**BERKHEIM-BONLANDEN**

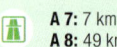
**A 7:** 7 km
**A 8:** 49 km

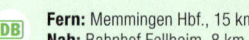
**Fern:** Memmingen Hbf., 15 km
**Nah:** Bahnhof Fellheim, 8 km

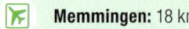
**Memmingen:** 18 km

# Bildungsoase mit Liebe zum Detail

Es war im April 1855, als Pfarrer Faustin Mennel „Wasser in die Berkheimer Bildungswüste trug" und mit der Grundsteinlegung des Klosterbaues in Bonlanden ein Bildungsangebot für Mädchen im ländlichen Raum aufzubauen begann. Noch heute betreibt die von ihm gegründete Franziskanerinnen-Kongregation die als wahrhafte Bildungsoase zu bezeichnende Institution. 2021 wurde das ehemalige Schulgebäude saniert und in moderner Designsprache neugestaltet – mit viel Liebe zum Detail! Insbesondere im Tagungs- und in den Logis-Bereichen taucht der Gast in an die Geschichte der Klosterschule wie auch des heiligen Franziskus angelehnte Welten ein. Die Seminarräume präsentieren sich erfrischend-individuell: Raum „Erdkunde" mit Weltkarten-Boden oder Raum „Biologie" mit einem Glasschrank voller Präparate der schwäbisch-bayerischen Tierwelt. Auch die kostenfrei zur Verfügung stehenden Besprechungsräume sind konzeptionell einzigartig und erschaffen so ein wohlig-inspirierendes Ambiente. Ein Highlight ist der 200 m² große Festsaal mit Bühne und Flügel sowie erquicklichem Blick aufs Illertal und die Allgäuer Bergwelt. Äußerst wohnlich der Logisbereich mit thematisch gestalteten Etagen wie der „Klosterwiese", wo Blumen wachsen, Schmetterlinge fliegen und Weinbergschnecken auf Türrahmen sitzen – eine Wohltat fürs Auge und die von Bürotristesse gepeinigte Seele! Genauso der auf die Heimat des Franziskus hinweisende Gang: hier schreitet man über Kopfsteinpflaster-Teppichboden durch die Gassen Assisis, über sich den strahlenden (LED-)Sternenhimmel. Franziskus' Leben und den Elementen seines Sonnengesangs widmet sich ein dritter Logisbereich; genauso die Außenanlage, die auch Platz für Meetings im Grünen bietet. So lädt „Mutter Erde" ein, die Schöpfung neu zu entdecken, zur Ruhe zu kommen und Kräfte zu sammeln. Am Weiher lässt sich „Schwester Wasser" mit Klängen, Interaktion und Kunst erfahren. Handwerkskunst demonstrieren Klosterküche und -konditorei! Letztere ist für ihre Torten überregional bekannt und erfreut Tagungsgäste zur Kaffeepause, wo die Leckereien mit Bio-Kaffee, Bio-Tee, Wasser aus der klostereigenen Quelle und Saft aus den Äpfeln der umliegenden Obstwiesen kredenzt werden – natürlich mit viel Liebe zum Detail! *Raphael Werder*

## WISSENSWERTES

- Für größere Veranstaltungen mit bis zu 300 Personen steht eine Halle mit Theaterbühne zur Verfügung. 300 Parkplätze sind vorhanden
- moderne Medientechnik, 3 interaktive SMART Boards, WLAN und LAN
- kostenfreie, zauberhaft gestaltete Besprechungsräume sowie ein Meditationsraum, um zur Ruhe zu kommen und als Gruppe zu sich zu finden
- Kloster-Café mit kunstvoller Patisserie aus der eigenen Konditorei
- Führungen durch die neogotische Klosterkirche und das Krippenmuseum

# Tagungszentrum
# Kloster Bonlanden

## FAZIT

Ein neu renoviertes, **modernes Tagungszentrum in altehrwürdigen Gemäuern,** in dem dank der wundervoll-kreativen, **detailverliebten Gestaltung** insbesondere des Tagungs- und des Logisbereichs eine Rundum-Wohlfühlatmosphäre herrscht.

Über die A 7 sowie über den Memminger Bahnhof oder Flughafen ist das Kloster **schnell zu erreichen,** dennoch **eingebettet in idyllische Natur** – mit mannigfachen Möglichkeiten zum Tagen, Entspannen oder Aktivsein im Grünen.

TAGUNGSZENTRUM
Franziskanerinnen von Bonlanden

**88450
BERKHEIM-BONLANDEN**

Faustin-Mennel-Straße 1
Tel. +49 7354 884168
tagungszentrum@kloster-bonlanden.de
www.kloster-bonlanden.de

88450

485

# „Meeting-Habitat" im Meteoritenkrater

Einfach unvorstellbar, welche Energien freigesetzt wurden, als vor 15 Millionen Jahren ein Himmelskörper in die heutige Ostalb einschlug und das Steinheimer Becken formte, das als der am besten erhaltene Meteoritenkrater mit Zentralhügel der Erde gilt. Zuerst eine Wüste der Zerstörung, entstand durch die Flutung des Beckens mit Grundwasser ein besonders fruchtbarer Lebensraum, der sogar Tierarten wie Mammutiden und Säbelzahntigern eine neue Heimat bot. Es wundert nicht, dass sich in diesem einzigartigen Flora-Fauna-Habitat heute ein Hotel findet, das aufgrund seiner natürlich-inspirierenden Atmosphäre als ganz besonderes „Meeting-Habitat" anzusehen ist. Zu verdanken ist das Lern- und Kreativprozesse fördernde Mikroklima der Gastlichkeit der Inhaberfamilie sowie der Individualität des Hauses. Sichtbar wird Letztere vor allem in den Möbeln, Wand- und Deckenverkleidungen des in die Hoteliersfamilie eingeheirateten Schreiners Marc Maier, der gemeinsam mit seiner Frau Melanie das Hotel neugestaltete und einen Wohlfühlort schuf, der gleich dem Meteoriten bei Tagungsgästen ungekannte kreative Energien freisetzt. Den Seminarräumen verleihen handgemachte Holzkonstruktionen eine edle Erscheinung; hell und modern, mit neuester Technik und ergonomischen Möbeln sowie mit beschreibbaren Wandplatten und Magnetwänden ausgestattet, werden hier Trainer-Träume wahr. Das Angebot ergänzen ein Kreativraum mit Hängesesseln, Werkbank und interaktivem SMART Board sowie, neu seit 2023, die „GartenLounge" mit Working Area. Keinesfalls sollte man versäumen, die Umgebung zu erkunden: so kann die auf dem Kraterhügel thronende „Berghütte Kraterblick" für Abwechslung sorgen – mit dem neuen Gruppenraum „SonnenBlume", einer Runde Bier-Yoga oder beim Brezel-Workshop mit Bäckermeister Tobi. Nicht nur beim Lernen und Arbeiten, sondern gerade beim gemeinsamen Genießen zeigen sich die Stärken des Hotels: Es ist ein Ort der Geselligkeit, der es vermag, Gruppen-Energien freizusetzen – ein deshalb unbedingt erlebenswertes „Meeting-Habitat" für Businessgäste und Genießer. *Raphael Werder*

## LOGIS

**45 Zimmer:**
6 EZ, 31 DZ,
8 Juniorsuiten

## TAGUNG

**Besonders geeignet für:**
Seminar, Klausur,
Kreativprozesse, Event

**Räume**
Tagungsräume:     4

**Maximale Tagungskapazität**
U-Form:     45 Pers.
Parlamentarisch:     50 Pers.
Reihenbestuhlung:     80 Pers.

**Preise**
Preiskalkulation 1*     82,00 €
Preiskalkulation 2*     348,00 €

*Alle Angaben Nettopreise
zzgl. MwSt., Kalkulationsanfrage siehe Seite 32

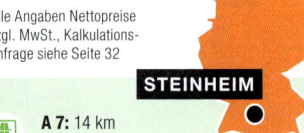

STEINHEIM

**A 7:** 14 km
**A 8:** 34 km

**Fern:** Ulm, 42 km
**Nah:** Heidenheim, 8 km

**Stuttgart:** 75 km
**Memmingen:** 102 km

## WISSENSWERTES

- Hotel kann das Nachhaltigkeitszertifikat „GreenSign" vorweisen
- Bedarfsorientierter Tagungsservice: beispielsweise werden zusätzliche Pinnwände spontan und kostenfrei bereitgestellt
- Albgockel, Ostalb-Lamm, Rehwild aus der Meteorkraterlandschaft oder Strauß vom Lindenhof – serviert werden schwäbische Köstlichkeiten unter Verwendung regionaler Produkte
- ein Paradies für Teambuildings und Aktiverholung wie Fackelwanderungen oder Erlebnistouren zur Berghütte Kraterblick

# Hotel
# sKreuz

sKreuz
STEINHEIM

## FAZIT

Ein mit **viel Herzblut, Ideenreichtum und Handwerksgeschick** der Inhaberfamilie gestaltetes und unter dem Motto **„HeimatGlück erleben"** geführtes Hotel, das mit optisch wie technisch **eindrucksvoll ausgestatteten Räumen** überzeugt.

Hervorragend ergänzt wird das Hotelangebot durch die 15 Minuten zu Fuß entfernte **„Berghütte Kraterblick"**, die als **Tagungslocation oder für Abendevents** genutzt werden kann.

**89555 STEINHEIM AM ALBUCH**

Hauptstraße 26
Tel. +49 7329 96150
info@skreuz.de
www.skreuz.de

89555

**B**ier ist eines der ältesten alkoholischen Getränke und war, so die Annahme von Archäologen, maßgeblich an einem der bedeutendsten Schritte in der Entwicklung der Menschheit, der Sesshaftwerdung, beteiligt. Von der Entdeckung, dass in Wasser eingeweichtes Getreide zu keimen beginnt, bis zum Reinheitsgebot war es ein weiter Weg – und noch immer ist die Bierkultur durch Innovationen experimentierfreudiger Brauer in Bewegung. Ein besonders innovatives Experiment stellt das 2011 errichtete BierKultur-Hotel Schwanen dar, das mit einem ausgefallenen Designkonzept rund um den Gerstensaft begeistert. Angefangen bei allerlei ausgestellten Bier-Produkten über die als Bierkästen gestalteten Themenzimmer bis hin zum Bier-Wellnessbereich – für das Ehinger Erfolgsrezept sind diese Elemente genauso elementar wie die Einzigartigkeit der Veranstaltungsräume und deren hochwertig-moderne Ausstattung. Tagungen am Braukessel, Meetings in der Destillerie, Workshops in der Abfüllkammer – vor allem für „Vieltager" eine besondere Freude und denkwürdige Abwechslung. Unvergesslich sind auch die seminarbegleitenden Programme: Brauereiführungen oder Brauhausminigolf gehören zur Tagung im Schwanen wie das Malz zum Bier – nicht wenige wählen das Hotel gerade deretwegen aus. Kaum eine Gruppe lässt sich das Brauseminar mit Hotelinhaber Michael Miller entgehen, an dessen Ende nicht nur eigenes Bier zur Reifung abgefüllt wird, sondern in dessen Verlauf auch soziale Beziehungen wunderbar gären können. Tagungsgäste werden hierbei selbst zu Brauern und lernen die Stadien der Bierherstellung an einer 50-Liter-Brauanlage kennen. Kongenial unterstützt wird Braumeister Michael von Bruder Dominic, der die Hobbybrauer als Küchenchef mit einem 5-Gang-Menü verwöhnt. Abgerundet wird die Reise ins Bieruniversum mit einem Quiz, bei dem die Teilnehmer ihr persönliches Bierkennerdiplom erlangen. Bier ist einfach Kult(urgut) … und wie es einst dem Menschen die Sesshaftwerdung schmackhaft machte, so lockt es heute Tagungsgäste von nah und fern ins BierKulturHotel, um sie dort, in Form einer ausgereiften Tagungskultur, dabei zu unterstützen, den nächsten bedeutenden Schritt in der Team- oder Unternehmensentwicklung zu gehen.  *Raphael Werder*

# Ausgereifte Bier- und Tagungskultur

## LOGIS

**50 Zimmer:**
5 EZ, 36 DZ, 9 Suiten, Juniorsuiten, Maisonettes

## TAGUNG

**Besonders geeignet für:**
Seminar, Klausur, Kreativprozesse, Event

**Räume**
Tagungsräume: 5
Ausstellungsfläche: 68 m²

**Maximale Tagungskapazität**
U-Form: 28 Pers.
Parlamentarisch: 36 Pers.
Reihenbestuhlung: 54 Pers.

**Preise**
Preiskalkulation 1* 66,10 €
Preiskalkulation 2* 270,66 €

*Alle Angaben Nettopreise zzgl. MwSt., Kalkulationsanfrage siehe Seite 32

**EHINGEN**

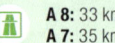
**A 8:** 33 km
**A 7:** 35 km

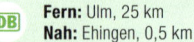
**Fern:** Ulm, 25 km
**Nah:** Ehingen, 0,5 km

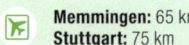
**Memmingen:** 65 km
**Stuttgart:** 75 km

## WISSENSWERTES

- zertifiziert mit der höchsten DEHOGA Umweltcheck-Stufe „Gold"
- hochwertiges Mobiliar sowie moderne Tagungstechnik in allen Veranstaltungsräumen verfügbar; Erfahrung mit hybriden Tagungen und Streamings
- Ob Bieressig, Biergelee oder Bierlikör-Pralinen, Biershampoo oder Bierseife – im Schwanen-Shop findet jeder ein Mitbringsel
- Ein ausgefallenes Erholungserlebnis verspricht der 2024 mit dem Wellness & Spa Innovation Award für Spa Design ausgezeichnete Bier-Wellnessbereich

# Best Western Plus
# BierKulturHotel Schwanen

## FAZIT

**Tagen am Braukessel,** entspannen im **Bier-Wellnessbereich,** schlafen im **Bierkastenzimmer** – das Hotel begeistert (nicht nur Biertrinker!) mit einem konsequent umgesetzten, **ausgefallenen Gesamtkonzept** rund um den beliebten Gerstensaft.

**Ausgegorene Begleitprogramme** rund ums Bier sorgen für einen **prächtigen Informationsfluss** abseits der Agenda und **lassen Teams,** in denen es brodelt, zu einem harmonischen Gemisch **reifen.**

BIER KULTUR HOTEL
Schwanen ★★★★

**89584 EHINGEN**
Schwanengasse 18–20
Tel. +49 7391 77085-0
rezeption@bierkulturhotel.de
**www.bierkulturhotel.de**

89584

I m Herzen von Nürnberg, direkt am Tor zur sehenswerten Altstadt, gibt es einen echten Tagungs-Geheimtipp. Ein Traditionshotel mit über 125-jähriger Geschichte, das sich hinter den denkmalgeschützten Mauern modern und lebendig inszeniert; das Lärm und Hektik der Stadt außen vor lässt und seine Gäste in einem geschmackvollen und einladenden Ambiente auf das Herzlichste empfängt. Kurzum – ein charmantes Hotel, das von seinen Gastgebern mit großer Leidenschaft und hohem Anspruch geführt wird. In der vierten Generation haben Inhaberin Sabine Powels und ihr Team eine inspirierende Wohlfühl-Atmosphäre mit einem kleinen, aber feinen Tagungs-angebot geschaffen: In fünf hellen Räumen mit Namen wie DenkAnstoß, IdeenWelt, IdeenReich, LichtBlick oder HochGe-fühl kommen Gäste zu Meetings, Round-Table-Gesprächen, Workshops oder Konferenzen zusammen. Unterstützt werden sie dabei von neuester Technik: cannyboard für effiziente Meetings und eine produktive interaktive Zusammenarbeit vor Ort oder aus der Distanz sind ebenso selbstverständlich wie hochauflösende Beamer oder ein Samsung-Digital-Flipchart. Die Räume sind klimatisiert, DenkAnstoß wurde jüngst komplett neu möbliert und bietet einen direkten Zugang zur Sonnenterrasse. HochGefühl verfügt über eine eigene kleine Küche für ungestörtes Arbeiten hoch oben über den Dächern von Nürnberg. In den Tagungspausen werden regionale leichte Speisen angeboten, hübsch angerichtet auf traditionellem Silbergeschirr. Ob Nussbrot mit Kräuterfrischkäse, leckere Smoothies aus Sommerbeeren, Rohkost-Sticks oder cremige Eisschokolade – das Angebot bewegt sich jenseits des Mainstreams und signalisiert, dass das individuelle Wohl der (Tagungs-)Gäste stets im Mittelpunkt steht. Dafür sorgt ein gut gelauntes und bestens geschultes Team. Mit dem HR-Award für erfolgreiche Mitarbeiterbindung und -entwicklung ausgezeichnet, arbeitet die Hotelcrew unter dem Hashtag #victoriamiteinander kontinuierlich an einem wertschätzenden Umgang untereinander, an neuen Service-Ideen für die Gäste und motiviert sich täglich mit der „wall of positive energy". Zum Erfolgskonzept passt, dass auch die 65 modernen Zimmer klimatisierte stimmungsvolle Oasen der Ruhe und des Wohlbefindens sind, in die man sich gerne nach schönen Abenden in der Nürnberger Altstadt zurückzieht.    *Uta Müller*

## Tradition, die begeistert

### LOGIS

**65 Zimmer:**
11 EZ, 52 DZ, 2 Suiten

### TAGUNG

**Besonders geeignet für:**
Seminar, Konferenz, Klausur, Event

**Räume**
Tagungsräume:                         5

**Maximale Tagungskapazität**
U-Form:                          15 Pers.
Parlamentarisch:                 30 Pers.
Reihenbestuhlung:                80 Pers.

**Preise**
Preiskalkulation 1*        85,00 €
Preiskalkulation 2*       295,00 €

*Alle Angaben Nettopreise zzgl. MwSt., Kalkulationsanfrage siehe Seite 32

NÜRNBERG

**A 3:** 7 km
**A 6:** 4 km
**A 9:** 7 km

**Fern:** Nürnberg, 0,1 km
**Nah:** Hauptbahnhof Nürnberg, 0,1 km

**Nürnberg:** 7,5 km

### WISSENSWERTES

• Nachhaltigkeitssiegel GreenSign (75%)
• Umwelt- und Klimapakt Bayern
• komfortables interaktives Tagen durch cannyboard
• moderne Zimmer mit individuellem Gestaltungskonzept
• zahlreiche Freizeit- und Restauranttipps durch Hotelcrew
• beste Lage in der Altstadt Nähe Hauptbahnhof
• ruhige Sonnenterrasse „La Terrazza"

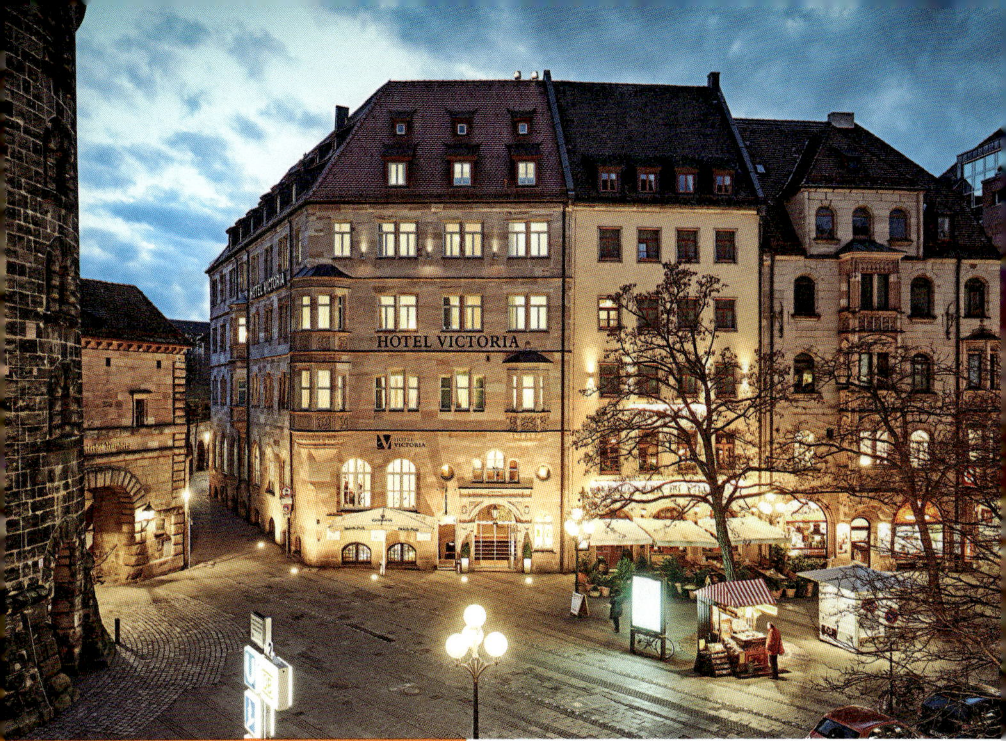

# Hotel VICTORIA

**FAZIT**

Ein **privat geführtes Traditionshotel mit Stil, Herz und Seele**, das aus jedem Tagungsaufenthalt ein schönes Wohlfühlerlebnis macht.

Die Tagungsräumlichkeiten besitzen – wie das ganze Hotel – ein **inspirierendes Ambiente** und bieten **neueste Technik** für den Tagungserfolg.

Der nur 100 Meter entfernte Bahnhof bietet **beste Anbindung an öffentliche Verkehrsmittel**.

**90402 NÜRNBERG**

Königstraße 80
Tel. +49 911 24050
event@hotelvictoria.de
**www.hotelvictoria.de**

**90402**

E
s ist eines der bekanntesten Tagungshotels in Deutschland, der Schindlerhof vor den Toren Nürnbergs. Seit über 40 Jahren inspiriert er als Gesamtkomposition seine Gäste, seine Mitarbeiter stellen mit großer Passion täglich ihre hohe Serviceorientierung unter Beweis. Das sind sie ihrem hohen Anspruch und auch dem Gründer Klaus Kobjoll schuldig, kreativer Impulsgeber dieses außergewöhnlichen Hotels, das er mit seiner Frau Renate damals als Landgasthof eröffnete. Daraus hat die Familie – mittlerweile ist Tochter Nicole an der Hotelspitze – ein einzigartiges „Hoteldorf der Sinne" geformt – einen Ort voller Individualität, mit viel Freiraum zum Tagen und Feiern. Unterschiedlichste Gebäude sind in verschiedenen Bauphasen entstanden, verbunden durch Gärten, Plätze und Wege. Mal traditionell, mal minimalistisch-asiatisch, mal modern – immer detailverliebt und inspirierend. Schaltzentrale für die Tagungsgäste ist das Tagungsgebäude DenkART mit seinem Herzstück, dem lichtdurchfluteten 206 m² großen DenkRaum mit riesiger LED-Wall. Hier und im benachbarten Kreativzentrum erfüllen zehn klimatisierte Tagungsräume den Auftrag, Innovationen anzustoßen und ausgetretene Pfade des Denkens und Fühlens zu verlassen. Und noch mehr: Den Weg in die Zukunft des Tagens setzt der Schindlerhof in zwei Räumen des Kreativzentrums künftig mit dynamischem Licht, schwebendem Mobiliar, viel Bewegung und einem lebendigen Ambiente um. Neue Emotionen werden geschaffen, Zusammensein und Austauschen stehen im Fokus, unterstützt durch neueste Präsentations- und Konferenztechnik. Raumkameras, Lautsprecheranlagen und fest verbaute Screens unterstützen Online-Meetings. Spontan kann das Lernen auch nach draußen verlegt werden, eine Verschnaufpause im japanischen Garten am Koi-Karpfenteich ist Balsam für die Seele. „Brain food" der Extraklasse finden die Gäste im Restaurant unvergESSlich – unter dem Motto „Franken geht fremd" verbindet die Küchen-Crew beste fränkische Produkte und Rezepte mit internationalen Einflüssen. Serviert wird das köstliche Ergebnis in verschiedenen Restaurantbereichen mit ganz unterschiedlichem Ambiente. So wird auch das Essen immer wieder zum inspirierenden Erlebnis.

*Uta Müller*

## Tagen als Erlebnis

## LOGIS

**90 Zimmer:**
17 EZ, 55 DZ, 18 Suiten

## TAGUNG

**Besonders geeignet für:**
Seminar, Konferenz, Klausur, Kreativprozesse, Event

**Räume**
Tagungsräume:                 10

**Maximale Tagungskapazität**
U-Form:                  37 Pers.
Parlamentarisch:         85 Pers.
Reihenbestuhlung:       180 Pers.

**Preise**
Preiskalkulation 1*     103,00 €
Preiskalkulation 2*     369,00 €

*Alle Angaben Nettopreise zzgl. MwSt., Kalkulationsanfrage siehe Seite 32

NÜRNBERG

**A 73:** 2,5 km
**A 3:** 5 km

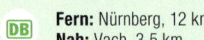
**Fern:** Nürnberg, 12 km
**Nah:** Vach, 3,5 km

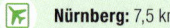
**Nürnberg:** 7,5 km

## WISSENSWERTES

- Siegel Gemeinwohlökonomie ECOnGOOD
- eigene geschützte WLAN-Netzwerke auf Wunsch
- Trainerzimmer mit spezieller technischer Ausstattung
- Fitnessraum im Hotel, Joggingstrecke ab Haus
- Halle für intuitives Bogenschießen
- 2 E-Ladestationen

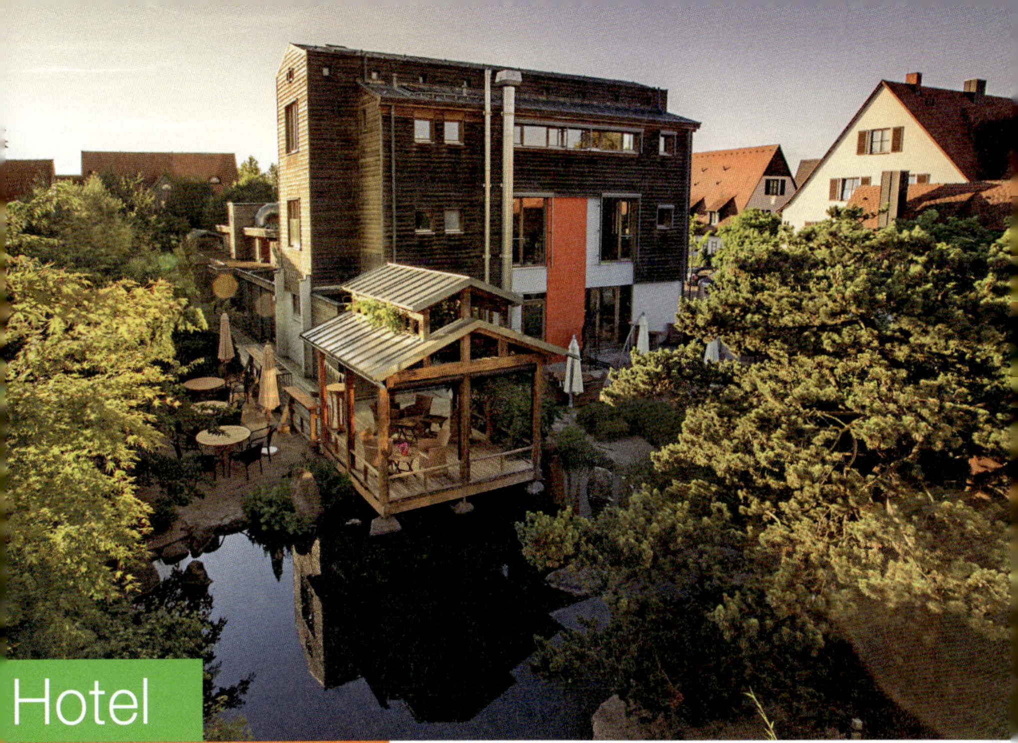

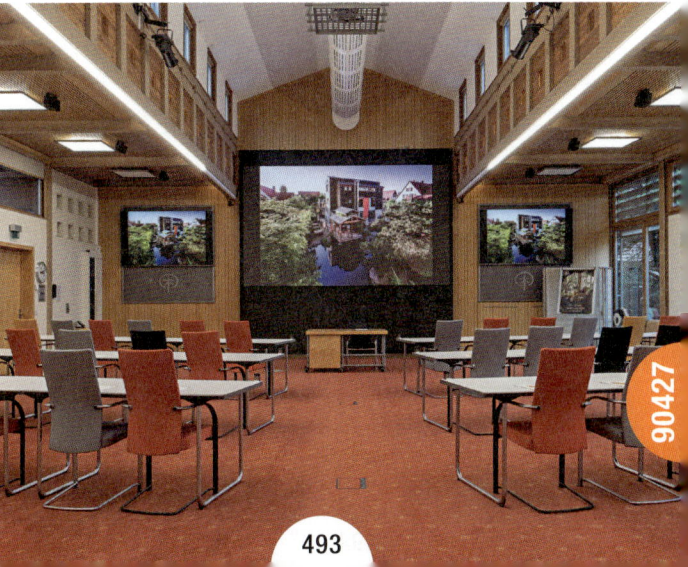

# Hotel
# Schindlerhof

## FAZIT

Der Schindlerhof als **„Hoteldorf der Sinne"** ist eine Erfolgsschmiede für **gute Ideen und kreatives Miteinander** mit zahlreichen inspirierenden Tagungsräumen und -bereichen.

Die Mitarbeiter sind **„human stars"**, deren fachliche und persönliche Weiterentwicklung zu einer **hohen Tagungs- und Servicekompetenz** führt.

Das Hoteldorf liegt **ruhig vor den Toren von Nürnberg** und ist bestens mit allen Verkehrsmitteln zu erreichen.

**90427 NÜRNBERG**
Steinacher Straße 6–12
Tel. +49 911 93020
denkart@schindlerhof.de
**www.schindlerhof.de**

90427

Frischer Wind in Neuhof an der Zenn: Am historischen Marktplatz in der kleinen fränkischen Gemeinde definieren Katrin und Philipp Schneider im Hotel Riesengebirge erfolgreiches Tagen neu: Dafür hat das umtriebige Hotelierspaar nicht nur das Interieur des Traditionsgasthofes völlig „auf links gedreht" und das Haus in einem modernen und urgemütlichen Lifestyle-Landhaus-Look mit gedeckten Farben, Fellen und coolen Details wiedereröffnet. Gemeinsam mit zwei direkt benachbarten, ebenfalls einfallsreich restaurierten historischen Gebäuden setzen sie das Konzept „New Work auf dem Land" um: Hier gibt es viel Platz für Ideen und dynamische Veranstaltungen in ganz unterschiedlich gestalteten Tagungsräumen. Beschreibbare Wände, bestes technisches Equipment und höhenverstellbare Tische schaffen dafür beste Voraussetzungen. Im Hotel dominieren klassische schicke Tagungsräume, wie „Peter Baude", „Parzival" oder Raum „Schneekoppe", ganz in Weiß gehalten mit Stuck oder Kassettendecke, ergonomischem Mobiliar und edlem Holzboden für bis zu 85 Personen. Über die Straße im ehemaligen Wirtshaus „Schwarzer Adler" lädt der Festsaal mit großer Bühne, stimmungsvoller Beleuchtung, beweglicher Tribüne und einer Full-HD-Wand mit 18,5 m² zu tollen Inszenierungen, Diskussionsrunden mit Publikum und kreativen Workshops ein. Stylisch gestaltete Break-out-Ecken gibt es überall, Workshop-Räume sowie eine Küche und ein Wohnzimmer laden zu Team-Meetings und legeren Treffen ein. Nach dem gemeinsamen Arbeiten kommt das gemeinsame Entspannen: Ein gemütliches BBQ auf der Obstwiese, ein entspannter Umtrunk in der Bar oder gemeinsames Kochen in der Eventküche sind nur einige von vielen Möglichkeiten, hier als Team zu wachsen. Genuss und lässige fränkische Gemütlichkeit stehen dabei immer im Vordergrund. Ob stilvolle Neuhöfer Stube mit dunklem Holz, schwarzem Leder und Samt, urige Riesengebirgsstube mit Fellen und Chalet-Flair oder der wunderschöne Wirtsgarten im Hotel-Innenhof – umsorgt von einem jungen engagierten Hotelteam genießen die Gäste eine pfiffige Küche, die regionale fränkische Produkte mit überregionalen Besonderheiten verbindet – ganz nach dem Motto „fränkischer Luxus" –, bevor der Tag in der schicken Bar bei einem guten Wein oder Cocktail ausklingt und die Tagenden sich in den komfortablen, schönen Zimmern erholen. *Uta Müller*

# New Work auf dem Land

## LOGIS

**52 Zimmer:**
15 EZ, 34 DZ,
3 Juniorsuiten

## TAGUNG

**Besonders geeignet für:**
Seminar, Konferenz, Klausur,
Kreativprozesse, Event

**Räume**
Tagungsräume: 12
Ausstellungsfläche: 2.000 m²

**Maximale Tagungskapazität**
U-Form: 24 Pers.
Parlamentarisch: 72 Pers.
Reihenbestuhlung: 180 Pers.

**Preise**
Preiskalkulation 1* 90,50 €
Preiskalkulation 2* 306,20 €

*Alle Angaben Nettopreise
zzgl. MwSt., Kalkulationsanfrage siehe Seite 32

**A 6:** 29 km
**A 7:** 35 km
**A 9:** 56 km

**NEUHOF AN DER ZENN**

**Fern:** Ansbach, 23 km
**Nah:** Adelsdorf
Mittelfranken, 4 km

**Nürnberg:** 38 km

## WISSENSWERTES

- Nachhaltigkeitszertifikat GreenSign 74%
- Flatscreens, digitale Whiteboards, höhenverstellbare Tische, 18,5 m² Full-HD-Leinwand
- verschiedene Kreativzonen mit New-Work-Etage und „Macherscheune"
- zahlreiche Incentives im Innen- und Außenbereich
- kostenfreie Parkplätze am Hotel

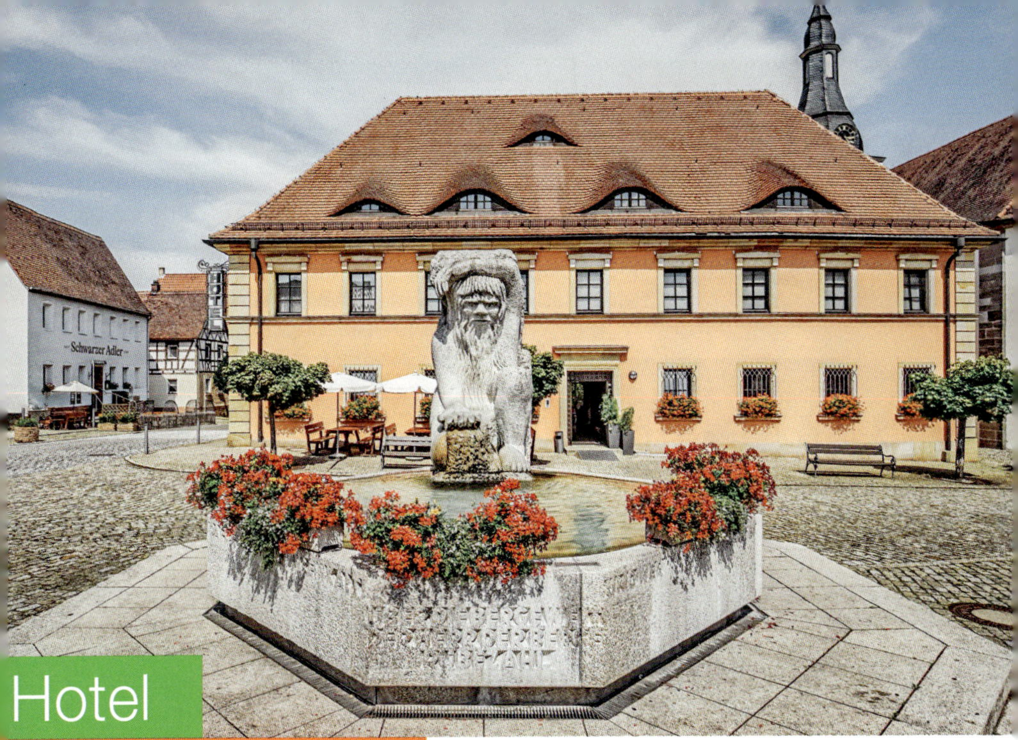

# Hotel
# Riesengebirge

## FAZIT

Tagungsgäste erwartet ein Landhotel, das, **ästhetisch und modern gestaltet, beste Bedingungen für agiles Arbeiten,** New Work, bietet.

Zum **Hotelkonzept gehören zwei zusätzliche Eventlocations** direkt gegenüber. Sie schaffen viel Platz für **Ideen, neue Lernmethoden und gemeinsames Arbeiten** und **Genießen.**

**Beste Erreichbarkeit** im Dreieck Nürnberg, Ansbach, Rothenburg o. d. T.

**Hervorragende fränkisch-feine Küche** aus regionalen Produkten.

**90616 NEUHOF AN DER ZENN**

Marktplatz 14
Tel. +49 9107 924410
info@hotel-riesengebirge.de
**www.hotel-riesengebirge.de**

90616

495

Frische Luft, Ruhe und sattes Grün – der Wald ist ein Wohlfühlraum, in dem die Natur mit allen Sinnen wahrgenommen werden kann. Ein Rückzugsort, an dem die Kreativität erblüht, wenn Atmosphäre und Räume zu guten Dialogen und Teamgeist einladen. Für den Industriellen Max Grundig war er ein Zufluchtsort, an dem er sich vor 50 Jahren eine sichere Festung erbauen ließ aus Angst vor potenziellen Anschlägen der RAF – das Hotel Forsthaus im schönen Fürther Stadtwald. Mittlerweile öffnet es nach einer umfassenden Renovierung seine Türen als schickes Tagungsdomizil, in dem der urig-elegante Stil eines Forsthauses mit Holzvertäfelungen, Stuben und Jagdtrophäen erhalten blieb und gekonnt mit modernen Elementen und Farben kombiniert wurde. Veranstalter können hier zwischen acht klimatisierten Tagungsräumen wählen, völlige Ruhe und Waldblick garantiert. Da gibt es das Tagungszentrum mit den Räumen Max Grundig I bis IV und großem lichtdurchflutetem Foyer, variabel in der Größeneinteilung und damit geeignet für große Konferenzen bis 260 Personen oder mehrere kleine Workshops. Oder man arbeitet in den historischen Räumen der Etage 4, unter anderem in der repräsentativen Bibliothek von Max Grundig, stilvoll modernisiert und mit Kamin, schönen Holztischen und Ledersesseln sowie neuester Technik ausgestattet. Ergänzt wird das Raumangebot von einer eleganten Suite als Boarding-Room für Zusammenkünfte im kleinen Kreis. Wo der Wald vor der Tür beginnt, findet man auch beste Voraussetzungen für teambildende Maßnahmen. Das Hotel arbeitet mit einer Agentur für Team-Events zusammen; Bogenschießen, Teamchallenges oder digitale Schnitzeljagden sind nur einige Beispiele dafür, wie man den Gemeinschaftssinn professionell stärken kann. Beliebt sind im Sommer auch die Barbecue-Abende auf der schönen Hotelterrasse – hier entspannen die Gäste in legeren Lounge-Möbeln, tauschen sich an langen Holztischen aus oder nehmen einen Absacker an der Freiluft-Bar. Im Winter laden geschmackvoll eingerichtete Stuben und die stylische Bar zu entspannten Abenden bei feinem Essen und guten Cocktails ein. Himmlische Ruhe am Ende eines Arbeitstages finden die Gäste schließlich in eleganten und mit den natürlichen Farben des Waldes eingerichteten Zimmern und Suiten.

*Uta Müller*

## Gründerzeit trifft Zukunftswerkstatt

### LOGIS

**114 Zimmer:**
106 DZ, 4 Suiten,
4 Juniorsuiten

### TAGUNG

**Besonders geeignet für:**
Seminar, Konferenz, Event

**Räume**
Tagungsräume:          8
Ausstellungsfläche:    56 m²

**Maximale Tagungskapazität**
U-Form:                45 Pers.
Parlamentarisch:       181 Pers.
Reihenbestuhlung:      261 Pers.

**Preise**
Preiskalkulation 1*    65,55 €
Preiskalkulation 2*    279,64 €

*Alle Angaben Nettopreise
zzgl. MwSt., Kalkulationsanfrage siehe Seite 32

**FÜRTH**

 **A 73:** 8,6 km

 **Fern:** Nürnberg, 17 km
**Nah:** Fürth-Unterführberg, 2,6 km

 **Nürnberg:** 15,4 km

### WISSENSWERTES

- Jogging- und Nordic-Walking-Strecken sowie Fitness-Parcours direkt ab Hotel
- zahlreiche Rahmenprogramme im Freien
- Forst Spa & Fit mit Hallenbad, Sauna, Dampfbad und Fitness
- Großer Biergarten unter Bäumen, im Winter mit Hüttenzauber
- 120 eigene Parkplätze

# Hotel Forsthaus
# Nürnberg-Fürth

## HOTEL FORSTHAUS
NÜRNBERG · FÜRTH

### FAZIT

Ein **Haus mit Geschichte und beeindruckendem Ambiente,** dessen ruhige Lage im Wald ein **inspirierendes Umfeld** für kreative Meetings und **konzentrierte, ungestörte Strategietreffen** bietet.

**Beste Möglichkeiten für teambildende Maßnahmen** im Freien mit Unterstützung durch eine Agentur.

**Gute Erreichbarkeit** im Großraum der Metropolregion Nürnberg.

**90768 FÜRTH**
Zum Vogelsang 20
Tel. +49 911 6332770
veranstaltungen@dein-forsthaus.de
**www.hotel-forsthaus-nuernberg-fuerth.de**

90768

Eine erfolgreiche Tagung ist mehr als ein gut organisiertes Arbeitstreffen. Sie braucht ein Umfeld, das Kreativität und Kommunikation fördert. Ein Hotel mit inspirierenden Räumlichkeiten und Veranstaltungsprofis, die zuvorkommend den Wunsch nach größtmöglicher Flexibilität des Kunden umsetzen können. Genau das findet man im Acantus Hotel mitten im Aischgrund am Rande der Metropolregion Nürnberg. Nach dem Motto „Jede Tagung kann ein Event sein" haben die Betreiber einen Veranstaltungsort geschaffen, der durch seine enorme Vielfalt an Möglichkeiten für erfolgreiche Zusammentreffen beeindruckt. Mittlerweile stehen zehn moderne, klimatisierte und helle Tagungsräume im Hotel auf verschiedenen Ebenen zur Verfügung. Eine durchdachte Anordnung der Räume und teilbare Zwischenwände sorgen für größtmögliche Flexibilität bei den Raumgrößen. Die Tagungs- und Präsentationstechnik ist auf dem neuesten Stand. Jederzeit kann das weitläufige Hotelareal zum Arbeiten oder für Pausen genutzt werden, die ruhige Lage im Grünen garantiert ein störungsfreies Umfeld – und Feiern ohne Sperrstunde. Denn eine Event-Scheune mit 190 m², zwei Emporen und einer beeindruckenden Raumhöhe von vier Metern bietet alles, was stilvolle Tagungen oder abendliche Events unvergesslich macht. Mit individueller LED-Beleuchtung und Profi-Soundanlage kann in der modern-rustikalen Scheune problemlos das passende Ambiente gezaubert werden; im barrierearmen beheizbaren und befahrbaren Foyer der Scheune – mit Lounge-Möbeln ausgestattet und wahlweise offen zum Innenhof – finden Präsentationen und Empfänge statt oder die Tagungsgäste kommen zum Get-together zusammen, bevor für den Barbecue-Abend der Smoker angeheizt wird. Aktivere Teamevents können ebenfalls direkt vor Ort stattfinden: Bogenschießen, Floßbau, Teamolympiaden oder Casino-Abende sind nur einige Angebote, die das Hotel gemeinsam mit regionalen Agenturpartnern bereithält. Wer entspannen möchte, spaziert über die Felder der nahen Umgebung oder nutzt den Sauna- und Fitnessbereich, bevor man sich mit bester fränkischer Küche, am steirisch-mediterranen Buffet oder mit italienischen Leckerbissen stärkt. *Uta Müller*

## Veranstaltungsprofis auf dem Land

### LOGIS

**58 Zimmer:**
7 EZ, 51 DZ

### TAGUNG

**Besonders geeignet für:**
Seminar, Konferenz, Klausur, Event

**Räume**
Tagungsräume: 10
Ausstellungsfläche: 173 m²

**Maximale Tagungskapazität**
U-Form: 42 Pers.
Parlamentarisch: 90 Pers.
Reihenbestuhlung: 180 Pers.

**Preise**
Preiskalkulation 1* 57,98 €
Preiskalkulation 2* 235,18 €

*Alle Angaben Nettopreise zzgl. MwSt., Kalkulationsanfrage siehe Seite 32

WEISENDORF

**A 3:** 12 km

**Fern:** Erlangen, 16 km
**Nah:** Erlangen, 16 km

**Nürnberg:** 31 km

### WISSENSWERTES

- Nachhaltigkeitssiegel HRS Green Stay Label (Basic)
- Eventscheune für große Feste und Tagungen
- Zahlreiche Rahmen- und Incentive-Programme in Kooperation mit regionalen Agenturen
- BBQ-Smoker-Abende und Themenbuffets

# ACANTUS HOTEL

...ZIT

...ut organisiertes, sehr flexibles
...n bietet eine **Vielzahl an Räum-**
...keiten für **unterschiedlichste**
...nstaltungszwecke an: vom
...ing in kleiner Runde bis hin zum
...en Event in der Scheune ist alles
...ich.

...ge, **naturnahe Lage** ermöglicht
...estörtes **Arbeiten** und **Feiern**
... **Sperrstunde.**

... **Erreichbarkeit** durch Nähe
...etropolregion Nürnberg.

ACANTUS
★ ★ ★ ★ HOTEL I TAGUNG I EVENT

**91085 WEISENDORF**
**OT OBERLINDACH**

Ringstraße 13
Tel. +49 9135 21166-2600
tagen@acantus-hotel.de
www.acantus-hotel.de

91085

499

**LOGIS**

**75 Zimmer:**
6 EZ, 67 DZ, 2 Suiten

**TAGUNG**

**Besonders geeignet für:**
Seminar, Konferenz, Klausur, Event

**Räume**
Tagungsräume:                    3
Ausstellungsfläche:          40 m²

**Maximale Tagungskapazität**
U-Form:                    40 Pers.
Parlamentarisch:          100 Pers.
Reihenbestuhlung:         170 Pers.

**Preise**
Preiskalkulation 1*          79,83 €
Preiskalkulation 2*         243,69 €

*Alle Angaben Nettopreise
zzgl. MwSt., Kalkulationsanfrage siehe Seite 32

## Tagungserlebnis mit historischem Flair

E in 500 Jahre altes Hotel muss leben. Mit diesem Anspruch haben die Brüder Andreas und Christian von Oven im Herbst 2022 die Türen des frisch renovierten Hotel Eisenhut mitten im mittelalterlichen Rothenburg geöffnet. Das Vorhaben, die Historie und den Charme des Traditionshauses mit Hilfe moderner Elemente in die Neuzeit zu holen, ist bestens gelungen: Neues Design paart sich nun mit steinernen Bögen und prächtigen jahrhundertealten Holzarbeiten. Frische Farben, feine Stoffe und dezente Eleganz bringen neuen Wind in die vier Patrizierhäuser aus dem 15. und 16. Jahrhundert, in denen einst Adel, Prominenz und Politikgrößen ein und aus gingen. Heute ist das Hotel ein beliebter Treffpunkt für Geschäftsleute, private und tagende Gäste – Rothenburg besitzt eine beeindruckende historische Altstadt und ist gut zu erreichen im Dreieck Würzburg – Nürnberg – Heilbronn. In drei Veranstaltungsräumen kann gearbeitet und gefeiert werden, vom kleinen Meeting bis hin zu großen Veranstaltungen mit bis zu 170 Personen ist hier alles realisierbar. Die zwei großen Säle sind klimatisiert und mit moderner Präsentations- und Multimediatechnik sowie der Möglichkeit, verschiedene Lichtszenarien einzuspielen, ausgestattet. Hell und modern eingerichtet, bieten sie einen schönen Blick beziehungsweise Zugang in den Garten. Das Ratsherren-Zimmer im Klassikhaus gegenüber eignet sich für kleinere Besprechungsrunden, Workshops oder Gruppenarbeiten. Zur Pause treffen sich die Gäste im schön gestalteten Wintergarten „Pfäffleinslounge" des Hotels mit herrlichem Blick in die Altstadt und ins Grüne hinein oder auf der großen Terrase über den Dächern der Stadt. Rothenburg hat viele internationale Gäste, daher sprechen die meisten Mitarbeiter des Hotels fließend Englisch und können in mehreren Sprachen auf die Wünsche der Gäste eingehen. Die genießen den aufmerksamen persönlichen Service des Hotel-Teams, das stets präsent ist. Natürlich bietet eine Stadt wie Rothenburg auch attraktive Rahmenprogramme: Eine Führung mit dem singenden Nachtwächter, Weinproben im Holzfasskeller oder der Besuch des mittelalterlichen Kriminalmuseums sind beliebte Abendaktivitäten, bevor der Tag nach einem leckeren Abendessen an der schönen Bar ausklingt. *Uta Müller*

**ROTHENBURG O.D. TAUBER**

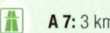
**A 7:** 3 km

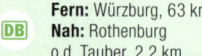
**Fern:** Würzburg, 63 km
**Nah:** Rothenburg
o.d. Tauber, 2,2 km

**Nürnberg:** 80 km

**WISSENSWERTES**

- Modernes Wohnen in mittelalterlichem Flair
- Direkte Nähe zu historischen Highlights der Stadt
- Panoramaterrasse und Biergarten
- Ausgewiesene Joggingstrecken ab Hotel

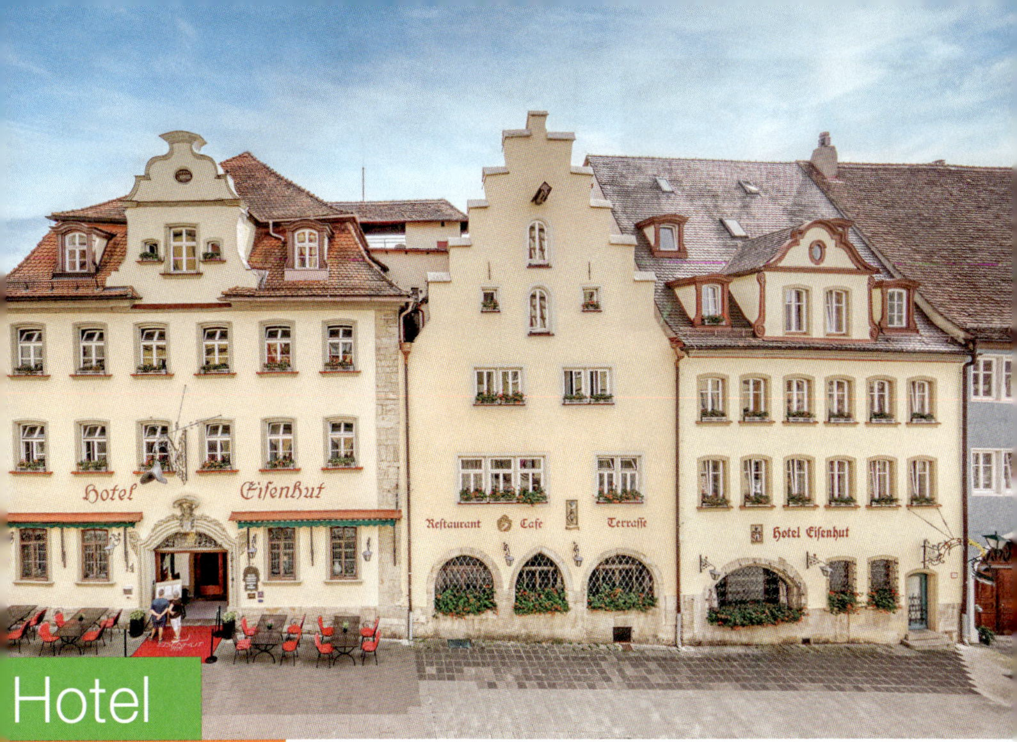

# Hotel Eisenhut

## FAZIT

Die **beeindruckende Kulisse Rothen-burgs** schafft mit der **jahrhunderte-alten Geschichte des Hotel Eisenhut** und modernen Tagungsräumlichkeiten **eine faszinierende Inspirationsquelle für Veranstaltungen.**

Die **hohe Servicebereitschaft des Teams** und seine **Mehrsprachigkeit** schaffen eine gute Arbeitsatmosphäre.

Die **historische Altstadt Rothen-burgs** lädt zu zahlreichen **Rahmen-programmen** und Besichtigungen ein.

**91541 ROTHENBURG O.D. TAUBER**

Herrengasse 3–5/7
Tel. +49 9861 705-0
hotel@hotel-eisenhut.de
**www.hotel-eisenhut.de**

91541

**D**as charmante Dinkelsbühl kann ab sofort mit den Metropolen Deutschlands mithalten, wenn es um große Kongresse und Events geht. Vor den Toren der, laut Focus, „schönsten Altstadt Deutschlands" lädt die engagierte Hoteliersfamilie Meiser zum Arbeiten, Feiern und Tagen auf 1.600 m² in ihr neues Meiser Plaza Kongress ein – und beweist einmal mehr, dass es auch anders geht. Denn der multifunktionale und großzügige Treffpunkt, der direkt an das große Parkhaus angedockt ist, punktet nicht nur mit völlig flexiblen Raumlösungen, attraktiven Buffet- und Barbereichen sowie High-End-Technik, sondern auch mit einem echten Wohlfühl-Ambiente. Gedeckte wohnliche Farben, schönes Design und hochwertige Materialien greifen die Atmosphäre des benachbarten Meiser Design Hotels auf, das seine Gäste mit der perfekten Verbindung von urbanem Lifestyle, Gemütlichkeit und Business seit sechs Jahren begeistert. Nun ist alles möglich: Große Kongresse, Verbandstagungen und coole Events bis zu 600 Personen gelingen im Plaza Kongress, für kleine und mittlere Tagungen, Workshops und Seminare stehen alle Möglichkeiten im Hotel bereit. Dort laden zwei große, Kfz-befahrbare Räume im Erdgeschoss mit Zugang zur Terrasse zum erfolgreichen Arbeiten ein; direkt nebenan können vertrauliche Kamingespräche in modernen Stuben stattfinden. Unter sich ist man im modernen Tagungscenter im fünften Obergeschoss: Sieben Räume auf 350 m² können flexibel den Gruppengrößen angepasst werden, Highspeed-WLAN und modernste Präsentationstechnik sind selbstverständlich. Große Glasfronten und der Zugang zur Dachterrasse erlauben den Gästen auch einen phantastischen Panoramablick und die Möglichkeit, mit bester Aussicht auf das Dinkelsbühler Land zu feiern. Geselliger Treffpunkt am Abend ist die großzügige Lobby des Hotels – das offene Konzept schafft fließende Übergänge zwischen dem Restaurant, der stylischen Lounge, der beeindruckenden Bar und der Terrasse. Hier wird am Abend gechillt oder weiterdiskutiert. Zuvor kann eines der vielen Angebote zum Team-Training wahrgenommen werden. Beliebt sind Segway-Touren oder Abseil-Aktionen vom Hoteldach – immer dabei sollte allerdings eine unterhaltsame Führung durch Dinkelsbühls attraktive Altstadt sein. *Uta Müller*

## Tagungspower in Dinkelsbühl

### LOGIS

**150 Zimmer:**
144 DZ, 6 Juniorsuiten

### TAGUNG

**Besonders geeignet für:**
Seminar, Konferenz, Event

**Räume**
| | |
|---|---|
| Tagungsräume: | 22 |
| Ausstellungsfläche: | 1.600 m² |

**Maximale Tagungskapazität**
| | |
|---|---|
| U-Form: | 60 Pers. |
| Parlamentarisch: | 180 Pers. |
| Reihenbestuhlung: | 600 Pers. |

**Preise**
| | |
|---|---|
| Preiskalkulation 1* | 89,00 € |
| Preiskalkulation 2* | 309,00 € |

*Alle Angaben Nettopreise zzgl. MwSt., Kalkulationsanfrage siehe Seite 32

**DINKELSBÜHL**

**A 7:** 8 km
**A 6:** 18 km

**Fern:** Würzburg, 90 km
**Nah:** Crailsheim, 21 km

**Nürnberg:** 100 km
**Stuttgart:** 120 km

### WISSENSWERTES

- Nachhaltigkeitssiegel GreenSign 94%
- vollklimatisierte Hotelzimmer und Tagungsräume
- Zimmerupgrade für Tagungsleiter
- über 500 Parkplätze im benachbarten Parkhaus
- schöner Sauna- und Fitnessbereich
- separates WLAN für Tagungsraum möglich
- 20 E-Ladestationen

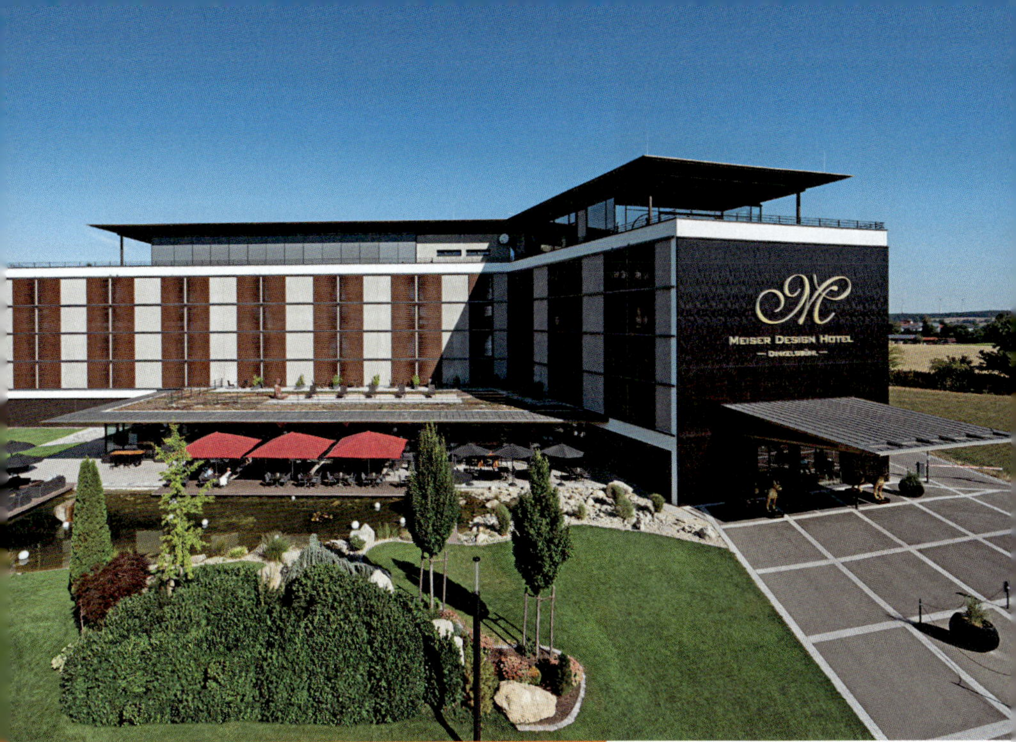

# Meiser Design Hotel

## FAZIT

Zu den **professionellen Arbeitsbe-dingungen im extravaganten Design Hotel** gesellen sich nun alle Möglich-keiten, **große Kongresse, Tagungen und Events direkt im benachbarten Plaza Kongress** erfolgreich durchzu-führen.

Die Gäste erleben eine **familiäre und gastfreundliche Atmosphäre** in einem **Haus mit urbanem Style** und großstädtischem Flair.

Die Lage im Dreieck Nürnberg – Würzburg – Stuttgart garantiert **beste Erreichbarkeit.**

**91550 DINKELSBÜHL**
Neue Allee 4
Tel. +49 9851 529170-6670
tagung.design@meiser-hotels.de
**www.meiser-hotels.de/design**

**91550**

E ine über 500 Jahre hinweg gelebte gastliche Tradition schließt Pioniergeist nicht aus. Ganz im Gegenteil. Mit ihrem im Dezember 2022 wiedereröffneten Landhaus zeigt die Familie Bischoff, dass sie nicht nur Gastgeber aus Leidenschaft ist, sondern ihr Hotel Sonne mit unternehmerischem Mut auch immer wieder an den Anforderungen der Zeit ausrichtet. Kernsaniert und mit 31 schönen modernen Zimmern im Landhausstil strahlt das Nebengebäude in frischem Glanz und beweist einmal mehr die stilsichere Hand der Hoteliersfamilie bei der Einrichtung ihres Hauses. Das Flair gewachsener Tradition und Gemütlichkeit kombiniert mit modernen Elementen und coolem Design macht die Mischung, die Tagungsgästen gefällt und Inspiration gibt für Kreativität und Kommunikation bei Veranstaltungen. Das gilt auch für die Tagungsmöglichkeiten. Im Haupthaus befindet sich das moderne Tagungszentrum EVENTOS mit drei variablen und großzügigen Räumen mit einer imposanten Deckenhöhe von vier Metern, die als lichtdurchfluteter Sonnensaal ihrem Namen alle Ehre machen. Das Eichenparkett ist befahrbar, der Raum ist klimatisiert, verdunkelbar und mit neuester audiovisueller Technik ausgestattet. Beliebter Meeting-Point ist das Foyer auf 600 m², modern und stylisch eingerichtet, mit einer großen Cocktailbar und zahlreichen Sitznischen. Hier wird tagsüber gearbeitet, gegessen, Pause gemacht und abends in geselliger Runde gefeiert. Eine Ebene darüber laden weitere Seminarräume und Gruppenräume zum Arbeiten und Feiern ein. Hier wurde jüngst modernisiert und die schöne historische Architektur neu kombiniert mit modernen Möbeln und Lichttechnik, trendigen Farben und feinen Stoffen. Dass das Ambiente passt und die Gäste sich rundum wohlfühlen, ist der Familie eine Herzensangelegenheit. Zudem ist man auch kulinarisch bestens in der Sonne aufgehoben: Küchenmeister Willi Bischoff kocht wunderbare fränkische, saisonale und feine Gerichte aus regionalen Zutaten; handwerklich perfekt und mit einer Leidenschaft, die dem Restaurant schon so manche Auszeichnung eingebracht hat. Dazu passt der persönliche gute Service, der die Tagungsgäste begleitet und auf Wunsch auch mit viel Ideenreichtum Rahmenprogramme organisiert.

*Uta Müller*

# Genussvolle Gastlichkeit erleben

## LOGIS

**69 Zimmer:**
20 EZ, 47 DZ,
2 Juniorsuiten

## TAGUNG

**Besonders geeignet für:**
Seminar, Konferenz, Klausur, Event

**Räume**
Tagungsräume: 9
Ausstellungsfläche: 206 m²

**Maximale Tagungskapazität**
U-Form: 80 Pers.
Parlamentarisch: 200 Pers.
Reihenbestuhlung: 350 Pers.

**Preise**
Preiskalkulation 1* 62,85 €
Preiskalkulation 2* 185,16 €

*Alle Angaben Nettopreise
zzgl. MwSt., Kalkulationsanfrage siehe Seite 32

**NEUEN-DETTELSAU**

**A 6:** 1 km

**Fern:** Ansbach: 18 km
**Nah:** Neuendettelsau: 0,5 km

**Nürnberg:** 39 km

## WISSENSWERTES

- ausgezeichnetes Restaurant mit mehreren Stuben mit Platz für fast 200 Personen
- Rahmenprogramme in der Natur mit Fackelwanderung, Waldführungen, Fahrradtouren, Trommelkurs oder Lachtraining
- Tagungszentrum komplett barrierefrei
- Glasfaser-Internet, digitales Whiteboard für interaktive Tagungen
- 125 kostenfreie Parkplätze

# Hotel Sonne

## FAZIT

Tagungsgäste finden hier eine gelungene Kombination aus **stilvollem Land-hotel und neuem durchgestyltem Tagungszentrum** mit hervorragenden Möglichkeiten zum Tagen, Kommunizieren und Feiern. Unterstützt werden sie dabei von einer **engagierten Tagungs-Crew,** die durch Professionalität und Service-Denken auffällt.

Ein weiterer Pluspunkt – neben der **guten Erreichbarkeit** zwischen München – Nürnberg – Würzburg – ist die **feine fränkische Regionalküche,** die schon zahlreiche Auszeichnungen einheimste.

91564
NEUENDETTELSAU

Hauptstraße 43
Tel. +49 9874 508-0
info@landhotel-sonne.com
www.landhotel-sonne.com

91564

E s hat sich zu einem echten Geheimtipp unter Tagungsprofis entwickelt, das Romantik Hotel Hirschen in Parsberg. Altes bewahren und offen für Neues sein, nach diesem Motto macht die Familie Hausen, die das Hotel in fünfter Generation führt, das Echte, Ursprüngliche für ihre Tagungsgäste erlebbar und agiert zugleich zukunftsgerichtet und innovativ. Wurzeln und Flügel. Tradition und Weltoffenheit – eine Kombination, die den Gästen ein wunderbares Zuhause auf Zeit und zugleich beste Tagungsbedingungen bietet. Zum Beispiel im Gartenhaus, das als separater Tagungsbereich mehrere exzellent ausgestattete, moderne und ansprechend gestaltete, klimatisierte Tagungsräume beherbergt. Das Internet ist stabil und schnell, die Technik auf dem neuesten Stand. Großflächige Glasfronten zum Garten hin unterstreichen die Transparenz und Offenheit des Hauses. Sie holen die Natur ins Haus, große Raumhöhen lassen die Gedanken fliegen. In der Pausenlounge setzen geschmackvolles Design und erdige Farben natürliche Akzente, eine Pflanzendecke und die moderne Verarbeitung wertiger Eiche greifen das Garten- und Naturthema auf. Rückzugszonen im Haus und im Garten unterstützen den Wunsch der Tagungsgäste nach ungestörter Kommunikation und Teamarbeit. Gesunde „Denknahrung", Kaffee aus der ortsansässigen Rösterei und Candys sind immer griffbereit, freundliche und äußerst serviceorientierte Mitarbeiter stets in der Nähe. Im Sommer laden geschützte Terrassen und ein Amphitheater zum Arbeiten und Entspannen im Grünen ein. Kreativ und zwanglos geht es zu – hier fühlen sich Menschen wohl, die Inspiration suchen und mit allen Sinnen genießen können. Dafür sorgt auch die ausgezeichnete Küche, in der Carola Hausen ausschließlich hochwertige Zutaten aus der Region verarbeitet. Das Fleisch kommt vom eigenen Metzger, Brötchen, Brot und Kuchen werden selbst gebacken, das Bier stammt aus den umliegenden Regionen – besser kann man den Manufaktur-Gedanken nicht leben. Wenn die Tagungsgäste dann am Abend den neuen wunderbaren Wellness-Bereich nutzen, eine Radltour mit dem E-Bike machen oder in der urigen Wirtsstube feiern, dann wissen sie, dass hier das Tagen zur schönsten Nebensache der Welt wird. *Uta Müller*

## Innovativ. Inspirierend. Authentisch

### LOGIS

**71 Zimmer:**
37 EZ, 22 DZ, 11 Junior-suiten, 1 Penthouse

### TAGUNG

**Besonders geeignet für:**
Seminar, Konferenz, Klausur, Kreativprozesse

**Räume**
Tagungsräume:               10

**Maximale Tagungskapazität**
U-Form:                30 Pers.
Parlamentarisch:       60 Pers.
Reihenbestuhlung:     110 Pers.

**Preise**
Preiskalkulation 1*         83,19 €
Preiskalkulation 2*        247,30 €

*Alle Angaben Nettopreise zzgl. MwSt., Kalkulations-anfrage siehe Seite 32

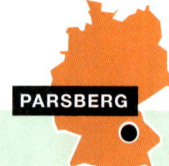

PARSBERG

 **A 3:** 1,5 km

 **Fern:** Regensburg, 40 km
**Nah:** Parsberg, 0,5 km

 **Nürnberg:** 55 km
**München:** 110 km

### WISSENSWERTES

- Nachhaltigkeitssiegel GreenSign 78%
- Eigener synchroner Business-Glasfaser-Anschluss, 600 Mbit
- Burg Parsberg als zusätzliches Tagungs- und Eventareal
- Klimaanlage mit Virenfilter in Tagungsräumen
- Lerngarten mit Rückzugszonen
- Restaurant „Wirtsstuben" und Gourmetrestaurant „Hirschkönig"
- GartenSPA mit Saunen, Indoor- und Outdoor-Naturpool

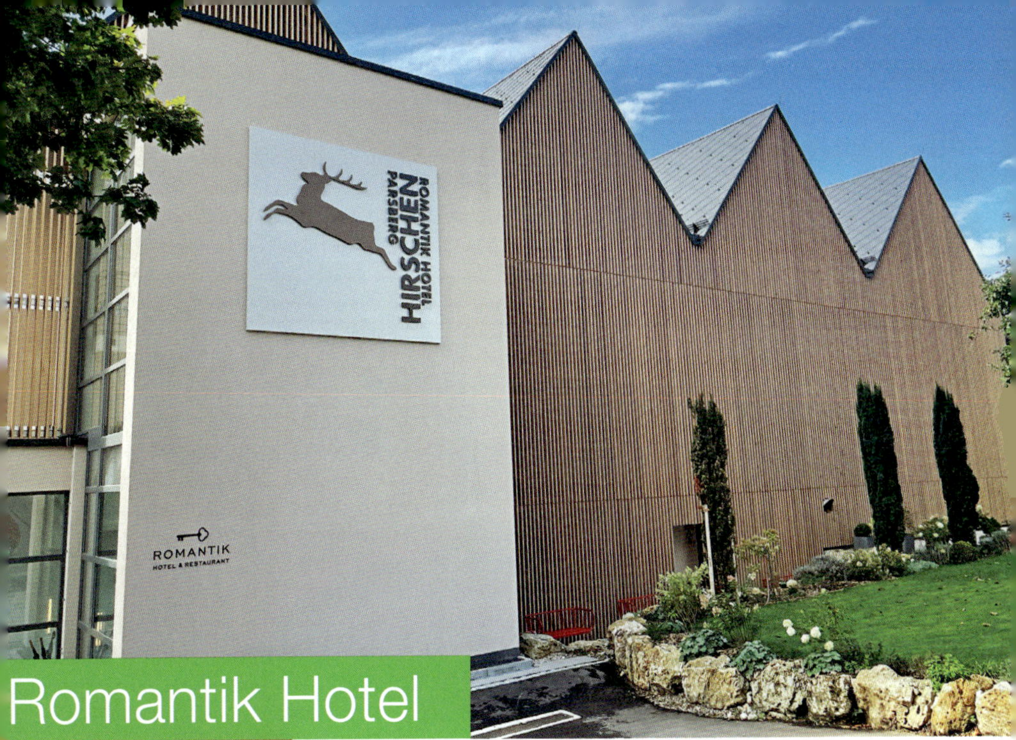

# Romantik Hotel
## Hirschen

### FAZIT

Das Hotel Hirschen fördert mit seinem **durchdachten und stimmigen Tagungskonzept** die Kreativität und Inspiration der Teilnehmer.

**Individuelle und außergewöhnliche Team-Events** unterstützen prozessorientierte Lernziele von Seminaren und Workshops.

**Fokussierung auf Trainerbedürfnisse** zeigt sich in vielen Details.

**Ausgezeichnete Küche,** die Gäste mit hochwertigen Zutaten und Speisen verwöhnt.

**92331 PARSBERG**

Marktstraße 1a
Tel. +49 9492 6060
tagung@romantikhotelhirschen.de
**www.romantikhotelhirschen.de**

92331

Wenn ein Hotel in der fünften Generation erfolgreich geführt wird, dann ist das kein Zufall. Dann stehen eine kontinuierlich gute Qualität, viel Freude am Umgang mit Menschen und ein hohes Maß an Kundenorientierung an erster Stelle. Im Hotel Fuchsbräu, mitten im historischen Zentrum des schönen Städtchens Beilngries, kommen noch einige Punkte hinzu, die das Haus zu einer Top-Adresse im Altmühltal machen: eine ausgeprägte Innovationsfreude der Inhaberfamilie, ein sicheres Händchen für geschmackvolle Einrichtung sowie ein hervorragendes Tagungsangebot. So haben Denise und Christian Amrhein in den vergangenen Jahren ein charmantes Hotelrefugium aus sechs Gebäuden geschaffen, das zwölf ganz individuelle Tagungsräume unterschiedlichster Größe beherbergt – vom lichtdurchfluteten Raum Anlauter mit großer Deckenhöhe, Balkonen und phantastischem Blick über die Dächer der Altstadt über die historischen Volpini-Räume mit Designermöbeln und den historischen Saal mit freigelegter Holzdecke bis hin zum schönen Lerngarten im Freien. Die Technik ist auf dem neuesten Stand, interaktive Meetings funktionieren mit allen gängigen Softwareprogrammen auf dem großen Legamaster Touchscreen. Umsorgt werden die Gäste stets flott, professionell und gut gelaunt: Die Tagungsbetreuung gehört zur Kernausbildung im Hotel, viele Mitarbeiter kennen die Gäste und ihre Wünsche – man spürt schnell, dass das Team ein herzliches und persönliches Miteinander pflegt und die Gäste betreut, als wären sie ein Teil der Fuchsbräu-Familie. Die ergänzt das Tagungsvergnügen mit einer exzellenten, vielfach ausgezeichneten Küche, die auf biologische und regionale Produkte setzt und dem Slow-Food-Motto „Gut, sauber, fair!" folgt. Ob im gemütlichen Hauptrestaurant mit Stube und Wintergarten, im Biergarten hinter dem Haus oder in der stylischen Kaiserbeck Bar – die heimischen Spezialitäten werden immer in einem einzigartigen Ambiente serviert, das geschickt die Historie der Häuser mit einer modernen und leichten Optik verbindet. Einen gelungenen Ausklang finden Workshops schließlich bei einem der zahlreichen Outdoor-Angebote im Altmühltal, bei einem guten Glas Wein oder einem Cocktail in der stimmungsvollen Kaiserbeck Bar. *Uta Müller*

# Top-Adresse im Altmühltal

## LOGIS

**71 Zimmer:**
14 EZ, 54 DZ,
2 Suiten, 1 Juniorsuite

## TAGUNG

**Besonders geeignet für:**
Seminar, Konferenz, Klausur,
Kreativprozesse, Event

**Räume**
| | |
|---|---|
| Tagungsräume: | 12 |
| Ausstellungsfläche: | 50 m² |

**Maximale Tagungskapazität**
| | |
|---|---|
| U-Form: | 45 Pers. |
| Parlamentarisch: | 80 Pers. |
| Reihenbestuhlung: | 100 Pers. |

**Preise**
| | |
|---|---|
| Preiskalkulation 1* | 69,00 € |
| Preiskalkulation 2* | 265,00 € |

*Alle Angaben Nettopreise
zzgl. MwSt., Kalkulationsanfrage siehe Seite 32

BEILNGRIES

 **A 9:** 10 km

 **Fern:** Ingolstadt, 35 km
**Nah:** Altmühltal-Kinding, 10 km

 **München:** 90 km

## WISSENSWERTES

- zentrale Lage mitten in Bayern
- mit individuellen Passwörtern geschütztes WLAN
- EMAS-zertifiziert sowie Umwelt- und Klimapakt Bayern
- Genussküche: Slow-Food u. „Ausgezeichnete Bayerische Küche in Bestform"
- Lerngarten mit neuer Kaffeepausenstation im Grünen
- zahlreiche Outdoor- und Ausflugsmöglichkeiten im Altmühltal

# Hotel
# Fuchsbräu

FUCHSBRÄU
★★★★

## FAZIT

**Zahlreiche Tagungsräume**, ein **separates Seminarhaus** mit **interaktiver Technik** sowie **professionelle Outdoor-Partner** schaffen beste Voraussetzungen für alle Formen des Tagens.

Das **herzliche, aktive und bestens geschulte Team** garantiert eine hohe **Kundenzufriedenheit** und sorgt für ein authentisches Tagungserlebnis.

**Gelebte Nachhaltigkeit** umfasst im Fuchsbräu u.a. die Materialauswahl, Energieeffizienz, Mehrwegsysteme sowie ein regionales Lieferantennetzwerk.

**92339 BEILNGRIES**

Hauptstraße 23
Tel. +49 8461 6520
info@fuchsbraeu.de
**www.fuchsbraeu.de**

92339

Wer hierherkommt, der kommt nicht zufällig. Der reist ganz gezielt in den Naturpark Oberer Bayerischer Wald, dorthin, wo sich die größten Seen Ostbayerns befinden. Denn hier hat sich das Hotel Wutzschleife als inspirierendes Tagungs- und Wellness-Resort einen Namen gemacht – als Ort, an dem man sich hervorragend auf Natur und Ruhe einlassen, völlig ungestört professionell tagen und zudem ein umfangreiches Angebot an In- und Outdoor-Aktivitäten nutzen kann. „Feel free" heißt nicht nur das 1.200 m² große Spa mit einladendem Pool und schönem Sauna-, Fitness- und Wellnessbereich. Frei zu sein, das beginnt bereits beim Eintreten in die Hotelhalle mit gläsernem Dach, das den Blick in die schöne umliegende Natur freigibt. Großzügige offene Ebenen, die das Gebäudeensemble verbinden, schaffen Transparenz und Luftigkeit. Ebenso die separaten Tagungsbereiche: Jeder der fünf Veranstaltungsräume erlaubt den Zugang auf eine Terrasse oder einen Balkon, wo die Teilnehmer auch spontan draußen arbeiten können. Bodentiefe Fenster lassen Licht hinein und den Blick ins grüne Hotelumfeld hinaus. Modernste Tagungstechnik ist selbstverständlich, im Tagungsfoyer laden gemütliche Sitzecken und ein Kamin zu informellen Gesprächen und Gruppenarbeiten ein. Das Hotel punktet zudem mit einem großen tagungsbegleitenden Erlebnisprogramm. „Fit for health"-Angebote, Yoga, ein Turnier auf der hoteleigenen Boccia- oder Sommerstockbahn, eine Runde Schnupper-Golf auf dem benachbarten 18-Loch-Platz, Nordic Walking ab Haus, Radtouren mit E-Bikes oder Tennisspiele auf dem eigenen Sandplatz – alles ist unkompliziert direkt vor der Hoteltür oder im Haus machbar. Eine große Eventhalle ermöglicht Darts-Turniere oder Kurse im Bogenschießen. Genießer kommen hier ebenfalls auf ihre Kosten: Inhaber und Gourmet-Koch Gregor Hauer und sein Team verwöhnen ihre Gäste mit einer exzellenten Küche und zahlreichen kulinarischen Events, wie der Kitchen-Challenge, Küchenpartys oder Grillpartys auf der Sommerterrasse, bei denen man dem Chef auch selbst über die Schulter schauen kann. Erholung und ungestörte Nachtruhe nach kreativen Arbeitstagen finden die Gäste beim Wellness oder in einem der schön renovierten Zimmer des 4-Sterne-Hauses. *Uta Müller*

# „Feel free" in der Oberpfalz

## LOGIS

**60 Zimmer:**
57 DZ, 3 Juniorsuiten

## TAGUNG

**Besonders geeignet für:**
Seminar, Konferenz, Klausur, Event

**Räume**
Tagungsräume:                5
Ausstellungsfläche:        126 m²

**Maximale Tagungskapazität**
U-Form:                  50 Pers.
Parlamentarisch:        90 Pers.
Reihenbestuhlung:       130 Pers.

**Preise**
Preiskalkulation 1*        53,78 €
Preiskalkulation 2*       220,00 €

*Alle Angaben Nettopreise zzgl. MwSt., Kalkulationsanfrage siehe Seite 32

**RÖTZ**

**A 93:** 24 km

**Fern:** Regensburg, 60 km
**Nah:** Neubäu, 11 km

**Nürnberg:** 103 km

## WISSENSWERTES

• ausreichend Parkplätze, 2 E-Ladestationen
• großzügiges SPA mit Pool, Saunen, Heat- & Ice-Bereich, Fitness und Anwendungen
• zahlreiche Aktivangebote am Hotel und in der landschaftlich reizvollen Umgebung
• Küchenpartys mit dem Inhaber und Gourmet-Koch Gregor Hauer

# Hotel
# Wutzschleife

**Wutzschleife** ★★★★S
HOTEL · Das Gefühl frei zu sein

## FAZIT

Das 4-Sterne-Haus ist hervorragend dafür geeignet, **professionelles Arbeiten mit sportlichen oder entspannenden Incentives** und Team-Events zu verbinden.

Die **Tagungsräume sind hochwertig und modern ausgestattet,** bei Atmosphäre und Umfeld wurde an alles gedacht, was erfolgreiches Arbeiten möglich macht.

Das Team um Inhaber Gregor Hauer verwöhnt die Gäste mit einer **exzellenten Tagungs- und Genussküche.**

## 92444 RÖTZ

Hillstett 40
Tel. +49 9976 180
info@wutzschleife.com
**www.wutzschleife.com**

92444

Die Gegend um Erbendorf gilt als beschaulich: Der Oberpfälzer Wald geht in das Fichtelgebirge über, Lebensart und gutes Essen werden geschätzt und Zoigl-Bier gilt als regionale Spezialität – ebenso wie Karpfengerichte. In unmittelbarer Nähe zu Erbendorf machen zwei Attraktionen von sich reden: Zum einen ist das größte Bohrloch der Welt (es ist mehr als 9.000 Meter tief!), das GEO-Zentrum an der KTB, zu besichtigen. Zum anderen ist, nur wenige Autominuten entfernt, der einstige geographische Mittelpunkt Europas zu besichtigen. Das Hotel ARIBO fügt sich in diesen staunenswerten Kontext, seine Architektur erinnert an ein vor Anker gegangenes Schiff – das Maritime ist Teil der Hotelprogrammatik. Das Haus wurde im Frühjahr 2016 eröffnet, Eigentümer ist ein Dienstleistungsunternehmen der Sozialwirtschaft, die Sozialteam GmbH. Zu deren Konzeption zählt unter anderem die Umsetzung von Inklusionsvorhaben. Deshalb arbeiten im ARIBO Menschen, die über ein Handicap verfügen. Und auch seine Geschichte macht das Hotel besonders! Ursprünglich wurden in dem Gebäude Koffer gefertigt, es war eine Werkshalle der BERMAS GmbH. Bedeutet: Die Gebäudesanierung musste den Corpus und seine Statik beachten und berücksichtigen.

## Mitten in Europa!

### LOGIS

**40 Zimmer:**
2 EZ, 38 DZ

### TAGUNG

**Besonders geeignet für:**
Seminar, Konferenz, Klausur, Event

**Räume**
Tagungsräume: 6

**Maximale Tagungskapazität**
U-Form: 44 Pers.
Parlamentarisch: 54 Pers.
Reihenbestuhlung: 150 Pers.

**Preise**
Preiskalkulation 1* 54,62 €
Preiskalkulation 2* 214,29 €

*Alle Angaben Nettopreise zzgl. MwSt., Kalkulationsanfrage siehe Seite 32

Heute profitieren Veranstalter und Tagungsgäste davon – alle Räume bieten komfortable Maße, keines der modern und wohnlich eingerichteten und ausgestatteten 40 Hotelzimmer ist kleiner als 25 m²! Dieser Komfort setzt sich im „Tagungsterminal", der maritimen Konzeption folgend, fort. Auf zwei Gebäudeebenen laden insgesamt sechs teilweise miteinander kombinierbare Räume zum konzentrierten Arbeiten in farblich akzentuiert gestalteter Umgebung ein. Der ebenerdig gelegene Tagungsbereich bietet zudem direkte Zugangsmöglichkeiten in den Hotelpark – „grüne Seminarteile" oder Outdoorübungen lassen sich nahtlos mit Tagungsteilen verbinden. Das Wellnessdeck ist vollständig ausgestattet und bietet sogar ein Schwimmbad! Im Restaurant, dem „Steghaus", werden Steaks und Burger in vielfachen Variationen kredenzt. Auch Tagungsgruppen steht eine gut bestückte Bar zur Verfügung. Veranstalter, die das ARIBO buchen, genießen Individualität, außerordentlich freundlichen Service und einen ökosozialen Mehrwert – mitten in Europa. *Thomas Kühn*

ERBENDORF

**A 93:** 11 km

**Fern:** Nürnberg, 105 km
**Nah:** Reuth bei Erbendorf, 4 km

**Nürnberg:** 80 km

### WISSENSWERTES

• kostenfreie Parkplätze direkt am Haus
• Hotel wird von einer Parklandschaft umgeben, die in Veranstaltungskonzeptionen eingebunden werden kann – tagungsbegleitend oder -ergänzend oder für Freizeitaktivitäten
• Attraktive Rahmenprogramme stehen zur Verfügung, unter anderem kann eine weit über die Grenzen der Oberpfalz hinaus bekannte Brennerei anlässlich einer Degustation besucht werden

# ARIBO Hotel
## Erbendorf

HOTEL ERBENDORF
★ ★ ★ ★

### FAZIT

Das ARIBO Hotel besticht durch die **Kontinuität gelebter Geschichte,** die mit der Nachnutzung einer industriellen Produktionsstätte ihren Fortgang nimmt. Der inklusive Charakter der Betreiberkonzeption bietet Veranstaltern einen **ökosozialen Mehrwert.**

Die Verbindung von hervorragend ausgestatteten **Tagungsräumen und grüner Natur** schafft Freiräume und Möglichkeiten.

**Hoher Freizeitwert** durch attraktive Rahmenprogramme sowie unmittelbare Gestaltungsmöglichkeiten im und am Hotel.

**92681 ERBENDORF**
Kirschenreuther Straße 28
Tel. +49 9682 68307-0
tagung@aribo-hotel.de
**www.aribo-hotel.de**

92681

513

Sie ist eine der faszinierendsten Städte Süddeutschlands – die Dreiflüssestadt Passau. Wo Donau, Inn und Ilz zusammenfließen, erleben Besucher eine charmante historische Altstadt mit verwinkelten Gassen, einem reichen architektonischen Erbe und der größten Domorgel der Welt. Mitten im Herzen dieser schönen Stadt und nur wenige Gehminuten vom Bahnhof und von den bedeutendsten Sehenswürdigkeiten entfernt befindet sich auch Passaus größtes Tagungshotel. Das mk | hotel passau wurde nach einer umfangreichen Sanierung im März 2021 neu eröffnet und bietet nun ein ansprechendes modernes Design mit viel Platz für alle denkbaren Veranstaltungsformen. Ob kurzes Meeting, Seminar, mehrtägige Konferenz oder ein Get-together als Firmenevent – der Konferenzbereich mit fünf unterschiedlich großen klimatisierten Tagungsräumen ist multifunktional und variabel gestaltbar, hell, großzügig und mit eigener Pausenzone ausgestattet. Der größte Raum gibt durch seine Fensterfront den Blick auf die Donau frei; hier können Gedanken frei fließen, Altes losgelassen und neue Lösungen erarbeitet werden. Dabei unterstützen ein stabiles WLAN, neueste Technik, Beamer und digitale Boards. In der warmen Jahreszeit kann der Flipchart auch nach draußen wandern: Auf der großen Terrasse von „Pier 218", dem benachbarten Frühstücksbereich direkt neben den Tagungsräumen, verbringen die Tagungsgäste gerne ihre Pausen oder arbeiten spontan an der frischen Luft weiter. Für entspannte Pausenzeiten sorgt die freundliche Küchen- und Service-Crew. Mittags gibt es Leckeres vom Buffet, abends auf Wunsch einen Snack. Das Hotel arbeitet mit verschiedenen Partner-Restaurants in der Stadt zusammen, die fußläufig erreichbar sind und den Tagungsgästen dadurch einen schönen Spaziergang durch die Altstadt ermöglichen. Spannende Stadtführungen, Fahrradtouren an der Donau oder eine Schifffahrt auf der Donau werden gerne vom Hotel-Team vermittelt. Bevor die Gäste in einem der 128 klimatisierten, modernen und geschmackvoll eingerichteten Zimmer zur Ruhe kommen, können sie noch in der gemütlichen hoteleigenen Raucher-Lounge einkehren. *Uta Müller*

# Tagen mit Donaublick

## LOGIS

**128 Zimmer:**
51 EZ, 77 DZ

## TAGUNG

**Besonders geeignet für:**
Seminar, Konferenz

**Räume**
Tagungsräume:                    5

**Maximale Tagungskapazität**
U-Form:                40 Pers.
Parlamentarisch:      120 Pers.
Reihenbestuhlung:     200 Pers.

**Preise**
Preiskalkulation 1*        83,50 €
Preiskalkulation 2*       280,00 €

*Alle Angaben Nettopreise zzgl. MwSt., Kalkulationsanfrage siehe Seite 32

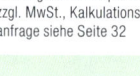
**A 3:** 5 km

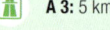
**Fern:** Passau, 0,2 km
**Nah:** Passau, 0,2 km

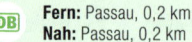
**München:** 150 km

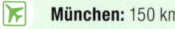

## WISSENSWERTES

- alle Tagungsräume und Zimmer klimatisiert
- hoteleigene Raucherlounge
- zahlreiche Rahmenprogramme in Passau möglich
- Parkhaus direkt hinter dem Hotel
- WLAN-Hotspot, digitale Whiteboards

# mk | hotel passau

**mk | hotel passau**

### FAZIT

Das Haus ist ein **modernes Business-Hotel** in zentraler Lage von Passau mit **großen, räumlich flexiblen Tagungskapazitäten.**

**Moderner Logisbereich** mit klimatisierten, modernen und großzügigen Zimmern.

Gut erreichbar, da **unmittelbare Nähe zum Bahnhof.**

**94032 PASSAU**
Bahnhofstraße 24
Tel. +49 851 75686600
conferences_pas@mkhotels.de
www.mkhotels.de/home/passau/de

94032

Durch den Ausbau der A 94 aus Richtung München ist man jetzt noch schneller am Ziel: Das Resort mit seinen 1.000 Möglichkeiten im wunderschönen Rottal. Das Hotel Maximilian ist das Herzstück der berühmten und sehr etablierten Anlage. Was das bedeutet, wird einem klar, wenn man sich das „Hotel-Dorf" einmal genauer anschaut. Architektonisch ist es einem Rottaler Vierseithof nachempfunden und bietet alles, was ein Tagungsplaner nur suchen kann. Von der angegliederten 2.000-m²-Eventhalle bis hin zu schier unerschöpflichen Tagungsmöglichkeiten im und am Hotel. Besonders positiv fällt hier die helle Atmosphäre der zu kombinierenden Räume auf. Der Blick auf das Alpenpanorama ist beeindruckend. An Gruppenräumen mangelt es hier nicht. Angenehm ist es für jeden Tagungsgast, den Kräutergarten im Innenhof zu nutzen. Sei es für kreative Kaffeepausen oder den entspannten Austritt vor den Tagungsraum. Viele der Meeingräume bieten ohnehin die Möglichkeit einer nutzbaren Terrasse. Das Tagungsfoyer bietet jede Menge Platz und schließt an die imposante Hotelhalle an, in der man von ausgewählten Düften umschmeichelt wird. Workspaces für den Geschäftsreisenden werden Einzug halten bei der Neuausrichtung des Hauses. „Tagen neu denken" ist der Ansatz des Event-Teams. Dieser Ansatz wird auch in enger Zusammenarbeit mit spezialisierten Agenturen bei der Planung einzigartiger Events verfolgt. Der Schlüssel zum Veranstalterglück! Mit diesem und vielen anderen Konzeptideen spürt man die Erneuerung in diesem ehrwürdigen Resort. Die Wandlungsfähigkeit von traditionell zu modern und zeitgemäß ist gut gelungen. Die 205 sehr geräumigen Zimmer (ab 30 m²) im Maximilian werden komplementiert durch weitere 300 Zimmer der Schwesterbetriebe im Resort Bad Griesbach. Auch in der Gastronomie gibt es viele Möglichkeiten, Gruppen separat zu verköstigen. Ohnehin ist die Mischung aus bayrisch traditionell und modernem Business-Konzept in Bausteinen für die Tagungspauschalen optimal gelöst. An diesem besonderen Ort lässt sich so gut wie alles umsetzen.

*Christian Badenhop*

## Moderne mit Tradition verbunden

## LOGIS
**205 Zimmer:**
185 DZ, 20 Suiten

## TAGUNG

**Besonders geeignet für:**
Seminar, Konferenz, Klausur, Event

**Räume**
| | |
|---|---|
| Tagungsräume: | 10 |
| Eventfläche: | 2.000 m² |

**Maximale Tagungskapazität**
| | |
|---|---|
| U-Form: | 35 Pers. |
| Parlamentarisch: | 500 Pers. |
| Reihenbestuhlung: | 1.000 Pers. |

**Preise**
| | |
|---|---|
| Preiskalkulation 1* | 57,14 € |
| Preiskalkulation 2* | 252,10 € |

*Alle Angaben Nettopreise zzgl. MwSt., Kalkulationsanfrage siehe Seite 32

**BAD GRIESBACH**

**A 94:** 10 km
**A 3:** 18 km

**Fern:** Passau, 30 km
**Nah:** Karpfham, 3 km

**München:** 130 km
**Salzburg:** 100 km

### WISSENSWERTES

- Die Destination Bad Griesbach beheimatet das größte Golf-Resort Europas
- Fun Fact: Das umfangreiche Areal wird in Anlehnung an die Thermalquellen „Quellness"-Bereich genannt – eine Wortkreation aus „Quelle" und „Wellness"
- Über 2.500 unterirdische Parkplätze am Ort, kostenpflichtig. Somit weitgehend verkehrsfreie oder verkehrsberuhigte Zone

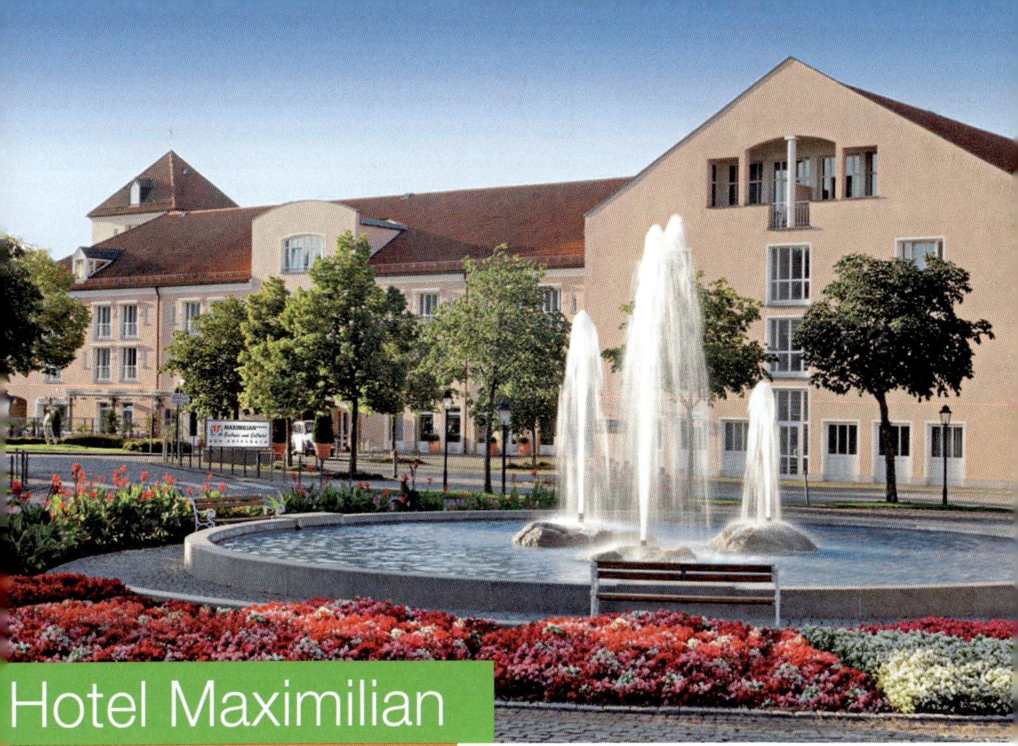

# Hotel Maximilian
# Bad Griesbach

## FAZIT

Das Hotel hat es geschafft, sich nach vielen Jahren als einer **der bekanntesten Tagungsorte Deutschlands** modern aufzustellen und weiterhin ein Traum zu sein für Tagungsplaner aller Art. Auch **international** wird dieses Resort an Attraktivität nicht verlieren, da es sich in einem stetigen Prozess der Weiterentwicklung befindet. **Neue Event-Konzepte** und Ideen werden hier bewusst gelebt. Ein Ort für den Erholungssuchenden und gleichermaßen Inspiration für eine **erfolgreiche Veranstaltung.**

**94086**
**BAD GRIESBACH**

Kurallee 1
Tel. +49 8532 795-0
veranstaltungsleitung@
resorts-badgriesbach.com
**www.resorts-badgriesbach.com**

94086

D er Name Wenisch ist in Straubing ein Begriff. Ein eigener Bauernhof, Metzgereien, ein Gasthaus, ein Hotel und die GenussArena auf dem Straubinger Gäubodenvolksfest zeugen von großem unternehmerischem Engagement, einem Faible für gutes Essen und gelebter echter Gastfreundschaft. Die hat im Genusshotel Wenisch einen Namen: fun dining. Der Spaß am Leben und die Freude am Genuss stehen hier im Mittelpunkt. Dafür haben Toni Wenisch und seine Frau Julia den perfekten Rahmen geschaffen: Das Hotel-Ambiente verbindet den Charme einer modernen Alpen-Lodge mit dem Chic des neuen urbanen Restaurants – Altholz, natürliche Materialien und stylisches Design ziehen sich durch das offene Raumkonzept, geben dem Gast die Möglichkeit, auf eine entspannte kulinarische Reise zu gehen oder es sich in der neuen Brauer-Lodge gemütlich zu machen. Bequeme Nischen, eine coole neue Bar oder die lange Tafel gegenüber der offenen Showküche laden ein zum geselligen, unkomplizierten Miteinander, zu Arbeitspausen und unvergesslichen Genuss-Momenten, wenn das „Holy Beef" aus der eigenen Ochsenzucht auf dem offenen Grill brutzelt, die heimische Schambacher Lachsforelle sanft geschmort oder der Zwiebelrostbraten von der Ochsenlende serviert wird. Hier sind Gastronomen aus Leidenschaft am Werk, die sich auch hervorragend aufs Tagen verstehen und mit Kreativität und dem inspirierenden Umfeld viel Spaß in die Arbeit bringen. Fünf klimatisierte Räume stehen für Meetings, Workshops oder Schulungen zur Verfügung. Modernste Konferenztechnik ermöglicht klassisches und hybrides Tagen, im neuen Raum „Max" mit eigener Dachterrasse können die Blicke und Gedanken dabei über die Dächer von Straubing schweifen. Begleitet werden Tagungsgäste von einem stets zuvorkommenden und sehr engagierten Mitarbeiter-Team, das die familiäre Genuss-Philosophie mit Leben erfüllt. Am Abend haben die Gäste die Qual der Wahl: Sind sie bereit für Abenteuer, vermittelt das Hotelteam gerne Outdoor-Aktivitäten. Wollen sie sich nicht von der einzigartigen Atmosphäre der Location trennen, genießen sie das leckere Essen, buchen Cocktailkurse oder Weinverkostungen und verbringen unbeschwerte Stunden im Restaurant, auf der Terrasse oder im Biergarten, bevor sie sich in einem der wunderschönen Zimmer zur Ruhe begeben. *Uta Müller*

## Genuss für alle Sinne

### LOGIS

**69 Zimmer:**
10 EZ, 54 DZ, 1 Turmsuite,
4 Appartements

### TAGUNG

**Besonders geeignet für:**
Seminar, Klausur, Event

**Räume**
Tagungsräume:                    5
Ausstellungsfläche:   35 – 230 m²

**Maximale Tagungskapazität**
U-Form:               30 Pers.
Parlamentarisch:      68 Pers.
Reihenbestuhlung:     148 Pers.

**Preise**
Preiskalkulation 1*      59,10 €
Preiskalkulation 2*     239,10 €

*Alle Angaben Nettopreise zzgl. MwSt., Kalkulationsanfrage siehe Seite 32

STRAUBING

 **A 3:** 12 km

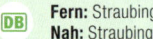 **Fern:** Straubing, 0,3 km
**Nah:** Straubing, 0,3 km

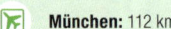 **München:** 112 km

### WISSENSWERTES

- Nachhaltigkeitssiegel GreenSign 84%, Greentable
- Das Hotel bietet eine Tiefgarage sowie kostenfreie Stellplätze
- In den Sommermonaten erfreut sich die Außengastronomie großer Beliebtheit
- Die Nutzung des Wellnessbereichs ist im Zimmerpreis inkludiert
- große gastronomische Vielfalt, in deren Genuss auch Veranstalter kommen

# Genusshotel
## Wenisch

SEIT 1961 . STRAUBING

# GENUSSHOTEL
### by
### Wenisch
★★★★

### FAZIT

Hier wird **„Work & Life" mit Wohlfühlatmosphäre verbunden,** so dass
Tagungsgäste in einem äußerst **inspirierenden professionellen Umfeld**
kreativ werden können.

**Abwechslungsreiche Rahmenpro-
gramme** im Haus oder outdoor fördern
die Teambildung und Freude am Leben.

**Hohes kulinarisches Niveau.** Die
Küche setzt auf **regionale Erzeugnisse,** Fleisch aus der eigenen Ochsenzucht, originelle Cocktails und beste
Weine.

**94315 STRAUBING**
Innere Passauer Straße 59
Tel. +49 9421 99310
info@genusshotel-wenisch.de
**www.genusshotel-wenisch.de**

94315

519

H istorisch, urban und voller Atmosphäre – das ist das Hotel ASAM am Rande der Straubinger Altstadt. Mit einem sicheren Gespür für Design und Wohnlichkeit wurde hier ein wunderschön restauriertes, denkmalgeschütztes Offizierskasino aus der Kaiserzeit mit zwei modernen Gebäudeflügeln zu einem stimmigen Ensemble zusammengeführt, in dem erfolgreiches Arbeiten, ausgelassenes Feiern sowie entspanntes Genießen zum Vergnügen wird. Alles ist möglich in diesem geschmackvollen Umfeld mit hochprofessionellen Raumlösungen: Der 400 m² große Festsaal mit Foyer lädt gleichermaßen zu Kongressen, großen Tagungen sowie glanzvollen Banketten und Gala-Abenden ein. Mehrere Beamer, eine moderne Soundanlage sowie Headsets sind selbstverständlich; Holz- und Farbelemente sowie eine repräsentative Beleuchtungstechnik machen den Saal angenehm wohnlich. Zwei weitere Tagungsräume, lichtdurchflutet, mit hochwertigem Parkett, eigenem Foyer und Eingang, bieten die Möglichkeit, völlig ungestört vom Hotelbetrieb zu arbeiten. Schließlich gibt es im Obergeschoss drei Räume, die ideal geeignet sind für Workshops, Meetings und Gruppenarbeiten. Hier steht den Gästen für die Pausen ebenfalls ein schönes Foyer mit großzügiger Terrasse zur Verfügung. Schön, dass die perfekten Arbeitsbedingungen von einer sehr familiären Atmosphäre begleitet werden. Die Mitarbeiter sind, gut gelaunt und äußerst zuvorkommend, immer ganz nah am Gast; die Stimmung im Haus ist, bei aller Eleganz und Wertigkeit, leger und ungezwungen. Dazu passt auch das neu gestaltete großzügige Restaurant im modern interpretierten Art-Déco-Stil mit vielen Nischen, Pflanzen und einer einladenden Bar. Hier genießen die Gäste die köstliche bayerisch-mediterrane Küche und lassen kreative Arbeitstage gesellig ausklingen. Im Sommer lockt der schöne Biergarten mit hohen Kastanien, die das Hotel zu einer grünen Oase mitten in der Stadt machen. Aktive Naturen können den feinen Wellness-Bereich mit mehreren Saunen und Dachterrasse nutzen oder im Fitnessraum Kraft tanken für den nächsten Tag, bevor sie sich in einem der Wohlfühl-Zimmer zur Ruhe begeben.    *Uta Müller*

## Tagungsjuwel mit Top-Ambiente

## LOGIS

**101 Zimmer:**
47 EZ, 45 DZ, 5 Suiten,
4 Superiorzimmer

## TAGUNG

**Besonders geeignet für:**
Seminar, Konferenz, Klausur, Event

**Räume**
| | |
|---|---|
| Tagungsräume: | 6 |
| Ausstellungsfläche: | 400 m² |

**Maximale Tagungskapazität**
| | |
|---|---|
| U-Form: | 60 Pers. |
| Parlamentarisch: | 250 Pers. |
| Reihenbestuhlung: | 400 Pers. |

**Preise**
| | |
|---|---|
| Preiskalkulation 1* | 72,13 € |
| Preiskalkulation 2* | 266,00 € |

*Alle Angaben Nettopreise zzgl. MwSt., Kalkulationsanfrage siehe Seite 32

STRAUBING

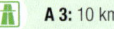 **A 3:** 10 km

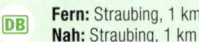 **Fern:** Straubing, 1 km
**Nah:** Straubing, 1 km

**München:** 100 km

## WISSENSWERTES

- Nachhaltigkeitssiegel GreenSign 72%
- Parkgarage mit E-Ladestation
- urige Hütte im Winter für Team-Events
- schöner Biergarten unter Kastanien
- Rahmenprogramme, wie Bierabend, Wein-Sommelier-Abend, Kochkurs
- toller Wellness-Bereich mit Saunen und Dachterrasse

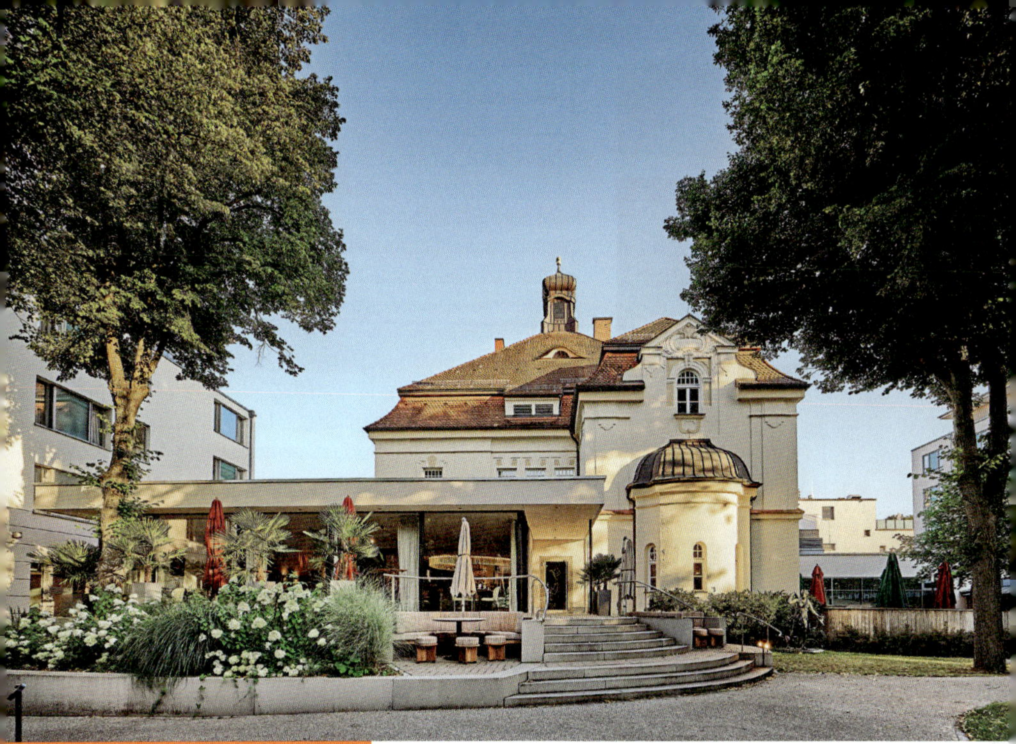

# Hotel ASAM

## FAZIT

Dank der gelungenen **Kombination aus historischem Charme und modernem Design** erleben Tagungsgäste ein wohnlich-exklusives Ambiente mit verschiedensten Raumlösungen für alle Veranstaltungsformate.

Der **hohe Anspruch an Qualität** zeigt sich bei Mobiliar, Einrichtung und Technik ebenso wie bei kreativen Tagungspausen, einem **hervorragenden kulinarischen Angebot** und **genussvollen Rahmenprogrammen.**

**94315 STRAUBING**
Wittelsbacherhöhe 1
Tel. +49 9421 788-680
info@hotelasam.de
**www.hotelasam.de**

94315

E s ist ein beschauliches Fleckchen Erde, das kleine Dörfchen Mariakirchen im Isar-Inn-Hügelland. Idyllisch gelegen, weit abseits von großen Städten und betrieblicher Hektik. Doch wer im Schlossparkhotel Mariakirchen tagt, der braucht keinen Rummel. Wer hier bucht, der sucht Ruhe und Raum für entspanntes Arbeiten, der genießt leidenschaftliche Gastgeber, die in den vergangenen Jahren mit viel Herzblut aus dem historischen Wasserschloss einen professionellen Tagungsort gemacht haben. Dafür haben sie Altes und Neues gekonnt kombiniert, historische Räume mit moderner Technik ausgestattet und so ein inspirierendes Ambiente geschaffen, in dem Tagungsgruppen kreativ und zwanglos arbeiten können. Sechs Tagungsräume beherbergt das Schlösschen – individuell, stimmungsvoll und multifunktional nutzbar, wie zum Beispiel der große, lichtdurchflutete Festsaal im ersten Obergeschoss, der sich für Konferenzen, aber auch hervorragend für rauschende Feste bis zu 130 Personen eignet. Oder der Raum Pfetten mit holzvertäfelter Decke und Wandgemälden, der mit mehreren Gruppenräumen ausreichend Platz für Workshops bietet. Einen spannenden Kontrast dazu bildet der moderne Logisbereich: Das denkmalgeschützte Gartenhaus, 1810 erbaut und 2006 aufwändig restauriert, wurde nach hinten mit einem neuen gläsernen Kubus verbunden, in dem sich die geschmackvoll gestalteten Zimmer befinden. Der Charakter des Schlosses wurde hier neu übersetzt – hohe Räume und breite Flure sorgen für Großzügigkeit, wertige Eiche und Jurastein für eine stilvoll-moderne Atmosphäre. Am Abend können sich die Gäste bei Spaziergängen, Radtouren oder Teamtrainings, die die freundliche Hotel-Crew gerne organisiert, in der umliegenden Natur erholen. Und anschließend im hoteleigenen Schlossbräu mit gemütlichem Biergarten einkehren. Im renovierten herrschaftlichen Stallgebäude mit historischem Deckengewölbe werden traditionelle bayerische Gerichte und echte Wirtshausklassiker angeboten, mit Fleisch vom eigenen Biohof Land.Luft mit Weidehaltung und eigener Schlachtung. Was kann es Schöneres geben, als dann nach einem langen Arbeitstag bei einem süffigen naturtrüben Bier aus der Hausbrauerei gemütlich zusammenzusitzen oder zünftig zu feiern. *Uta Müller*

## Natürlich tagen im Schloss

### LOGIS

**54 Zimmer:**
10 EZ, 43 DZ, 1 Suite

### TAGUNG

**Besonders geeignet für:**
Seminar, Konferenz, Klausur, Event

**Räume**
Tagungsräume:                   6

**Maximale Tagungskapazität**
U-Form:                   40 Pers.
Parlamentarisch:          65 Pers.
Reihenbestuhlung:        200 Pers.

**Preise**
Preiskalkulation 1*        63,53 €
Preiskalkulation 2*       219,08 €

*Alle Angaben Nettopreise zzgl. MwSt., Kalkulationsanfrage siehe Seite 32

ARNSTORF

 **A 92:** 25 km

 **Fern:** Plattling, 27 km
**Nah:** Pfarrkirchen, 20 km

 **München:** 108 km

### WISSENSWERTES

- Brauereibesichtigung und Bierverkostung in Hausbrauerei
- Fitnessraum, Saunen, Hydrojet Massage, Naturbadeteich
- 150 kostenfreie Parkplätze, E-Ladestation
- eigener Biohof
- Kegelbahn

# Schlossparkhotel
# Mariakirchen

## FAZIT

Tagungsgäste erwartet eine spannende Verbindung aus historischen und modernen Gebäuden, in denen **beste Voraussetzungen** zum Arbeiten und Feiern gegeben sind.

**Nachhaltigkeit ist ein wichtiges Thema:** Das Fleisch kommt vom eigenen Biohof, das Bier wird selbst gebraut und der Wein stammt vom Weingut in Familienbesitz.

Die Lage im Schlosspark inmitten der **weitläufigen Natur** bietet genügend Platz und Möglichkeiten für Rahmenprogramme und Teambildungs-Events.

**94424 MARIAKIRCHEN-ARNSTORF**

Obere Hofmark 3
Tel. +49 8723 978712018
tagung@schloss-mariakirchen.de
**www.schloss-mariakirchen.de**

**94424**

G esunde und zufriedene Mitarbeiter werden immer mehr zu einem Erfolgsfaktor für Unternehmen. Warum also nicht einmal einen Tagungsaufenthalt mit den Themen Gesundheit und Natur verbinden? Das Umfeld als Kraftquelle nutzen, den kreativen Gedankenaustausch und das Entwickeln neuer Konzepte mit Bewegung, gesunder Ernährung oder Entspannung bereichern? Beste Voraussetzungen dafür bietet das Siebenquell GesundZeitResort in Weißenstadt. Nicht weit von der A 9 entfernt, aber schon mittendrin im schönen Naturpark Fichtelgebirge können Veranstalter die professionellen Tagungsmöglichkeiten des Thermen- und Wellnessresorts mit einer beeindruckenden Gesundheits- und Wohlfühlinfrastruktur kombinieren. Drei moderne und technisch hochwertig ausgestattete klimatisierte Räume – idealerweise für Gruppen bis 25 Personen – laden im Erdgeschoss zu Workshops und Seminaren ein. Sie sind je nach Veranstaltungsanforderung in der Größe variabel verstellbar, bodentief verglaste Fensterfronten schaffen Zutritt zur Terrasse und lassen Licht und Luft herein. Die Hausfarben Grün und Blau – symbolisch für Wasser und Natur – sind überall als fröhliche Akzente gesetzt; in Kombination mit Holz und natürlichen Farben schaffen sie ein frisches und inspirierendes Ambiente. Im Obergeschoss und mit Panoramablick stehen zwei weitere schön gestaltete und technisch bestens ausgestattete Räume für kleine Arbeitstreffen und Firmenfeiern bereit. Als vitalisierender Teil einer Veranstaltung können Bausteine zur betrieblichen Gesundheitsförderung hinzugebucht werden: Speziell ausgebildete Mitarbeiter bieten – steuerlich geförderte – Workshops zu Bewegung und Ernährung, Rückenschule, Entspannungstraining, Waldbaden oder Einheiten in der Progressiven Muskelentspannung an. Die hoteleigene Schulungsküche hat Platz, um neue Ernährungskonzepte auszuprobieren, ebenso lädt die umliegende Natur mit dem benachbarten See zu körperlicher Aktivität ein. Dass der Genuss nicht zu kurz kommt, dafür sorgen regionale und internationale Spezialitäten im Restaurant mit traumhaftem Rundumblick oder gute Cocktails am Kamin in der Panorama-Lounge. Wer am Abend noch etwas für seine Gesundheit tun möchte, besucht das Fitness-Studio oder die traumhafte Thermallandschaft. *Uta Müller*

# Gesund bleiben und Kraft tanken

## LOGIS

**124 Zimmer:**
24 EZ, 96 DZ, 4 Suiten

## TAGUNG

**Besonders geeignet für:**
Seminar, Konferenz, Klausur, Event

**Räume**
| | |
|---|---|
| Tagungsräume: | 5 |
| Ausstellungsfläche: | 70 m² |

**Maximale Tagungskapazität**
| | |
|---|---|
| U-Form: | 30 Pers. |
| Parlamentarisch: | 80 Pers. |
| Reihenbestuhlung: | 160 Pers. |

**Preise**
| | |
|---|---|
| Preiskalkulation 1* | 55,08 € |
| Preiskalkulation 2* | 234,42 € |

*Alle Angaben Nettopreise zzgl. MwSt., Kalkulationsanfrage siehe Seite 32

WEISSEN-
STADT

**A 9:** 15 km
**A 93:** 19 km

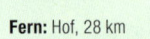
**Fern:** Hof, 28 km
**Nah:** Münchberg, 15 km

**Nürnberg:** 119 km

## WISSENSWERTES

- betriebl. Gesundheitsförderung, angepasst an Unternehmensbedürfnisse
- Resort mit 4-Sterne-Superior-Hotel, Fitness-Studio, Beauty & SPA, Medical Wellness und direkt angeschlossene Therme mit Wasser-, Saunawelt und GesundZeitReise
- Kapelle als Raum der Stille und Besinnung
- ausreichend Parkplätze am Hotel

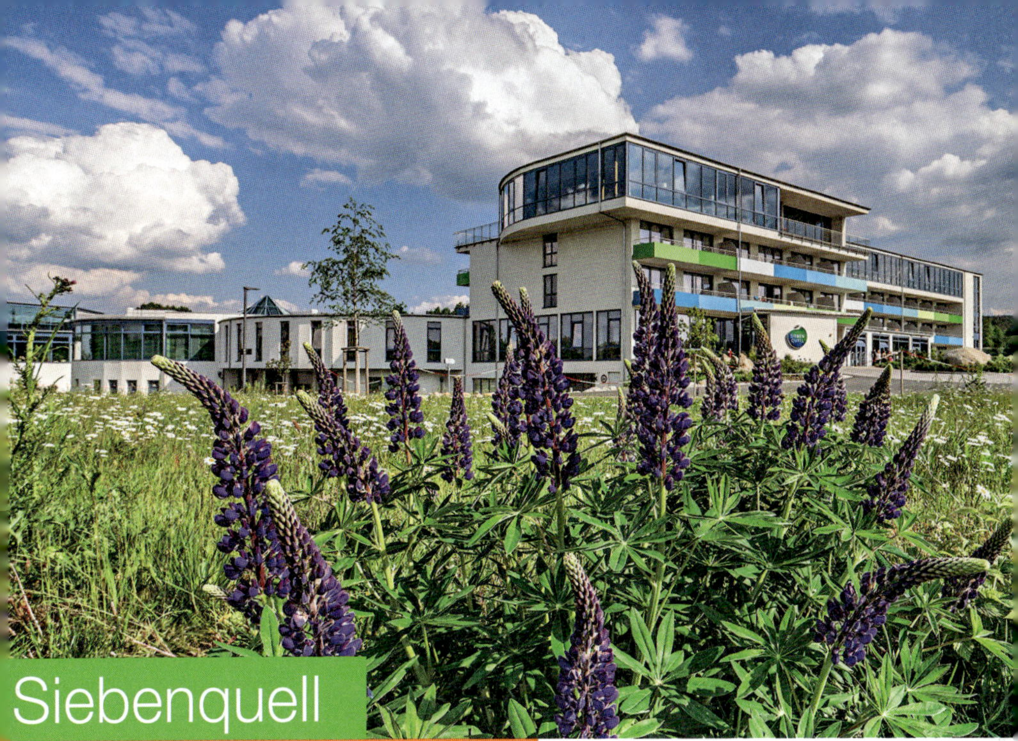

# Siebenquell
# GesundZeitResort

**FAZIT**

**Tagungszeit heißt Wohlfühlzeit** in diesem Thermen- und Wellnessresort, weil Arbeiten und Freizeit durch eine Vielzahl an **gesundheitsfördernden Bausteinen**, in- und outdoor, ergänzt werden können.

Die **klimatisierten Tagungsräume** sind technisch hochwertig ausgestattet und vermitteln durch ihre Einrichtung und Gestaltung ein Wellness-Ambiente.

Das Hotel ist **gut erreichbar**, seine Lage in der Natur bietet die nötige **Ruhe und Abgeschiedenheit** für **konzentriertes, ungestörtes Arbeiten**.

**95163
WEISSENSTADT**

Thermenallee 1
Tel. +49 9253 954600
veranstaltung@siebenquell.com
**www.siebenquell.com**

95163

© erlebe.bayern – Peter von Felbert

A bgeschieden gelegene Tagungsorte, die dennoch gut zu erreichen sind, liegen derzeit hoch im Kurs. Ungestörte Strategiegespräche führen oder neue Kollegen aufeinander einschwören, das gelingt nur dort, wo man abseits von Lärm und Hektik in privater Atmosphäre ungestört kreativ sein kann. Eine solche Tagungsdestination ist das charmante Schloss Burgellern zwischen Bamberg und Bayreuth. Die ehemalige Sommerresidenz der bayerischen Fürstbischöfe befindet sich seit dem Jahr 2005 in Privatbesitz der Familie Kastner, die das Schloss liebevoll restauriert und dem großen Schlosspark sein früheres Gesicht als englischer Landschaftspark zurückgegeben hat. Entstanden ist ein Tagungsjuwel mit 23 Zimmern, das durch eine geschmackvolle Kombination aus Altem und Neuem begeistert: Jahrhundertealte wunderschöne Holzfußböden, wertige Holzvertäfelungen und kunstvolle Deckengemälde verbinden sich hier mit neuester Technik, einer stilvollen Möblierung und allen Annehmlichkeiten eines modernen Hotels zu einer ungezwungenen, ganz individuellen Atmosphäre. Der Chef ist nicht nur herzlicher Gastgeber, sondern auch technikaffin: Alle sieben Tagungsräume sind mit digitalen Flipcharts für Präsentationen oder hybrides Zusammenarbeiten ausgestattet. Click Share ist selbstverständlich, ebenso ein geschütztes Tagungs-WLAN und Kamerasysteme für Online-Meetings. Die unterschiedlichen Räumlichkeiten auf dem Gelände decken alle Lernbedürfnisse der Gäste ab: Das historische Schmetterlingszimmer eignet sich für kleinere Gruppen, auf der gleichen Etage lädt der große von-Schönborn-Saal mit einem exklusiven Pausenbereich mit Leder-Loungesesseln zu Vorträgen und größeren Arbeitstreffen ein. Das Wasserschloss mit Terrasse ist der ideale Klausurort und Teambildungsplatz, hier können auch Kochkurse stattfinden oder gemeinsam Pizza im Holzofen gebacken werden. Auf der Schlosswiese kommen die Gäste zum Qigong oder Bogenschießen zusammen, bevor sie abends die Köstlichkeiten des Hauses genießen. Das Hotel arbeitet mit regionalen Versorgern zusammen und bietet eine regional-mediterrane Frischeküche aus hochwertigen ausgewählten Zutaten.

*Uta Müller*

# Historisches Tagungs-juwel bei Bamberg

## LOGIS

**23 Zimmer:**
2 EZ, 16 DZ, 1 Suite,
4 Juniorsuiten

## TAGUNG

**Besonders geeignet für:**
Seminar, Klausur, Kreativprozesse

**Räume**
Tagungsräume:                          7
Ausstellungsfläche:            200 m²

**Maximale Tagungskapazität**
U-Form:                            30 Pers.
Parlamentarisch:            60 Pers.
Reihenbestuhlung:        140 Pers.

**Preise**
Preiskalkulation 1*            98,80 €
Preiskalkulation 2*          197,60 €

*Alle Angaben Nettopreise
 zzgl. MwSt., Kalkulationsanfrage siehe Seite 32

SCHESSLITZ

 **A 70:** 0,6 km

 **Fern:** Bamberg, 14 km
**Nah:** Bamberg, 14 km

 **Nürnberg:** 65 km

## WISSENSWERTES

- Küche bezieht regionale Produkte; eigene Kochschule mit „Klöß + Schäuferla"-Kurs sowie individuellen Kochkursen
- interaktive Präsentationsbildschirme, drahtlose Videokonferenzen möglich
- eigene verschlüsselte WLAN-Netzwerke für Tagungsbereich
- Schlosspark für große Veranstaltungen
- kostenfreie Parkplätze unmittelbar am Hotel
- Umwelt- und Klimapakt Bayern

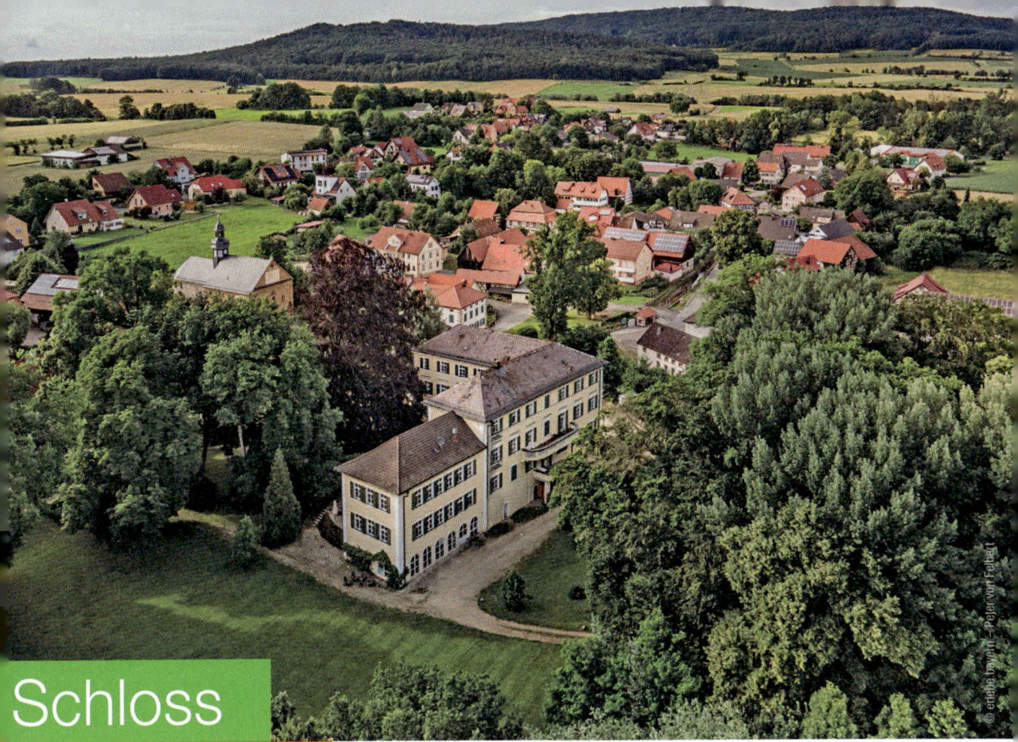

# Schloss
# Burgellern

## FAZIT

300 Jahre Geschichte bilden einen **faszinierenden Rahmen** für innovatives und kreatives Arbeiten in einem familiengeführten Schloss, bei dem **Historie und Moderne** gekonnt zu einem **geschmackvollen Ambiente kombiniert** wurden.

Der **sieben Hektar große Schlosspark** ermöglicht sportliche Aktivitäten ebenso wie festliche Events oder kreative Rahmenprogramme.

**Sehr verkehrsgünstig gelegen** zwischen der A 70, A 73 und der A 9.

**Schloss Burgellern**

★★★★

HOTEL - RESTAURANT

**96110 SCHESSLITZ**

Kirchplatz 1
Tel. +49 9542 77475-0
info@burgellern.de
**www.burgellern.de**

96110

A uszeichnungen als Top-Ausbildungsbetrieb, Wahl zum Kundenliebling, Azubis auf Erfolgskurs sowie Anerkennung für Umweltschutz und Nachhaltigkeit – ein Hotel, das solche Ehrungen nach Hause bringt, zeigt, dass es kontinuierlich an seiner Dienstleistung arbeitet. Dass die Beziehung zu den Gästen im Mittelpunkt steht und nicht nur das Hotel selbst. So wie im Best Western Plus Kurhotel an der Obermaintherme, das immer wieder für seine hohe Serviceorientierung gelobt wird. Ein großes Team aus leidenschaftlichen Gastgeberinnen und Gastgebern sorgt hier dafür, dass Tagungen professionell organisiert und die Tagungsgäste vor Ort bestens betreut werden. Regelmäßige fachliche und teambildende Schulungen für die eigene Crew sind den Geschäftsführerinnen wichtig; es wird investiert, wenn es der Arbeitserleichterung ihrer Mannschaft oder dem Wohlbefinden ihrer Tagungsgäste dient. Die finden in dem schönen 4-Sterne-Haus reichlich Platz und Raumlösungen für ihre Ideen: Sieben Tagungsräume von 20 bis 200 m² stehen zur Verfügung, klimatisiert, modern ausgestattet und variabel teilbar, so dass sie allen didaktischen Anforderungen gerecht werden. Alle Räume im Erdgeschoss haben einen Ausgang zur bestuhlten Tagungsterrasse, die im Sommer zum Lernen genutzt wird. Klimatisiert, mit einem hochwertigen Lichtkonzept, professioneller Kaffee- und Teemaschine so-

## Service-Exzellenz am Obermain

wie einem imaginären Fenster ausgestattet sind die außergewöhnlichen „4-Elemente-Räume" im Untergeschoss. Mit der entsprechenden Wasser-, Feuer-, Erde- und Luft-Farbgebung laden sie zu kleineren Besprechungen, Bewerbungstrainings oder Meetings ein. Als Kurhotel spielt das Wellnessangebot natürlich eine große Rolle: Im hauseigenen VITUS SPA mit Schwimmbad, Sauna, Massage, Kosmetik und Fitness können Tagungsgäste nach der Arbeit entspannen oder über den Bademantelgang die benachbarte Obermain Therme mit 35.000 m² wunderbarer Thermen- und Saunalandschaft nutzen. Beliebt sind aber auch Wanderungen zum nahen Staffelberg und Besuche des bekannten Klosters Banz oder der eindrucksvollen Wallfahrtskirche Vierzehnheiligen. Ein Muss am Abend ist das frische und leckere bayerisch-regionale Essen im schönen Restaurant. Bierfans können sich freuen: Das Hotel hat über 60 Biersorten im Angebot. *Uta Müller*

## LOGIS

**136 Zimmer:**
132 DZ, 4 Penthouse-Suiten

## TAGUNG

**Besonders geeignet für:**
Seminar, Konferenz, Event

**Räume**
Tagungsräume: 7
Ausstellungsfläche: 250 m²

**Maximale Tagungskapazität**
U-Form: 48 Pers.
Parlamentarisch: 120 Pers.
Reihenbestuhlung: 210 Pers.

**Preise**
Preiskalkulation 1* 66,60 €
Preiskalkulation 2* 268,30 €

*Alle Angaben Nettopreise zzgl. MwSt., Kalkulationsanfrage siehe Seite 32

**BAD STAFFEL-STEIN**

 **A 73:** 1,5 km

 **Fern:** Lichtenfels, 7,5 km
**Nah:** Bad Staffelstein, 0,1 km

 **Nürnberg:** 90 km
**München:** 245 km

## WISSENSWERTES

- Dehoga-Umweltcheck Gold; Mitglied bei Umweltpakt Bayern
- Bademantelgang führt direkt vom Hotel in die benachbarte Obermain Therme
- hoteleigener VITUS SPA mit umfangreichem Wellness-Programm
- 90 Tiefgaragenparkplätze und 30 Außenstellplätze
- Räume im EG 2022 komplett renoviert
- W-LAN inklusive im gesamten Hotelbereich

# Best Western Plus
# Kurhotel an der Obermaintherme

## FAZIT

Wer einen Tagungsort sucht, an dem unter den Fittichen eines **hochprofessionellen Tagungsteams konzentriertes Arbeiten und gepflegte Entspannung** kombiniert werden können, ist hier bestens aufgehoben.

Für Tagende stehen hier **unterschiedlichste Raumlösungen** zur Verfügung.

SPA-Freunde kommen in der **benachbarten Obermain Therme** und in dem **hauseigenen großen Wellness- und SPA-Bereich** voll auf ihre Kosten.

**96231**
**BAD STAFFELSTEIN**

Am Kurpark 7
Tel. +49 9573 333-0
info@kurhotel-staffelstein.de
**www.kurhotel-staffelstein.de**

96231

# Tagen im Gottesgarten

J eder kennt sie, die berühmte Basilika Vierzehnheiligen in Bad Staffelstein – ein beeindruckender Wallfahrtsort, den jährlich eine halbe Million Pilger besuchen, um die 14 Nothelfer zu verehren. Doch die wenigsten wissen, dass man im Schatten ihrer Türme auch hervorragend tagen kann: in den beiden Bildungs- und Tagungshäusern Vierzehnheiligen. Die Erzdiözese Bamberg hat in den vergangenen Jahren viel Geld investiert, das Haus Frankenthal sowie das Diözesanhaus kernsaniert, mit hochwertigen Materialien ausgestattet und technisch auf den neuesten Stand gebracht. Tagungskunden, die ein professionelles Tagungsumfeld, aber auch Ruhe und Achtsamkeit suchen, um ihre Meetingziele zu erreichen, sind hier bestens aufgehoben. Haus Frankenthal lädt mit fünf modernen, ergonomisch ausgestatteten Tagungsräumen zum kreativen Austausch ein. Die Räume sind hell, teilweise bodentief verglast mit umliegender geschützter Terrasse zum Lernen im Grünen. Beamer, Tonanlage und Glasfaseranschluss für schnelles Internet sind ebenso selbstverständlich wie Barrierefreiheit im ganzen Haus und eine schöne Kapelle als Raum der Stille, um vom Tagestrubel abzuschalten. Die umliegende Gartenanlage bietet viel Platz für Aktivitäten, wie Bogenschießen, Fußballspielen oder Balancieren auf der Slackline. Von hier aus blickt man zum etwa 200 Meter entfernten Diözesanhaus mit weiteren modernen Tagungs- und Gruppenräumen. Viel Glas lässt Licht und die umliegende Natur hinein, modern gestaltete Pausenzonen und das runde verglaste Restaurant sind beliebte Treffpunkte zum Dialog oder zum Genießen der leckeren fränkischen Gerichte mit Produkten aus der Region. Zum Gebäudeensemble gehört auch ein Traditionsgasthof, der Goldene Hirsch, mit schön eingerichteten, holzvertäfelten Stuben und einem Biergarten mit Blick auf die Basilika. Unter sich sein und das Team wachsen lassen, das gelingt gut in dieser abgeschiedenen ruhigen Umgebung. Es gibt aber auch attraktive Rahmenprogramme: eine Besichtigung der benachbarten Brauerei Trunk, die das leckere Nothelfer-Bier braut, eine Runde Fußballgolf am Fuße des Berges, eine Wanderung zum Staffelberg, dem Wahrzeichen Frankens. Oder der Besuch der wunderschönen Basilika mit einer exklusiven Orgelführung und grandiosem Blick ins Kirchenschiff mit anschließendem Mini-Konzert. *Uta Müller*

## LOGIS

**182 Zimmer:**
24 EZ, 94 DZ, 64 Sonstige

## TAGUNG

**Besonders geeignet für:**
Seminar, Konferenz, Klausur

**Räume**

| | |
|---|---|
| Tagungsräume: | 15 |
| Ausstellungsfläche: | 20 m² |

**Maximale Tagungskapazität**

| | |
|---|---|
| U-Form: | 60 Pers. |
| Parlamentarisch: | 150 Pers. |
| Reihenbestuhlung: | 220 Pers. |

**Preise**

| | |
|---|---|
| Preiskalkulation 1* | 66,42 € |
| Preiskalkulation 2* | 230,34 € |

*Alle Angaben Nettopreise zzgl. MwSt., Kalkulations-anfrage siehe Seite 32

**BAD STAFFEL-STEIN**

 **A 73:** 3 km

 **Fern:** Bamberg, 35 km
**Nah:** Lichtenfels, 5 km

 **Nürnberg:** 100 km

## WISSENSWERTES

- Glasfaseranschluss für schnelles Internet, Clever Touch
- ausreichend Parkplätze am Haus
- barrierefrei
- Rahmenprogramme wie Brauereiführung, Bogenschießen, Kirchenführungen
- Kapelle als Raum der Stille

# Bildungs- und Tagungshäuser
## Vierzehnheiligen

**BILDUNGS- &
TAGUNGSHÄUSER**

VIERZEHNHEILIGEN

### FAZIT

Hier, in direkter Nähe zur Basilika Vierzehnheiligen, ist **konzentriertes und ungestörtes Arbeiten** in legerer Atmosphäre und **modernen Räumlichkeiten** möglich.

Die kernsanierten Gebäude beherbergen **neueste Tagungs- und Präsentationstechnik,** die umliegende Natur und die Gartenanlage bieten aber auch **viel Raum für Teamtrainings, Rahmenprogramme und Entspannung.**

**Gute Erreichbarkeit** im Raum Nürnberg–Bamberg–Lichtenfels.

**96231
BAD STAFFELSTEIN**

Vierzehnheiligen 9
Tel. +49 9571 926-0
info@14hl.de
www.14hl.de

96231

531

E s ist ein Haus mit Geschichte, in dem die Familie Unckell seit über 60 Jahren, und mittlerweile in der dritten Generation, Erfolgsgeschichte schreibt. Ein Haus, das es in all den Jahrzehnten immer geschafft hat, einen hohen Standard und gelebte Kundenorientierung mit Individualität und familiärer Atmosphäre zu vereinen – das Hotel Rebstock inmitten Würzburgs barocker Altstadt. Im historischen Stammhaus mit 75 individuellen Zimmern hinter denkmalgeschützter Rokokofassade gehen Tradition und Moderne eine gelungene Verbindung ein – die hochwertige Ausstattung mit trendigen Farben, feinen Stoffen und modernem Mobiliar ist eine geschmackvolle Ergänzung zu steinernen Rundbögen und Portalen, meterhohen Decken und Natursteinmauern. Mit einem Blick für schöne Details haben die Unckells hier ein zweites Zuhause für ihre Gäste geschaffen – dabei weichen sie auch gerne vom Standard ab und verwöhnen mit kleinen Aufmerksamkeiten: der kleine fränkische Bocksbeutel auf dem Zimmer, die vorfrankierte Postkarte oder signierte Hausschuhe neben dem Hotelbett. Vor fünf Jahren ist die benachbarte Hotelerweiterung „Hof Engelgarten" hinzugekommen, ein modernes Tagungszentrum mit 50 schicken Zimmern als ideale Ergänzung des Angebots. Der multifunktionale äußerst großzügige und ansprechend gestaltete Konferenzbereich ist so konzipiert, dass große Tagungen abgehalten oder rauschende Events gefeiert werden, sich kleinere Gruppen aber ebenso wohlfühlen und konzentriert arbeiten können. Das Ambiente ist elegant und wohnlich, hochwertige Eichenhölzer dominieren, die Farben sind gedeckt und warm. Multimedia- und Videokonferenztechnik sowie modernste Click-Share-Technologie sind ebenso selbstverständlich wie ergonomisches freischwingendes Mobiliar, klimatisierte Räume und professionelle Lichtsysteme. Der stylische Loungebereich „Refektorium" lädt zu Pausen und zum Genießen ein – bekannt ist das Hotel Rebstock für seine ausgezeichnete Küche, die unter anderem im Feinschmecker-Restaurant „KUNO 1408" serviert wird. Die Lage im Zentrum ist ideal für Rahmenprogramme in der Stadt: Der Besuch der Residenz, ein köstlicher Schoppen auf der Alten Mainbrücke oder eine Altstadtführung mit dem Nachtwächter bilden einen tollen Abschluss kreativer Arbeitstage. *Uta Müller*

## Individuell. Persönlich. Professionell.

### LOGIS

**125 Zimmer:**
27 EZ, 98 DZ

### TAGUNG

**Besonders geeignet für:**
Seminar, Konferenz, Klausur, Event

**Räume**
Tagungsräume: 6
Ausstellungsfläche: 40 m²

**Maximale Tagungskapazität**
U-Form: 55 Pers.
Parlamentarisch: 120 Pers.
Reihenbestuhlung: 180 Pers.

**Preise**
Preiskalkulation 1* 77,31 €
Preiskalkulation 2* 316,81 €

*Alle Angaben Nettopreise zzgl. MwSt., Kalkulationsanfrage siehe Seite 32

**WÜRZBURG**

 **A 3:** 3 km

 **Fern:** Würzburg Hbf., 2 km

 **Frankfurt:** 120 km

### WISSENSWERTES

- WLAN im ganzen Haus kostenfrei
- attraktive kulturelle Rahmenprogramme
- zentrale Lage in der Innenstadt
- kostenloser Eintritt in nahe gelegenes Fitness-Studio
- ausschließlich Tagungsmenü mit vier hochwertigen Hauptgerichten zur Wahl
- kreative kulinarische und sportliche Tagungspausen

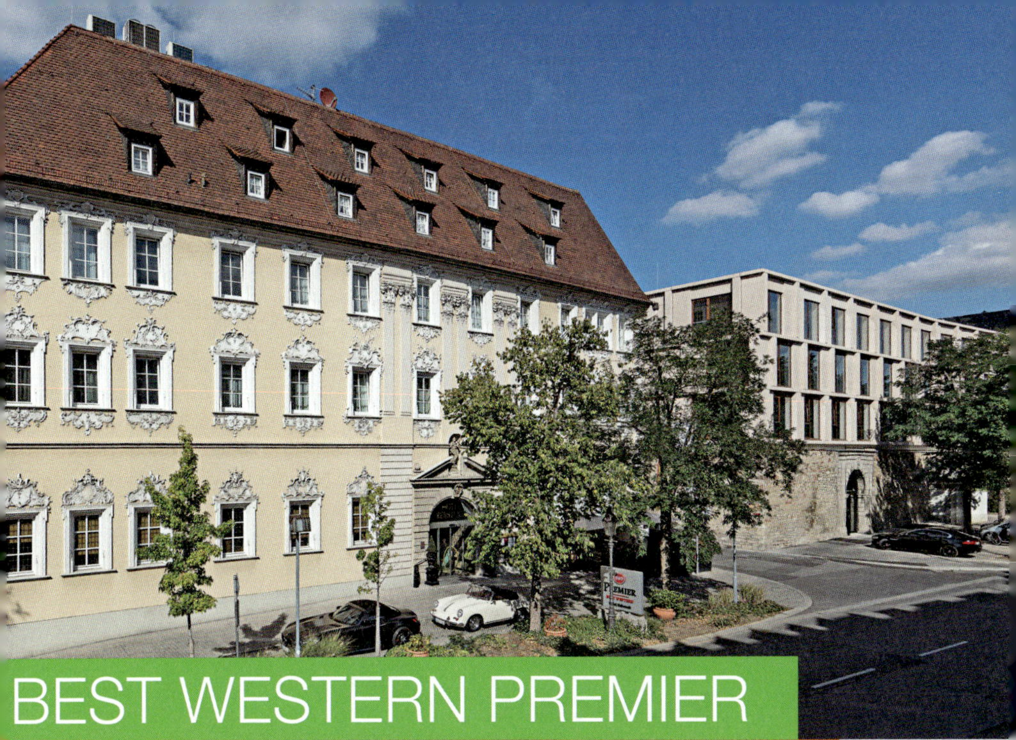

# BEST WESTERN PREMIER
## Hotel Rebstock zu Würzburg

### FAZIT

Im „Rebstock" treffen die Tagungsgäste auf eine wunderbare Kombination aus **Tradition, Individualität und Moderne.** Die bezieht sich nicht nur auf die schmucken Zimmer, sondern auch auf die **Tagungsräumlichkeiten mit modernstem Komfort und eine innovative Crew,** die für ihre immer neuen Service-Ideen bekannt und beliebt ist.

Gleichzeitig lädt die **zentrale Lage** in Würzburg ein zu zahlreichen Rahmenprogrammen rund um den Wein und zum Besuch der barocken Altstadt mit ihren vielen Sehenswürdigkeiten.

**97070 WÜRZBURG**
Neubaustraße 7
Tel. +49 931 3093-0
tagung@rebstock.com
**www.rebstock.com**

97070

533

© Brigitte Sauer

E ine prominente Lage mit herrlichem Panoramablick, modernste Tagungsräumlichkeiten und herzliche Gastlichkeit – das ist das unschlagbare Erfolgsrezept des Schlosshotels Steinburg. Seit über 87 Jahren in Familienbesitz, haben Lothar und Kerstin Bezold mit ihrem Team in den vergangenen Jahren hoch über Würzburg ein beeindruckendes Umfeld für optimales Lernen und Genießen geschaffen. In der gelungenen Kombination aus historischem Schloss und modernem Lifestyle können die Gäste ganz unterschiedliche Schlosswelten erleben: Das historische Haupthaus, das Traumschloss, lädt mit klassisch-eleganten, individuell ausgestatteten Zimmern zu einem Aufenthalt mit herrschaftlichem Flair ein. Das Landschloss begeistert die Gäste mit mediterranen Farben und lässiger Eleganz. Modern, mit klaren Linien und erdigen Farben, ist das Refugium – ein geschmackvoller 3.000 m² großer Zufluchtsort mit außergewöhnlicher Architektur, der nicht nur zum traumhaften Übernachten, sondern auch zum professionellen Arbeiten einlädt. Sechs moderne, miteinander kombinierbare Tagungsräume sind mit neuester Konferenz- und Präsentationstechnik ausgestattet, Clevertouch-Technologie verbindet die Teilnehmer im Raum oder an anderen Orten miteinander. Alle Räume sind bodentief verglast und führen direkt zu den Freiflächen im Außenbereich: dem Weingarten, der Loggia und dem

## LOGIS

**69 Zimmer:**
16 EZ, 51 DZ, 2 Junior-suiten

## Traumschloss für Tagungsprofis

## TAGUNG

**Besonders geeignet für:**
Seminar, Klausur, Event

**Räume**
| | |
|---|---|
| Tagungsräume: | 6 |
| Ausstellungsfläche: | 120 m² |

**Maximale Tagungskapazität**
| | |
|---|---|
| U-Form: | 47 Pers. |
| Parlamentarisch: | 100 Pers. |
| Reihenbestuhlung: | 160 Pers. |

**Preise**
| | |
|---|---|
| Preiskalkulation 1* | 136,16 € |
| Preiskalkulation 2* | 480,00 € |

schönen Innenhof – phantastische Ausblicke über Würzburg und das Maintal oder ins Grüne immer inklusive. Auf Sitzstufen können die Teilnehmer ihre Pausen genießen oder Lerneinheiten spontan im Freien abhalten; alternativ im schönen Forum mit viel Naturstein, Holz und Glas. Besonderes Qualitätsmerkmal: Im Refugium kümmert sich ein Veranstaltungsteam exklusiv und engagiert um das Wohl der Gäste – ob erfolgreiche Tagung, elegantes Firmen-Event oder rauschende Party. Begleitet werden alle Anlässe mit Leckereien aus der Küche der Steinburg – frisch, saisonal, fränkisch und weltoffen. Dass dazu immer auch hervorragende Weine gereicht werden, versteht sich bei der Lage am „Würzburger Stein" von selbst. Ein ganz besonderer Ort ist das SteinReich – ein beeindruckender Weinkeller unter dem Schloss, in dem Spitzenweine aus der Umgebung und der ganzen Welt ausgeschenkt werden. *Uta Müller*

*Alle Angaben Nettopreise zzgl. MwSt., Kalkulationsanfrage siehe Seite 32

**WÜRZBURG**

| | |
|---|---|
| **A 7:** | 6 km |
| **A 3:** | 10 km |
| **A 81:** | 13 km |

**DB**
| | |
|---|---|
| **Fern:** | Würzburg, 3 km |
| **Nah:** | Würzburg, 3 km |

| | |
|---|---|
| **Frankfurt/Main:** | 100 km |
| **Nürnberg:** | 110 km |

## WISSENSWERTES

- Nachhaltigkeitszertifikat GreenSign 71%
- 85 Parkplätze; 4 Panoramaterrassen
- exklusives Betreuungsteam im Tagungszentrum „Refugium"
- beeindruckender Weinkeller „SteinReich" tief im Weinberg
- zahlreiche Rahmenprogramme, wie Rittermahl, Fackelwanderung oder Barbecue auf der Schlossterrasse

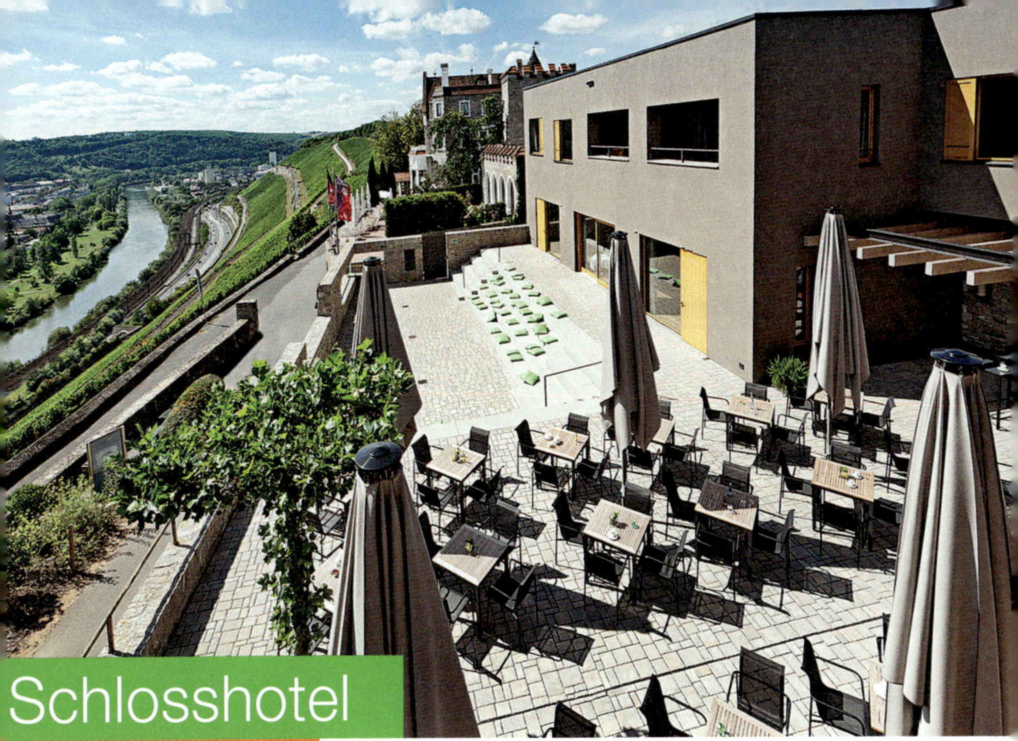

# Schlosshotel
# Steinburg

## FAZIT

Im Schlosshotel finden Gäste **Historie und Moderne** geschickt vereint, was eine außergewöhnliche Tagungsvielfalt ermöglicht. Das „Refugium" verbindet **hochmoderne Tagungsmöglichkeiten mit innovativer Technik,** stimmungsvolle Außenbereiche mit liebevoll gestalteten Hotelzimmern.

**Individualität** ist hier Trumpf. Das zeigt sich in der **Aufmerksamkeit** und Herzlichkeit der Tagungsbetreuung und der **exklusiven Küche,** die Tagungsgäste mit regionaler deutsch-französischer Küche mit mediterranen Einflüssen verwöhnt.

**97080 WÜRZBURG**
Reußenweg 2
Tel. +49 931 97020
hotel@steinburg.com
**www.steinburg.com**

97080

F rischer Wind im i-Park Hotel. Seit dem Sommer 2022 unter der Leitung des kulinarischen Dienstleistungs-spezialisten FR Catering, setzt das Team des Hotels alles daran, sich vom „business as usual" abzuheben: „Er-leben Sie Dienstleistung, die wir l(i)eben", so lautet die Philo-sophie des Hauses, was bedeutet: Glückliche Gäste durch tollen Service, engagierte, erfahrene Mitarbeiter sowie aus-schließlich beste Zutaten für das Essen. Dieses Qualitäts-versprechen umfasst auch das Tagungsangebot des Hotels. Modern, schnörkellos und bestens ausgestattet präsentiert sich das klassische Tagungs- und Businesshotel vor den Toren der schönen Barockstadt Würzburg mitten im Grünen und in direkter Nähe zum i-Park Klingholz, einem Innova-tions- und Gewerbestandort mit herrlicher Parklandschaft. Vier Tagungsräume stehen zur Verfügung, klimatisiert, hell und freundlich. Durch ein intelligentes Raumkonzept können sie je nach Platzbedarf flexibel für große und kleine Gruppen genutzt werden. Besonderes Augenmerk wird auf die tech-nische Ausstattung gelegt: Das kabellose Konferenzsystem ClickShare ist ebenso selbstverständlich wie HDMI-Verbin-dungen für interaktives Arbeiten zwischen den Teilnehmern oder hybride Veranstaltungen. Foyer und Tagungs-räume im Erdgeschoss des Hotels sind mit Paletten befahrbar, so dass die Aus-stellungsfläche in der Lobby gut erreich-bar ist. Alle drei „Schönborn"-Räume bieten zudem Zugang zur Terrasse, bei schönem Wetter ziehen die Seminarteilneh-mer gerne spontan zum Lernen nach draußen. Bis zu 230 Personen können im Hotel tagen und feiern, outdoor sind kaum Grenzen gesetzt. Die Grünfläche mit über 6.000 m² hinter der Hotelterrasse ist prädestiniert für Outdoor-Aktivi-täten, rauschende Feste oder Ausstellungen – die Möglich-keiten der benachbarten Mutterfirma FR Catering versetzen das Bankett-Team in die Lage, selbst außergewöhnliche Event-Wünsche zu realisieren. Den Feierabend genießen die Tagungsgäste im schönen Restaurant Balthasar oder beim Barbecue auf der Sonnenterrasse. Ausflüge nach Würzburg, Weinproben oder sportliche Outdoor-Aktivitäten in der nä-heren Umgebung sind ebenfalls beliebt, bevor die Tagungs-gäste in einem der schön eingerichteten Zimmer zur Ruhe kommen. *Uta Müller*

## Dienstleistungs-profis mit Herz

**LOGIS**

**67 Zimmer:**
8 EZ, 56 DZ, 3 Suiten

**TAGUNG**

**Besonders geeignet für:**
Seminar, Konferenz, Klausur, Event

**Räume**
Tagungsräume:    4

**Maximale Tagungskapazität**
U-Form:    60 Pers.
Parlamentarisch:    100 Pers.
Reihenbestuhlung:    230 Pers.

**Preise**
Preiskalkulation 1*    80,25 €
Preiskalkulation 2*    283,60 €

*Alle Angaben Nettopreise zzgl. MwSt., Kalkulations-anfrage siehe Seite 32

**REICHENBERG**

**A 3:** 8 km
**A 7:** 20 km

**Fern:** Würzburg, 15 km
**Nah:** Geroldshausen, 6 km

**Nürnberg:** 113 km
**Frankfurt:** 129 km

### WISSENSWERTES

- 200 Parkplätze
- ClickShare und HDMI in allen Tagungsräumen
- 6.000 m² Freifläche für Events und Präsentationen
- Terrasse vor jedem Tagungsraum
- kostenpflichtige E-Ladestation

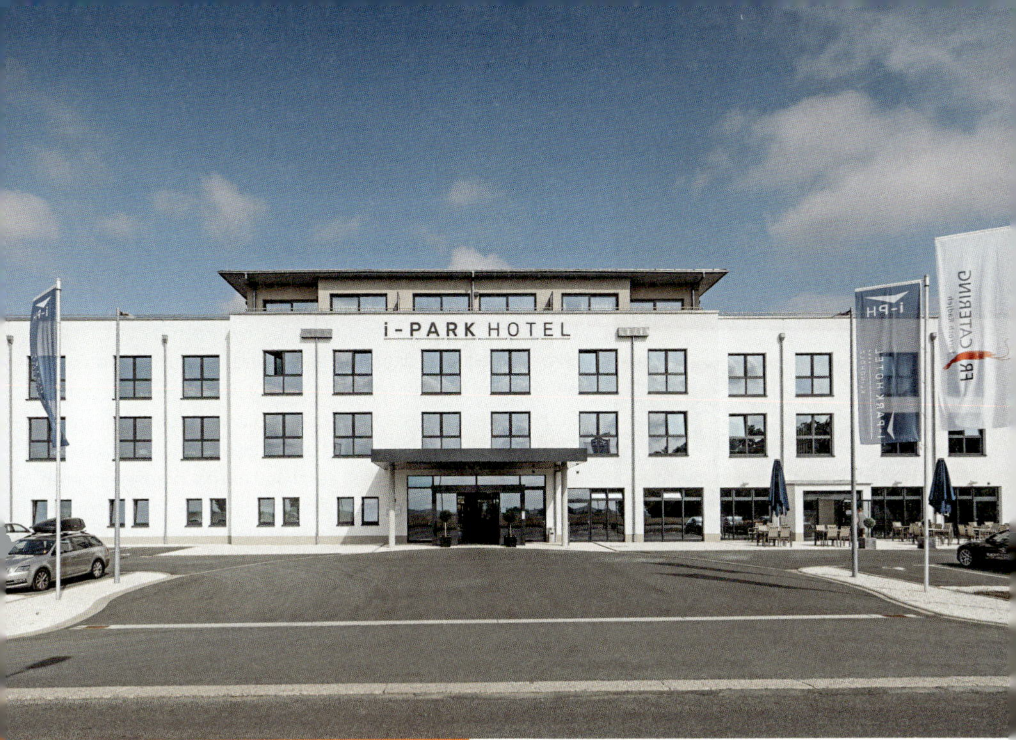

# i-Park Hotel***+

## FAZIT

Das i-Park Hotel bietet **beste Tagungs-bedingungen** vor den Toren Würzburgs. Das Haus präsentiert sich als schnörkel-loses, modernes Businesshotel mit einer **hervorragenden technischen Ausstattung.**

Das **kompetente und herzliche Team** agiert unkompliziert und erfüllt gerne die Wünsche der Gäste.

Das Hotel liegt **verkehrsgünstig** nahe der Autobahn A 3.

**97234
REICHENBERG**

Georg-Heinrich-Appl-Straße 9
Tel. +49 9334 3749650
info@i-ph.com
www.i-ph.com

97234

## LOGIS

**57 Zimmer:**
4 EZ, 53 DZ

## TAGUNG

**Besonders geeignet für:**
Seminar, Konferenz, Klausur, Event

**Räume**
Tagungsräume: 6
Ausstellungsfläche: 300 m²

**Maximale Tagungskapazität**
U-Form: 32 Pers.
Parlamentarisch: 48 Pers.
Reihenbestuhlung: 90 Pers.

**Preise**
Preiskalkulation 1* 73,63 €
Preiskalkulation 2* 263,01 €

*Alle Angaben Nettopreise
zzgl. MwSt., Kalkulationsanfrage siehe Seite 32

# Auszeit in der Natur

**B**unte Wälder, offene Täler, herrliche Streuobstwiesen und Weinberge – das ist der Naturpark Haßberge. Mittendrin liegt das kleine Dörfchen Rügheim, gut erreichbar zwischen Schweinfurt und Coburg und rundum in die wunderbare Natur eingebettet. Sie spielt eine Schlüsselrolle im Landhotel Rügheim: Wenn Pferde auf der benachbarten Koppel weiden, während die Seminarteilnehmer im Garten arbeiten, wenn der Blick aus jedem Tagungsraum ausschließlich unberührte Natur zeigt und der idyllische Badeteich zum morgendlichen Schwimmen einlädt, dann wird schnell klar, dass hier der ideale Ort ist, um in Ruhe neue Ideen zu entwickeln und kreativ zu werden. „Auszeit im Grünen" heißt denn auch das Motto des Hotels, das seinen Gästen auf sympathische Art und Weise zeigt, dass sich entspanntes Arbeiten auf dem Land und ein hochprofessionelles Tagungsumfeld nicht ausschließen. Hybride Tagungen, bei denen Teilnehmer standortunabhängig zugeschaltet werden, sind ebenso problemlos möglich wie interaktives Arbeiten im Team oder das Zusammenschalten mehrerer Tagungsräume im Haus durch interaktive Displays. Neuland-Präsentationstechnik macht das Tagen komfortabel, moderne Pausenzonen, direkter Zugang in den Garten oder große Balkone mit Blick in den wunderschön angelegten Garten sorgen für eine erholsame Atmosphäre. Hier wurde kräftig investiert, schließlich spielt sich das Seminarleben im Sommer häufig draußen ab. Neben zwei Outdoor-Pavillons für jeweils acht Personen hat das Hotelmanagement noch mehr überdachte Flächen im Freien geschaffen: Aus der großen Terrasse ist ein ganzjähriger Wintergarten geworden. Er kann geöffnet werden und ist mit trennbaren Bereichen versehen, so dass er noch mehr räumliche Flexibilität bietet. Neu sind auch zwei Außensaunen, die das Wellnessangebot perfekt ergänzen, sowie der „Living Room" mit Tischtennisplatte, Kicker und Dartecke, in den man sich zurückziehen kann. Mit zahlreichen Gruppenerlebnissen rundet das Landhotel sein Angebot ab: Das engagierte Team organisiert Lama-Wanderungen und Yoga-Einheiten sowie Wein- und Bierproben. Heimlicher Favorit unter den Tagungsgästen ist allerdings ein geselliger Abend in der urigen Weinstube.

*Uta Müller*

**RÜGHEIM**

 **A 70:** 20 km

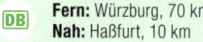 **Fern:** Würzburg, 70 km
**Nah:** Haßfurt, 10 km

 **Nürnberg:** 110 km

## WISSENSWERTES

- Glasfaserkabel mit LAN-Anschluss sowie WLAN
- Wellnessbereich mit Saunen, Fitness, Massageangeboten, Saunagarten und Naturbadeteich
- großer Wintergarten mit 90 Plätzen
- Golfplätze in der Nähe, Wander-, Jogging- und Radwege ab Haus

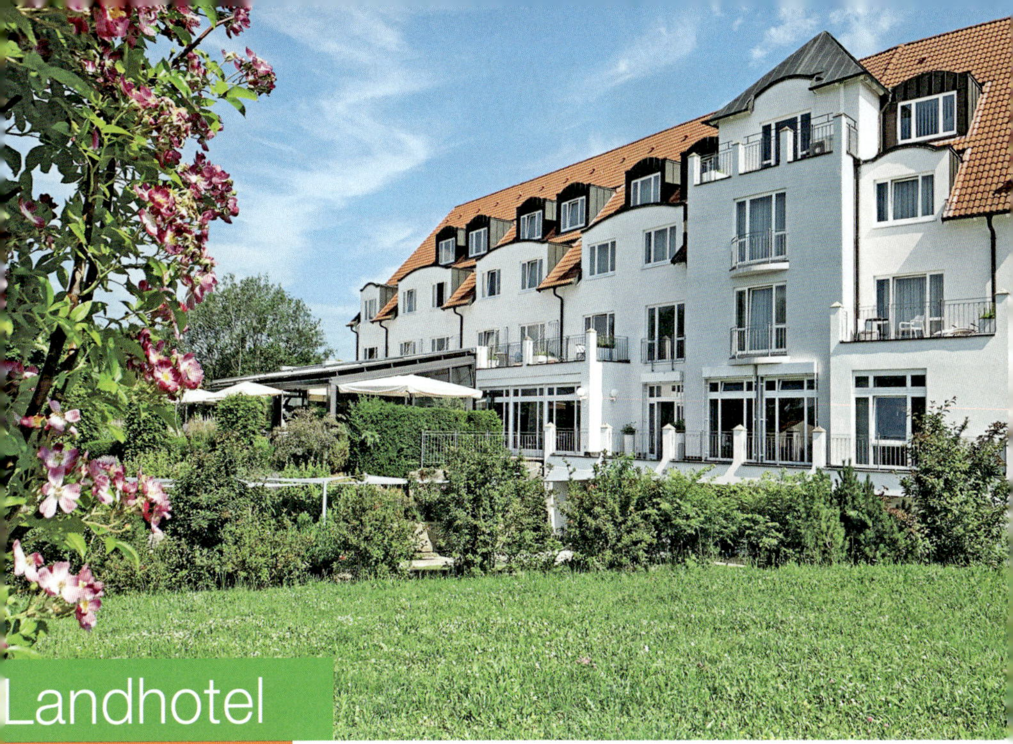

# Landhotel
# Rügheim

## FAZIT

Hier finden Tagungsgäste eine **entspannte Arbeitsatmosphäre im Grünen**. Die perfekte Kombination aus modernem Ambiente und ländlichem Umfeld bietet gute Voraussetzungen für zurückgezogenes Arbeiten.

**Das Hotel-Team kümmert sich sehr persönlich und unkompliziert** um die Belange der Gäste.

**Abwechslungsreiche Rahmenprogramme in der Natur** fördern innovative Ideen und dienen gezielt dem Abstand vom Alltag.

**97461 RÜGHEIM**
Schlossweg 1
Tel. +49 9523 50293-0
info@landhotel-ruegheim.de
**www.landhotel-ruegheim.de**

97461

W o eine ausgezeichnete Küche Tradition hat, können Tagungsgäste davon ausgehen, dass sie kulinarisch verwöhnt werden. Zwar stehen die Inhaber Ralf und Frank Bundschu, gelernte Köche wie ihr Vater, nicht mehr selbst am Herd. Eines ihrer Erfolgsrezepte ist es jedoch, dass die Tagungsverpflegung in nichts dem guten À-la-carte-Essen im Restaurant nachsteht: Sie soll „beflügeln, nicht belasten" – gekocht wird fränkisch-fein mit frischen Produkten aus der Region, gegessen im lichtdurchfluteten behaglichen Restaurant mit separatem Erkerzimmer. Zur hervorragenden Verpflegung kommt ein vielseitiges Raumangebot hinzu. Da das Ringhotel Bundschu ein Ensemble aus mehreren, miteinander verbundenen Häusern ist, liegen auch die Tagungsmöglichkeiten dezentral – jeder Veranstalter findet sein passendes Arbeitsumfeld, mehrere Gruppen können ungestört erfolgreich arbeiten. Da gibt es einmal den Tagungsbereich mit mehreren Seminarräumen, mit Pausenfoyers und Zugang zum Innenhof. Die Neuland-Ausstattung garantiert Qualität, das Mobiliar ist ergonomisch, die Technik modern. Im Sommer kann der Arbeitsplatz spontan nach draußen verlegt werden, unter großen Schirmen lädt der Seminargarten zum Kreativsein im Grünen ein. Im Haupthaus liegt der Veranstaltungsbereich mit zwei großen Räumen für bis zu 120 Personen, wohnlich-elegant gestaltet und klimatisiert. Das vorgelagerte großzügige Foyer empfängt seine Gäste frisch renoviert in einem stilvollen Look mit warmen Farben und schönen Sitzgruppen. Hier werden Tagungspausen und Gruppenarbeiten, aber auch festliche Empfänge durchgeführt. Die Nähe zu den Tagenden ist den Inhabern wichtig, deshalb dient die nahe Rezeption als „Schaltzentrale" für alle Tagungsbelange. Das eingespielte Mitarbeiter-Team hat alles im Blick, zur familiären Seele des Hauses gehört der persönliche Kontakt zu den Gästen. Der wird auch von den Chefs gepflegt, die – immer präsent – gerne Tipps geben, was die zahlreichen Aktivitäten in und um Bad Mergentheim angeht. Ob Kanufahren, Radtour, Wildparkbesuch, eine Weinwanderung oder „nur" ein Spaziergang im nahen Kurpark – das romantische Taubertal ist bezaubernd und bietet viele Möglichkeiten für attraktive Team-Events. *Uta Müller*

## Tagungsprofis mit fränkischer Seele

### LOGIS
**58 Zimmer:**
25 EZ, 33 DZ

### TAGUNG

**Besonders geeignet für:**
Seminar, Konferenz, Klausur, Event

**Räume**
| | |
|---|---|
| Tagungsräume: | 6 |
| Ausstellungsfläche: | 60 m² |

**Maximale Tagungskapazität**
| | |
|---|---|
| U-Form: | 50 Pers. |
| Parlamentarisch: | 80 Pers. |
| Reihenbestuhlung: | 120 Pers. |

**Preise**
| | |
|---|---|
| Preiskalkulation 1* | 66,72 € |
| Preiskalkulation 2* | 166,98 € |

*Alle Angaben Nettopreise zzgl. MwSt., Kalkulationsanfrage siehe Seite 32

BAD MERGENTHEIM

 **A 81:** 18,5 km

 **Fern:** Würzburg, 44,2 km
**Nah:** Bad Mergentheim, 1,8 km

 **Stuttgart:** 134 km

### WISSENSWERTES

- schöner großzügiger Wellness-Bereich mit Saunen und Dampfbad
- Seminargarten zum Arbeiten im Grünen
- Bar für abendliches Beisammensein
- 6 E-Ladestationen vorhanden
- naher Kurpark lädt zum Entspannen ein

# Ringhotel Bundschu

## bundschu
### Hotel & Restaurant

### FAZIT

Veranstalter treffen hier auf **hervorragende Arbeitsbedingungen,** kombiniert mit **bester Küche** und einer **familiären Atmosphäre.**

Die **dezentral gelegenen Tagungsräume** schaffen ungestörte **Arbeitsmöglichkeiten für verschiedene didaktische Anforderungen.**

Das romantische Taubertal hat eine **gute Verkehrsanbindung** zum Raum Frankfurt – Würzburg – Nürnberg und bietet **beste Bedingungen für Team-Events** in der Natur.

**97980**
**BAD MERGENTHEIM**

Milchlingstraße 24
Tel. +49 7931 9330
info@hotel-bundschu.de
**www.hotel-bundschu.de**

97980

einahe trutzig dominiert Schloss Friedenstein die Silhouette Gothas. Die traditionsreiche Stadt, in der Parteiengeschichte geschrieben wurde, die einst ein Verlagszentrum war und in der das deutsche Versicherungswesen begründet wurde, präsentiert eindrucksvoll seine Geschichte: Bürgerhäuser, Museen und Parkanlagen – und als Höhepunkt das Schloss – vermitteln Besuchern der Stadt deren Einzigartigkeit; deshalb ist ein Besuch Gothas ein „Must-have" für jeden Thüringentourist. Auch bei Tagungsveranstaltern steht der gut über die BAB 4 erreichbare Ort hoch im Kurs: Die „Gemengelage" aus Historie, hervorragender Verkehrsanbindung und besten Tagungsbedingungen übt eine große Anziehungskraft aus: Das Hotel am Schlosspark vereint all diese Vorzüge in sich – unmittelbar an dem eingangs erwähnten Schloss und seinem Park gelegen, offeriert das 94-Zimmer-Haus neben einem großzügig bemessenen Wellnessbereich, dem wohnlich eingerichteten und ausgestatteten Logisbereich und einer leistungsfähigen Küche auch ein Tagungszentrum. Vom übrigen Hotelbetrieb separiert finden Trainer und Tagende bestens eingerichtete und ausgestattete Räume im mit dem Hotel verbundenen Augustenburger Palais. Dessen Name nimmt Bezug auf die letzte deutsche Kaiserin, auf Auguste Victoria, die hier einige Zeit lebte und sich mit dem damaligen Prinzen Wilhelm von Preußen, dem letzten deutschen Kaiser, verlobte. Und auch wenn davon heute nichts mehr daran erinnert, können Tagende auf „kaiserliche Arbeitsbedingungen" vertrauen: Alle Räume wirken hell und freundlich, bieten Tageslicht sowie moderne Kommunikations- und Präsentationstechnik, auch für „hybrides Tagen". Für den individuell-informellen Gedankenaustausch stehen großzügig bemessene Pausenzonen sowie ein ruhig gelegener Gartenpavillon zur Verfügung. Zu konstatieren gilt, dass sich das Hotelmanagement sowie alle Mitarbeiterinnen und Mitarbeiter erfolgreich den Herausforderungen der Zeit stellen, es wird nachhaltig, zertifiziert und regional gewirtschaftet und das Handeln aller Hotelakteure wird kritisch reflektiert und hinterfragt, gegebenenfalls modifiziert. So ist es dem Hotel und seinem Team über Jahre gelungen, mit kontinuierlicher und verlässlicher Arbeit zu begeistern und zu beeindrucken. *Thomas Kühn*

## Beeindruckende Kontinuität

**LOGIS**

**94 Zimmer:**
20 EZ, 58 DZ, 16 Suiten

**TAGUNG**

**Besonders geeignet für:**
Seminar, Konferenz, Klausur

**Räume**
| | |
|---|---|
| Tagungsräume: | 8 |
| Ausstellungsfläche: | 150 m² |

**Maximale Tagungskapazität**
| | |
|---|---|
| U-Form: | 35 Pers. |
| Parlamentarisch: | 70 Pers. |
| Reihenbestuhlung: | 80 Pers. |

**Preise**
| | |
|---|---|
| Preiskalkulation 1* | 68,49 € |
| Preiskalkulation 2* | 259,46 € |

*Alle Angaben Nettopreise zzgl. MwSt., Kalkulationsanfrage siehe Seite 32

GOTHA

**A 4:** 5 km

**Fern:** Gotha, 1 km

**Erfurt:** 25 km

## WISSENSWERTES

- besonders hochwertiges Interieur
- bietet außergewöhnliche Rahmenprogramme
- historische „Tagungsvilla" mit vollständiger Technikausstattung
- Hotel wirtschaftet nachhaltig und hat vom Landesverband des Deutschen Hotel- und Gaststättenverbandes (DEHOGA) die Umweltauszeichnung in Gold erhalten

# Hotel am Schlosspark

## FAZIT

Das Hotel am Schlosspark verfügt über eine **hohe Aufenthaltsqualität,** das **hochwertige Interieur trägt** dazu bei.

Die **Vielfalt der Tagungsmöglich-keiten** lässt keine Veranstalterwünsche offen.

Zahlreiche, **qualitativ hochwertige Rahmenprogramme** werden vom Hotel organisiert.

Im sehr angenehmen Restaurant wird eine **internationale Küche mit regionalem Einschlag** gepflegt.

S
★★★★
SUPERIOR

## HOTEL AM SCHLOSSPARK
Gotha

**99867 GOTHA**
Lindenauallee 20
Tel. +49 3621 442-0
info@hotel-am-schlosspark.de
www.hotel-am-schlosspark.de

99867

543

st konzentriertes Arbeiten in einer Resort-Anlage, in der Familien ihren Urlaub verbringen, möglich? Eindeutig: „Ja"! – dafür tritt der Aldiana Club Ampflwang im oberösterreichischen Ampflwang den Beweis nachhaltig und mit Souveränität an. Nur wenige Kilometer hinter der deutsch-österreichischen Grenze gelegen spricht das ausgefeilte Tagungskonzept insbesondere Gruppen an, die auf dynamische Prozesse setzen, kreative Wege gehen wollen und auf eventorientierte Rahmenprogramme Wert legen. Dafür steht Tagungsgruppen das 450.000 m² große Clubgelände, ein großzügig bemessener Logisbereich mit unterschiedlichen Zimmerkategorien und eine Vielzahl von Sport- und Freizeitangeboten sowie ein modern eingerichtetes Tagungszentrum zur Nutzung offen. Die Gewähr dafür, dass sich der individuelle Clubbetrieb und Tagungsgruppen nicht stören, bietet die räumliche Trennung zwischen Hotel und Tagungszentrum. Bei der Bearbeitung von Tagungsanfragen wird strikt darauf geachtet, dass eventuell „vorprogrammierte" Beeinträchtigungen nicht stattfinden können: Im Tagungsbüro, das unmittelbar im Tagungsbereich seinen Platz gefunden hat, arbeiten die dafür zuständigen Mitarbeiterinnen. Die farblich akzentuiert gestalteten 9 Tagungsräume – teilweise miteinander kombinierbar – sind mit praktisch-mobiler Technik ausgestattet und ausschließlich dem Arbeiten vorbehalten. Im Theater (bis 200 Personen) finden nicht nur Hausinszenierungen statt – auch Firmenevents können hier veranstaltet werden. Darüber hinaus ist eine 760 m² große Multifunktionshalle – gegebenenfalls veranstaltungsbegleitend, für Messen und Präsentationen nutzbar. Ein uriges „SportStüberl", ein Leseraum sowie verschiedene Restaurantbereiche ergänzen die Raumofferten. Und natürlich bietet der Club ein breites Spektrum sportlicher Möglichkeiten an: Ein auf dem Gelände befindlicher Stall bietet 50 Schulpferde und die Umgebung der Anlage kann per Mountainbike erkundet werden, 6 Tennisplätze stehen zur Verfügung und der 18-Loch-Golfplatz in der nahen Umgebung gilt als äußerst anspruchsvoll. Der Aldiana Club Ampflwang besticht durch die Vielzahl seiner hochwertigen Angebote.

*Thomas Kühn*

## Von Veranstaltungs-profis betreut

### LOGIS

**183 Zimmer:**
183 DZ

### TAGUNG

**Besonders geeignet für:**
Seminar, Konferenz, Event

**Räume**
Tagungsräume:                     11
Ausstellungsfläche:         760 m²

**Maximale Tagungskapazität**
U-Form:                      50 Pers.
Parlamentarisch:            300 Pers.
Reihenbestuhlung:           600 Pers.

**Preise**
Preiskalkulation 1*          130,00 €
Preiskalkulation 2*          260,00 €

*Alle Angaben Nettopreise zzgl. MwSt., Kalkulationsanfrage siehe Seite 32

WÖRMAN-SEDT

**A 1:** 28 km
**A 8:** 23 km

**Fern:** Vöcklabruck, 18 km
**Nah:** Vöcklabruck, 18 km

**Salzburg:** 65 km
**Linz:** 71 km

### WISSENSWERTES

- Bei Bedarf kann ein kostenpflichtiger Shuttleservice zum 65 Kilometer entfernt liegenden Flughafen Salzburg organisiert werden
- kostenfreie Parkplätze am Haus vorhanden
- großzügiger Spa-Bereich vorhanden
- Exklusivanmietungen möglich
- Bei Bedarf kann weitere Tagungstechnik angemietet werden
- umfassendes Angebot an Rahmen- und Begleitprogrammen

© OOE

**A-4843**

# Aldiana Club
# Ampflwang

## FAZIT

Veranstalter profitieren von den **vielfältigen Möglichkeiten des Clubs**
sowie den umfassenden Erfahrungen
der **professionell agierenden Servicecrew** der Clubanlage.

Das Tagungszentrum **bedient
anspruchsvolle Erwartungen;**
ergonomisch möbliert und **technisch
bestens ausgestattet,** prägen frische
Farben das Interieur. Das **hauseigene
Clubtheater** kann ebenfalls in Veranstaltungsabläufe integriert werden.

**A-4843
WÖRMANSEDT**

Wörmansedt 1
Tel. +43 800 100-388
gruppen@aldiana.com
www.aldiana.com

© OOE

**B**ad Hofgastein, circa eine Autostunde südlich von Salzburg gelegen, hat Renommee: Der Ort genießt ein internationales Standing als Kurort, er ist Anziehungspunkt für Sportler aus aller Welt. Moderne Liftanlagen befördern die Sportler auf die umliegenden Berggipfel, die vielfach weit mehr als 2.000 Meter hoch sind und die Silhouette des Ortes dominieren. Traditionell ist Bad Hofgastein auch ein prominenter Tagungsort, die Infrastruktur ist beachtlich und eine Fülle von Dienstleistern hat sich auf dieses Geschäft spezialisiert. In diesen Kontext fügt sich das traditionsreichste, zentral gelegene Hotel Sendlhofer's. Im Jahr 1928 eröffnet, wird es heute bereits in dritter Generation geführt. Allerdings, und das fasziniert an diesem Haus, hat es sich Inhaber, Mastermind und allgegenwärtiger Gastgeber Lukas Sendlhofer zur Aufgabe gemacht, das Haus neu aufzustellen. Im Tagungsbereich werden neue, ungewöhnliche Wege gegangen, die bewusst und mit Kalkül mit Traditionellem brechen. Das wird beim Betreten des Hotels deutlich: Der gesamte öffentliche 1.500 m² große Bereich präsentiert sich als „Luke's Wohnzimmer": An die Rezeption schließen sich ein Shop und eine Vinothek an, daneben kann der Interessierte regionalen Käse- und Fleischprodukten beim Reifen zuschauen, es gibt ein Billiard

## Tagung, neu gedacht!

ebenso wie ein Tisch-Curling. Die so entstandenen Begegnungsräume laden ein zum Kennenlernen, auch zum Probieren, allemal zum Kommunizieren. Das betrifft auch die Bereiche, in denen Gäste wahlweise frühstücken, dinieren oder den Lunch genießen – immer in Sichtweite der offenen Küche, die ausschließlich regionale Produkte in Bioqualität verarbeitet. Die Konsequenz für Tagungsgäste ist: Es gibt keine definierten Tagungsräume! Bestehende Aktionsflächen werden einfach umfunktioniert. Und so stehen wahlweise der sehr schöne Raum „Weitblick" (inkl. Licht von oben!) nebst zugeordnetem Gruppenraum und sogar ein einem Amphitheater nachempfundener Raum für eine Vielzahl von Veranstaltungsformaten zur Verfügung. Weitere Arbeitsecken lassen sich problemlos im Haus finden. Sendlhofer's Veranstaltungskonzept zielt auf Veranstalter, denen Ökologie, Kreativität und Action für die Umsetzung ihrer Tagungsziele wichtig sind. *Thomas Kühn*

## LOGIS

**76 Zimmer:**
4 EZ, 48 DZ, 8 Suiten,
16 Appartements

## TAGUNG

**Besonders geeignet für:**
Seminar, Kreativprozesse, Event

**Räume**

| | |
|---|---|
| Tagungsräume: | 3 |
| Ausstellungsfläche: | 30 m² |

**Maximale Tagungskapazität**

| | |
|---|---|
| U-Form: | 40 Pers. |
| Parlamentarisch: | 60 Pers. |
| Reihenbestuhlung: | 90 Pers. |

**Preise**

| | |
|---|---|
| Preiskalkulation 1* | 115,50 € |
| Preiskalkulation 2* | 211,50 € |

*Alle Angaben Nettopreise zzgl. MwSt., Kalkulationsanfrage siehe Seite 32

**BAD HOF-GASTEIN**

**A 10:** 17 km

**Fern:** Bad Hofgastein, 3 km
**Nah:** Bad Hofgastein, 3 km

**Salzburg:** 89 km
**München:** 258 km

## WISSENSWERTES

- Transparente Architektur – Berge und Natur werden vor großen Fensterfronten in Szene gesetzt
- Das Wellnessareal misst 2.500 m²
- Hotel wird im Feinschmeckerjournal „Falstaff" mit zwei Gabeln geführt
- Die Küche verwendet ausschließlich in der Region erzeugte Produkte, die Bedürfnisse von Allergikern werden berücksichtigt
- Es stehen Zimmer in unterschiedlichen Kategorien zur Verfügung

A-5630

# Sendlhofer's

## FAZIT

Das Team des Hotels Sendlhofer's beschreitet mit Elan und **zukunfts- weisenden Visionen** neue (Tagungs-) Wege: Der Bruch mit Traditionen schafft Raum und Möglichkeiten und bietet insbesondere kreativen Köpfen Projektionsflächen.

Die Angebotspalette schöpft aus **Vielfalt:** Neben der Hotelinfrastruktur stehen Hütten in der Umgebung, das 3.000 m² große Grundstück, eine Vielzahl von Leistungsträgern und nicht zuletzt die faszinierende Alpenwelt für anspruchsvolle Tagungen und Events zur Verfügung.

**A-5630**
**BAD HOFGASTEIN**

Pyrkerstraße 34
Tel. +43 6432 38380
info@sendlhofers.com
sendlhofers.com

547

© Foto: Jens Ellensohn

Das Hotel FIRMAMENT im Vorarlberger Rankweil, verkehrsgünstig unmittelbar an der Autobahnabfahrt A 14 im Dreiländereck gelegen, wird dem Anspruch, nahezu unbegrenzte Veranstaltungsmöglichkeiten zu bieten – im Rahmen der zur Verfügung stehenden Kapazitäten –, gerecht. Mastermind, Eigentümer und Hotelerfinder Ernst Seidl, weitgereister und geschätzter Gastronom, hat seine Erfahrungen in die Konzeption des im Jahr 2021 eröffneten Hotels einfließen lassen und ihm den bezeichnenden Namen „FIRMAMENT" gegeben. Entstanden ist ein Haus, das Unkonventionalität zur tragenden Philosophie erhebt. Wandlungsfähigkeit wird zur Tugend erklärt. Schließlich hat die Infrastruktur des Hauses besonders hohen „Gebrauchswert", weil sie sehr anpassungsfähig an Kundenwünsche ist. Das alles erschließt sich unmittelbar beim Betreten des Hotels: Funktionsbereiche sind aufgelöst, der Rezeptionstresen geht stufenlos in den Barbereich über, in der gegenüberliegenden offenen Küche wird Regionales und Frisches zubereitet und die gut bestückte Vinothek erwartet Weinliebhaber unmittelbar gegenüber. Dazwischen finden Gesprächsinseln ebenso Platz wie Speisende und Gaumenfreunde, ein fix definiertes Restaurant gibt es nicht und zwischen Gästen und der Servicecrew eine herzliche Atmosphäre – vom kollegialen „Du" wird Gebrauch gemacht. All das wissen auch Veranstalter zu schätzen, ihnen stehen umfassende besondere Tagungskapazitäten zur Verfügung. Herzstück ist zweifellos die 440 m² Aktionsfläche bietende Eventhalle, die neben der fest installierten Bühne auch eine Empore bietet. Der mit Autos befahrbare Boden, umfassende Kommunikations- und Präsentationstechnik sowie eine abtrennbare Empore machen den Raum zu einem „Alleskönner" für Veranstaltungen mit bis zu 350 Teilnehmerinnen und Teilnehmern. Kleineren Veranstaltungsformaten ist der vom übrigen Hotelbetrieb separierte Bereich vorbehalten, sechs Räume unterschiedlicher Größe und teilweise miteinander kombinierbar stehen – neben einer Coworking-Area und dem Kreativraum „Ideenreich" – zur Verfügung. Der großzügig bemessene Präsentationsbereich wird von Kunstwerken der Marke „NONOS" aufgewertet. *Thomas Kühn*

## Wandelbar und Unkonventionell

### LOGIS

**131 Zimmer:**
123 DZ, 8 Suiten

### TAGUNG

**Besonders geeignet für:**
Seminar, Konferenz,
Kreativprozesse, Event

**Räume**
| | |
|---|---|
| Tagungsräume: | 7 |
| Ausstellungsfläche: | 100 m² |

**Maximale Tagungskapazität**
| | |
|---|---|
| U-Form: | 54 Pers. |
| Parlamentarisch: | 180 Pers. |
| Reihenbestuhlung: | 350 Pers. |

**Preise**
| | |
|---|---|
| Preiskalkulation 1* | 77,00 € |
| Preiskalkulation 2* | 314,00 € |

*Alle Angaben Nettopreise
zzgl. MwSt., Kalkulationsanfrage siehe Seite 32

RANKWEIL

**A 14:** 0,5 km
**A 13 (CH):** 6 km

**Fern:** Feldkirch, 5 km
**Nah:** Rankweil, 2 km

**Zürich:** 130 km
**München:** 243 km

### WISSENSWERTES

- Hotel ist mit Österreichischem Umweltzeichen zertifiziert (GreenMeetings & Event)
- Der Logisbereich bietet vornehmlich Doppelzimmer, Einrichtung und Ausstattung berücksichtigt die Bedürfnisse von Tagungsgästen
- 240 Parkplätze direkt am Haus vorhanden
- Außengelände kann in Veranstaltungskonzeptionen einbezogen werden, hauseigener Kräutergarten und Grillplatz vorhanden
- Kulinarik stammt vom 4-fachen Olympiacaterer Seidl

# FIRMAMENT

# FIRMAMENT

HOTEL RESTAURANT EVENT

## FAZIT

Das im Dreiländereck Österreich–Schweiz–Deutschland gelegene Hotel FIRMAMENT repräsentiert die moderne (Tagungs-)Seite des Alpenlandes: Es zeichnet sich insbesondere durch ein besonders **hohes Maß an Flexibilität und sein innovatives Konzept aus.**

Die **Infrastruktur** des Hotels sowie seine Einrichtung und Ausstattung lassen eine Vielzahl von Veranstaltungsvarianten zu. Eine **professionell agierende Servicecrew** assistiert bei der Vorbereitung und Durchführung umfassend.

**A-6830**
**RANKWEIL**

Römergrund 1
Tel. +43 5522 24440
feiern@firmament.at
**firmament.at**

Je rauer die Umgebung, umso wichtiger ist das Zusammenstehen, das Zusammenrücken – nahbar zu sein oder es zu werden! Nähe bedeutet Sicherheit – um den Dingen auf den Grund gehen zu können. Nähe kann auch bedeuten, Konflikte lösen zu können, gemeinsam nach gangbaren Wegen zu suchen. Um sich beim Auseinandergehen zu versprechen, die Lösungsansätze zu verfolgen. Und gegebenenfalls auch wiederzukommen – wenn es mal nicht weitergeht, wenn sich die Nähe als wertvoll erwiesen hat und ihre Abwesenheit eine Fehlstelle offenbart. Als Sinnbild dieser Denkungsart hat sich bei Veranstaltern „Die Hütte in den Bergen" etabliert und ist zur Projektionsfläche geworden – für das gemeinsame Suchen und Entwerfen, fürs Wachsen zum Team, fürs Kick-off. Und Berghaus Schröcken scheint prädestiniert, solcherart Lösungsansätze umzusetzen. Vor zwei Jahren eröffnet, fügt sich das Haus in das Bild des traditionellen Ortes, dessen Historie mehr als 700 Jahre alt ist. Das ist kein Zufall, die Eigentümer, Familie Schwarzmann, ist mit dem Ort tief verwurzelt und hat es sich zur Aufgabe gemacht, Traditionelles fortzuführen, freilich um es neu zu interpretieren.

Für Tagungsveranstalter bedeutet das, dass sie im Haus einzigartige Bedingungen finden. Es geht schnörkellos zu, aber hochwertig – in allen Hotelbereichen! Einen großen Raum nimmt das Restaurant, „Alwins Stammtisch", ein – benannt nach einem Vorfahren, der im Dorf gelebt hat und eine Tischlerei betrieb. In dessen Tradition erfolgte die Einrichtung – altes Holz ist gegenwärtig und bietet die Kulisse fürs Speisen, das im Berghaus viel mehr als Essen ist – Kommunikation ist wichtig, wenn der Topf mittig auf dem Tisch dampft, wenn Saisonales und Frisches – fachgerecht zubereitet – begeistern. Einfach und ursprünglich bedeutet nicht „schlicht": Der Logisbereich präsentiert sich vielfältig in drei Gebäudeteilen – mit Appartements, Studios und Chalets. Die sind wahlweise auch fürs Tagen geeignet, für Meetinggruppen, für Kreative. Größere Seminargruppen finden ihr Refugium unterm Dach – mit schrägen Decken, Holzoptik und den Bergen vor dem Fenster – auch ein Ort zum „Zämrucka", wie man in Schröcken zu sagen pflegt. Und nach der Arbeit? Geht's raus, freilich. In die Berge.

*Thomas Kühn*

## LOGIS

**42 Zimmer:**
22 DZ, 20 Appartements

# Raum für große Ideen

## TAGUNG

**Besonders geeignet für:**
Seminar, Klausur, Event

**Räume**
Tagungsräume: 4
Ausstellungsfläche: 100 m²

**Maximale Tagungskapazität**
U-Form: 30 Pers.
Parlamentarisch: 40 Pers.
Reihenbestuhlung: 60 Pers.

**Preise**
Preiskalkulation 2* 300,00 €

*Alle Angaben Nettopreise zzgl. MwSt., Kalkulationsanfrage siehe Seite 32

SCHRÖCKEN

**A 96:** 45 km

**Fern:** Bregenz, 45 km
**Nah:** Bregenz, 45 km

**Friedrichshafen:** 95 km
**Zürich:** 165 km

## WISSENSWERTES

- Wellnessbereich mit Panoramapool, Beachvolleyballplatz und Boccia-Bahn
- kostenfreie Parkplätze nutzbar
- Sowohl die unmittelbare Hotelumgebung, einschließlich eines Grillplatzes sowie einer Sitzecke, als auch die Bergwelt des Bregenzer Waldes können in Veranstaltungskonzeptionen eingebunden werden
- Nachhaltigkeit wird als „Leben im Einklang mit der Natur" verstanden, das Wasser kommt aus der Dorfquelle

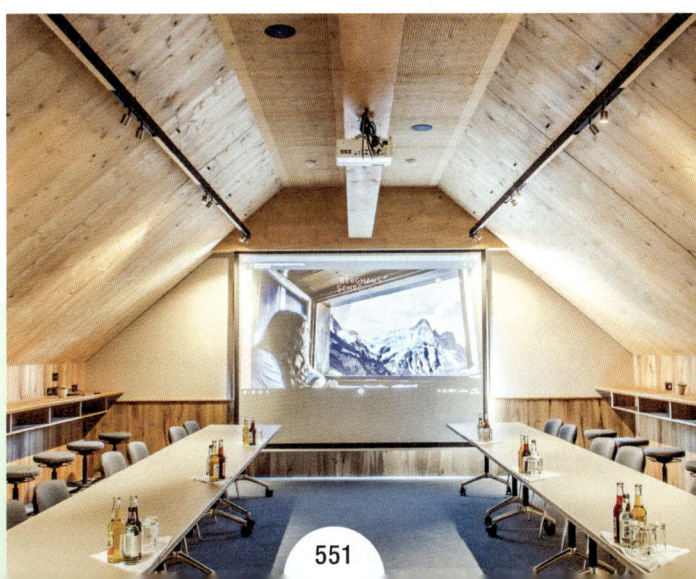

# Berghaus
# Schröcken

**BERGHAUS SCHRÖCKEN**

## FAZIT

Dem Team von Berghaus Schröcken gelingt es, jene Tagungsatmosphäre zu erzeugen, die Gästen ein **unverstelltes Hütten-Feeling** vermittelt: mit einem sehr hochwertig eingerichteten und ausgestatteten Hotel, mit Engagement und mit viel Kenntnis und Erfahrung traditioneller Lebensweisen.

Der Mehrwert für Tagungsveranstalter besteht in der Chance, eine **neue Perspektive** auf Problemstellungen, auch einen **ungewohnten Blick-winkel** einzunehmen, abseits des Mainstreams und „ausgetretener Wege".

**A-6888
SCHRÖCKEN**

Schröckbach 129
Tel. +43 5519 22600
servus@berghaus-schroecken.at
berghaus-schroecken.at

Traditionsreich und historisch hochinteressant ist der Kulturraum Salzkammergut: Bereits vor mehr als 700 Jahren wurde hier – mit einem aufwändigen Verfahren – Salz gewonnen, der Name erinnert heute daran und Interessierte haben vielfältige Möglichkeiten, der Spur der weißen Kristalle zu folgen. Aktuell ist die Region eine der touristisch hochwertigsten des Alpenlandes – alpine Bergtouren und eine große Vielfalt an Sportmöglichkeiten locken Jahr für Jahr Tausende. In diesem Kontext fügt sich der Aldiana Club Salzkammergut in Bad Mitterndorf, zentral im Städtedreieck von Graz, Salzburg und Linz gelegen: Architektonisch anspruchsvoll konzipiert, profitiert die Anlage von der Faszination der sie umgebenden Bergwelt sowie der seenreichen Natur. Es ist vorderhand ein Resort, in dem Aktivurlauber und Familien von der Vielzahl der vorhandenen Angebote profitieren. Allerdings haben auch Tagungsveranstalter das Haus für sich entdeckt! Die dafür notwendigen Voraussetzungen präsentieren sich komfortabel – ein kleines Tagungszentrum mit 3 Arbeitsräumen, die sich mittels flexibler Wände kombinieren lassen, bieten maximal 80 Teilnehmern Raum und Platz fürs konzentrierte Arbeiten. Bodentiefe Fenster gewähren nicht nur den Blick auf die faszinierende Bergwelt, sondern bieten auch Lichtfülle. Darüber hinaus steht – jeweils bis zum späten Nachmittag – das 200 Interessierte fassende Theater für Präsentationen und Sessions zur Verfügung. Kostenpflichtige Shuttleleistungen – etwa zum Flughafen Salzburg – werden angeboten. Und während der frisch renovierte, 160 Zimmer in unterschiedlichen Kategorien bietende Logisbereich mit Großzügigkeit und Wohnkomfort zu punkten weiß, haben Veranstalter zahlreiche Möglichkeiten, das Inhouse-Programm mit Incentives und Teamevents outdoor aufzuwerten: Hauseigene Trainer warten – jahreszeitenunabhängig – mit einer Vielzahl von Sportprogrammen auf und in der angeschlossenen Grimming-Therme laden umfangreiche Spaofferten zum Relaxen ein. Veranstalter sind vor die schwere Wahl gestellt, sich zwischen Wissensvermittlung inhouse oder Teambuilding outdoor entscheiden zu müssen – allerdings ist die Verbindung beider Optionen die allerbeste Wahl! *Thomas Kühn*

## Wer die Wahl hat ...

## LOGIS

**160 Zimmer:**
144 DZ, 16 Suiten

## TAGUNG

**Besonders geeignet für:**
Seminar, Kreativprozesse, Event

**Räume**
| | |
|---|---|
| Tagungsräume: | 3 |
| Ausstellungsfläche: | 112 m² |

**Maximale Tagungskapazität**
| | |
|---|---|
| U-Form: | 40 Pers. |
| Parlamentarisch: | 54 Pers. |
| Reihenbestuhlung: | 80 Pers. |

**Preise**
| | |
|---|---|
| Preiskalkulation 1* | 158,00 € |
| Preiskalkulation 2* | 316,00 € |

*Alle Angaben Nettopreise zzgl. MwSt., Kalkulationsanfrage siehe Seite 32

**BAD MITTERNDORF**

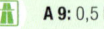
**A 9:** 0,5 km

**Fern:** Salzburg, 100 km
**Nah:** Bad Mitterndorf Heilbrunn, 1 km

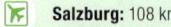
**Salzburg:** 108 km

## WISSENSWERTES

- Die Hotelküche bietet vorwiegend alpenländische Kost und österreichische Spezialitäten – saisonal und frisch zubereitet
- Neben einer urigen Bar und einem Nightclub stehen verschiedene Restaurantbereiche zur Verfügung
- Das nahe Skigebiet Tauplitz gilt als eines der schneesichersten der Alpen, es gibt eine Vielzahl von gut ausgeschilderten Wanderrouten sowie Badestrände an malerisch gelegenen Alpenseen

A-8983

# Aldiana Club
# Salzkammergut

## FAZIT

Veranstalter profitieren von der langjährig gewachsenen Kompetenz des
Aldiana-Teams – **aufwändig inszenierte Events und nachhaltig
wirkenden Abendveranstaltungen**
begeistern.

Der Aldiana Club bietet die **perfekte
Kombination** von besten **Tagungsbedingungen** und einzigartigen
– vornehmlich sportlichen – **Gemein-
schaftserlebnissen** outdoor.

**A-8983**
**BAD MITTERNDORF**

Neuhofen 183
Tel. +49  6171 6311333
gruppen@aldiana.com
**www.aldiana.com/de-de/**
**salzkammergut**

553

# Rahmenprogramme für den Teamkitt

**Ob nun eine teambildende Maßnahme oder einfach nur abendliche Erholung: Die sogenannten Rahmenprogramme sind aus vielen Tagungen meist nicht mehr wegzudenken.**

Fotos:
Göbel's Land-
hotel (oben);
Hotel Warden-
burger Hof
(unten)

War es früher einfach der gemütliche Abschluss eines Seminartages, werden immer öfter ganz gezielt Incentive-Maßnahmen gebucht, um der Botschaft der Tagung oder dem Auftrag des Workshops noch ein „Erlebnis-Element" hinzuzugeben. In Zeiten von „Remote-Work" sorgt es überdies für eine Verstärkung des sozialen Teamkitts – begegnen sich Kolleginnen und Kollegen doch oftmals immer seltener persönlich im Büro.

Lassen Sie sich auf den Folgeseiten inspirieren, wie solche Rahmenprogramme aussehen könnten. Entdecken Sie bei jedem Programmangebot, für welche Gruppengrößen es buchbar ist. Auch haben wir es bestimmten Kategorien zugeordnet, die Ihnen den Charakter des jeweiligen Angebotes auf den ersten Blick verdeutlichen sollen. Diese und weitere Rahmenprogramme präsentieren wir Ihnen auch auf www.top250tagungshotels.de. Hier erleichtert Ihnen die Suche nach Schlagworten, Postleitzahlen oder Kategorien, das passende Angebot zu finden.

**RAHMENPROGRAMM**

## Filmabend im Paulinenhof Kino

Verbringen Sie einen unvergesslichen Filmabend im hauseigenen Kino des Paulinenhofs. Ausgestattet mit bester Ton- und Bildtechnik sowie 26 gemütlichen Kinosesseln, bietet das Kino alles, was es für einen entspannten Ausklang des Tagungstages braucht.
Selbstverständlich können Sie das Kino auch in Ihre Tagung, z.B. für Präsentationen, Vorträge oder Diskussionsrunden, einbauen.

**Paulinenhof**
**14806 Bad Belzig**
**www.paulinenhof.de**

**Teilnehmer:** 1 – 26
**Kategorie:** Teambildung
**Wo:** Indoor

Siehe S. **56**

---

**RAHMENPROGRAMM**

## EscapeRoom „Flucht aus dem Schloss"

Nichts für schwache Nerven ist dieses Event in unserem Jagdschloss Hubertusstock. Nur mit einer Taschenlampe, Storybook und einem Funksprechgerät werden die Teilnehmer in einem Raum eingeschlossen. Dort muss anhand verschiedener Gegenstände und kniffliger Rätsel innerhalb einer Stunde ein Geheimcode ermittelt werden. Dies geht nur im Team mit viel Gelassenheit und Ruhe.

**Ringhotel Schorfheide |**
**Tagungszentrum der Wirtschaft**
**16247 Joachimsthal**
**www.tagungs-zentrum.de**

**Teilnehmer:** 6 – 45
**Kategorie:** Incentive,
Abendevent
**Wo:** Indoor

Siehe S. **62**

---

**RAHMENPROGRAMM**

## Hamburg erkunden

Vom Hotel am Schloss Ahrensburg aus erreicht man die Innenstadt von Hamburg bequem und schnell. Mit der Bahn ist man in etwa 30 Minuten im Herzen der Hansestadt. Dort erwarten Besucher zahlreiche Highlights, wie z.B. Hafenrundfahrten, die einen eindrucksvollen Blick auf den Hamburger Hafen, die Elbphilharmonie und die Speicherstadt bieten. Gerne beraten wir Sie hierzu persönlich!

**Hotel Am Schloss Ahrensburg**
**22926 Ahrensburg**
**www.hotel-am-schloss.de/**
**tagung-hamburg**

**Teilnehmer:** bis 80
**Kategorie:** Erholung,
Teambildung
**Wo:** Indoor/Outdoor

Siehe S. **88**

---

**RAHMENPROGRAMM**

## Das etwas andere Tagungshotel

Raus aus der Stadt, rein in die Natur, und das in kurzer Zeit. Bei schönem Wetter am Teich tagen, im Wald grillen, Bachläufe als neue Lebenswege finden. Wir halten das, was wir versprechen, und möchten, dass Sie sich bei uns rundherum wohlfühlen.
Wir sind keine Blender, sondern versuchen Ihren Wünschen so nah wie möglich zu kommen.
Wir als Team stehen hinter unserem Haus und hinter Ihnen als unseren Gästen. Wir sind da, aber Sie merken es nicht.

**Zur Kloster-Mühle**
**27419 Groß Meckelsen/Sittensen**
**www.kloster-muehle.de**

**Teilnehmer:** 1 – 110
**Kategorie:** Teambildung,
Abendevent
**Wo:** Indoor/Outdoor

Siehe S. **106**

---

**RAHMENPROGRAMM**

## GLÜCK als geheime Zutat für Ihren Erfolg

Nutzen Sie unsere kostenfreien TAGOA Überraschungen wie Barbecue yourself, Brain the Box – löse Victorias Secret, Boßeln, Geocaching, Bürogolf, Kickerturnier, Billardabend u.v.m.
Bei Buchung einer Vollpensionspauschale sind unsere TAGOA Üs für Sie kostenfrei – GLÜCK gehabt. Bei Tagesveranstaltungen Preis auf Anfrage.

**Parkhotel Bilm im Glück**
**am Stadtrand Hannovers**
**31319 Sehnde**
**www.parkhotel-bilm.de**

**Teilnehmer:** 8 – 50
**Kategorie:** Teambildung,
Abendevent
**Wo:** Indoor/ Outdoor

Siehe S. **122**

---

**RAHMENPROGRAMM**

## Frische Energien im Reich der Stille

Ihr Team braucht frische Luft und einen nachhaltigen Push? Wir empfehlen Ihnen einen Luxus, der immer rarer wird in unserer Zeit: den Luxus der Stille! In der Abgeschiedenheit der Bärenmühle, wo nur der Bach plätschert und die Vögel zwitschern, lässt sich dieser Luxus eindrucksvoll erleben. Bei einer Yoga-Lektion im Grünen, Barfuß im taufrischen Gras, bei einer Fackeltour durchs abendliche Wiesental – Stille pur als Energiespender!

**Romantik Hotel**
**Landhaus Bärenmühle**
**35110 Ellershausen**
**www.baerenmuehle.de/**

**Teilnehmer:** 3 – 21
(mehr auf Anfrage)
**Kategorie:** Teambildung, Incentive
**Wo:** Indoor/Outdoor

Siehe S. **154**

# RAHMENPROGRAMM

**Teamgeist testen: Challenge annehmen!**
Erleben Sie die ultimative Team Challenge! Stürzen Sie sich in ein Abenteuer voller Spaß und Action. Beweisen Sie Ihr Können bei verschiedenen Stationen wie Trabbi-Wettschieben, Bullenreiten und mehr. Die Siegerehrung rundet das Teamevent ab. Seien Sie dabei und zeigen Sie, was in Ihrem Team steckt! Feiern Sie im Anschluss den Erfolg beim Wild-Wild-West-Barbecue in unserer Westernstadt. Das perfekte Rahmenprogramm für unvergessliche Momente!

Siehe S. **76**

- **Teilnehmer:** 20 – 1.200
- **Kategorie:** Teambildung, Incentive
- **Wo:** Outdoor

**VAN DER VALK RESORT LINSTOW**
**18292**
**LINSTOW**
www.linstow.vandervalk.de

# RAHMENPROGRAMM

**Stahlwerk-Eisstockbahn als Aktive Pause** Die Stahlwerk-Eisstock-Kunststoffbahn ist zu jeder Jahreszeit ein Highlight auf unserer Terrasse. In Kombination mit weiteren Outdoor-Spielen wie Tischtennis oder Geschicklichkeitsspielen ist für jeden Geschmack etwas dabei. Unsere 15 Eventräume bieten kreativen Platz für Teamentwicklungs- oder Teambuilding-Events. Als aktive Pause bei Ihrer Tagung oder als besonderen Aperitif vor dem Abendessen in unseren Restaurants.

Siehe S. **94**

- **Teilnehmer:** 2 – 200
- **Kategorie:** Teambildung, Abendevent
- **Wo:** Outdoor/Indoor

**ALTES STAHLWERK JOPI HOTEL GMBH**
**24537**
**NEUMÜNSTER**
www.altes-stahlwerk.com

# RAHMEN**PROGRAMM**

## Bowling-Teamevents mit Spaßfaktor

Was gibt es Schöneres, als einen produktiven Tagungstag mit einem gemeinsamen Erlebnis ausklingen zu lassen? Unsere hauseigene Bowlingbahn im Wardenburger Hof bietet den idealen Rahmen für Teamevents oder den geselligen Abschluss eines erfolgreichen Tages – gemeinsames Bowling stärkt den Teamgeist und sorgt für gute Stimmung. Gerne organisieren wir passende Getränke, Snacks oder ein Essen – perfekt kombinierbar mit unseren Tagungsangeboten.

Siehe S. **100**

- **Teilnehmer:** 2 – 30
- **Kategorie:** Teambildung, Abendevent
- **Wo:** Indoor

**HOTEL WARDENBURGER HOF**
**26203**
**WARDENBURG**
www.wardenburger-hof.de

---

# RAHMEN**PROGRAMM**

## Business Escape Game – Das Goldene Wachtelei

Eine aufregende Ermittlung beginnt im Wachtelhof, als das goldene Wachtelei gestohlen wird. Die Gäste des Hotels werden zu unerwarteten Detektiven in einem fesselnden Escape Game, das ihre Teamfähigkeiten auf die Probe stellt. Gemeinsam begeben sie sich auf eine Spurensuche durch mehrere Stationen und Rätsel, um den Dieb zu entlarven und das goldene Wachtelei zu finden. Werden sie es schaffen, die Puzzleteile zusammenzusetzen, bevor die Presse vor der Tür steht? Der Wettlauf gegen die Zeit beginnt!

Siehe S. **104**

- **Teilnehmer:** 12 – 120
- **Kategorie:** Teambildung, Abendevent
- **Wo:** Outdoor/Indoor

**HOTEL LANDHAUS WACHTELHOF**
**27356**
**ROTENBURG**
www.wachtelhof.de

# RAHMENPROGRAMM

## Campusgolf – treffsicher zum Erfolg

Stärken Sie die Dynamik Ihres Teams auf eine innovative und spielerische Art. „Campusgolf" regt das kreative Denken an und ist eine ideale Ergänzung zu den inhaltlichen Schwerpunkten Ihrer Tagung. Der Parcours wird individuell aufgebaut und so kann man in- oder outdoor die Treffsicherheit unter Beweis stellen. Über Treppen und Rampen, in den Fahrstuhl, zwischen Tagungstischen oder auf der Wiese im Innenhof – Ball und Gedanken haben Freiraum.

Siehe S. **138**

- **Teilnehmer:** 15 – 40 (mehr auf Anfrage)
- **Kategorie:** Teambildung
- **Wo:** Indoor/Outdoor

**GENOHOTEL BAUNATAL**
**34225**
**BAUNATAL**
www.genohotel-baunatal.de

# RAHMENPROGRAMM

## Adrenalin und Lebensfreude zugleich – das bietet der Willinger Skywalk.

Mit 665 Metern Länge und 100 Meter Höhe ist er nicht nur die längste, frei hängende Hängebrücke der Welt, sondern auch das ideale Rahmenprogramm für Seminare, in denen es um Selbstbewusstsein, Mut oder Vertrauen in der Gruppe geht. Wer es wagt, auf dem Willinger Skywalk zu laufen, vergisst dieses Erlebnis so schnell nicht mehr. Vor allem: Er kommt immer wieder.

Siehe S. **148**

- **Teilnehmer:** unbegrenzt
- **Kategorie:** Teambildung
- **Wo:** Outdoor

**GÖBEL'S LANDHOTEL**
**34508**
**WILLINGEN**
www.goebels-landhotel.de

# INSPIRATION TRIFFT PRAXIS

Unsere neuen Bücher im Frühjahr

WIE GEHT MODERNES ARBEITEN IN PRODUZIERENDEN BETRIEBEN?

37 Tools zur Steigerung der Arbeitgeberattraktivität

ISBN 978-3-96739-225-8

KEINE PANIK, ES IST NUR KI!

Grundprinzipien zur professionellen Nutzung von Text-KI für Neulinge und Fortgeschrittene

ISBN 978-3-96739-224-1

IST DAS DIVERSITY ODER KANN DAS WEG?

Wie Menschen und Organisationen von gelebter Vielfalt profitieren

ISBN 978-3-96739-223-4

Arnold Weissman

FAMILIENUNTERNEHMEN 4.0

50 Thesen zur Zukunftsfähigkeit Ihres Unternehmens

ISBN 978-3-96739-232-6

HARALD KOPETER

DIE 11 GEBOTE GELUNGENER BUSINESS KOMMUNIKATION

MENSCHEN BEGEISTERN – KUNDEN GEWINNEN

ISBN 978-3-96739-233-3

MATTHIAS GARTEN

KI für Präsentationen

Mit den richtigen KI-Tools Präsentationen schneller, einfacher und kreativer erstellen

Inklusive Chatbot zum Buch

ISBN 978-3-96739-234-0

Martin-Niels Däfler

GELASSENHEIT FÜR EILIGE

Stress senken und innere Ruhe finden in weniger als 10 Minuten

ISBN 978-3-96739-230-2

NADINE WERMKE

BITCOIN FÜR ALLE, DIE DENKEN, BITCOIN SEI NICHTS FÜR SIE

ISBN 978-3-96739-227-2

Leseproben und noch mehr neue Bücher finden Sie auf www.gabal-verlag.de!

gabal-verlag.de
gabal-magazin.de

# RAHMENPROGRAMM

**Exklusives Wein-Erlebnis zu eurem Dinner** Lasst euer Dinner im hôtel villa raab zu einem besonderen Geschmackserlebnis werden und taucht in die Welt der Weine ein. Unsere Sommelière wird eure Gaumen mit einer kleinen, aber feinen Auswahl an Weinen überraschen und begeistern. Das Weinwissen unserer Sommelière ist atemberaubend und nur zu gerne hört man sich die großartigen Geschichten und Anekdoten an, die hinter den köstlichen Rebsorten stecken.

Siehe S. 174

- **Teilnehmer:** 7 – 45
- **Kategorie:** Teambildung
- **Wo:** Indoor

**HÔTEL VILLA RAAB**
**36304**
**ALSFELD**
www.villa-raab.de

# RAHMENPROGRAMM

**Cocktail-Contest für euer Team** Die Barprofis von hôtel schloss romrod vermitteln euch die Grundlagen der Cocktailkunst und stellen euch das nötige Equipment vor. Anschließend geht's an die Praxis, die ersten Cocktails werden vorgestellt und gemixt. Dann seid ihr gefragt! Ihr schließt euch in Gruppen zusammen. Eure Aufgabe? Den perfekten Cocktail kreieren. Probieren und Genießen sind natürlich erwünscht! Am Ende des Events wird der Gewinner-Cocktail des Abends gekürt.

Siehe S. 176

- **Teilnehmer:** 6 – 26
- **Kategorie:** Abendevent
- **Wo:** Indoor

**HÔTEL SCHLOSS ROMROD**
**36329**
**ROMROD**
www.schloss-romrod.com

## Erlebnisse, die verbinden!

Im re.vita NATUR & TAGUNGSRESORT wird Ihre Tagung zum besonderen Erlebnis: Ob ein glamouröser Casino-Abend im Hotel, Tastings in der Echter Nordhäuser Traditionsbrennerei, ein Ausflug in die historische Grube Samson, ein Dinner mit Panoramablick & Seilbahnfahrt auf dem Hausberg Bad Lauterberg oder eine Zeitreise durch die Schierker Feuerstein-Apotheke – wir gestalten Ihre unvergesslichen Events, die Teamgeist und Motivation stärken!

**re.vita NATUR & TAGUNGSRESORT**
**37431 Bad Lauterberg**
**www.naturresort-revita.de**

| | |
|---|---|
| **Teilnehmer:** | 10 – 250 |
| **Kategorie:** | Erholung, |
| | Teambildung |
| **Wo:** | Outdoor |

Siehe S. 184

## Teamevents

Im „Das Seela Braunschweig" können Tagungsgruppen ihr Seminar um ein besonderes Teamevent erweitern. In Zusammenarbeit mit unserem Partner bieten wir vielfältige Aktivitäten (in- und outdoor) an, die für Spaß und Teamgeist sorgen. Gerne beraten wir Sie hierzu persönlich!

**Das Seela Braunschweig**
**38104 Braunschweig**
**www.das-seela.de/tagungen**

| | |
|---|---|
| **Teilnehmer:** | 5 – 50 |
| **Kategorie:** | Teambildung |
| **Wo:** | Indoor/Outdoor |

Siehe S. 188

### In den Baumwipfeln

Vom Harz Hotel & Spa Seela aus haben Sie die großartige Möglichkeit, die Perspektive zu wechseln. In unmittelbarer Nähe zum Hotel befindet sich der Baumwipfelpfad Harz, der tolle Ausblicke in die Natur bietet. Gerne beraten wir Sie hierzu persönlich!

**Harz Hotel & Spa Seela**
**38667 Bad Harzburg**
**www.harz-hotel-spa.de/tagen**

| | |
|---|---|
| **Teilnehmer:** | 10 – 20 |
| **Kategorie:** | Erholung, |
| | Teambildung |
| **Wo:** | Outdoor |

Siehe S. 190

## Rahmenprogramme & Incentives im Harz

Unsere ruhige naturnahe Lage im schönen Harz bietet beste Voraussetzungen für Ihre Freizeitgestaltung. Sehenswerte Ausflugsziele finden Sie in unmittelbarer Nähe.
Kremserfahrt durch unsere schöne Ilsenburger Umgebung inkl. Vesper oder Fahrt mit der Harzer Schmalspurbahn zum Brocken oder geführte Wanderungen mit einem Ranger des Nationalpark Hochharz oder Fahrt nach Wernigerode mit Stadtführung und Schlossbesichtigung oder ...

**Landhaus Zu den Rothen Forellen**
**38871 Ilsenburg**
**www.rotheforelle.de**

| | |
|---|---|
| **Teilnehmer:** | 10 – 120 |
| **Kategorie:** | Teambildung, |
| | Incentive |
| **Wo:** | Outdoor |

Siehe S. 196

## Mintrops Kochschule am Kleinen Markt

Eine Tagung mit einem einzigartigen Erlebnis wie einem Teamkochen zu verbinden, bringt Ihre Veranstaltung auf das nächste Level! Stärken Sie den Teamgeist und fördern Sie die Zusammenarbeit Ihrer Teilnehmer in einer entspannten und kreativen Atmosphäre. Ein gemeinsames Kocherlebnis steigert Motivation und Engagement, schafft bleibende Erinnerungen und vertieft die sozialen Bindungen.

**Mintrops Stadt Hotel**
**Margarethenhöhe**
**45149 Essen**
**www.mintrops-stadthotel.de**

| | |
|---|---|
| **Teilnehmer:** | 8 – 30 |
| **Kategorie:** | Abendevent, |
| | Incentive |
| **Wo:** | Indoor |

Siehe S. 210

## Der Ort für natürliche Lösungen

Raus aus dem Alltag, rein ins Abenteuer: Entdecken Sie eine einzigartige Team-Experience in unserer weitläufigen Gartenanlage, umgeben von malerischen Wiesen und Feldern. Von spannenden Rettungsübungen über kreativen Floßbau mit echter Jungfernfahrt bis hin zum Bau und Start einer eigenen Modellrakete – bei uns kennt der Teamgeist keine Grenzen. Erleben Sie unvergessliche Momente, die zusammenschweißen und lange nachwirken werden.

**Mintrops Land Hotel**
**45289 Essen**
**www.mintrops-lan...**

| | |
|---|---|
| **Teilnehmer:** | 6 – 8... |
| **Kategorie:** | Tea... |
| | Inc... |
| **Wo:** | In... |

## RAHMENPROGRAMM

### Landhotel Kallbach: Natur & Erlebnis

Unser Landhotel bietet ein vielfältiges Rahmenprogramm: Adventure Golf, Fitnessraum, Games Lounge, Sauna & Wellness, Fackelwanderung, Lagerfeuerplatz, Themen-Wanderungen, Rangertouren im Nationalpark, exklusive Buchung von Kallbach's Berghütte (ab 10 Personen) sowie die Möglichkeit von Weihnachts- und Firmenfeiern.

**\*\*\*\*Superior Landhotel Kallbach
52393 Hürtgenwald
www.kallbach.de**

**Teilnehmer:** 1 – 80
**Kategorie:** Erholung, Teambildung, Abendevent
**Wo:** Indoor/Outdoor

Siehe S. 242

## RAHMENPROGRAMM

### Nachhaltig, teamfördernd und kreativ

Beim gemeinsamen Bau eines Insektenhotels wächst nicht nur Ihr Teamgeist, sondern auch die Artenvielfalt in Ihrer Umgebung. Sie tun gemeinsam etwas Gutes und leisten mit Ihrem Einsatz einen Beitrag zum Erhalt unseres Ökosystems.
Die Insektenhotels dienen verschiedenen Insektenarten von Wildbienen bis Ohrwürmern als Nistplatz und Überwinterungsmöglichkeit. Das Insektenhotel wird sicher zum Hingucker auf Ihrem Firmengelände.

**Hotel Gut Hühnerhof
63584 Gründau
www.gut-huehnerhof.de**

**Teilnehmer:** 2 – 99
**Kategorie:** Teambildung
**Wo:** Outdoor

Siehe S. 290

## RAHMENPROGRAMM

### BIG BOTTLE PARTY

Genießen Sie in entspannter Atmosphäre erlesene Weine aus großen Flaschen und ausgewählte Grillköstlichkeiten. Freuen Sie sich auf stilvolle Musik, anregende Gespräche und einen besonderen Abend. Dieses Event unterstützt und fördert den Teamgeist. Unser Sommelier berät Sie gerne. Mögliche Themen: Weine der Mittelmeerküste, VDP-Verkostung und Weine Frankreichs. Natürlich gibt es auch vegane und vegetarische Spezialitäten vom Grill.

**DEKRA Congress Center &
DEKRA Congresshotel Wart
72213 Altensteig
www.dekra-congresshotel.com**

**Teilnehmer:** 10 – 400
**Kategorie:** Teambildung, Abendevent
**Wo:** Indoor

Siehe S. 348

## RAHMENPROGRAMM

### WWW – Wald, Weleda, Wein

**Wald** – Wackelige Hängebrücken, schwankende Kletterelemente und rasante Seilrutschen – am Weleda Garten gelegen, lädt der Waldseilgarten Wetzgau zu spannenden "Höhenausflügen" ein.
**Weleda** – Staunen, Entdecken, Riechen. Entdecken Sie im Rahmen einer Führung das vielfältige Areal von Feldern, Beeten, Gewächshäusern, Insektenhotel, biologischer Kläranlage und vielem mehr.
**Wein** – Genießen Sie die "Hidden Champion Weine" aus dem Remstal.

**Hotel am Remspark
73525 Schwäbisch Gmünd
www.hotelamremspark.de**

**Teilnehmer:** 5 – 100
**Kategorie:** Teambildung, Incentive, Indoor/Outdoor

Siehe S. 364

## RAHMENPROGRAMM

### Tipi-Bau-Workshop

Sie suchen die ganz besondere Teamherausforderung in einer unvergesslichen Atmosphäre? Dann bauen Sie sich doch Ihr eigenes Tipi. Unter Anleitung unseres Tipispezialisten erlernen Sie die Kunst des Tipibaus. Eine genaue Planung und die Koordination im Team sind Grundvoraussetzungen für einen erfolgreichen Aufbau. Nach getaner Arbeit sitzen Sie gemeinsam in Ihrem Tipi und genießen ein leckeres Barbecue am Lagerfeuer und angeregte Gespräche.

**NaturKulturHotel Stumpf
74867 Neunkirchen
www.hotel-stumpf.de**

**Teilnehmer:** 10 – 80
**Kategorie:** Teambildung, Abendevent
**Wo:** Outdoor

Siehe S. 378

## RAHMENPROGRAMM

### Kreativevents für Weiterdenker

Mit biozertifizierten Energie- und spielerischen Aktiv- oder Kreativpausen gelangen Sie zu frischen Ideen. Noch mehr Abwechslung im Herzen des Nordschwarzwaldes bieten unsere "Kreativen Zeitvertreibe"! Wir organisieren Ihr individuelles Rahmenprogramm: DIY-BBQ, Baumpflanzen, Nachtwächterwanderung, Waldbaden oder Gong-Sessions sorgen für ein unvergessliches Tagungserlebnis, das den Erfolg Ihres Unternehmens nachhaltig steigert.

**SCHWARZWALD PANORAMA
76332 Bad Herrenalb
www.schwarzwald-panorama.com**

**Teilnehmer:** 5 – 200
**Kategorie:** Teambildung, Incentive
**Wo:** Indoor/Outdoor

Siehe S. 392

# RAHMENPROGRAMM

### Teamevent Bash Game – Die mitreißende Game-Show

Spannung, Spiel & Teambuilding! Erleben Sie mit unserem einzigartigen Bash Game eine fesselnde Team Challenge voller Teamgeist, Spaß und einer Prise Wettbewerb im Stil einer Game-Show. Von kniffligen Rätseln bis zu actiongeladenen Aufgaben bietet dieses Event eine einzigartige Mischung aus spannenden Herausforderungen und jeder Menge Spaß. Das Event wird dabei durch ein erfahrenes Team moderiert und begleitet.

Siehe S. **238**

- • **Teilnehmer:** 10 – 200
- • **Kategorie:** Teambildung
- • **Wo:** Outdoor/Indoor

**GENOHOTEL FORSBACH**
**51503**
**RÖSRATH-FORSBACH**
www.genohotel-forsbach.de

---

# RAHMENPROGRAMM

**Tabtour** Teambuilding, Spaß und Bewegung! Ausgerüstet mit iPads begeben sich die Teilnehmer auf eine abwechslungsreiche digitale Schnitzeljagd. Während des gesamten Events kommunizieren die Teams in Echtzeit untereinander und mit den Guides. Die Teams lösen bei der tabtour unterschiedlichste Aufgaben und können oder müssen in unterschiedlichen Veranstaltungsformen teamübergreifende Projekte erfolgreich bewältigen oder Aufgaben für eine gemeinsame und verbindende Schlussanforderung vorbereiten. Haben die Teams einen der Tabspots erreicht, wird am iPad das jeweilige Rätsel freigegeben.

Siehe S. **386**

- • **Teilnehmer:** bis 15
- • **Kategorie:** Teambildung, Incentive
- • **Wo:** Outdoor

**GENOHOTEL KARLSRUHE**
**76199**
**KARLSRUHE**
www.genohotel-karlsruhe.de

## RAHMENPROGRAMM

### WESTERHAM
### Erlebnis mit Ergebnis

TeamTraining – TeamEntwicklung – TeamErlebnis: Vielfältige Möglichkeiten für Ihre Trainings, Workshops und Events bietet Ihnen die IHK Akademie Westerham. Egal, ob indoor im Seminarraum, outdoor im eigenen Niederseilgarten oder auf der 8 m hohen TeamPlattform: Wir schaffen Spaß und Emotionen mit einem nachhaltigen Transfer in Ihren Unternehmensalltag. Westerhamer Team-Trainings – der Erfolg ist messbar.

**Westerham – die Akademie**
**83620 Feldkirchen-Westerham**
**www.ihk-akademie-muenchen.de/**
**westerham**

**Teilnehmer:** 6 – 120
**Kategorie:** Teambildung,
Abendevent
**Wo:** Indoor/Outdoor

Siehe S. 440

## RAHMENPROGRAMM

### TAGEN WIE NAPOLEON

Entdecken Sie das Tagungshotel Alte Posthalterei – wo bereits Napoleon die inspirierende Atmosphäre für strategische Erfolge nutzte. Sein Zitat nach der Tagung: Hier sind die Weichen für 100% Erfolg gestellt!
Profitieren Sie von diesem besonderen Ort – der Geschichte und moderne Tagungstechnik vereint – um auch Ihre Ideen und Strategien zum Erfolg zu führen.
Für weitere Informationen melden Sie sich unter: +49 8291 858220!

**Hotel Alte Posthalterei**
**86441 Zusmarshausen**
**www.posthalterei.com**

**Teilnehmer:** 2 – 120
**Kategorie:** Teambildung,
Abendevent
**Wo:** Indoor

Siehe S. 456

## RAHMENPROGRAMM

### Tagen mit Erlebnis

Wir bieten Ihnen zahlreiche Möglichkeiten für Gruppenaktivitäten. Erleben Sie gemeinsam mit Ihren Teamkollegen, Freunden oder Ihrer Familie tolle und unvergessliche Momente. Nehmen Sie Ihre Teilnehmer mit auf einen Berggipfel oder direkt zum größten See Deutschlands? Vielleicht soll es doch lieber ein Brauerei Besuch sein oder Sie finden heraus, wie die Löcher in den Käse kommen.

**Hotel "edita"**
**88175 Scheidegg**
**www.hotel-edita.com**

**Teilnehmer:** 5 – 350
**Kategorie:** Erholung,
Teambildung
**Wo:** Indoor/Outdoor

Siehe S. 480

## RAHMENPROGRAMM

### Kultur und Natur an der Iller

Auch interessante Ausflüge können einen Ausgleich zur Tagung verschaffen. Die Region um Kloster Bonlanden bietet in nächster Nähe eine Vielzahl von Sehenswürdigkeiten. Fördern Sie den Teamgeist Ihrer Tagungs- oder Seminarbesucher mit individuellen Teambuilding-Maßnahmen wie bspw.
• Outdoor-Events mit unseren Eventagenturen
• Stadtführungen in Memmingen, Kempten oder Ulm
• Krippenmuseumsführung im Kloster

**Tagungszentrum Bonlanden**
**88450 Berkheim-Bonlanden**
**www.kloster-bonlanden.de**

**Teilnehmer:** 12 – 120
**Kategorie:** Erholung,
Incentive
**Wo:** Indoor/Outdoor

Siehe S. 484

## RAHMENPROGRAMM

### Mitten in Deutschland,
### im Herz der Stadt

Das Best Western Premier Hotel Rebstock in Würzburg vereint Historie und modernen Komfort – ideal für erfolgreiche Tagungen und Events. Mit bestens ausgestatteten Konferenzräumen, zentraler Lage und einem mit einem Michelin-Stern ausgezeichneten Restaurant bietet das Hotel den perfekten Rahmen für professionelle Meetings und kulinarischen Genuss mitten in der Residenzstadt.

**Hotel Rebstock**
**97070 Würzburg**
**www.rebstock.com**

**Teilnehmer:** 10 – 130
**Kategorie:** Teambildung,
Incentive
**Wo:** Indoor

Siehe S. 532

## RAHMENPROGRAMM

### Mit Weitsicht im Grünen ...

Das WaldResort am Nationalpark Hainich bietet eine einzigartige Kombination aus Lernen und Naturerfahrungen. Ergänzen Sie Ihre Veranstaltung mit einer Resilienz- oder Urwaldwanderung. Entdecken Sie Waldbaden als Weg zur Stressbewältigung. Eine erfrischende Kneipp-Einheit oder eine morgendliche Meditation bereichert Ihre Tagung. Als Team-Event kochen und essen Sie gemeinsam in der Kräuterküche und lernen viel über heimische Wildkräuter.

**WaldResort –**
**Am Nationalpark Hainich GmbH**
**99991 Unstrut-Hainich**
**www.waldresort-hainich.de**

**Teilnehmer:** 5 – 50
**Kategorie:** Erholung, Teambildung,
Abendevent, Incentive
**Wo:** Indoor/Outdoor

# Weiterbildung heißt jetzt Wachstum.

**Jetzt auch digital lesen**

# neues lernen

Das unabhängige Leitmedium für Personal- und Organisationsentwickler:innen und alle, die Lernen und Entwicklung im Unternehmen vorantreiben.

**Mehr Infos unter: www.neues-lernen.org**

# RAHMENPROGRAMM

**Helping Hands – Teamarbeit für einen guten Zweck** In Gruppen von 3–5 Personen wird mit Anleitung aus 30 Einzelteilen eine Handprothese funktionstüchtig zusammengesetzt. Dabei arbeitet jeder lediglich mit einer Hand und es bedarf gegenseitiger Unterstützung.
Nach einem Funktionstest geht es an die Verpackung für den Versand. Bei der Übergabe am „Fitting day" wird ein Foto für das Team gemacht. Ziel sind Kommunikation, Kooperation und Teamwork, bei dem die Distanzen im Team abgebaut werden.

Siehe S. **452**

- **Teilnehmer:** 5 – 80
- **Kategorie:** Teambildung, Incentive
- **Wo:** Indoor

**SCHLOSS HOHENKAMMER GMBH**
**85411**
**HOHENKAMMER**
www.schlosshohenkammer.de

# RAHMENPROGRAMM

**Erlebnis für Geist, Leib und Seele!** Wir schaffen den perfekten Rahmen. Stärken Sie Ihr Team und genießen Sie gesellige Momente bei einem Farny Biertasting mit Biermenü, Besuch des „Bierhimmels" sowie einer Besichtigung der Brauerei oder Destillerie. Weitere Highlights: das Künstleratelier in der Farny Villa oder der Weinladen in der alten Mälzerei. Und das alles auf einem der größten Hofgüter im Allgäu – im wildromantischen Argental, abseits von Hektik und doch so leicht erreichbar.

Siehe S. **482**

- **Teilnehmer:** 3 – 180
- **Kategorie:** Teambildung, Abendevent
- **Wo:** Outdoor/Indoor

**HOFGUT FARNY**
**88353**
**KISSLEGG IM ALLGÄU**
www.hofgut-farny.de

# RAHMEN PROGRAMM

## Riesen.Eventküche: Ihr Team-Erlebnis

Ob Team-Koch-Event, Chefs Table, Flying Dinner oder Küchenparty: Die Verbindung aus einer ehrlichen, geradlinigen Restaurantküche und vielen besonderen, ästhetischen Elementen schafften ein besonderes Flair, das Lust macht, selbst die Kochlöffel zu schwingen. Besonderes Highlight ist die Zubereitung eines 3-Gang-Menüs in Teamarbeit. Angeleitet von einem Profikoch zaubern Sie Ihr eigenes kulinarisches Erlebnis.

Siehe S. 494

- **Teilnehmer:** 6 – 120
- **Kategorie:** Teambildung, Abendevent, Incentive
- **Wo:** Indoor

**HOTEL RIESENGEBIRGE**
**90616**
**NEUHOF**
**www.hotel-riesengebirge.de**

# RAHMEN PROGRAMM

## Kochkurs – Küchentalk – Team Barbecue

Sie suchen ein außergewöhnliches Teamevent, bei dem der Genuss nicht zu kurz kommt?
Unter Anleitung unseres Küchenprofis bereiten Sie in unserer Kochkursküche gemeinsam köstliche Spezialitäten zu. Ob Kochkurs oder Küchentalk – Teamwork, Kreativität und Genuss stehen hierbei im Mittelpunkt.
Beim Team-Barbecue grillen Sie selbst. Die Koordination im Team wird gefördert. Entspannte Gespräche rund um die Feuerschale schaffen Nähe – das Feuer Wärme.

Siehe S. 540

- **Teilnehmer:** 8 – 15
- **Kategorie:** Teambildung, Abendevent
- **Wo:** Outdoor/Indoor

**RINGHOTEL BUNDSCHU**
**97980**
**BAD MERGENTHEIM**
**www.hotel-bundschu.de**

# Register nach **Bundesland**

| Hotel (sortiert nach Bundesland) | PLZ | Ort | Seite | Seminar | Konferenz | Klausur | Kreativproz. | Event |
|---|---|---|---|:-:|:-:|:-:|:-:|:-:|
| **BADEN-WÜRTTEMBERG** | | | | | | | | |
| Caritas Tagungszentrum | 79104 | Freiburg | 410 | ● | ● | ● | | |
| Hotel Stadt Breisach | 79206 | Breisach | 412 | ● | | ● | | |
| Ringhotel Schwarzwald Hotel Silberkönig | 79261 | Gutach-Bleibach | 414 | ● | | ● | | ● |
| Ringhotel Krone Schnetzenhausen****(S) | 88045 | Friedrichshafen | 472 | ● | ● | | | |
| Hotel Maier | 88048 | Friedrichshafen-Fischbach | 474 | ● | | ● | | ● |
| Seegut Zeppelin | 88048 | Friedrichshafen | 476 | ● | ● | ● | | ● |
| Hofgut FARNY | 88353 | Kißlegg | 482 | ● | ● | ● | ● | ● |
| Tagungszentrum Kloster Bonlanden | 88450 | Berkheim-Bonlanden | 484 | ● | ● | ● | | |
| Hotel sKreuz | 89555 | Steinheim am Albuch | 486 | ● | | ● | ● | ● |
| Best Western Plus BierKulturHotel Schwanen | 89584 | Ehingen | 488 | ● | | ● | ● | ● |
| Ringhotel Bundschu | 97980 | Bad Mergentheim | 540 | ● | ● | ● | | ● |
| **BAYERN** | | | | | | | | |
| Tagungszentrum Schmerlenbach | 63768 | Hösbach | 294 | ● | | ● | | |
| Zeller -Hotel+Restaurant- | 63796 | Kahl am Main | 296 | ● | ● | ● | | |
| BEHL'S Genusshotel im Brennhaus | 63825 | Blankenbach | 298 | ● | | ● | | ● |
| SeminarZentrum Rückersbach | 63867 | Johannesberg | 300 | ● | ● | ● | | |
| Hotel Lamm | 63872 | Heimbuchenthal | 302 | ● | ● | ● | | |
| Holiday Inn Munich-Unterhaching | 82008 | Unterhaching | 416 | ● | ● | ● | | ● |
| Alter Wirt | 82031 | Grünwald | 418 | ● | ● | ● | | ● |
| schiller's Hotel & Restaurant | 82140 | Olching | 420 | ● | | ● | | ● |
| Hotel Vier Jahreszeiten Starnberg | 82319 | Starnberg bei München | 422 | ● | ● | | | |
| LA VILLA am Starnberger See | 82343 | Niederpöcking | 424 | ● | ● | ● | ● | ● |
| Marina Resort | 82347 | Bernried | 426 | ● | ● | ● | | ● |
| DAS GRASECK | 82467 | Garmisch-Partenkirchen | 428 | ● | | ● | ● | ● |
| Riessersee Hotel | 82467 | Garmisch-Partenkirchen | 430 | ● | ● | ● | | ● |
| Hotel am Badersee | 82491 | Grainau Zugspitzdorf | 432 | ● | ● | | ● | ● |
| B&O Parkhotel | 83043 | Bad Aibling | 434 | ● | ● | ● | | |
| Tagungshotel Heißenhof | 83334 | Inzell | 436 | ● | | ● | | |
| Kloster Seeon | 83370 | Seeon | 438 | ● | ● | ● | | |
| Westerham – Die Akademie | 83620 | Feldkirchen-Westerham | 440 | ● | ● | | ● | ● |
| Tafernwirtschaft Hotel Schönbrunn | 84036 | Landshut | 442 | ● | ● | ● | | |
| Schlosshotel Neufahrn | 84088 | Neufahrn | 444 | ● | ● | ● | | |
| Der Postwirt | 85110 | Kipfenberg | 446 | ● | | ● | | |
| Landhotel Geyer | 85110 | Kipfenberg-Pfahldorf | 448 | ● | ● | ● | | |
| Hotel Alea Eco | 85276 | Pfaffenhofen | 450 | ● | ● | ● | | |
| Schloss Hohenkammer | 85411 | Hohenkammer | 452 | ● | ● | ● | ● | ● |

| Hotel (sortiert nach Bundesland) | PLZ | Ort | Seite | Seminar | Konferenz | Klausur | Kreativproz. | Event |
|---|---|---|---|---|---|---|---|---|
| **BAYERN** | | | | | | | | |
| Hotel SchreiberHof Aschheim | 85609 | Aschheim | 454 | ● | ● | ● | | |
| Business- und Tagungshotel Alte Posthalterei | 86441 | Zusmarshausen | 456 | ● | ● | ● | | ● |
| Parkhotel Schmid | 86477 | Adelsried | 458 | ● | ● | | ● | ● |
| Flair Hotel Zum Schwarzen Reiter | 86497 | Horgau | 460 | ● | ● | ● | | |
| Hotel Klostergasthof Thierhaupten | 86672 | Thierhaupten | 462 | ● | | ● | ● | ● |
| Hotel Kloster Holzen | 86695 | Allmannshofen | 464 | ● | | | ● | ● |
| Steigenberger Hotel Der Sonnenhof | 86825 | Bad Wörishofen | 466 | ● | ● | ● | | ● |
| AllgäuSternHotel | 87527 | Sonthofen | 468 | ● | ● | | | |
| Schloss Lautrach | 87763 | Lautrach | 470 | ● | ● | ● | | ● |
| Hotel Bad Schachen | 88131 | Lindau | 478 | ● | ● | | | ● |
| Hotel "edita" | 88175 | Scheidegg | 480 | ● | ● | ● | | |
| Hotel VICTORIA | 90402 | Nürnberg | 490 | ● | ● | ● | | ● |
| Hotel Schindlerhof | 90427 | Nürnberg | 492 | ● | ● | ● | ● | ● |
| Hotel Riesengebirge | 90616 | Neuhof an der Zenn | 494 | ● | ● | ● | | ● |
| Hotel Forsthaus Nürnberg-Fürth | 90768 | Fürth | 496 | ● | ● | | | ● |
| ACANTUS Hotel | 91085 | Weisendorf OT Oberlindach | 498 | ● | ● | ● | | ● |
| Hotel Eisenhut | 91541 | Rothenburg o. d. Tauber | 500 | ● | ● | ● | | ● |
| Meiser Design Hotel | 91550 | Dinkelsbühl | 502 | ● | ● | | | |
| Hotel Sonne | 91564 | Neuendettelsau | 504 | ● | ● | ● | | ● |
| Romantik Hotel Hirschen | 92331 | Parsberg | 506 | ● | ● | ● | ● | |
| Hotel Fuchsbräu | 92339 | Beilngries | 508 | ● | ● | ● | ● | ● |
| Hotel Wutzschleife | 92444 | Rötz | 510 | ● | ● | ● | | ● |
| ARIBO Hotel Erbendorf | 92681 | Erbendorf | 512 | ● | ● | | | ● |
| mk I hotel passau | 94032 | Passau | 514 | ● | ● | | | |
| Maximilian Hotel Bad Griesbach | 94086 | Bad Griesbach | 516 | ● | ● | | | ● |
| Genusshotel Wenisch | 94315 | Straubing | 518 | ● | | ● | | ● |
| Hotel ASAM | 94315 | Straubing | 520 | ● | ● | | | ● |
| Schlossparkhotel Mariakirchen | 94424 | Mariakirchen-Arnstorf | 522 | ● | ● | | | ● |
| Siebenquell GesundZeitResort | 95163 | Weißenstadt | 524 | ● | ● | | | ● |
| Schloss Burgellern | 96110 | Scheßlitz | 526 | ● | | ● | ● | |
| Best Western Plus Kurhotel an der Obermaintherme | 96231 | Bad Staffelstein | 528 | ● | ● | | | ● |
| Bildungs- und Tagungshäuser Vierzehnheiligen | 96231 | Bad Staffelstein | 530 | ● | ● | | ● | |
| BEST WESTERN PREMIER Hotel Rebstock zu Würzburg | 97070 | Würzburg | 532 | ● | ● | | | ● |
| Schlosshotel Steinburg | 97080 | Würzburg | 534 | ● | ● | | | |
| i-Park Hotel**** | 97234 | Reichenberg | 536 | ● | ● | | | ● |
| Landhotel Rügheim | 97461 | Rügheim | 538 | ● | ● | ● | | ● |

# Register nach **Bundesland**

| Hotel (sortiert nach Bundesland) | PLZ | Ort | Seite | Seminar | Konferenz | Klausur | Kreativproz. | Event |
|---|---|---|---|:---:|:---:|:---:|:---:|:---:|
| **BERLIN** | | | | | | | | |
| Grünau Hotel | 12526 | Berlin | 48 | ● | ● | ● | | ● |
| Hotel Christopherus | 13587 | Berlin | 50 | ● | ● | ● | | ● |
| **BRANDENBURG** | | | | | | | | |
| Precise Resort Schwielowsee | 14542 | Werder | 52 | ● | ● | ● | ● | ● |
| Landgut Stober | 14641 | Nauen OT Groß Behnitz | 54 | ● | ● | ● | ● | ● |
| Paulinenhof | 14806 | Bad Belzig | 56 | ● | | ● | ● | ● |
| Precise Resort Bad Saarow | 15526 | Bad Saarow | 58 | ● | ● | ● | ● | ● |
| Best Western Premier Airporthotel Berlin | 15831 | Mahlow | 60 | ● | ● | | | |
| Ringhotel Schorfheide, Tagungszentrum der Wirtschaft | 16247 | Joachimsthal | 62 | ● | ● | ● | ● | ● |
| Precise Resort Hafendorf Rheinsberg | 16831 | Rheinsberg | 64 | ● | ● | ● | ● | ● |
| **HESSEN** | | | | | | | | |
| Renthof | 34117 | Kassel | 132 | ● | ● | ● | ● | ● |
| Schlosshotel Bad Wilhelmshöhe Conference & SPA | 34131 | Kassel | 134 | ● | ● | | | |
| Hotel Gude | 34134 | Kassel | 136 | ● | ● | ● | | |
| GenoHotel Baunatal | 34225 | Baunatal | 138 | ● | ● | ● | | ● |
| Parkhotel Emstaler Höhe | 34308 | Bad Emstal/OT Sand | 140 | ● | ● | ● | | |
| Waldhotel Schäferberg | 34314 | Espenau | 142 | ● | ● | ● | | |
| Hotel Kloster Haydau | 34326 | Morschen | 144 | ● | ● | ● | | ● |
| FLUX – Biohotel im Werratal | 34346 | Hann. Münden | 146 | ● | | ● | | |
| Göbel's Landhotel | 34508 | Willingen | 148 | ● | ● | | | ● |
| Göbel's Hotel Quellenhof | 34537 | Bad Wildungen | 150 | ● | | ● | | |
| Hotel Sonneck | 34593 | Knüllwald-Rengshausen | 152 | ● | | ● | | |
| Landhaus Bärenmühle | 35110 | Ellershausen | 154 | ● | | ● | ● | |
| HOTEL & RESTAURANT heyligenstaedt | 35392 | Gießen | 156 | ● | ● | ● | ● | ● |
| Hotel ESPERANTO Kongress- und Kulturzentrum Fulda | 36037 | Fulda | 158 | ● | ● | | | |
| Hotel Fulda Mitte | 36037 | Fulda | 160 | ● | ● | | | ● |
| Sieben Welten Hotel & Spa Resort | 36093 | Künzell | 162 | ● | ● | ● | | |
| Hotel-Restaurant Berghof | 36100 | Petersberg | 164 | ● | ● | ● | | |
| Hotel Taufstein | 36148 | Kalbach-Sparhof | 166 | ● | | ● | | ● |
| Göbel's Hotel Rodenberg | 36199 | Rotenburg a.d. Fulda | 168 | ● | ● | ● | | |
| Parkhotel zum Stern | 36280 | Oberaula | 170 | ● | ● | ● | | |
| Göbel's Schlosshotel „Prinz von Hessen" | 36289 | Friedewald | 172 | ● | ● | | ● | |

**Folgende Abkürzungen werden in den Registern und im Beschreibungsteil für die Bundesländer verwendet:**

| | | | |
|---|---|---|---|
| BW = Baden-Württemberg | HB = Bremen | NI  = Niedersachsen | SN = Sachsen |
| BY = Bayern | HH = Hamburg | NRW = Nordrhein-Westfalen | ST = Sachsen-Anhalt |
| BE = Berlin | HE  = Hessen | RP  = Rheinland-Pfalz | SH = Schleswig-Holstein |
| BB = Brandenburg | MV = Mecklenburg-Vorpommern | SL  = Saarland | TH = Thüringen |

A = Österreich

# Register nach Bundesland

| Hotel (sortiert nach Bundesland) | PLZ | Ort | Seite | Seminar | Konferenz | Klausur | Kreativproz. | Event |
|---|---|---|---|:---:|:---:|:---:|:---:|:---:|
| **HESSEN** | | | | | | | | |
| hôtel villa raab | 36304 | Alsfeld | 174 | ● | ● | ● | | ● |
| hôtel schloss romrod | 36329 | Romrod | 176 | ● | ● | ● | ● | ● |
| relexa hotel Frankfurt GmbH | 60439 | Frankfurt | 284 | ● | ● | ● | ● | |
| Collegium Glashütten – Zentrum für Kommunikation | 61479 | Glashütten | 286 | ● | ● | ● | ● | ● |
| Best Western Premier Hotel Villa Stokkum | 63456 | Hanau-Steinheim | 288 | ● | ● | ● | ● | ● |
| Hotel Gut Hühnerhof | 63584 | Gründau | 290 | ● | | ● | ● | |
| Kress Hotel | 63628 | Bad Soden-Salmünster | 292 | ● | | ● | | |
| Hotel Jagdschloss Kranichstein | 64289 | Darmstadt | 304 | ● | ● | ● | | ● |
| Hotel-Restaurant MONIKA | 64572 | Büttelborn | 306 | ● | ● | | | ● |
| Relais & Châteaux Hotel Burg Schwarzenstein | 65366 | Geisenheim-Johannisberg | 308 | ● | ● | | ● | |
| Nägler's Fine Lounge Hotel | 65375 | Oestrich-Winkel | 310 | ● | | | | |
| Hotel Jagdschloss Niederwald | 65385 | Rüdesheim | 312 | ● | ● | ● | | ● |
| mk I hotel rüsselsheim | 65428 | Rüsselsheim | 314 | ● | ● | ● | | ● |
| **MECKLENBURG-VORPOMMERN** | | | | | | | | |
| Park Hotel Fasanerie Neustrelitz | 17235 | Neustrelitz | 66 | ● | ● | ● | | |
| Yachthafenresidenz Hohe Düne | 18119 | Rostock-Warnemünde | 68 | ● | | ● | ● | |
| Hotel & Restaurant am Schlosspark | 18273 | Güstrow | 70 | ● | | ● | | ● |
| Kurhaus am Inselsee | 18273 | Güstrow | 72 | ● | ● | ● | | ● |
| Gut Gremmelin | 18279 | Gremmelin | 74 | ● | | ● | | ● |
| Van der Valk Resort Linstow | 18292 | Linstow | 76 | ● | ● | | | ● |
| Precise Resort Rügen | 18551 | Sagard | 78 | ● | ● | | | ● |
| Hotel Speicher am Ziegelsee Schwerin | 19055 | Schwerin | 80 | ● | ● | ● | | |
| Schloss Hasenwinkel – Tagungshotel der Wirtschaft | 19417 | Hasenwinkel | 82 | ● | ● | ● | ● | |
| **NIEDERSACHSEN** | | | | | | | | |
| Ringhotel Sellhorn | 21271 | Hanstedt | 84 | ● | ● | ● | | |
| Elbstrand Resort Krautsand | 21706 | Drochtersen-Krautsand | 86 | ● | ● | | | ● |
| Hotel Wardenburger Hof | 26203 | Wardenburg | 100 | ● | ● | | | ● |
| Kräuterhotel Heidejäger | 27356 | Rotenburg | 102 | ● | ● | | | ● |
| Hotel Landhaus Wachtelhof | 27356 | Rotenburg (Wümme) | 104 | ● | ● | | | ● |
| Zur Kloster-Mühle | 27419 | Groß Meckelsen | 106 | ● | ● | ● | | ● |
| Hotel Gut Altona | 27801 | Dötlingen | 108 | ● | ● | ● | | ● |
| Hotel GUT Bardenhagen | 29553 | Bardenhagen | 110 | ● | ● | ● | | ● |
| Hotel Park Soltau | 29614 | Soltau | 112 | ● | ● | | ● | ● |
| HOTELCAMP REINSEHLEN | 29640 | Schneverdingen | 114 | ● | | ● | | ● |
| ANDERS Hotel Walsrode | 29664 | Walsrode | 116 | ● | ● | ● | | ● |
| Designhotel + Congress-Centrum WIENECKE XI. | 30519 | Hannover | 118 | ● | ● | | | ● |
| MEDIAN Hotel Hannover Lehrte | 31275 | Lehrte | 120 | ● | ● | ● | | ● |

# Register nach **Bundesland**

**Folgende Abkürzungen werden in den Registern und im Beschreibungsteil für die Bundesländer verwendet:**

| | | | |
|---|---|---|---|
| BW = Baden-Württemberg | HB = Bremen | NI = Niedersachsen | SN = Sachsen |
| BY = Bayern | HH = Hamburg | NRW = Nordrhein-Westfalen | ST = Sachsen-Anhalt |
| BE = Berlin | HE = Hessen | RP = Rheinland-Pfalz | SH = Schleswig-Holstein |
| BB = Brandenburg | MV = Mecklenburg-Vorpommern | SL = Saarland | TH = Thüringen |

A = Österreich

GABAL

# Sonderauflagen für Firmenkunden: Ihr individuelles Businessbuch!

Ein hochwertiges Geschenk für Ihre Kundenbindung und ein praktisches Tool zur Weiterbildung Ihrer Mitarbeitenden

… Ihrem Logo

… Ihrem Vorwort / Ihrer Grußbotschaft

… Ihrem Coverdesign

WIR INDIVIDUALISIEREN UNSERE BÜCHER MIT …

… Ihrer Anzeige

… Ihrem Firmenporträt

Fordern Sie unsere attraktiven Sonderkonditionen an. Weitere Informationen erhalten Sie unter unternehmen@gabal-verlag.de.

gabal-verlag.de
gabal-magazin.de

# Register nach **Bundesland**

| Hotel (sortiert nach Bundesland) | PLZ | Ort | Seite | Seminar | Konferenz | Klausur | Kreativproz. | Event |
|---|---|---|---|---|---|---|---|---|
| **SACHSEN** | | | | | | | | |
| Angel's – das hotel am golfpark | 66606 | St. Wendel | 318 | ● | | ● | | ● |
| Der Linslerhof – Hotel, Restaurant, Events & Natur | 66802 | Überherrn | 320 | ● | ● | ● | | ● |
| Schloss Eckberg | 01099 | Dresden | 36 | ● | ● | ● | | ● |
| Neue Höhe Neuklingenberg | 01774 | Klingenberg | 38 | ● | | ● | ● | ● |
| Boutique-Tagungshotel Waldblick | 01896 | Pulsnitz | 40 | ● | | ● | ● | ● |
| Hotel Neustädter Hof | 08340 | Schwarzenberg | 42 | ● | ● | ● | | ● |
| Hotel Forsthaus Grüna | 09224 | Chemnitz/Grüna | 44 | ● | | ● | | |
| Hotel Röhrsdorfer Hof | 09247 | Chemnitz, OT Röhrsdorf | 46 | ● | | ● | ● | ● |
| **SACHSEN-ANHALT** | | | | | | | | |
| Gothisches Haus Wernigerode | 38855 | Wernigerode | 194 | ● | ● | ● | | ● |
| Landhaus Zu den Rothen Forellen | 38871 | Ilsenburg | 196 | ● | ● | ● | | ● |
| **SCHLESWIG-HOLSTEIN** | | | | | | | | |
| Hotel Am Schloss Ahrensburg | 22926 | Ahrensburg | 88 | ● | ● | ● | | |
| Romantik Hotel Kieler Kaufmann | 24105 | Kiel | 90 | ● | ● | ● | | ● |
| Ringhotel Birke | 24109 | Kiel | 92 | ● | ● | ● | | ● |
| Altes Stahlwerk – Business & Lifestyle Hotel | 24537 | Neumünster | 94 | ● | ● | ● | ● | ● |
| Das James | 24944 | Flensburg | 96 | ● | ● | ● | | ● |
| Landsitzhotel und Seminarium Peterhof | 25569 | Hodorf | 98 | ● | | ● | ● | ● |
| **THÜRINGEN** | | | | | | | | |
| Hotel am Vitalpark | 37308 | Heilbad Heiligenstadt | 182 | ● | ● | | ● | |
| Hotel am Schlosspark | 99867 | Gotha | 542 | ● | ● | ● | | |
| **ÖSTERREICH** | | | | | | | | |
| Aldiana Club Ampflwang | A-4843 | Wörmansedt | 544 | ● | ● | | | ● |
| Sendlhofer's | A-5630 | Bad Hofgastein | 546 | ● | | | ● | ● |
| FIRMAMENT | A-6830 | Rankweil | 548 | ● | ● | | ● | ● |
| Berghaus Schröcken | A-6888 | Schröcken | 550 | ● | | ● | | ● |
| Aldiana Club Salzkammergut | A-8983 | Bad Mitterndorf | 552 | ● | | | ● | ● |

**Folgende Abkürzungen werden in den Registern und im Beschreibungsteil für die Bundesländer verwendet:**

| | | | |
|---|---|---|---|
| BW = Baden-Württemberg | HB = Bremen | NI  = Niedersachsen | SN = Sachsen |
| BY = Bayern | HH = Hamburg | NRW = Nordrhein-Westfalen | ST = Sachsen-Anhalt |
| BE = Berlin | HE = Hessen | RP  = Rheinland-Pfalz | SH = Schleswig-Holstein |
| BB = Brandenburg | MV = Mecklenburg-Vorpommern | SL  = Saarland | TH = Thüringen |

**A = Österreich**

Wir beraten Sie bei der **Tagungshotelsuche!**
» **KOSTENLOS** » **PERSÖNLICH** » **SCHNELL**

S – T

# Sie können sich nicht um alles kümmern!

hr zuverlässiger Partner
ür die Tagungshotelsuche
www.top250tagungshotels.de

TOP 250
GERMANY
DIE BESTEN
TAGUNGS
HOTELS
IN
DEUTSCHLAND
www.top250tagungshotels.de

BESONDERE
TAGUNGS
& EVENT
LOCATIONS
www.toptagungslocations.de

# Locations
## gibt es wie Sand am Meer!

## Hier finden Sie die passende:
## www.toptagungslocations.de

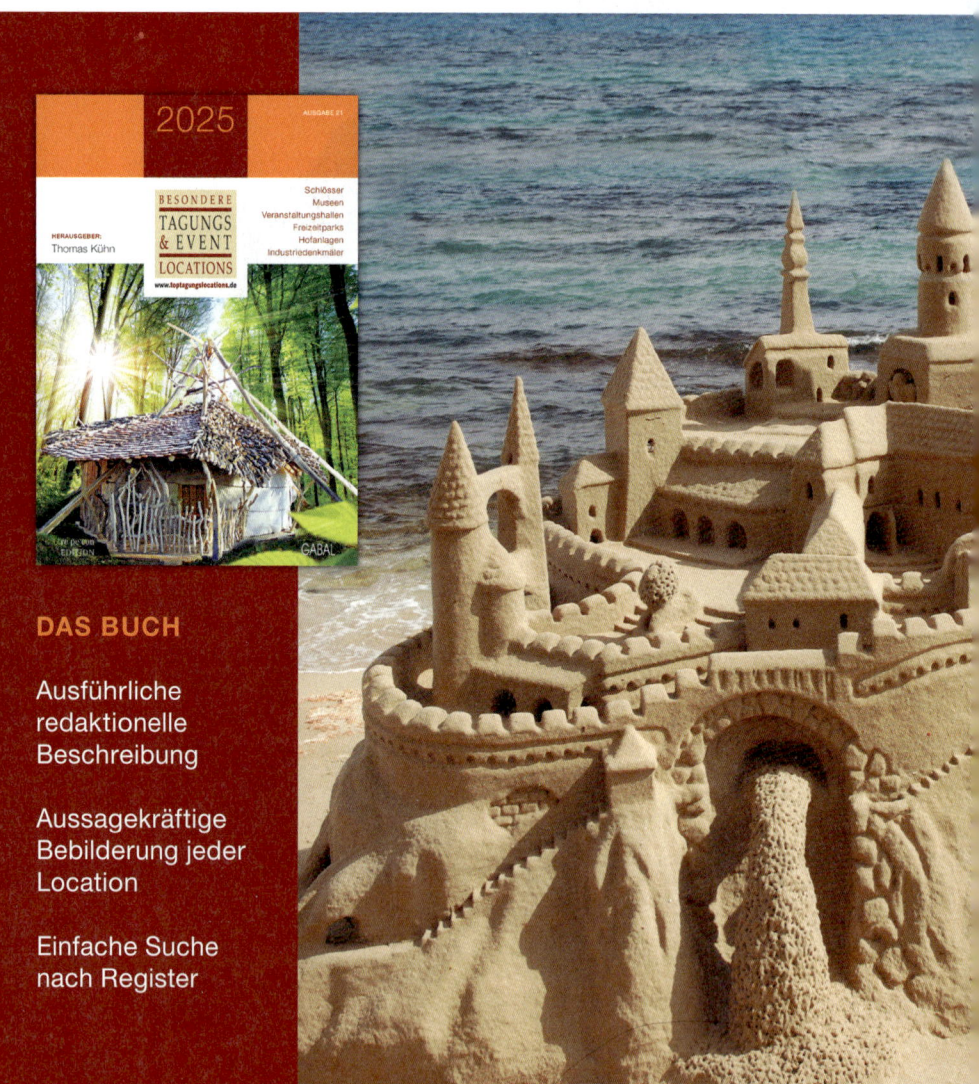

**DAS BUCH**

Ausführliche
redaktionelle
Beschreibung

Aussagekräftige
Bebilderung jeder
Location

Einfache Suche
nach Register

# BESONDERE
# TAGUNGS
# & EVENT
# LOCATIONS

**www.toptagungslocations.de**

## DAS PORTAL

Bequeme Listung
und Abfrage aller
Locations

Direkte Verlinkung
zur jeweiligen
Homepage

Mit Rahmen-
programmsuche

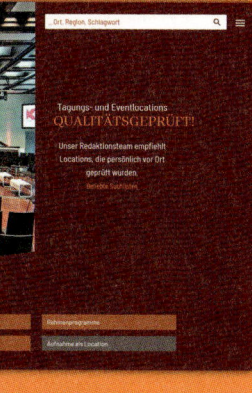

0323-035

# Register nach **Orten**

| | PLZ | Ort | BDL | Hotel | Seite | Seminar | Konferenz | Klausur | Kreativproz. | Event |
|---|---|---|---|---|---|---|---|---|---|---|
| A | 86477 | **Adelsried** | **BY** | Parkhotel Schmid | 458 | ● | ● | | ● | ● |
| | 22926 | **Ahrensburg** | **SH** | Hotel Am Schloss Ahrensburg | 88 | ● | ● | ● | | |
| | 78476 | **Allensbach-Hegne** | **BW** | Hotel St. Elisabeth | 406 | ● | ● | ● | | |
| | 86695 | **Allmannshofen** | **BY** | Hotel Kloster Holzen | 464 | ● | | ● | ● | |
| | 36304 | **Alsfeld** | **HE** | hôtel villa raab | 174 | ● | ● | ● | | ● |
| | 57610 | **Altenkirchen** | **RP** | Seminar- und Sporthotel Glockenspitze | 262 | ● | ● | ● | | ● |
| | 72213 | **Altensteig Wart** | **BW** | DEKRA Congresshotel & DEKRA Congress Center Wart | 348 | ● | ● | ● | ● | ● |
| | 49577 | **Ankum** | **NI** | See- und Sporthotel Ankum | 236 | ● | ● | ● | | |
| | 76855 | **Annweiler am Trifels** | **RP** | Jugendstilhotel Trifels | 396 | ● | | ● | ● | |
| | 59387 | **Ascheberg** | **NRW** | Hotel-Restaurant Clemens-August | 276 | ● | ● | | ● | ● |
| | 85609 | **Aschheim** | **BY** | Hotel SchreiberHof Aschheim | 454 | ● | ● | ● | | |
| B | 56729 | **Baar** | **RP** | Hotel und Kongresszentrum Wanderath | 258 | ● | ● | | | ● |
| | 83043 | **Bad Aibling** | **BY** | B&O Parkhotel | 434 | ● | ● | ● | | |
| | 14806 | **Bad Belzig** | **BB** | Paulinenhof | 56 | ● | | ● | ● | ● |
| | 34308 | **Bad Emstal/OT Sand** | **HE** | Parkhotel Emstaler Höhe | 140 | ● | ● | ● | | |
| | 94086 | **Bad Griesbach** | **BY** | Maximilian Hotel Bad Griesbach | 516 | ● | ● | ● | | ● |
| | 38667 | **Bad Harzburg** | **NI** | Harz Hotel & Spa Seela | 190 | ● | | ● | | |
| | 76332 | **Bad Herrenalb** | **BW** | Parkhotel Luise Bad Herrenalb | 390 | ● | ● | ● | ● | ● |
| | 76332 | **Bad Herrenalb** | **BW** | SCHWARZWALD PANORAMA | 392 | ● | ● | ● | ● | |
| | A-5630 | **Bad Hofgastein** | **A** | Sendlhofer's | 546 | ● | | | ● | ● |
| | 37431 | **Bad Lauterberg** | **NI** | re.vita NATUR & TAGUNGSRESORT | 184 | ● | ● | ● | | |
| | 97980 | **Bad Mergentheim** | **BW** | Ringhotel Bundschu | 540 | ● | ● | ● | | ● |
| | A-8983 | **Bad Mitterndorf** | **A** | Aldiana Club Salzkammergut | 552 | ● | | | ● | ● |
| | 15526 | **Bad Saarow** | **BB** | Precise Resort Bad Saarow | 58 | ● | ● | ● | ● | ● |
| | 37441 | **Bad Sachsa** | **NI** | RoLigio® & Wellness Resort Romantischer Winkel | 186 | ● | | ● | ● | ● |
| | 63628 | **Bad Soden-Salmünster** | **HE** | Kress Hotel | 292 | ● | | ● | | |
| | 96231 | **Bad Staffelstein** | **BY** | Best Western Plus Kurhotel an der Obermaintherme | 528 | ● | ● | | | ● |
| | 96231 | **Bad Staffelstein** | **BY** | Bildungs- und Tagungshäuser Vierzehnheiligen | 530 | ● | ● | ● | | |
| | 72574 | **Bad Urach** | **BW** | Flair Hotel Vier Jahreszeiten | 360 | ● | | ● | | |

**Folgende Abkürzungen werden in den Registern und im Beschreibungsteil für die Bundesländer verwendet:**

| | | | |
|---|---|---|---|
| BW = Baden-Württemberg | HB = Bremen | NI = Niedersachsen | SN = Sachsen |
| BY = Bayern | HH = Hamburg | NRW = Nordrhein-Westfalen | ST = Sachsen-Anhalt |
| BE = Berlin | HE = Hessen | RP = Rheinland-Pfalz | SH = Schleswig-Holstein |
| BB = Brandenburg | MV = Mecklenburg-Vorpommern | SL = Saarland | TH = Thüringen |

**A = Österreich**

# Register nach **Orten**

A –E

**Folgende Abkürzungen werden in den Registern und im Beschreibungsteil für die Bundesländer verwendet:**

| | | | |
|---|---|---|---|
| BW = Baden-Württemberg | HB = Bremen | NI = Niedersachsen | SN = Sachsen |
| BY = Bayern | HH = Hamburg | NRW = Nordrhein-Westfalen | ST = Sachsen-Anhalt |
| BE = Berlin | HE = Hessen | RP = Rheinland-Pfalz | SH = Schleswig-Holstein |
| BB = Brandenburg | MV = Mecklenburg-Vorpommern | SL = Saarland | TH = Thüringen |

**A = Österreich**

Spielen Sie mit dem Gedanken, ein Buch zu schreiben?

# Vereinen Sie die Vorteile des Self-Publishing mit professioneller Herstellung und Zugang zum Buchhandel

**Fragen Sie unverbindlich an: info@juenger.de**

**Wir begleiten Sie dabei als Verlag!**

»Auch oder gerade für den Fall, dass Sie Ihr Buch selbst veröffentlichen möchten, ist eine hohe Qualität wichtig, denn Ihr Buch steht für Ihre Kompetenz, Ihre Persönlichkeit und Ihr Business. Ihr Buch ist Ihre Visitenkarte.«
**André Jünger, Verleger**

Als Verlag kennen wir uns auch mit Büchern im Self-Publishing sehr gut aus und sind Ihr erfahrener Ansprechpartner für alle Fragen rund um Ihr Buchprojekt. Wir kümmern uns um Konzeption, Planung, Umsetzung, Lektorat, Korrektorat, Satz, Coverdesign, Druck, ebook-Produktion und Vertrieb, damit Ihr Buch ein wertiges und professionelles Produkt wird.
**Informieren Sie sich – schreiben Sie ganz unverbindlich an André Jünger: info@juenger.de**

Jünger Medien Verlag   Schumannstraße 155   63069 Offenbach
Telefon +49 (0) 69 83 00 66 43   Telefax +49 (0) 69 83 00 66 33
www.juengermedien.de

selfpub by JÜNGER

H – M

**Folgende Abkürzungen werden in den Registern und im Beschreibungsteil für die Bundesländer verwendet:**

| | | | |
|---|---|---|---|
| BW = Baden-Württemberg | HB = Bremen | NI = Niedersachsen | SN = Sachsen |
| BY = Bayern | HH = Hamburg | NRW = Nordrhein-Westfalen | ST = Sachsen-Anhalt |
| BE = Berlin | HE = Hessen | RP = Rheinland-Pfalz | SH = Schleswig-Holstein |
| BB = Brandenburg | MV = Mecklenburg-Vorpommern | SL = Saarland | TH = Thüringen |

A = Österreich

# Register nach **Orten**

**Folgende Abkürzungen werden in den Registern und im Beschreibungsteil für die Bundesländer verwendet:**

| | | | |
|---|---|---|---|
| BW = Baden-Württemberg | HB = Bremen | NI = Niedersachsen | SN = Sachsen |
| BY = Bayern | HH = Hamburg | NRW = Nordrhein-Westfalen | ST = Sachsen-Anhalt |
| BE = Berlin | HE = Hessen | RP = Rheinland-Pfalz | SH = Schleswig-Holstein |
| BB = Brandenburg | MV = Mecklenburg-Vorpommern | SL = Saarland | TH = Thüringen |

A = Österreich

# Register nach **Orten**

| | PLZ | Ort | BDL | Hotel | Seite | Seminar | Konferenz | Klausur | Kreativproz. | Event |
|---|---|---|---|---|---|---|---|---|---|---|
| T | 66987 | **Thaleischweiler-Fröschen** | **RP** | Landhotel Weihermühle | 322 | ● | ● | ● | | ● |
| | 86672 | **Thierhaupten** | **BY** | Hotel Klostergasthof Thierhaupten | 462 | ● | | ● | ● | ● |
| U | 66802 | **Überherrn** | **SL** | Der Linslerhof – Hotel, Restaurant, Events & Natur | 320 | ● | ● | ● | | ● |
| | 59423 | **Unna** | **NRW** | Ringhotel Katharinen Hof | 278 | ● | ● | ● | | |
| | 82008 | **Unterhaching** | **BY** | Holiday Inn Munich-Unterhaching | 416 | ● | ● | ● | | ● |
| W | 74638 | **Waldenburg** | **BW** | Panoramahotel Waldenburg | 376 | ● | ● | ● | | ● |
| | 69190 | **Walldorf** | **BW** | Hotel Vorfelder | 336 | ● | ● | ● | | |
| | 29664 | **Walsrode** | **NI** | ANDERS Hotel Walsrode | 116 | ● | ● | ● | ● | ● |
| | 26203 | **Wardenburg** | **NI** | Hotel Wardenburger Hof | 100 | ● | ● | | | ● |
| | 74189 | **Weinsberg** | **BW** | Hotel und Gutsgaststätte Rappenhof | 368 | ● | | | | ● |
| | 91085 | **Weisendorf OT Oberlindach** | **BY** | ACANTUS Hotel | 498 | ● | ● | ● | | ● |
| | 95163 | **Weißenstadt** | **BY** | Siebenquell GesundZeitResort | 524 | ● | ● | ● | | ● |
| | 14542 | **Werder** | **BB** | Precise Resort Schwielowsee | 52 | ● | ● | ● | ● | ● |
| | 59368 | **Werne** | **NRW** | Hotel am Kloster | 274 | ● | | ● | | |
| | 38855 | **Wernigerode** | **ST** | Gothisches Haus Wernigerode | 194 | ● | ● | ● | | ● |
| | 53520 | **Wershofen** | **RP** | Natur- und Wohlfühlhotel Kastenholz | 246 | ● | | ● | | ● |
| | 69168 | **Wiesloch** | **BW** | Best Western Plus Palatin Kongresshotel & Kulturzentrum | 334 | ● | ● | | | ● |
| | 47877 | **Willich-Neersen** | **NRW** | Landgut Ramshof | 224 | ● | ● | ● | | |
| | 34508 | **Willingen** | **HE** | Göbel's Landhotel | 148 | ● | ● | | | ● |
| | A-4843 | **Wörmansedt** | **A** | Aldiana Club Ampflwang | 544 | ● | ● | | | ● |
| | 97070 | **Würzburg** | **BY** | BEST WESTERN PREMIER Hotel Rebstock zu Würzburg | 532 | ● | ● | ● | | ● |
| | 97080 | **Würzburg** | **BY** | Schlosshotel Steinburg | 534 | ● | | ● | | ● |
| Z | 86441 | **Zusmarshausen** | **BY** | Business- und Tagungshotel Alte Posthalterei | 456 | ● | ● | ● | | ● |

**Folgende Abkürzungen werden in den Registern und im Beschreibungsteil für die Bundesländer verwendet:**

BW = Baden-Württemberg
BY = Bayern
BE = Berlin
BB = Brandenburg
HB = Bremen
HH = Hamburg
HE = Hessen
MV = Mecklenburg-Vorpommern
NI = Niedersachsen
NRW = Nordrhein-Westfalen
RP = Rheinland-Pfalz
SL = Saarland
SN = Sachsen
ST = Sachsen-Anhalt
SH = Schleswig-Holstein
TH = Thüringen

**A = Österreich**

# exzellente
# LERNORTE

finden Sie in ganz Deutschland und
unter www.exzellente-lernorte.de

**EXZELLENTE LERNORTE** sind herausragend spezialisierte Tagungshotels, die durch ein optimales räumliches Umfeld Lernerfolge verstärken. Alle Häuser orientieren sich an neuesten Trends und Erkenntnissen der Weiterbildung, um perfekte Lernbedingungen zu bieten. Jedes Hotel pflegt dabei seine ganz besonderen Spezifikationen. Die kompetenten Mitarbeiter der Exzellenten Lernorte sind für Trainer und Personalentwickler Gesprächspartner auf Augenhöhe für nahezu alle Trainingsformen. Alle Hotels eint zudem der permanente Austausch untereinander und gemeinsames Lernen, um durch Innovation und moderne Mitarbeiterführung exzellenter Ideengeber für Tagungskunden zu sein.

# Register nach **Hotelnamen**

| | Hotel | BDL | PLZ | Ort | Seite | Seminar | Konferenz | Klausur | Kreativproz. | Event |
|---|---|---|---|---|---|---|---|---|---|---|
| **A** air | **Best Western Premier Airporthotel Berlin** | **BB** | 15831 | Mahlow | 60 | ● | ● | | | |
| aka | **Westerham – Die Akademie** | **BY** | 83620 | Feldkirchen-Westerham | 440 | ● | ● | | ● | ● |
| ald | **Aldiana Club Ampflwang** | **A** | A-4843 | Wörmansedt | 544 | ● | ● | | | ● |
| ald | **Aldiana Club Salzkammergut** | **A** | A-8983 | Bad Mitterndorf | 552 | ● | | | ● | ● |
| ale | **Alexianer Hotel am Wasserturm** | **NRW** | 48163 | Münster | 228 | ● | ● | ● | ● | |
| ale | **Hotel Alea Eco** | **BY** | 85276 | Pfaffenhofen | 450 | ● | ● | | | ● |
| all | **AllgäuSternHotel** | **BY** | 87527 | Sonthofen | 468 | ● | ● | | | ● |
| alt | **Alter Wirt** | **BY** | 82031 | Grünwald | 418 | ● | ● | ● | | ● |
| alt | **Altes Stahlwerk – Business & Lifestyle Hotel** | **SH** | 24537 | Neumünster | 94 | ● | ● | ● | ● | ● |
| alt | **Altes Zollhaus – Rinteln** | **NI** | 31737 | Rinteln | 124 | ● | ● | | | ● |
| alt | **Business- und Tagungshotel Alte Posthalterei** | **BY** | 86441 | Zusmarshausen | 456 | ● | ● | | | ● |
| alt | **Hotel Gut Altona** | **NI** | 27801 | Dötlingen | 108 | ● | ● | | | ● |
| amb | **Hotel am Badersee** | **BY** | 82491 | Grainau Zugspitzdorf | 432 | ● | ● | | ● | ● |
| amf | **Hotel am Fischmarkt** | **NRW** | 47495 | Rheinberg | 218 | ● | ● | ● | | |
| amf | **Hotel am Froschbächel** | **BW** | 77815 | Bühl | 398 | ● | ● | ● | | |
| amg | **Angel's – das hotel am golfpark** | **SL** | 66606 | St. Wendel | 318 | ● | | | | ● |
| ami | **Kurhaus am Inselsee** | **MVP** | 18273 | Güstrow | 72 | ● | ● | ● | | ● |
| amk | **Hotel am Kloster** | **NRW** | 59368 | Werne | 274 | ● | | ● | | |
| amp | **Aldiana Club Ampflwang** | **A** | A-4843 | Wörmansedt | 544 | ● | ● | | | ● |
| amr | **Hotel am Remspark** | **BW** | 73525 | Schwäbisch Gmünd | 364 | ● | | | | |
| ams | **Hotel Am Schloss Ahrensburg** | **SH** | 22926 | Ahrensburg | 88 | ● | ● | | | ● |
| ams | **Hotel am Schlosspark** | **TH** | 99867 | Gotha | 542 | ● | ● | | | ● |
| ams | **Ringhotel Am Stadtpark** | **NRW** | 44532 | Lünen | 208 | ● | ● | ● | | ● |
| amv | **Hotel am Vitalpark** | **TH** | 37308 | Heilbad Heiligenstadt | 182 | ● | ● | | ● | |
| and | **ANDERS Hotel Walsrode** | **NI** | 29664 | Walsrode | 116 | ● | ● | ● | | ● |
| ang | **Angel's – das hotel am golfpark** | **SL** | 66606 | St. Wendel | 318 | ● | | | | |
| ank | **See- und Sporthotel Ankum** | **NI** | 49577 | Ankum | 236 | ● | ● | | | ● |
| ara | **ARAMIS Tagungs- und Sporthotel** | **BW** | 71126 | Gäufelden | 344 | ● | ● | | | ● |
| arc | **ARCADEON Haus der Wissenschaft und Weiterbildung** | **NRW** | 58093 | Hagen | 266 | ● | | ● | | ● |
| are | **Tulip Inn Hotel Düsseldorf Arena** | **NRW** | 40474 | Düsseldorf | 198 | ● | ● | | | ● |

**Folgende Abkürzungen werden in den Registern und im Beschreibungsteil für die Bundesländer verwendet:**

| | | | |
|---|---|---|---|
| BW = Baden-Württemberg | HB = Bremen | NI  = Niedersachsen | SN = Sachsen |
| BY = Bayern | HH = Hamburg | NRW = Nordrhein-Westfalen | ST = Sachsen-Anhalt |
| BE = Berlin | HE = Hessen | RP  = Rheinland-Pfalz | SH = Schleswig-Holstein |
| BB = Brandenburg | MV = Mecklenburg-Vorpommern | SL  = Saarland | TH = Thüringen |

**A = Österreich**

# Register nach **Hotelnamen**

# Register nach **Hotelnamen**

| | Hotel | BDL | PLZ | Ort | Seite | Seminar | Konferenz | Klausur | Kreativproz. | Event |
|---|---|---|---|---|---|---|---|---|---|---|
| edi | **Hotel "edita"** | **BY** | 88175 | Scheidegg | 480 | ● | ● | ● | | |
| eis | **Hotel Eisenhut** | **BY** | 91541 | Rothenburg o. d. Tauber | 500 | ● | ● | ● | | ● |
| elb | **Elbstrand Resort Krautsand** | **NI** | 21706 | Drochtersen-Krautsand | 86 | ● | ● | ● | | ● |
| ems | **Parkhotel Emstaler Höhe** | **HE** | 34308 | Bad Emstal/OT Sand | 140 | ● | ● | ● | | |
| eng | **Kohlers Hotel Engel** | **BW** | 77815 | Bühl-Vimbuch | 400 | ● | | | | ● |
| erb | **ARIBO Hotel Erbendorf** | **BY** | 92681 | Erbendorf | 512 | ● | ● | ● | | ● |
| esp | **Hotel ESPERANTO Kongress- und Kulturzentrum Fulda** | **HE** | 36037 | Fulda | 158 | ● | ● | | | ● |
| esp | **Hotel Esplanade** | **NRW** | 44135 | Dortmund | 204 | ● | ● | | | |
| far | **Hofgut FARNY** | **BW** | 88353 | Kißlegg | 482 | ● | ● | ● | ● | ● |
| fin | **Nägler's Fine Lounge Hotel** | **HE** | 65375 | Oestrich-Winkel | 310 | ● | | | | |
| fir | **FIRMAMENT** | **A** | A-6830 | Rankweil | 548 | ● | ● | | ● | ● |
| fis | **Hotel am Fischmarkt** | **NRW** | 47495 | Rheinberg | 218 | ● | ● | ● | | |
| fla | **Flair Hotel Vier Jahreszeiten** | **BW** | 72574 | Bad Urach | 360 | ● | | ● | | |
| fla | **Flair Hotel Zum Schwarzen Reiter** | **BY** | 86497 | Horgau | 460 | ● | ● | ● | | |
| fla | **Flair Park-Hotel Ilshofen** | **BW** | 74532 | Ilshofen | 370 | ● | ● | | | ● |
| flu | **FLUX – Biohotel im Werratal** | **HE** | 34346 | Hann. Münden | 146 | ● | | ● | | |
| for | **City Hotel Fortuna** | **BW** | 72764 | Reutlingen | 362 | ● | ● | ● | | |
| for | **GenoHotel Forsbach** | **NRW** | 51503 | Rösrath | 238 | ● | ● | ● | | ● |
| for | **Hohenwart Forum** | **BW** | 75181 | Pforzheim | 382 | ● | ● | ● | | |
| for | **Hotel Forsthaus Grüna** | **SN** | 09224 | Chemnitz/Grüna | 44 | ● | | ● | | |
| for | **Hotel Forsthaus Nürnberg-Fürth** | **BY** | 90768 | Fürth | 496 | ● | ● | | | ● |
| for | **Landhaus Zu den Rothen Forellen** | **ST** | 38871 | Ilsenburg | 196 | ● | ● | ● | | ● |
| fra | **relexa hotel Frankfurt GmbH** | **HE** | 60439 | Frankfurt | 284 | ● | ● | ● | ● | |
| fre | **Hotel Freizeit In** | **NI** | 37079 | Göttingen | 180 | ● | ● | ● | ● | ● |
| fro | **Hotel am Froschbächel** | **BW** | 77815 | Bühl | 398 | ● | ● | ● | | |
| fuc | **Hotel Fuchsbräu** | **BY** | 92339 | Beilngries | 508 | ● | ● | ● | ● | ● |
| ful | **Hotel Fulda Mitte** | **HE** | 36037 | Fulda | 160 | ● | ● | | | ● |
| fün | **Hotel Fünf10** | **NRW** | 57250 | Netphen-Deuz | 260 | ● | ● | | | |
| gas | **Biosphärenhotel Gasthof Herrmann** | **BW** | 72525 | Münsingen | 352 | ● | | ● | | |
| gas | **Ringhotel Gasthof Hasen** | **BW** | 71083 | Herrenberg | 342 | ● | ● | ● | | ● |

**Folgende Abkürzungen werden in den Registern und im Beschreibungsteil für die Bundesländer verwendet:**

| | | | |
|---|---|---|---|
| BW = Baden-Württemberg | HB = Bremen | NI = Niedersachsen | SN = Sachsen |
| BY = Bayern | HH = Hamburg | NRW = Nordrhein-Westfalen | ST = Sachsen-Anhalt |
| BE = Berlin | HE = Hessen | RP = Rheinland-Pfalz | SH = Schleswig-Holstein |
| BB = Brandenburg | MV = Mecklenburg-Vorpommern | SL = Saarland | TH = Thüringen |

**A = Österreich**

# Register nach **Hotelnamen**

**Folgende** Abkürzungen **werden in den Registern und im Beschreibungsteil für die Bundesländer verwendet:**

| | | | |
|---|---|---|---|
| BW = Baden-Württemberg | HB = Bremen | NI  = Niedersachsen | SN = Sachsen |
| BY = Bayern | HH = Hamburg | NRW = Nordrhein-Westfalen | ST = Sachsen-Anhalt |
| BE = Berlin | HE = Hessen | RP  = Rheinland-Pfalz | SH = Schleswig-Holstein |
| BB = Brandenburg | MV = Mecklenburg-Vorpommern | SL  = Saarland | TH = Thüringen |

**A = Österreich**

| Hotel | BDL | PLZ | Ort | Seite | Seminar | Konferenz | Klausur | Kreativproz. | Event |
|---|---|---|---|---|---|---|---|---|---|
| **H** hot a **Hotel am Remspark** | BW | 73525 | Schwäbisch Gmünd | 364 | ● | | ● | | |
| hot a Hotel Am Schloss Ahrensburg | SH | 22926 | Ahrensburg | 88 | ● | ● | ● | | |
| hot a **Hotel am Schlosspark** | TH | 99867 | Gotha | 542 | ● | ● | ● | | |
| hot a Hotel am Vitalpark | TH | 37308 | Heilbad Heiligenstadt | 182 | ● | ● | | ● | |
| hot a **Hotel ASAM** | BY | 94315 | Straubing | 520 | ● | ● | ● | | ● |
| hot b Hotel Bad Schachen | BY | 88131 | Lindau | 478 | ● | ● | | | ● |
| hot b **Hotel Beckmann** | NI | 37077 | Göttingen | 178 | ● | ● | ● | | |
| hot b Hotel-Restaurant Berghof | HE | 36100 | Petersberg | 164 | ● | ● | | | |
| hot b **Relais & Châteaux Hotel Burg Schwarzenstein** | HE | 65366 | Geisenheim-Johannisberg | 308 | ● | ● | | ● | |
| hot c Hotel Christopherus | BE | 13587 | Berlin | 50 | ● | ● | ● | | ● |
| hot c **Hotel-Restaurant Clemens-August** | NRW | 59387 | Ascheberg | 276 | ● | ● | ● | | ● |
| hot d DAS Ebertor Hotel & Hostel | RP | 56154 | Boppard | 256 | ● | | | | |
| hot e **Hotel "edita"** | BY | 88175 | Scheidegg | 480 | ● | ● | | | ● |
| hot e Hotel Eisenhut | BY | 91541 | Rothenburg o. d. Tauber | 500 | ● | ● | ● | | |
| hot e **Hotel ESPERANTO Kongress- und Kulturzentrum Fulda** | HE | 36037 | Fulda | 158 | ● | ● | ● | | ● |
| hot e Hotel Esplanade | NRW | 44135 | Dortmund | 204 | ● | ● | | | |
| hot e **Kohlers Hotel Engel** | BW | 77815 | Bühl-Vimbuch | 400 | ● | | | | ● |
| hot f City Hotel Fortuna | BW | 72764 | Reutlingen | 362 | ● | ● | ● | | |
| hot f **Hotel Forsthaus Grüna** | SN | 09224 | Chemnitz/Grüna | 44 | ● | | | | |
| hot f Hotel Forsthaus Nürnberg-Fürth | BY | 90768 | Fürth | 496 | ● | ● | | | ● |
| hot f **Hotel Freizeit In** | NI | 37079 | Göttingen | 180 | ● | ● | ● | ● | ● |
| hot f Hotel Fuchsbräu | BY | 92339 | Beilngries | 508 | ● | ● | ● | ● | ● |
| hot f **Hotel Fulda Mitte** | HE | 36037 | Fulda | 160 | ● | ● | ● | | |
| hot f Hotel Fünf10 | NRW | 57250 | Netphen-Deuz | 260 | ● | ● | | | |
| hot f **Park Hotel Fasanerie Neustrelitz** | MVP | 17235 | Neustrelitz | 66 | ● | ● | ● | | |
| hot g Grünau Hotel | BE | 12526 | Berlin | 48 | ● | ● | ● | | |
| hot g **Hotel Gude** | HE | 34134 | Kassel | 136 | ● | ● | ● | | |
| hot g Hotel Gut Altona | NI | 27801 | Dötlingen | 108 | ● | ● | ● | | ● |
| hot g **Hotel GUT Bardenhagen** | NI | 29553 | Bardenhagen | 110 | ● | ● | ● | | ● |
| hot g Hotel Gut Hühnerhof | HE | 63584 | Gründau | 290 | ● | | | ● | ● |
| hot h **HOTEL & RESTAURANT heyligenstaedt** | HE | 35392 | Gießen | 156 | ● | ● | ● | ● | ● |
| hot h Hotel Haus Delecke | NRW | 59519 | Möhnsee | 280 | ● | | | | ● |
| hot h **Hotel Hofgut Hohenkarpfen** | BW | 78595 | Hausen ob Verena | 408 | ● | | ● | ● | |
| hot h Romantik Hotel Hirschen | BY | 92331 | Parsberg | 506 | ● | ● | ● | | ● |
| hot i **i-Park Hotel****** | BY | 97234 | Reichenberg | 536 | ● | ● | ● | | ● |
| hot j Hotel Jagdschloss Kranichstein | HE | 64289 | Darmstadt | 304 | ● | ● | | | ● |
| hot j **Hotel Jagdschloss Niederwald** | HE | 65385 | Rüdesheim | 312 | ● | ● | | | ● |
| hot k Hotel Kloster Haydau | HE | 34326 | Morschen | 144 | ● | ● | | | ● |

# Register nach **Hotelnamen**

| Hotel | BDL | PLZ | Ort | Seite | Seminar | Konferenz | Klausur | Kreativproz. | Event |
|---|---|---|---|---|---|---|---|---|---|
| hot k Hotel Kloster Holzen | BY | 86695 | Allmannshofen | 464 | ● | | ● | ● | |
| hot k Hotel Klostergasthof Thierhaupten | BY | 86672 | Thierhaupten | 462 | ● | | ● | | ● |
| hot k Hotel-Restaurant Klostermühle | RP | 67728 | Münchweiler (an der Alsenz) | 332 | ● | | ● | | |
| hot k Romantik Hotel Kieler Kaufmann | SH | 24105 | Kiel | 90 | ● | ● | ● | | ● |
| hot l Der Linslerhof – Hotel, Restaurant, Events & Natur | SL | 66802 | Überherrn | 320 | ● | ● | ● | | ● |
| hot l Hotel Lamm | BY | 63872 | Heimbuchenthal | 302 | ● | ● | ● | | ● |
| hot l Hotel Landhaus Wachtelhof | NI | 27356 | Rotenburg (Wümme) | 104 | ● | ● | | | |
| hot l Hotel Löwengarten | RP | 67346 | Speyer | 330 | ● | ● | | | ● |
| hot l Lind Hotel | NRW | 33397 | Rietberg | 128 | ● | ● | ● | | ● |
| hot m Hotel Maier | BW | 88048 | Friedrichshafen-Fischbach | 474 | ● | ● | | | ● |
| hot m Hotel-Restaurant MONIKA | HE | 64572 | Büttelborn | 306 | ● | ● | | | ● |
| hot m Maximilian Hotel Bad Griesbach | BY | 94086 | Bad Griesbach | 516 | ● | ● | ● | | ● |
| hot m MEDIAN Hotel Hannover Lehrte | NI | 31275 | Lehrte | 120 | ● | ● | ● | | ● |
| hot m Meiser Design Hotel | BY | 91550 | Dinkelsbühl | 502 | ● | ● | | | ● |
| hot n Hotel Neustädter Hof | SN | 08340 | Schwarzenberg | 42 | ● | ● | ● | | ● |
| hot o Hotel Ochsen | BW | 75339 | Höfen an der Enz | 384 | ● | | ● | | |
| hot p Hotel Park Soltau | NI | 29614 | Soltau | 112 | ● | ● | | ● | ● |
| hot p mk l hotel passau | BY | 94032 | Passau | 514 | ● | ● | | | |
| hot q Göbel's Hotel Quellenhof | HE | 34537 | Bad Wildungen | 150 | ● | | ● | | ● |
| hot r BEST WESTERN PREMIER Hotel Rebstock zu Würzburg | BY | 97070 | Würzburg | 532 | ● | ● | ● | | ● |
| hot r Göbel's Hotel Rodenberg | HE | 36199 | Rotenburg a.d. Fulda | 168 | ● | ● | ● | | ● |
| hot r Hotel Riesengebirge | BY | 90616 | Neuhof an der Zenn | 494 | ● | ● | ● | | ● |
| hot r Hotel Röhrsdorfer Hof | SN | 09247 | Chemnitz, OT Röhrsdorf | 46 | ● | | ● | | ● |
| hot r Hotel Roshop | NI | 49406 | Barnstorf | 234 | ● | ● | ● | | |
| hot r Hotel und Gutsgaststätte Rappenhof | BW | 74189 | Weinsberg | 368 | ● | | | | ● |
| hot r HOTELCAMP REINSEHLEN | NI | 29640 | Schneverdingen | 114 | ● | ● | | | ● |
| hot r mk l hotel remscheid | NRW | 42853 | Remscheid | 202 | ● | ● | | | |
| hot r mk l hotel rüsselsheim | HE | 65428 | Rüsselsheim | 314 | ● | ● | ● | | |
| hot r relexa hotel Frankfurt GmbH | HE | 60439 | Frankfurt | 284 | ● | ● | ● | ● | |
| hot r Riessersee Hotel | BY | 82467 | Garmisch-Partenkirchen | 430 | ● | ● | ● | | |
| hot s Harz Hotel & Spa Seela | NI | 38667 | Bad Harzburg | 190 | ● | | ● | | |

**Folgende** Abkürzungen **werden in den Registern und im Beschreibungsteil für die Bundesländer verwendet:**

| | | | |
|---|---|---|---|
| BW = Baden-Württemberg | HB = Bremen | NI = Niedersachsen | SN = Sachsen |
| BY = Bayern | HH = Hamburg | NRW = Nordrhein-Westfalen | ST = Sachsen-Anhalt |
| BE = Berlin | HE = Hessen | RP = Rheinland-Pfalz | SH = Schleswig-Holstein |
| BB = Brandenburg | MV = Mecklenburg-Vorpommern | SL = Saarland | TH = Thüringen |

**A = Österreich**

**Folgende** Abkürzungen **werden in den Registern und im Beschreibungsteil für die Bundesländer verwendet:**

| | | | |
|---|---|---|---|
| BW = Baden-Württemberg | HB = Bremen | NI  = Niedersachsen | SN = Sachsen |
| BY = Bayern | HH = Hamburg | NRW = Nordrhein-Westfalen | ST = Sachsen-Anhalt |
| BE = Berlin | HE = Hessen | RP  = Rheinland-Pfalz | SH = Schleswig-Holstein |
| BB = Brandenburg | MV = Mecklenburg-Vorpommern | SL  = Saarland | TH = Thüringen |

**A = Österreich**

Folgende Abkürzungen werden in den Registern und im Beschreibungsteil für die Bundesländer verwendet:

| | | | |
|---|---|---|---|
| BW = Baden-Württemberg | HB = Bremen | NI = Niedersachsen | SN = Sachsen |
| BY = Bayern | HH = Hamburg | NRW = Nordrhein-Westfalen | ST = Sachsen-Anhalt |
| BE = Berlin | HE = Hessen | RP = Rheinland-Pfalz | SH = Schleswig-Holstein |
| BB = Brandenburg | MV = Mecklenburg-Vorpommern | SL = Saarland | TH = Thüringen |

**A = Österreich**

Folgende Abkürzungen werden in den Registern und im Beschreibungsteil für die Bundesländer verwendet:

BW = Baden-Württemberg   HB = Bremen   NI = Niedersachsen   SN = Sachsen
BY = Bayern   HH = Hamburg   NRW = Nordrhein-Westfalen   ST = Sachsen-Anhalt
BE = Berlin   HE = Hessen   RP = Rheinland-Pfalz   SH = Schleswig-Holstein
BB = Brandenburg   MV = Mecklenburg-Vorpommern   SL = Saarland   TH = Thüringen

A = Österreich

# Register nach **Hotelnamen**

| | Hotel | BDL | PLZ | Ort | Seite | Seminar | Konferenz | Klausur | Kreativproz. | Event |
|---|---|---|---|---|---|---|---|---|---|---|
| raa | hôtel villa raab | HE | 36304 | Alsfeld | 174 | ● | ● | ● | | ● |
| ram | Landgut Ramshof | NRW | 47877 | Willich-Neersen | 224 | ● | ● | ● | | |
| rap | Hotel und Gutsgaststätte Rappenhof | BW | 74189 | Weinsberg | 368 | ● | | | | ● |
| reb | BEST WESTERN PREMIER Hotel Rebstock zu Würzburg | BY | 97070 | Würzburg | 532 | ● | ● | ● | | ● |
| rei | HOTELCAMP REINSEHLEN | NI | 29640 | Schneverdingen | 114 | ● | | ● | | ● |
| rel | Relais & Châteaux Hotel Burg Schwarzenstein | HE | 65366 | Geisenheim-Johannisberg | 308 | ● | ● | | ● | |
| rel | relexa hotel Frankfurt GmbH | HE | 60439 | Frankfurt | 284 | ● | ● | ● | | ● |
| rem | Hotel am Remspark | BW | 73525 | Schwäbisch Gmünd | 364 | ● | | ● | | |
| rem | mk I hotel remscheid | NRW | 42853 | Remscheid | 202 | ● | ● | | | ● |
| ren | Renthof | HE | 34117 | Kassel | 132 | ● | ● | ● | | ● |
| res | Marina Resort | BY | 82347 | Bernried | 426 | ● | ● | ● | | ● |
| res | Precise Resort Bad Saarow | BB | 15526 | Bad Saarow | 58 | ● | ● | ● | ● | ● |
| res | Precise Resort Hafendorf Rheinsberg | BB | 16831 | Rheinsberg | 64 | ● | ● | ● | ● | ● |
| res | Precise Resort Rügen | MVP | 18551 | Sagard | 78 | ● | ● | ● | | ● |
| res | Precise Resort Schwielowsee | BB | 14542 | Werder | 52 | ● | ● | ● | ● | ● |
| res | RoLigio® & Wellness Resort Romantischer Winkel | NI | 37441 | Bad Sachsa | 186 | ● | ● | ● | | ● |
| res | Van der Valk Resort Linstow | MVP | 18292 | Linstow | 76 | ● | ● | ● | | ● |
| rev | re.vita NATUR & TAGUNGSRESORT | NI | 37431 | Bad Lauterberg | 184 | ● | ● | ● | | |
| rhe | Precise Resort Hafendorf Rheinsberg | BB | 16831 | Rheinsberg | 64 | ● | ● | ● | ● | ● |
| rie | Hotel Riesengebirge | BY | 90616 | Neuhof an der Zenn | 494 | ● | ● | ● | | ● |
| rie | Riessersee Hotel | BY | 82467 | Garmisch-Partenkirchen | 430 | ● | ● | ● | | ● |
| rin | Ringhotel Am Stadtpark | NRW | 44532 | Lünen | 208 | ● | ● | ● | | ● |
| rin | Ringhotel Birke | SH | 24109 | Kiel | 92 | ● | ● | ● | | ● |
| rin | Ringhotel Bundschu | BW | 97980 | Bad Mergentheim | 540 | ● | ● | ● | | ● |
| rin | Ringhotel Drees | NRW | 44139 | Dortmund | 206 | ● | ● | | | ● |
| rin | Ringhotel Gasthof Hasen | BW | 71083 | Herrenberg | 342 | ● | ● | ● | | ● |
| rin | Ringhotel Haus Oberwinter | NRW | 53424 | Remagen | 244 | ● | | ● | | |
| rin | Ringhotel Katharinen Hof | NRW | 59423 | Unna | 278 | ● | ● | ● | | ● |
| rin | Ringhotel Krone Schnetzenhausen****(S) | BW | 88045 | Friedrichshafen | 472 | ● | ● | | | |
| rin | Ringhotel Schorfheide, Tagungszentrum der Wirtschaft | BB | 16247 | Joachimsthal | 62 | ● | ● | ● | ● | ● |
| rin | Ringhotel Schwarzwald Hotel Silberkönig | BW | 79261 | Gutach-Bleibach | 414 | ● | ● | | | ● |
| rin | Ringhotel Sellhorn | NI | 21271 | Hanstedt | 84 | ● | ● | ● | | ● |
| rin | Ringhotel Zweibrücker Hof | NRW | 58313 | Herdecke | 268 | ● | ● | ● | | ● |
| rit | Rittergut Störmede | NRW | 59590 | Geseke | 282 | ● | ● | ● | | ● |
| rod | Göbel's Hotel Rodenberg | HE | 36199 | Rotenburg a.d. Fulda | 168 | ● | ● | ● | | |
| röh | Hotel Röhrsdorfer Hof | SN | 09247 | Chemnitz, OT Röhrsdorf | 46 | ● | ● | ● | | ● |
| rol | RoLigio® & Wellness Resort Romantischer Winkel | NI | 37441 | Bad Sachsa | 186 | ● | ● | ● | | ● |
| rom | hôtel schloss romrod | HE | 36329 | Romrod | 176 | ● | ● | ● | ● | ● |

P – R

# Register nach **Hotelnamen**

| | Hotel | BDL | PLZ | Ort | Seite | Seminar | Konferenz | Klausur | Kreativproz. | Event |
|---|---|---|---|---|---|---|---|---|---|---|
| schö | Hotel Schönbuch | BW | 72124 | Pliezhausen | 346 | ● | | ● | ● | ● |
| schö | Tafernwirtschaft Hotel Schönbrunn | BY | 84036 | Landshut | 442 | ● | ● | ● | | ● |
| schr | Berghaus Schröcken | A | A-6888 | Schröcken | 550 | ● | | ● | | ● |
| schr | Hotel SchreiberHof Aschheim | BY | 85609 | Aschheim | 454 | ● | ● | ● | | |
| schu | Schulhaus Hotel | NRW | 58332 | Schwelm | 270 | ● | ● | ● | ● | ● |
| schw | Best Western Plus BierKulturHotel Schwanen | BW | 89584 | Ehingen | 488 | ● | | ● | ● | ● |
| schw | Flair Hotel Zum Schwarzen Reiter | BY | 86497 | Horgau | 460 | ● | ● | ● | | ● |
| schw | Hotel-Restaurant Schwanen | BW | 72555 | Metzingen | 358 | ● | | ● | ● | ● |
| schw | Precise Resort Schwielowsee | BB | 14542 | Werder | 52 | ● | ● | ● | ● | ● |
| schw | Relais & Châteaux Hotel Burg Schwarzenstein | HE | 65366 | Geisenheim-Johannisberg | 308 | ● | ● | | | |
| schw | Ringhotel Schwarzwald Hotel Silberkönig | BW | 79261 | Gutach-Bleibach | 414 | ● | | ● | | ● |
| schw | SCHWARZWALD PANORAMA | BW | 76332 | Bad Herrenalb | 392 | ● | ● | ● | | |
| see | DAS Seela Braunschweig | NI | 38104 | Braunschweig | 188 | ● | ● | ● | ● | ● |
| see | Harz Hotel & Spa Seela | NI | 38667 | Bad Harzburg | 190 | ● | | ● | | |
| see | Kloster Seeon | BY | 83370 | Seeon | 438 | ● | ● | ● | | ● |
| see | See- und Sporthotel Ankum | NI | 49577 | Ankum | 236 | ● | ● | ● | | ● |
| see | Seegut Zeppelin | BW | 88048 | Friedrichshafen | 476 | ● | ● | ● | ● | ● |
| sel | Ringhotel Sellhorn | NI | 21271 | Hanstedt | 84 | ● | ● | ● | | |
| sem | Landsitzhotel und Seminarium Peterhof | SH | 25569 | Hodorf | 98 | ● | | ● | ● | ● |
| sem | Seminar- und Sporthotel Glockenspitze | RP | 57610 | Altenkirchen | 262 | ● | ● | ● | | ● |
| sem | SeminarZentrum Rückersbach | BY | 63867 | Johannesberg | 300 | ● | ● | ● | | ● |
| sen | Sendlhofer's | A | A-5630 | Bad Hofgastein | 546 | ● | | | ● | ● |
| sie | Sieben Welten Hotel & Spa Resort | HE | 36093 | Künzell | 162 | ● | ● | ● | | ● |
| sie | Siebenquell GesundZeitResort | BY | 95163 | Weißenstadt | 524 | ● | ● | ● | | ● |
| sil | Ringhotel Schwarzwald Hotel Silberkönig | BW | 79261 | Gutach-Bleibach | 414 | ● | | ● | | ● |
| skr | Hotel sKreuz | BW | 89555 | Steinheim am Albuch | 486 | ● | | ● | ● | ● |
| sol | Hotel Park Soltau | NI | 29614 | Soltau | 112 | ● | ● | | ● | ● |
| son | Hotel Sonne | BY | 91564 | Neuendettelsau | 504 | ● | ● | ● | | |
| son | Hotel Sonneck | HE | 34593 | Knüllwald-Rengshausen | 152 | ● | | ● | | |
| son | Steigenberger Hotel Der Sonnenhof | BY | 86825 | Bad Wörishofen | 466 | ● | ● | ● | | ● |

**Folgende Abkürzungen werden in den Registern und im Beschreibungsteil für die Bundesländer verwendet:**

| | | | |
|---|---|---|---|
| BW = Baden-Württemberg | HB = Bremen | NI = Niedersachsen | SN = Sachsen |
| BY = Bayern | HH = Hamburg | NRW = Nordrhein-Westfalen | ST = Sachsen-Anhalt |
| BE = Berlin | HE = Hessen | RP = Rheinland-Pfalz | SH = Schleswig-Holstein |
| BB = Brandenburg | MV = Mecklenburg-Vorpommern | SL = Saarland | TH = Thüringen |

A = Österreich

# Register nach Hotelnamen

| | Hotel | BDL | PLZ | Ort | Seite | Seminar | Konferenz | Klausur | Kreativproz. | Event |
|---|---|---|---|---|---|---|---|---|---|---|
| **S** spe | Hotel Speicher am Ziegelsee Schwerin | MVP | 19055 | Schwerin | 80 | ● | ● | ● | | |
| spe | Hotel Speidel's BrauManufaktur | BW | 72531 | Hohenstein | 354 | ● | | ● | | ● |
| spo | ARAMIS Tagungs- und Sporthotel | BW | 71126 | Gäufelden | 344 | ● | ● | ● | | ● |
| spo | Hotel Sportalm Gipfelglück | NRW | 58511 | Lüdenscheid | 272 | ● | ● | ● | | |
| spo | See- und Sporthotel Ankum | NI | 49577 | Ankum | 236 | ● | ● | ● | | ● |
| spo | Seminar- und Sporthotel Glockenspitze | RP | 57610 | Altenkirchen | 262 | ● | ● | ● | | ● |
| sta | Altes Stahlwerk - Business & Lifestyle Hotel | SH | 24537 | Neumünster | 94 | ● | ● | ● | ● | ● |
| sta | Hotel Stadt Breisach | BW | 79206 | Breisach | 412 | ● | ● | ● | | |
| sta | Mintrops Stadt Hotel Margarethenhöhe | NRW | 45149 | Essen | 210 | ● | ● | ● | ● | ● |
| sta | Ringhotel Am Stadtpark | NRW | 44532 | Lünen | 208 | ● | ● | ● | | ● |
| sta | Stadthotel Münster | NRW | 48143 | Münster | 226 | ● | ● | ● | | ● |
| ste | AllgäuSternHotel | BY | 87527 | Sonthofen | 468 | ● | | | | ● |
| ste | Hotel St. Elisabeth | BW | 78476 | Allensbach-Hegne | 406 | ● | ● | ● | | ● |
| ste | Parkhotel zum Stern | HE | 36280 | Oberaula | 170 | ● | ● | ● | | ● |
| ste | Schlosshotel Steinburg | BY | 97080 | Würzburg | 534 | ● | | ● | | ● |
| ste | Steigenberger Hotel Der Sonnenhof | BY | 86825 | Bad Wörishofen | 466 | ● | ● | ● | | ● |
| sto | Landgut Stober | BB | 14641 | Nauen OT Groß Behnitz | 54 | ● | ● | ● | ● | ● |
| stö | Rittergut Störmede | NRW | 59590 | Geseke | 282 | ● | ● | ● | | ● |
| str | Straelener Hof | NRW | 47638 | Straelen | 220 | ● | ● | ● | | ● |
| str | Stratmanns Hotel | NI | 49393 | Lohne | 232 | ● | ● | ● | | ● |
| stu | NaturKulturHotel Stumpf | BW | 74867 | Neunkirchen | 378 | ● | ● | ● | | ● |
| stu | Parkhotel Stuttgart Messe-Airport | BW | 70771 | Leinfelden-Echterdingen | 340 | ● | ● | | | ● |
| stu | Waldhotel Stuttgart | BW | 70597 | Stuttgart | 338 | ● | ● | ● | | ● |
| **T** taf | Tafernwirtschaft Hotel Schönbrunn | BY | 84036 | Landshut | 442 | ● | ● | ● | | ● |
| tag | ARAMIS Tagungs- und Sporthotel | BW | 71126 | Gäufelden | 344 | ● | ● | ● | | ● |
| tag | Bildungs- und Tagungshäuser Vierzehnheiligen | BY | 96231 | Bad Staffelstein | 530 | ● | ● | ● | | |
| tag | Caritas Tagungszentrum | BW | 79104 | Freiburg | 410 | ● | ● | ● | | |
| tag | Mercure Tagungs- & Landhotel Krefeld | NRW | 47802 | Krefeld-Traar | 222 | ● | ● | ● | ● | ● |
| tag | Ringhotel Schorfheide, Tagungszentrum der Wirtschaft | BB | 16247 | Joachimsthal | 62 | ● | ● | ● | | ● |
| tag | Tagungs- und Seminarzentrum Schloss Marbach | BW | 78337 | Oehningen | 404 | ● | ● | ● | ● | ● |
| tag | Tagungshotel Heißenhof | BY | 83334 | Inzell | 436 | ● | ● | ● | | |
| tag | Tagungszentrum Kloster Bonlanden | BW | 88450 | Berkheim-Bonlanden | 484 | ● | ● | ● | | |
| tag | Tagungszentrum Schmerlenbach | BY | 63768 | Hösbach | 294 | ● | ● | ● | | ● |
| tau | Hotel Taufstein | HE | 36148 | Kalbach-Sparhof | 166 | ● | ● | | | ● |
| thi | Hotel Klostergasthof Thierhaupten | BY | 86672 | Thierhaupten | 462 | ● | ● | ● | | ● |
| tri | Jugendstilhotel Trifels | RP | 76855 | Annweiler am Trifels | 396 | ● | ● | ● | | |
| tul | Tulip Inn Hotel Düsseldorf Arena | NRW | 40474 | Düsseldorf | 198 | ● | ● | | | ● |
| **U** unt | Holiday Inn Munich-Unterhaching | BY | 82008 | Unterhaching | 416 | ● | ● | ● | | ● |

| Hotel | BDL | PLZ | Ort | Seite | Seminar | Konferenz | Klausur | Kreativproz. | Event |
|---|---|---|---|---|---|---|---|---|---|
| Van der Valk Resort Linstow | MVP | 18292 | Linstow | 76 | ● | ● | | | ● |
| Hotel VICTORIA | BY | 90402 | Nürnberg | 490 | ● | ● | ● | | ● |
| Bildungs- und Tagungshäuser Vierzehnheiligen | BY | 96231 | Bad Staffelstein | 530 | ● | ● | ● | | |
| Hotel Vier Jahreszeiten Starnberg | BY | 82319 | Starnberg bei München | 422 | ● | ● | | | |
| Best Western Premier Hotel Villa Stokkum | HE | 63456 | Hanau-Steinheim | 288 | ● | ● | ● | | ● |
| hôtel villa raab | HE | 36304 | Alsfeld | 174 | ● | ● | | | ● |
| LA VILLA am Starnberger See | BY | 82343 | Niederpöcking | 424 | ● | ● | ● | | ● |
| Hotel am Vitalpark | TH | 37308 | Heilbad Heiligenstadt | 182 | ● | ● | | ● | |
| Hotel Vorfelder | BW | 69190 | Walldorf | 336 | ● | ● | ● | | |
| Hotel Landhaus Wachtelhof | NI | 27356 | Rotenburg (Wümme) | 104 | ● | ● | | | ● |
| ANDERS Hotel Walsrode | NI | 29664 | Walsrode | 116 | ● | ● | ● | ● | ● |
| Boutique-Tagungshotel Waldblick | SN | 01896 | Pulsnitz | 40 | ● | | | | |
| Gutshof-Hotel WALDKNECHTSHOF | BW | 72270 | Baiersbronn | 350 | ● | | | ● | ● |
| Panoramahotel Waldenburg | BW | 74638 | Waldenburg | 376 | ● | ● | | | ● |
| Waldhotel Schäferberg | HE | 34314 | Espenau | 142 | ● | ● | | | ● |
| Waldhotel Stuttgart | BW | 70597 | Stuttgart | 338 | ● | ● | | | ● |
| Hotel und Kongresszentrum Wanderath | RP | 56729 | Baar | 258 | ● | ● | | | ● |
| DEKRA Congresshotel & DEKRA Congress Center Wart | BW | 72213 | Altensteig Wart | 348 | ● | ● | | | ● |
| Hotel Wardenburger Hof | NI | 26203 | Wardenburg | 100 | ● | ● | | | |
| Alexianer Hotel am Wasserturm | NRW | 48163 | Münster | 228 | ● | ● | ● | ● | |
| Hotel Watthalden | BW | 76275 | Ettlingen | 388 | ● | ● | | | ● |
| Hotel Weinberg-Schlösschen | RP | 55413 | Oberheimbach | 254 | ● | ● | | | ● |
| Hotel Weissenburg | NRW | 48727 | Billerbeck | 230 | ● | ● | | | ● |
| Landhotel Weihermühle | RP | 66987 | Thaleischweiler-Fröschen | 322 | ● | ● | | | |
| Sieben Welten Hotel & Spa Resort | HE | 36093 | Künzell | 162 | ● | ● | | | ● |
| Wellings Parkhotel | NRW | 47475 | Kamp-Lintfort | 216 | ● | ● | ● | | ● |
| Wellings Romantik Hotel zur Linde | NRW | 47445 | Moers | 214 | ● | ● | | ● | |
| Genusshotel Wenisch | BY | 94315 | Straubing | 518 | ● | | ● | | |
| Gothisches Haus Wernigerode | ST | 38855 | Wernigerode | 194 | ● | ● | ● | | |
| Westerham – Die Akademie | BY | 83620 | Feldkirchen-Westerham | 440 | ● | ● | | ● | ● |
| Designhotel + Congress-Centrum WIENECKE XI. | NI | 30519 | Hannover | 118 | ● | ● | | | ● |

**Folgende Abkürzungen werden in den Registern und im Beschreibungsteil für die Bundesländer verwendet:**

| | | | |
|---|---|---|---|
| BW = Baden-Württemberg | HB = Bremen | NI = Niedersachsen | SN = Sachsen |
| BY = Bayern | HH = Hamburg | NRW = Nordrhein-Westfalen | ST = Sachsen-Anhalt |
| BE = Berlin | HE = Hessen | RP = Rheinland-Pfalz | SH = Schleswig-Holstein |
| BB = Brandenburg | MV = Mecklenburg-Vorpommern | SL = Saarland | TH = Thüringen |

A = Österreich

**Folgende Abkürzungen werden in den Registern und im Beschreibungsteil für die Bundesländer verwendet:**

| | | | |
|---|---|---|---|
| BW = Baden-Württemberg | HB = Bremen | NI = Niedersachsen | SN = Sachsen |
| BY = Bayern | HH = Hamburg | NRW = Nordrhein-Westfalen | ST = Sachsen-Anhalt |
| BE = Berlin | HE = Hessen | RP = Rheinland-Pfalz | SH = Schleswig-Holstein |
| BB = Brandenburg | MV = Mecklenburg-Vorpommern | SL = Saarland | TH = Thüringen |

**A = Österreich**

# MICE

## START
Das Magazin der besten Tagungshotels und -locations

## Ihr Wegweiser zu passenden Orten und neuesten Trends in der Tagungsbranche

- Tagungsraum
- Veranstaltungsformen
- Abendprogramm
- Rahmenprogramm/Teambuilding
- Tagungspausen
- Nachhaltigkeit
- u.v.m.

Das Magazin wird per Postversand verschickt, ist auf Messeständen der Kooperation erhältlich und auch im Netz einsehbar unter

www.top250tagungshotels.de/mice-magazin

QR-Code scannen und aktuelle Ausgabe online lesen!